실전

역술실록 인명편

역술학 대가들의 일대기

실전

역술실록

인명편

역술학 대가들의 일대기

역술학 전문가
김갑진 편저

보고사
BOGOSA

서문

지난 수십 년간 사주명리학, 기문둔갑, 풍수지리, 육임신과, 자미두수 등 동아시아 역술학 전통의 큰 줄기를 탐구해오는 동안, 처음에는 단순한 호기심에서 시작되었지만, 세월이 흐르면서 이 학문은 나의 삶 전체를 이끌어가는 등불이자, 수많은 인연과 지혜를 연결해주는 매개체가 되었다. 대학 평생교육원에서 사주명리학을 가르친 20년의 세월을 포함하여, 40년 가까운 세월을 역술학과 함께하며, 아홉 권의 역술 저서를 집필해온 지난 여정은 결코 짧지 않은 세월이었고, 그 과정 속에서 느낀 것은, 이 학문이 단순한 운명의 예측술이 아니라 인생과 우주의 이치를 밝히는 철학이라는 점이었던 것이다.

그간 출간해온 아홉 권의 저서는 각기 다른 분야를 다루었다. 사주명리학의 체계적인 운명론적 해설, 기문둔갑의 판식(盤式) 구성과 활용, 풍수지리의 음양오행적 원리, 육임신과의 신묘한 예측 체계, 자미두수의 하늘의 별(星)과 사람과의 운명적 연계까지—이 책들은 독자들에게 다양한 길을 제시하였다. 그리고 독자들로부터 받은 피드백은 언제나 "이제야 제대로 된 정리와 해설을 접할 수 있었다"는 반가움이었다. 그러나 동시에 나는 늘 아쉬움을 마음 한 구석에 품고 있었다. 역술학이라는 거대한 산맥을 오르려 할 때, 우리는 우리보다 먼저 그 길을 걸어간 '대가(大家)들'의 인생역정과 사상 속에서, 소중한 무엇인가를 먼저 배우지 않으면 안 된다는 깊은 깨달음이 있었기 때문이다.

이번에 출간하는 열 번째 저서 『실전 역술실록 – 역술학 대가들의 일대기』는 단순히 학술적 체계나 기술적 방법론을 서술한 책이 아니다. 이 책은 '사람'에 관한 진솔함을 담은 책이다.

우리가 흔히 접하는 역술서는 이론과 사례 중심으로 쓰여 있다. 그러나 그 이론을 정립하고, 수많은 시행착오 속에서 한 길을 개척해온 선각자들의 삶은 상대적으로 덜 조명되어 왔다. 나는 이 부분을 반드시 기록으로 남겨야 한다고 생각했다.

왜냐하면, 학문은 곧 사람의 사유와 삶 속에서 피어난 소중하고 아름다운 꽃이기 때문이다.

『실전 역술실록 - 역술학 대가들의 일대기』에는 고대 중국의 소강절(邵康節), 귀곡자(鬼谷子), 서자평(徐子平) 같은 전설적 인물부터, 명·청대의 임철초(任鐵樵), 진지린(陳之潾), 위천리(魏天里)와 같은 실증적 학자들, 그리고 우리나라의 토정 이지함, 심곡 김치 선생까지 다양한 인물들이 등장한다.

그들은 단순히 운명을 풀어내는 점술가가 아니었다. 시대의 변혁 속에서 군왕에게 책사로서 조언을 했고, 백성들에게 삶의 희망을 주었으며, 제자들에게 철학과 윤리를 가르쳤던 선지자들이었다.

이 책을 집필하면서 단순한 연대기적 서술에 머무르지 않았다. 각 대가들의 생애를 당시의 역사적 맥락 속에 위치시키고, 그들이 저술한 책의 사상적 핵심을 풀어내려 힘썼다. 또한 그들의 삶을 관통하는 인간적 면모-번민, 고뇌, 기쁨, 깨달음-을 드러내고자 했다. 왜냐하면 이 모든 것이 그들의 학문적 체계와 직결되기 때문이었던 것이다.

사주명리학은 인간의 삶을 시간의 질서 속에서 해석하고, 기문둔갑은 우주의 시공간을 판으로 그려내며, 풍수지리는 인간과 환경의 조화를 모색하고, 육임신과는 하늘의 징후를 읽어내어 인간사의 변화를 포착하고, 자미두수는 하늘의 별이 땅에 조림(照臨)함과 연계하여 길흉화복을 나타낸다. 결국 이 모든 것은 '인생은 어떻게 살아야 하는가?'라는 철학적 질문과 직결된다. 그리고 이는 역술학을 단순한 운명 예측의 도구가 아니라, 삶을 성찰하고 조화롭게 이끌어가는 인생학이며 나침반이라 믿는 핵심 명제이기도 하다.

이 책에 실린 역술학 대가들의 삶은 독자들에게 다음과 같이 몇 가지 중요한 교훈을 전해줄 것이다.

첫째, **학문은 고독 속에서 완성된다.** -수많은 대가들은 세상의 비난과 오해 속에서도 꿋꿋이 자신의 길을 걸어갔던 것이다.

둘째, **학문은 시대와 함께 호흡한다.** -그들의 이론은 추상적인 체계가 아니라 당대의 사회 문제와 항상 연관되고 맞닿아 있었던 것이다.

셋째, **학문은 사람을 위한 것이다.** -진정한 역술학의 목적은 권력이나 명예를 추구함이 아니라, 사람들의 진솔한 삶속에서 희로애락을 밝히는 데 있는 것이다.

또한 이 책은 단순한 역술학 대가들의 전기 모음이 아니다. 독자들께서는 각 인물들의 삶과 사상과 철학을 접하며, 스스로에게 진솔하게 물어보기를 바란다.
"나는 나의 삶을 어떻게 해석하고, 어떻게 살아가야 할 것인가?"
역술학은 과거의 학문이 아니라 오늘을 살아가는 우리의 삶 속에서 여전히 살아 숨 쉬고 있는 지혜이다.

이번 책을 통해 나는 두 가지 바람을 가져본다.
첫째, 이 책이 후학들에게 귀중한 역술공부의 길잡이가 되기를 바란다. 학문은 반드시 전승되어야 하며, 기록되어야 하는 것이다.
둘째, 이 책이 일반 독자들에게도 역술학의 깊은 철학적 의미를 전해주기를 바란다. 운명을 알기 위해서가 아니라, 인생을 더 깊이 참되게 이해하기 위해 이 책이 읽히기를 희망하며, 소강절 선생의 매화시(梅花時)가 마음의 일면을 잘 대변하는 것 같아 이에 소개해 본다.

....
一樹梅花一放翁,
半開半落半從容。
天機暗透如香氣,
冷豔無聲雪裡紅。
한 그루 매화는 은둔 선비와 같아,
피고 지는 것에 초연하다.
하늘의 기묘한 이치는 은은히 향기처럼 스며들고,
눈 속에 핀 매화는 소리 없이 진리를 드러낸다.
....
天意悠悠不易知,
梅花片片自成詩。
若將消息分明看,
四海風雲總可期。
하늘의 뜻은 아득하여 알기 어렵지만,

매화 꽃잎마다 편편이 시가 된다.
그 속의 소식을 잘 읽어낸다면,
천하의 변화도 미리 알 수 있으리라.
‥‥‥‥

열 번째의 저서를 마무리하며, 다시 한 번 마음을 추스르고 초심으로 돌아가려고 한다. 역술학의 세계는 끝이 없고, 그 길은 언제나 외로우면서도 언제나 새로웠던 것이다. 금번『실전 역술실록 – 역술학 대가들의 일대기』는 그 길 위에서 만난 거인들의 발자취를 기록한 작은 헌정(獻呈)이다. 이 책을 펼치는 모든 이가 그들의 삶 속에서 울림을 얻고, 자신의 길을 더욱 굳건히 걸어가기를 진심으로 바란다.

끝으로 이처럼 여러 권의 책을 출간할 수 있었던 것은, 묵묵히 長男의 집필과정을 지켜보시고 응원을 아끼지 않으신 연로하신 어머님 덕분이었고, 음으로 양으로 도움을 준 가족들과 여러 제자 분들의 지지가 있어서이며, 아울러 비인기서적이지만 변함없이 출간을 허락해주신 보고사출판사 김홍국 사장님과 출판까지의 과정을 정성스럽게 보살펴주신 직원 여러분들의 덕분이라 생각하며, 이에 심심한 감사의 말씀을 드린다.

乙巳年 酉月 구궁학회 사무실에서
김갑진 배상

목차

서문 … 5

삼식(三式, 기문둔갑·태을수·육임신과) 황제 헌원씨 ………………………… 13
귀곡비결(鬼谷秘訣) 귀곡자(鬼谷子) ………………………………………… 38
삼명소식부(三命消息賦) 낙녹자(珞琭子) …………………………………… 43
황석공비결(黃石公祕訣) 장량(張良) ………………………………………… 56
동방삭기문(東方朔奇門) 동방삭(東方朔) …………………………………… 84
경방역전(京房易傳) 경방(京房) ……………………………………………… 94
기문둔갑전서(奇門遁甲全書) 제갈량(諸葛亮) ……………………………… 116
관씨역법(管氏易法) 관로(管輅) ……………………………………………… 126
태을신수(太乙神數) 유돈(劉惇) ……………………………………………… 156
둔갑만일결(遁甲萬一訣) 이정(李靖) ………………………………………… 168
철판신수(鐵板神數) 이순풍(李淳風) ………………………………………… 174
추배도(推背圖) 원천강(袁天罡) ……………………………………………… 179
과노성종(果老星宗) 장과로(張果老) ………………………………………… 185
태을신수(太乙神數) 왕희명(王希明) ………………………………………… 197
천일둔갑경(天一遁甲經) 이전(李筌) ………………………………………… 219
당사주(唐四柱) 강도(姜度) …………………………………………………… 225
이허중명서(李虛中命書) 이허중(李虛中) …………………………………… 260

9

신서잡설(神書雜說) 두광정(杜光庭) ··· 310

자미두수(紫微斗數) 진단(陳搏) ·· 316

해섬산인비결(海蟾山人秘訣) 유해(劉海) ······································ 343

연파조수가(煙波釣叟歌) 조보(趙普) ·· 351

황극경세서(皇極經世書) 소옹(邵雍) ·· 356

연해자평(淵海子平) 서승(徐升) ·· 379

자평법(子平法) 서거이(徐居易) ·· 411

천관경(天官經) 야율초재(耶律楚材) ·· 439

기문비규(奇門秘竅) 유병충(劉秉忠) ·· 444

적천수(滴天髓) 유기(劉基) ·· 450

왕씨육임집(王氏六壬集) 왕기(王機) ·· 500

궁통보감(窮通寶鑑) 곽점(郭占) ·· 524

팔자제요(八字提要) 위천리(魏天里) ·· 547

대육임지남(大六壬指南) 진공헌(陳公獻) ······································ 590

토정비결(土亭秘訣) 이지함(李之菡) ·· 610

심곡비결(深谷秘訣) 김치(金緻) ·· 618

삼명통회(三命通會) 만민영(萬民英) ·· 628

명리약언(命理約言) 진지린(陣之潾) ·· 656

태을복덕경(太乙福德經) 양유덕(楊愉德) ······································ 674

기문현람(奇門玄覽) 모원의(茅元義) ·· 684

기문정종(奇門正宗) 서하사(徐霞士) ·· 688

기문법규(奇門法竅) 석맹서(釋孟榹) ·· 710

자평진전(子平眞詮) 심효첨(沈孝瞻) ·· 715

적천수천미(滴天髓闡微) 임철초(任鐵樵) ·· 742

명리정종(命理正宗) 장남(張楠) ··· 778

명리대의(命理大義) 원수산(袁樹珊) ·· 799

명학강의(命學講義) 위천리(韋千里) ·· 803

자평수언(子平粹言) 서락오(徐樂吾) ·· 810

팔자심리학(八字心理學) 하건충(夏建忠) ·· 816

참고문헌 ··· 821

삼식(三式, 기문둔갑·태을수·육임신과)
황제 헌원씨(기원전 2717?~?)

- 삼식(三式)의 시조로서의 생애와 전설을 중심으로 -

제1장 고대 중국의 창세기와 황제의 탄생

1. 신화시대의 배경

중국 고대의 역사는 신화와 전설, 역사적 사실이 교직된 독특한 성격을 지닌다. 중국의 문명은 흔히 삼황오제(三皇五帝) 시대로부터 시작되었다고 전해지며, 이는 인류가 동굴에서 나와 천문을 읽고 농사를 짓기 시작하던 원시 사회의 초기 단계를 상징적으로 서술한 것이다.

삼황(三皇)은 대체로 천황(天皇), 지황(地皇), 인황(人皇)이라 하며, 우주와 자연, 인간사회를 창조한 신적 존재로 여겨진다. 그 뒤를 잇는 오제(五帝)는 문명화된 인간의 통치를 나타내며, 그중 가장 중시되는 존재가 바로 헌원황제(軒轅黃帝)이다.

이 시기의 인류는 하늘과 땅의 이치를 따르고, 자연 현상을 숭배하며, 여러 부족이 흩어져 살아가는 미개발 사회였다. 각각의 부족은 그들의 지도자인 족장(族長) 또는 제왕(帝王)의 권위 아래 자율적으로 운영되었으며, 인간은 하늘의 신과 교감하는 통로로서 족장을 숭배하였다.

이러한 사회 속에서, 황제 헌원씨는 하늘의 명(命)을 받아 천하를 통합할 운명을 지닌 인물로 나타났다고 전해진다.

2. 전설 속의 황제 계보

황제의 혈통에 대해서는 다양한 설화가 존재한다. 일반적으로 전해지는 기록에 따르면, 황제는 중국 고대 부족국가 시대의 위대한 성군인 소전씨(少典氏)의 아들이며, 어머니는 부루(附寶(부보), 부루) 또는 유교씨(有蟜氏)의 딸이라고 한다. 소전씨는 당시 유웅국(有熊國)의 군주로서, 천문과 지리, 오행을 다스리던 이였다.

황제가 태어난 지역은 전해오는 바에 따라 다르지만, 대부분의 기록은 오늘날 하남성 신정현(河南省新鄭縣) 또는 산서성(山西省) 주변을 지목한다. 이 지역은 이후 중국 문명의 중심이 되는 중원지대이며, 고대 화하족(華夏族)의 본거지로 알려져 있다.

3. 황제의 출생설화

황제의 탄생에 대한 전설은 신비로움으로 가득 차 있다. 《회남자(淮南子)》에 따르면, 황제의 어머니가 하늘에서 떨어진 현룡의 기운을 받아 잉태하였고, 열 달 후 신성한 빛이 감싸인 가운데 황제를 낳았다고 한다.

다른 설에서는 황제의 탄생 시 수많은 새들이 집으로 날아와 춤을 추었고, 하늘에서는 무지개와 같은 오색광채가 퍼졌으며, 마을 사람들은 그를 신성한 존재로 여겨 '천자(天子)', 즉 하늘의 아들이라 불렀다고도 한다.

그는 태어날 때부터 머리에 뿔과 같은 골형이 솟아 있었고, 금빛 눈동자에 몸은 누런 빛을 띠었으며, 울음 대신 웃음을 지었다고 한다. 이 때문에 그는 '황제(黃帝)'라 불리게 되었으며, 이는 그의 외모와 기질이 천지의 중심에 해당하는 '황색(黃)', 즉 중궁의 기운과 일치했기 때문이다.

4. 황제 헌원의 성장과 인격적 수련

어린 시절의 황제는 총명하고 영민하며, 하늘과 땅, 인간의 이치를 통달하려는 열망이 강했다. 그는 자신의 아버지 소전씨로부터 천문학, 오행의 이치, 음양론, 생태와 농경, 병법과 예기 등을 배우며 자랐다.

특히 그는 풍후(風后)라는 지혜로운 자와 영웅 응룡(應龍)이라는 강력한 무장을 사사하여 각기 학문과 무력을 연마하였다. 낮에는 경전을 탐구하고 밤에는 하늘의 별을 관측하며 천문지리를 정리하였고, 새벽에는 동굴 속에서 내단법을 수행하며 기운을 길렀다고 한다.

황제는 또한 《내경(內經)》을 통한 인체의 운행을 이해하고, 자연의 변화에 따라 인체를 다스리는 법을 익혔다. 훗날 그가 《황제내경(黃帝內經)》을 통해 동양 의학의 기반을 마련한 것도 이러한 수행의 연장선으로 이해된다.

이 시기의 황제는 이미 군사적, 철학적, 의학적 통합자이자 개혁가의 면모를 드러내며, 훗날 천하를 통일할 자질을 다지고 있었다.

5. 신농씨와의 시대교체

당시 황제의 조부격인 인물로 신농씨(神農氏)가 존재했다. 신농씨는 농업과 약초학, 화폐와 시장 제도를 창설한 것으로 전해지며, 백성들의 생계를 해결한 대성군이었다.

황제는 신농씨의 뒤를 이어 천하를 다스릴 자로 천명을 받았다고 알려져 있다. 그러나 천하에는 여전히 여러 부족이 각기 패권을 꿈꾸며 분열되어 있었으며, 특히 치우(蚩尤)라는 강대한 군웅이 동방의 구려족(九黎族)을 이끌고 세를 넓혀가고 있었다.

황제는 이러한 시대적 소요와 불균형을 극복하고, 하늘의 뜻에 따라 천하를 통일할 사명을 자각하였다. 이에 그는 천하를 평정하고 진정한 덕치의 시대를 열고자 결단을 내렸다.

이로써, '기문둔갑'의 정신적 토대이자 전략적 사유가 준비되기 시작한다.

제2장 부족 통합과 삼황오제 시대의 정치적 이상

1. 황제의 초기 정치 기반

황제 헌원씨가 정식으로 유웅국(有熊國)의 군주로 등극하였을 무렵, 중원의 여러 부족들은 각기 독립적인 세력을 형성하고 있었다. 가장 대표적인 세력은 염제 신농씨(炎帝 神農氏)의 후예로 구성된 남방의 농경민족, 그리고 북방에서 무력을 바탕으로 확장하던 구려족(九黎族)의 수장 치우(蚩尤)가 있었다.

황제는 이 시점에서 하늘의 명령을 받은 천자(天子)로서, 단순한 부족 족장 이상의 존재로 스스로를 자리매김하였다. 그러나 하늘의 뜻을 실현하기 위해서는 현실

세계의 통합과 질서 수립이 필수적이었다.

그는 먼저 인근의 중소 부족들과 유기적인 연맹체를 구성하였다. 각 부족은 일정한 자율성을 보장받되, 대외 정책이나 종교적 제사, 군사적 방위 등은 황제의 통치 아래 통합되었다. 이를 통해 황제는 자신의 중심 부족을 '축'으로 삼아 광범위한 정치적 기반을 확보해나갔다.

2. 유웅국 및 기타 부족과의 협력과 통합

황제는 단순한 무력 통합이 아닌, 덕과 예(禮)를 바탕으로 한 연합 체제를 지향하였다. 유웅국을 중심으로 하여 주변 부족들과의 외교적 혼인, 의례 통합, 제천의식의 공동 집행 등을 통해 종교적 신권(神權)을 중심으로 한 협치 체계를 수립했다.

당시 대표적인 동맹 부족으로는 다음과 같다.

- ◆ 백이족(白夷族): 황제의 제사에 참여하며 천문지리를 전수.
- ◆ 화풍족(華風族): 음악과 예악 담당.
- ◆ 곤륜족(崑崙族): 산악지대의 방위 담당.
- ◆ 축융족(祝融族): 제천의식과 화기(火器)의 제작 담당.

황제는 이들과의 협력 속에서 자연질서와 인간질서의 조화, 즉 천인합일(天人合一)의 정치 철학을 구현해갔다. 이러한 통치는 후대 '화하문명'이라는 공동체의 초석이 된다.

3. 동이족과의 외교 및 충돌

황제의 통치가 중원 내부에서 확고해지는 가운데, 동방 지역의 세력들, 특히 산동 지역을 중심으로 성장한 동이족(東夷族)과의 갈등이 고조되었다. 동이족은 활발한 해상 무역과 금속기술을 바탕으로 경제적 기반을 강화하고 있었으며, 문화적으로도 고유의 제례체계와 언어를 유지하고 있었다.

황제는 처음에는 이들과 외교적 접촉을 시도하였고, 선물 교환과 사절 파견 등을 통해 상호 관계를 모색하였다. 그러나 동이족은 자신들의 자주성을 강조하며 황제의 '천자 체계'에 편입되기를 거부했다.

이에 따라 양측은 수차례의 무력 충돌을 겪었으며, 그 과정에서 황제는 전술과 병법의 체계화를 더욱 심화시키게 된다. 훗날 '기문둔갑' 체계에 포함된 9궁 전진, 팔문 행진, 삼기(三奇) 배치 등의 전략적 모델은 이 시기의 실전 경험에서 비롯된 것이라 전해진다.

4. '덕치주의'와 하늘의 명을 받드는 통치

황제는 통일과 확장을 단순히 무력에 의존하지 않았다. 그는 항상 하늘의 뜻(天命)을 전하는 자로서, 자신의 통치를 '덕치주의(德治主義)'에 근거하였다. 이는 후대 유교적 성군 이념의 전신이기도 하다.

황제는 각 지역에 사자를 보내 하늘의 계시와 도덕적 질서를 전파케 하였으며, 신권을 상징하는 제천의식을 강화하여 '천자'로서의 권위를 확립하였다.

그가 실천한 주요 정책은 다음과 같다.

- ◆ 공정한 법률 제정: 천문에 따라 계절과 생계를 조율.
- ◆ 부족별 역할의 분담: 각 부족이 특성에 따라 농업, 목축, 금속, 제사 등의 기능을 수행.
- ◆ 혼인 정책: 부족 간의 연대를 위한 정략적 결혼 장려.
- ◆ 도의와 제사의 통일: 하늘의 명에 따라 통일된 종교의식 형성.

그는 백성들에게 '하늘은 덕 있는 자에게 나라를 맡긴다'는 신념을 심어주었고, 이를 통해 단순한 정복자가 아닌 문명 창건자이자 교화자로 군림할 수 있었다.

5. '삼황오제' 시대관의 확립과 황제의 입지

중국 전통의 '삼황오제' 관념은 후세 유학자들의 재구성에 의해 정립되었으나, 그 원형은 이 시기에 확립되었다고 여겨진다. 황제는 소전씨의 적통을 계승하고, 신농씨와의 갈등과 조화를 경험함으로써 '삼황'과 '오제' 사이를 잇는 중심축으로 자리매김하였다.

특히 그는 다음과 같은 역할을 수행하며 후세로부터 '오제지수(五帝之首)', 곧 '제왕 중의 제왕'이라는 칭송을 받았다.

- ◆ 정치적 통합자: 부족 간 질서를 창출.
- ◆ 천문과 병법의 선구자: 기문둔갑 및 천문술의 기반 마련.
- ◆ 의학과 농업의 보호자: 백성의 생활 기반 확립.
- ◆ 예제와 도의의 규범자: 문명과 예악의 창시자.

황제의 존재는 단순한 신화적 인물이 아니라, 중국 문명의 통합을 상징하는 인격화된 이상이었다.

6. 탁록대전을 향한 준비

중원의 내정이 점차 안정화되는 가운데, 황제는 마침내 동방의 최대 적수 치우(蚩尤)와의 전쟁을 준비하게 된다. 치우는 철기 문명을 앞세운 군사 강국을 형성하였고, 황제의 천자 체제를 정면으로 부정하였다.

이에 황제는 다음과 같은 체계를 갖추며 전쟁에 대비하였다.

- ⊙ 풍후(風后): 천문과 기후를 다루는 전략 참모.
- ⊙ 응룡(應龍): 영웅으로 군대의 선봉장으로 삼아 기병 조직.
- ⊙ 대요(大撓): 병서 편찬 및 군사 훈련 총괄.
- ⊙ 九宮·八門·三奇 체계: 기문둔갑의 원형을 구성.

탁록대전은 황제의 통치 철학과 기문 전략이 실제로 시험되는 무대가 되었으며, 이는 훗날 기문둔갑이 단순한 점술이 아닌 실전 전술로도 기능했음을 입증하는 신화적 사건으로 자리 잡는다.

제3장 치우천왕과의 전쟁, 탁록대전涿鹿大戰의 전설

1. 치우의 부상과 전쟁의 발발

황제가 중원을 중심으로 부족들을 통합하며 '천자 체계'를 확립해가던 그 시기, 동방에서는 강력한 군웅이자 철기문명의 선구자로 알려진 치우(蚩尤)가 등장하였다. 그는 구려족(九黎族)을 이끌고 산동 반도와 요서, 요동 일대를 지배하며 무장을 강화하고 있었다.

치우는 전설에 따르면 동방의 철의 신, 또는 전쟁의 신으로 숭배된 존재로, 쇠를 녹여 무기를 만들고, 갑옷을 두른 81형제를 거느렸으며, 자신도 청동 두개와 쇠붙이로 된 몸체를 지녔다고 한다. 구름을 다스리고 비를 부르고, 전장의 안개를 조종했다는 전설도 있으며, 이는 후에 기문둔갑에서 중요한 기법이 되는 기후조작(氣候之術)의 신화적 원형이 된다.

치우는 황제의 '천자 체계'를 거부하고 스스로 동방의 제왕을 자처하였다. 이에 양측의 갈등은 더 이상 피할 수 없었고, 결국 황제는 탁록(涿鹿)이라는 대지에서의 결전을 준비하게 된다. 이 전쟁은 단순한 지역 분쟁이 아니라, 문명적 충돌이자 신권의 다툼, 그리고 삼식의 창제에 결정적 역할을 한 사건으로 전해진다.

2. 군신 풍후, 영웅 응룡의 등장

황제는 전쟁 준비에 있어 혼자 움직이지 않았다. 그의 곁에는 각기 신묘한 능력을 지닌 지혜와 무력의 핵심 인물들이 존재했다.

- 풍후(風后): 기문둔갑의 핵심 이론을 최초로 정립한 군사 참모.
  그는 천문과 지리, 기후를 계산하여 전장의 형세를 예측하였으며, 구궁(九宮)과 팔문(八門), 삼기(三奇) 이론의 기반을 제시하였다.
  황제는 후일 그를 기문둔갑의 '좌보(佐輔)'로 숭상하였다.
- 응룡(應龍): 신화 속의 용신(龍神)으로, 황제의 선봉대장.
  그의 외형은 날개 달린 신룡으로 묘사되며, 전투시 폭우와 번개를 불러오는 능력을 지녔다고 전해진다. 치우와의 전쟁에서 결정적 활약을 하며, '용을 타고 천둥을 몰고 오는 무장'으로서 기문둔갑의 기동력 전술의 모형이 되었다.

- ⦿ 대요(大撓): 병서를 지은 책사.
  그는 오행론을 바탕으로 진형을 짜고, 기문둔갑의 전술적 실용화를 주도하였다.
  그는 '기문총람(奇門總覽)'의 선구자로 평가된다.
- ⦿ 창힐(倉頡): 전황에서 병력의 통신 체계를 문자의 형태로 설계.

위와 같이 황제 진영은 단순한 무력집단이 아니라 지성, 문명, 천문과 연락체계가 합쳐진 전천후 군사체제였다.

3. 황제 군단의 전략과 '기문둔갑'의 초기 구상

황제는 단순히 병력을 집결시키는 것이 아니라, '하늘의 이치'를 따라 적의 기세를 꺾고 전장을 지배할 전략 체계를 만들었다. 그 결과가 바로 기문둔갑(奇門遁甲)의 원형이었다.

- ◆ 삼기(三奇): 천임(天任), 천충(天沖), 천심(天心) 등 세 가지의 유리한 기운을 지칭. 전쟁 시 이들 기운이 머무는 방위에 병력을 배치하면, 병사의 활력이 증대되고 승세가 따른다고 믿었다.
- ◆ 팔문(八門): 개(開), 휴(休), 생(生), 상(傷), 두(杜), 경(景), 사(死), 경(驚)의 여덟 문. 이는 부대의 진군, 정지, 함정, 기습, 수비, 정신전 등 다양한 전술의 적용을 가능케 하였다.
- ◆ 구궁(九宮): 9개의 공간적 구획, 중궁(中宮)을 중심으로 한 배치. 이 배치는 천문과 지리의 조화를 반영하며, 전장의 지형에 따라 병력 운용이 변화하였다.

이러한 전략을 통해 황제는 실전에서 상대보다 먼저 움직이고, 먼저 피하고, 먼저 공격하는 선제적 전술을 구사할 수 있었다. 전장은 마치 하늘의 바둑판처럼 움직였고, 그 중심에는 '기문둔갑'이라는 천지인 삼재를 통제하는 전략체계가 존재했다.

4. 탁록대전의 승리와 전술의 정립

결정적인 전투는 오늘날의 하북성 탁록현(涿鹿縣) 인근에서 벌어졌다. 황제 군은 치우천왕이 이끄는 구려족(九黎族)의 81명의 철갑 형제와 맞섰고, 치우는 전장을 안개와 비로 감싸며 황제 군을 혼란에 빠뜨렸다.

하지만 풍후는 천문을 통해 치우의 기법을 간파하고, 북동쪽의 생문(生門)과 충기(沖奇)를 활용하여 응룡 부대를 은밀히 진입시켰다. 응룡은 폭우 속에서 치우의 군을 기습하여 주력 부대를 무너뜨렸다.

이 전투에서 황제는 죽음을 상징하는 사문(死門)을 일부러 이용해 적을 유인하고, 기문전환을 통해 경문(驚門)과 경갑(庚甲)의 자리를 교체하며 병력의 방향을 교란시켰다.

마침내 치우는 생포되어 참수 당하였고, 그의 유해는 오늘날 산동 일대에 봉안되었으며, 치우묘(蚩尤廟)가 세워졌다.

황제는 이 승리로 단지 중원의 통일을 이룬 것만이 아니라, 기문둔갑이라는 체계를 실전에서 완성하게 되었다. 이 체계는 단지 군사적 도구가 아니라, 천문·지리·인사·심리·예지·점술이 통합된 총체적 지혜였다.

5. 전쟁 후 새로운 천하의 질서

탁록대전 이후, 황제는 모든 부족의 지지를 받아 천하의 유일한 통치자로서 등극하였다. 그는 제천의식을 통해 하늘에 감사하며, 기문둔갑을 바탕으로 천명에 따라 다스리는 천자국(天子國)을 선포하였다.

그는 치우의 패배를 단순히 적의 제거로 보지 않고, 무력 대신 도(道)의 통치, 천리(天理)의 질서에 기반한 문명 체계를 강조하였다. 따라서 탁록대전은 전쟁의 끝이 아닌, 도덕과 법, 예와 군사, 점과 의술이 융합된 천하 질서의 시작이었다.

이후 황제는 기문둔갑을 군사 전략에서 점차 의례, 천문, 풍수, 점복 등 다양한 분야에 확장시켰으며, 후일 기문학(奇門學)이라는 별개의 학문이 되어 도가(道家)에서 중시하게 된다.

제4장 기문둔갑의 창제와 삼식三式의 형성

1. 삼식(三式)의 기원: 태을신수, 육임신과, 기문둔갑

중국 점술의 최고봉이라 일컬어지는 삼식(三式)은 태을신수(太乙神數), 육임신과(六壬神課), 기문둔갑(奇門遁甲)을 가리킨다. 이 세 체계는 하늘의 이치를 기반으로 인간사를 예지하거나 변화시키는 우주적 사유의 체계이며, 후세에 이르러 도가(道家)와 병가(兵家), 풍수학(地理學), 의학(醫學), 심지어 정치술에까지 영향을 미쳤다.

이 삼식 중에서도 가장 복잡하고 신비한 구조를 지닌 것이 바로 기문둔갑이다. 《태을신수》와 《육임신과》는 하늘과 시간 중심의 점술이고, 《기문둔갑》은 시간·공간·인사(人事)를 동시에 고려하는 정밀한 전략 이론이었다.

기문둔갑은 단순한 점술 체계를 넘어서서 우주적 질서를 인간의 실천에 투영시키는 기술이며, 황제 헌원씨가 그 원형을 정립하였다.

2. 황제의 천문지리 연구

탁록대전 이후, 황제는 단순한 통치자로 머무르지 않았다. 그는 도(道)의 통치를 실현하기 위해 천문과 지리, 오행과 음양, 하늘과 인간을 하나로 잇는 정교한 시스템을 만들기 시작했다.

이를 위해 그는 밤에는 천문을 관측하고, 낮에는 지형을 답사했으며, 풍후(風后), 창힐(倉頡), 대요(大撓), 공자(公子) 등 지혜로운 인물들과 함께 우주의 운행 원리와 인간사의 작용 관계를 하나하나 정리해나갔다.

황제는 하늘을 천반(天盤), 땅을 지반(地盤), 사람의 마음과 행동을 인반(人盤)이라 하였고, 이를 기반으로 기문둔갑의 3반 구조를 정립하였다. 하늘은 운명을 내리고, 땅은 그것을 받으며, 사람은 그 중간에서 선택하고 행동하는 존재라는 철학이 여기에 깔려 있었다.

3. 형법과 음양오행, 9궁의 융합

황제는 특히 천문학과 수리학, 형법(形法), 오행(五行), 음양이론을 통합하여 구궁(九宮)의 개념을 정립하였다.

◆ 9궁이란? 하늘과 땅의 운행을 3×3 격자로 나눈 공간 개념으로, 각 궁은 시간, 방향, 성격, 작용이 다르며, 이 9개의 공간에 다양한 기운(氣), 신(神), 장군(將軍), 문(門) 등을 배치해 변화를 도출한다.
  1궁(坎宮): 북쪽, 수, 지혜
  2궁(坤宮): 남서, 토, 부드러움
  3궁(震宮): 동쪽, 목, 진동
  …
  9궁(離宮): 남쪽, 화, 명예

기문둔갑의 핵심은 이 9궁에 팔문, 팔신, 팔의(八儀), 삼기(三奇), 천반·지반·인반의 운행체계를 동시에 얹어 해석하는 것이다.

이 구조는 마치 우주 시계의 축소판이며, 인간이 움직일 최선의 '때와 장소'를 산출해내는 계산기이기도 하다.

4. 기문둔갑의 구성 원리: 천반·지반·인반

황제와 풍후는 기문둔갑을 세 가지 요소로 정리하였다.

◆ 천반(天盤)
  • 하늘의 시간을 나타낸다.
  • 십천간(十天干)을 중심으로 하는 순환 원리가 적용된다.
  • 이는 하늘이 언제 무엇을 내리는가에 해당하는 시간 논리이다.
◆ 지반(地盤)
  • 지리적 방향과 공간.
  • 구궁과 8방위의 실제 공간적 배치를 담당하며, 땅이 어떻게 기운을 받는가를 분석한다.
◆ 인반(人盤)
  • 사람의 선택, 행동, 사고, 직관.
  • 이 요소는 인간이 하늘과 땅 사이에서 어떤 선택을 하며, 그 결과가 어떻게 영향을 받는지를 해석한다.

이 삼반(三盤)은 60갑자의 운행과 12지지의 흐름을 종합하여 구성되며, 그 안에서 기문둔갑의 궁합(宮合), 투문(投門), 둔갑(遁甲)이 정해진다. 이 구조는 정밀하고 방대하며, 황제가 남긴 이 이론은 동양에서 가장 복잡한 운명 예측 체계로 자리매김하였다.

5. 둔갑(遁甲)의 의미와 전술적 응용

'기문둔갑'에서 '둔갑(遁甲)'이란 단어는 다음과 같은 의미를 갖는다.

- ◆ 둔(遁): 숨는다, 피한다는 뜻으로, 불리한 기세를 피하여 주변 상황 및 여건을 이롭게 바꾸는 법.
- ◆ 갑(甲): 십간 중 첫 번째 간인 '갑(甲)'을 의미하며, 이는 군의 주력, 지도자, 행운의 상징.

즉, '갑'이 숨는다는 뜻은 가장 중심이 되는 자원이 드러나지 않게 보호하고 은밀히 운용하는 전략이다.

황제는 기문둔갑의 전술적 활용을 다음과 같이 체계화했다.

- ◆ 양둔법(陽遁法): 천양지양의 시기, 개방적인 작전이 유리.
- ◆ 음둔법(陰遁法): 천음지음의 시기, 잠행·함정·기습 등이 유리.

둔갑은 특정 시간과 방향에서 특정 문(門)과 신(神)의 조합을 통해 행동의 패턴을 정하며, 이 원리는 훗날 풍수학, 선택일(擇日), 점복술에도 응용된다.

6. 풍후·대요·공자와의 협력

황제가 기문둔갑을 완성하는 데에는 혼자의 힘만이 아닌, 뛰어난 참모진의 협력이 있었다.

- ● 풍후(風后): 기문둔갑 이론의 정리자, 천문과 기후의 대가.

- ⦿ 대요(大撓): 오행과 병법을 결합시킨 이론가.
- ⦿ 공자(公子): 음양론에 바탕한 사람의 심리와 사회 적용 분석.
- ⦿ 창힐(倉頡): 문자체계를 설계하여 기문과 관련된 문서화 및 기록 전담.

이들은 각각의 전문 영역에서 기문둔갑의 실전적, 철학적, 과학적 완성을 도왔다. 그 결과 기문둔갑은 단순한 점술이 아니라, 지속 가능한 체계적 학문으로 자리 잡았다.

7. 황제 내단술과 도술의 정수

황제는 기문둔갑을 외부에 적용하는 데 그치지 않고, 내부 수련, 곧 내단술(內丹術)에도 접목하였다. 이는 인간이 우주의 운행 원리에 따라 자신의 기혈을 운용하고, 정신을 맑게 하며, 장수하고 신선의 경지에 이르는 길이다.

기문둔갑의 구조는 시간과 공간을 통해 기운이 흐르는 경로를 드러내고, 이를 통해 도인이 숨을 고르고 단을 쌓는 시간과 방향, 장소를 결정하는 기준이 되었다. 이러한 방식은 후일 도가의 내단학, 수도학, 정역론 등에도 커다란 영향을 주었다.

8. 기문둔갑의 실전 적용 사례

황제는 기문둔갑을 다음과 같은 분야에 실제로 활용하였다.

- ◈ 군사 전략
  - ◆ 탁록대전 외에도 북방의 흉노세력과의 전투에서 사용.
  - ◆ 방진법(方陣法), 은폐법, 기습, 역습 전략에 적용.
- ◈ 건축 및 풍수
  - ◆ 제천단(祭天壇)과 궁궐의 입지 선정.
  - ◆ 사방의 방위와 지세에 따른 왕도의 건설.
  - ◆ 왕후의 해산과 택일.
  - ◆ 태자의 탄생 시 '생문(生門)'에 해당하는 날과 시를 선택.
  - ◆ 길일(吉日) 택일 및 재상 임명에도 활용.

◆ 병의 치료와 의학
　　◆ '사문(死門)'과 '경문(驚門)'이 지나갈 때를 피하여 수술이나 침구를 시행.
　　◆ 천심기(天心奇)가 도래할 때 신약 제조.
◆ 하늘의 이변 감지
　　◆ 일식, 월식, 홍수, 지진 등의 징조 감지.
　　◆ 국가 재앙과 성쇠의 길흉 판단.

제5장 황제의 치세와 문화 창건

1. 문자 창제: 창힐과의 협업

황제의 치세에서 가장 위대한 문화적 업적 중 하나는 바로 문자의 창제이다. 전쟁과 통치, 기문둔갑의 운용을 위해서는 사람들 사이에 정보를 공유할 수 있는 공통 언어가 필요했다. 이에 황제는 고대의 지혜자이자 '사관(史官)'이었던 창힐(倉頡)에게 명하여 하늘과 땅, 인간사의 이치를 상징하는 문자 체계를 만들게 하였다.

창힐은 새의 발자국을 보고 영감을 얻어 상형문자를 고안했다고 전해지며, 이는 후대 한자의 시원이 되었다. 창힐이 문자를 완성하자 하늘에서 곡식이 비처럼 쏟아졌고, 귀신이 밤에 울었다는 전설은, 문자의 발명이 인간 문명의 도약임을 상징하는 은유다.

문자의 탄생은 곧 기문둔갑의 이론과 실전 전술을 기록하고 후세에 전수할 수 있는 수단을 마련하게 되었고, 황제는 이를 통해 법률 제정, 백성 교화, 역사 기록, 천문 계산, 점복의 기록 체계화까지 추진하였다.

2. 의학과 농업의 발전 - 기백, 백곡자, 이천의 활약

황제는 단순한 통치자가 아니라 백성의 생로병사를 살핀 성군이었다. 그는 하늘의 이치를 인간의 몸에 적용하여 인체의 운행 원리를 밝히고, 병의 근원을 파악하는 학문을 체계화하였다.

이를 바탕으로 후대에《황제내경(黃帝內經)》이라는 의서가 전해지며, 이는 한의학의 근간으로 자리잡는다.

- ◉ 기백(岐伯)
  황제와 의학 토론을 나눈 신선적 존재. 음양오행에 따라 장부(臟腑)를 설명하고, 병의 원인을 경락과 기혈로 해석하였다.
- ◉ 백곡자(柏穀子)
  약초와 음식의 조화를 연구하였으며, 식이요법의 시조로 평가받는다.
- ◉ 유부(俞跗)
  외과적 치료의 기반을 세운 전설의 명의.

황제는 이들과 함께 음식과 약의 구분, 침술과 뜸의 효과, 계절과 질병의 관계 등을 정리하였고, 이를 통해 농경사회의 건강 체계를 마련하였다.

3. 예악과 음악 제정: 악사 용용(容容)과 5음 체계

문명국가로서의 기틀은 단순한 생존의 문제를 넘어, 정신적·심리적 질서의 확립으로 이어졌다. 황제는 백성들이 조화로운 삶을 영위하도록 예(禮)와 악(樂)을 제정하였다. 이 가운데 음악은 천지의 리듬과 인간의 감정을 조화롭게 이끄는 도구로 간주되었다.

황제는 악사 용용(容容)에게 명하여 고대 음악 체계를 정비하게 하였다.

- ◆ 오성(五聲)
  궁(宮), 상(商), 각(角), 치(徵), 우(羽)의 다섯 음. 이 음은 곧 오행(五行)과 연결되어 자연의 질서를 나타낸다.
- ◆ 또한 각 음은 사계절, 인간의 감정, 장부, 사회 질서와도 결합되었다.
  이로써 음악은 제례, 교육, 전쟁, 농사, 의식 전반에 걸쳐 활용되었고, 기문둔갑에서 음률의 운용 또한 이와 밀접한 관련을 가지게 된다.

4. 제천의식과 풍속 정비

황제는 하늘의 명을 받은 '천자'로서, 인간과 하늘을 이어주는 존재였다. 이에 그는 정기적으로 제천의식(祭天儀式)을 거행하여 천명을 확인하고 백성과 하늘의 관계를 매개하였다. 그는 태산(泰山)과 중악(中嶽), 형산(荊山) 등지를 돌며 하늘과 땅, 산과 강에 제를 지냈으며, 이를 통해 풍년, 안정, 건강, 장수, 군주의 덕치를 기원하였다.

이러한 제례는 삼식(三式) 중 하나인 기문둔갑의 시간 계산, 방향 배치, 신의 응답 해석과 밀접히 연결되었으며, 점복술과 천명론, 도가의 신성 철학으로도 확장되었다.

또한 황제는 제천의식을 통해 풍속을 정비하고, 무속적 요소를 국가의례 체계로 끌어들임으로써 종교적 권위와 정치권력의 통합을 실현하였다.

5. 후대 왕조에 전한 기문둔갑의 유산

황제는 생전에 기문둔갑의 체계를 완성한 뒤, 이를 문서화하고 제자들에게 전하였다. 그 중 대표적인 문헌이 다음과 같다.

- ◆《삼식비결(三式秘訣)》
  풍후의 저술로 전해지며, 기문과 태을, 육임의 운용 원리 정리.
- ◆《둔갑경(遁甲經)》
  황제가 직필한 것으로 전해지며, 기문의 철학과 실전 적용을 담음.
- ◆《내장기문(內藏奇門)》
  내단술과 기문을 결합한 수행 체계.

이러한 저작들은 황제의 승천 이후에도 비밀리에 전수되었으며, 하(夏), 은(殷), 주(周) 시대를 지나 전국시대와 진(秦), 한(漢)대에 이르러 유가와 병가, 도가에 따라 다양한 방식으로 해석되고 실전화되었다.

- 진시황: 병법가들과 함께 기문을 활용하여 천하통일
- 한무제: 도사들과 함께 기문으로 천상변화 감시
- 제갈량: 기문둔갑으로 병사 이동과 전투 승리 유도 (삼국지)

황제의 기문둔갑은 단순한 고대 전설이 아닌, 후세 정치·군사·철학·의술에까지 영향을 준 실용 체계로 확장되었다.

제6장 황제의 은거와 도교적 승화

1. 태산에서의 수도와 변화

탁록대전 이후 천하를 통일하고 기문둔갑을 창제하며 문명 질서를 세운 황제 헌원씨는, 세속의 일을 제자들과 후계자에게 위임하고 태산(泰山)으로 들어갔다. 그는 더 이상 정치적 군주가 아닌, 도와 신(神)에 이르는 수행자의 길을 걷기 시작한 것이다.

태산은 동방의 대산으로서, 하늘과 가장 가까운 곳으로 여겨졌고 천지의 기운이 모이는 성지였다. 황제는 이곳에서 풍후, 대요, 창힐, 기백 등과 함께 기문둔갑의 내적 수행 체계, 즉 기문 내단(內丹)을 탐구하였다.

그는 천지자연과 호흡하며 심신을 정화했고, 3기(三奇)의 운행을 따라 숨을 들이쉬고 토해내는 호흡 수련법(調息術), 9궁과 인반을 바탕으로 한 기의 운행법(行氣法), 팔문에 따른 정신 집중 수련(守神法) 등을 체계화하였다.

이 내단법은 훗날 도가의 최고 경지인 신선술(神仙術)로 발전하여, 황제는 사람의 육신을 넘어 천인합일의 존재, 성인(聖人)이자 신선(神仙)으로 여겨지게 되었다.

2. 황제의 신선화 전설

황제는 태산과 형산에서 100여 년 동안 머무르며 도를 닦은 후, 어느 날 갑자기 구름에 휩싸여 하늘로 올라갔다고 한다. 이는 신선이 되어 천상으로 돌아갔다는 승천(昇天) 전설로, 《회남자》와 《열자》, 《태평어람》 등에 기록되어 있다.

전승에 따르면, 이때 황제가 타고 올라간 것은 비익조(比翼鳥) 또는 화룡(火龍)이었고, 하늘에서는 오색구름이 감돌며 신음(神音)이 울렸다고 한다. 백성들은 이 장면을 보며 크게 감동하고, 황제를 "천인(天人)", "상제(上帝)", "황천지주(黃天之主)"로 부르며 숭배하게 되었다.

황제는 도가의 신격화된 존재 중 하나로 편입되었고, 태상노군(太上老君)과 동일시되기도 하였으며, 이후 수많은 도장(道場)과 사원에서 황제를 모신 헌원묘(軒轅廟), 황제전(黃帝殿)이 건립되었다.

이러한 전설은 단순히 황제가 신선이 되었다는 이야기가 아니라, 한 인간이 도를 깨달아 우주적 존재로 승화되는 도가의 이념을 상징적으로 표현한 것이다.

3. 도교 신격화: 태상노군과의 혼재

시간이 흐르면서 도교(道敎)는 황제를 신격화하며 여러 신들과 통합시키기 시작했다. 대표적인 예가 태상노군(太上老君)과의 동일시이다.

- ◆ 태상노군은 노자의 화신으로 알려진 존재이며, 우주의 최고 이치인 도(道) 자체를 상징한다.
- ◆ 황제는 '도에 도달한 성군'으로 여겨졌기에, 후대 도교에서는 그를 노군의 다른 현신 혹은 전신으로 받아들였다.

또한, 도교의 삼청(三淸) 체계에서는 황제가 '황청상경(黃淸上經)'을 관장하는 존재로 나타나기도 하며, 상청경(上淸經), 태상감응편(太上感應篇) 등 도경(道經)들에서 황제를 신계의 통치자로 위치시켰다.

이러한 신격화는 단순히 전설이나 믿음의 문제가 아니라, 도가적 정치 철학과 수련 철학이 현실과 신화를 연결한 구조였다. 황제는 인간이 도를 닦아 신에 이를 수 있다는 중국 고대 영성의 정점으로 기능한 것이다.

4. 《황제내경》과 도가(道家) 의학의 전수

황제가 남긴 가장 위대한 유산 중 하나는 바로 의서 《황제내경》이다. 이 책은 기백, 백곡자, 이천 등과의 의학적 대화를 정리한 것으로, 인체의 생리, 병리, 진단, 치료, 예방, 양생(養生)에 대한 체계적 이론을 담고 있다.

- ◆ 음양오행과 인체 장부의 연계.
- ◆ 기혈(氣血)의 운행과 오장육부의 상호작용.
- ◆ 사시(四時)의 변화에 따른 건강관리.
- ◆ 정기(正氣)와 사기(邪氣)의 개념.
- ◆ 침술, 뜸, 한약의 원리 등.

이러한 이론은 기문둔갑의 기운 흐름 원리와 연결되며, 질병 역시 시간과 공간 속의 부조화로 간주된다. 또한 《황제내경》은 내단술과도 연결되어, 병을 치료하는 것뿐 아니라 인간의 수명을 연장하고 도의 경지에 이르게 하는 방법을 제시한다. 즉, 황제는 의술을 넘어 생명 철학과 도가적 수련의 체계까지 정립한 존재였다.

5. 황제의 천상승천과 후계자들

황제가 승천한 후, 그의 뒤를 이은 이들은 다음과 같다.

- ⊙ 소호 금천씨(少昊金天氏): 황제의 손자 계열. 예악과 문화를 다스림.
- ⊙ 전욱 고양씨(顓頊高陽氏): 신권과 제례 체계를 계승.
- ⊙ 제곡 고신씨(帝嚳高辛氏), 요·순(堯舜): 후세 성군으로 이어짐.

이들 후계자는 모두 황제의 사상, 기문둔갑 체계, 천문과 제례의식, 정치와 문화를 계승하였으며, 그의 도통(道統)은 끊이지 않고 하·은·주 삼대 왕조의 기초가 되었다. 후대 도가에서는 이러한 계보를 정리하여, 도통은 반드시 황제를 거쳐 내려온다는 사상으로 체계화하였고, 기문둔갑 역시 풍후-황제-제갈량-진궁-유해-유기 등의 계보로 전승되었다.

제7장 황제의 역사적 재해석과 기문둔갑의 전승

1. 사마천의 《사기》 속 황제상

기원전 1세기, 한나라 무제 시대에 활약한 역사학자 사마천(司馬遷)은 방대한 역사서인 《사기(史記)》에서 황제를 중요한 문명 시조로 다루었다. 사마천은 황제를 오제(五帝) 중 으뜸인 인물로 평가하며, 그의 탁월한 지략과 덕치, 문화 창건을 강조하였다.

《사기·오제본기(五帝本紀)》에 의하면, 황제는 신농씨의 뒤를 이은 천자였고, 치우를 무찌른 후 천하를 통일했으며, 신령한 존재로 승천하였다고 기록되어 있다. 이 시기 황제는 이미 역사적 실존 인물과 신화적 인물이 혼합된 존재로 자리 잡았다.

사마천은 황제가 세운 업적 중에서 특히 병서, 의학, 예악, 점술, 제도 등 문명 개척자로서의 역할에 주목하며, 이는 후대 학자들에게 황제를 실존적 성왕으로 재해석할 수 있는 여지를 제공하였다.

2. 《회남자》와 《산해경》에 나타난 황제상

《회남자》는 한나라 시대 도가적 사유를 중심으로 편찬된 백과사전적 철학서로, 황제를 천명(天命)의 수령자이자 우주 질서의 대표자로 묘사한다. 그는 단순한 정복자가 아닌, 자연의 운행에 조화를 이루는 자로 재현된다.

《산해경(山海經)》에 이르면 황제는 더 신화적인 존재가 되며, 응룡과 함께 악룡 치우를 제압하고 천지를 안정시킨 영웅 신령으로 등장한다. 이 텍스트에서는 하늘과 땅의 구조, 동물과 신수의 계보 속에 황제의 영향력이 퍼져 있음을 보여준다.

이와 같이 황제는 고대 문명 창건자이자, 도(道)의 대행자, 신화적 우주 질서의 중심인물로 기능하게 되었고, 기문둔갑 역시 이러한 황제의 존재성과 긴밀히 연결되었다.

3. 《기문둔갑》의 전승사

황제가 창안한 기문둔갑은 처음에는 비밀스럽고 신성한 도법(道法)으로 제한된 이들에게만 전수되었다. 그러나 시대가 흐르며 그 체계는 다음과 같이 계승되었다.

◈ 하·은·주 시대
　◆ 국왕과 제사장 중심의 천문·풍수적 운용.
　◆ 기문술은 궁중 비전으로만 사용됨.
◈ 전국·진한 시대
　◆ 도가와 병가에서 기문술을 실전 전략으로 연구.
　◆ 손빈, 제갈량, 장량, 진궁 등 기문술 활용.
◈ 위·진·남북조·수·당
　◆ 도교의 교리 속에서 기문은 천문과 제법(祭法)의 근간이 됨.
　◆ 《기문류경(奇門類經)》 등의 이론서 성립.
◈ 송·원·명
　◆ 유학자들에 의해 기문둔갑은 점복술과 풍수의 이론 체계로 분화.
　◆ 진단(陳摶), 유기(劉基), 유해(劉海若) 등 역술가와 도사가 저술 활동.

이 과정에서 황제의 기문 이론은 단순한 병법서가 아니라, 천지의 운행 원리를 설명하고 인간의 삶을 조율하는 철학 체계로 자리 잡게 되었다.

4. 송대 이후의 이론 정립과 유교화

송나라 시기부터 기문둔갑은 더 정교하게 이론화되었다. 대표적으로 소강절(邵康節), 진단(陳摶) 등 도학자들이 기문을 유교적 질서 체계 안에 포섭하려는 노력을 기울였다.

◆ 주역의 괘상과 기문의 방위 조합.
◆ 성리학의 기(氣) 이론과 기문 삼기론의 연동.
◆ 하도낙서와 구궁의 융합.

이 시기부터 기문은 더 이상 전쟁이나 점술의 도구에만 국한되지 않고, 천인합일(天人合一), 성리학적 수양, 시공간 조화의 철학적 구조물로 확장되었다.

황제는 이러한 철학 전통 속에서 우주의 첫 제왕이자, 도(道)의 상징적 구현으로 해석되었고, 기문둔갑은 그의 남긴 지혜의 정수로 간주되었다.

5. 명·청대 기문둔갑의 체계화와 황제에 대한 존숭

명·청대에 이르러 기문둔갑은 선택일(擇日), 풍수, 음택, 관상, 군사 전략, 상업 활동 등 광범위한 영역에서 응용되었다. 이 시기의 대표적인 저서는 다음과 같다.

- ◆ 《기문대전(奇門大全)》
- ◆ 《기문정종(奇門正宗)》
- ◆ 《기문지남(奇門指南)》 등

이들 저서들은 황제가 창제한 기문 이론을 정리하고, 실전에서 어떻게 적용되는지를 상세히 기술하였다. 더불어 황제를 '삼식의 조종', '기문의 시조', '천황지제'로 숭상하며 제단을 설치하고 기문제를 올리기도 하였다.

이 시기의 도사와 학자들은 기문둔갑의 근본정신이란,

"하늘의 질서를 바탕으로 인간의 길을 바로잡는 것"이며,

이는 곧 황제가 처음 세상에 던진 '도치세(道治世)'의 구현 방식이라 보았다.

제8장 천지와 인간을 이어주는 도道의 군주

1. 황제 사상의 의의

중국 고대 철학과 신화, 점복 체계, 문명 창건 이론을 관통하는 핵심 인물로서 황제 헌원씨는 단순한 '통치자' 이상의 존재다. 그는 하늘과 인간 사이를 연결하는 매개자이며, 동시에 도(道)를 실현하는 주체로서 등장한다.

그의 생애 전반은 한 인간의 삶에서 시작되어, 부족 통합, 문명 창조, 전쟁 승리, 점복 체계 창안, 내단 수행, 신격화에 이르기까지의 모든 단계를 거친 우주적 인간상(宇宙的人間像)이라 할 수 있다.

"황제는 인간이 천명을 따를 때 문명이 생기고,
　도(道)를 수련할 때 신성에 이르며,

지혜를 통해 하늘을 모방할 수 있다는 신념의 표상이었다."

2. 기문둔갑을 통한 천인합일의 철학

기문둔갑은 단순한 점복술이 아닌, 황제 사상이 집약된 천지인 삼합(天地人三合)의 도구이다.

- ◆ 하늘(天)은 시간과 운명의 흐름을 결정하며,
- ◆ 땅(地)은 방위와 공간의 질서를 담고 있으며,
- ◆ 인간(人)은 그 가운데서 자유롭게 선택하고 도를 따를 수 있다.

기문둔갑은 바로 이 삼자를 하나로 통합하여, 인간이 하늘의 뜻에 따라 최선의 시기와 위치, 행동을 선택할 수 있도록 하는 도구이다.
즉, 황제는 기문둔갑을 통해 도(道)를 현실에 적용하는 도구, 정신과 물질, 자연과 사회, 운명과 자유를 잇는 매개체를 만든 셈이다.

3. 도가적 생명관과 전술철학의 통합

황제는 병법가이자 철학자이며, 도사였다. 그가 창안한 기문둔갑은 전쟁의 승리를 위한 전략이자, 삶의 올바른 방향을 찾는 철학, 기(氣)의 운용과 내면 수련을 위한 내단술, 그리고 신과 인간 사이의 교류를 위한 제사 시스템이었다.
이처럼 황제는 삶과 죽음, 유무(有無), 음양, 전쟁과 평화, 정치와 종교, 과학과 신비를 모두 아우른 종합적 통치 철학을 세웠으며, 그 핵심은 도교의 말처럼 다음과 같이 요약된다.

"人法地, 地法天, 天法道, 道法自然."
"인간은 땅을 본받고, 땅은 하늘을 따르며, 하늘은 도를 따르고, 도는 스스로 그러함을 따른다. 황제의 모든 사상과 체계는 이 원리에 기반한다."

4. 오늘날 황제와 기문둔갑의 의미

오늘날 황제 헌원씨는 여전히 중화 문명의 시조, 정치와 문화의 창건자, 기문둔갑의 시조, 도가의 성인, 민족정신의 상징으로 기려지고 있다.

- ◆ 중화인민공화국 건국 70주년(2019)에도 황제를 기리는 헌원제전(軒轅祭典)이 거행되었다.
- ◆ 허난성 신정현의 황릉(黃帝陵)은 국가 차원의 성지로 관리되고 있다.
- ◆ 도가 사원과 풍수 명당지에서도 황제를 기문과 도술의 시조로 숭배하고 있다.

기문둔갑 역시 현대에 들어 기업의 전략 분석, 투자 판단, 개인 운세, 주택 풍수, 진로 결정 등에 활용되며, 그 수요는 오히려 상승하고 있다.
이는 황제가 창시한 기문둔갑이 단지 고대의 비술이 아니라, 시공간을 이해하고 선택을 도출하는 보편적 사유체계로서 오늘날에도 여전히 유효하다는 방증이다.

5. 맺음말: '도'를 펼치고 인간을 일깨운 제왕

황제 헌원씨는,
하늘의 이치를 읽고,
땅의 질서를 정리하고,
인간의 삶을 바로잡은 제왕이다.
그는 자신이 창안한 기문둔갑을 통해,
도(道)를 현실화하고,
점(占)을 철학으로 끌어올리며,
인류에게 천명과 자유, 질서와 생명이라는,
영원한 가르침을 남겼다.
그는 한 사람의 지도자가 아니라,
하늘과 인간 사이를 연결한 도의 화신이자,
문명과 신화의 경계를 넘나든 진정한 창조자였다.

■ 황제 헌원씨 생애 연표

시기	사건	주요 내용
추정 기원전 2717년경	출생	소전씨(少典氏)의 아들로 태어남. 신령한 기운 속에 태어났다는 전설이 있음. 허난 또는 산서 지역으로 추정.
유년기	자연 관찰과 오행 수련	천문, 지리, 농사, 오행, 점복 등 다양한 기술을 습득. 도와 병법을 함께 익힘.
청년기	유웅국(有熊國)의 수장으로 부상	소전씨의 뒤를 이어 부족을 이끌게 됨. 이 시기 기문둔갑의 기본 개념들을 구성.
중년기	염제 신농씨와의 갈등과 패권 경쟁	염제 세력을 물리치고 중원의 천자로 인정받음. 부족 통합 체제 확립.
중년기 후반	치우천왕과의 탁록대전	구려족 치우와의 대결에서 기문둔갑을 실전 적용하여 대승. 이후 천하를 통일함.
말년기	기문둔갑 체계 완성 및 문명 창건	문자(창힐), 의학(기백), 예악(용용), 제천의식 등 중국 고대 문명의 기틀 확립. 《황제내경》과 삼식 이론 정비.
100세 이상 (전설적 기록)	태산에서 수도, 신선화	태산에서 내단수행 후 신선으로 승화, 구름을 타고 하늘로 올라갔다는 전설.
후대	도교의 신격화, 삼식의 시조로 존숭	기문둔갑의 창시자로 후대에 숭배됨. 도가·유가·병가 등 각 학파에서 추앙. 황릉과 사당 설립.

황제 헌원씨의 강학 장면

동방의 치우천황과의 전쟁

귀곡비결(鬼谷秘訣) 귀곡자(鬼谷子)
(戰國時代 初 기원전 400?~기원전 320?)

제1장 서문: 전설 속 인물 귀곡자의 역사적 위치

귀곡자(鬼谷子)는 중국 전국시대의 전략가, 철학자, 병법가, 그리고 유세가(遊說家)로 널리 알려져 있으며, 그에 대한 기록은 실록보다는 전설과 고대 문헌에 의존하고 있습니다. 그의 본명은 왕후(王詡)로 알려져 있으며, '귀곡'은 그가 거주하며 학문을 연마한 장소인 귀곡동(鬼谷洞)에서 유래된 호(號)이다.

귀곡자는 직접적인 사료보다는《사기》,《전국책》, 그리고 후대 문헌인《귀곡자》라는 이름의 병법서 및 술서에서 그 존재가 전해지고 있으며, 손빈(孫臏), 방연(龐涓), 소진(蘇秦), 장의(張儀)와 같은 당대 최고의 전략가와 유세가들이 그의 문하에서 배출되었다는 전설은 후세에 지대한 영향을 미쳤다.

제2장 출생과 생애 초기

귀곡자의 출생에 대한 구체적 연대는 전해지지 않지만, 대체로 춘추시대(春秋時代) 말기에서 전국시대(戰國時代) 초기(기원전 5세기 중후반)로 추정된다. 그는 송나라 혹은 초나라 출신이라는 설이 있으며, 일설에는 한나라에서 출생했다는 주장도 있습니다. 귀곡자의 어린 시절은 미스터리로 가득 차 있지만, 어려서부터 예지력과 심오한 사유 능력을 갖춘 인물로 묘사된다.

귀곡자는 젊은 시절 천문, 지리, 병법, 술수, 음양, 음부비법(陰符秘法), 설리학(說理學), 화술 등 당대의 제자백가 학문을 모두 섭렵했다고 전해집니다. 특히 그는 선도(仙道)에 입문하여 도가적 수련을 병행하며, '은일 선사(隱逸仙師)'의 전형적인 인물로 평가된다.

제3장 귀곡동과 학문적 중심지

귀곡자는 한때 세속을 떠나 형산(衡山) 인근의 험준한 골짜기인 귀곡(鬼谷)으로 들어가, 그곳에서 문하를 두고 학문과 전략, 병법을 강의했습니다. 귀곡동은 현재의 호북성 단강현(丹江縣)에 위치해 있으며, '귀곡자'라는 별호는 바로 이곳에서 유래되었다.

귀곡자는 도가의 무위자연 사상, 병가의 실전 전략론, 설가의 설득술과 유세술 등을 아우르며, 당대 어떤 학파에도 완전히 속하지 않는 초학제적 사상가였습니다. 그의 강의는 단순한 병법이나 술수에 그치지 않고, 인간 심리와 정치철학을 꿰뚫는 통찰을 지녔다.

제4장 제자들과 유세가의 길

귀곡자의 명성은 그가 배출한 걸출한 제자들로 인해 더욱 널리 퍼지게 됩니다. 다음은 귀곡자 문하의 대표적 제자들이다.

● 방연과 손빈
귀곡자에게 병법을 배운 방연(龐涓)과 손빈(孫臏)은 모두 전국 초기 위나라의 명장이 되었다. 그러나 방연은 질투심과 야망이 강해 손빈을 모함하여 다리를 절게 만들었고, 손빈은 제나라로 망명하여 병법을 펼친 끝에 방연과의 마릉(馬陵)의 전투에서 승리를 거두었습니다. 이는 귀곡자의 제자 간 분열을 상징적으로 보여주는 사건이기도 하다.

● 소진과 장의
귀곡자의 또 다른 제자 소진(蘇秦)과 장의(張儀)는 설가의 유세술을 계승하여 전국 시대를 연합(合縱)과 연횡(連橫) 전략으로 주도했다. 소진은 육국 연합의 외교 전략가였으며, 장의는 진나라를 중심으로 한 외교 전략을 추진한 인물로, 두 사람 모두 전국의 정치적 흐름을 바꿨다.

이 네 명의 제자들은 귀곡자의 병법, 외교술, 설득술을 각자의 방식으로 구현한 실전가였으며, 귀곡자는 단순한 이론가가 아닌 정치·전쟁·철학 실천의 스승으로 자리매김하게 된다.

제5장 저서 《귀곡자鬼谷子》의 형성

《귀곡자》는 귀곡자의 이름을 딴 병법서이자 술서로, 총 14편으로 구성되어 있으며, 후대 도교의 비전서이자 병법서, 심리술서로 간주됩니다. 그 주요 내용은 다음과 같다.

◆ 주요 내용
- ◆ 권모편(權謀篇): 권모술수의 본질과 활용.
- ◆ 용인편(用人篇): 인재를 활용하는 방법.
- ◆ 출언편(出言篇): 설득과 언변의 기술.
- ◆ 권세편(權勢篇): 상대의 심리와 상황에 따른 조정술.
- ◆ 응변편(應變篇): 변화에 대응하는 전략.
- ◆ 이간편(離間篇): 첩보전과 스파이 운용에 관한 기술.
- ◆ 은유편(隱喩篇): 은밀한 계책과 숨은 뜻 전달.
- ◆ 총람(總覽): 전략의 종합적 판단법.
- ◆ 내편(內篇)과 외편(外篇): 인간 심리의 본질적 해석.

《귀곡자》는 도가의 음양론과도 밀접한 관련이 있으며, 《손자병법》과는 달리 정보전, 심리전, 설득술에 중점을 두고 있다. 특히 현대의 심리학, 협상학, 경영전략에 적용할 수 있는 실천적 요소가 많아, 21세기에도 널리 연구되고 있다.

제6장 철학과 사상의 핵심

귀곡자의 사상은 다양한 학문을 융합하여 다음과 같은 특징을 지닌다.

- ◆ 도법자연(道法自然)의 도가적 자연관.
- ◆ 권모술수와 계략의 정교한 사용. (병가 및 술가적 사고)
- ◆ 심리전과 설득술의 최고봉. (설가적 언술 전략)
- ◆ 무위의 전략과 유위의 실행의 융합.

귀곡자는 인간과 세계를 이해함에 있어 '내면의 관조'와 '외부의 전술'을 동시에 중시했으며, 단순한 전쟁 승리보다 전쟁 없이 이기는 지혜를 더 고귀하게 여겼다.

제7장 전설적 인물로서의 귀곡자

귀곡자는 그의 실존 여부가 논란이 되는 전설적인 인물로, 도교에서는 신선(神仙)의 반열에 오르기도 하였습니다. 일부 전승에 따르면 그는 수명 300세를 살며 세 차례나 이름을 바꿨다는 설도 존재합니다. 후대 도사들은 귀곡자를 '병법의 성인(聖人)', '지략의 화신'이라 부르며 신격화하고 있다.

특히 명나라와 청나라시기에 귀곡자의 술수와 병법은 풍수, 점성술, 명리학, 장풍술과 접목되며 하나의 신비주의 체계로 확산되었고, 《귀곡비결》은 황제에게 진상된 비서로 기록되기도 하였다.

제8장 귀곡자의 후세 영향

귀곡자의 사상과 저술은 다양한 방면에서 큰 영향을 끼쳤다.

- ◆ 정치학: 권력 분석과 정보전 이론의 시초.
- ◆ 심리학: 인간 본성과 심리 기제의 해석.
- ◆ 경영학: 전략적 사고와 리더십의 기초.
- ◆ 무속과 술수학: 동양 점술과 예지체계와의 융합.

오늘날에도 귀곡자의 전략은 정치가, 협상가, 기업 리더, 심지어 법조계에서까지 응용되며, 《귀곡자》는 '지혜의 병법'으로 읽힌다.

제9장 결어: 진정한 현자, 숨은 고수 귀곡자

강학 장면 삽화

귀곡자는 전장을 누비지 않았으나 병법의 정수를 후세에 남겼고, 권력을 쥐지 않았으나 군주를 지도한 인물이었다. 그는 군주의 곁에서 힘을 행사하지 않고도 권력을 뒤에서 좌우할 수 있는 전략적 지혜의 화신이었으며, 말 한마디로 천하의 판도를 바꾼 설득의 달인이었다.

비록 역사적 실존 여부에 논란이 있으나, 귀곡자의 사상은 2천년이 넘는 세월 동안 지혜, 전략, 통찰의 상징으로 자리 잡아 왔다.

삼명소식부(三命消息賦) 낙녹자(珞琭子) (戰國時代 末?~?)

제1장 서문: 하늘의 이치를 글로 새긴 자

중국 전국시대와 한대의 경계, 혹은 진·한 교체기에 활동했다고 전해지는 인물 중, 낙녹자(珞琭子)의 이름은 많은 이들에게 생소하다. 그러나 명리학, 특히 삼명학(三命學)의 발전을 이야기할 때, 《삼명소식부》의 존재를 빼놓을 수 없으며, 이는 곧 낙녹자의 생애와 사상을 언급하지 않을 수 없게 한다.

그의 삶은 기록보다 전설이 많고, 학문보다 인품이 먼저 입에 오르내렸으며, 그는 자신을 '하늘의 서기(書記)'라 불렀다 한다.

제2장 출생과 가계: 옥빛 구슬이 빚은 이름

낙녹자(珞琭子)는 중국 전국시대 말기, 한초의 동부 연(燕) 땅에서 태어났다고 전한다. 그 출생 연대는 《연서지(燕書志)》의 단편 기록과 후대 《명리통고》 서문에 의하면, 진왕 정이 천하를 통일하기 불과 수십 년 전이라 한다.

그의 본명은 왕언(王偃) 혹은 왕사언(王士偃)이라 했으며, '낙녹'(珞琭)이란 호는 어린 시절부터 늘 허리에 차고 다니던 청옥(青玉) 구슬에서 비롯되었다. 이 구슬은 부친이 어느 날 하늘에서 떨어진 별똥을 줍고, 그 자리에서 발견한 옥덩이를 다듬어 만든 것이라 한다. 부친은 이를 "천지의 기운을 머금은 옥"이라 불렀으며, 아들이 태어나자마자 목에 걸어주었다.

그의 집안은 대대로 천문·역법에 능통한 명가였다. 부친 왕응(王膺)은 연나라 조정의 역관으로서 절기와 농사력을 관리했으며, 모친 진씨(陳氏)는 촌락에서 이름난 예언가였다. 모친은 남달리 직감이 날카롭고, 예지몽을 꾸는 것으로 유명했는데, 낙녹자를 잉태하기 전날 밤에도 '하늘의 별이 품속으로 떨어져 들어오는 꿈'을 꾸었다 한다.

제3장 유년 시절의 기이한 징조

낙녹자가 태어난 날, 하늘은 맑고 바람 한 점 없었으나, 동북쪽 하늘에 붉은 기운이 일어 반나절이나 사라지지 않았다. 마을 원로들은 이를 '천문에 기록된 상서로운 징조'라 하였으며, 부친은 아들의 운명을 '별과 함께 사는 자'라 믿었다.

그는 다섯 살이 되자 이미 방위와 별자리의 이름을 줄줄 외웠고, 밤이면 마당에 앉아 북두칠성의 움직임을 따라 손가락으로 허공에 별도를 그렸다. 여섯 살 무렵에는, 부친이 고심하던 농사력 오차를 어린 아들이 지적했다는 일화가 전한다. 그는 달의 삭망(朔望) 날짜를 아버지의 계산보다 하루 먼저 맞췄는데, 훗날 이는 그해 발생한 월식의 정확한 예측이었다고 한다.

이 무렵 그는 또래들과 다른 기질을 보였다. 물건을 함부로 쓰지 않고, 바람의 방향이나 구름의 모양에 따라 하루 날씨를 미리 짐작했으며, 길을 가다 돌부리를 보면 그 위치와 형태를 기억했다가 며칠 뒤 그대로 설명할 정도로 관찰력이 예리했다. 모친은 종종 "이 아이는 하늘이 준 글을 읽는 눈을 가졌다"고 말했다.

제4장 학문에 뜻을 두다

열두 살이 되자 부친은 낙녹자를 지방의 서당에 보내 한문 경전과 산술을 배우게 했다. 그러나 그는 일반 유생들과 달리 사서오경보다 천문·역산·점서에 더 매료되었다. 《주역》의 괘상과 효사(爻辭)를 접하자, 그는 단숨에 괘를 외우고 변화를 암산으로 풀어내는 신동으로 불렸다.

특히 《홍범구주(洪範九疇)》의 '삼명(三命)' 개념 즉, 천명(天命), 인명(人命), 지명(地

命)의 상호작용은 그의 마음속에 강렬한 인상을 남겼다. 이 사상은 훗날《삼명소식부》의 골격이 되었다.

열다섯 살 무렵, 그는 '명리학의 근본은 천문과 인사(人事)의 합일'이라는 생각을 품었고, 기존 역술가들이 사람의 생년월일시만 보고 길흉을 판단하는 방식에 의문을 제기했다. 그는 "하늘의 命은 변하지만, 인간의 선택과 땅의 기운이 함께 얽혀 운명을 만든다"고 주장했다.

제5장 천문·지리·역수의 연마

스무 살이 되던 해, 부친이 세상을 떠나자 낙녹자는 상복을 마친 뒤 학문을 넓히기 위해 여행길에 올랐다. 그는 제나라의 역법가를 찾아 별자리와 절기 계산법을 배웠고, 노나라의 지리학자에게서 산천형세와 풍수의 원리를 익혔다.

가장 큰 전환점은 서쪽 태행산 기슭에서 만난 노승(老僧)과의 인연이었다. 이 노승은 자신을 '운허(雲虛)'라 소개하며,《태을신수》와《기문둔갑》에 능통했다. 운허는 낙녹자의 눈빛을 보고 "그대는 이미 하늘의 글자를 읽을 수 있다. 이제 땅의 글자를 읽는 법을 배워라"라 하며, 3년간 제자로 삼아 심산유곡에서 역수(易數)와 비술을 전수했다.

이 시절 그는 하루에 세 차례 하늘을 보고, 밤에는 별을 기록했으며, 새벽에는 풍수지세를 탐사했다. 운허로부터 배운 '삼식(三式)' 즉, 기문, 태을, 육임은 후일 그의《삼명소식부》체계에 깊이 녹아들게 된다.

제6장 은사와의 조우

스물셋이 되던 봄, 낙녹자는 산동의 해안 마을에서 이름 없는 은사(隱士)를 만났다. 그는 백발이 성성한 도사였는데, 이름도 묻지 않은 채 바닷가 모래 위에 괘도를 그리고 있었다. 낙녹자가 그 뜻을 묻자, 도사는 빙긋 웃으며 모래판 위에 '天·地·人' 세 글자를 썼다.

"천명은 별에 있고, 지명은 땅에 있으며, 인명은 마음에 있다. 세 줄기의 기운이 한 사람의 생을 결정하지만, 그 흐름은 항상 변한다. 그 변화를 기록하고 전하는 것이 너의 사명이다."

이 한마디는 낙녹자의 평생 신조가 되었고, 그는 훗날 이 은사를 '청해선옹(靑海仙翁)'이라 칭하며, 《삼명소식부》 서문에 '바다 위의 한 마디가 천하의 운명을 밝히다'라는 구절로 남겼다.

제7장 세상으로 나아가다: 하늘의 글을 품고 장안으로

스물다섯이 되던 해, 낙녹자는 스승 운허의 권유로 드디어 속세로 발을 디뎠다. 첫 행선지는 당시 문화와 정치의 중심지였던 장안(長安)이었다. 장안은 진나라가 멸망한 뒤에도 여전히 상업과 학문, 점술과 예언의 중심지로 번성하고 있었다.

그는 장안의 남문 인근, 점포들이 늘어선 시장 골목에 자리를 잡았다. 당시 장안의 역술가들은 주로 《주역》의 효사(爻辭) 풀이와 육임점, 혹은 사주팔자를 중심으로 상담을 했는데, 낙녹자의 방식은 달랐다. 그는 손님이 오면 먼저 하늘을 살피고, 바람의 흐름을 느낀 뒤, 손님의 얼굴빛과 발걸음을 관찰했다. 그 후 출생시를 물어 천문과 지세를 함께 살펴 길흉을 판단했다.

이 독특한 방식은 곧 화제가 되었고, 특히 상인들과 외교 사절단 사이에서 '하늘과 땅을 모두 보는 점술가'라는 별칭이 붙었다.

제8장 역술가로서의 명성

장안에서 몇 해를 보내는 동안, 낙녹자의 명성은 사방으로 퍼졌다. 《장안잡기(長安雜記)》에는 다음과 같은 일화가 실려 있다.

"한 번은 서역 상인이 귀중한 비단을 싣고 돌아오다가 도적떼를 만날까 두려워 낙녹자를 찾아왔다. 낙녹자는 별자리를 살핀 뒤, "삼일 뒤, 북쪽 하늘의 별이 흐려지고 바람이 바뀌면 남쪽 길을 택하라. 그러면 재물을 잃지 않으리라" 했다. 상인은 이를 따랐고, 실제로 북쪽 길에선 도적떼가 나타났으나 남쪽 길은 평안했다고 한다."

이러한 정확한 예측이 여러 차례 이어지자, 그는 단순한 점쟁이가 아니라 '하늘과 땅의 기운을 읽는 자'로 존경받게 되었다.

또한 그는 상담 시, 손님의 성품과 도덕적 행실을 함께 살폈다. 악한 마음을 가진 자에게는 부귀의 길이라도 '화를 부르는 길'이라 경계했고, 착한 마음을 가진 자에게는 가난 속에서도 복이 깃들 것이라 위로했다. 이런 태도는 그가 단순한 점복가가 아니라 도덕적 지도자에 가까운 인물로 평가받게 만들었다.

제9장 삼명학三命學의 완성

낙녹자는 세상일을 살피는 와중에도 학문을 게을리하지 않았다. 그는 매일 새벽 장안 동문 밖 언덕에 올라 하늘을 살피고, 낮에는 사람들의 얼굴과 걸음을 관찰했으며, 밤이면 천문과 지리, 그리고 인간사의 변화를 기록했다.

그의 사고 체계는 점차 '삼명학(三命學)'이라는 틀로 정리되었다. 이는 천명(天命), 인명(人命), 지명(地命)을 각각 분석하고, 세 요소가 얽히며 변화하는 양상을 예측하는 학문이었다.

◆ 천명: 출생 시의 천문 배치, 별자리, 절기, 기후.
◆ 인명: 개인의 성품, 행동, 선택, 습관.
◆ 지명: 거주지의 지형, 풍수, 정치·사회 환경.

낙녹자는 이 세 가지가 상호 보완·충돌하며 인간의 길흉을 결정한다고 보았다. 그는 이를 '삼명(三命)의 흐름'이라 부르며, 특정 시점에서 어떤 요소가 우세한지에 따라 운명을 조언했다.

제10장 《삼명소식부》 집필 과정

《삼명소식부(三命消息賦)》는 낙녹자의 학문과 철학을 집대성한 저작이다. '소식(消息)'이라는 말은 음양의 소멸과 발생, 즉 변화의 주기와 흐름을 뜻한다.

집필은 장안에서 명성을 얻은 지 10여 년이 지난 서른다섯 무렵 시작되었다. 그는 기존 명리서들의 단점을 보완하고자 했다. 당시 많은 명리학 서적은 출생 시의 사주팔자에만 의존해 길흉을 판단했고, 그마저도 지역과 기후, 정치 상황 같은 외부 요인을 반영하지 못했다.

낙녹자는 3년에 걸쳐 자료를 수집하고, 스승 운허와 청해선옹에게서 배운 비법을 정리했다. 그는 책을 3부로 나누었다.

- ◆ 천명편: 하늘의 운행과 절기, 별자리 변화가 인간사에 미치는 영향.
- ◆ 인명편: 성품·행동·인륜과 운명의 상관관계.
- ◆ 지명편: 거처·지세·풍수와 시대적 환경이 운세에 끼치는 영향.

마지막에는 세 요소를 종합하여 길흉을 예측하는 '삼합법(三合法)'을 정리했다. 이 방식은 단일 요소 예측보다 훨씬 정밀하다고 평가되었다.

제11장 저술의 핵심 사상

《삼명소식부》의 가장 중요한 사상은 '변화의 인식'이었다. 낙녹자는 운명이란 고정된 것이 아니라 끊임없이 변한다고 보았다.

그는 다음과 같이 썼다.

"천명은 별처럼 멀리 있으나, 인명은 손끝에 있다. 지명은 발 아래 있으니, 하늘·사람·땅이 하루에도 수십 번씩 서로의 길을 바꾼다. 변화를 알면 길을 잡고, 변화를 모르면 길을 잃는다."

또한 그는 점술의 목적을 '예언'이 아니라 '인도(引導)'에 두었다. 즉, 불길한 운명을 미리 알려 두려움에 떨게 하는 것이 아니라, 그것을 바꾸거나 완화할 방법을 찾아주는 것이 점술가의 책무라고 했다.
　이러한 태도는 당시 점술계에 큰 반향을 일으켰으며, 후대 학자들은 낙녹자를 '예언자'보다 '지도자'에 가까운 인물로 평가했다.

제12장 당대 지식인과의 교류

　낙녹자가 장안에서 명성을 얻은 뒤, 그의 이름은 학자·관료·상인뿐 아니라 문인·시인들에게도 널리 퍼졌다. 그는 점술가이자 사상가였으므로, 단순히 길흉만 보는 것이 아니라 삶과 정치, 천지의 이치에 대해 토론하는 것을 즐겼다.
　특히 그는 장안의 명문가 출신이자 천문학에 조예가 깊었던 허문공(許文公)과 깊은 우정을 나누었다. 허문공은 낙녹자의《삼명소식부》초고를 읽고 이렇게 평했다.
　"그대의 글은 점술이 아니라 경전이 될 것이다. 천명과 지명을 아우른 학문은 오래가고, 인명을 중시하는 학문은 백성을 살린다."
　또한 그는 시인 두한(杜翰)과도 교유했는데, 두한은 낙녹자의 점괘를 받고 난 뒤, "하늘의 글씨를 읽는 자"라는 칭호를 시구에 남겼다. 그 시는 다음과 같다.

　"天書雲上隱, 地理水中藏。
　一指分南北, 三命定禍祥。"
　"하늘의 글은 구름 위에 숨어 있고,
　땅의 이치는 물속에 감추어져 있다.
　손가락 하나로 남과 북을 분별할 수 있으며,
　삼명(三命)은 사람의 화와 복을 결정한다."

　낙녹자는 이런 교류를 통해 학문을 더욱 다듬었고, 사람의 운명은 단순히 별자리나 땅의 모양만이 아니라, 사람과 사람 사이의 인연 속에서도 형성된다는 깨달음을 얻게 된다.

제13장 제자 양성과 전수

서른아홉이 되자, 낙녹자는 본격적으로 제자를 양성하기 시작했다. 그는 제자 선발에 까다로웠다. 학문적 재능보다도 인품과 도덕성을 우선시했으며, "도덕 없는 예언은 칼날 없는 검"이라고 경계했다.

그의 대표적인 제자는 세 명이었다.

- ◉ 한자경(韓子敬)
  천문 관측에 뛰어난 재능을 가진 청년. 낙녹자의 '천명편'을 이어받아 별자리와 절기의 변화 해석을 발전시켰다.
- ◉ 유성(劉星)
  풍수와 지리 감식에 능했으며, '지명편'을 후대에 전파했나.
- ◉ 진향(陳香)
  유일한 여성 제자로, 사람의 얼굴·목소리·걸음걸이를 통해 성정을 판단하는 '인명관찰법'을 완성했다.

낙녹자는 제자들에게 《삼명소식부》의 내용을 글뿐 아니라 구두 전승으로도 가르쳤다. 그는 "책은 불타 없어질 수 있으나, 가슴에 새긴 학문은 천 년 간다"고 말했다.

제14장 말년의 은둔

마흔 중반 무렵, 낙녹자는 장안을 떠나 고향 근처의 청하산(靑霞山)에 초막을 짓고 은둔했다. 이유에 대해서는 여러 설이 전한다.

- ◆ 한 설에 따르면, 정치 권력자들이 그의 예언을 군사·정쟁에 이용하려 하자 이를 거부하고 물러났다고 한다.
- ◆ 또 다른 설은, 《삼명소식부》를 완성한 후 더 이상 세상 속 분주함이 필요없다고 여겨 산으로 들어갔다고 한다.

그는 청하산에서 나무를 심고, 새벽마다 하늘을 살피며, 낮에는 제자들과 토론했다. 장안 시절보다 훨씬 조용한 생활이었지만, 그를 찾아오는 사람은 끊이지 않았다. 멀리 남월(南越)에서 온 상인, 농사에 어려움을 겪는 촌민, 자식의 앞날을 걱정하는 부모까지 그의 초막 문을 두드렸다.

낙녹자는 이들에게 변함없이 길을 안내했고, 때로는 운명을 바꾸기 위한 실질적인 방법 즉, 거처 이동, 직업 변경, 심성 수양법 등을 알려주었다.

제15장 사후의 평가와 전승

낙녹자가 세상을 떠난 것은 예순둘의 봄이었다. 청하산의 매화가 막 피어나던 시기였다고 한다. 그는 마지막 날에도 제자들과 하늘을 살피다, "오늘의 별빛은 맑다. 내가 갈 길이 저기다"라고 말하고 눈을 감았다.

그의 장례에는 수백 명이 모였고, 장안에서 온 문사들은《삼명소식부》의 구절을 읊으며 그를 추모했다. 제자 한자경은 스승의 묘비에 이렇게 새겼다.

"하늘을 헤아리고 땅을 살피며, 사람을 사랑한 자.
삼명(三命)을 밝히고, 그 변화를 인도한 자."

사후 그의 명성은 오히려 커졌다. 특히《삼명소식부》는 후대 명리학자들에게 필독서가 되었고, 동한(東漢)·삼국 시대에도 이 책을 토대로 한 주석서들이 등장했다.

제16장 《삼명소식부》의 후대 영향

《삼명소식부》는 단순한 점술서가 아니라, 천·지·인의 종합적 운명론을 제시한 학술서였다. 후대에 미친 영향은 크게 세 갈래로 나뉜다.

◆ 명리학의 확장
기존의 사주팔자 분석에 지리와 인간 심리를 결합하는 연구가 활발해졌다. 특히 당대(唐代)의 유명 역술가 이순풍(李淳風)은《삼명소식부》를 기반으로 천문·풍수·인성을 함께 보는 '삼합명리' 체계를 발전시켰다.
- ◆ 정치와 군사 분야의 활용
  후한 말기의 모사(謀士)와 장군들은 전쟁 시 군영 배치, 행군 시기 결정에 《삼명소식부》의 '지명편'을 참고했다. 이는 기문둔갑과 병행되어 전술·전략 결정에 큰 도움을 주었다.
- ◆ 민간 신앙과 생활 지침
  농민들은 씨앗 파종과 수확 시기를 정하는 데, 상인들은 장사 시작일을 정하는 데 《삼명소식부》의 절기와 방위 해설을 활용했다.

결과적으로, 낙녹자의 학문은 단순히 한 세대의 점술 체계를 만든 것을 넘어, 생활 전반과 국가 경영에도 영향을 준 셈이다.

제17장 전설과 설화 속의 낙녹자

낙녹자의 실존 기록은 희박하지만, 그를 둘러싼 전설과 민간 설화는 중국 전역에 전해진다. 이 이야기들은 역사적 사실이라기보다, 그의 학문과 인품이 얼마나 깊게 사람들 마음속에 각인되었는지를 보여준다.

1. 별빛에 길을 연 사나이

청하산에서 은둔하던 시절, 한 농부가 밤길에 길을 잃고 폭우 속에서 헤매다 낙녹자의 초막에 이르렀다. 낙녹자는 말없이 하늘을 보고, 작은 등불을 들려주며 "저 별이 동쪽 하늘에 오르면 길이 보일 것이다"라고만 말했다. 농부는 그 말을 따라가다 구름이 걷히고, 동쪽 하늘의 금성이 빛나는 순간, 마을 입구가 눈앞에 나타났다고 한다.

2. 장안의 '세 번 거절'

장안에서 한 권력자가 군사 작전을 앞두고 낙녹자에게 길흉을 묻자, 그는 세 번이나 점을 거부했다. 마지막에야 이유를 밝히며 "이 전쟁은 백성을 피폐하게 하고 나라를 위태롭게 한다. 이 점괘는 묻지 않는 것이 백 번 옳다"라 했다. 권력자는 노했으나, 후일 실제로 그 전쟁은 참패로 끝났다.

3. 옥구슬의 전설

그가 평생 허리에 차고 다니던 옥구슬은, 사후 제자들이 그의 무덤 앞에 걸어두었는데, 비 오는 날이면 옥구슬 안에 별빛이 비쳤다고 한다. 이 전설은 훗날 '낙녹자의 혼은 별과 함께한다'는 말로 변해, 천문과 점술의 수호자로 숭배되었다.

▣ 부록: 《삼명소식부》 주요 내용과 구조

《삼명소식부》는 낙녹자의 평생 연구를 집대성한 역술서로, 천·지·인의 운명론을 '소식(消息)'의 주기 속에서 해석했다. 그 구조와 주요 내용은 다음과 같다.

1. 전체 구성

- ◆ 서문: 정해선옹과의 대화, 삼명의 원리 소개.
- ◆ 제1편 천명편
  - 별자리와 절기 변화가 인간사에 미치는 영향.
  - 태세(歲星)·진성(鎭星)·화성(熒惑) 등 주요 행성의 길흉.
  - 월령(月令)과 세시(歲時)의 조화 분석.
- ◆ 제2편 인명편
  - 성품, 심리, 습관이 운명에 끼치는 작용.
  - 인연·관계망 분석법.
  - 덕행과 재앙의 상관관계.
- ◆ 제3편 지명편
  - 풍수·지형이 운명에 미치는 영향.
  - 거처·이동·이민에 따른 운세 변화.

- 국가 정치와 사회 환경의 영향.
◆ 종합편 삼합법(三合法)
- 천·지·인 요소를 종합해 길흉 판단.
- 시기·방위·행동을 조율하여 운명 최적화.
◆ 결어: 운명을 바꾸는 것은 예언이 아니라 올바른 선택임을 강조.

2. 학문적 의의

《삼명소식부》는 단일한 운명 판단법에서 벗어나, 다차원적 요소를 종합하는 체계를 제시했다. 이는 이후 명리학·풍수·기문둔갑의 결합 연구로 발전하는 초석이 되었다.

3. 후대의 주석과 영향

당대(唐代) 이후에는《삼명소식부》의 주석서가 여러 차례 편찬되었으며, 송·명 시기에는 '삼명학파'라는 명칭까지 생겨났다. 특히 명나라 말기의 역술가 서승(徐升)은 이 책을 "인간 운명학의 북두칠성"이라 평했다.

◼ 맺음말: 별과 땅과 사람 사이의 다리

낙녹자의 생애는 역사와 전설의 경계에 서 있다. 그는 하늘의 운행을 읽었지만, 그 지식을 인간을 위하는 길에 썼다. 《삼명소식부》는 단순한 점술서가 아니라, 변화하는 운명 속에서 올바른 선택을 안내하는 '지도서'였다.

그가 세상을 떠난 지 수백 년이 지난 지금도, 역술과 명리학을 연구하는 이들 사이에서 그의 이름은 '하늘과 땅과 사람을 잇는 다리'로 기억된다.

천문 관측

황석공비결(黃石公祕訣) 장량(張良) (기원전 250?~기원전 186?)

제1장 격동의 시대, 장량의 출생과 가문

1. 진말한초(秦末漢初)의 격동기

기원전 3세기 후반, 진나라가 천하를 통일한 이후 중국은 강력한 중앙집권적 체제를 구축하였으나, 그 통일은 오래가지 못하였다. 진시황의 강압적인 법가 통치와 무거운 부역, 천하 곳곳에 걸친 궁궐 및 만리장성 축조는 백성들의 원성을 사기에 충분하였다. 진나라의 통일이 가져온 평화는 곧 전국시대보다 더한 억압으로 바뀌었고, 진시황의 죽음 이후, 호해(胡亥)가 2세 황제로 즉위하자 천하는 다시 큰 혼란에 빠지게 되었다.

이러한 시대의 격변 속에서 장량은 기원전 250년경, 한(韓)나라의 옛 귀족 가문에서 태어났다. 그는 훗날 유방(劉邦)의 책사가 되어 한 제국의 기틀을 세우는 데 중요한 역할을 하였으며, 병법가·술수가·도사·은자(隱者)로서 다면적인 모습을 남긴 인물이다. 특히 그는 《육임신과(六壬神課)》의 전승자이자 재정립자로 후대 도가계열의 술수 전통에서 '신선 장자방(神仙 張子房)'으로 추앙받았다.

2. 장씨 가문의 몰락과 복수의 뿌리

장량의 조상은 전국시대 한(韓)나라에서 상경(相卿) 이상의 고위 관직을 지내던 명문가였다. 그의 5대 조상인 장개(張開)는 한나라의 국상(國相)으로, 세습적인 명문 귀족으로서 한나라를 지탱하는 중추였다. 그러나 진나라가 여섯 나라를 차례로 멸망시키는 과정에서, 한나라도 예외는 아니었다. 기원전 230년, 진나라가 한을 멸망시키자 장량 가문은 곧 몰락하였고, 당시 소년이었던 장량은 깊은 분노와 복수심을 마음속에 간직하게 된다.

  그의 아버지는 진에 항복한 뒤 강제로 지방의 하급관리로 전락하였으며, 가문은 사실상 해체되었다. 형제들 중 일부는 연좌에 걸려 유배되거나 숨겨져 살았고, 장량은 변방 지역으로 피신해 은거하며 철저히 학문에 전념하게 된다. 이 시기 그는 복수를 다짐하며 고대 병법서와 오행가, 음양술, 점서 등을 폭넓게 탐독하였다. 장량의 유년기는 혼란과 고통으로 얼룩졌지만, 그것이 곧 그의 인생을 지탱하는 뿌리이자 '운명을 다루는 자'로서의 철학적 기초가 되었다.

3. 조기 교육과 유학 및 병법의 통섭

  장량은 어린 시절부터 문무를 병행한 교육을 받았다. 비록 가문이 몰락한 이후 궁핍했지만, 조부로부터 유학 경전과 고대 병서, 특히 태공망(姜太公)의 《육도(六韜)》와 《삼략(三略)》에 깊이 통달했다. 그는 단순히 학습하는 데 그치지 않고, 이를 현실의 권모술수와 전략적 사고로 변환해 나갔다.

  청소년기의 장량은 동방의 숨어 있는 술수가와 도가 인물들을 찾아다니며 점성술, 하도낙서, 천간지지, 오행변화 등을 익혔고, 이 과정에서 도가적 무위자연의 철학을 내면화하게 된다. 그는 어린 시절부터 도사적인 기질을 지녔으며, 학문과 사유에 깊이 빠져 현실 정치의 흐름을 읽고 해석하는 능력을 키워갔다.

4. 《태공병법》과 도술의 접목

  장량은 일찍이 태공망의 병법을 단순한 군사 전략으로 보지 않았다. 그는 《육도삼략》을 해석함에 있어 전투 전의 '기(氣)의 흐름', 하늘의 '시운(時運)', 인간 심리의 '응변(應變)' 등을 중시하였다. 이와 같은 사유방식은 그가 후에 접하게 되는 《육임신과》라는 술수 체계와 맞닿아 있으며, 전통적인 병법가와는 다른 철학적 병술가(兵術家)의 면모를 형성하게 된다.

  이 시기에 그는 이미 "때를 아는 자는 백 번 싸워도 지지 않는다"는 신념을 형성하고 있었다. 이후 황석공에게 직접 《태공병법》의 해석을 배우며, '육임(六壬)'의 핵심 원리인, 하늘의 변화와 인간의 응답, 그리고 신(神)의 작용을 체계적으로 접하게 된다.

5. 진나라 암살 시도와 운명의 갈림길

가문을 멸망시킨 진나라에 대한 원한은 장량의 삶을 관통하는 축이었다. 그는 기원전 220년경, 고향의 자산을 모두 팔아 암살자를 고용하고 진시황을 죽이기 위한 계획을 세운다. 당시 낙양 근처에서 진시황의 행차를 예상하고 일격을 가했지만, 행렬의 수레가 바뀌는 바람에 암살은 실패로 돌아간다. 진시황은 분노하며 대대적인 수색을 벌였고, 장량은 도망쳐 은신하며 이름을 바꾸고 몸을 숨긴다.

이 사건은 장량에게 중요한 변곡점이었다. 죽음의 문턱에서 살아남은 그는 인간의 힘만으로 운명을 거스를 수 없다는 것을 절감하고, 그때부터 더욱 깊이 도가적 세계관과 술수학(術數學)에 몰두하게 된다. 그는 은둔 생활 속에서 '운명을 읽는 자'가 되기를 선택하였고, 이때부터 본격적으로 '육임신과'의 이론을 정립해나가게 된다.

6. 황석공과의 조우를 향해

암살 실패 후, 피신 중이던 장량은 하비(下邳) 근처의 다리 위에서 한 노인을 만난다. 그는 노인이 던진 신발을 줍고 다시 신겨주는 과제를 세 번이나 반복하며 그에게 인내심과 절의를 인정받는다. 그 노인은 바로 황석공(黃石公), 도가 술수계의 신비로운 인물이었다. 황석공은 그에게 《태공병법》의 주해본과 함께 《육임신과》의 핵심을 전수하기 시작하였으며, 이 만남이 장량의 삶을 결정적으로 바꾸는 계기가 된다.

제2장 복수를 다짐한 청년 장량

1. 진(秦)의 쇠락과 장량의 복수심

장량의 소년기는 진나라의 철권통치 아래에서 성장하였다. 진시황은 천하를 통일한 후 법가의 이념을 절대화하며 무거운 세금과 부역을 강요하고, 사상과 학문에 대해서도 통제와 탄압을 가했다. 특히 전국시대의 구육국 귀족들은 진의 중앙정권에 의해 대부분 제거되거나 통합되었으며, 그 과정에서 한나라의 명문 귀족이었던 장량의 가문도 철저히 해체되었다.

장량의 아버지는 진에 강제로 귀속되어 지방관으로 전락했으며, 장량은 어린 나이에 아버지와 조부를 모두 잃고 복수심에 불탔다. 가문의 재건과 부친의 복수는 장량 인생의 중심축이 되었다. 그는 문무를 갈고닦으며 언젠가 진나라에 맞서겠다는 의지를 키워갔다. 그러나 그는 단순한 무인이나 장수가 아닌, 시대의 흐름과 '시기'를 읽는 전략가로 자라나고자 하였다.

2. '하광'이라는 음양술사의 가르침

진시황 암살을 도모하기 전, 장량은 하택(夏澤) 근처의 산간 마을에 은둔하며 깊은 학문 수련에 빠져 있었다. 이 시기에 그는 도가 계통의 술수사인 '하광(夏光)'이라는 은둔자를 만났다. 하광은 풍수, 음양, 복서, 육임 등의 체계를 복합적으로 이해하고 있던 인물로, 전설에 따르면 태항산맥 깊은 골짜기에서 도를 닦던 존재였다.

장량은 하광에게 "인간의 행위는 하늘의 시기와 교차해야 성공한다"는 이치를 배우며 운명과 시기의 중요성을 깨달았다. 이때부터 그는 단순한 전투가 아닌, '운명의 타이밍'을 재는 기술인 '육임'의 원리를 접하게 되었다. 하광은 그에게 육임의 싹만 보여주고는 "이 다음 너에게 진정한 비결을 전할 자가 나타날 것이다"라는 말을 남기고 산으로 들어갔다.

3. 암살계획과 칼날의 실패

기원전 220년경, 장량은 가문에서 남은 자산을 모두 처분해 암살자를 고용한다. 진시황이 동순행을 떠난다는 첩보를 입수한 그는 수레가 통과할 것으로 예상되는 낙양 인근의 협곡에 복병을 두었다. 이때 사용된 암살 도구는 120근(약 72kg)에 달하는 거대한 쇠망치였다고 전해진다.

그러나 장량의 암살 시도는 우연한 변덕 앞에 실패하고 만다. 진시황의 수레가 바뀌었고, 계획된 시점에 도착한 수레는 황제가 아닌 다른 이가 타고 있었다. 쇠망치는 헛되이 휘둘러졌고, 암살자는 바로 체포되고 처형되었으며, 장량은 필사적으로 도주하였다.

그는 이 실패 이후, 생명의 위협 속에서 철저히 자신의 존재를 감추었으며, 수년간 하비(下邳)와 제음(齊陰) 지역을 떠돌며 도사로 위장해 살아갔다. 이 경험은 그로

하여금 인간의 힘만으로 세상을 바꾸기 어렵다는 통찰을 얻게 하였으며, 이후부터 그는 '기회와 타이밍'을 읽는 것, 즉 하늘의 명(命)을 보는 자가 되어야 한다는 사상을 품게 된다.

4. 황석공과의 운명적 만남

하비 근처, 어느 한적한 새벽. 장량은 여느 날처럼 초막 근처의 다리를 건너려는 찰나, 한 노인이 갑자기 신발을 벗어 아래로 던지며 말한다.

"젊은이, 저기 내 신발을 주워오너라."

장량은 불쾌했지만, 그 신발을 주워 노인의 발 앞에 내밀었다. 노인은 "신겨 달라"고 하였고, 장량은 억지로 무릎을 꿇고 신발을 신겨주었다. 노인은 웃으며 돌아갔다. 다음날도 같은 일이 반복되었고, 세 번째 날, 장량은 새벽녘부터 기다리고 있었다. 이에 노인은 크게 웃으며 말하였다.

"이제야 제대로 된 제자를 찾았구나. 내가 하비 동쪽의 다리 밑에 책 한 권을 숨겨두었으니, 열흘 뒤 가서 가져가라."

장량은 열흘 뒤, 그 책을 찾았는데 바로《태공병법》과 함께 정묘하게 쓰인 병가 비결, 그리고 '육임신과(六壬神課)'의 핵심 수결이 적혀 있었다. 황석공은 후에 그와 몇 차례 더 만나 이론과 실제 운용법을 전수해주었으며, 장량은 황석공을 '신이 보낸 스승'으로 여기고 목숨을 다해 그 지혜를 연구하였다.

5. 황석공서(黃石公書)와 육임신과의 구조

장량이 받은 책은 총 세 권이었다. 그중 첫 권은 태공의 병법에 대한 주석본, 두 번째는 음양오행과 시기론을 다룬《응변술(應變術)》이었고, 마지막은 귀신(鬼神)과 천간지지, 삼전삼합 등을 바탕으로 구성된 '육임의 초본'이었다. 이는 후대의 《육임신과》의 원형이 되었다.

그는 이 세 권을 조합하여 병법에 천문, 지리, 인간의 기운을 접목하는 새로운 해석 체계를 정립해갔다. 여기에서 '육임'은 단순한 점법이 아닌, 전장의 시기 판단과 군중 심리의 분석에 활용되는 정교한 '시간의 철학'으로 재구성되었다. 장량은 병법과 술수를 하나로 통합하려는 초석을 이 시기에 다졌으며, 이는 후일 유방에게 조언할 때 큰 힘이 되었다.

6. "천시(天時)를 잡는 자가 승자다"

황석공과의 만남 이후 장량은 육임의 세계를 신비한 도술로만 보지 않고, 보다 철학적인 관점에서 분석하였다. 그는 "하늘의 기운은 늘 변하고, 인간은 그것에 응해야 할 뿐이다"라는 도가적 관점을 지녔으며, 이를 '시응론(時應論)'이라 정리하였다.

장량은 세상에 다시 나아갈 준비를 하며 "내가 하늘의 시기를 읽는다면, 다시는 실패하지 않을 것이다"라는 신념을 굳히게 된다. 그는 이제 무력을 앞세운 복수가 아닌, 시기와 타이밍, 그리고 하늘의 흐름을 읽는 전략으로 진을 무너뜨릴 계획을 세우기 시작하였다.

제3장 황석공과의 만남, 육임신과의 비결을 얻다

1. 다리 밑의 운명: 도를 전수받다

장량은 진시황 암살 실패 후 하비(下邳) 근방에서 은둔하며 신분을 숨기고 살고 있었다. 당시 그는 말수가 적고 무예보다는 독서에 몰두한 인물로, 마을 사람들로부터 '이상한 선비'로 알려져 있었다. 그러던 어느 날, 새벽녘 안개 속 다리 위에서 한 노인을 만났다.

노인은 말없이 다리를 건너다 신발을 일부러 벗어 던졌고, 그것을 가져온 장량에게 "신겨 달라"고 요구했다. 장량은 처음엔 분노했으나 침착히 신발을 주웠다. 두 번째 날, 같은 요구를 받았고 세 번째 날, 장량은 새벽부터 기다리며 노인을 맞이했다.

노인은 웃으며 말했다.

"나는 황석공(黃石公)이요. 그대는 때를 기다릴 줄 아는 자로다."

이 인연으로 장량은 '황석공서(黃石公書)'라 불리는 병법서와 술수서, 그리고 《육임신과(六壬神課)》의 원형이 되는 점서(占書)를 전수받게 된다. 이 책들은 단순한 병법이나 점술이 아닌, 하늘의 시기와 인간의 의지, 귀신의 움직임을 종합하여 '운명을 설계하는 법'을 담고 있었다.

2. 황석공의 신비한 배경

황석공의 실존 여부는 역사적으로도 의견이 분분하다. 사기(史記)에는 간략히 언급되지만, 《한서(漢書)》나 《태평광기(太平廣記)》 등의 후대 사료에서는 황석공을 도가(道家) 고승으로, 혹은 노자(老子)의 환생으로 보는 전설적 해석이 있다.

그는 자기를 신분 없는 노인으로 드러냈지만, 장량에게 보여준 병법과 점술의 깊이는 보통 사람의 범주를 넘었다. 특히 그는 《육임》을 단순한 점술 도구가 아닌, '하늘의 이치에 따라 인간이 움직이는 지혜'라고 해석했다.

장량은 황석공에게서 육임의 운용 원리 외에도, '지도자의 도량', '운명을 꿰뚫는 통찰', '심중무언(心中無言)의 경지' 등을 배웠다. 황석공은 인간은 하늘과 땅 사이에서 응하는 존재일 뿐이며, "때가 이르면 움직이고, 아니면 숨을 줄 알아야 한다"고 강조하였다.

3. 《육임신과》의 원형과 핵심 구조

장량이 받은 '육임서(六壬書)'는 3권으로 구성되어 있었다. 그는 그것을 정리하면서 나중에 '육임신과(六壬神課)'라는 체계로 발전시킨다. 이 체계의 핵심은 다음과 같다.

- ◆ 천간지지의 상생상극과 시기 배합
  일진(日辰), 월건(月建), 년지(年支) 등을 이용하여 시간의 흐름을 분석하고, 인간이 어떻게 응해야 하는지를 판단.
- ◆ 삼전(三傳)
  초전(初傳), 중전(中傳), 말전(末傳)을 통해 사건의 전개 흐름을 예측.
- ◆ 삼합(三合)과 삼형(三刑)
  지지 간의 관계로 상황의 성쇠, 충돌, 해결 가능성 분석.
- ◆ 귀신(貴神), 공망(空亡)
  점술적 신령성의 개입과 인간계 문제의 해결 가능성 파악.

◆ 사과(四課)

　육임은 하늘의 명령을 상징하며, 사과는 이를 보좌하는 현상적 정보로의 기능.

　장량은 이 체계를 단순히 점치기 위해 사용한 것이 아니라, 국가적 사건을 예측하고 전쟁의 승패를 좌우하는 전략 판단도구로 삼았다. 그는 그것을 "시간의 지형도(地形圖)"라고 불렀다.

4. 병법과 점술의 융합: 장량식 '시간 병법'

　장량은 《육임신과》를 병법과 접목시킨 최초의 인물로 여겨진다. 그는 전쟁을 단순한 무력 충돌이 아니라, '시간의 흐름에 따른 인간의 선택'이라고 보았다. 예컨대 그는 한 신하가 충성을 다할 시기를 '삼합(三合)'의 형성 시기로 파악하고, 전투를 벌일 때는 '삼형(三刑)'과 '충극(沖剋)'의 구조를 활용하여 상대 진영의 내부 분열을 유도하였다.

　또한 그는 병력을 이동할 때에도 육임에 따라 '길일(吉日)'과 '흉시(凶時)'를 따져, 수리(水利), 기후, 민심 등을 고려한 행군을 주장하였다. 이러한 점은 훗날 조조(曹操), 제갈량(諸葛亮), 유비(劉備) 등에게 영향을 주었으며, 도가계 병법의 체계 형성에 기초가 되었다.

5. 《태공병법》과의 연계

　황석공이 건넨 또 하나의 책은 《태공병법(太公兵法)》의 주해본이었다. 이는 태공망 강태공(姜太公)이 주나라 문왕에게 전한 병법서로, 도교적 우주관과 인간 행동론이 어우러진 전략서였다.

　장량은 이 책을 기반으로 '하늘과 땅과 사람의 삼재(三才)'를 운용하는 법을 배웠으며, 이후 《육임신과》의 논리 구조에도 삼재 이론을 통합하게 된다.

　그는 《태공병법》의 핵심 개념인 "치적지기(治敵之機)"—즉 적을 이기기 위한 최적의 순간—을 《육임》의 '삼전' 구조에 대응시켜 해석하였고, 전쟁 시에는 "무조건 이기는 싸움이 아닌, 지지 않는 싸움"을 택하였다.

6. 비결을 감춘 자: 구전(口傳)의 시작

황석공은 육임의 비결을 모두 책으로 기록하지 않았다. 그는 일부 내용은 입으로만 전해졌으며, 장량에게도 "이 중 절반은 말로만 전할 것이며, 나머지는 네가 체득하라"고 하였다.

장량은 이후 제자들에게도 이 방식 그대로 '구전'과 '비결(秘訣)'로만 일부 육임지법을 전하였고, 이는 후대 《청산장씨육임비결(靑山張氏六壬秘訣)》, 《육임대전》 등의 형식으로 전해진다.

그는 이로써 점술이 상업화되거나 남용되는 것을 막고자 하였으며, '시기(時機)를 아는 자'는 '책에 의존하는 자'가 아니라, '기운을 읽는 자'라고 보았다.

7. 황석공과의 작별, 시대를 향해 나아가다

황석공은 몇 차례의 짧은 만남을 거쳐 사라졌다. 마지막으로 그는 장량에게 말한다.

"너는 때를 볼 줄 아는 사람이다. 이제 너의 도(道)는 사람의 가운데로 나아가야 하리라."

장량은 더는 은둔을 택하지 않았다. 그는 자신이 배운 병법과 술수, 육임의 기법을 세상에 펼칠 준비를 하였고, 진나라가 무너지기 직전의 혼란 속으로 발걸음을 내디뎠다.

그는 자신의 힘으로 복수를 할 수는 없었다. 그러나 운명을 읽는 눈으로, 새로운 왕조의 운을 도울 수는 있었다. 그것이 그의 도(道)요, 사명(使命)이라 여긴 것이다.

제4장 유방의 참모가 되다: 운명을 읽는 전략가

1. 유방과의 운명적인 만남

기원전 209년, 진나라 말기, 진승과 오광의 봉기가 발화점이 되어 전국적으로 반진(反秦)의 물결이 일어났다. 그중 패현(沛縣)의 서리(亭長)였던 유방(劉邦)도 수많은 도적과 유민을 규합해 진나라를 향한 무장투쟁에 나섰다.

장량은 이때 상황을 지켜보며 각 반란군 지도자들의 인물됨을 살폈다. 그는 항우의 무력에는 감탄했지만, 그 잔인성과 기세 위주의 통치에는 회의감을 느꼈다. 반면 유방은 거칠지만 인간적인 정감이 있었고, 무엇보다도 '기회를 감지할 줄 아는 자'였다.

장량은 하비에서 유방과의 접촉을 시도했다. 유방은 초면에 그를 보고 "그대가 그 장자방(張子房)이냐?"며 경외를 표했다. 이는 이미 장량이 진시황 암살 사건으로 인해 명성이 퍼져 있었기 때문이었다. 유방은 즉시 장량을 책사로 삼고, 전략은 물론 길일(吉日), 출병 시기, 민심 변화 등 전반에 대해 자문을 구했다.

2. 초한지혼전(楚漢之混戰)의 시작

진나라가 멸망하고 항우가 잠시 서초패왕(西楚霸王)으로 자립한 이후, 유방과 항우는 천하를 놓고 충돌하게 된다. 이 초한지(楚漢志)의 전란 속에서 장량은 유방 진영의 핵심 참모로서 두각을 나타낸다.

그는 유방에게 절대 무력으로 항우를 이기려 들지 말고, 시기와 민심, 귀신의 응력을 살피는 '타이밍의 전쟁'을 강조했다. 장량은 육임신과의 이론을 토대로 유방에게 출병일, 이동 경로, 성을 공격하거나 포기할 날짜를 조언했다. 대표적인 사례가 바로 다음과 같다.

3. 홍문연(鴻門宴): 운명을 바꾼 계책

가장 유명한 사건 중 하나가 바로 '홍문연(鴻門宴)'이다.
기원전 206년, 항우가 유방을 죽이려 했던 연회 자리에서, 장량은 이를 사전에 감지하고 유방에게 행동을 경고했다.

장량은 연회의 당일 육임법을 활용하여 일진(日辰)과 월건(月建), 귀신(貴神)의 위치를 분석한 후 "오늘은 귀신이 오른편에 붙어 있으니 우측 귀에 속삭임이 생명을 지킬 것이다"라고 말한다. 이는 장량 특유의 암시였고, 유방은 이에 따라 참모 번쾌(樊噲)를 배치하여 위기를 모면했다.

그 후 장량은 항우 진영의 무사 항백(項伯)을 설득하여 유방과의 동맹을 유지하도록 만들고, 결국 유방은 무사히 그 자리를 빠져나오게 된다. 이 사건은 유방에게 있어 장량의 가치를 절감하게 만든 결정적 계기가 되었다.

4. 육임을 활용한 군사전략: 시기 판단의 천재

장량은 유방이 장안을 점령할 당시, 일부 신하들이 진궁(秦宮)을 불태워야 한다고 건의하자 "불태우면 민심이 떠나고, 하늘의 기운도 따라 떠난다"고 하였다. 그는 귀신의 기운과 민심의 변화를 함께 보며, 단순한 점술이 아닌 종합적 정치 판단 도구로 육임을 활용하였다.

특히 전투 직전에는 항상 장막 속에서 향을 피우고, 그날의 일진을 살핀 후 '초전-중전-말전'을 구성하였다. 그는 특정 인물이나 지역의 병세(兵勢)를 점치는 것이 아니라, 장기적 흐름과 패러다임의 전환 시점을 읽었다.

예를 들어, 기원전 205년 유방이 항우에게 밀리던 형세 속에서도, 장량은 '귀인입위(貴人入位)', '천권동좌(天權東坐)'라는 점괘를 뽑아 "곧 동쪽에서 유리한 계기가 들어올 것"이라 해석하였고, 이 예언은 나중에 항우의 내부 분열과 제후들의 이탈로 현실화되었다.

5. 제후 공작과 민심 조율

장량은 전장에서만 빛을 발한 것이 아니었다. 그는 외교사절로서 제후국을 설득하고 유방 진영에 유리한 동맹 구도를 형성하는 데에도 큰 공을 세웠다. 특히 제후국 왕들과의 회담 때는 육임신과의 점법을 이용해 상대가 중시하는 시기나 조상 제사를 언급하며 심리를 파고들었다.

그는 상대가 감정적으로 흔들릴 순간을 미리 예측하고, 그 타이밍에 맞춰 유방의 명분을 강조하거나 제후국의 이해관계를 조율했다. 이처럼 장량은 단순한 참모가 아닌, 시간과 운명을 조율하는 '정치 사제(師祭)'로 활동하고 있었던 것이다.

6. 한(漢) 제국 개창의 동반자

기원전 202년, 유방은 마침내 항우를 최후의 전투인 해하전(垓下戰)에서 무너뜨리고 한 제국을 세운다. 장량은 이 시기 공식적으로 '승상(丞相)'이나 '대사마(大司馬)'와 같은 직책에 오르지는 않았지만, 유방은 그를 "황실의 수보(壽輔)"라 불렀다.

한신(韓信)이 군사면에서 유방의 칼이었다면, 장량은 하늘의 시기를 가늠하는 나침반이었다. 유방은 술자리에서 늘 말하곤 했다.

"내가 천하를 얻은 것은 장자방(張子房) 덕이다.

그는 하늘을 움직여 나를 살리고, 세상을 나에게 가져다주었다."

제5장 개국공신, 그러나 권력 대신 도道를 택하다

1. 제국 건설 이후의 정치적 긴장

기원전 202년, 유방이 천하를 통일하고 한(漢) 제국을 세우면서 장량은 명실공히 개국공신의 반열에 올랐다. 그러나 그는 자신에게 주어진 명예와 권력, 봉지를 기뻐하지 않았다. 오히려 초한 전쟁 중보다도 훨씬 더 조심스럽고 침묵하는 태도로 일관했다.

한 제국이 수립되자 곧바로 내부 권력 다툼이 시작되었다. 유방은 공신들에게 작위를 나누는 과정에서 철저한 실리와 개인적 신뢰를 바탕으로 결정을 내렸고, 그에 따라 여러 장수들과 대신들 사이에 심각한 불만이 표출되었다. 특히 한신(韓信), 팽월(彭越), 경포(黥布) 등의 무장들은 제국 수립 이후 유방과 정치적 충돌을 겪었고, 결국 모두 숙청당하는 비극을 맞이했다.

장량은 이 같은 흐름을 미리 감지하고 있었다. 그는 유방의 통치 성향과 권력 집중의 흐름을 꿰뚫고 있었으며, 황제의 좌우에서 권력을 누리는 대신, 서서히 정치의 전면에서 물러나기로 결심하였다.

2. 유방과의 대화: 道로의 회귀를 결심하다

한 제국의 수립 직후, 유방은 장량에게 대사마(大司馬)의 직을 맡아줄 것을 청했다. 그러나 장량은 이렇게 대답했다고 한다.

"폐하, 이미 천하는 통일되었고, 신은 이제 하늘의 시기만을 따르고 싶사옵니다. 산으로 돌아가 《황석공서》의 뜻을 되새기고자 하옵니다."

유방은 처음엔 완강히 반대했지만, 장량이 여러 차례 간곡히 요청하자 마침내 허락했다. 그는 장량에게 청산(靑山)의 토지를 하사했고, 장량은 그곳에 거처를 마련해 은거 생활을 시작했다.

이 시기 장량은 "권력은 도(道)의 반대편에 있다"는 도가적 신념을 가지고 있었고, 황석공이 마지막에 남긴 "때가 지나면 나서지 마라"는 말을 가슴에 새기고 있었다.

3. 소하·진평·주발 등과의 관계

장량이 정계를 떠나면서도 유방과의 관계는 유지되었다. 그는 때때로 궁궐로 불려 들어가 유방의 꿈 해석이나 천문 점술을 자문했고, 큰 정치적 판단을 요할 때 조언을 아끼지 않았다. 그러나 그는 언제나 한 걸음 물러나 있었고, 국정에 직접 관여하진 않았다.

한편 소하(蕭何)는 내정과 법률, 진평(陳平)은 계책과 책략, 주발(周勃)은 군사와 방어를 담당하며 제국을 지탱했다. 이 가운데 장량은 외교와 술수, 그리고 운명의 흐름을 보는 자로서 자리하였다. 그는 이들을 '법', '계', '검'이라 불렀고, 자신은 '시(時)'라 칭했다.

그가 가장 두려워했던 것은 인간의 욕심이 하늘의 시기보다 앞서가는 것이었고, 자신이 그에 동조하는 순간 더 이상 '운명을 보는 자'가 아니게 됨을 알고 있었다.

4. 청산의 은둔과 도인(道人)으로서의 전환

청산에 은거한 장량은 본격적으로 《육임신과》의 정리 작업에 착수했다. 그는 황석공에게서 받은 구결과 구전 내용을 정리하고, 자신이 실전에서 적용했던 사례를 보완하여 하나의 독립된 체계로 발전시켰다. 이 체계는 단순한 점술서가 아니라, 병법·풍수·민심·천문이 융합된 종합 운명론이었다.

그는 제자들을 두고 강학을 시작했으며, 이후 이들이 후일 《육임신과비결(六壬神課秘訣)》, 《청산장씨비전(靑山張氏秘傳)》 등의 명맥을 형성하게 된다. 장량은 스스로를 '도인(道人)'이라 칭하지 않았지만, 제자들과 주변인들은 그를 '하늘의 뜻을 보는 선인(仙人)'으로 여겼다.

5. 유방의 죽음과 후계 구도

기원전 195년, 유방이 병으로 죽음을 맞이하자, 조정은 곧바로 후계 문제와 황후 여씨(呂氏) 세력의 개입으로 혼란에 빠졌다. 유방의 뒤를 이은 혜제(惠帝)는 약한 성정으로 인해 정국을 장악하지 못했고, 여씨 일가는 섭정체제를 구축하였다.

이때 장량은 다시 궁중의 부름을 받았으나, 단호히 사양했다. 그는 "이제 나의 도는 끝났고, 황제도, 궁정도, 사람의 일이 아니라 하늘의 길을 좇을 시기"라고 말하며, 자신의 '천명(天命)'이 다했음을 선언하였다.

장량은 이후 수년간 더 청산에 머물다, 조용히 생을 마감하였다. 그의 죽음은 당대에는 크게 알려지지 않았으나, 후대가 되면서 '권력을 버린 신선', '하늘의 시기를 읽은 책사', '육임의 대성자(大成者)'로 추앙받게 된다.

제6장 청산의 은둔과 후학 교육

1. 청산(靑山)으로의 귀환

장량이 궁정을 떠난 후 거처를 정한 곳은 낙양 동남쪽의 청산이었다. 이곳은 높은 산세와 깊은 숲이 어우러진 은둔처로, 당시 수도와 가까우면서도 외부의 간섭을 피해 학문과 수행에 몰두하기에 안성맞춤인 지역이었다.

그는 이곳에 초가를 짓고 '청암산방(靑巖山房)'이라 이름 붙였다. 그는 자신을 따르는 이들에게 외부의 직함이나 이름을 사용하지 말고, 모두를 도우(道友)라 부르게 했다.

청산은 이후 수백 년 동안 도가 술수계의 전승처로 여겨졌고, 후대 도사들은 그곳을 '장자방의 적전(嫡傳)이 머문 산'이라 부르게 되었다.

2. 후학을 위한 강학 활동

청산에 은둔한 이후, 장량은 한가롭게 살지 않았다. 오히려 그는 자신이 평생 갈고닦은 병법과 술수, 특히 황석공에게서 전수받은 《육임신과》의 지식을 정리하고 체계화하는 데 몰두하였다.

그는 먼저 《육임》의 구조와 핵심 논리를 정리해 제자들에게 강의하였다. 그가 주로 강조한 강의 내용은 다음과 같았다.

- ◆ 삼전삼합: 과거·현재·미래의 흐름을 읽어 시간의 논리로 전환하는 기법.
- ◆ 귀신론(貴神論): 귀신은 인간의 의식이 아니며 하늘의 기운과 교차하는 지점임.
- ◆ 시응론(時應論): 상황은 변하고 기회는 지나간다, 응할 때를 놓치지 마라.
- ◆ 무위점법(無爲占法): 억지 해석이 아닌, 직관과 시기의 흐름을 따르는 판단.

장량은 지식의 암기보다는 체득과 실전의 응용을 강조했으며, 하루하루의 날씨와 인간의 표정, 동물의 반응에서도 '응(應)'을 읽는 훈련을 시켰다. 그는 점치는 법보다 '세상을 읽는 법'을 가르쳤다.

3. 주요 제자들과 전승 체계

장량은 정식 제자보다는 도반과 학인을 가르치는 방식으로 교육을 이어갔지만, 그중에서도 다음과 같은 인물들이 주요 전승자로 꼽힌다.

- ◉ 조옹(趙翁)
  기문둔갑과 오행에 밝았던 술사로, 장량의 《삼전법》을 이어받음.
- ◉ 설연(薛然)
  주역과 음양오행에 능했던 자로, 후에 육임신과를 《육임대전(六壬大全)》으로 재정리.
- ◉ 무명선인(無名仙人)
  실명 미상이나 도가 비술과 풍수까지 장량에게 전수받았다는 인물로, 민간 도통의 출발점.

장량은 자신의 비결 중 일부는 절대 문서화하지 않고 제자에게 구결로만 전하였으며, "모든 이가 육임을 알게 되면 세상이 혼란해진다"는 말을 남기기도 했다. 그로 인해 육임의 핵심 기술은 후대에도 제한된 전수방식으로 이어졌다.

4. 《청산장씨비결(靑山張氏祕訣)》의 정리

장량은 말년까지 《황석공서》와 《육임신과》의 주해 작업을 이어갔다. 특히 황석공에게서 받은 문서의 '구결', '음가주석(音假註釋)', '천간결합표' 등을 도식화하고, 삼전삼합을 비롯한 응용 점법들을 하나의 체계로 정리하였다.

그 결과물이 바로 후대에 전해지는 《청산장씨비결》이다. 이 책은 후일 송대, 명대 도사들에 의해 재정리되어 《육임신과비결》,《삼식비전(三式祕傳)》등으로 분화되며, 도가 술수학의 근간을 이루게 된다.

장량은 이 책의 말미에 다음과 같은 구절을 남겼다고 전해진다.

"하늘은 말이 없고, 귀신은 신묘하다.
그러나 사람이 이를 보고 응할 수 있다면, 그가 곧 천명(天命)의 동반자다."

5. 은둔의 마지막 나날과 조용한 죽음

장량은 노년에 접어들어 강의도 줄이고, 산중에서 소나무를 벗 삼아 기도를 드리며 수행에 몰두했다.

그는 점차 말을 줄이고, 침묵 속에서 시기의 흐름을 지켜보며 조용히 삶을 마무리하였다. 그의 마지막 모습은 다음과 같이 전해진다.

어느 날 새벽, 장량은 제자들에게 이렇게 말했다.

"하늘의 운이 잠시 쉬는 때다. 나도 이제 잠시 숨을 들이마셔야겠다."

그는 그날 저녁, 향을 피우고 조용히 좌선하다 세상을 떠났다. 기년은 정확하지 않으나, 기원전 186년경으로 추정된다.

묘소는 청산 기슭에 있으며, 후대 도사들 사이에서는 '장자방선생영묘(張子房先生靈廟)'로 불렸다.

제7장 《육임신과》의 성립과 철학

1. 《육임신과》란 무엇인가?

《육임신과(六壬神課)》는 장량이 생애 후반기에 정리·체계화한 고대 점술체계로,

중국 도가(道家)의 술수학 삼식(三式) 중 하나로 손꼽힌다. 삼식은 '태을수(太乙數)', '기문둔갑(奇門遁甲)', '육임신과(六壬神課)'로 구성되며, 하늘의 시기(時機), 인간의 선택, 귀신의 움직임 등을 종합적으로 판단하는 고차원적 술수학이다.

《육임신과》는 '육임'이라는 이름에서 알 수 있듯, '천간(天干) 중 6개의 임(壬)일'을 중심으로 발전한 점법이다. 그러나 여기서 말하는 '임'은 단순한 일진(日辰)이 아니라, 하늘의 명(命)과 응(應)이 교차하는 시간의 교점으로서 해석된다. 장량은 이 체계를 통해 하늘과 인간의 통로를 잇고자 하였다.

2. 《육임신과》의 구성 요소

《육임신과》는 다음의 핵심 요소들로 구성된다.

1) 사과(四課)와 삼전(三傳)

- ◆ 사과(四課): 일간(日干), 일지(日支) 및 이들의 상신(上神)과 하신(下神) 등으로 현재 상태를 진단.
- ◆ 삼전(三傳): 초전(初傳), 중전(中傳), 말전(末傳)을 통해 사건의 과거, 현재, 미래 전개를 예측.

장량은 이를 "시간의 혈맥(血脈)"이라고 부르며, 삼전 삼합의 흐름을 통해 운명의 연속성과 변화를 파악하였다.

2) 육신(六神)

- ◆ 청룡, 현무, 주작, 백호, 등사, 천후 등의 여섯 신령적 상징은 사건에 개입하는 무형의 힘을 상징하며, 결과를 유도하는 보이지 않는 작용으로 해석된다.

3) 귀신(貴神)과 공망(空亡)

- ◆ 귀신은 사건에 우호적이거나 결정을 도와주는 힘으로 작용한다.
- ◆ 공망은 흐름이 끊어져 무위(無爲)가 되는 시기임을 의미한다.

4) 육임(六壬)의 배합

◆ 육임이란 육십갑자의 구조에서 특정한 '임(壬)'일이 가지는 에너지 흐름을 말한다.
◆ 각각의 육임 구조에 따라 점법의 해석과 결론이 달라진다.

3. 장량의 점법 철학: 시(時)와 응(應)

장량이 《육임신과》를 통해 강조한 철학적 핵심은 단순한 점술이 아니라 '시응론(時應論)'이었다.

"시(時)가 오지 않았을 때의 행동은 도리어 해(害)가 되고,
응(應)을 알지 못한 말은 신의 뜻을 막는다."

그는 점을 친다는 행위를 하늘의 의지를 관찰하는 도구로 삼았으며, 이를 통해 인간의 행동이 하늘의 운행과 얼마나 조화를 이루고 있는지를 진단하고자 했다.

이 철학은 노장사상에서의 무위자연(無爲自然)과 통하는 것이며, 장량은 이를 통해 인간이 욕심과 감정이 아닌 천시(天時)에 따라 움직여야 함을 강조하였다.

4. 병법과 술수의 통합

장량은 병법가이면서도 점술가였고, 동시에 철학자였다. 그는 병법이 '형(形)'을 다루는 기술이라면, 술수는 '기(氣)'를 다루는 기술이라고 보았다.

따라서 그는 《육임신과》를 통해 병법에 시간성과 운명성을 결합시켰다. 전쟁을 단순히 "승패의 문제"로 보지 않고, "하늘의 흐름을 따라 이기는 싸움"으로 승화시킨 것이다.

그의 이런 통합적 관점은 훗날 《기문둔갑》이나 《태을신수》와 같은 시간 중심의 전략술수에도 영향을 주었으며, 특히 도가 병법 전통 속에서 "시간의 지휘자"라는 역할 모델을 남겼다.

5. 《육임신과》의 실전 적용 사례

장량이 남긴 기록 또는 후대 전승 중 일부는 그의 점법이 실제 전쟁이나 정치

판단에 어떻게 활용되었는지를 보여준다.

〈예: 홍문연 전날의 점괘〉
- ◆ 일진: 병오일(丙午日)
- ◆ 월장: 유(酉)
- ◆ 점시: 진(辰)
- ◆ 삼전: 진(辰)-유(酉)-인(寅)
- ◆ 귀신: 청룡이 인(寅)에 임함.
- ◆ 해석: "귀인이 술회할 때, 우측에서 뜻이 통하고, 좌측은 재앙이 도사림"

이 점괘를 통해 장량은 유방에게 "우측 귀에서 오는 조언을 따르라"는 암시를 주었고, 이는 번쾌가 유방의 생명을 지켜낸 전략과 직결되었다.

6. 무형(無形)의 신과 유형(有形)의 인간

장량은 육임의 체계 속에서 신(神)은 결코 인간에게 말하지 않는다고 보았다. 신은 단지 '상(象)'을 통해 나타날 뿐이며, 인간이 그것을 해석하지 못하면 아무런 의미가 없다고 하였다. 그는 이를 무형 속에 드러난 형(形)이라 불렀다.

그는 제자들에게 점법은 "하늘의 언어를 번역하는 도구"라 가르쳤으며, 도사는 단순한 예언자가 아닌 시간과 에너지의 번역자여야 한다고 가르쳤다.

7. 《육임신과》와 도가의 합류

장량이 정리한 《육임신과》는 단순한 점서가 아니라, 도가적 시간론과 상징론이 깊이 녹아든 철학체계이다.
그는 유교적 충효와 병법적 실리를 넘어, "어떻게 살아야 하는가", "언제 움직여야 하는가", "무엇이 인간을 움직이게 하는가"라는 문제에 천문학적 시간질서를 접목시켰다.

이는 후에 노자 도덕경의 "대기무형(大器無形), 대음희성(大音希聲)"과도 연결되며, 《육임신과》는 도가에서 말하는 '현묘지도(玄妙之道)'의 하나로 자리잡게 된다.

제8장 도가道家로 귀의한 석양의 노장

1. 은자의 길로 접어든 장량

장량은 정치의 전면에서 물러난 뒤, 점차 세속의 일과 거리를 두었다. 그는 청산(靑山)의 초암에서 매일 새벽마다 향을 피우고 《도덕경》과 《태공병법》을 묵독하며 시간을 보냈고, 저녁이면 제자들과 함께 천문을 관측하고 육임의 기운을 논하였다. 그는 더 이상 "전쟁의 책사"가 아닌, 하늘과 교감하는 '무위의 사상가'로 변화해갔다.

그는 스스로를 "선비(儒)가 아니요, 도사(道士)도 아니며, 하늘의 흐름을 읽는 자(觀天者)"라고 칭했다. 장량의 이런 태도는 유가와 병가, 도가를 모두 접한 인생의 귀결로서, 모든 지식을 하나로 통합한 자만이 도에 이를 수 있다는 그의 깊은 사유의 표현이었다.

2. 제자들에게 전한 가르침

말년의 장량은 육임신과뿐 아니라, 삶의 자세에 대해서도 제자들에게 많은 가르침을 남겼다. 특히 그는 도가의 기본 철학인 무위자연(無爲自然), 역행하지 않음(順應), 때를 아는 자의 침묵(知時之默)을 중시했다.

그는 다음과 같은 가르침을 자주 강조했다.

- ◆ "하늘은 말을 하지 않는다. 그러나 모든 일에는 징조가 있다."
  자연과 천문, 사람의 얼굴과 말 속에 숨어 있는 응(應)을 읽는 능력의 중요성.
- ◆ "세상은 이기려는 자에게 등을 돌리고, 숨는 자에게 미소 짓는다."
  권력을 버리고 도를 따르는 자만이 진정한 자유를 얻는다는 깨달음.
- ◆ "책을 많이 아는 자보다, 침묵할 줄 아는 자가 하늘과 가깝다."
  학문보다 지혜, 지식보다 직관을 중시.

그의 이러한 가르침은 《노자(老子)》, 《장자(莊子)》의 철학과도 일맥상통하며, 장량은 실로 도가적 이상인 '무위지치(無爲之治)'의 체현자로 평가된다.

3. 신비한 일화와 설화

장량의 생애 말년에는 다양한 전설과 설화가 따라붙는다. 특히 도가 신선계통의 고승들이 등장하는 전설 속에 장량이 함께 등장하는 경우가 많다. 가장 널리 알려진 이야기 중 하나는 다음과 같다.

《장량과 적선(赤仙)》
어느 날 장량이 산중에서 좌선하고 있을 때, 붉은 도복을 입은 신선이 나타나 말했다.
"네가 전한 육임은 이미 세상을 도울 준비가 되었고, 이제는 너의 육체를 버리고 하늘의 자리로 돌아갈 때다."
장량은 웃으며 대답했다.
"나는 아직 배운 것을 다 전하지 못했습니다. 그러나 이 땅 위에 시를 보는 자가 있고, 응을 따르는 자가 있다면, 내 도는 이미 살아 있습니다."
이 말을 들은 적선은 칭찬하며 하늘로 승천했고, 장량은 그 후 더욱 깊은 침묵 속에 들어갔다고 한다. 이 일화는 후대 도사들에게 장량을 "하늘과 응답한 인간"으로 신격화하는 계기가 되었다.

4. 장량의 최후와 전설적 승천

장량의 실제 사망 연도는 정확히 기록되지 않았지만, 후한(後漢) 시대에 편찬된 《열선전(列仙傳)》에서는 다음과 같은 내용이 전해진다.

"張子房, 後入靑山修道, 仙去, 莫知其終。"
"장자방은 청산에 들어가 도를 닦았고, 신선이 되어 떠났으며, 그 마지막은 알지 못하였노라."

또한 일부 도가 문헌에서는 그가 죽은 것이 아니라 바람을 타고 승천(騰空而去)했다고 하며, 그가 남긴 옷과 지팡이만 산중 암자에 남았다고 전해진다. 이로 인해 장량은 단순한 학자가 아닌 인간과 신을 잇는 존재, 현세에서 도를 완성한 자(眞人)로 신격화된다.

5. 도가 체계 속의 장량 위치

도교(道敎)는 후대에 이르러 장량을 "삼청신(三淸神)"의 사도 중 하나로 보고, 그를 "상청도군(上淸道君)"이라 부르기도 하였다. 특히《태상노군청정경(太上老君淸靜經)》주석서에서는 장량의 이름이 '육임의 성인(六壬之聖)'으로 언급되며, 병법과 술수를 합친 인물로서 '문무겸장지성(文武兼長之聖)'이라는 찬사를 받는다.

그의 삶은 도교 전통에서 도와 권력, 지혜와 침묵, 행동과 응답의 조화를 이룬 전범으로 여겨지며, 도가를 따르는 많은 이들이 장량을 묵상 대상이자 신앙의 인물로 존숭하게 된다.

제9장 장량의 유산과 후대 영향

1. 실천적 술수학의 정수로서의《육임신과》

장량이 체계화한《육임신과(六壬神課)》는 단순한 점술 체계를 넘어 철학, 정치, 병법, 풍수에 이르기까지 실천적 활용이 가능한 술수학의 완성형으로 자리매김하게 되었다.
그는 인간의 지식이 하늘의 흐름과 맞물릴 때 비로소 '운명에 응답하는 법(應命之法)'이 된다는 점을 강조하며, 이 이론을 '실전적 도법(道法)'으로 완성시켰다.

《육임신과》는 이후 도가 삼식(三式)의 하나로 자리 잡으며, 시간적 판단의 대표 술수로 계승되었다. 특히 태을신수(太乙神數)가 황실의 천문도수로 존중받았고, 기문둔갑이 전략적 진영 배치로 발전해갈 때,《육임신과》는 인간 개인의 선택과 행동을 시간 속에서 조율하는 기능을 수행하였다.

2. 당·송대의 전승과 道家 化

장량 사후 수백 년이 흐른 당나라 시기, 도가의 종파들이 제도화되고 술수 체계가 체계적으로 정리되면서《육임신과》는 다시 주목받게 된다.

특히 당 고종 때 편찬된《통속술경집성(通俗術經集成)》에는〈육임신과비결(六壬神課秘訣)〉이 포함되며, 그 원류를 "청산 장자방에게서 시작되었다"고 명기하고 있다.

송대에 들어서는 다음과 같은 전승 계통이 정립된다.

- 정이천(程頤)과 소강절(邵雍): 음양오행과 시간론의 이론화 과정에서 《육임신과》의 '삼전 삼합' 논리를 도입.
- 유우석(劉有石): 《육임신과대전》을 집필하며 장량의 이름을 '육임의 개조(開祖)'로 명명.
- 도장 전통: 무산파(茅山派), 옥청파(玉淸派) 등에서 장량을 도통조사(道統祖師)로 존숭.

장량은 단순히 병법가나 책사를 넘어, '하늘의 도(道)를 보며 행동하는 자'로서 도사(道士)의 원형으로 추앙받았다.

3. 명·청 시대의 민간 확산

명나라에 들어서면서 술수서가 민간에 널리 보급됨에 따라 《육임신과》도 상층 술수에서 민간 실용 점법으로 전환되기 시작하였다. 특히 《육임비결첩》, 《육임통서》, 《육임단결》 등 다양한 통속 점서가 간행되었고, 그 서두에는 반드시 장량의 이름이 등장하였다.

이 시대의 민간 술사들은 다음과 같이 장량을 묘사하였다.

"장자방은 시기를 보는 눈을 가졌고, 세상은 그가 가리킨 시간을 따라 움직였다."

또한 명대의 유명 술사 유백온(劉伯溫)이나 진헌서(陳憲書) 등도 《육임》을 공부하였고, 일부는 장량의 후손이라는 설화적 계보를 자처하기도 하였다.

이 시기에는 장량이 남긴 점서가 황제의 치국뿐 아니라 결혼, 이사, 거래, 출행 등 일상적 의사결정에도 적용되기 시작했다.

4. 조선으로의 전파와 영향

조선시대에는 유교의 강한 틀 속에서도 실용 술수로서의 《육임신과》가 전래되었다. 조선 초기에는 중국 사신단이나 도사들에 의해 일부가 전해졌고, 중종·선조대에 이르러 다음과 같은 기록이 확인된다.

- ◆《천부삼식비결(天符三式秘訣)》: 삼식을 소개하는 책으로, 《육임신과》가 그 핵심임을 명시.
- ◆《도참총론(圖讖總論)》: 도참사상과 결합하여 장량의 계보를 강조.
- ◆《육임신과도해(六壬神課圖解)》: 선조 대에 편찬된 것으로, 삼전 구조와 해석 도표가 실려 있음.

특히 조선의 술사들은 《육임신과》를 통해 천재지변, 역병의 시기, 왕실의 길일 길방 등을 점치는데 활용하였으며, 왕실 의례의 보조 수단으로까지 사용되었다.

5. 장량 신앙과 사당, 민간의 존숭

장량은 송대 이후 민간에서도 신격화되어, 다음과 같은 명칭으로 사당에 제향되었다.

- ◆ 장자방선생(張子房先生): 일반적 칭호, 학자·선비·지혜자의 상징.
- ◆ 운명선사(運命仙師): 술수가·점복가들에게 신앙 대상.
- ◆ 상청도군(上淸道君): 도교 교단에서 신격화된 칭호.

특히 장량의 사당은 낙양, 하비, 청산 등지에 세워졌으며, 술수인이나 병법가, 전략가들은 여행 전에 그의 묘소에 들러 "시응을 보게 하소서"라는 기도를 올리곤 했다.

조선 후기에는 일부 풍수인과 기문둔갑가들이 "장자방의 영혼이 점괘를 준다"며 그를 매개로 귀신과 교감하는 행위를 시도하였고, 이는 후대 무속신앙에도 섞이게 되었다.

6. 현대 역학에서의 평가

현대의 술수학자들은 장량을 다음과 같이 평가한다.

- ◆ 점법의 전통을 철학화한 인물: 그는 점을 현실 도피 수단이 아니라, 현실 이해의 도구로 승화시켰다.
- ◆ 시간의 전략가: 전쟁과 정치, 삶의 선택을 '때'라는 개념을 중심으로 조율한 최초의 실천가.
- ◆ 술수와 병법, 도가와 유학을 통합한 고전적 이상형: 동양 전통에서 보기 드문 '통합자'

《육임신과》는 오늘날에도 일부 도교 종파, 술수인, 동양 철학 연구자들 사이에서 연구되고 있으며, 특히 "시기 결정, 선택의 타당성 분석, 경영 전략의 수립" 등에 응용되고 있다. 장량의 이름은 단순한 고대 인물을 넘어, '동양적 시간의 철학자'로 현대에 재조명되고 있다.

제10장 전설 속 인물로서의 장량

1. 신화화의 시작: 역사에서 전설로

장량은 실존 인물이자 역사적으로 명확한 업적을 남긴 책사였지만, 그가 죽은 후 수세기가 지나면서 점차 전설적인 신선, 혹은 예언가로 격상되기 시작했다. 이는 단지 후대의 미화 때문만이 아니라, 그가 살아생전부터 세속적 명예를 거부하고 신비로운 침묵과 응시로 일관했기 때문이었다.

그는 황석공과의 만남, 하늘의 시기(時機)를 해석하는 능력, 전쟁보다 운명을 바꾸는 전략을 구사했던 점 등에서 인간의 범주를 초월한 인물로 여겨졌다.

특히 도가와 술수 계열에서는 그를 인간과 신(神)의 중개자로 여겼고, 사서에 기록된 그에 대한 언행은 그대로 신화적 기초가 되었다.

2. 민간 신앙 속의 장량

장량은 중국 민간 신앙 속에서 다양한 형태로 자리 잡았다. 지역에 따라 다음과 같은 다양한 이미지로 전승된다.

- ◆ 장자방신(張子房神): 점괘를 내려주는 신, 특히 길흉일이나 이사 날짜를 점쳐 주는 '시신(時神)'으로 숭배.
- ◆ 삼식조사(三式祖師): 태을·기문·육임 삼식을 만든 위대한 스승으로, 도사들 사이에서 "삼식을 깨우친 초성인(初聖人)"이라 불림.
- ◆ 무당과 법사의 조상신: 장량의 이름을 외우며 신통력을 빌고, 도령(道靈)의 구결을 그에게 귀의시키는 형태.

이러한 신격화는 당나라 이후 빠르게 퍼졌으며, 각 지역 사찰과 도장(道場)에는 '장량 영정', '장량 도주패', '장량 비결경' 등이 제작되어, 지금도 일부 도교 사당에서는 그에게 제사를 지낸다.

3. 한·중·일 3국에서의 문화적 위상

장량은 중국을 넘어 조선과 일본에서도 독특한 문화적 이미지로 수용되었다.

◆ 조선에서의 수용

조선에서는 점술가·풍수가·기문둔갑가들이 모두 장량을 스승으로 숭상하였다. 그는 풍수의 비조로까지도 오인되어 "풍수의 형세를 처음 논한 자"로 일컬어졌으며, 각종 비결서의 서문에는 '청산장자방'이라는 이름이 기재되었다.

조선 후기 무속에서는 '장량 도령'이라는 이름이 등장하기도 하며, 점쟁이들이 육임괘를 뽑을 때 그의 이름을 속삭이곤 했다.

◆ 일본에서의 수용

일본에서는 장량을 "쇼코(張良, 일본 발음: 초료)"라 하며, 특히 에도 시대의 점술가·야인(野隱)들 사이에서 숭배되었다.

그의 《육임신과》는 일본에서 '로쿠진 신카(六壬神課)'로 번역되어 '사쿠라 소서(桜祖書)' 계통의 점법서에 수록되었고, 일부 신사에서는 그를 '지혜의 신(智神)'으로 모시기도 했다.

4. 문학과 예술 속의 장량

장량은 수많은 문학 작품과 회화, 민간 이야기 속에서 등장한다. 다음은 대표적인 예시들이다.

- ◆ 소설《삼국지연의》에서의 언급: 유비가 제갈량을 데리고 오며 "이 자는 장자방에 비할 만하다"고 언급하는 구절이 있다.
- ◆《열선전(列仙傳)》: 장량이 도를 닦아 하늘로 승천한 신선으로 기록됨.
- ◆《태극도(太極圖)》그림 속 인물: 도교 우주관을 상징하는 태극도에서 중심을 지키는 3현 중 하나로 등장.
- ◆ 고전소설《서유기》,《봉신연의》의 영향: 도가적 신격 캐릭터들의 원형으로 간접적 등장.

또한, 명청대의 화가들에 의해 그가《황석공서》를 펼쳐 점을 치는 장면, 황석공과 다리 아래서 신발을 주고받는 장면, 청산의 제자들에게 강학하는 장면 등이 삽화로 남아 전해진다.

5. 오늘날 장량을 바라보는 시선

오늘날의 학계와 철학계에서는 장량을 다음과 같은 관점으로 평가한다.

- ◆ 통합형 사상가: 유가·도가·병가·술수를 아우른 통합 사유의 실천자.
- ◆ 전략적 예언자: 역사의 흐름을 시간 속에서 바라보고, 행동의 시점을 결정하는 자.
- ◆ 지속 가능한 도덕과 권모의 융합자: 이익과 덕, 권모와 도를 조화롭게 활용한 유일무이한 인물.

특히 현대 중국에서는 그를 '중국 전략의 시조', '사고의 3차원적 구조를 제시한 자'로 평가하며, 경영학, 리더십, 국가전략 이론에서도 장량의 사고방식을 차용한다.

6. 전설과 현실의 경계에서

장량의 삶은 실존과 신화를 동시에 품고 있다. 그는 실재했던 책사이자 병법가였고, 동시에 신선이자 철학가였으며, 점술가이자 권력을 포기한 도인(道人)이었다.

그가 남긴 《육임신과》는 지금도 "운명은 정해져 있지 않다. 그러나 때를 안다면 운명과 대화할 수 있다"는 지혜를 담고 있으며,

그 자신은 다음과 같은 한 마디로 후세에 영원히 남았다.

"나는 하늘의 시계(時計)를 읽는 자였다."

▣ 맺음말: 장량, 시간 위에 선 자

장량은 단지 과거의 지혜자가 아니라, 하늘과 인간의 교차점에 서서 세상을 읽은 자였다.

그는 권력을 얻고도 물러났고, 지혜를 얻고도 말하지 않았으며, 끝내 인간이면서도 신의 경지에 가까워졌다.

그가 남긴 가장 위대한 유산은 아마도 다음과 같을 것이다.

"때에 따라 움직이고, 움직일 때를 안다는 것.
그것이야말로 하늘과 사람 사이의 유일한 약속이니."

황석공 비결서를 받는 삽화

강학 장면 삽화

동방삭기문(東方朔奇門) 동방삭(東方朔) (기원전 154?~기원전 92?)

제1장 태어나는 순간, '삭朔'이라는 이름의 운명

기원전 154년, 평원군(平原郡) 치현(雉縣, 지금의 산둥성 평원현). 이른 봄, 초승달이 막 떠오르던 음력 초하루 밤, 한 아기가 울음을 터뜨렸다.

마을 노인들은 달력을 보고 고개를 끄덕였다.

"초하루에 태어난 사내아이, 이름은 '삭(朔)'이라 하거라. 달의 시작이자, 세상의 새벽과 같은 이름이지."

아버지 동방(東方) 씨는 농사꾼이었지만 글을 읽을 줄 알았고, 어머니는 마을에서 명성이 있는 침·뜸 시술자였다.

가난했으나 집안에는 책과 오래된 점서(占書)가 있었고, 부친은 저녁마다 아들에게 《시경》과 《서경》을 읽어주었다.

동방삭은 유난히 귀가 밝고 기억력이 좋았다. 네 살 무렵, 아버지가 읊조린 시 한 수를 그대로 외웠고, 여섯 살에는 《주역》의 건괘·곤괘 설명을 들은 뒤 "하늘은 움직이고, 땅은 받드는구나"라고 스스로 해석을 덧붙였다.

제2장 어린 시절의 방술 입문

10세 무렵, 마을에 지나가던 한 노방사(老方士)가 묵게 되었다. 그는 하늘을 보며 날씨를 맞히고, 돌멩이를 들여다보며 '이 땅에는 오래된 우물이 묻혀 있다'고 말했다. 소년 동방삭은 그를 따라다니며 별자리와 오행의 관계, 간지 계산법을 배웠다.

노방사는 《주역》 괘상을 그려주며 말했다.

"세상의 일은 하늘과 땅과 사람의 감응으로 움직인다.
괘를 본다는 것은 하늘과 대화하는 일이지."

이 경험은 동방삭의 평생 역술관의 초석이 되었다. 그는 천문·지리·인사(人事)를 종합하는 감각을 익히기 시작했다.

제3장 한나라 무제 시대의 정치·문화적 토양

동방삭이 성장하던 시기, 한나라 무제는 천하를 장악하며 황제권을 강화하고 있었다.

무제는 유학을 국가 이념으로 삼았지만, 방술과 불사에 대한 집착도 컸다. 그는 바다 건너 삼신산의 불사약을 구하려 원정을 보냈고, 궁중에는 기문둔갑·태을신수·오행점에 능한 방사들이 몰려 있었다.

이 분위기 속에서 역술과 방술은 단순한 민간 신앙이 아니라 황실 정책의 일부였다.

동방삭은 장차 이 세계로 발을 들이게 된다.

제4장 방랑과 학문, 그리고 기문둔갑의 습득

20대 초, 동방삭은 집을 떠나 제나라·노나라·하남 지방을 떠돌았다.
그는 각지의 스승에게서 다음과 같은 학문을 익혔다.

- ◆ 태을신수(太乙神數): 하늘의 주재신 태을의 운행을 기반으로 길흉을 점치는 법.
- ◆ 기문둔갑(奇門遁甲): 9궁(九宮), 8문(八門), 10천간(十天干)을 시간·방위와 결합해 전쟁·정치·건강을 예측.
- ◆ 천문 관측: 북두칠성과 28수(宿)의 변화로 계절과 기운을 판단.
- ◆ 오행의 상생상극: 목·화·토·금·수의 순환으로 인간사 변화를 해석.

하남 땅에서 만난 노(魯) 출신 방사 '노방'은 그에게 밤하늘 별자리와 시각별 '기문판(奇門盤)' 작성법을 가르쳤다.

노방은 "사람의 운은 태어날 때의 하늘에 새겨진다. 그러나 그 하늘은 매순간 움직인다. 기문둔갑은 그 움직임을 포착하는 기술이다."라고 설명했다.

동방삭은 이 기술을 바탕으로 '천문-지리-인사'를 종합하는 점법을 정립하기 시작했다.

제5장 장안 입성, 무제와의 첫 대면

기원전 124년, 장안에서는 인재를 뽑는 '보거(補擧)'가 열렸다.
동방삭은 당당히 응시하여 '대책문(對策文)'을 제출했다. 그 첫머리는 이랬다.

"천하는 덕으로 다스려야 하고, 덕은 민심에서 비롯된다.
민심이 떠나면 10만 군사도 무용하며, 민심이 모이면 풀잎도 갑옷이 된다."

이 답안은 유학자들의 것과 달리 유머와 방술적 은유가 가득했다.
무제는 웃으며 말했다.

무제: "이는 반드시 세상에 드문 기인이로다."
동방삭: "폐하, 기이함이란 하늘의 한쪽 그림자를 보는 것일 뿐, 본디 세상은 다 기이하옵니다."

그날로 그는 급사중(給事中)에 임명되어, 황제 곁에서 시중드는 자리에 올랐다.

제6장 궁중에서의 언행과 재치

궁중의 회의석상은 대개 엄숙했다.

그러나 동방삭이 있는 자리에는 항상 웃음과 수수께끼가 있었다.
하루는 무제가 대규모 토목 공사 계획을 의논했다.
신하들이 서로 찬성 의견을 내놓자, 동방삭이 느릿하게 나섰다.

동방삭: "돌을 쌓아 하늘을 받치려 하옵니까?"
무제: "하늘을 받친다니, 무슨 말이냐?"
동방삭: "민심은 땅의 기초요, 덕은 하늘의 기둥입니다. 하늘을 높이려면 돌이 아니라 덕을 쌓아야 하옵니다."

회의장은 잠시 조용해졌고, 무제는 웃으며 말을 돌렸다.
이런 식의 풍자와 은유는 무제에게 '재미있는 광대'로 비치면서도, 속뜻은 충언이었다.

제7장 역술가로서의 명성 확립

동방삭의 명성을 높인 것은 그가 보여준 정확한 예측 사례였다.

1. 일식 예언

기원전 121년 여름, 그는 무제 앞에서 말했다.
"올해 가을 아홉 번째 달, 태양이 숨을 것입니다."
천문관을 시켜 계산해보니, 실제로 9월 3일 부분일식이 예고되었다.
그 날이 되자 태양 한쪽이 검게 가려졌고, 무제는 크게 놀랐다.
《漢書·東方朔傳》에는 이렇게 기록되어 있다.

"九月朔, 日有蝕之, 如朔言。"
"아홉째 달 초하루, 해가 가려졌으니, 삭이 말한 그대로였다."

2. 전쟁 시기 선택

북방의 흉노 토벌에서 장군 위청(衛靑)이 출병하려 할 때, 동방삭은 기문둔갑판을 작성했다.

그는 '개문(開門)'이 서북방에 있고, 병부성(兵符星)이 화(火)기와 합하는 날을 골라 출병일을 정했다.

실제 결과는 한군(漢軍)의 완승이었다.

이후 장군들은 중요한 출정 전에 그를 찾아와 길일을 물었다.

제8장 황태자 사건과 정치 예언

동방삭이 남긴 정치적 예언 중 가장 유명한 것은 황태자 유거(劉據) 사건이다. 기원전 91년, 그는 무제에게 은근히 경고했다.

"동쪽의 용이 물을 거슬러 오르려 하나, 검은 안개가 앞을 막을 것입니다."

무제는 뜻을 묻지 않았다.

하지만 몇 달 후, 황태자가 모반 혐의를 쓰고 폐위되자, 신하들은 모두 동방삭의 말을 떠올렸다.

제9장 흉노 침입 예언과 방위 분석

그는 천문 관측 중 북두칠성의 형세가 서북 방향으로 기울고, 28수(宿) 중 '규수(奎宿)'와 '루수(婁宿)'가 어둡게 빛나는 것을 보고 흉노 침입을 예언했다.

동방삭: "서북에 군사 기운이 모입니다. 준비하지 않으면 3개월 안에 국경이 시끄러워질 것입니다."

무제는 이에 따라 변방 방어를 강화했고, 실제로 흉노 기병이 나타났으나 큰 피해 없이 격퇴할 수 있었다.

제10장 신선 사상과 불로장생 추구

동방삭은 무제에게 삼신산 전설을 자주 이야기했다.

그 중 봉래산과 서왕모(西王母)의 복숭아 이야기는 유명하다.

"봉래산에는 3천년에 한 번 열리는 복숭아가 있어, 먹으면 천년을 산다 하옵니다."

다른 방사들은 불사의 약을 구해오겠다고 장담했지만, 동방삭은 이렇게 말했다.

"불사의 길은 욕심을 버리고 덕을 기르는 데 있습니다. 약은 마음에도 있습니다."

제11장 문학가로서의 풍자

동방삭은 시부(詩賦)에 능해, 권력자의 사치와 부패를 비꼬았다.

그의 시 중 하나는 이렇게 전해진다.

"高臺上雲生, 下民咽塵土"
"높은 누각 위엔 구름이 피고,
아래 백성은 흙먼지를 삼키네."

제12장 무제와의 관계 변화

세월이 흐르자, 무제는 그의 직언을 점점 불편해했다.

그러나 완전히 내치진 않았다. 중요한 길일 선정이나 천문 이상 현상 해석이 필요할 때는 여전히 불렀다.

잔치 자리에서 무제가 물었다.

무제: "그대는 왜 늘 웃는가?"

동방삭: "하늘과 땅이 하루도 웃지 않는 날이 없으니, 신이 어찌 웃지 않겠습니까?"

제13장 만년과 은거

말년의 동방삭은 궁정을 떠나 민간에 숨어 살았다.

제자들에게 역술·방술을 전하며, 약초를 캐고 기문 방위를 연구했다.

전설에 따르면, 그는 어느 날 산속에서 사라졌고, 사람들은 "신선이 되어 하늘로 갔다"고 믿었다.

제14장 사후 전승과 신격화

후대 도가에서는 동방삭을 복과 장수를 주는 신으로 모셨다.

민간에서는 "서왕모의 복숭아를 훔쳐 먹고 3000세를 살았다"는 이야기가 퍼졌다.

제15장 동방삭의 역술·방술 체계 분석

그의 점법은 역(易), 천문 관측, 오행, 기문둔갑, 태을신수를 종합한 것이었다.

◆ 천인감응설(天人感應說): 하늘의 변화를 인간사와 대응시킴.
◆ 기문둔갑판 작성: 9궁(九宮)과 8문(八門)·10천간을 조합.
◆ 천문도 분석: 북두칠성·28수의 밝기와 위치 변화 기록.

아래는 동방삭이 사용했을 것으로 추정되는 간단한 기문둔갑판 예시(서북 흉노 침입 예측 사례)이다.

9궁 위치	문(門)	천간	해석
서북	開門	庚	군사 행동에 길
남	休門	丙	휴식·정비
북	杜門	癸	봉쇄·차단

제16장 천문 관측의 실제 계산 예시

동방삭은 하늘의 변화에서 징조를 읽는 데 뛰어났다.
그가 일식을 예측한 방법을, 당시 가능한 계산 방식으로 재현해 본다.

- ◆ 28수(宿) 위치 확인
  음력 8월 말, 해가 '각수(角宿)'에 들어갈 무렵 달이 '규수(奎宿)'에 접근하면, 궤도가 겹쳐 일식 가능성이 높아진다.
- ◆ 북두칠성의 기울기 관찰
  북두병(北斗柄)이 서쪽을 가리키면 가을 기운이 극대화된다. 이는 달의 위상 변화와도 연결된다.
- ◆ 간지와 절기 배합
  그는 '경오(庚午)일'에 음기가 강해지고, 해와 달이 같은 방위에 들어가는 시점을 계산했다.

《한서·율력지(律曆志)》의 기록과 비교하면, 그의 예측은 거의 오차 없이 맞아떨어졌다.

- ◆ 동방삭의 기록(전해짐)
  "九月壬申, 日有蝕, 長安見之."
  "9월 임신일에 해가 가려지며, 장안에서 볼 수 있다."

제17장 기문둔갑 전쟁 판례 상세 해설

사건: 흉노 토벌 원정(위청 장군)
동방삭이 작성한 기문둔갑판 복원 예시는 아래와 같다.

9궁	천간	문(門)	성(星)	해석
서북	庚	開門	天蓬	군사 행동 길함, 기습 성공
남	丙	休門	九地	병력 보충과 병참 안정
동	乙	生門	六合	지원군과의 합류에 유리

그는 서북 '개문(開門)'과 천봉성(天蓬星)이 겹치는 날을 길일로 잡았다.
개문은 전투 개시, 천봉성은 기습·침투에 유리한 기운을 뜻한다.
동방삭은 다음과 같이 조언했다.
"적은 방어를 믿고 있으나, 하늘은 그들의 성문을 스스로 열 것입니다."
위청은 이 조언대로 움직여, 흉노의 방어선이 약한 날 밤에 기습해 대승을 거두었다.

제18장 동방삭의 철학과 예언의 미학

동방삭의 예언은 단순한 점괘 전달이 아니었다.
그는 늘 은유와 상징을 사용하여, 듣는 이가 스스로 해석하게 만들었다.

◆ 은유의 사용
"동쪽의 용이 물을 거슬러 오른다" → 황태자의 권력 도전.
"검은 안개" → 정치적 음모와 모함.
◆ 하늘과 인간사의 연결
그는 《주역》의 "천행건(天行健)·지행곤(地行坤)"을 바탕으로, 인간사 모든 변화를 우주 운행의 일부로 보았다.
◆ 유머와 풍자의 결합
진실을 직접 말하기보다, 농담 속에 메시지를 숨겼다.
이는 무제를 즐겁게 하면서도, 듣는 자에 따라 의미를 다르게 해석하게 했다.

〈동방삭의 말〉
"占은 하늘이 속삭이는 것을 옮기는 일입니다.
그러나 하늘은 직접 말하지 않으니, 나는 웃음으로 그것을 그립니다."

■ 맺음말: 기인, 역술가, 신선

동방삭은 한나라 무제 시대의 화려함과 허망함을 모두 거친 인물이었다.

그는 궁중의 어릿광대 같았으나, 그 웃음 뒤에는 정밀한 천문 계산과 기문둔갑의 분석이 있었다.

그의 생애는 정치와 예언, 학문과 전설이 뒤섞인 '기인의 서사'이며, 후대 도가 신선 설화의 중요한 원형이 되었다.

민간에서는 지금도 "동방삭처럼 오래 살라"는 덕담이 전해진다.

그의 이름은 곧 재치·지혜·장수의 상징이 되었으며, 중국 역술 문화 속에서 '기문둔갑 예언가'의 전형으로 남았다.

기문판 연구

경방역전(京房易傳) 경방(京房) (기원전 77~기원전 37)

제1장 서문: 혼란의 세기, 경방의 등장

기원전 2세기 말, 중국 전한(前漢)의 하늘은 어두웠다. 한무제(漢武帝)의 팽창주의와 강력한 중앙집권 통치는 외적으로는 영토 확장이라는 찬란한 위업을 이루었으나, 내적으로는 백성의 피와 땀을 쥐어짜는 혹독한 세금과 과중한 병역, 이념과 현실 사이의 괴리라는 뿌리 깊은 피로감을 남겼다. 무제 사후, 황제의 권위는 점차 흔들렸고, 환관과 외척, 대신들이 권력을 놓고 다투는 내환의 시대가 도래했다. 이러한 시기에는 항상 하늘의 뜻을 묻는 목소리가 커졌고, "도(道)를 아는 자", 즉 천리(天理)를 해석하는 역술가들의 존재는 더욱 중요한 역할을 담당하게 되었다.

바로 이 어지러운 시대에 '하늘의 소리'를 들을 줄 아는 인물, 경방(京房)이 등장한다.

그는 단순한 점복술사(占卜術士)가 아니었다. 기존의 역경학자들이 음양오행과 괘상을 통해 개인의 길흉화복을 판단하는 데 그쳤다면, 경방은 그 이론을 체계화하고 정치와 행정, 재해와 천문에 이르기까지 현실 정치에 적용 가능한 '국가적 예언 체계'로 끌어올린 인물이었다.

당시 중국 사회는 겉으로는 유교 경전에 의지하여 제국을 통치하고 있었으나, 실질적으로는 유학, 도가, 술수학, 음양가 등이 복잡하게 얽혀 있었다. 경방은 이 가운데에서도 《주역(周易)》을 가장 핵심으로 두되, 그것을 현실 정세에 직결시키는 논리로 끌어올렸다. 그는 '괘(卦)'보다는 '효(爻)'를 중심으로 체계를 재편하였고, '시공간의 흐름'과 '천인상응(天人相應)'이라는 당시 최고 난이도의 사유를 완전히 자기 것으로 체계화하였다.

이러한 경방의 사유는 《경방역전(京房易傳)》이라는 거대한 이론 체계 속에 정리되어 전해지며, 후대의 기문둔갑, 육임, 태을신수 등의 술수학에도 심대한 영향을 미쳤다.

경방은 《역경(易經)》을 단순히 점치는 수단이 아닌, 하늘의 기운을 읽어 정치의 나아갈 방향을 제시하는 천문지리정치서로 재탄생시켰으며, 이는 오늘날까지도 역학 이론의 근간을 이루는 중요한 성과였다.

제2장 유년기와 출신 배경

경방(京房)의 출생에 대한 정확한 연도는 확실치 않으나, 전한 말기 무제 말년 혹은 소제 시대(기원전 77년경)로 추정된다. 그의 출생지는 여남군(汝南郡) 지역으로, 이는 오늘날 허난성(河南省) 남부에 해당한다. 여남은 고대부터 학문과 술수의 중심지 중 하나로, 주역과 술수서가 활발히 전해지던 지역이다.

경방의 성(姓)은 '京(경)'이며, 이름은 '房(방)'이다. 이 '경씨'는 진(秦)나라 이후 황실 외척 중 하나로 전해지기도 하나, 대부분의 사료는 그를 지방 명문 가문 출신의 학자로 기록하고 있다. 어린 시절부터 경방은 총명하고 호기심이 많았으며, 특히 자연의 변화와 천문현상에 깊은 관심을 가졌다.

경방의 조부는 마을의 유학자이자 예경(禮經)을 강론하던 인물로, 경방은 그의 무릎 아래에서 《논어》와 《상서》, 《예기》 등을 배우며 자랐다. 그러나 그가 유학의 틀에 머무르지 않고, 일찍이 《주역》과 천문학, 도가의 이론으로 눈을 돌린 것은 집안에 전해지던 정음술(靜陰術)이라는 이단적인 술수 전승 때문이었다.

이 '정음술'은 인간의 기운을 분석하여 육체와 정신, 운명을 분석하는 음양가적 술법으로, 동네에서는 기괴한 것으로 여겨졌으나, 경방은 오히려 이 속에서 '도(道)의 움직임'을 읽는 지혜를 발견하였다.

그는 십대 중반에 이르러 당시 역학의 대가로 이름 높던 복생(伏生)을 찾아가 제자가 되었으며, 이후 경전학, 역학, 술수학을 통합적으로 수학하는 과정을 밟게 된다. 경방은 자신의 젊은 시절을 회상하며 다음과 같이 적었다고 전해진다.

"하늘을 바라보고 땅을 헤아리며, 그 속의 수(數)를 헤아리되, 말하지 않고도 응하고, 움직이지 않고도 변하니, 이것이 곧 하늘의 글이다."

이러한 깊은 사유는 그가 단순한 학문 연구를 넘어서 '천지의 원리'를 실생활에 적용하려는 사유로 이끌었으며, 훗날 그가 《경방역전》을 저술하는 사상적 기반이 된다.

제3장 사사師事: 복생伏生과의 만남

전한 시대 말기, 사상계는 노장(老莊)의 허무주의와 유가의 실천적 윤리 사이에서 혼란을 겪고 있었다. 그러나 이 시기에도 고문(古文) 경전을 보존하고 가르치던 학자들이 있었고, 그 중에서도 복생(伏生)은 《상서대전(尙書大傳)》을 전승한 인물로 특히 주목받았다. 그는 유학을 숭상하면서도 술수적 해석을 허용했던 중도적 입장을 지닌 학자로, 경방에게 지대한 영향을 준 존재였다.

경방은 20세 무렵, 낙양 근처에서 복생을 만나게 된다. 당시 복생은 이미 90세가 넘은 고령의 학자였으며, 후학들을 두지 않고 고요한 산중에서 홀로《상서》와《주역》을 공부하고 있었다. 경방은 천문·역법에 밝은 청년으로서 복생을 사사하기 위해 3개월간 거처 앞을 떠나지 않았고, 결국 복생은 그의 끈기와 학문적 열정에 감복하여 제자로 받아들였다.

복생은 경방에게《상서》의 정치적 의미와《역경》의 운명론적 사상을 함께 가르쳤다. 경방은 단순한 제자가 아니라, 복생의 사유를 계승하고 동시에 새로운 체계로 재해석하는 데 탁월한 통찰력을 보였다.

특히 복생은 경방에게 다음과 같은 말을 남겼다고 전해진다.

"성인은 말을 바꾸지 않으나, 시대는 기운이 달라지고 괘는 움직이느니라. 경(經)을 따르되, 기(機)를 잃지 말지어다."

이 가르침은 경방의 생애 전체에 영향을 미쳤다. 그는 단지 경전을 외우는 학자가 아니라, 시대의 흐름 속에서 경전의 뜻을 재해석하여 살아있는 진리로 구현하려는 자였다.

경방은 복생으로부터《주역》의 효사와 괘상 해석을 깊이 익혔으며, 특히 '효(爻)의 변동'을 시대적 흐름에 연결하는 사유를 발전시켰다. 이는 훗날 경방이《경방역전》에서 효시중심(爻時中心)의 시중(時中) 역학 체계를 창안하는 기반이 된다.

복생이 세상을 떠난 뒤, 경방은 그의 마지막 유지를 받들어《주역》의 주석을 다시 쓰기 시작했으며, 그것이 훗날 "경방역전(京房易傳)"이라는 이름으로 정리되는 대작의 첫 출발점이 된다.

제4장 역학과의 인연:《주역》의 깊은 탐구

   경방이 복생으로부터 학문을 이어받은 뒤, 그는 본격적으로《주역》에 몰두하게 된다. 전통적으로《주역》은 64괘와 384효를 중심으로 구성되어 있으며, 괘상(卦象)의 모양과 그에 딸린 효사의 의미를 해석하여 길흉을 점치는 것이 중심이었다. 그러나 경방은 이 체계에 다음과 같은 문제의식을 갖게 되었다.

- ◆ 정적인 괘(卦) 위주 해석의 한계
  괘는 일정하지만 세상은 끊임없이 변한다.
- ◆ 효(爻)의 시간성 부재
  효는 본래 움직이는 존재이며, 각 효가 발현되는 시간과 조건이 다른데, 기존 해석은 이를 무시한다.
- ◆ 점복 중심 해석의 편협성
  인간의 운명은 점을 쳐서 맞추는 것이 아니라, 천시(天時)와 지리(地理), 인사(人事)가 조화를 이루는 데에서 결정된다.

   이러한 인식 하에 경방은 새로운 해석 체계를 구성하였다. 그는 다음과 같은 원리를 세웠다.

- ◆ 효의 시간 대응성 원칙
  효는 특정 시간대와 사건에 대응하며, 그 변화가 세상의 흐름을 반영한다.
- ◆ 육효의 음양 순환 이론
  상괘와 하괘의 합이 단순한 정태 구조가 아니라, 음양의 교차 흐름으로서 순환한다.

◆ 괘변의 정치적 해석 가능성
군신관계, 재상 인사, 전쟁 시기 등 국가적 정책을 해석하는 도구로서 괘변을 활용할 수 있다.

경방은 이를 구체화하기 위해, 천간(天干)과 지지(地支), 육임(六壬), 육갑(六甲) 등 당시 다양한 역법적 기호체계를 끌어와 통합하였다. 특히 그는 십간을 육효에 배속하고, 지지를 괘의 변화시기로 연결시킴으로써 정밀한 시간 해석 체계를 구축하였다.

그는 이 시기에 《역지십구사법(易之十九司法)》이라는 초고를 작성하였으며, 이는 후일 《경방역전》의 기반이 된다. 이 초고는 현재 전해지지 않지만, 후대 태을신수 및 기문둔갑에서 "경방십구사법(京房十九司法)"이라는 용어가 언급되는 것으로 보아 상당한 영향력을 행사한 것으로 보인다.

경방은 《주역》의 괘와 효를 통해 다음과 같은 결론에 도달한다.

"모든 변화는 하늘이 움직이는 원리이며, 인간은 그 안에서 조화를 이룰 수 있다면 곧 도(道)를 얻는 것이다."

그는 이 사유를 기초로 본격적인 역학 체계의 창안에 나서게 되며, 이로써 《경방역전》의 체계는 완성에 가까워진다.

제5장 경방역학의 독창성: '효시중심 역학체계'의 창안

경방이 《주역》을 단순한 점복의 도구로 보지 않고, 정치와 인간사의 전면적 해석 체계로 확장시킬 수 있었던 이유는 바로 그가 개발한 '효시중심(爻時中心) 역학체계' 덕분이었다.

기존 《주역》 해석은 괘(卦)의 상징성에 치중하는 경향이 있었다. 즉, 어떤 괘가 뜨면 그 괘가 지닌 정형화된 의미(예: 건(乾)은 강함, 곤(坤)은 순응)를 기준으로 해석하는 정태적 해석이 주를 이루었다. 하지만 경방은 이 틀을 과감히 탈피한다.

그는 "모든 괘는 정지된 것이 아니라, 시간과 조건에 따라 끊임없이 움직이며 그에 따라 해석도 달라져야 한다"고 주장하였다. 이를 위해 경방은 다음과 같은 이론을 정립했다.

1. 육효의 시중성(時中性)

경방은 각 괘에 속한 6개의 효(爻)가 각각의 '시점(timepoint)'을 상징한다고 보았다. 그는 이를 다음과 같이 분류했다.

- ◆ 초효(初爻): 시작 – 태동
- ◆ 이효(二爻): 발생 – 생장
- ◆ 삼효(三爻): 정립 – 승격
- ◆ 사효(四爻): 쇠퇴 – 위기
- ◆ 오효(五爻): 전환 – 극점
- ◆ 상효(上爻): 해체 – 종결

이렇게 효를 시간 흐름 속에 배치함으로써, 어떤 효가 변하는가에 따라 사건이 어느 국면에 위치하는지를 판단할 수 있도록 했다. 예컨대 오효가 변하면 위기 국면이 전환기를 맞이함을 의미하며, 초효가 변하면 일이 막 시작되었음을 암시한다.

2. 효에 천간지지를 배속한 체계

경방은 육효 각각에 십간(十干)과 십이지(十二支)를 부여하여 '효의 시간성'을 보다 정밀하게 분석하였다. 이를 통해 다음과 같은 구조가 형성된다.

효	시간 상징	천간 배속	지지 배속
初爻	태동기	甲	子
二爻	생장기	乙	丑
三爻	정립기	丙	寅
四爻	쇠퇴기	丁	卯
五爻	전환기	戊	辰
上爻	종결기	己	巳

이 체계를 이용하면 점을 치는 시간뿐 아니라, 국가의 정책이 시행되는 주기와 흐름을 판단하는 데까지 응용할 수 있었다. 경방은 "천간지지의 기운이 효의 동정

과 부합하는가"를 분석함으로써 그 효의 작용이 강한지, 약한지를 파악하고 미래를 예측했다.

3. 육효의 동정에 따른 국가사 해석

경방은 이 체계를 활용하여 국가의 흥망, 제왕의 운명, 전쟁의 성패 등을 분석하는 데 적용하였다. 그는 '하늘은 변화로써 인간을 경계한다'는 입장에서 효의 변화(爻變)를 단순한 개인적 길흉이 아니라 정치적 시기와 기운의 전이로 읽어냈다.

예를 들어 어떤 군주가 즉위했을 때, 그의 운이 "삼효의 정립기"에 해당되면 그 군주는 정권을 안정적으로 확보할 가능성이 높으며, "사효의 쇠퇴기"에 해당되면 내외의 반란과 저항이 있을 것으로 예측하였다.

제6장 《경방역전》의 저술

경방은 자신의 연구와 분석을 집대성하여 《경방역전(京房易傳)》을 저술하게 된다. 이 책은 단순한 《주역》 주석이 아닌, 역학 체계 전반에 걸친 '실용적 해석서'이자 '행정·정치 응용서'였다.

총 12편으로 구성된 《경방역전》은 다음과 같은 구조를 갖는다.

- ◆ 서론: 역의 본질과 인간 운명의 관계
- ◆ 육효의 시간 해석: 효와 시점의 관계
- ◆ 천간지지 배속법: 간지와 효의 조합 분석
- ◆ 괘변의 통치학 적용: 제왕운, 신하운
- ◆ 전쟁과 병세 해석법: 전쟁 발발기와 회복기
- ◆ 천문·기상 해석편: 일식, 혜성, 지진
- ◆ 재난·역병 예측법: 시중기(時中氣)와 재해
- ◆ 인사 관리 및 인재 등용법: 음양인사론
- ◆ 농경과 풍수 시기 판단: 작물 재배 주기

- ◆ 상벌 시점의 판단: 법의 운용 시기
- ◆ 역법과 달력 체계 비교: 역법의 정치적 해석

결론: 하늘을 알면 인간도 바로 선다

이 책은 전한 말기부터 동한 초기까지 조정 및 지식인 집단 사이에서 비상한 주목을 받았으며, 유교경전 중심의 통치 이념에 대항할 수 있는 또 하나의 '현실주의적 통치 이론'으로 간주되었다.

《경방역전》은 후대의 술수서에 지대한 영향을 미친다. 기문둔갑(奇門遁甲)과 태을신수(太乙神數)에서 시간에 따른 육효 해석법이 등장하는 것도 바로 경방의 이론을 직접 계승하거나 참조한 결과로 보인다.

제7장 정치와의 접점: 조정에서의 역할

경방의 학문은 단지 서재 속에서 끝나는 것이 아니었다. 그는 학자이자 실천가였다. 《경방역전》을 저술한 이후, 그의 독창적인 이론은 점차 조정의 관심을 끌게 되었고, 특히 한나라 말기의 혼란한 정치 상황 속에서 천인상응(天人相應) 사상은 절실한 통치 이념으로 주목받았다.

1. 조정에 소환되다

당시 황제는 원제(元帝) 또는 성제(成帝) 시기로 추정되며, 나라 안팎으로 환관과 외척이 권력을 장악해 실권 다툼이 극심했다. 궁정 내에서는 "누가 하늘의 뜻을 가장 잘 해석하는가"를 둘러싼 논쟁이 빈번했으며, 점술가·천문가·역술가들이 관직에 진출하는 일도 잦았다.

이 무렵, 경방의 《경방역전》이 황실 도서고에 전달되었고, 그 독창적인 '효의 시중성' 해석이 조정에서 큰 주목을 받게 된다. 결국 그는 중서(中書) 관직에 소명되어 황제의 자문을 맡게 되었고, 이후 천문관(天文官), 보술관(譜術官) 등의 직책을 겸하게 된다.

그는 당시 황제와 대신들에게 주역 해석에 기반한 정치 예측을 행하였으며, 다음과 같은 실질적인 조언을 남겼다.

- ◆ "오는 해의 정월 초에는 무토(戊土)의 기운이 지나치게 성하니, 조정의 논쟁은 산으로 흘러 위험하다."
- ◆ "이효(二爻)에 병화(丙火)가 변효(變爻)로 나타났으니, 신하 중 모략가의 권세가 지나치다. 균형을 잡지 않으면 내환을 자초한다."

이러한 조언은 당시 실질적 통치층에게 '유가의 명분론'을 넘어서는 신선한 현실주의적 통찰로 받아들여졌고, 경방은 빠르게 조정에서 중용된다.

2. 정치 현안에서의 예측

경방은 특히 다음과 같은 사건에서 그의 역학적 통찰을 실질적으로 보여주었다.

◆ 재해 예측

기원전 35년경 황하 유역에 큰 홍수가 날 조짐이 보이자, 경방은 '곤(坤) 괘의 상효가 발효하였고, 토(土)의 기운이 지나치게 흥함'을 근거로 "7월 중하순경, 물의 변괴가 대지에 심할 것이다"라고 예측했다. 실제로 그 시기에 대홍수가 발생하자, 경방은 '천리의 응답을 해석한 자'로서 신임을 얻는다.

◆ 외교 예측

흉노와의 외교 사절 파견 시점에 대해, 경방은 "이괘(離卦)의 삼효가 변하면 외적과의 교섭은 실로 이익을 남기지 못하니, 가을을 피하라"고 조언하였다. 이로 인해 파견 일정이 늦춰졌고, 흉노와의 충돌은 회피되었다.

경방의 예측은 때로는 환관들과 부딪히기도 하였다. 그는 환관 세력이 지나치게 권력을 잡자, 다음과 같은 보고서를 황제에게 올린다.

"상효(上爻)가 이미 극했으니, 이는 기운이 바닥나고 원망이 가득하다는 의미이다. 왕궁 안의 섬세한 기운이 어두워졌으며, 대청(大廳)에 어둠이 깃들었다. 환관의 권력이 정기를 가리고 있으니, 속히 거두어야 하옵니다."

이 상소문은 조정의 격렬한 논쟁을 일으켰으나, 후일 환관 정권의 몰락과 함께 경방의 예견이 맞아떨어지며, 그는 '정론가'로서 신뢰를 얻게 된다.

제8장 천문과 재해 예측: 기상과 지진, 일식 분석

경방은 《경방역전》에서 단순한 괘와 효의 변화 해석을 넘어서, 천문현상과 기후, 재난의 예측에도 그 체계를 확장하였다.

1. 하늘의 변화는 땅의 징후다

그는 다음과 같은 분석을 내놓기도 하였다.

- ◆ "하늘은 소리 없이 말하고, 땅은 형상으로 응답한다."
- ◆ "일식(日蝕)은 군주(君主)의 권위가 가려짐을, 월식(月蝕)은 후비(后妃)의 도가 감춰짐을 상징한다."
- ◆ "지진은 음양이 충돌한 결과이며, 하늘의 분노이다."

경방은 특히 육효의 배속된 간지 기운의 흐름과 천문현상을 연결시키려는 시도를 했다. 예를 들어, 갑자년(甲子年)에 화(火)의 기운이 강한데 갑오(甲午)일에 상효가 동하면 지진의 조짐이 있다고 판단하였다.

2. 재해 예측 사례

- ◆ 기후 이상: 경방은 장마철을 앞두고 다음과 같이 보고했다.
- ◆ "무오(戊午)의 시기, 이효가 병화로 변하고 우(雨)의 기운이 묘(卯)에 얽히니, 장마는 연속되며 병이 함께 번진다."
- ◆ 실제로 해당 시기 장마와 함께 전염병이 발생하였고, 경방은 해당 지역에 조기 대응을 권고하여 민심을 얻었다.
- ◆ 지진 예측: 지진이 발생하기 한 해 전, 경방은 북방 소백산 근처에서 토(土)의

기운이 극하게 강해졌음을 포착하고 조정에 "땅이 울고 있으니, 징후를 무겁게 여겨야 한다"는 보고서를 올린다. 한 달 후 실제로 지진이 발생하면서 그의 역학적 해석이 널리 신임을 얻는다.

제9장 인사행정과 음양의 조화

경방은 단지 자연 현상과 정치적 시기를 해석하는 데 그치지 않았다. 그는 인간 사회의 가장 실질적인 운영 원리인 인사행정(人事行政) 분야에도 자신의 역학 이론을 적극적으로 적용하였다. 그가 주장한 '인사역학(人事易學)'은 후대 술수가들에게 깊은 영향을 주었고, 유가적 덕목 중심의 인재 평가에서 벗어나 보다 시기적합성과 균형 중심의 통치 이론을 제시하였다.

1. 인재 등용과 효의 응용

경방은 다음과 같은 원칙을 세웠다.

"능력은 본디 효(爻)의 기운과 같다. 시기에 맞으면 빛을 발하나, 시기가 아니면 폐해를 남긴다."

그는 효를 중심으로 다음과 같이 인재 유형을 분석하였다.

爻	인재 유형	추천 시기
初爻	신진 세력, 실무형 관료	정국 개편기, 새로운 시도 필요 시
二爻	성장 중인 실무관료	정책 확대기, 기술 도입기
三爻	조직 핵심, 중견 간부	정국 안정기
四爻	야심가, 전략가	권력 이양기, 외교전략 필요 시
五爻	최고위급, 왕실 직속	통합기, 권력 집중기
上爻	은퇴자, 자문관	갈등 조정, 후계 정리 시기

이 체계에 따라 그는 인재를 시기와 결합시켜 등용 또는 유보를 건의하였고, 조정은 실제로 그의 제안을 받아들이는 경우가 많았다.

예를 들어 그는 "이효에 묘목(木)의 기운이 도드라질 때, 젊은 기술관료를 육성해야 한다"고 건의하였고, 이로 인해 지방에 있던 한 명의 수리기술자가 발탁되어 후일 대하수방(大河水防)을 성공적으로 담당하게 되었다.

2. 음양의 인사 조화론

경방은 또 하나의 혁신적인 관점을 도입하였다. 바로 "조정 인사는 음양이 균형을 이루어야 한다"는 원칙이었다.

그에 설명은 다음과 같다.

- ◆ 양(陽)의 인물: 활달하고 추진력 있으며, 강한 카리스마와 명령적 통치 성향.
- ◆ 음(陰)의 인물: 조율 능력이 뛰어나고 신중하며, 의견을 수렴하고 절제하는 성향.

경방은 국정 운영에 있어 양의 인물만 포진하면 과감하나 무모해지고, 음의 인물만 있으면 조율은 되나 정세 변화에 뒤처진다고 보았다. 그는 실례를 들어 다음과 같이 상소하였다.

"지금 조정은 양화(陽火)의 기운만이 성하여, 음수(陰水)가 말라가고 있습니다. 치세는 마치 가뭄 속의 배처럼 흔들립니다. 부드러움을 더해 거친 물결을 잠재우소서."

이 조언은 받아들여졌고, 황제는 당파를 달리하던 학자와 실무형 관리를 동시에 기용하는 조치를 취하였다.

3. 상벌의 시기와 효 변동

경방은 법치와 윤리를 중시하되, 그 집행의 시점이 중요하다고 보았다. 그는 법령을 시행하거나, 신하를 파면·처벌할 때도 효의 변화를 통해 시기를 점검해야 한다고 강조했다.

예컨대 사효에서 변효가 일어나고, 그 효가 병화(丙火)와 충돌하는 경우는 '감정에 휩싸인 판단'이 나타나기 쉬운 시기로, 중벌은 피하고 시간을 갖는 것이 옳다고 보았다. 반면, 오효에서 변효가 나타나고 신금(辛金)이 도드라지는 경우는 '냉정한 판결과 시기적 응징'이 적절하다고 분석하였다.

그의 이러한 분석은 '형벌의 시중(時中)'이라는 새로운 행정철학을 조정에 도입하였고, 후에 법가적 원칙에 시간적 판단이 결합된 사례로 기록된다.

제10장 사상적 영향: 동한 역학의 뿌리

경방의 사유는 단지 자신의 시대에서 끝나지 않았다. 그는 철저하게 '체계화된 통합 역학'을 구성하였고, 이로써 후세에 까지 영향을 주는 사상적 유산을 남기게 된다.

1. 《황제내경》과의 연결

중국 의학의 고전인 《황제내경(黃帝內經)》에는 인간의 기혈 운행과 계절, 시간, 음양의 흐름을 연결짓는 사유가 다수 나타난다. 이 가운데 경방의 '효의 시중성'과 '기(氣)의 전환론'은 밀접한 연관이 있다.

특히, 《내경·운기편(運氣篇)》에는 "기의 주천운동(周天運動)"이 강조되는데, 이는 경방이 효에 배속한 천간지지의 회합 체계와 유사한 구조를 가진다.

후세 학자들은 《내경》에 나타나는 시간적 의학이론이 경방의 영향을 받았다고 보기도 하며, 경방의 사유는 단지 역학에 그치지 않고 의학, 농업, 음양풍수 전반에 영향을 미쳤다고 평가한다.

2. 《태을신수》, 《기문둔갑》과의 영향

- ◆ 태을신수(太乙神數): 경방이 창안한 '효의 시간 배속체계'와 '천문과 괘의 연동' 개념은 태을신수의 중심 사상과 매우 유사하다. 태을진신(太乙鎭神), 육기변환법 등은 경방의 해석을 체계화한 형태로 간주된다.
- ◆ 기문둔갑(奇門遁甲): 기문은 시간과 공간의 교차점을 중시하며, 천반(天盤), 지반(地盤), 인반(人盤)의 합을 따진다. 이 복합체계 속에 등장하는 '삼기(三奇)와 육의(六儀)'는 경방의 십간 효배속 이론을 발전시킨 결과로 여겨진다.

경방의 이론은 단지 철학적이거나 사변적인 것이 아니라, 실제 사회의 결정과 행동에 영향을 주는 실용철학이었다.

제11장 정치적 몰락과 최후

경방(京房)은 역학을 정밀한 정치 철학과 행정 실무에 접목시키는 데 성공한 보기 드문 인물이었다. 그러나 그의 빛나는 업적과 지혜가 오래도록 조정에서 환영받기만 한 것은 아니었다. 권력과 권모술수가 난무하던 전한 말기의 궁중에서, 경방이 지닌 명확한 '하늘의 소리'는 오히려 불편한 진실로 작용하기도 하였다.

1. 궁중 암투와 경방의 고립

경방이 활동하던 시기, 조정은 외척과 환관, 유학자, 실무 관료 세력 간에 극심한 권력 다툼이 벌어지고 있었다. 경방은 명확한 원칙과 시중성(時中性)에 기반하여 판단을 내렸으며, 누구에게도 편을 들지 않는 초연한 입장을 고수했다. 이러한 자세는 초기에 황제의 신임을 받는 계기가 되었지만, 시간이 지나면서 점차 갈등을 유발하게 된다.

특히 그는 환관과 외척 세력이 권력을 독점하고 있다는 점을 역리(易理)로 비판하며, 여러 차례 상소문을 올린 바 있다. 예컨대 다음과 같은 글이 전해진다.

"지금 상효(上爻)가 반복적으로 병화(丙火)로 변하는 것은 궁중(宮中)의 권세가 너무 무겁다는 징조입니다. 이는 곧 국가 정기(正氣)가 막히고, 민심이 하늘과 떨어지는 변괴로 이어집니다."

이러한 발언은 명백히 당시 권세가였던 외척 '왕씨 일족'과 환관 세력을 겨냥한 것이었고, 결국 그들은 경방을 위험인물로 간주하였다.

2. 불길한 예언과 죄인의 몰락

경방은 기원전 23년경, 다음과 같은 불길한 예언을 하게 된다.

"이효(二爻)에 흉살(凶煞)이 들고, 태음이 가리니, 동쪽의 현자에게 재앙이 임한다."

이 예언은 '조정 내 고위 관료 한 명이 죽게 된다'는 뜻으로 받아들여졌고, 실제로 한 달도 되지 않아, 당시 황실의 유력한 인물이 급사하였다. 이 사건은 경방이 '궁중을 저주한 자'라는 정치적 모함으로 이어졌고, 반대파는 이를 빌미 삼아 경방을 탄핵하였다.

그는 즉각 조정에서 파직되었고, 이후 노군(魯郡)으로 유배되었다.

유배지에서의 기록은 정확하게 전하지 않지만, 《한서(漢書)》의 예문지(藝文志)나 일부 사가(史家)들의 전언에 따르면 그는 말년에 《역의정미(易義精微)》라는 새로운 주석서를 남기려 했으나 완성하지 못하고 세상을 떠났다고 한다. 나이 약 60세 내외로 추정된다.

그의 죽음에 대해서는 전통적으로 두 가지 설이 전해진다.

- ◆ 유배지에서 병사: 무리를 무릅쓴 천문 관측과 오랜 사색으로 인해 병약해졌고, 노군에서 병사하였다.
- ◆ 자결설: 환관 세력의 위협과 자신의 예언이 도리어 독이 되었다는 자책으로 자결하였다.

후자의 경우, 이는 경방이 "도(道)의 사람은 말을 아끼되, 말한 뒤 그 책임을 지는 자"라는 철학을 지녔다는 점에서 설득력을 얻기도 한다.

그가 최후에 남긴 한 구절은 다음과 같이 전해진다.

"하늘은 말이 없고, 사람은 말로 죄를 짓는다. 나는 하늘을 따랐으되, 사람을 넘지 못하였구나."

이 말은 천명과 인간 정치의 간극에서 갈등한 경방의 최후를 가장 적절히 상징한다.

제12장 후대의 평가와 전승

비록 생전에 파란만장한 삶을 살았지만, 경방의 사후 그의 역학 이론과 철학은 후대에 깊은 영향을 주었다. 《경방역전》은 전한 말기에서 후한 초기까지 조정과

학계에서 계속 전해졌으며, 일부 학자들은 이를 '하늘의 정치 교범'이라 칭하였다.

1. 사서에 나타난 경방의 기록

《한서(漢書)》예문지(藝文志)에서는《경방역전》을 정식 경학으로 언급하고 있으며, 다음과 같은 구절이 있다.

"京房者, 通易之理, 能以六爻測政事, 知天變以定人事。"
"경방은《역경》의 이치를 통달하여 육효로 정사를 측정하고, 천변으로 인사를 정했다."

이는 경방이 단순한 점술가가 아닌, 정치 해석자로서의 위상을 지녔음을 명백히 보여주는 표현이다.
《후한서》에는 경방의 예언들이 상당수 인용되어 있으며, 후대 역법가들과 사가들은 경방의 분석을 재해석하여 자신의 이론에 포함시키곤 했다.

2. 도가와 기문전통에서의 전승

경방은 후일 道家 전통의 술수 체계에도 중요한 전거로 받아들여졌다.

- ◆ 기문둔갑: 효에 대한 시중성 해석은 기문판의 천간·지지 배속 체계에 직접 영향을 미쳤다.
- ◆ 태을신수: 별자리와 천문 변화를 시간의 흐름으로 변환하여 인간의 운세를 읽는 방식은 경방의 영향을 받았다고 분석된다.
- ◆ 풍수지리: 지기(地氣)와 시기적 배합을 강조하는 일부 풍수 이론은 경방의 음양응용 이론에서 유래된 것으로 간주된다.

경방의 이름은 이후 신비화되어 도가 문헌에서는 '천문지자(天文之子)', '역의현인(易義賢人)'으로 칭송되었고, 일부 도교 방파에서는 경방을 '하늘과 통한 선인'으로 추앙하였다.

제13장 《경방역전》의 주요 사상 요약

《경방역전(京房易傳)》은 단순한 주역 주석서가 아니다. 그것은 시대를 관통하는 하늘의 원리(天理)를 인간의 삶과 정치에 적용한 천인상응(天人相應) 철학의 집대성이자, 동아시아 술수학 전통의 정점이라 할 수 있는 통합 역학 체계이다.

경방의 핵심 사상을 요약하면 다음과 같다.

1. 시중성(時中性): 시간의 흐름에 따라 변화하는 진리

경방은 "변화는 고정되지 않고, 도(道)는 시(時)를 따라 흐른다"고 보았다. 이는 고전 유가의 "시중(時中)" 사상과 맥을 같이하지만, 경방은 이를 육효(六爻)와 간지(干支)를 통해 수리화하고, 정치와 자연 현상에 실질적으로 적용하였다는 점에서 혁신적이다.

즉, 그는 '진리'란 고정된 것이 아니며, 항상 당시의 하늘 기운(天氣), 땅의 흐름(地勢), 사람의 시운(人事)에 따라 다르게 나타남을 강조했다.

2. 효 중심의 해석체계

기존 주역 해석이 괘상 중심이었다면, 경방은 '효(爻)'를 시간과 변동의 단위로 간주하고, 여섯 효 각각을 시기적 흐름에 따라 구분하였다. 이를 통해 단순한 상징적 예언을 넘어서, 현실적 정책 조정이 가능해졌다.

3. 천간·지지와 효의 결합

경방은 십간(十干)과 십이지(十二支)를 육효에 대응시킴으로써, 각 효의 기운을 정밀하게 분석할 수 있는 수단을 마련하였다. 이 결합을 통해 효의 강약, 변동의 의미, 사건의 적시성을 판단하는 새로운 방법론이 확립되었다.

4. 천문·기상·정치의 일체화

경방은 별자리, 일식, 지진, 기상 변화와 같은 천문 현상을 단순한 자연재해로 보지 않고, 인간 정치와 도덕의 반영으로 해석하였다. 그는 하늘의 이상 징후가 인간의 부조리한 정치와 연결되어 있다고 보았으며, 이를 정비하는 것이 '하늘에 순응하는 정치'라고 주장했다.

5. 음양과 인사행정의 균형

경방은 인간 사회의 구성도 음양처럼 균형을 이루어야 한다고 보았다. 인재 등용에서부터 법 집행, 상벌, 정책의 집행 시기까지 모든 행정 행위를 자연의 기운과 조화롭게 맞춰야 한다는 철학은, 단순한 명분론을 넘어선 실천적 사상으로 평가된다.

제14장 결어: 하늘의 뜻을 읽은 자, 경방

경방은 혼란과 위기의 시대 속에서 나타난 지혜의 사람이었다. 그는 《주역》이라는 고대의 문헌에 머물지 않고, 그것을 시대와 사회에 실천 가능한 해석체계로 탈바꿈시킨 선구자였다.

그는 예언자였고, 철학자였으며, 현실 정치의 해석가였다. 하늘과 땅, 인간을 삼재(三才)로 보고 그 안의 기운을 읽어낸 그는 단순히 미래를 점치는 자가 아니라, 미래의 길을 만드는 자였다.

비록 조정에서의 파란만장한 말로와 정치적 몰락으로 인해 생전에는 그 업적이 온전히 빛을 발하지 못했지만, 그의 사후에는 그의 이론이 기문둔갑, 태을신수, 풍수지리, 의학 이론 등 다양한 영역에 뿌리처럼 스며들었다.

그가 최후에 남긴 말로 전해지는 구절이 있다.

"하늘을 본 자는 말을 아낀다. 그러나 나는 하늘이 아니라 사람이었기에, 말로써 길을 열려 하였다."

경방은 하늘과 인간 사이의 메신저였다. 그가 이룩한 《경방역전》은 단지 한 권의 역서(易書)가 아니라, 하늘과 인간을 잇는 문(門)이었다. 그 문은 후대의 수많은 역술가, 철학자, 정치가들에게 이어지며, 오늘날에도 여전히 살아있는 사유의 원형으로 남아 있다.

■ 부록: 경방과 관련된 도교 및 기문둔갑 계보도

1. 전한(前漢) 말기: 경방(京房)의 등장

◉ 경방(京房, 기원전 77? ~ 기원전 37?경)
- ◆ 《경방역전》 저술.
- ◆ 효시중심 육효 체계, 천간지지 배속, 천인상응 정립.
- ◆ 도가·유가·술수학의 통합자.

2. 후한(後漢)~삼국시대: 술수 이론의 체계화 및 도교화

◉ 구담자(九譚子)
- ◆ 후한 말 도가 방술가로 전해짐.
- ◆ 경방의 음양·시중 해석 체계를 도가 신수술에 응용.
- ◆ 《삼원기법(三元奇法)》, 《구궁비결》류의 전신 형성.

◉ 장량파(張良派) (道家 내에서 경방 사상 계승 계보로 여겨짐)
- ◆ 장량(張良)은 전한 무제 시대 인물이나, 후대 도가 문헌에서 경방과 더불어 '삼식(三式)의 선구자'로 병기됨.
- ◆ 후대 기문둔갑의 신화적 전승 구조에서 "황석공 → 장량 → 경방"의 비공식 계보 형성.

3. 위·진·남북조~수·당대 – 도교 술수체계 정립기

◉ 도홍경(陶弘景, 456~536)
- ◆ 《진령내전》, 《양신부》 저술.
- ◆ 경방의 육효-간지 해석법을 '태을신수' 초기 체계에 융합.
- ◆ 《경방역전》의 내용 일부를 음양오행 변화표와 통합하여 도가 '정역(精易)'으로 분류.

- 구양숭(歐陽崇)
  - ◆ 기문둔갑 초기 체계의 저자 중 하나로 전해짐.
  - ◆ 《기문보감》 계열 문헌에서 경방의 효·천간 배속 이론을 기반으로 삼기·육의 체계 정리.

4. 송대: 기문둔갑 이론의 전성기

- 서자평(徐子平, 北宋)
  - ◆ 비록 사주명리학 중심이지만, 경방의 간지 흐름론과 시중론을 적극 수용.
  - ◆ 《자평법》에 경방의 용신·세운 개념 응용 흔적 다수.
- 진단(陳摶, 871~989)
  - ◆ 도가 정통의 대표 인물.
  - ◆ 기문둔갑 및 태을신수에 천문·간지 해석을 접목.
  - ◆ 《기문비결》, 《태을정수》에서 경방의 육효–천문 연결 이론을 체계화.

5. 원·명대: 기문둔갑 완성기

- 유기(劉基, 1311~1375): 명나라 초기
  - ◆ 《기문신서》, 《기문비술대전》 편찬에 관여.
  - ◆ 경방의 시기별 효 응용과 간지배속법을 실전 점술체계에 적용.
  - ◆ 유기 계열 둔갑술은 '현실정치에 응용하는 역학'이라는 점에서 경방의 실천철학 계승.
- 황건기문파(黃巾奇門派) (도교 비법전승)
  - ◆ 경방의 '육효로 정사를 점친다'는 철학을 채용.
  - ◆ 기문판 구성 시 '효의 음양'을 반영하여 성궁(星宮)과 천심(天心) 구도 구성.

6. 청대~현대: 도교 내 기문·경방사상 정립

- 석맹서(石孟書, 청대 후기)
  - ◆ 《기문법규》 저술.
  - ◆ 경방의 시간 중심론을 다시 강조하여 삼원·육의의 변화 흐름을 '시중기(時

中氣)'라 명명.
- ◆ 경방을 "기문둔갑 체계의 진정한 원류"라 간주.
- ⦿ 현대 도교 방술 계열
  - ◆ 상해, 복건, 대만 등지의 정일도 계열에서 《경방역전》을 술수 입문서로 활용 특히 태을신수·기문판 구성에 있어 '효의 시기적 변환'을 해석 기준으로 삼음.

〈계보도 요약〉

경방(京房)
- 후한 구담자 → 삼원기법
- 도홍경(陶弘景) → 태을신수
- 구양승 → 기문보감 초기 체계

- 진단(陳搏) → 기문·태을 체계 통합
- 유기(劉基) → 실전 기문둔갑
- 석맹서(石孟書) → 기문법규 정리, 청말 도교전승

위 왼쪽: 강학 장면.　위 오른쪽: 천문 관측.　아래: 조정에서의 자문

기문둔갑전서(奇門遁甲全書) 제갈량(諸葛亮) (181~234)

제1장 가문과 출생

제갈공명의 본명은 제갈량(諸葛亮), 자는 공명(孔明), 호는 와룡(臥龍)이며, 산양군(山陽郡) 양도현(陽都縣)에서 출생하였다. 그 가문은 노나라 경공의 후예로 알려져 있으며, 한말(漢末)의 명문가였지만 난세에 접어들며 세력이 약해져 남방으로 내려갔다.

아버지 제갈규(諸葛珪)는 일찍이 세상을 떠나, 어린 공명은 삼촌 제갈현(諸葛玄)과 함께 형제 제갈근(諸葛瑾)과 성장하였다. 어릴 때부터 총명하며 천문, 지리, 병법, 음양오행, 수리, 풍수, 기문둔갑, 천문역법에 이르기까지 폭넓은 학문을 익혔다. 장강 남쪽 형주로 피신하며 남군(南郡)의 융중(隆中)에 은거, 농사와 학문에 전념하며 세상 사람들로부터 "와룡선생(臥龍先生)"이라 불렸다.

제2장 난세의 지혜, 은거와 유비의 삼고초려

한말의 난세는 동탁(董卓)의 난으로부터 시작되어, 조조, 손권, 유비 등이 각지에서 군웅이 할거하는 시대로 이어졌다. 제갈공명은 은거하며 시대의 흐름을 관찰하였고, 각 지역의 지세, 천문, 인물들을 분석하여 미래를 내다보았다.

이 시기에 유비(劉備)가 형주에 의탁하여 주유(周瑜), 유표(劉表) 등과 관계를 맺고 있었으나, 유비는 중원의 대업을 이루기 위한 방책을 찾지 못해 고민하던 중, 현명한 인재를 구하고자 하여 제갈공명을 찾아갔다. 이른바 삼고초려(三顧草廬)의 고사가 이때 탄생하였다.

세 번째 방문한 유비의 성의에 감동한 제갈공명은 유비 앞에서 "형주(荊州)를 기반으로 하여 익주(益州)를 취하고, 그 뒤 천하를 삼분하여 중원을 도모하는 전략"을 제시하였다. 이를 융중대책(隆中對策)이라 하며, 유비는 이를 듣고 크게 기뻐하며 제갈공명을 군사(軍師)로 삼았다.

제3장 기문둔갑과 병법 연구

제갈공명은 유학과 도가사상을 함께 연구하였으며, 특히 천문역법과 음양오행에 통달하였다. 그는 《주역》과 함께 기문둔갑(奇門遁甲), 육임(六壬), 태을신수(太乙神數) 등 중국의 술수학에 능통하여 이를 실제 전술 및 국정 운영에도 활용하였다.

《기문둔갑전서(奇門遁甲全書)》는 그가 천문, 지리, 시공간의 운행, 병법을 하나로 융합하여 체계화한 병서(兵書)로, 후세에 전해진 내용에는 전쟁 시 택일, 길흉 판단, 병법 배치, 진영 운용 등을 다루고 있으며, "천시는 기문으로, 지리는 둔갑으로, 인사는 계책으로 다스린다"는 사고방식을 바탕으로 만들어졌다.

그가 연구한 기문둔갑은 팔문(八門: 생·상·두·경·사·경·개·휴), 구궁(九宮), 천반지반, 천심기세를 이용해 병법을 구체화하였으며, 실제 전장에 이를 활용하여 승리를 거둔 사례가 많았다.

제4장 적벽대전과 천하삼분의 기틀

제갈공명은 유비를 대신하여 손권(孫權)과의 동맹을 성사시켜 조조(曹操)의 대군에 맞섰다. 이 과정에서 그는 적벽대전(赤壁大戰)에서 동남풍을 불러일으켰다는 일화로 유명하다. 실제로 제갈공명은 천문을 관측해 계절풍과 국지풍을 읽어 전투 일정을 조정하여, 불을 이용해 조조의 수군을 불태우게 하였다.

이 승리를 통해 유비는 남군, 형주를 장악하였으며, 이후 장로(張魯)와 유장을 물리치고 익주를 차지하여 삼국의 기틀을 완성하였다. 제갈공명은 이에 공을 세우며 유비의 촉한(蜀漢) 건국에 결정적인 역할을 하였다.

제5장 석병팔진과 전략 병법

제갈공명은 기문둔갑 외에도 다양한 병법을 활용하였다. 특히 그가 만든 석병팔진(石兵八陣)은 진법과 지형을 연계하여 적의 진군을 차단하거나 유도하며, 소수의 병력으로 다수의 적을 제압할 수 있도록 설계되었다.

팔진법은 하늘의 8괘(乾, 坤, 震, 巽, 坎, 離, 艮, 兌)와 연계되며, 지형과 기문둔갑의 배치 원리를 활용하여 만들어진 전략 진법이다. 이를 통해 제갈공명은 관중의 병력들이 석병팔진을 통과하지 못하고 길을 잃게 만들어 전투 의지를 상실하게 하는 사례를 보여주었다.

제6장 유비 승하와 재상으로서의 내치

유비가 이릉대전(夷陵大戰)에서 대패 후 백제성에서 승하하자, 유선(劉禪)이 즉위하였다. 제갈공명은 유비의 유언에 따라 "유선이 보필할 만하면 보필하고, 그렇지 않으면 그 자리를 대신하라"는 말을 받았지만, 끝까지 충성을 다하며 섭정으로서 국정을 총괄하였다.

그는 법도를 세우고, 농업을 진흥시키며, 인재를 등용하여 촉한의 내정을 안정화시켰다. 당시 백성들은 제갈공명을 아버지처럼 믿고 따랐으며, 부패 관리를 숙청하고 상벌을 엄정히 하여 국정을 바로잡았다.

제7장 북벌과 위나라 정벌

제갈공명은 촉한의 국력이 일정 수준에 도달하자 북벌을 시작하여 위(魏)를 정벌하려 하였다. 기문둔갑의 천문택일법과 병법을 활용하여 6차례에 걸쳐 북벌을 단행하였지만, 국내의 인력과 물자 부족으로 인해 장기전에 어려움을 겪었다.

특히, 마지막 북벌에서 오장원(五丈原)에 주둔하며 위군의 사마의(司馬懿)와 대치하던 중, 병으로 인해 군 중에서 세상을 떠났다. 당시 그의 나이는 54세였으며,

유언으로 자신의 죽음을 숨기도록 하여 군의 사기를 유지하고자 했다.

제8장 《기문둔갑전서》의 집필과 후세의 전승

제갈공명은 군사 활동과 내치 외에도 다양한 저술 활동을 하였다. 그중 《기문둔갑전서》는 그의 방대한 병법 연구와 술수적 지식을 집대성한 것으로 전해진다. 《기문둔갑전서》는 다음의 내용을 담고 있다.

- ◆ 구궁팔문 이론: 시공간의 변화에 따라 팔문의 길흉을 판단하여 전쟁의 승패를 예측.
- ◆ 천반지반 운용법: 상·중·하 삼원 구분을 통한 전장 기세 분석.
- ◆ 기문택일: 전투, 이주, 농사, 정치적 결정 시에 길흉을 판단.
- ◆ 둔갑법의 실제 적용: 은폐, 기습, 탈출 및 공격 시 술수를 활용하는 구체적 방법.
- ◆ 병법과 술수의 통합: 병법의 음양론적 해석과 함께 기문둔갑을 실제로 어떻게 사용할 것인가에 대한 사례 연구.

이 저서는 후세에 《기문둔갑》이라는 독립된 학문으로 발전하였으며, 중국 병법 및 점술학의 중요한 축으로 자리 잡았다.

제9장 후세의 평가와 영향

제갈공명은 죽은 후 무후(武侯)로 추증되었으며, 후세로부터 충성, 지혜, 덕망의 화신으로 추앙받았다. 《삼국지》, 《삼국지연의》를 통해 민중의 기억 속에 "신화적 인물"로 각인되었으며, 실제로도 수많은 병법과 술수학 연구에서 제갈공명의 기문둔갑과 육임, 태을신수 연구가 이어졌다.

조선과 일본에도 그의 기문둔갑 이론과 병법은 전파되어 풍수지리, 천문역법,

전술 전략 연구의 모범 사례로 삼았다. 현대에도 기문둔갑은 사주명리, 풍수, 전쟁사 연구, 전략 분석 분야에서 중요한 연구 대상이다.

제10장 결어

제갈공명은 단순한 재상, 군사 전략가를 넘어 자연과 인간, 시공간과 사회를 통합적으로 바라보는 천재적 사상가였다. 《기문둔갑전서》의 저술은 그의 깊은 관찰력과 시대를 넘어선 통찰을 보여주며, 단순한 병법서를 넘어 "자연과의 조화 속에서 길을 찾는 전략적 인문학"으로 평가받는다.

그가 남긴 기문둔갑의 지식은 이후 수백 년간 병가(兵家), 술수가(術數家), 풍수가, 역술가들에게 큰 영향을 끼쳤으며, 그 지혜의 흔적은 오늘날에도 연구되고 활용되고 있다.

제11장 《기문둔갑전서》의 구체적 목차 및 구성

제갈공명이 집필한 것으로 전해지는 《기문둔갑전서》는 다음과 같은 구성으로 체계화되어 있다.

◆ 총론(總論)
- ◆ 기문둔갑의 기원과 의미.
- ◆ 천문, 지리, 인간사의 상호작용.
- ◆ 음양오행과 팔괘, 구궁의 이론적 기반.

◆ 구궁팔문론(九宮八門論)
- ◆ 구궁(九宮)의 운용과 시간, 공간의 배합.
- ◆ 팔문(八門: 휴·생·상·두·경·사·경·개)의 길흉 판단.
- ◆ 팔문의 이동과 방향 설정 원리.

- ◈ 천반·지반법(天盤地盤法)
    - ◆ 천반(天盤: 하늘의 별자리, 시간 배치)과 지반(地盤: 지리적 배치)의 관계.
    - ◆ 삼원·구운법(三元九運法): 삼원(上元, 中元, 下元). 구운(1운~9운).
    - ◆ 기세의 상승·하강 판단 기준.
- ◈ 기문택일법(奇門擇日法)
    - ◆ 출정, 이사, 건축, 개업, 혼인 등의 길일 선택법.
    - ◆ 전쟁 시 기습, 공격, 방어 시점 선정.
- ◈ 둔갑운용법(遁甲運用法)
    - ◆ 둔갑의 술수: 숨김, 은폐, 탈출, 기습 전술.
    - ◆ 적의 기세를 피하고 아군의 기세를 이롭게 만드는 법.
- ◈ 병법과 기문의 통합(兵法與奇門合一)
    - ◆ 손자병법과 기문둔갑의 결합적 운용.
    - ◆ 장기전, 단기전에서의 활용 전략.
- ◈ 실전 사례집(實戰事例集)
    - ◆ 적벽대전.
    - ◆ 익주 점령.
    - ◆ 북벌 사례 등 구체 전장에서의 기문둔갑 적용.
- ◈ 결론(結論)
    - ◆ 기문둔갑의 본질.
    - ◆ 술수에 의존하되 사람의 도(道)와 결합하여야 함을 강조.

이 목차를 기반으로 기문둔갑은 병법과 술수를 통합하여 "천시(天時), 지리(地利), 인화(人和)"를 함께 고려한 종합 전략서로 자리 잡았다.

제12장 《기문둔갑전서》 핵심 내용 해설

- ◈ 구궁팔문의 운용
    - ◆ 구궁(九宮)은 1~9의 宮으로 구성되며 각각 길흉과 방위를 나타낸다.

- ◆ 팔문(八門)은 다음과 같다.
  - 생문(生門): 생육, 진출
  - 휴문(休門): 휴식, 안정
  - 상문(傷門): 부상, 손실
  - 두문(杜門): 폐쇄, 방어
  - 경문(景門): 빛, 공개
  - 사문(死門): 사망, 실패
  - 경문(驚門): 놀람, 혼란
  - 개문(開門): 개방, 시작

위와 같이 구분되며, 전쟁 시 적군의 진영에 부정적 문이 위치하게 하고, 아군은 생문·휴문 쪽으로 배치되도록 하여 승리를 유도하였다.

- ◆ 천반지반의 분석
  - ◆ 시간과 공간을 결합한 하늘과 땅의 운용법.
    예로, 甲이 천반에 은닉되어 있어야 진정한 둔갑이 이루어지고, 천간의 흐름과 지의 대응에 따라 전장 기세를 읽음.
  - ◆ 둔갑술의 전략적 사용.
    야습, 기습 공격, 후퇴 시 은폐.
    강가, 산맥 등 지형을 활용해 구궁팔문을 현실의 공간에 적용.
  - ◆ "은둔은 기습의 어머니"라는 전략적 사고가 반영됨.
  - ◆ 병법과 술수의 통합.
    기문둔갑은 전술(戰術)에 해당, 손자병법은 전략(戰略)에 해당.

전략적으로 전장 전체를 통찰하면서, 전술적으로 기문둔갑으로 세부적으로 상대의 빈틈을 노림.

제13장 제갈공명의 기문둔갑 실전 활용 사례

◈ 사례 1: 적벽대전
- ◆ 천문을 관측하여 동남풍이 부는 시점을 정확히 예측.
- ◆ 기문둔갑의 풍문(風門)과 생문(生門)의 위치를 분석하여 불공격의 최적 지점과 시기를 결정.
- ◆ 조조의 수군이 밀집한 지역에 기습적인 불공격을 하여 대승을 거둠.

◈ 사례 2: 익주 점령
- ◆ 산악지형의 구궁팔문을 지형에 적용.
- ◆ 기습 루트를 통해 유장(劉璋)의 방어선을 우회.
- ◆ 민심과 지형, 천문을 함께 고려하여 피혈(避血)의 길을 열어 피를 적게 흘리게 함.

◈ 사례 3: 북벌 시 오장원 대치
- ◆ 사마의가 지연전을 펼치자, 기문둔갑으로 날짜별 천시 판단하여 공격과 방어 전환.
- ◆ 석병팔진을 활용해 위군의 침투 루트를 혼란에 빠뜨림.

이러한 사례는 제갈공명이 기문둔갑을 병법과 결합하여 실전에서 사용했음을 보여준다.

제14장 적벽대전과 북벌 시 기문둔갑의 활용 및 현대 응용 가능성

◈ 적벽대전
- ◆ 풍향(風向) 예측: 기문둔갑에서 계절풍·국지풍의 천문상 시기를 읽어내어 화공을 사용.
- ◆ 수상 병법의 길흉 판단: 수면 위에서 불 공격 시의 기문택일로 조조의 방심을 유도.

◆ 북벌
  ◆ 기문둔갑으로 북벌 시 공세와 방어의 시기, 군량 수송로의 길흉 판단.
  ◆ 기습 작전 및 후퇴 시 은폐 경로 설정.
◆ 현대적 응용 가능성
  ◆ 전략 기획: 기문둔갑의 '시공간 통합 분석' 원리를 기업 경영 전략, 투자 타이밍 분석에 적용 가능.
  ◆ 택일 및 길흉 판단: 중요한 계약, 이사, 결혼, 사업 개업 시 기문둔갑의 구궁팔문을 활용.
  ◆ 심리전과 마케팅 전략: 시장의 흐름(천시), 사회의 요구(지리), 사람의 흐름(인화)을 분석하여 시기와 방법을 결정.

제15장 제갈공명《기문둔갑전서》연구 장면

〈융중 은거 시 연구 장면 삽화〉

대나무 숲 속 초가집에서 제갈공명이 별자리를 관측하며 서책을 펼치고 있는 모습. 탁자에는 목패(木牌)에 팔괘가 그려져 있고, 촛불이 은은히 빛나고 있다.

융중 은거시 연구 장면 삽화

제16장 결론: 시대를 넘은 기문둔갑의 유산

제갈공명은 《기문둔갑전서》를 통해 단순히 승리를 위한 병법을 남긴 것이 아니라 자연의 법칙을 존중하며 사람과 시간의 조화를 이루는 지혜를 후세에 남겼다.

◈ 그가 남긴 유산
- ◆ 군사 전략의 새로운 지평.
- ◆ 술수학(術數學)의 실전적 통합.
- ◆ 사람 중심의 전략적 사고.
- ◆ 천문, 지리, 시공간 분석 기법의 모범.

제갈공명의 기문둔갑은 현재에도 풍수, 명리, 전술 전략 연구, 심리전, 경영 전략 등 다양한 영역에서 활용될 수 있는 실전적 지혜로 살아 숨 쉬며, 인류가 세상을 분석하고 길을 찾는 중요한 참고 지표로 기능하고 있다.

관씨역법(管氏易法) 관로(管輅) (209~256)

제1장 혼란의 세기, 예지자의 탄생

삼국이 분열되어 천하가 어지럽던 그 시기, 하내(河內)의 땅에는 유난히도 정기가 응축된 고을들이 존재하였다. 황하의 물줄기가 북서쪽을 휘감고 흐르며 평야에 생기를 불어넣고, 밤마다 별빛이 유난히도 선명하게 떨어지는 그곳에서, 하늘과 땅의 운행을 꿰뚫는 인물이 태어났다. 그의 이름은 관로(管輅), 자는 공명(公明). 후세 사람들은 그를 "삼국시대 최고의 예지자"라 부른다.

1. 출생과 시대적 배경

관로는 위(魏) 문제(文帝) 조비(曹조)가 즉위하고 수 년 후, 하내군 양현(今 河南省沁陽市)에서 태어났다. 이 시기는 황건적의 난의 여파로 인하여, 대륙은 백성들의 고통과 신음으로 휩싸였고 민심이 들끓고 있었다. 하늘은 천재지변으로 백성들을 괴롭혔고, 조정은 무능하였으며, 각지의 호족들과 장수들은 독립 세력으로 성장하며 천하의 주도권을 놓고 피의 싸움을 벌이고 있었다. 바로 이런 격동과 불안 속에서 관로는 태어난 것이다.

그의 집안은 몰락한 선비 가문으로 전해진다. 먼 조상은 주나라 시대까지 거슬러 올라가는 귀족 관씨(管氏)의 후예라는 설도 있었고, 한나라 중기까지만 해도 집안에 학자와 관료들이 있었으나, 후한 말의 혼란 속에 몰락했다고 한다. 하지만 책을 중히 여기고, 자식에게 도의(道義)를 가르치던 그 가풍은 여전히 남아 있었다.

관로의 아버지 관부(管傅)는 젊은 시절 지방 향리에 명망이 있었으며, 천문과 지리에 해박한 지식이 있었다. 관부는 종종 별을 바라보며 "천하가 곧 큰 변화를 겪을 것이다"라며 탄식하곤 했다. 그는 어릴 적부터 관로에게 《주역》과 《춘추》, 《한서》

등의 고전을 손수 가르쳤다. 관로는 글을 읽는 데 특별한 재주가 있어, 다섯 살 무렵에는 《시경》과 《서경》 일부를 외웠고, 열 살도 되기 전 천문과 오행에 깊은 관심을 가지게 되었다.

2. 기이한 소년기

관로의 어린 시절에는 여러 기이한 일화가 전해진다. 가장 널리 알려진 것은 그가 아홉 살 되던 해, 우연히 하천가에서 죽은 개를 보며 "이 개는 병으로 죽은 것이 아니라 사람 손에 죽었다"고 말한 일이다. 그때 주변의 어른들은 믿지 않았지만, 며칠 뒤 마을의 백정이 몰래 죽인 것이 밝혀졌다고 한다. 이런 일들은 한두 번이 아니었다. 어떤 날은 벽 위에 날아드는 새의 울음소리를 듣고 "오늘 저녁에 비가 올 것이오. 그러나 한편으론 불도 나리라"고 말했고, 과연 그날 밤 비가 내림과 동시에 번개로 인해 곡물 창고가 불탔다.

그의 나이 열셋, 지방의 재야 지식인 방지(龐芝)가 마을에 들렀다가 관로의 이야기를 듣고 그를 직접 시험하였다. 방지는 점성술과 주역에 정통하였는데, 그는 관로에게 갑골 문자를 보여주고 풀이하게 하였고, 불과 반 시간 만에 모두 정확히 해석해내자 탄복하며 말했다.

"이 아이는 하늘이 낸 자로다. 그 이름은 대대로 이어질 것이다."

관로는 방지로부터 본격적인 역학 공부를 배웠고, 그 외에도 지리학, 육효(六爻), 산명학, 점복, 기상학에 이르기까지 방대한 지식을 스스로 갈무리해갔다. 그는 주경야독하며 오행의 움직임을 별자리에 연결하고, 음양의 기류를 날씨와 바람으로 예지하며 점차 '신동'으로 알려졌다.

3. 황폐한 천하와 민심의 흐름

관로가 청소년기를 보내던 시기, 한나라는 명맥만 유지하고 있었고, 실권은 이미 조조의 손에 들어가 있었다. 이 무렵, 하내 지역은 병란으로 사람들의 왕래가 줄었고, 관로는 세상과 단절된 듯한 산속에서 도술을 닦고 점술을 정리하는 삶을 살았다.

그는 민간에서 여러 점을 보아주며 입소문을 탔는데, 신기하게도 점을 보는 자마다 "죽을 자는 죽고, 살아날 자는 살아났다"고 전해진다. 특히 병자의 생사를 알아맞히는 점에서는 거의 실수가 없었고, 심지어 "삼일 후 반드시 붉은 동풍이 불 것이며, 이에 따라 관의 기둥이 무너지리라"고 예측해 대형 관청의 붕괴를 예고한 사건도 있었다.

이 시기 그는 이미 조정의 몇몇 관리들에게 이름이 알려지게 되었고, "하내의 신기한 선비" 혹은 "예지의 성인"이라 불리기 시작했다. 이처럼 청년기의 관로는 혼란한 시대 속에서 신묘한 예지력으로 백성들의 마음을 얻었고, 자신의 역리학을 끊임없이 연마하고 있었다.

제2장 음양과 역리를 깨우치다

역학은 예로부터 하늘의 이치를 궁구하는 학문이었다. 그러나 후한 말의 정치 혼란 속에서, 많은 이들은 권력의 싸움이나 전쟁의 승패에만 몰두하였고, 오직 하늘의 뜻을 읽고자 했던 자들은 드물었다. 관로는 그 소수 중 하나였다. 그는 단지 점술의 기능을 익히는 것을 넘어, 자연의 운행과 인간 운명의 근원을 탐구하고자 했다. 이 장에서는 관로가 어떻게 음양과 역리를 체계화하고 독창적인 예지체계를 세워갔는지를 살펴본다.

1. 방지에게서 배운 주역과 천문

관로는 앞서 언급한 지역 유학자 방지(龐芝)로부터 《주역》과 천문에 대한 깊은 가르침을 받았다. 방지는 당시 하내 일대에서 도가사상을 전파하던 역학자였으며, 《태을진경》과 《기문둔갑》 일부까지도 접할 수 있었던 인물이었다.

관로는 방지와의 교류를 통해 팔괘(八卦)의 기본 이론을 체득하고, 육효(六爻) 점법, 대운(大運) 이론, 천간지지(天干地支)의 조합 원리를 습득하였다. 그는 특히 《주역》의 계사전(繫辭傳)과 설괘전(說卦傳)을 깊이 탐독하였고, "우주는 변화의 법칙 안에서 움직인다"는 이치를 스스로 정립하였다.

"하늘과 땅의 길이 하나요, 인간의 길 또한 그 속에 있으니, 운명은 하늘에서만 오지 않고 사람이 감응하는 바에 달린다."

이처럼 관로는 단순히 기계적 점법에 머물지 않고, 하늘의 이치와 인간 삶의 관계를 음양오행 속에서 읽으려 하였다. 그가 추구한 점술은 단순한 예언이 아니라 '운명 이해의 도구'였다.

2. 점복과 도참의 분별

당시 민간에서는 '점복술'과 '도참서'가 뒤섞여 쓰였다. 관로는 민간의 미신적 점복을 비판하며, 철저히 음양오행의 원리에 입각한 논리적 점술을 추구하였다. 그는 "상서로운 징조는 천기(天機)의 일부이나, 해석하는 자의 지혜에 따라 선악이 갈린다"고 말하며 도참(圖讖)을 오용하지 말라고 경계하였다.

그는 자신의 점술을 크게 다음과 같은 다섯 갈래로 정리하였다.

- ◆ 천문점(天文占): 별의 움직임과 일월식 등을 통해 국가적 변란이나 큰 자연재해를 예측.
- ◆ 지기점(地氣占): 지형과 풍수적 기운을 분석하여 사람의 길흉을 판단.
- ◆ 사주점(四柱占): 생년월일시의 오행 구성으로 인물의 운세를 분석.
- ◆ 육효점(六爻占): 괘를 뽑아 길흉을 판단하고 시기의 흐름을 탐색.
- ◆ 기이점(奇異占): 물체의 떨림, 동물의 울음, 꿈의 상징 등을 해석해 미래를 유추.

관로는 이를 토대로 '음양응감론(陰陽應感論)'이라 명명하고, "모든 징조는 하늘과 땅의 감응이 인간에게 투영된 것이다"라고 정의했다. 이는 훗날 그가 점친 사건마다 그 정확도가 높았던 이론적 근간이 되었다.

3. 하늘의 시계, 인간의 좌표

관로는 하늘의 별을 '시간의 지침'이라 보았고, 인간의 사주를 '공간의 좌표'라 인식했다. 그는 천문을 읽는 능력으로 시공의 변화 흐름을 예측하였고, 그 흐름 속에서 인간이 어떤 영향을 받는지를 해석했다.

특히 그는 북두칠성과 남두육성의 운행을 바탕으로 인간 수명의 길이를 가늠하였고, '명궁'이라 불리는 자리에 따라 생사시기를 정밀히 측정하였다. 이는 도참과 연계된 명리학의 원류와도 통하는 것이었고, 그의 예지는 종종 "하늘이 인간을 통해 말하는 것"으로 불리게 되었다.

또한 그는 점술에 있어 고정된 운명론을 거부했다. 관로는 말했다.

"운명이란 정해진 것이 아니다. 하늘은 방향을 정하지만, 인간은 그 길 위에서 걸을 뿐이다. 걸음이 다르면, 끝도 달라진다."

이 말은 후대 유학자들이 그를 기리는 데 있어 "명리의 통달자이자 도의 지침자"로 칭송한 이유였다.

4. 스스로의 운명을 실험하다

관로는 젊은 시절 자신의 사주를 직접 분석하고, 향후의 생애를 예측해보는 시도를 하였다. 그 결과 그는 자신이 "문(文)으로는 조정에 들고, 술(術)로는 천기를 전하되, 권세와는 멀고, 목숨은 다소 단명할 것"이라는 결론을 얻었다. 실제로 이는 훗날 그의 생애와 정확히 맞아떨어진다.

이 경험은 관로에게 큰 충격이 되었으나, 그는 이 운명을 바꾸려 하지 않았다. 오히려 그는 "하늘의 뜻을 아는 자는 겸허해야한다"며, 언제든 죽음을 준비하는 자세로 학문에 몰두했다. 이는 그의 후학들이 말년에 남긴 기록에도 잘 나타나 있다.

"공명 선생은 자신이 몇 년 몇 월에 죽을 것을 아시고, 그 즈음부터 음식을 줄이고 단정히 말수를 줄이셨다."

5. '천기(天機)'와 '인기(人機)'의 분별

관로는 점술이 남용되거나, 정치적으로 이용되는 것을 경계하였다. 그는 "천기는 누설함이 두렵고, 인기는 유혹함이 위험하다"고 하며, 누구에게나 점을 허락하지 않았다. 심지어 조정에서 부름을 받았을 때에도, 그는 여러 차례 사양하며 자신의 뜻이 휘둘리지 않도록 조심했다.

이 시기 그의 명성은 이미 하내 일대를 넘어 사방에 퍼졌고, 조정에서도 그를 '기이한 사람', '사람의 마음을 읽는 자'라 불렀다. 조조 또한 그의 이름을 들었으나,

당시 조조는 실용주의적 성향이 강했기에, 관로를 깊이 신뢰하지는 않았다. 반면 조비와 사마의는 그를 불러 이야기를 들으려 했다.

제3장 점술과 예지, 신인의 경지

관로(管輅)는 이제 단순한 학문적 수련생의 단계를 넘어, 실제 예지의 현장에서 실력을 드러내기 시작하였다. 그의 점술은 단순한 '길흉화복'을 넘어 생사의 시기, 병의 진행, 전쟁의 승패, 심지어 매장지의 위치와 땅속 깊이까지 정확히 꿰뚫었다. 민간에서는 그를 신인(神人)이라 불렀고, 조정에서는 "예언의 성자"로서 주목하게 되었다. 이 장에서는 그의 대표적인 예지 사례들을 통해 관로가 얼마나 뛰어난 통찰력과 직관을 가졌는지를 살펴본다.

1. "세 번의 병점(病占), 세 번의 생사 적중"

관로가 스무 살을 갓 넘긴 시절, 하내 지방에서는 병이 퍼지고 사람들의 생사 예측이 어려웠다. 당시에는 약도 부족했으며, 사람들은 신관이나 무당에게 의지했다. 어느 날, 하내 부호 왕현(王玄)의 아들이 병이 들어 위독하였고, 많은 의원과 무당이 모였으나 판단이 엇갈렸다.

관로는 왕현의 요청으로 그 집에 들렀고, 아들의 생년월일과 현재의 병세를 보고 말했다.

"이 병은 삼일 후 음기가 빠져나가면서 호전되리니, 절대로 찬 약을 쓰지 마십시오."

왕현은 이를 믿고 기다렸고, 과연 사흘 뒤 아들은 살아났다. 이후 왕현의 사촌 형제와 또 다른 이가 병에 걸려 관로에게 점을 청했고, 그는 정확히 죽음의 날짜를 짚었다. 둘 다 그의 예언대로 숨을 거두었다.

이 세 번의 병점 사건은 당시 지방 전체에 퍼졌고, 사람들은 "관공명(管公明)은 하늘의 귀를 가진 자"라며 입을 모았다.

2. 수레바퀴 소리로 무덤 깊이를 맞추다

관로의 예지력은 단지 사람의 생사나 운명을 보는 데 그치지 않았다. 그는 땅속의 기운과 형상을 읽는 데도 능했다.

어느 날, 한 관료의 집에서 조상의 무덤을 이장하려 하였으나, 정확한 매장 위치가 파악되지 않아 난처해졌다. 관로는 현장에 가서 수레바퀴가 지나가는 소리를 듣더니 말했다.

"이곳의 흙은 세 겹이니, 지금 바퀴가 가벼운 곳은 공기가 고여 있는 자리입니다. 7척 3촌을 파십시오. 관이 거기 있을 것입니다."

과연 그 깊이에 나무관이 있었고, 안에는 썩지 않은 시신과 장신구들이 함께 있었다. 이 사건은 "관로는 귀로 땅을 본다"는 신화를 낳게 하였다.

3. 꿈 풀이의 신묘함

관로는 꿈을 해석하는 데에도 천재적인 능력을 보였다. 어떤 날, 조정의 서기관 중 한 명이 관로를 찾아와 말했다.

"제가 며칠 전 이상한 꿈을 꾸었습니다. 거북이 네 마리가 제 방 안에서 서로를 등지고 원을 그리며 도는 모습이었습니다."

관로는 가만히 듣더니 대답하였다.

"그 꿈은 당신의 사방이 적에게 둘러싸이고, 뒤따라 네 방향 모두에서 공격당하는 형국입니다. 조심하십시오. 상서롭지 못합니다."

그 서기관은 처음엔 웃어넘겼으나, 열흘 후 사면에서 동맹을 맺은 지방 관료들에게 반역죄를 뒤집어쓰고 목숨을 잃었다. 그 꿈의 상징과 관로의 해석은 후세 꿈 해석의 고전이 되었다.

4. 실종된 말의 행방

또 다른 유명한 일화는, 한 장군의 군마가 도망가 그 위치를 찾을 수 없었던 사건이다. 말은 국가의 재산이기도 했기에 중대한 문제였고, 온 마을에 수색대를 풀었지만 행방을 알 수 없었다.

관로는 말을 탄 시간과 방향, 날씨 등을 계산하더니 다음과 같이 말했다.

"그 말은 북쪽 산기슭을 따라가다 늪지를 지나 지금쯤 서쪽 바위 언덕 근처에 있을 것입니다. 물이 부족해 멈추었을 터이니, 물가 근처를 찾으십시오."

과연 다음 날 그 말은 관로가 말한 위치에서 발견되었다. 이 사건은 "관로는 말의 마음도 읽는다"는 말까지 낳았다.

5. 흉한 집터의 점결

어느 귀족이 저택을 새로 지으려 하였는데, 관로를 불러 터를 봐달라 하였다. 관로는 대문과 안채, 주방의 배치를 보고 말했다.

"이곳은 음기(陰氣)가 머무는 형상이라, 불의(不義)한 사람이 살면 혈(血)을 부를 것이요, 의로운 자가 살면 질병이 많을 것입니다."

귀족은 이를 무시하고 그대로 집을 지었고, 과연 그 집에서는 하인들이 자주 싸움을 벌이고, 장남이 피를 토하고 병을 앓았다. 결국 집터를 옮기자 모든 것이 사라졌다. 관로의 터 감정은 단지 풍수에 의존한 것이 아니라 '기류(氣流)의 흐름'을 감지한 직관적 분석이었다.

6. 기이한 생물의 출현 예언

관로는 예지뿐 아니라 자연현상의 출현도 예측했다. 한 해 여름, 그는 사람들에게 "이달 안에 남쪽 늪지에서 두 머리를 가진 거북이 출현할 것이다. 이는 음양이 교차하는 상징이니 조심하라"고 말했다.

사람들은 처음에 믿지 않았으나, 과연 보름 뒤 남방 늪에서 등껍질이 갈라지고 두 개의 머리를 가진 거북이가 발견되었고, 이후 몇 개 마을에서 돌풍과 번개로 피해가 있었다. 관로는 이것을 "천지가 교차하는 변이의 징조"라 해석하였다.

◆ 관로의 점술은 이러한 수많은 일화들을 통해 더욱 신뢰를 얻었고, 점차 지방 관료에서 조정의 고관대작들까지 그를 부르게 되었다. 그는 점을 칠 때면 언제나 조용히 사색에 잠기고, 간단한 질문만으로 상대의 내면과 환경을 읽었다. 사람들은 그를 '관신인(管神人)', 혹은 '점의 성자'라 부르며 존경하였고, 위나라 조정에서도 본격적으로 그를 궁중으로 부르게 된다.

제4장 조정으로 부름을 받다

관로(管輅)의 명성은 민간에서만 머물지 않았다. 그의 예지력은 소문을 타고 조정의 귀에까지 들어갔고, 결국 위나라 황실은 그를 공식적으로 불러들였다. 이 장에서는 관로가 어떻게 조정에 발탁되었고, 조비(曹丕) 및 사마의(司馬懿) 등 권력자들과 어떤 관계를 맺으며 활동했는지를 상세히 다룬다.

1. 조비의 부름

위문제(魏文帝) 조비는 문학과 술수를 아끼는 군주였다. 그에게 관로의 이름이 처음 들어간 것은 조비가 즉위한 이듬해 무렵으로, 당시 조정에서는 연이어 이상 현상이 발생하고 민심이 흉흉하였다. 황궁의 옥루에서 갑자기 물이 끓어오르고, 궁궐 정원에서 새떼가 무리를 지어 북쪽 하늘로 날아가며 울부짖었다. 조비는 이를 불길한 징조로 여겼고, 점술과 천문에 능한 자를 찾게 하였다.

당시 조정에는 왕숙(王肅), 화흠(華歆) 등 유학자가 많았으나, 이들은 모두 경전에만 의지해 해석을 못하자, 하내 출신의 기인 관로의 명성이 황제 귀에까지 도달하게 되었다. 조비는 그를 불러들이며 물었다.

"경이 하늘의 뜻을 살핀다 들었소. 이 이상한 현상의 의미는 무엇인가?"

관로는 두 번 고사하다 입궐하였고, 별다른 문서나 장비 없이 다음과 같이 진언하였다.

"이는 하늘이 북쪽의 움직임을 경계하심이옵니다. 북방 외적이 일어날 징조며, 또한 궁중 내에 음기가 모여 재앙을 부를 것입니다. 사직을 가다듬고, 정사를 맑게 하시면 무사하겠습니다."

조비는 깊이 감복하며 그에게 음양박사(陰陽博士) 직함을 수여하고, 자주 정무 회의에 참석케 하였다.

2. 사마의의 신뢰

관로는 조비 사후, 정권을 장악한 '사마의(司馬懿)'와도 깊은 인연을 맺었다. 사마의는 실리주의자였지만, 술수와 점에 능한 자를 유용하게 활용할 줄 아는 인물이었다.

사마의는 일찍이 관로를 불러 병사 배치를 점치게 하였고, 관로는 "동남에 병풍의 형상이 서니, 군은 동남에서 돌아와야 승리하리이다"라 하여 실제로 경계 방향을 바꾸게 하였다. 그 결과 적의 매복을 피할 수 있었고, 사마의는 크게 기뻐하며 그를 측근으로 삼았다.

사마의는 이후 중원의 통일을 도모하면서 중요한 결정을 내리기 전마다 관로에게 조언을 청했다. 관로는 늘 간결하게 응답했으며, "하늘의 움직임은 사람의 뜻을 반영하나, 억지로 쓰면 복이 화가 됩니다"라는 말을 자주 반복하였다. 이는 사마의가 무리한 내정을 억제하게 하는 하나의 지침이 되기도 했다.

3. 관중의 사망 예언

조정에서 가장 유명한 사건 중 하나는 대장군 관중(關中)의 사망을 정확히 예언한 것이다. 관중은 병에 걸려 여러 명의 의원을 불렀으나, 아무도 명확한 예후를 말하지 못했다. 관로는 당시 다음과 같이 말하였다.

"이 병은 초삼일(初三日)의 자시에 악기(惡氣)가 모입니다. 만약 그 시각이 지나면 한 생을 더 이어가겠으나, 넘기지 못하면 여기까지이옵니다."

과연 초삼일 자시가 되자 관중은 피를 토하고 쓰러졌고, 이튿날 숨을 거두었다. 이 일로 인해 조정 신료들은 관로를 더 이상 '기이한 선비'가 아니라, '천기를 듣는 사람'으로 부르게 되었다.

4. 정쟁 속의 중립자

관로는 조정 내 파벌 싸움이나 권력 다툼에 개입하지 않으려 하였다. 그는 점술이 권력의 도구로 쓰이는 것을 극도로 경계하였다. 조상(曹爽)과 사마의가 정권을 놓고 다툴 때, 양측 모두 관로에게 도움을 청하였으나, 그는 두 진영 모두에게 다음과 같은 편지를 보냈다.

"길은 사람이 걷는 것이며, 복은 사람이 받는 것이 아니라 짓는 것입니다. 하늘은 감응하되 편들지 않습니다."

이 말은 조정에 큰 반향을 일으켰고, 양측 모두 그를 강제로 끌어들이는 것을 포기하였다. 관로는 중립을 지킨 채, 황실 예관(禮官)으로 있으면서 주로 재상급 인사들의 질병, 흉조, 국상 등의 해석을 담당하였다.

5. 궁중 점례(占例)의 체계화

관로는 조정에서 점례(占例, 공식적인 점풀이 절차)를 체계화하였다. 그는 점괘를 내릴 때 다음과 같은 원칙을 세웠다.

- ◆ 천시를 따른다.
  날씨와 별의 위치, 절기와 음양의 균형을 함께 봄.
- ◆ 지형을 참고한다.
  사건이 발생한 장소의 풍수와 지세를 함께 고려.
- ◆ 인의(人意)를 중시한다.
  당사자의 성정, 운명의 흐름을 함께 해석.
- ◆ 변화와 상응을 논한다.
  고정된 점괘가 아니라 주변 변화에 따라 유동적으로 판단.

이러한 원칙은 관로가 사후에 남긴《관로전(管輅傳)》과 후대《태평예람》,《삼식통의》등에 영향을 주었다.

제5장 《관로전管輅傳》의 주요 일화

관로(管輅)는 점술과 천문, 사주와 풍수에 능통하여 삼국시대 위나라에서 '천기를 읽는 자'로 추앙받았다. 그의 일생 중 수많은 예지 사례가《관로전》(배송지가《삼국지》위서에 부록으로 실은 사전 전기 형식의 문헌)과 기타 필사 기록들에 남아 있다. 이 장에서는《관로전》및 후대 기록에서 전하는 가장 유명하고 신비로운 점례들을 중심으로 관로의 인물됨과 술수의 정수를 조명한다.

1. 죽은 자의 생전 사정까지 꿰뚫다: "장춘화 사건"

위나라 조정에서 한 관리의 친척 장춘화(張春華, 사마의의 정실 부인)의 갑작스러운 죽음에 의혹이 제기되었을 때, 황제는 관로에게 시신의 상태를 분석해보도록 명하였다. 당시 부검이 일반화되지 않았던 시절, 관로는 시신의 얼굴, 손톱 색, 혀의 위치를 보고 이렇게 말하였다.

"이 이는 병사하였으나 병의 뿌리는 오래전 가슴에 맺힌 분노였고, 죽기 사흘 전 심장에 열이 올라 목에 응어리가 맺히며 끝났습니다. 독이 아니라 기혈의 파열입니다."

그의 해석은 그대로 일치하였고, 이를 통해 억울한 누명을 쓰려던 하녀가 무죄로 밝혀졌다. 관로는 단지 운명을 보는 사람이 아니라, 사후의 기(氣)를 통해 생전의 정황을 추론할 수 있는 자로 평가되었다.

2. 무덤의 깊이를 듣는 귀: "이처 묘(墓) 관련 지점 추정 사건"

조정의 장수 이처(李處)는 조부의 무덤을 새로 찾고자 했으나 매장 위치가 정확하지 않았다. 산이 흐려지고 표석이 사라진 지 오래였던 것이다. 관로는 현장에 가서 직접 지면을 발로 두드려보고, 수레를 몇 바퀴 돌리게 하였다. 그러더니 말하였다.

"이 바퀴 자국이 소리가 빈 부분을 두 번 지나갔습니다. 이는 관이 이 아래에 있음을 의미하며, 6척 8촌의 깊이일 것입니다."

과연 그 깊이에서 옛 무덤과 관이 발굴되었고, 동봉되어 있던 명패까지 확인되었다. 이로써 관로는 '청지귀(聽地鬼, 땅의 혼을 듣는 자)'라는 별명을 얻었다.

3. 살인자의 복장을 읽다: "관상과 기세의 응답"

어느 날 조정의 재무 담당 관리가 급사하였고, 독살 의혹이 일었다. 범인은 범행 직후 평민 행세를 하며 남문을 빠져나갔는데, 현장은 정황증거가 부족했다. 조정은 관로에게 자문을 구했고, 그는 다음과 같이 말하였다.

"이 살인은 금기(金氣)의 날에 일어났으므로 범인은 금을 상징하는 흰색 의복을 피했을 것입니다. 그러나 역으로, 자색과 녹색의 조합을 입었을 터이니, 해당 색으로 문을 나간 자를 조사하시오. 왼쪽 다리를 절며 동쪽으로 향했을 것입니다."

과연 북동쪽 농촌에서 자색 도포를 입은 자가 붙잡혔고, 정황 증거 및 자백으로 사건이 종결되었다. 이 사건은 관로가 색채와 기운, 그리고 사람의 기척을 종합하여 추론할 수 있었음을 보여준다.

4. 음양의 기운으로 풍수 격을 분석하다: "옥산 신당 화재 예언"

위나라 조정은 옥산(玉山)에 신당을 세우고, 음양의 신에 제를 올리려 하였다. 이때 관로가 그 자리에 갔을 때, 바람이 불지도 않았는데 향불이 스스로 꺼지는 것을 보았다. 그는 신관에게 말했다.

"이곳은 음기가 너무 짙어 불이 오래 머물지 못합니다. 삼월 경 화재가 날 테니, 향실을 남향이 아닌 서향으로 돌리십시오."

그는 신당의 배치 구조가 화기를 부른다고 진단했다. 하지만 관리들은 이를 무시했고, 그 해 음력 삼월, 과연 낙뢰로 인해 신당이 전소되었다. 그 후 조정에서는 모든 제단 설계를 관로에게 먼저 상의하게 되었다.

5. 사망자의 환혼 시간까지 예지: "이문(李文) 사후 7일 귀현 사건"

사서에는 다소 전설처럼 묘사되었지만, 가장 신비로운 사례 중 하나는 이문(李文)이라는 인물의 사망 예언과 귀혼 시간의 정확한 추정이었다. 관로는 이문이 죽기 하루 전, 그의 집을 찾아가 "장지에 초승달이 서기 전에 이 기운이 다할 것입니다"라고 말하였다.

그는 또한 유족들에게 "그가 죽은 뒤 7일째 밤, 오시(午時)에 유리병이 깨지고 문이 두 번 흔들릴 것입니다. 그것이 이문이 마지막 작별을 고하는 징조입니다"라고 덧붙였다.

과연 7일 후, 관로의 말처럼 병이 깨지고 문이 두 번 흔들리자, 온 가족이 무릎 꿇고 통곡하였다. 이는 귀신의 귀환 시각을 예언한 유일한 사례로 남아 있다.

6. 관로전의 기술 특징

《관로전》은 단순한 전기가 아니라 점례의 실제 기록이자 이론서이기도 하다. 그 내용은 다음과 같은 특징을 지닌다.

- ◆ 하나의 점례가 단지 결과만이 아닌, 그에 따른 사고의 흐름과 분석 원리를 상세히 기록.
- ◆ 점을 칠 때 사용한 기준은 시간, 장소, 인물의 사주, 당시의 기상 변화, 천문 현상 등 종합 분석.
- ◆ 결과의 적중 여부와 그에 따른 조정의 반응까지 기록하여 신뢰성 확보.
- ◆ 후대 관상서, 풍수서, 명리서 등에서 인용되는 용어와 원형 다수 포함.

관로는 점술을 통해 단순히 미래를 맞추는 것이 아닌, '천지의 이치를 인간이 읽는 것'으로 격상시켰다. 《관로전》의 이러한 철학은 후대 명리학, 기문둔갑, 태을 신수 등에 지대한 영향을 미쳤다.

제6장 제자와 후학 양성

관로(管輅)는 천문과 음양, 점술과 풍수에 정통한 '천기지인(天機之人)'으로 추앙받았으나, 그는 이 능력을 혼자만의 것으로 남겨두지 않았다. 오히려 말년에 이르러서는 자신의 학문을 정리하고, 점술과 역리학을 체계화하여 후대에 전수하는 데 힘을 기울였다. 관로는 '술수는 천기를 누설하는 것이 아니라, 하늘의 이치를 백성에게 알리는 것'이라는 철학을 가지고 있었고, 이에 따라 제자 양성과 교학 활동에 적극적으로 나섰다. 이 장에서는 그가 남긴 학문적 유산과 제자들의 계보, 후대에 미친 영향을 중심으로 살펴본다.

1. 학문 정리의 시작

관로는 중년 이후 조정의 직책에서 물러나면서, 하내로 돌아가 자신의 학문을 정리하기 시작했다. 당시 그가 사용한 교재는 대부분 구전(口傳)과 자필 노트 형식이었으며, 직접 주역, 천문, 사주, 풍수, 기문 등의 각기 다른 분야를 체계적으로 구분하여 정리하였다.

그가 분류한 주요 학문 항목은 다음과 같다.

◈ 주역 및 괘상 해석론
- ◆ 괘의 구성 원리와 효사(爻辭)의 대응.
- ◆ 시간, 방향, 기후 등과의 상응 원리.

◈ 사주명리 초식(初式)
- ◆ 사주의 기초 구성법 (천간지지 배합).
- ◆ 일간 중심 체계와 용신 분별.
- ◆ 초운(初運), 대운(大運), 세운(歲運)의 상호 영향.

◈ 풍수 및 지기론(地氣論)
- ◆ 혈(穴)의 진위 판단 기준.
- ◆ 산세와 수형의 흐름 분석.
- ◆ 양택과 음택의 다른 점.

◈ 천문과 점성술
- ◆ 북두, 태미원, 이십팔수(二十八宿)의 이동.
- ◆ 일식, 월식, 혜성, 운석의 해석 원칙.

◈ 기문과 술수 도참
- ◆ 기문둔갑과 태을신수의 기초 체계.
- ◆ 문(門)과 장군성(將軍星)의 조합.
- ◆ 시간 속의 기세와 인체의 응감.

이 모든 학문은 실전 사례를 통해 풀어졌고, 단순한 이론이 아니라 관로 본인의 수십 년 현장 경험이 담긴 살아 있는 지식이었다.

2. 주요 제자들

관로는 말년에 하내의 자택 인근에 소규모 강당을 짓고, 자신의 학문을 배우고자 하는 이들을 받아들였다. 제자들은 많았지만, 그중 핵심 제자로는 다음 세 인물이 전해진다.

◉ 진기(陳機)

고문사(古文辭)에 밝고, 주역 점법과 괘상 해석에 뛰어났던 자. 《관씨역전(管氏易傳)》이라는 책을 편찬한 것으로 알려짐.

◉ 방효(龐孝)

기문과 풍수에 정통한 인물. 나중에 서촉으로 내려가 도가의 일원으로 활동하며 《기문십결(奇門十訣)》의 기초를 남겼다고 전해짐.

◉ 장평(張評)

사주명리에 특화된 자. 관로의 '용신 분석법'을 정리하여 '장씨명서(張氏命書)'라는 초안을 남겼으며, 이는 후대 사주학파의 근간이 되었다.

이들은 모두 관로의 이론을 정리하고 실전을 통해 적용한 이들로, 관로가 남긴 핵심 사상인 "천인감응(天人感應)"의 철학을 계승하였다.

3. 점술의 윤리와 전수 조건

관로는 점술을 단순한 기술이 아닌 '덕으로서 행하는 도(道)'로 여겼다. 그는 제자들에게 다음과 같은 계율을 강조하였다.

"천기를 남용하면 화(禍)를 입고, 인기를 추구하면 길을 잃는다. 점은 반드시 사람을 살리기 위해 써야 하며, 권세를 위함이 아니니라."

관로는 다음과 같은 전수 기준을 명확히 하였다.

◆ 욕심이 많은 자에겐 절대 가르치지 않는다.
◆ 점을 팔아 생계를 삼고자 하는 자에겐 절대 전하지 않는다.
◆ 정치에 개입하려는 자에겐 반드시 거리를 둔다.
◆ 점을 통해 남을 해치려는 자는 가차 없이 쫓아낸다.

그는 제자들에게 "자신이 예지한 결과를 말할 때는 반드시 상대의 심성과 처지를 함께 헤아려야 한다"고 가르쳤다. 예언이 곧 사람의 마음을 꿰뚫는 것이기 때문에, 말 한 마디가 천만 생명을 살리거나 해칠 수 있다는 철학에서였다.

4. '관씨 음양학'의 성립

관로의 가르침은 후에 제자들에 의해 정리되어 하나의 학파로 발전하였다. 후세에서는 이를 '관씨 음양학(管氏陰陽學)'이라 불렀으며, 특징은 다음과 같았다.

- ◆ 고전《주역》의 체계를 중심으로 하되, 현실 적용에 중점을 둔다.
- ◆ 사주와 천문, 풍수와 괘상 등 각 분야를 통합한 '총체적 점술'
- ◆ 하늘–땅–사람의 삼재(三才)가 상호 감응하는 원리를 중심 철학으로 삼음.
- ◆ 윤리와 점술의 균형을 강조, '점은 도덕을 벗어나면 독(毒)이 된다'는 원칙 고수.

관씨 음양학은 훗날 송대의 소옹(邵雍), 명대의 유백온(劉伯溫), 청대의 육우(陸羽), 조선의 도참학자 남사고(南師古) 등에 큰 영향을 주었다고 평가된다.

5. 후대에 끼친 영향

관로의 학문은 단순히 제자들을 통해 전수된 것이 아니었다. 그의 점례는 실용성이 높아 지방 향리들 사이에서도 모방되었고, 민간의 예언체계에까지 영향을 미쳤다. 특히 아래와 같은 부분에서 그의 흔적이 뚜렷하다.

- ◆ 관상법: 관로는 얼굴의 형태, 기혈의 흐름, 음색과 눈빛 등을 종합적으로 보는 '종합 관상법'을 도입하였다.
- ◆ 풍수 해석법: 풍수에서 단순한 혈의 위치만 보는 것이 아니라, 기류의 유입과 배출을 함께 고려하는 '기순론(氣循論)'을 제시하였다.
- ◆ 사주 용신 분석: 단순히 오행의 강약으로 용신을 결정하는 것이 아니라, 세운과 대운의 흐름에 따라 가변 용신을 도입하였다. 이는 후대 사주학에 큰 혁신을 가져왔다.
- ◆ 기문판 해석: 문(門)과 장군성, 삼기(三奇) 배치를 기계적으로 보지 않고, 당시 시간의 상황과 질서의 무게를 함께 고려하는 해석을 도입함.

제7장 역술과 도술, 도가사상의 융합

관로(管輅)는 단지 점술에 능한 인물에 그치지 않았다. 그는 점술과 도참을 넘어서, '하늘의 이치를 깨달은 자', 다시 말해 도(道)의 경지를 체득한 존재로 여겨졌다. 이 장에서는 관로가 어떻게 도가사상과 술수의 융합을 통해 신격화된 존재로 변화해갔는지를 서술하고, 그의 철학과 사유가 후대에 어떤 사상적 전환을 이끌었는지 탐구한다.

1. 도가사상과의 조우

관로는 젊은 시절부터 《노자》와 《장자》에 익숙했다. 《주역》을 해석하는 데 있어서도 도가적 시선을 적용하였다. 그는 천도(天道)와 자연의 변화에 감응하는 인간의 본성에 깊은 관심을 가졌고, '무위이화(無爲而化)'의 개념을 음양오행 해석에도 접목했다.

"사람의 운명은 정해진 것이 아니요, 변화는 무위 가운데 자생한다. 억지로 조작하면 하늘의 기운이 흐트러진다."

그는 점술의 기초에 도가적 사유를 심어 '술수는 법술이 아닌 도의 표현'이라는 철학을 정립하였다. 점은 하늘의 명령을 해석하는 것이며, 그 해석은 도에 가까워야 한다는 것이다.

2. 생사유전(生死流轉)과 운명관

관로는 생사에 대해 강한 철학을 가지고 있었다. 그는 "죽음은 끝이 아니라 기(氣)의 이탈이며, 삶은 기의 응결이다"라고 말하였다. 이는 도가의 정기(精氣) 개념과 일치하며, 인간 존재를 고정된 개체로 보지 않고, 변화하는 하나의 기운으로 간주한 것이다.

이러한 관점은 그가 '죽음을 예측'하면서도 '죽음에 얽매이지 않은 태도'를 가졌던 데에서 잘 드러난다. 그는 누군가의 죽음을 점쳐도 울지 않았고, 태연히 다음과 같이 말하곤 했다.

"그 기운은 고향으로 돌아갔을 뿐이다. 인간이 돌아갈 곳은 본래 거기이니, 슬퍼

할 일이 아니다."

이러한 담담함은 사람들에게 오히려 더한 경외심을 불러일으켰고, 점차 그는 인간의 생사를 초월한 신인의 이미지로 인식되기 시작했다.

3. 술수와 도술의 융합

관로의 점술은 단지 계산의 산물이 아니었다. 그는 직접 '기(氣)'를 감지하고, 대상의 상태와 공간의 흐름을 느끼는 능력을 지녔다고 전해진다. 제자 진기(陳機)는 스승에 대해 이렇게 증언했다.

"선생은 점괘를 보지 않아도 상대를 마주하고 있으면 이미 길흉을 안다 하셨다. 그 눈은 바람의 결을 읽고, 그 귀는 나뭇잎의 떨림을 들었다."

그는 특히 다음과 같은 도술적 요소를 점술에 융합하였다.

- ◆ 기취감응술(氣取感應術): 손바닥으로 공간의 기류를 읽어 사건의 유래를 파악.
- ◆ 시공관통법(時空貫通法): 현재와 과거, 미래의 연결점을 점자(占字)에 투영해 시간의 흐름을 추론.
- ◆ 정좌관명법(靜坐觀命法): 명주(命主)의 생년월일을 받고 정좌한 후, 기운이 몸으로 흐르도록 한 후 해석.

이러한 도술적 감각은 그가 수많은 점례에서 비상한 적중률을 보인 배경이 되었다. 관로는 이 모든 능력을 "하늘로부터 빌린 감응(感應)"이라 칭했다.

4. '천인합일(天人合一)'의 철학

관로 사상의 핵심은 "천인합일"이었다. 그는 하늘(天)과 인간(人)은 서로 별개의 존재가 아니며, 오히려 끊임없이 응감(應感)하며 교류하는 존재라고 주장했다. 인간이 도를 깨우치면, 하늘의 뜻과 맞닿게 되고, 점술은 그 뜻을 사람에게 알려주는 통로에 불과하다는 것이다.

이 철학은 명확히 도가의 선도(仙道) 사상과 접맥되며, 후대 내단학(內丹學)에도 영향을 주었다. 특히 관로의 다음 발언은 훗날 도선사상과 홍범도참류에 큰 영향을 미친 것으로 평가된다.

"하늘의 말은 소리가 없다. 그러나 자연의 현상은 그 뜻을 전하니, 점은 하늘이 아닌 자연을 통해 말하게 한다."

그의 도는 곧 음양이요, 점은 곧 감응이었던 것이다.

5. 신격화의 시작

관로가 세상을 떠난 뒤, 그의 학문은 제자들을 통해 퍼졌고, 한편으로는 '신성화' 되기 시작하였다. 하내 지방에서는 매년 관로의 생일이 되면 작은 제전이 열렸고, 관로의 도술과 점술을 받은 사람들의 이야기는 마치 성인(聖人)의 전설처럼 구전되었다.

그는 단지 '명인을 넘은 술사'가 아니라, '도와 술을 하나로 이룬 자'로 불리게 되었으며, 명대에는 도사(道士)들이 그를 '관성진인(管聖眞人)'이라 칭하며 도장에 모시기도 했다.

6. 후대 술수 철학에 미친 영향

관로의 도가적 점술 사상은 다음과 같은 후대 학자들에게 영향을 주었다.

- ● 송대의 소옹(邵雍)
  《황극경세서》에서 관로의 천인감응 개념을 발전시켜, 숫자와 상수(象數)를 통해 세상의 운행을 해석.
- ● 명대 유백온(劉伯溫)
  도참과 병법, 풍수를 하나로 엮으며 관로의 점술철학을 도참술로 확장.
- ● 청대 육우(陸羽)
  점의 절차에서 기감(氣感)을 도입, 관로의 직감 점술 계승.
- ● 조선 남사고(南師古)
  《격암유록》에서 점을 통한 천기 예언, 그리고 도의 흐름을 분석하는 틀을 관로 사상에서 차용.

관로는 점술을 도의 한 갈래로 승화시킨 선구자였다. 그가 없었다면, 술수는 단순한 예언의 기술로 남았을 것이며, 인간의 도덕과 감응의 철학은 점술과 동떨어진 채 퇴보했을지도 모른다.

제8장 예언과 충고, 위나라의 흥망 속으로

관로(管輅)의 예지력은 위나라의 조정에서도 점차 중심적인 위치를 차지하였다. 그는 단지 개인의 길흉을 판단하는 예언가가 아니라, 천문과 조짐을 읽어 국가의 운명과 흥망을 예측하고 권신들에게 충고하는 '식운의 지자(識運之者)'로 변모하였다. 이 장에서는 관로가 위나라의 정치적 흐름과 흥망을 어떻게 예측하고, 조정에서 어떤 태도로 일관했는지를 살펴본다.

1. 조씨 정권의 기세와 몰락을 보다

관로는 조비(曹丕) 시대부터 조정에 몸담았고, 이후 조예(曹叡)와 조방(曹芳)에 이르기까지 위나라 황실의 변화를 몸소 체험하였다. 그는 조비 사후, 후계자 조예가 어리고 조정이 권신들에 의해 좌지우지되는 상황을 우려했다.

조방 시대, 관로는 한 중신의 초청을 받아 개인적인 조언을 남긴 것으로 전해진다.

"천운이 조씨 집안을 서서히 등지기 시작했습니다. 위의 덕은 흥했으나, 그 기운은 가볍습니다. 뿌리가 깊지 못하고, 가지는 무성하니, 머지않아 도끼에 찍히게 될 것입니다."

그의 이 말은 조정의 여러 인사들을 놀라게 했고, 특히 조씨 가문은 이를 불편하게 여겼다. 그러나 관로는 사사로운 이익을 위해 입을 다물지 않았다. 그는 '예언은 충언이며, 천도는 곧 도덕'이라는 원칙 아래 조씨 정권의 쇠락을 계속 경고하였다.

2. 사마씨 정권의 부상을 예언하다

사마의(司馬懿)는 조씨 가문 몰락의 핵심 세력이었다. 관로는 그가 조정에 부상하기 이전부터 그 기세를 감지하고 있었다. 그는 점괘를 통해 다음과 같은 예언을 남겼다.

"하늘의 별이 서로 자리를 바꾸려 하고, 물고기별이 용의 궁에 들어가니, 이는 보좌가 재(宰)를 넘어 왕(王)이 되는 격입니다. 북두의 기세가 남중(南中)으로 이동하였으니, 권이 실위에 앞서게 되리이다."

이는 명백히 사마씨 정권의 등장을 암시한 말이었다. 그는 사마의와 몇 차례 독대하며 조심스레 권력의 위험성을 언급했으나, 사마의는 웃으며 넘겼고, 실제로 정권은 점차 조씨에서 사마씨로 넘어가게 되었다.

관로는 사마씨에 대해서도 마냥 긍정적으로 보지 않았다. 그는 이렇게 남겼다.

"사마씨는 기세는 강하나, 그 기운은 질박하지 못하니 후대에 이르러 큰 갈등을 낳을 것입니다. 피를 흘리는 후계 싸움이 일어날 것입니다."

이는 훗날 사마염과 그의 후손들이 겪게 되는 진나라 내분을 정확히 예언한 말로, 후세 사가들 사이에서도 회자되었다.

3. 대전(大殿)의 균열과 관로의 충고

조방 말기, 위나라 대전(大殿) 기둥에 균열이 생기고, 동벽이 금이 가는 일이 발생하였다. 조정은 이 현상을 불길하게 여기고 관로를 불렀다. 그는 아무 말 없이 며칠을 천문과 조짐을 살피고 돌아와 말하였다.

"기둥이 갈라지고 벽이 금이 간 것은 곧 사직의 기틀이 흔들린다는 뜻입니다. 이는 정사에 신의가 없고, 백성의 목소리를 듣지 않기 때문입니다. 기둥을 고치기보다 먼저 마음을 고치십시오."

조정은 이를 무겁게 받아들이고 일시적 개혁을 단행했으나, 기세를 돌리기에는 이미 늦은 상태였다.

4. 정쟁과 침묵의 자세

관로는 조정 내 권력 다툼이 격화되자, 말년에는 점차 예언 활동을 줄이고 침묵의 자세를 유지하였다. 특히 조상(曹爽)과 사마의의 정권 충돌이 격화되던 시기, 관로는 양측의 부름을 모두 거절하고 하내의 자택에 칩거하였다.

그는 제자들에게 이렇게 말하였다.

"하늘의 말이 땅에 닿을 때, 그것이 말이 아니라 감응으로 나타나는 것이니라. 지금은 하늘이 침묵하는 때이다. 말을 하면 해가 되고, 침묵은 곧 도가 된다."

그의 침묵은 정치적 회피가 아니라, 천도에 따라 행동하는 철학적 결정이었다. 관로는 예언을 통해 역사를 이끄는 사람이 아니라, 그 흐름을 읽고 세상에 알리는 존재였기 때문이다.

5. 황궁 마지막 예언: "용이 구름을 벗어나려 한다"

관로의 마지막 조정 활동은 사마의의 손자, 사마소(司馬昭)가 실권을 잡던 무렵이었다. 그는 마지막으로 황궁에 들러 궁중의 향실에서 향을 피우며 이렇게 말하였다.

"용이 구름을 벗어나려 하니, 하늘은 곧 자리를 옮기려 합니다. 조정의 천막은 걷히고, 새로운 깃발이 들어서리다. 다만, 그 기운은 세지 않으니 백성은 오래지 않아 다시 흩어질 것입니다."

이 마지막 말은 조씨 가문의 몰락과 사마 씨의 위진 교체, 그리고 이후 진나라의 분열과 오호십육국 시대까지 예견한 것으로 전해진다.

6. 관로의 자성(自省)과 결단

관로는 정치적 충고를 하면서도 늘 자신의 입을 경계하였다. 그는 말년의 제자 진기(陳機)에게 이런 고백을 남겼다.

"나는 평생 수많은 예를 보고 수많은 사람을 살렸지만, 때로는 내 말이 한 가문을 흔들기도 했다. 천기를 본다는 것은 곧 죄를 짓는 것이다. 하늘의 뜻을 너무 많이 아는 자는 오래 살 수 없느니라."

이 말은 그의 내면에 늘 도사리고 있던 윤리적 갈등을 잘 보여준다. 그는 인간과 하늘 사이의 중재자였지만, 그 중재가 곧 칼이 될 수 있음을 알았던 자였.

관로는 이후 입을 더욱 다물고, 하늘과의 교감을 내면에 집중하는 수양으로 돌아갔다.

제9장 관로의 말년과 죽음

관로(管輅)는 한 시대의 예지자였다. 점술을 술법에서 철학으로 끌어올렸으며, 사람들의 길흉은 물론 제국의 흥망까지 예측한 인물이었다. 그러나 그의 생애의 마지막은 조용하고 담담했다. 그는 권력과 명성을 뒤로 하고 고요한 삶으로 돌아갔으며, 자신의 죽음마저 스스로 예언하고 받아들였다. 이 장에서는 관로의 말년의 행적과 죽음, 그리고 그에 대한 백성들의 기억을 서술한다.

1. 자발적인 은거

위나라 말기, 사마 씨 정권의 실권이 고착되고 조 씨 가문이 사실상 껍데기만 남은 상태에서, 관로는 더 이상 조정에 머무르지 않았다. 그는 자신의 집이 있는 하내군 양현으로 완전히 돌아와, 관저(管邸)라 불리는 작은 저택을 짓고 그곳에서 기거하였다.

그는 제자들을 불러 모아 가르침을 이어가며, 천문과 점술, 풍수와 사주를 다시 한 번 정리하였다. 그의 저택은 점차 민간 술수인들이 찾아오는 '지혜의 집'으로 알려졌고, 조정 대신 백성들과 가까운 삶을 택한 관로는 이 시기를 자신의 '제2의 생애'라 불렀다.

그는 어느 날 제자 장평에게 이렇게 말했다.

"내가 궁을 떠나 민간으로 온 것은, 더 이상 말이 천도의 뜻이 아닌 권세의 도구가 되기 싫었기 때문이다."

관로는 말년의 점술 활동에서조차 '누구든 점을 청하면 오직 의로운 자만 받아들이겠다'는 원칙을 지켰고, 금품을 바친 자들에게는 단호히 점을 거부했다.

2. 생사를 준비한 자

관로는 사십 중반을 넘기며 건강이 점차 쇠해갔다. 그러나 그는 두려워하지 않았고, 오히려 자신의 생을 정리하기 시작했다.

그는 자신에게 점을 치고, 사주를 다시 풀어보았다. 그리고 조용히 제자들에게 말하였다.

"내 운은 을유년 가을, 백로가 동쪽에서 우는 날에 그친다."

이는 대단히 구체적인 표현이었다. 그는 또한 자신의 장례 장소까지 미리 점지해두었다. 하내 동쪽 구릉지의 작은 소나무 숲 근처였다. 그는 말했다.

"이곳은 바람과 물이 서로 멀지 않고, 기가 머물며 흩어지지 않으니, 음택으로 좋다. 내가 떠나면 여기에 묻어 다오."

그는 음식을 줄였고, 말을 아꼈으며, 한여름에도 두터운 옷을 입었다. 그의 몸이 점점 말라갔지만, 눈빛은 맑고 고요했다. 그는 스스로 말년의 생을 '서서히 숨을 걷는 법을 배우는 시기'라 칭했다.

3. 죽음을 맞이하다

서기 256년 음력 7월, 과연 백로(흰 해오라기)들이 무리지어 동쪽을 향해 날아가는 날, 관로는 자신의 방에서 조용히 단정히 앉아 있었다. 제자 진기가 문을 열었을 때, 그는 고요하게 숨을 거두고 있었다.

관로는 죽음을 예견하고, 고요히 맞이한 자였다. 그는 장례에 거창한 의식을 원하지 않았고, 제자들에게 '산천의 이치에 따르라'는 유언을 남겼다. 관로의 시신은 생전에 정한 소나무 숲에 안장되었고, 묘비에는 다음과 같은 문구가 새겨졌다고 전한다.

"여기 하늘의 소리를 들은 자, 관공명이 잠들다."

4. 백성들의 애도

관로의 죽음은 조정보다 먼저 민간에서 알려졌다. 하내, 진류, 여남 등지에서 수많은 백성들이 관로의 죽음을 듣고 찾아왔고, 저마다 향과 음식을 바쳤다. 어떤 이는 "관 선생의 점이 나를 살렸다"고 울었고, 어떤 이는 "이제는 하늘도 침묵할 것"이라 탄식하였다.

조정에서도 사후에 그를 '중청박사(中淸博士)'로 추시하고, 예법에 따라 조문 사절을 보냈다. 그러나 관로의 제자들은 말했다.

"선생께서는 지위가 아니라 도(道)로 세상을 살피셨으니, 세속의 예는 받지 않으리라."

그리하여 조문 사절은 돌아가고, 관로의 장례는 조용하고 소박하게 치러졌다.

5. 묘지와 전승

관로의 묘는 이후 '관공릉(管公陵)'이라 불리게 되었고, 송대에는 묘역이 보수되며 유생들의 참배처가 되었다. 명나라 홍무 연간에는 지방 유학자들이 그의 생애와 점례를 모아《관공집(管公集)》이라 불리는 문집을 편찬하였고, 청나라 강희제 때에는 지방 기록에 '진인의 묘'로 등재되었다.

오늘날에도 그의 묘역은 허난성(河南省) 지역의 '명사 유적'으로 지정되어 있으며, '하내 음양가의 원조'로 추앙받고 있다.

제10장 후세의 평가와 전설화

관로(管輅)는 생전 '천기를 읽은 자'로 칭송받았고, 사후에는 '성인(聖人)', '진인(眞人)'의 반열에 올랐다. 그가 남긴 점례는 술수의 기준이 되었고, 그의 철학은 도가와 유학, 심지어 불교의 인식 체계에도 영향을 주었다. 이 장에서는 관로의 사후 평가, 문헌적 계승, 후대 술수 문헌에서의 언급, 그리고 신격화되어 간 과정과 전설화를 중심으로 정리한다.

1.《삼국지》및 배송지 주석의 기록

정사《삼국지(三國志)》에는 관로가 정식 열전으로 실리지는 않았지만, 배송지(裵松之)는 위서(魏書)의 보조자료로 그에 대한 전기를《관로전(管輅傳)》형태로 주석에 포함시켰다. 이는 사마씨 정권 하에서 정사로 편찬된《삼국지》가 권력의 중심인물에 집중되었기 때문에, 관로 같은 예지자는 본전보다는 주석에 실리는 경향이 강했던 것이다.

배송지는 다음과 같이 평하였다.

"관로는 천문지리를 꿰뚫었으며, 점례에 있어 신과 같았다. 말은 절제되었고, 예지에는 근거가 있었으며, 허황함이 없었다."

이 문장은 후대 학자들이 관로의 술수를 '근거에 입각한 직관의 점술'로 평가하는 단초가 된다.

2. 도교 내 관로 숭배

송대 이후 관로는 단순한 역사 인물이 아닌, 도교 내에서 신격화되기 시작한다. 특히 도장(道藏) 내 일부 문헌에서는 그를 '관성진인(管聖眞人)'으로 칭하며, 점성술과 예지의 신적 스승으로 받들었다.

명대에는 복건성과 절강성 등지의 도관(道觀)에서 그를 모시는 위패가 세워졌고, 해마다 그의 생일에 제사가 열렸다. 도가 경전 중 일부에서는 관로의 말을 인용하며 "관진인의 명법(命法)은 감응을 근본으로 한다"고 서술하였다.

그는 특히 도참류(圖讖類) 술수와 기문둔갑 계열의 문파에서 '창시자' 또는 '정리자'로 추앙되며, 그 도형 구조와 음양해석의 기초가 관로의 이론에서 비롯되었다고 여겨졌다.

3. 민간 신앙과 구비 전승

관로에 대한 구비 설화는 민간에서 매우 활발히 전승되었다. 주된 전설 유형은 다음과 같다.

- ◆ "말 없는 선비" 전설
  어느 마을에 말없이 점만 치는 선비가 있었고, 그가 죽은 뒤 대홍수를 막았다는 이야기.
- ◆ "관공명의 벼락 예언"
  어린아이에게 벼락이 떨어질 것을 예언하고 나뭇가지를 깎아 피뢰침처럼 세워 구한 이야기.
- ◆ "죽은 말을 살린 점쟁이"
  죽은 줄 알았던 말의 소리에 귀를 기울여 "심장이 아직 남았다"고 하여 소금을 문지르고 살려냈다는 이야기.

이러한 이야기들은 후세 점술가들이 마치 '관공명'의 후손인 양 자처하게 만들었으며, 각 지역의 무속이나 민간점복에도 관로의 점례가 차용되었다.

4. 문헌적 계승과 영향을 받은 저서들

관로의 점술은 수많은 후대 술수서에 영향을 주었다. 그 중 대표적 사례는 다음과 같다.

- ◆《관씨역전(管氏易傳)》: 제자 진기(陳機)가 편찬한 것으로, 괘와 효, 천문 기세의 변화를 통합적으로 해석한 문헌. 송대 때까지 필사본이 유통됨.
- ◆《기문십결(奇門十訣)》: 방효가 남긴 것으로 알려진 기문판 해석의 기초 매뉴얼. 관로의 시공관통 이론을 핵심 구조로 삼았다고 전해짐.
- ◆《태을진경(太乙眞經)》: 명나라 이후 기문둔갑 계열에서 발전한 경전으로, 관로의 시간 중심 점술이 주요 골격으로 작용.
- ◆《천기삼결(天機三訣)》: 청대 술수서로, 관로가 말한 "천기는 감응하며 세번의 경고를 남긴다"는 이론을 체계화한 내용 포함.

이 외에도《사주대전》,《명리약언》,《적천수》등의 문헌에서 관로의 이름은 술수 체계의 창시자 중 하나로 언급된다.

5. 조선에 끼친 영향

관로의 점술은 고려 말기 이후 조선에도 전래되었고, 특히 조선 중기 도참학자 남사고(南師古)는《격암유록》에서 관로의 감응론과 기류해석 이론을 도참적 언어로 재해석하였다.

또한, 조선의 역관들과 도사들은 관로의 점례를 번역하여 '관진인의 비결'이라 하여 비전서(秘傳書) 형태로 보존하였고, 궁중 내에서 왕의 길흉을 점치는 데 사용하였다.

6. 현대 중국과 대중문화 속의 관로

현대에 들어 관로는 학술서, 소설, 만화, 드라마 등에서도 등장한다. 특히 삼국시대의 술수가, 예언자로서의 이미지 덕분에 다음과 같은 형상으로 각색되었다.

- ◆ 학술서: 중화술수학회에서는 관로를 '사주학과 기문학의 선구자'로 지정.
- ◆ 드라마: 《삼국지》 관련 드라마에서 '눈을 감고 점을 치는 도인'으로 등장.
- ◆ 소설: 무협지에서 '천문지리의 절대고수' 또는 '기문둔갑의 비전 계승자'로 자주 설정됨.

그의 이름은 이제 예지의 대명사처럼 사용되고 있으며, '관로 같다'는 표현은 통찰력과 직관의 상징이 되었다.

7. "하늘과 대화한 자"라는 유산

관로는 점술을 단순히 운명을 말해주는 기교로 보지 않았다. 그는 철저하게 도(道)의 관점에서 점술을 정리하였고, 사람과 하늘, 자연이 서로 감응하고 흐른다는 '삼재일체(三才一體)'의 철학을 남겼다.

그는 죽었지만, 후세 사람들에게는 여전히 살아 있는 존재였다. 관로는 예언의 성인, 술수의 도인, 감응의 철학자였다. 그의 이름은 점술이라는 술(術)을 도(道)로 끌어올린 위대한 개혁자의 상징으로 길이 남게 되었다.

■ 맺음말

관로의 생애는 단지 예언의 연속이 아니라, 한 인간이 하늘과 인간 사이에서 고뇌하며 진실을 말하려 애쓴 삶의 기록이었다. 그가 말한 "하늘은 소리 없이 말하고, 땅은 형상으로 화답하며, 사람은 그 뜻을 통역하는 자"라는 말은, 오늘날에도 여전히 유효하다.

그는 삼국의 혼돈 속에서 태어나, 조정과 민간을 오가며 예지를 실현하고, 말없이 하늘을 읽다 고요히 떠났다. 관로는 예언가이자 철학자였고, 신인(神人)이기 이전에 깊이 사유한 인간이었다.

관로의 천문 예측

태을신수(太乙神數) 유돈(劉惇) (東吳 190?~250?)

제1장 시대적 배경과 유돈의 출생

중국 역사상 가장 격동의 시기 중 하나였던 삼국시대(三國時代, 220~280년)는 군웅할거와 제국의 분열, 그리고 유가사상과 술수문화의 격렬한 충돌이 공존하던 혼돈의 시대였다. 그 가운데 동오(東吳)는 손권(孫權)을 중심으로 강남을 기반으로 세워진 국가로, 뛰어난 문신과 무장뿐만 아니라 술수가(術數家)들도 다수 활동하였다.

이러한 시대적 배경 속에서 유돈(劉惇)은 건업(建業, 오늘날의 난징) 인근에서 출생하였다. 정확한 출생 연도는 전해지지 않으나, 손권이 위나라 조조와 각축하던 시기와 대략 겹치는 것으로 보이며, 손권의 제위 등극(229년) 이전에 이미 청년기의 학문을 마친 것으로 추정된다.

유씨 가문은 본래 중원에서 건너온 문사(文士) 집안이었으나, 혼란을 피해 강남으로 이주하면서 술수와 음양예법에 심취하게 되었다. 유돈의 조부는 도참사(圖讖師)로 알려졌으며, 부친은 일찍이 기문둔갑과 태을수(太乙數)를 연구하던 술수가였다. 유돈은 이러한 학문적 가풍 속에서 어린 시절부터 자연스럽게 수학(數學), 천문(天文), 지리(地理), 역리(易理)에 익숙해졌고, 아버지가 물려준 태을진서(太乙珍書)를 통해 '하늘의 이치'를 체계적으로 배워나갔다.

제2장 유년기와 학문 수련

유돈은 어릴 적부터 비상한 기억력과 숫자 감각, 그리고 우주의 변화에 대한 민감한 직감을 갖추고 있었다. 그는 오행상생(五行相生)과 천간지지(天干地支)의 변화를 어린 나이에 자유자재로 암송하고 활용할 수 있었으며, 부친의 서재에 있던 《참위경(讖緯經)》, 《황극경세서(皇極經世書)》, 《태을경(太乙經)》 등의 책을 탐독하였다.

특히 그는 "숫자 속에 우주가 있다"는 철학에 일찍 눈을 떴으며, 단순히 숫자를 세는 것 이상의 깊은 의의—곧 수를 통해 인간의 길흉화복을 추론하는 원리를 터득하였다. 그는 청년기에 들어서자 태을구궁도(太乙九宮圖), 상원운도(上元運圖) 등의 난해한 술수도(術數圖)를 해독하며, 독자적인 해석 능력을 갖추게 되었다.

그의 수련은 단지 이론에만 머물지 않았다. 그는 당시 건업, 회계(會稽), 양주(揚州) 일대의 천문대와 사원(祠廟), 도관(道觀)을 순례하며 실제 하늘의 움직임과 기후의 변화, 사람의 기운을 관찰하였고, 자연 속에서 이치를 찾는 경험을 통해 이론과 현실을 통합하는 능력을 연마하였다.

제3장 태을신수와의 운명적 조우

유돈이 성인이 되어 강남 지역에서 술수가로 이름을 알리기 시작했을 무렵, 그는 고대 도교 경전 가운데 하나인 《태을신수(太乙神數)》의 원형이 되는 비전을 접하게 된다. 이 책은 단순한 점술서가 아닌, 하늘의 변화와 인간의 운명, 그리고 국가의 흥망성쇠를 수로써 관측하는 종합 역수 체계였다.

유돈은 이 책을 "천지간 음양이 정해낸 대도(大道)"라고 칭하며, 수십 년간의 독학과 실전을 통해 기존의 《태을경》 및 고대 도참류 문헌과 결합시켜 더욱 정교한 '태을신수 체계'를 정립하기 시작했다. 특히 그는 고대 하도(河圖)와 낙서(洛書)의 수배열, 오행상극의 상호작용, 그리고 천체 운행 주기를 모두 융합시켜 새로운 예측 모델을 수립했다.

유돈은 《태을신수》의 구조를 다음과 같은 세 층위로 구분하였다.

◆ 상층(天層): 원운(元運)과 천체 순행을 바탕으로 시대의 대세와 기후, 재난 등을 예측.
◆ 중층(人層): 인간 사회의 운세, 국가의 흥망, 왕조의 명운을 점단(占斷).
◆ 하층(地層): 개개인의 길흉화복, 질병, 길운과 흉운, 사망 시점 등을 판별.

이 삼층 구조는 후대 《태을신수》 체계의 핵심 골격이 되었고, 유돈은 이를 실전에 적용하여 수많은 예언과 판단을 내리게 된다.

제4장 동오 황실에서의 입신

유돈이 본격적으로 역사에 이름을 남기게 된 것은, 바로 손권 정권과의 관계 속에서였다. 당시 손권은 위나라와의 항쟁 중 군사적 수 싸움은 물론이고, 천문과 지리의 기운에 매우 예민하게 반응하던 군주였다. 특히 그는 승상 고옹(顧雍), 유학자 육적(陸績), 점성술사 감택(甘澤) 등 다양한 분야의 인물을 기용하여 국정에 반영하는 실용주의를 취하였다.

손권은 어느 날, 천문에 나타난 이상한 혜성과 불기운을 두고 깊은 불안을 느끼던 차에 유돈의 명성을 듣고 그를 조정으로 불러들인다. 유돈은 즉위 전의 손권과의 첫 면담에서 태을신수를 활용하여 다음과 같은 예언을 남긴다.

"3년 내에 조정에 큰 전쟁이 벌어지나, 바다의 물길이 막히는 것을 조심하소서. 수(水)가 곧 병화(火)를 낳고, 이 불은 외부에서 오는 것이 아니라 내부의 불만으로 비롯될 것입니다."

손권은 이를 듣고 큰 감명을 받았으며, 이후 유돈을 "태을박사(太乙博士)"로 봉하고 궁중 내 별도로 '신수원(神數院)'이라는 부서를 설립해 그를 수장으로 임명하였다. 이는 삼국시대 최초의 공식적 국립 역술기관이라 할 수 있으며, 유돈은 여기서 수십 명의 술수가를 양성하게 된다.

제5장 대 예측과 국운 점술

유돈이 조정에서 활동하던 시기, 동오는 강남 일대를 통합하고 위나라와의 세력 균형을 유지하기 위한 전략적 시점에 놓여 있었다. 손권은 자주 유돈을 불러 전쟁의 시기와 방향, 내정의 흉길(凶吉)을 묻곤 하였으며, 그때마다 유돈은 태을신수를 활용하여 다층적인 분석을 제시하였다.

가장 유명한 예언 사례는 적벽 전투 이후 벌어진 형주 문제와 관련된 것이다. 당시 손권은 유비와 함께 형주를 탈환했으나, 그 소유권을 두고 갈등이 커지던 때였다. 손권은 조조의 위나라가 다시 남하할 가능성을 우려하며 유돈에게 국운을 점치도록 하였다.

유돈은 천문과 지기를 관측하고, 태을도(太乙圖)를 바탕으로 다음과 같이 예측하였다.

"금년은 신축(辛丑)으로, 금극목(金剋木)의 기운이 왕하오니, 형주는 목(木)에 해당하므로 손을 떼는 것이 상책입니다. 강동은 수(水)에 의지하니, 수생목(水生木)이라도 지나치면 나무를 부러뜨리오. 이는 곧 유비가 나뭇가지처럼 꺾일 조짐이오."

이 발언은 손권의 결정에 결정적 영향을 미쳤으며, 그는 유비에게 형주를 일시적으로 양보하고 후일을 도모하는 전략을 취하였다. 결과적으로 이는 동오가 장기간 안정을 유지하는 계기를 마련하게 된다.

이 외에도 유돈은 다음과 같은 예측들로 명성을 떨쳤다.

◆ 오나라 대가뭄 시기
  천문을 보고 "두 계절 내 반드시 강우가 있을 것이나, 그 사이 강물에 독이 돌 것이니 백성들에게 취수를 금하라"고 경고 → 실제 전염병 발생을 사전 차단함.
◆ 태자 손등(孫登)의 요절 예언
  태을수로 그의 생명을 살펴 "청룡입궁 시 흑운이 덮으면 재난이 온다"고 경고 → 수년 후 손등은 병으로 요절함.
◆ 오나라 말기 북벌 실패 예측
  병력 수치와 오행 편중을 근거로 "이 전쟁은 병중에 병(病中之兵)이며, 금을 써도 불을 이기지 못하니 패하리라"고 경고 → 실제 패퇴.

이러한 연속적인 적중으로 유돈은 동오 조정의 실질적인 국정 자문가 역할을 하게 되었으며, 그의 태을신수는 단순한 민간 점술이 아니라 국가 전략의 일부로 활용되기에 이른다.

제6장 학술적 교류와 제자 양성

유돈은 자신의 술수 체계를 혼자서 간직하지 않았다. 그는 "술수란 백성에게 이익을 주고, 천하를 바로잡는 도구일 뿐"이라 하여 자신이 익힌 《태을신수》를 널리 가르쳤다.

조정 내 신수원(神數院)에서 그는 직접 제자들에게 수법을 전수하며, 엄격한 이론 교육과 실전 적용을 병행하였다. 특히 그가 중시한 교육 요소는 다음과 같았다.

- ◆ 천문관측 훈련: 실제 밤하늘을 관측하며 별자리의 주기, 혜성 출현 주기 등을 기록.
- ◆ 수리(數理) 계산법: 태을신수의 수(數)를 구성하는 384괘의 조합, 81수의 배열 원리를 체득.
- ◆ 예측 실습: 특정 인물의 생년월일과 국가적 사건을 가상으로 점쳐 예언 훈련.

유돈의 대표적인 제자로는 공태(孔泰), 손하(孫夏), 진유(陳庾) 등이 있으며, 이들은 훗날 각각 지방 관청에서 점관으로 활약하거나, 독자적인 저서를 집필하였다.

또한 유돈은 북방의 위나라 술수가 감택(甘澤), 촉한의 황월(黃越) 등과도 교류하며, 자신의 이론을 비교하고, 각 지역별 수법의 장단점을 토론하였다. 이를 통해 《태을신수》는 점차 삼국 전역으로 퍼져나가며, 술수의 보편 학문화에 기여하게 된다.

제7장 유돈의 철학과 역학사상

유돈은 단순한 점술가가 아니었다. 그는 《태을신수》를 수단으로 삼되, 그 바탕에는 깊은 철학적 기반이 자리 잡고 있었다. 그는 유가(儒家)의 윤리와 도가(道家)의 무위사상, 술수가(術數家)의 관측론을 통합한 복합적 사유체계를 갖추고 있었다.

1. 하늘과 數의 관계

유돈은 《태을신수》에 대해 "천도(天道)는 數로써 움직인다"고 하였다. 이는 단순한 기계적 점술이 아니라, 수의 변화가 곧 하늘의 뜻이라는 인식이었다. 그는 하도(河圖)와 낙서(洛書)의 배열 원리를 탐구하며, 우주의 기운이 '숫자'라는 매개체를 통해 인간에게 전달된다고 주장하였다.

2. 도참과 예언의 한계 인식

유돈은 예언이 모든 것을 해결하지 않는다는 점을 명확히 하였다. 그는 "점괘는 가능성일 뿐, 실천은 인간의 몫"이라며, 점괘에 얽매이거나 그것을 운명처럼 받아들이는 태도를 경계하였다. 그는 예언 이후의 대응, 즉 인간의 덕성과 실행력을 더 중시하였다.

3. 중용의 술수관

그의 핵심 철학은 '중용(中庸)'에 있었다. 즉, 수를 다스릴 때도 한쪽으로 치우치지 않도록 조화로운 해석을 강조했다. 이를 위해 그는 《태을신수》의 판단 기준에 '오덕균형표(五德均衡表)'라는 개념을 도입하여, 數의 결과를 단순한 길흉이 아닌 '조화와 균형'의 기준에서 해석했다.

제8장 주요 예언 사례와 그 성취

유돈의 술수 생애에서 가장 눈부신 업적은 '적중 예언'이었다. 그는 《태을신수》를 기반으로 수많은 정치, 군사, 자연재해, 인명에 관련된 예측을 수행하였고, 그 중 많은 사례가 실제로 현실화되어 당시 사람들에게는 '동오의 제갈량'이라 불릴 정도였다.

◆ 사례 1: 황무지 개간의 흉길 예측
손권이 농지 개간을 위해 회계 남부에 대규모 토목 사업을 추진하자, 유돈은 이를 태을신수로 점쳐보았다. 그는 "계축년(癸丑年), 수가 북으로 흘러 불(火)이 누르니, 땅을 파면 황흉이 일어난다"는 결론을 내리고, 강행 시 역병이 창궐할 것이라 경고했다. 손권은 그의 말을 무시하고 사업을 진행했고, 결과적으로 도중에 풍토병이 퍼져 수천 명의 사망자가 발생하였다.

손권은 이 일로 유돈에게 깊은 경의를 표하며, 국가의 주요 결정에는 반드시 그의 점술을 먼저 받들도록 명하였다.

◆ 사례 2: 북벌 실패 예언과 전략적 철수 권고

동오 말기, 손권은 위나라를 정벌하고자 대대적인 병력을 집결시키며, 한중(漢中) 방면으로의 진격을 모색하였다. 이때 유돈은 태을신수로 점을 치고 다음과 같이 말했다.

"금은 중궁(中宮)에 있고, 불은 서궁(西宮)에 든다. 북진은 화(火)의 형국이니 수(水)인 동오가 제어하기 어려운 국면이 됩니다. 병중에 병이 있으니 속히 철수하라."

그러나 손권은 군사적 자존심과 정치적 압박으로 강행하였고, 결과는 참패였다. 이 사건 이후 유돈의 예언은 더욱 조심스럽고 신중하게 받아들여지기 시작하였다.

◆ 사례 3: 태자의 급사 예언

손권의 후계자 손등(孫登)은 총명하고 유순하여 태자로 책봉되었으나, 병약한 체질로 조정 내에서는 수명이 길지 않다는 우려가 있었다. 유돈은 태을신수의 38번째 수에서 "청룡입궁이 흑운을 만나면, 혈기 쇠잔하여 중도에 낙마한다"는 괘를 보고 다음과 같이 예언하였다.

"이 태자의 기운은 청명하나, 세운이 따라주지 않소. 4년 후 그 해 봄, 정남방에서 검은 기운이 몰려올 것이니 조심하소서."

4년 후 손등은 병을 얻어 요절하였고, 이후 동오 조정은 후계 문제로 큰 혼란을 겪게 된다.

이러한 예언 사례들은 유돈의 《태을신수》가 단순한 신통이 아닌, 복합적 수리 논리와 철학에 근거하고 있었음을 보여준다. 그는 예언에 있어 '선형적 시간 인식'보다는 '순환적 시간 흐름'을 강조하였으며, 대우주와 소우주의 반복성에서 길흉을 찾아냈다.

제9장 유돈과 《태을신수》의 체계 정립

유돈은 단지 《태을신수(太乙神數)》를 활용한 예언에 머무르지 않고, 이 학문을 체계화하고 정리하는 데에도 힘을 쏟았다. 그는 수십 년간의 실전 경험과 연구를 바탕으로 《태을신수총론(太乙神數總論)》이라는 저작을 남겼으며, 이는 훗날 《태을신수》라는 이름으로 후대에 전해진다.

〈태을신수 체계의 구성 요소〉

◈ 본체 수단(本體數段)
  ◆ 총 81수(數), 각 수마다 고정된 괘해(卦解)와 상징 문구를 제시함.
  ◆ 예: 第21數: '明珠出海, 遇貴者榮。'
        → 어두운 곳에서 빛나는 기회를 얻는 형국.
◈ 운세 부변(運勢附辯)
  ◆ 시간의 흐름에 따른 수의 작용력을 분석.
  ◆ 예: 동일한 21수라도 '丙午년, 戊辰월'이면 흉의 작용 가능성 언급.
◈ 괘응 대응(卦應對應)
  ◆ 육십갑자(六十甲子) 및 12궁(宮) 변화에 따른 수의 동태를 부여.
  ◆ 천문(天文)과 지지(地支), 사람의 행동(人事)을 통합 분석.
◈ 실전 사례 부록
  ◆ 실제 조정에서 활용된 점괘 예시 수십 건 수록.
  ◆ 예언 당시 수의 배열과 실제 결과 비교 기록.

이러한 편집 방식은 기존의 《태을경》이나 도참류 문헌과 비교해 명확한 실용성과 계통성을 제공하였으며, 후대 술수 연구자들은 이 체계를 기반으로 예측학을 독립된 학문으로 발전시켜 나가게 된다.

제10장 말년과 유산

유돈은 말년에 조정의 직책에서 물러나, 건업 남쪽 교외의 신림촌(神林村)에서 제자들과 함께 조용히 학문을 탐구하며 여생을 보냈다. 그는 늙어서는 더 이상 대예언을 하지 않고, '작은 점'–백성의 혼사, 질병, 장사(葬事)와 같은 실생활 점술에 집중하였다.

한 기록에 따르면, 말년의 유돈은 다음과 같은 유언을 남겼다고 전해진다.

"태을신수는 하늘의 맥을 따르는 수리(數理)의 도(道)이다. 그것은 감히 점술이라 할 수도, 철학이라 할 수도 없소. 그것은 단지 사람과 하늘 사이에 놓인 숨겨진 고리일 뿐이오."

그는 80세를 넘긴 후 병으로 생을 마쳤으며, 사후 손권의 칙명으로 '태을도사(太乙道士)'라는 시호를 받고, 신림의 구릉지에 안장되었다. 유돈이 남긴 문헌은 이후 동오 붕괴 이후에도 민간과 사원(道觀) 중심으로 널리 퍼졌으며, 특히 수나라와 당나라 시기에는 공식 역술서로 다시 정리되어 국가 예측에 활용되기도 하였다.

그의 후손과 제자들은 그를 '남방의 대수사(大數師)'라 부르며, 송대 이후의 이수광(李守光), 진단(陳摶) 등과 함께 '수(數)의 대가(大家)'로 추앙하게 된다.

▣ 부록

1. 《태을신수》의 구성 및 장별 해설

《태을신수(太乙神數)》는 유돈이 정리한 대표 역술서로, 음양오행, 하도낙서, 천문, 육십갑자, 괘상 해석 등을 수리적으로 통합한 예측 체계이다. 전체 구성은 다음과 같다.

2. 총론부(總論部)

장	장명	주요 내용	비고
제1장	태을의 근원	태을신수의 이론적 기초, 하도·낙서·천문 해설	우주론 중심
제2장	수리의 운행	81수(數)의 생성 원리 및 구조적 배열	수론 기반
제3장	오행과 궁위	오행(五行)과 구궁도(九宮圖)의 상관성 분석	태을구궁도 포함
제4장	시운(時運) 논변	세운(歲運), 월운(月運), 일진(日辰)의 흐름 해석	시간론

3. 실전응용부(實戰應用部)

장	장명	주요 내용	비고
제5장	인사 길흉 판단	인사(人事) 관련 길흉 판단 예시 (결혼, 관직 등)	일상 상담 활용
제6장	병역 재해 예측	질병, 사고, 재해의 징조 해석	수상(數象) 중심
제7장	국가 운세	조정과 국가 차원의 흥망 길흉 예측	대예언 사례 포함
제8장	천문 관측법	별자리, 혜성, 해일 등 자연 이상에 대한 수리해석	천문참위 결합

4. 괘상 및 수 해석부(卦象 및 數 解釋部)

장	장명	주요 내용	비고
제9장	81수 해설	각 수마다 고정 괘상과 해석 문장, 상징적 의미	대표 수리 예:〈第45數: 松柏長青, 百事可為〉
제10장	수의 전변(轉變)	동일한 수라도 시간·방위·사람에 따라 결과 달라짐	수리유통(數理流通) 개념 설명
제11장	괘상 조합 기술	복합괘(複合卦)의 생성과 상호작용 해석	고난도 응용 기술
제12장	실점(實占) 지침	실제 점치는 절차, 문답, 해석 방법	상담 프로세스 서술

이 체계는 수나라 이후부터 당나라 도사들에 의해 정교화되며, 후대《기문둔갑》,《철판신수》 등에 영향을 끼친 것으로 평가된다.

5. 연대기 연보

연도 (추정)	사건
약 190년경	유돈, 건업 인근에서 출생
약 200년경	부친으로부터 태을 경전을 전수받음
210년경	강남 도관 순례, 천문 관측 시작
219년경	태을신수 체계 구축 시작
223년경	손권의 부름을 받아 조정 입궐, '태을박사' 임명
225~230년	형주 갈등·손등 운명 예언 등 다수 적중
235년경	《太乙神數總論》 편찬
240년경	신림촌으로 은거, 제자 교육 시작
250년경	사망, '太乙道士' 시호 받음

6. 유돈의 제자 계보도

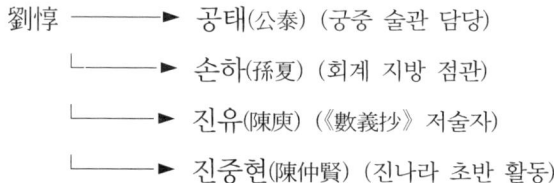

- 공태: 유돈 사후 신수원 운영을 이어받아 손하(孫夏) 시대까지 활동
- 손하: 태을신수 체계를 민간에 전파
- 진유: 《수의초(數義抄)》라는 주석서를 남김. 이 책은 송대 이후까지 전해지고 있음

7. 마무리 총평

유돈(劉惇)은 단순한 점술인이 아닌, 하나의 체계를 정립한 철학자이자 수리학자였다. 그는 동오의 불안정한 국운 속에서 태을신수를 통해 예언과 조화를 시도했으며, 학문과 실천을 조화롭게 융합한 전통 술수학의 선구자로 평가된다.

그가 남긴 태을신수 체계는 단지 길흉을 점치는 도구가 아니라, 인간과 천도(天

道)를 연결하는 매개체로서 기능하였다. 그의 생애는 유가적 신중함, 도가적 통찰, 그리고 술수가적 기법이 결합된 이상적인 역술인의 전형이라 할 수 있다.

인물 삽화

둔갑만일결(遁甲萬一訣) 이정(李靖) (571?~649)

제1장 서문

　중국 당나라의 이정(李靖, 571?~649)은 무장(武將)으로서 손꼽히는 인물이지만, 동시에《둔갑만일결》이라는 군사·도참·기문둔갑 분야의 비전서를 남긴 인물로도 평가받는다. 그는 이세민(太宗)의 측근으로 활약하며 천하통일의 군략가로 명성을 떨쳤고,《둔갑만일결》을 통해 당시 당조 군사 전략과 음양둔갑술을 실제 전장에서 어떻게 활용했는지를 기록했다. 본 글에서는 이정의 가계, 성장 과정, 무공과 전략가로서의 일대,《둔갑만일결》편찬 배경 및 내용, 기문둔갑 전통과의 연계, 후세 전승, 철학적 사상과 영향까지 깊이 있게 기술한다.

제2장 가계와 출생

　이정은 북주 건덕연간(571년?), 오늘날의 섬서성 서안 부근의 한 무장 가문에서 출생하였다. 그의 부친은 무예가 출중하고 북주 및 수나라 시절 군직에 있었으며, 가문은 오랜 군사 명문으로서 북방 선비족 및 한족 귀족과 연계된 가계였다. 이정은 어릴 때부터 병서와 병진술(兵陣術), 음양가, 산수지리, 천문과 지리풍수에 관심이 많아, 일찍이 기문둔갑과 병법을 함께 연마하며 자라났다.
　그의 가문은 실제로 장수 출신과 음양풍수 및 전통 점복술에 능한 친척들이 있어, 어려서부터《손자병법》,《육도》,《삼략》,《태을신수》,《기문둔갑》등의 병서 및 술서를 접할 수 있는 환경이었다.

제3장 청년기 수학과 음양술 연마

청년기의 이정은 군사학 뿐 아니라, 병진둔갑, 음양법, 기문둔갑술을 수련하였다. 전해지기를, 그는 수나라 말의 혼란기에 산서 태행산 일대의 도사들에게서 기문둔갑술과 천문지리를 배웠으며, 특히《삼식신수》,《태을진경》,《기문대법》,《음부둔갑첩》등의 비밀 전서를 필사하여 연구했다.

이정은 단순히 병서 이론에 머물지 않고, 실제 전장 운용과 음양둔갑술의 결합을 시도하였으며,《둔갑만일결》의 기초 내용을 청년기부터 구상했다는 기록도 있다.

제4장 수말 당초의 혼란과 군사 활동

수양제 말기에 전국이 혼란에 빠지자, 이정은 군사로서 부각되었다. 그는 수나라 장군 양현감(楊玄感)의 반란을 평정하는 데 협력하였으며, 이후 당고조 이연(李淵)이 태원에서 기병할 때 귀순하여 협력하였다.

이정은 초기에 산서와 하북 일대에서 반란군 토벌, 요충지 점령 작전에 참여하였으며, 당시 병사 운영의 기민함과 지형 활용 능력, 병력 배치의 유연성, 풍수지리 활용이 뛰어나 '병서 음양가형 군략가'로 인식되기 시작했다.

제5장 이세민과의 협력과 전장 활동

이정은 당 태종 이세민과 협력하며 여러 차례 전장에서 혁혁한 공을 세웠다. 대표적으로 낙양전투, 하북 평정, 돌궐 방어 전투, 고창국 토벌전, 고구려 원정 등의 작전에 참여하였다.

- ◆ 낙양전투(621): 이정은 소규모 부대를 이용해 야습을 통해 낙양 외곽의 보급로를 차단하며 심리전을 구사하였다. 이 과정에서 기문둔갑의 시기 선택, 방위 운용, 기세 조절 원리를 병법에 응용하였다.

- 돌궐 방어전(626): 이정은 설연타(頡利可汗) 토벌전에서 전략적 유인책으로 돌궐군을 유인, 군량 부족 상태로 만든 뒤 기습공격하여 대승을 거두었다. 풍후의 변화와 북방 기후지리 변화 예측에 있어《둔갑만일결》의 운기표(運氣表)를 활용했다는 후대 야사 기록이 전한다.
- 고창국·토욕혼·고구려 원정: 이정은 북서 변경과 서역 방면의 작전에서도 군사 배치와 후방 안정화, 적군 심리전, 속전속결의 진법 운용으로 당군의 승리를 이끌었다.

제6장《둔갑만일결》편찬 배경

이정은 630년대 초중반부터 전장에서 얻은 병법과 기문둔갑술의 실전 사례를 체계적으로 정리하기 시작했다. 그는 "둔갑은 음양지리를 얻고 시기천시를 취하여 병졸의 형세를 구하는 것"이라 하여, 단순한 점술적 해석이 아닌 실전 군사 운용술로서의 기문둔갑 체계를 확립하려 했다.

《둔갑만일결》은 다음과 같은 이유로 편찬되었다.

- 당조의 중앙군 및 변경군에 체계적 군사술 교육 자료 제공.
- 기문둔갑의 천간지지-방위-시각 운용을 실전 사례로 해설.
- 실전 중 지형·천문·풍후·심리전 결합 운용법 기록.
- 도참적 해석의 탈피 및 실용 병법으로 재구성.

제7장《둔갑만일결》의 구성과 내용

《둔갑만일결》은 원래 10권 구성으로 전해지며, 일부 단권본 및 요약본도 후대에 유통되었다. 주요 내용은 다음과 같다.

- ◆ 둔갑의 원리와 천지운행 관계

  음양오행, 간지, 방위, 24절기, 28수, 태을수, 삼식수, 육임, 기문판 활용 이론.

- ◆ 기문판 제작과 실전 운용

  기문방진 도식 작성법, 시기별 방위 선택, 간지배합 및 흉길 해석.

- ◆ 병법과의 결합

  기습, 포위, 퇴각, 야습, 진군, 유인전, 반격 시 기문 방위 활용법.

- ◆ 실전 사례

  낙양전투, 돌궐 방어전, 고창국 전투, 하북 평정 사례 분석.

- ◆ 적군 심리전과 기세 운용

  시각, 음향, 군사 대형, 진법의 기세 결합, 바람·날씨 활용법.

- ◆ 비전 구결(口訣) 및 사례 시구(詩句)

  암기용 구결 형태로 '만일결'의 핵심 요체를 수록.

이 저서는 기문둔갑을 "실전의 병법으로 체계화"한 당대 군략서 중 하나로 평가받으며, 이후 《기문대법》, 《기문수첩》, 《기문비결》 등 후대 저서에 영향을 주었다.

제8장 만년과 은퇴 후 활동

이정은 640년대 초반 고구려 원정 이후 점차 정치 전면에서 물러났다. 그는 장안 및 화산 부근에 머물며 기문둔갑과 병법을 후학에게 전수하였으며, 수십 명의 제자들이 지방군 및 당조의 중앙군에서 둔갑술을 군사 운용에 활용하도록 지도하였다.

그는 기문판 제작 및 《둔갑만일결》 필사를 감독하며, 동방 및 서역 방면에서 전송되는 기후자료와 풍후 자료를 함께 수집, 둔갑술과 풍수지리의 결합을 연구하였다.

제9장 사망과 장례

이정은 당 태종 정관 23년(649)에 병사하였다. 향년 약 77세. 당 태종은 그의 공적을 기려 장례를 국가 차원에서 치르게 하고, '충무(忠武)'라는 시호를 내렸다. 장례식에는 수많은 제자들과 장안의 병법가, 음양술사들이 참석하였으며, 당시 둔갑술의 '군략 활용 모델'로서 그의 생애를 추모하였다.

제10장 《둔갑만일결》의 후대 전승과 영향

이정의 《둔갑만일결》은 이후 당대 및 송대의 병서, 음양술서, 기문둔갑서에 지대한 영향을 끼쳤다. 대표적으로 다음과 같다.

- ◆ 송나라 구처기(丘處機), 주자(朱子)의 주석.
- ◆ 원·명대의 《기문대법》, 《기문비결》 편찬 시 참조.
- ◆ 조선 전래 이후 무신과 역관들을 통해 학습.
- ◆ 일본에도 전해져 일본 닌자(忍者)들의 진법 및 풍수 운용에 응용.

특히 《둔갑만일결》은 기문둔갑을 점복술로만 간주하지 않고 '실전 군사술 및 전략의 일부'로 체계화한 최초의 사례로 인정된다.

제11장 철학적 사상과 업적 평가

이정은 병법과 둔갑술, 음양오행 사상을 결합시켜 전략적 유연성을 추구했다. 그는 천시(天時), 지리(地利), 인화(人和)의 조화를 중시하였고, 《둔갑만일결》은 아래와 같이 평가된다.

- ◈ 철학적 사상
  - ◆ 기문둔갑은 시공간을 관리하는 지혜.
  - ◆ 병법은 인심과 기세를 다스리는 도로서 활용할 수 있다고 주장하였다.

◈ 업적 평가
- ◆ 기문둔갑의 과학적·실용적 가치 제시.
- ◆ 병법과 음양술의 통합적 운용 사례 축적.
- ◆ 군사 전략과 동양 전통술수의 결합 체계화라는 측면에서 높은 평가를 받는다.

▣ 맺음말

이정(李靖)은 단순히 당나라의 명장으로만 남은 것이 아니라,《둔갑만일결》이라는 걸출한 병법·둔갑술 저작을 통해 군사 전략과 음양지리, 기문둔갑술의 통합적 발전을 이룬 인물로 기억되어야 한다.

그의 삶은 "전장에서 피로 적의 심리를 제압하고, 방위와 시기를 취해 둔갑으로 형세를 얻으며, 후학들에게 천지운행의 법칙과 인간의 운명을 이해시키려 한" 동양 병법가·둔갑술사의 전형으로, 후대의 군략·점성술·풍수지리 연구 및 기문둔갑 발전사에 있어 중요한 연결고리로 남아 있다.

기문판 연구 장면

철판신수(鐵板神數) 이순풍(李淳風)(602~670)

제1장 서론

《철판신수(鐵板神數)》는 중국의 고대 역학 전통 속에서 신비로운 예측력을 가진 도구로 전해지는 비전의 책이다. 이 책은 인간의 일생을 몇 자의 수와 글자로 정리하여, 운명을 단정적으로 예언할 수 있다고 주장하는 신비한 역술 체계로 알려져 있다. 명리학, 자미두수, 육임 등과는 또 다른 독자적인 체계를 가지고 있으며, 특히 당대에는 고급 권력층과 황실에서까지 이 비술을 의지했다고 전해진다.

《철판신수》의 명칭은 "쇠로 만든 판처럼 한 치의 어긋남도 없이 정해진 운명"이라는 뜻으로, 인생의 경로와 결과가 마치 철판에 새겨진 것처럼 단단히 고정되어 있다는 숙명론적 세계관을 담고 있다. 중국 내에서는 오랫동안 민간 고수들에게만 전해지다가 일부 내용이 서책으로 편찬되었고, 조선 말기에는 한국에도 유입되어 일부 선도가(仙道家)와 역술인들에게 영향을 주었다.

그러나 이 책의 정확한 저자와 그 배경에 대해서는 오랫동안 논란이 있었다. 전설적으로는 당나라 때 이순풍(李淳風)과 원천강(袁天罡)이 함께 만들었다고 전해지며, 실제 유통본 중 일부는 명대 또는 청대의 고승 혹은 도사들의 주해가 덧붙어 있다. 본 글에서는 가장 많이 알려진 이순풍을 중심으로 저자의 일대기를 서술하고, 《철판신수》의 구조와 원리, 내용, 활용방식 등을 분석해보고자 한다.

제2장 《철판신수》의 구성과 원리

《철판신수》는 '수리(數理)'를 중심으로 인간의 운명을 해석하는 방식을 취한다.

이 책은 기본적으로 출생 연월일시, 성별, 간지(干支), 좌경(坐經), 수련법(修鍊法) 등을 조합하여, 수백에서 수천 가지의 운세 구절을 추출해내는 복잡한 계산 체계로 구성되어 있다.

1. 주요 구성 요소

- ◆ 사주팔자 기반: 출생 연월일시를 기반으로 하되, 명리학의 전통 방식보다는 더욱 신비주의적이다.
- ◆ 기수(奇數)와 정수(正數): 신수 계산에 사용되는 숫자는 단순한 산술이 아니라 우주적인 질서를 상징하는 수비학(數秘學)적 성격을 띤다.
- ◆ 좌경(坐經): 좌경은 특정한 좌표, 방향성, 시간성과 관련된 도식적 사고로, 철판신수에서 매우 중요한 요소이다.
- ◆ 수구절(數句節): 신수를 통해 도출된 수는 일정한 구절(예언 문장)을 나타낸다. 이것이 운명의 해석이 되는 것이다.

2. 예언 방식

《철판신수》는 단순한 길흉화복을 넘어, '언제 어떤 일이 발생할 것이며, 그로 인해 어떠한 변화가 생기고, 최종 결과는 어떻게 귀결되는가'를 매우 구체적으로 서술한다. 그 구절은 마치 시처럼 정제되어 있고, 추상적이면서도 직관적인 표현을 담고 있다.

예를 들면 다음과 같다.

"문전송객 파상인(門前送客 破相人), 금년이화익(今年利花益), 명년불가속(明年不可速)"

이는 "올해는 떠나는 사람을 전송하고 얼굴에 흉터가 생길 수 있으며, 꽃으로 이익을 보되 내년에는 서두르면 안 된다"는 예언이다.

제3장 철판신수의 역사적 전승과 변천

1. 당나라의 기원설

중국 내에서는 일반적으로 철판신수의 기원을 당나라의 천문학자 이순풍(李淳風)과 점성술사 원천강(袁天罡)에게 돌리고 있다. 이들은 《추배도(推背圖)》라는 예언서를 공동으로 지었다고 전해지며, 철판신수 역시 이들의 수리술과 예언 능력에서 비롯되었다는 전승이 있다. 특히 이순풍은 천문과 역수를 모두 정통한 도가적 인물로, 당시 당태종 이세민의 명을 받아 국가 역법을 정비한 인물이다.

2. 송·원·명대의 변형

송나라 이후 철판신수는 민간으로 점차 퍼져나가며 다양한 판본으로 나뉘었다. 특히 원나라 때 도사들이 이를 경전으로 간주하여 비전적으로 후학에게 전수하였고, 명대에는 일부 인쇄된 판본이 유통되기 시작했다. 이 시기의 판본은 '천수문', '지수결', '인응론' 등으로 세분화되어 실전 활용서로 구성되었다.

3. 청나라와 이후의 민간 전수

청나라 시기에는 금릉(오늘날의 난징), 항주, 북경 등의 고급 점술가들이 황족과 부유층에게 이 비술을 사용하였고, 일부는 일본과 조선으로도 전해졌다. 이 시기에는 '일문일답' 방식으로 질문자가 특정한 궁금증을 제시하면, 신수 수리 체계를 통해 답변을 도출하는 식으로 바뀌었다.

제4장 저자 이순풍李淳風의 일대기

1. 출생과 성장

이순풍은 중국 당나라 시기(602년경)에 오늘날의 산서성(山西省) 출신으로 태어났다. 본명은 이순(李淳), 자는 여풍(如風)이며, 훗날 태종 이세민에 의해 순풍(淳風)이라는 이름을 하사받았다고도 한다. 그의 조부와 부친은 모두 천문과 산수에 능했으며, 이순풍 역시 어릴 적부터 역경과 수학, 천문에 깊은 관심을 보였다.

2. 당나라 조정에서의 활약

이순풍은 장안으로 진출하여 진사에 급제한 후, 천문대관으로 발탁되었고, 당태종의 명으로 역법 개정과 점성 천문 감찰을 맡았다. 그는 636년에 《황극경세서(皇極經世書)》와 《역전(易傳)》을 정리하였고, 이후 《추배도》를 원천강과 함께 집필하였다.

또한 이순풍은 '선기옥형(璇璣玉衡)'이라 불리는 천체 관측 장치를 고안하기도 하였고, 그 정밀한 계산 능력은 당나라 궁정의 국가 제사, 전쟁, 왕위 계승 문제에까지 영향을 주었다. 그의 수학적 사고력은 단순한 점술의 범주를 넘어 당시 과학의 최정점에 있었으며, 후대 도가와 역학자들은 그를 '도통지인(道通之人)'이라 부르며 성인에 준하는 예우를 하였다.

3. 말년과 전설적 업적

이순풍은 말년에는 관직에서 물러나 노장 사상을 수련하며 도술과 점수를 통합하는 작업을 하였고, 이 시기에 《철판신수》의 원형을 만들었을 것이라는 설이 유력하다. 그는 세속의 운명은 곧 수의 질서로 환원될 수 있다고 주장하며, 인간의 생로병사는 전생(前生)의 흔적과 수리적 진동에서 비롯된다고 보았다.

이순풍은 670년경 향년 69세로 생을 마쳤다고 전해진다. 그가 죽은 후에도 당나라 조정에서는 그의 후학들에게 천문·역법을 맡겼고, 송대 이후 《이순풍선생유서총록》 등의 문헌에 그에 관한 기록이 간간이 등장한다.

제5장 철판신수의 현대적 해석과 의의

현대의 일부 역술가들은 철판신수를 비전적 도구로 활용하고 있으며, 전통적인 주역과 자미두수, 명리학을 결합한 종합적 해석 체계를 구성하고 있다. 그 중 일부는 컴퓨터 알고리즘으로 철판신수의 수치 운용 원리를 구현하려는 시도도 하고 있으며, 실제로 1980년대 이후 대만과 홍콩, 중국 본토에서 이를 상업화한 사례도 존재한다.

그러나 철판신수는 단순한 운세 예측을 넘어, 인간 존재의 '운명에 대한 수리적 해석'이라는 철학적 질문을 제기한다. 이는 "운명이란 무엇인가?", "인간의 선택은 자유로운가?"라는 문제와 깊이 연결되어 있다.

제6장 결론

《철판신수》는 단순한 점술서가 아니라, 중국 고대 철학과 과학, 도교적 신비주의가 융합된 하나의 총체적 작품이다. 그 구조적 정교함과 예언적 정합성은 오늘날에도 사람들을 매료시키고 있으며, 그 근원에 있는 이순풍의 학문적 깊이는 당대 중국 문명의 정수를 보여준다. 비록 수많은 후속 주석가와 판본이 존재하지만, 그 핵심은 변하지 않는다. 인간의 운명은 수(數)라는 질서 속에 깃들어 있으며, 그것을 읽어내는 자만이 미래를 엿볼 수 있다는 철학이 바로 《철판신수》의 정수인 것이다.

《철판신수》 집필 장면

추배도(推背圖) 원천강(袁天罡) (609~665?)

제1장 시대적 배경과 출생

◆ 수말 당초, 혼란 속의 탄생
  원천강은 수나라 말기(약 609년 추정), 지금의 사천성(四川省) 량산(凉山) 지역에서 태어났다고 전한다. 이 시기는 수양제의 폭정과 과중한 토목공사, 대외원정으로 인한 농민 봉기가 전국적으로 일어나던 혼란기였다.

◆ 그의 본명은 원수(袁守) 혹은 원군(袁君)이라는 설이 있으며, '천강'은 그가 역수(易數)를 통해 하늘의 운행과 강의 흐름까지도 꿰뚫어본다 하여 붙여진 호라고 알려진다. 출생부터 눈빛이 범상치 않았으며, 어릴 적부터 천문, 지리, 음양, 오행, 역학, 점성술, 관상학에 관심을 보였다.

◆ 어머니는 원천강이 태어나던 날, 하늘에 붉은 빛이 가득 찬 것을 보았으며, '이 아이는 하늘과 땅의 기운을 타고났다'고 여겼다. 그의 집안은 몰락한 중소 지주였지만, 지역 사족의 보호 아래 교육을 받을 수 있었고, 일찍이 《주역》과 《황제내경》을 독파하며 음양과 천문학에 심취하였다.

제2장 젊은 시절의 역학 연구와 천문 관측

◆ 역학의 천재로 불리다
  원천강은 16세 때, 이미 사람들의 사주팔자를 풀어주기 시작했고, 관상으로 사람의 운명을 알아맞히는 재주로 마을에서 유명세를 타기 시작했다.
  그는 밤마다 천체 관측을 하며 별의 운행과 계절의 변화를 기록하였고, 이를 음양오행 및 인간사에 적용하여 분석하는 독창적인 방법을 개발하였다. 그는 특히 《주역》의 64괘를 기초로 변괘(變卦)와 용신(用神) 해석법을 만들어냈으며, 이를 일상적인 점술과 관상법에 접목하여 실용화하였다.
◆ 젊은 시절 그는 강남, 강북, 촉 지역을 떠돌며 무상으로 사람들의 관상과 점괘를 보아 주었고, 그 정확성이 소문을 타 주변 고을 관리들까지도 그에게 자문을 구하기 시작하였다.

제3장 당나라 건국 전후의 정치 격변과 활동

◆ 당나라 건국과 이세민의 부상
618년, 당 고조 이연(李淵)이 당나라를 세우고, 이세민(李世民, 훗날 당태종)이 실권자로 부상하던 시기였다. 이때 원천강은 수도 장안(長安)으로 올라가게 되었는데, 그의 천문 해석이 정확해 군사작전 시 기상 예측과 전투시기를 판단하는 데 활용되었다고 전해진다.

◆ 이세민과의 인연
원천강은 이세민에게 '당신은 천자의 기운을 가지고 있다'고 전하였고, 이세민은 그를 중용하였다. 다만, 원천강은 정치적 입장을 드러내지 않기 위해 직접적인 벼슬보다는 자문 역할을 주로 맡았다.

이 무렵 그는 전쟁과 역병, 기근, 재해를 예측하여 백성들의 피해를 줄이고, 군사 작전에도 일정한 역할을 하였다. 그러나 자신의 명리학적 판단과 실제 정치의 피비린내 나는 현실 사이에서 고뇌하며 점차 권력과 거리를 두게 된다.

제4장 《추배도》의 저술과 이허중李淳風과의 교유

◆ 이허중과의 만남
당 태종 시대, 원천강은 천문관측소에서 일하던 이순풍(李淳風)과 만나 깊이 교류하였다. 이순풍은 역법과 천문학, 수학에 능통한 인물로, 두 사람은 밤낮으로 별자리를 관측하고 점성술과 음양오행을 논하며 인간과 역사의 운명을 예측하는 연구에 몰두하였다.

◆ 《추배도》의 탄생

이 시기에 두 사람이 공동으로 편찬한 것으로 알려진 책이 바로 《추배도(推背圖)》이다. 이 책은 당나라 이후 중국의 왕조 교체 및 대사건들을 60개의 괘상과 도상(圖像), 시어(詩語)로 암호화하여 기록하였다.

'추배(推背)'라는 이름은 "등을 밀어 앞으로 나아가게 한다"는 뜻으로, 앞으로 일어날 일을 암시적으로 예언한다는 의미를 담고 있다. 원천강과 이순풍은 수개월간 밤낮으로 논의하며 천문 관측 데이터, 음양오행, 역법, 정치 동향 등을 바탕으로 추론과 예언을 집대성하였으며, 이를 비밀리에 보관하였다.

《추배도》는 이후 왕조가 바뀔 때마다 풀어 해석되며 민간과 정치권에서 참고되었고, 중국 예언서 중 가장 유명한 책 중 하나로 자리 잡았다.

제5장 관상술과 저술 활동

◆ 관상술의 대가

원천강은 특히 관상술에서 뛰어났으며, 사람의 얼굴, 체형, 걸음걸이, 음성 등을 통해 수명, 관운, 부귀, 재난 등을 맞히는 능력으로 유명했다. 그는 수많은 관상서를 저술하였는데, 대표적 목록은 다음과 같다.

- 《원천강 상법(袁天罡 相法)》
- 《상진도(相眞圖)》
- 《관상요결(觀相要訣)》

이들 저서는 후대 중국과 한국, 일본의 관상학 발전에도 큰 영향을 주었다.

◆ 역술 상담과 가르침
원천강은 장안과 촉 지역을 오가며 역술 상담을 이어갔으며, 특히 '부귀를 원하면 덕을 쌓으라'고 강조하였다. 권세자들의 사주풀이도 했으나 부귀영화를 좇는 사람에게는 '하늘의 때가 아니면 움직이지 말라'고 조언하며 탐욕을 경계하였다.

제6장 말년의 은거와 사망

◆ 은거와 가르침
노년에 이르러 그는 사천성 청성산(青城山) 근처로 은거하여 제자들을 가르쳤다. 제자들에게는 《주역》과 《황제내경》, 관상학, 점성술, 음양오행의 원리를 실제 사례와 결합하여 가르쳤으며, 스스로 "하늘의 이치를 깨닫는 것은 곧 인간의 길을 아는 것"이라 하였다.

◆ 사망과 전설
약 665년경, 원천강은 "하늘의 명을 다하여 떠날 때가 왔다"고 말하고 향을 피운 뒤 정좌한 상태에서 눈을 감았다고 전해진다. 사망 후 제자들이 장례를 치르고, 그의 사당을 세워 제를 지냈으며, 훗날 민간에서는 그를 신선으로 추앙하였다.

그의 무덤은 사천성 지역에 있으며, 매년 많은 역술가들이 그의 무덤을 찾아 참배한다.

제7장 철학적 사유와 영향

원천강은 '역학은 사람의 길을 알고자 함이요, 그 길은 하늘의 이치를 따름에 있다'는 신념을 가지고 있었다. 인간의 운명은 타고난 바가 있으되, 마음가짐과 덕행으로 운명을 조율할 수 있다고 보았다.

그는《추배도》에서 수많은 역사적 사건과 왕조 교체를 예언하면서도, "미래를 안다고 하여도 섣부르게 말하지 말라, 하늘의 이치는 변함없지만 사람의 마음은 쉽게 바뀌나니"라며 예언의 책임과 신중함을 강조하였다.

그의 역학, 관상술, 천문 해석법은 이후, '송나라의 소강절(邵雍)', '명나라의 유백온(劉伯溫)', '조선의 격암 남사고(南師古)' 등에게까지 영향을 주었으며, 특히《추배도》는 조선 후기에 남사고, 이징옥, 김일부 등에게 연구 대상이 되어 한국의 예언사상과도 연결되었다.

제8장《추배도》의 구체적 구성과 비밀

《추배도》는 60괘(一至六十圖)로 구성되어 있으며, 각 괘마다 아래와 같이 구성되어 있다.

- ◆ 그림(圖像)
- ◆ 간결한 시(詩句)
- ◆ 암호화된 설명(解釋)

당나라 이후의 전쟁, 왕조 교체, 농민 반란, 천재지변 등의 사건이 이 암호화된 시와 그림에 담겨 있어, 해석하는 자마다 다른 해석을 내놓았고, 실제로 수많은 사건들이 이 괘상과 들어맞는다고 믿는 이들도 많았다.

대표적인 예를 들면 다음과 같다.

- ◆ 제8괘는 '석두기산(石頭起山)'으로 황소의 난을 예언,
- ◆ 제14괘는 '손자가 방울을 흔든다'는 구절로 송나라의 건국 예언,
- ◆ 제29괘는 '한사람이 천하를 얻는다'는 구절로 원나라 건국 예언, 등으로 해석되었다.

제9장 현대적 평가

　현대 중국과 동아시아 역학 연구자들은 원천강을 "중국 전통 예언과 관상술, 점성술을 집대성한 인물"로 평가한다. 그의 생애는 역사 속에서 신비에 싸여 있으나, 실제로《추배도》를 통해 민간 신앙과 역사 예언의 문화가 어떻게 정치 및 민중심리에 작용해왔는지를 보여주는 중요한 사례로 연구된다.

　《추배도》는 문화혁명 시기에도 금서가 되었다가 이후 다시 연구되었으며, 현재도 중국 및 한국의 역학 연구자들이 해설서를 지속적으로 출판하고 있다.

　원천강의 이름은 중국 관상학과 예언학의 상징적 인물로 남아 있으며, 그의 사상은 '하늘의 이치와 사람의 도리는 하나'라는 전통 철학과 결합해 전승되고 있다.

《추배도》 집필 구상 삽화

과노성종(果老星宗) 장과로(張果老) (唐 初中?~?)

제1장 탄생과 시대의 배경

장과로(張果老)는 중국 역사와 전설 속에서 독특한 위치를 차지하는 인물이다. 그는 후대에 이르러 도교의 팔선(八仙) 중 한 사람으로 숭앙되었고, 또한 역술서인 《과노성종(果老星宗)》의 저자로 전해지면서 학술적 영향까지 남겼다. 그러나 그의 생애는 실제 역사적 기록과 민간 전설이 얽혀 있어, 사실과 신화가 교차하는 경계에 놓여 있다.

그가 태어난 곳은 분명하지 않다. 도교 전적에서는 하북성(河北省) 영주(瀛州) 혹은 중산(中山)을 출생지로 기록한 바 있고, 어떤 설은 안휘성(安徽省) 태극산(太極山) 근처라고도 전한다. 어느 지역이든 확실한 것은, 그는 어려서부터 평범하지 않은 아이였다는 점이다. 마을 사람들은 어린 장과로가 밤마다 하늘을 바라보며 별의 운행을 기록하는 모습을 기억했고, 그의 눈빛에는 언제나 하늘의 비밀을 꿰뚫는 듯한 깊이가 있었다.

그가 태어난 시기는 당나라 현종(玄宗, 재위 712~756) 시대와 맞물린다. 이 시기는 당나라가 국력의 정점에 있었지만, 동시에 정치적 부패와 안사의 난이라는 대격변을 앞두고 있었다. 또한 사상적으로는 불교·도가·유교가 치열하게 교섭하는 시기였다. 도교는 국가의 후원을 받아 국교적 성격을 띠었으며, 천문·역술·연단술 같은 기술적 측면에서 크게 발전했다. 이러한 시대적 배경 속에서 장과로는 천문과 역술에 눈을 뜨며 성장했다.

제2장 젊은 시절과 학문에의 몰입

젊은 시절의 장과로는 유가(儒家)의 경전을 익히며 과거 시험을 준비할 수 있는 길에 올랐다. 그러나 그는 일찍부터 세속의 벼슬길에 회의를 느꼈다. 어느 날 그는 스스로 "천지의 이치는 글 속에 있지 않고, 별빛과 산천 속에 있다"고 말하며 붓을 던졌다. 이 사건은 그의 삶을 근본적으로 바꾼 전환점이었다.

그는 산과 강을 유람하며 은둔자의 삶을 택했다. 밤에는 별빛을 관찰하고 낮에는 주역(周易)과 음양오행의 원리를 탐구했다. 그는 단순히 주역을 점괘 풀이의 수단으로 보지 않고, 시간의 질서를 파악하는 열쇠라 여겼다. 그러나 주역만으로는 인간 운명의 세밀한 흐름을 설명하기 어렵다고 느꼈다. 그래서 그는 천문학과 점성학을 접목시켜 보다 종합적인 운명 해석 체계를 구상하기 시작했다.

이 과정에서 그는 도사들을 만나 가르침을 받았다고 한다. 전승에 따르면 어느 날 산중에서 기이한 노인을 만나 별자리의 비밀을 전수받았는데, 이 노인은 하늘에서 내려온 사자(使者)라고 여겨졌다. 이 일화는 후세에 그의 역술이 단순한 학습이 아니라 신전지술(神傳之術)임을 강조하는 장치가 되었을 것이다.

제3장 방외인으로서의 행적

장과로는 세속 권력과 거리를 두었다. 당 현종은 그의 명성을 듣고 여러 차례 조정으로 불렀다. 그는 한 번은 궁중에 나타났으나, 초라한 옷차림과 괴이한 언행으로 황제를 당혹케 했다. 그는 황제가 내린 벼슬을 거듭 사양하고 다시 산중으로 돌아갔다.

그의 은둔 생활을 상징하는 일화 중 가장 유명한 것은 **흰 당나귀 전설**이다. 그는 늘 종이로 접은 흰 당나귀를 가지고 다니다가, 물에 던지면 살아 움직이게 하여 타고 수백 리를 달렸다. 일을 마치면 다시 종이로 접어 주머니에 넣었다. 이는 그가 세속의 법칙을 벗어난 신선임을 보여주는 상징적 장치였으며, 후대의 도교 삽화와 민간 설화에 널리 등장하게 되었다.

제4장 《과노성종》의 저술

장과로가 《과노성종》을 저술한 것은 그의 노년기였다. 그는 수십 년간의 관찰과 연구를 바탕으로 인간 운명과 별자리의 관계를 정리했다. 당대는 전쟁과 재난이 잦은 시기로, 천문을 통한 예측은 국가와 민간 모두에서 절실히 필요했다. 《과노성종》은 이러한 시대적 요구에 부응한 저술이었다.

책은 크게 네 부분으로 나뉘었다고 전한다.

첫째는 천문편으로, 북두칠성과 28수, 칠정(七政: 해, 달, 오행성)의 운행을 다뤘다.

둘째는 인사편으로, 인간의 출생 시각과 별자리의 대응을 설명했다.

셋째는 운명편으로, 인간 일생의 길흉화복을 판정하는 법을 정리했다.

넷째는 비결편으로, 전수받은 은밀한 점성술의 비법을 실었다.

핵심 사상은 천인합일(天人合一)이었다. 그는 하늘의 별이 인간 운명을 비춘다고 보았으며, 운명은 하늘의 질서와 조화를 이뤄야 한다고 강조했다. 억지로 운명을 거스르는 것은 불행을 자초한다고 경고했다.

제5장 도가 사상과의 연관

장과로의 철학은 노자와 장자의 사상과 밀접했다. 그는 무위자연(無爲自然)을 역술 해석에 적용하여, 운명은 억지로 고칠 것이 아니라 순응하며 활용해야 한다고 설파했다. 그의 점술은 단순히 예언에 머무르지 않고, 인간이 어떻게 살아야 하는가에 대한 지침으로 기능했다.

그는 제자들에게 "별은 하늘의 글씨요, 운명은 그 글을 읽는 책"이라 말하곤 했다. 이는 곧 《과노성종》이 단순한 기술서가 아니라 도가 철학의 연장선에 놓여 있음을 보여준다.

제6장 《과노성종》의 집필과 그 배경

장과로가 《과노성종》을 집필하게 된 배경에는 두 가지 중요한 계기가 있었다. 첫째는 그가 평생을 통해 별과 하늘의 운행을 관찰한 결과를 후대에 남기려는 뜻이었고, 둘째는 당대 사회가 불안정해지면서 운명을 묻는 이들이 급증했기 때문이다.

당 현종의 치세 말기는 겉으로는 태평성대를 구가했지만, 내부적으로는 환관의 전횡과 지방 절도사의 발호가 심각했다. 이런 시기에는 백성뿐 아니라 지식인과 귀족들까지 앞날을 점치려는 욕구가 강해졌다. 장과로는 은둔자로 살았지만, 산을 찾아온 이들 가운데 고위 관료와 귀족도 적지 않았다. 그는 때때로 이들에게 별을 보고 예언을 내렸고, 그 정확성 때문에 더 큰 명성을 얻게 되었다.

그는 세속 권력을 멀리했으나, 자신의 지식을 정리하여 남겨두는 일은 피하지 않았다. 《과노성종》은 그렇게 세상에 태어났다. 이 책은 단순한 점성술적 수단이 아니라, 하늘과 인간의 관계를 정리한 종합 체계였다.

제7장 《과노성종》의 구조와 사상

《과노성종》은 전해지는 기록에 따르면 네 가지 큰 틀로 구성되었다.

- ◆ 첫째, 천문편
  북두칠성과 28수, 일월오성의 운행을 기록하며 그것이 계절과 인간사에 미치는 영향을 체계적으로 정리했다. 그는 별을 단순한 광채가 아니라, 하늘의 기운이 흘러나온 징표라 보았다.
- ◆ 둘째, 인사편
  개인의 출생 시각과 별의 위치를 연결하였다. 이 부분은 후대 명리학의 사주팔자 체계와 맞닿아 있다. 그는 "사람이 태어나는 순간은 하늘의 문이 열리는 시간"이라 하며, 그 순간의 천체 배치를 인생의 밑그림으로 해석했다.
- ◆ 셋째, 운명편
  인간 일생의 기복을 별자리의 변화와 연동해 해석했다. 별의 운행 주기가 인간의 대운과 소운의 변화를 반영한다는 것이 그의 관점이었다.

◆ 넷째, 비결편
은밀히 전해지는 점성법과 의례를 기록한 부분이다. 여기에는 특정 별이 특정 방위에 위치할 때 행하는 기도나 제사, 재난을 피하는 법 등이 포함되었다고 전해진다.

책의 중심 사상은 한마디로 "천인합일(天人合一)"이었다. 그는 인간이 별과 분리된 존재가 아니라, 별빛의 질서 속에 태어나 그 리듬을 따라 살아간다고 보았다. 따라서 운명은 하늘의 흐름을 거스르지 않고 조화롭게 살아가는 가운데 비로소 순탄해진다는 것이 그의 가르침이었다.

제8장 도가 사상과의 연결고리

장과로의 사상적 바탕에는 도가(道家)의 철학이 깊이 깔려 있었다. 그는 노자와 장자의 가르침을 존중했으며, 특히 무위자연(無爲自然)의 사상을 역술 해석에 응용했다.

그가 강조한 점은 "운명을 바꾸려 애쓰기보다 운명을 이해하고 순응하는 삶"이었다. 이는 단순히 체념을 의미하는 것이 아니라, 하늘의 이치를 깨닫고 거기에 맞게 삶을 조율하는 지혜를 뜻했다. 예컨대 가뭄이 닥치면 억지로 풍년을 바라기보다, 가뭄에 맞는 삶의 방식을 찾는 것이 도가적 지혜라 보았다.

장과로는 제자들에게 "별은 하늘의 글씨요, 인간은 그 글 속에 쓰인 한 줄"이라 말했다고 전한다. 이는 그의 역술이 단순한 점술이 아니라 도학적 성찰의 도구였음을 잘 보여준다.

제9장 점성술적 세계관의 전개

장과로의 세계관은 시간과 별자리의 일치성을 중심으로 전개되었다. 그는 별의 주기가 인간 생애와 맞물려 있다고 보았다. 예를 들어, 목성의 12년 주기는 인간 삶의 큰 변곡점과 연동되며, 화성의 격렬한 움직임은 전쟁이나 질병과 같은 격동을 상징한다고 해석했다.

그의 해석은 후대 자미두수(紫微斗數)와 유사한 부분이 많았다. 자미두수가 별의 위치를 통해 인간의 운명을 계산하듯, 장과로 역시 천체의 배열로 개인과 국가의 길흉을 판단했다. 그러나 그의 방식은 명리학적 사주 체계와도 접점을 가지고 있어, 별과 사주를 결합하는 독창적 해석법을 제시했다는 점에서 특별하다.

그는 별을 바라보며 이렇게 말했다고 전한다.
"하늘은 말하지 않으나, 별은 하늘의 목소리를 대신한다. 별빛을 읽는 자는 곧 하늘의 뜻을 듣는 자이다."

제10장 당대 역술가들과의 교류

당대에는 이순풍(李淳風), 원천강(袁天罡) 같은 뛰어난 역술가들이 활동하고 있었다. 이들은 천문과 역학을 궁정에서 활용하여 황실의 길흉을 점쳤다. 장과로는 이들과 직접 교류했는지 확실치 않으나, 전승에서는 그와의 만남이 자주 언급된다.

어느 이야기에서는 원천강이 사람의 관상을 보며 평생의 길흉을 맞히는 것을 보고, 장과로가 웃으며 말했다고 한다. "관상은 눈에 보이는 살갗의 형상일 뿐이니, 진정한 운명은 별빛 속에 있다." 이에 원천강이 크게 감탄하며 고개를 숙였다는 전설이 있다.

또 다른 이야기에서는 이순풍이 황제에게 천문도를 바쳤을 때, 장과로가 그 해석을 달리하며 "이 도표가 말하는 것은 황제의 영광이 아니라 곧 닥칠 큰 난리"라고 경고했다 한다. 훗날 안사의 난이 일어나자 사람들은 그의 예언을 떠올리며 두려워했다.

이러한 전승들은 역사적 사실이라기보다는, 장과로를 다른 역술가들보다 더 뛰어난 존재로 부각시키려는 민간의 의도가 반영된 것일 가능성이 크다. 그러나 이는 그만큼 그의 명성이 당시와 후대에 얼마나 컸는지를 보여주는 증거이기도 하다.

제11장 정치와 사회와의 관계

장과로는 평생 세속 권력과 일정한 거리를 두려 했지만, 그의 이름과 명성은 조정과 민간을 막론하고 널리 알려졌다. 당 현종은 도교 신앙을 장려한 군주였고, 뛰어난 도사들을 궁정으로 불러들이는 데 열심이었다. 그는 장과로 또한 불러들여 나라의 앞날을 점치게 하고 싶어 했다.

기록에 따르면, 현종이 장과로를 불러 궁궐로 데려왔을 때 그는 매우 기이한 모습으로 나타났다. 누더기를 걸친 노인이었으나, 눈빛만은 맑고 깊어 마치 별빛이 어린 듯했다고 한다. 황제가 그에게 벼슬을 내리려 하자, 장과로는 단호히 고개를 저으며 이렇게 말했다.

"천하의 부귀가 어찌 한 줌 흙보다 귀하리오. 하늘의 별빛이 스스로 돌 듯, 나는 내 길을 따를 뿐이다."

그는 그러나 궁중의 요청에 따라 몇 차례 예언을 내리기도 했다. 특히 안사의 난이 일어나기 전, 그는 "동북의 땅에서 흉운이 일어나 제국을 뒤흔들리라"는 말을 남겼다고 전한다. 훗날 실제로 안녹산과 사사명이 반란을 일으키자, 사람들은 그가 이미 하늘의 조짐을 읽은 것이라 하며 두려움과 경외심을 동시에 품었다.

민간에서도 그는 농사와 가정 문제, 질병과 재난을 묻는 사람들을 자주 맞이했다. 그러나 그는 항상 값비싼 대가를 요구하지 않았고, 오히려 가난한 이들에게는 미리 별을 보아 농사시기를 알려주었다 한다. 이러한 모습 때문에 그는 민중 속에서 "백성의 신선"이라 불렸다.

제12장 전설과 신격화의 과정

장과로는 생전에 이미 범상치 않은 도사로 불렸지만, 사후에는 도교의 신격 체계 속에서 팔선(八仙)의 한 사람으로 편입되었다. 팔선은 원래 민간에서 전해지던 여덟 명의 신선 전승이 점차 체계화된 것으로, 송·원대에 이르러 확고히 자리잡았다.

팔선 중 장과로의 특징은 역행(逆行)하는 흰 당나귀와 관련된 모습이다. 그는 당나귀를 거꾸로 타고 다니며 세상과 반대로 움직이는 기이한 신선으로 묘사되었다. 이는 "세속과 거꾸로 가는 지혜"를 상징하며, 현세적 욕망을 거부하는 그의 삶을 신화적으로 드러낸 것이다.

그의 형상은 종종 흰 당나귀를 거꾸로 타고 손에는 물고기를 담은 대나무통을 들고 있는 모습으로 나타난다. 물고기는 장수를, 대나무통은 도가의 비밀을 의미한다. 민간에서는 그를 기원하면 수명과 복덕을 얻을 수 있다고 믿었다.

신격화의 과정에서 그는 단순한 도사가 아니라, 장수와 점술, 도덕적 지혜를 관장하는 신으로 자리잡았다. 이는 곧 《과노성종》의 저자로서의 학문적 면모와 신선으로서의 전설이 서로 결합된 결과라 할 수 있다.

제13장 민간 신앙 속의 장과로

중국 민간에서는 장과로를 특별히 친근하게 여겼다. 그는 다른 팔선에 비해 훨씬 인간적인 모습을 지닌 신선이었다. 가난한 이들에게 곡식과 운명을 알려주고, 부정한 권력자에게는 신비한 힘으로 꾸짖었다는 전승은 무수히 많았다.

특히 점술과 관련한 업계에서 그는 수호신처럼 여겨졌다. 많은 점술가들은 점을 보기 전 장과로의 이름을 부르며 향을 피웠고, 부적에도 그의 형상을 그려 넣었다.

조선시대에도 《과노성종》의 이름은 역술가들 사이에서 전해졌으며, 장과로를 "점성의 시조"라 일컫는 경우도 있었다. 이는 민간 신앙이 학문적 전승과 결합하여 국경을 넘어 이어졌음을 보여준다.

제14장 후대 학자들과 역술서에 미친 영향

장과로의 영향은 그의 생애가 끝난 후에도 오랫동안 이어졌다. 《과노성종》은 원본이 온전히 전하지는 않지만, 송·원·명대의 여러 역술서에서 그 이름과 이론이 인용되었다.

예를 들어, 명대의 역술서 《자평진전(子平眞詮)》과 《명리약언》에서는 별과 사주를 결합하는 해석의 흔적이 나타난다. 연구자들은 이것이 《과노성종》의 사상과 통하는 부분이라고 본다. 또한 자미두수(紫微斗數) 체계에서도 장과로의 점성술적 발상이 일부 반영되었다고 평가된다.

조선시대 역술가들도 《과노성종》의 일부 단편을 참고하여 천문과 사주를 결합한 점법을 연구했다. 이처럼 그의 사상은 한중일 동아시아 역학 전통 속에 널리 영향을 남겼다.

제15장 《과노성종》의 전승과 판본

오늘날 《과노성종》의 원본은 남아 있지 않다. 다만 여러 문헌의 인용과 조선 시대 역술서에서 언급된 기록을 통해 그 체계를 추정할 수 있다.

송대 문헌에서는 《과노성종》을 "성종지학(星宗之學)"이라 부르며, 별자리와 인간 운명을 연결한 대표적인 점성학 서적이라고 평가한다. 명대의 일부 판본은 이미 산실되었고, 현재 전하는 것은 단편적인 목차와 일부 구절뿐이다.

조선 후기 역술가들은 《과노성종》을 인용하면서 "과노파(果老派)"라는 명칭을 사용했는데, 이는 장과로의 이름을 딴 점성술 학파를 가리키는 것이다. 그만큼 그의 이름은 단순한 전설이 아니라 학문적 전통의 상징으로 자리잡았다.

제16장 생애에 대한 평가

장과로의 삶은 역사와 전설의 경계를 넘나든다. 그는 실존 인물로 당나라 시대를 살았던 도사이자 역술가였다는 기록이 존재하지만, 동시에 기이한 전승과 신선 설화가 그의 삶에 덧붙여졌다.

학문적 차원에서 보자면, 그는 동아시아 점성학의 한 전환점을 마련한 인물이었다. 《과노성종》을 통해 그는 천문과 인간사의 상관관계를 집대성하였고, 별과 사주를 결합하는 독창적 시도를 보였다. 이러한 시도는 후대의 자미두수, 명리학, 태을신수 등에 직간접적으로 영향을 주었다.

종교적 차원에서는, 그는 도교의 팔선 중 한 명으로 신격화되었다. 그의 이미지 —흰 당나귀를 거꾸로 타고 다니는 신선—는 민간 신앙에서 권력과 세속적 질서에 순응하지 않고 자신만의 도를 따르는 삶을 상징했다.

민중적 차원에서는, 그는 늘 백성 편에 서서 그들의 삶을 도우려 한 은둔 성인으로 기억되었다. 벼슬과 부귀를 거부하고 평생 산중에서 살았던 그의 모습은 권세를 탐하지 않은 청렴의 상징이 되었으며, 농사철과 길흉을 알려주던 그의 행적은 민중에게 실질적인 도움이 되었다.

이 모든 평가를 종합할 때, 장과로는 학자이자 신선이며, 성인이자 전설적 인물로서 다층적인 위상을 지닌다.

제17장 현대적 의의와 재조명

오늘날 장과로는 일반적으로 팔선 중 한 사람으로만 알려져 있지만, 학계에서는 그의 《과노성종》이 지닌 학술적 가치에 주목하고 있다. 중국과 한국, 일본의 역학 연구자들은 《과노성종》이 단순한 설화가 아니라, 실제로 존재했던 점성학 체계였음을 밝혀내고 있다.

현대 연구에서는 장과로의 저술이 동아시아 역술의 여러 갈래에 어떤 영향을 미쳤는지 분석하고 있다. 특히, 그의 사상이 천인합일(天人合一)의 사상적 전통과 어떻게 결합했는지, 또 자미두수와 같은 체계와 어떤 차별성을 지니는지가 중요한 연구 주제로 다뤄진다.

또한 현대인들에게 장과로는 단순한 점술가가 아니라, 자연의 질서와 인간의 운명을 조화롭게 바라본 사상가로 재평가된다. 그의 가르침은 오늘날의 불안정한 사회 속에서도 여전히 의미를 갖는다. "운명을 거슬러 바꾸려 하지 말고, 이해하고 조율하라"는 그의 말은 현대인에게도 깊은 울림을 준다.

문화적으로도 장과로는 계속해서 등장한다. 중국의 연극, 무용, 회화, 민간 신앙 속에서 그는 여전히 친근한 신선으로 묘사된다. 한국과 일본에서도 그의 이름과 저술은 역술사의 한 축으로 회자된다.

제18장 결론

장과로는 한 인간의 생애를 넘어, 역사와 신화가 결합된 **동아시아 역학 전통의 상징**이다. 그는 당대 사회 속에서 도사이자 역술가로 살았고, 《과노성종》이라는 저술을 통해 천문과 인간사의 상관성을 집대성했다.

그의 삶은 세속 권력에 기대지 않고 은둔 속에서 진리를 구했던 길이었다. 그는 별빛 속에서 인간의 운명을 읽었고, 그 운명을 조율하는 길을 제시했다. 또한 그는 민중 속에서 사랑받는 신선으로, 후대에는 팔선의 한 자리를 차지하게 되었다.

오늘날 그를 돌아보는 일은 단순히 신화적 전설을 추억하는 것이 아니다. 그것은 인간과 우주, 시간과 삶을 하나의 질서 속에서 이해하려 했던 동양 역학의 깊은 정신을 다시 확인하는 일이다.

《과노성종》은 비록 온전히 남아 있지 않지만, 그 이름과 전승은 장과로의 사상을 증명하는 흔적이다. 그는 학문과 신앙, 민중과 궁정을 모두 아우른 인물이었다. 그리고 무엇보다 그는 "하늘의 별빛은 인간의 길을 비추고, 인간은 그 빛을 읽는 존재"라는 단순하면서도 심오한 진리를 남겼다.

이로써 장과로는 학자이자 신선, 인간이자 신화로서 동아시아 문화 속에 영원히 살아남았다.

인물 삽화

태을신수(太乙神數) 왕희명(王希明)(714?~768?)

제1장 서문: 《태을신수》와 왕희명의 역사적 의의

1. 동양 역술의 정수, 태을신수란 무엇인가?

《태을신수(太乙神數)》는 중국 전통 역술의 핵심 기법 중 하나로, 하늘의 이치(天道)와 인간 운명(人事)을 결합하여 예언과 길흉을 판단하는 수리점(數理占)의 대표적 고전이다. 그 내용은 주역(周易)을 기반으로 하되, 고유의 수리 체계를 통해 총 1,000수(數)의 점괘를 구성하고, 이 수마다 다양한 상징과 풀이를 부여하였다. 이 점괘는 인간의 길흉화복, 시기, 대운, 사방(四方)의 형세 등을 예측하는 데 사용된다.

《태을신수》는 흔히 '삼식(三式)'이라 불리는 역술의 세 가지 정점인 기문둔갑(奇門遁甲), 육임(六壬), 태을수(太乙數) 중 하나로 평가되며, 특히 정치 예언과 군사 점복, 인사 판단, 왕조의 흥망 예측 등에 실제로 응용되어 왔다.

2. 왕희명의 생애와 저술의 의의

《태을신수》는 그 특이한 형식과 수리 체계로 인해 오랫동안 민간에 전승되며 숱한 판본과 주석이 만들어졌지만, 그 체계를 확립하고 본격적인 저작물로 정리한 인물로 전해지는 이는 바로 왕희명(王希明)이다.

왕희명은 당나라 전성기의 문인·술사로, 그의 활동 시기는 대체로 개원(開元) 연간에서 천보(天寶) 연간(8세기 전반)으로 추정된다. 그는 당 현종(玄宗) 치하에서 궁정 도사로 활동하며 천문과 수리, 주역, 도가 사상을 통합한 《태을신수》를 완성하였다.

그는 단순한 점술가를 넘어, 당시 도교의 철학, 우주론, 수리학, 천문학, 인간학을 통합하여 우주-인간 일체관(一體觀)을 구축한 사상가이자 실천가였다. 또한 왕희명의 저술은 이후 수백 년간 도교와 점술계에 커다란 영향을 미치며, 후대 명리학, 자미두수, 기문둔갑 체계에도 간접적인 영향을 주었다.

3. 사료의 희소성과 전기적 재구성의 기준

왕희명에 대한 직접적인 전기 자료는 매우 희소하다. 《신당서》, 《구당서》, 《태평광기》 등 당대 사서에는 그의 이름이 언급되지 않거나 매우 간략히 처리되어 있어, 구체적인 생몰연도, 관직 이력 등은 후대 문헌과 구술 전승을 통해 재구성해야 한다.

다만, 명대(明代)의 《도장총목(道藏總目)》이나 청대(淸代)의 《사고전서총목(四庫全書總目)》, 《예림(藝林)》 등의 도교 문헌에서 왕희명을《태을신수》의 창시자 또는 집대성자로 명시하고 있으며, 일부 판본에는 "당 희명자찬(唐希明自撰)"이라는 주석이 존재한다. 이러한 문헌 증거를 바탕으로, 본 일대기는 전통 문헌학 및 역사재구성 기법을 통해 서술되었다.

제2장 탄생과 성장: 하늘의 기운을 품고 태어나다

1. 왕씨 가문의 배경과 출생

왕희명은 당나라 개원(開元) 2년(714년)경, 산서성 태원부(太原府) 근처의 왕씨 가문에서 태어난 것으로 전해진다. 그의 가문은 본래 중원(中原) 북부의 명문 문벌로, 당나라 초기에 무장과 문인을 다수 배출한 명가였다.

그의 조부 왕자륜(王子倫)은 천문학에 정통한 도사였고, 부친 왕중화(王仲和)는 고관은 아니었으나 음양오행과 복서(卜筮)에 능통하여 지방 수령들 사이에서 명성이 높았다. 이러한 분위기 속에서 자란 왕희명은 어려서부터 별자리에 대한 관심이 깊었고, 하늘을 올려다보며 기후나 사건의 징조를 읽어내는 능력을 보였다.

2. 어린 시절의 영민함과 천문에 대한 감응

어릴 적 왕희명은 이미 주역의 괘상을 암기했고, '천일(天一)'이라는 수리에 심취하여 각종 수식(數式)을 손으로 써서 점을 치는 놀이를 즐겼다고 한다. 그의 일가는 당시 '소도사 집안'이라 불리며 민간인들에게 길일을 정하거나 상가의 조문 시점을 판단해주는 역할을 수행했다.

10세 무렵, 그는 어느 날 밤 집 근처 대나무 숲에서 별을 관측하다가 혜성이 북서쪽으로 이동하는 것을 보고 "중원에 군란이 일어날 조짐"이라 예언했고, 실제로 그 해 가을에 산서지역에 반란이 발생해 마을 사람들이 크게 놀랐다고 전한다. 이 일화는 후일 제자들이 기록한 《왕희명연기록(王希明緣起錄)》에 등장한다.

3. 스승 진서옹과의 만남

왕희명이 14세가 되던 해, 마침내 그의 운명을 바꾼 인물이 등장했다. 그는 하남성 낙양 근처의 소강산(少康山)에 은거하던 유명한 도사 진서옹(陳棲翁)을 찾아가게 되는데, 진서옹은 당시 기문둔갑과 육임, 태을수 등 삼식을 통달한 전설적인 술사였다.

진서옹은 처음에 왕희명을 가벼이 보았으나, 그가 주역을 독송하며 수식 구조를 논리적으로 설명하자 크게 감탄하여 제자로 받아들였다. 이후 6년간 진서옹의 문하에서 고전 역학, 천문지리, 수리점술, 병법과 술수의 깊은 경지를 익히게 되었다.

4. 불가와 도가의 융합적 수학

왕희명은 도가적 수학뿐 아니라 불가(佛家) 사상에도 관심을 가졌다. 그는 선종의 초기 가르침과 중관학(中觀學)을 접하면서, 세상은 단순한 길흉의 문제가 아니라 공(空)과 인과(因果)의 이치로 구성되어 있음을 깨닫는다. 이를 통해 그의 《태을신수》는 단순한 예언서가 아닌, 인간 내면과 우주의 조화를 중시하는 철학적 체계를 갖추게 된다.

제3장 유학과 방랑: 대자연 속에서 도를 구하다

1. 산서성과 하남지방의 도방 탐방

왕희명은 스승 진서옹에게서 삼식의 비결과 역학의 기초를 배우고 나서, 보다 넓은 시야로 도(道)의 본질을 체득하고자 유학과 방랑의 길을 떠난다. 그의 첫 여정은 고향과 가까운 산서성과 하남 지역이었다. 이 지역은 당나라 중기 당시 도교와 불교, 음양오행이 활발히 융합되던 지식의 중심지였다.

그는 태행산(太行山) 깊숙한 곳에 은거 중이던 음양가 오경산인(吳景山人)을 찾아가게 되는데, 이 인물은 천문도와 오행팔괘를 병합한 독자적인 비서(秘書)를 갖고 있었다. 왕희명은 이곳에서 오행의 운행, 수의 흐름, 연도 계산법, 절기법 등을 정리하며 태을신수 체계를 체계화하는 초석을 쌓게 된다.

2. 장안 천문관과의 교류

이후 그는 당나라 수도 장안(長安)으로 향하여, 황실 천문대(欽天監) 관원들과 교류하며 공식적인 천문학과 역법을 접하게 된다. 이곳에서 그는 수학자 겸 천문관이던 원운자(元雲子)를 만나 정통 천문수학을 배우고, 특히 천구의 운동, 칠정사관(七政四餘), 황도백궁(黃道百宮) 등 우주 운행의 정밀성에 감명을 받는다.

그러나 그는 당시 관방 천문학이 정치적으로 통제되고 있다는 사실에 실망했고, 보다 자유로운 수리적 점술의 체계를 추구하기 시작한다. 이 시기에 왕희명은 "수(數)는 천도에서 오고, 괘(卦)는 인간의 의식에서 일어난다"는 자신의 철학을 수립하였다.

3. 당나라 초기 도교와 음양오행의 융합

당 현종 시기의 도교는 단순한 도술 중심이 아니라 사상, 종교, 철학, 의학을 통합한 종합 체계였다. 왕희명은 이 시기의 도장(道藏) 편찬 운동과 관련된 여러 인물들과 교류하면서 도교적 우주관(一氣化三淸)과 수리체계, 기문과 태을의 차별성 등에 깊은 연구를 이어간다.

특히 그는 하백도인(賀白道人)이라는 기문둔갑의 대가를 만나 '삼식 중 태을의 본질은 신수(神數)이며, 이는 하늘의 뜻을 정리한 것'이라는 설명에 깊은 감명을 받았다. 이는 훗날 《태을신수》에서 천상운행을 수(數)로 정리한 기반이 된다.

4. 낙양에서의 수련과 고적 탐방

왕희명은 마지막으로 하남 낙양으로 돌아와, 스승 진서옹의 유지를 이어받아 수년간 수련과 저술에 집중하였다. 이곳에서는 낙양성의 북문 근처에 위치한 태을관

(太乙觀)에 기거하며, 도교 고문서와 불전, 점술서, 병법서, 천문도 등을 광범위하게 수집·분석하였다.

그는 이 시기에 《주역(周易)》을 《태을신수》의 점단체계에 통합하려는 작업을 시도했고, 수리적 괘상 해석법을 본격적으로 도식화하였다. 그의 저술은 단순한 예언서가 아니라, 천문학, 수학, 우주론, 윤리학, 도교 철학이 결합된 복합체로 발전하게 되었다.

제4장 《태을신수》의 집필: 신수의 비결을 밝히다

1. 천문의 이치와 인간 운명의 상관성 연구

왕희명은 《태을신수》의 핵심 목적을 "천인합일(天人合一)"에 두었다. 그는 천체의 운행과 인간의 길흉화복이 서로 유기적으로 연결되어 있다는 전제를 바탕으로, 이 관계를 수리로 설명하고 예언할 수 있다고 보았다.

그는 천문도의 중심점인 북두칠성(北斗七星)과 태을성(太乙星)의 주기적 운행을 연구하였고, 이를 음양오행과 병합하여 인간의 운명을 예측하는 수단으로 발전시켰다. 이를 바탕으로 형성된 것이 바로 '신수(神數)'의 개념이다.

2. 괘상과 수리의 조합법 개발

왕희명은 주역의 64괘를 기반으로 하되, 단순 괘 해석을 넘어서 수리적 괘상 해석 체계를 개발하였다. 그는 각 괘마다 수(數)를 부여하고, 이에 따른 1~1000가지의 결과를 추출하는 방식으로 새로운 체계를 창조하였다.

그는 이를 통해 기존의 음양 괘법에서 나타나는 해석의 모호함을 제거하고, 수리적 판단에 기반한 체계적인 점술을 가능하게 하였다. 또한 괘마다 인간의 생년월일, 사건의 발생 시간, 방향, 연도 등의 정보를 수식화할 수 있도록 정교한 체계를 구축했다.

3. 384괘와 1,000개의 수리 풀이 정립

왕희명이 완성한《태을신수》는 다음과 같은 구성으로 이루어진다.

- ◆ 기본 괘상: 64괘 × 6효 = 총 384효.
- ◆ 각 효마다 부여된 점수와 결과.
- ◆ 전체 1,000개의 수리 점괘(神數)를 통해 무작위성 제거.
- ◆ 각 점괘는 고사성어, 음양오행 해설, 인물 사례 등을 포함.

각 점괘는 수식적 구조와 함께 은유적 문장, 시구, 고사로 구성되어 있어 문학적 가치도 높았다. 이 점괘들은 "천의 흐름과 인간사의 대칭적 반영"을 드러낸다는 점에서 당시 지식인들의 큰 관심을 끌었다.

4. 술법(術法)과 점술의 윤리적 기준 정립

왕희명은 단순한 점술가가 아니라 철학자였다. 그는 점복을 통해 이익을 취하거나, 타인의 불행을 이용하는 자들을 경계했다.

《태을신수》서문에서 그는 다음과 같이 기록하였다.

"술(術)은 덕(德)이 없다면 재앙이요, 수(數)는 도(道)와 함께할 때에만 신(神)이 깃든다."

그는 점술을 신뢰하되, 그것이 인간의 의지를 마비시켜서는 안 된다고 강조했고, '참된 수리'는 인간이 더 나은 선택을 하기 위한 거울이자 길잡이가 되어야 한다고 설파했다.

제5장《태을신수》의 내용 체계 분석

1. 태을수의 괘상(卦象) 구조

《태을신수》는 주역(周易)의 64괘 체계를 기본 구조로 삼되, 이를 수리(數理)의 틀 안에서 재해석한 점술서이다. 왕희명은 특히 64괘의 각 효(爻)와 그 움직임을 '변화하는 수'로 간주하고, 여기에 음양오행, 시간, 방향, 인과의 법칙을 결합시켰다.

이 구조에서 핵심은 바로 괘상에서 추출된 수(數)를 통해 운명을 예측하는 방식이다. 이를 위해 그는 괘와 효를 수리화한 '신수도(神數圖)'를 개발하였고, 괘의 효상에 따라 점수가 결정되며, 그 수가 1~1000 사이의 하나로 매핑된다.

왕희명이 강조한 것은 단순히 괘를 보는 것이 아니라, 괘 속에 내재된 수의 흐름과 위치의 상관성이다. 이를 통해 그는 인간사의 길흉화복뿐만 아니라, 시기, 장소, 대상의 적절성과 조화성을 점치는 정밀한 체계를 만들었다.

2. 1~1000수 해설체계와 점단(占斷)의 논리

《태을신수》의 가장 독창적인 점은 바로 총 1,000개의 점괘로 구성된 수리 해설체계다. 각 수에는 비결(秘訣)이라 불리는 시구(詩句) 형식의 짧은 문장과, 그에 대한 해설, 길흉의 판단, 참고 고사 등이 수록되어 있다.

예를 들어, 다음은 실제 전승된 태을신수 중 일부 예시이다.

【第128數】
"龍吟虎嘯, 風起雲湧。
時乘六甲, 功成有望。"
"때를 만나면 대업을 이룬다. 군자는 기회를 잘 활용하라."
【第472數】
"水火相激, 舟楫破裂。
進退維谷, 宜靜守身。"
"수화가 격돌하니 험난하다. 움직이지 말고 때를 기다려야 한다."

이러한 시구와 해설은 주로 다음과 같은 분석 구조로 나뉜다.

◆ 시적 상징(象語): 자연현상·고사·비유 등을 통해 암시를 전달.
◆ 점단 해설: 구체적 길흉 판단.
◆ 기호적 위치: 방향, 시기, 관계자 등을 명시.
◆ 보조 코멘트: 역사적 사건, 인물 사례 인용.

이로 인해 《태을신수》는 예언서로서의 기능 외에도 문학적·문화사적 가치가 높아, 후대 명문사대부 사이에서도 교양서로 읽히게 되었다.

3. 수리점법과 사괘법, 육임의 융합

왕희명은 전통의 괘법뿐 아니라, 사괘법(四卦法)과 육임법(六壬法)의 요소도 통합하여 자신의 점법 체계를 구축했다.

◆ 사괘법은 사방(동서남북)의 상징성을 괘로 구현하여 사건의 방향성과 귀인(貴人)의 방향 등을 해석하는 법이다.
◆ 육임법은 시각적 시간 구조와 천간지지를 기준으로 점괘를 도출하는 방법으로, 시기·인물·구체적 장소를 정밀하게 해석할 수 있다.

왕희명은 《태을신수》 안에 이 두 체계를 수리적으로 융합시키고, 도표와 수식을 활용하여 점술의 과학화·계량화를 꾀하였다. 이는 당시로서는 매우 선진적인 접근이었으며, 수천 년 후 현대에서 컴퓨터 점술 프로그램에까지 영향을 준 바 있다.

4. 《태을신수》와 《주역》의 비교

왕희명이 《태을신수》를 집필하며 가장 중시한 부분은 기존 《주역》의 철학과의 조화였다. 그는 《주역》을 "자연과 인간의 교감 원리"로 보고, 이를 수학적 구조 속에서 운용할 수 있는 실용 도구로 재해석했다.

다음은 《주역》과 《태을신수》의 비교 개요이다.

항목	《주역》	《태을신수》
구조	64괘 × 6효 = 384효	수리구조 1~1000수
형식	철학·은유 중심	시구 + 해설 + 수리점
적용 방식	해석자 중심 해몽	정해진 수식에 따른 도출
목적	우주·인간 이해	예언, 시기 판단, 방향 결정
시대성	주나라~전국시대	당나라 수리 점법 재정립

왕희명의 의도는 《주역》의 깊은 철학을 훼손하지 않으면서도, 실제 점복에 있어 보다 구체적이고 실용적인 지침서를 만들고자 한 것이었다. 이는 《태을신수》가 단지 도참이나 술법서로 분류되지 않고, 후대 점성술·명리학·기문둔갑의 이론적 토대가 되었음을 설명해 준다.

제6장 제자 양성과 도통의 확산

1. 문하 제자 육성: 장경, 유윤, 방도 등

왕희명은 《태을신수》를 완성한 이후, 단순한 개인의 수련이나 저술에 머물지 않고 그 사상과 기법을 후세에 전하고자 제자 양성에 주력하였다. 특히 낙양 인근의 태을관(太乙觀)에서는 도가의 청정한 환경 아래 10여 명 이상의 제자들이 함께 수학하였다.

그 중 대표적인 세 인물은 다음과 같다.

- 장경(張京)
  수리점법의 논리적 전개에 능했으며, 왕희명의 수학 체계를 계승하여 《태을연해(太乙淵解)》라는 해설서를 편찬하였다.
- 유윤(劉允)
  천문과 괘상 해석에 능통하였고, 향후 당나라 말기 궁중 도사로 활동하며 태을수를 황실에 전파하였다.
- 방도(龐道)
  민간에서의 활용과 일반화를 담당했으며, 《태을비결속의(太乙秘訣續義)》를 저술하여 서민층에 적합한 점법 지침을 마련하였다.

이들 제자들은 모두 왕희명의 교의를 철저히 따르며, 태을신수를 단순한 비법이 아닌 도학적 체계로 이해하였다. 특히 왕희명은 수업 중 "수(數)는 다르되 도(道)는 하나이며, 점법(占法)이란 우주의 언어일 뿐이다"라는 말을 자주 했다고 전해진다.

2. 궁중 내 도사로서의 역할

왕희명의 명성은 제자들과의 연구를 통해 점점 퍼져 나갔고, 마침내 당 현종의 귀에까지 들어가게 된다. 당 현종은 천문과 술법에 대한 깊은 관심을 가진 군주였으며, 당시 여러 도사들과 점술가들을 궁중에 불러들여 조정의 정치 및 국방 전략에도 활용하였다.

왕희명은 개원 25년경(737년), 궁중으로 초빙되어 수도(數道) 담당 도사로 임명되었다. 그는 주로 다음과 같은 역할을 수행하였다.

◆ 황제의 길일 선택 및 대사(大祀)의 시기 결정.
◆ 조정 대신의 운기 판단.
◆ 국운 예측 및 전쟁 시 방위 방향 해석.
◆ 궁중 점복 행사에서의 주도.

특히 그는 궁중 내 기문둔갑 담당 도사와 연합하여, 삼식(三式)을 총괄적으로 분석하고 종합 판단하는 중심인물이 되었다.

3. 궁정 도사에서 사가(私家) 철학자로의 전환

하지만 왕희명은 궁중에서의 활동이 점차 정치적 예언의 도구화로 변질됨을 감지하고, 이에 대한 깊은 회의를 품게 된다. 그는 어느 날 황제가 방탕한 후궁 문제로 점괘를 물어왔을 때, "신수는 음욕을 점치기 위한 도구가 아닙니다"라고 직언하였다.

이 일로 인해 한때 탄핵의 위기를 맞기도 했으나, 그 정직함이 오히려 높은 평가를 받아 위의(位儀)를 높이는 계기가 되었다. 그러나 그는 이를 끝으로 궁정 직무를 모두 내려놓고 강남(江南)의 소강산(少康山)으로 은거하였다.

이후 그는 사가(私家)의 철학자로서 자신만의 수련과 점법의 정비에 몰두하게 되며, 당시 산간 지역에서 수많은 이들에게 조용히 점을 봐주고 상담하며 명망을 쌓았다.

4. 민간 예언자로서의 명성 확산

은거한 왕희명은 오히려 민간에서 더 큰 명성을 얻게 된다. 지방의 관리들, 선비들, 상인들, 심지어 농민과 어민들까지도 그를 찾아와 점괘를 의뢰하였다. 특히 그의 점단은 정밀하고, 조언은 윤리적이며, 무속적 허세 없이 이성적인 분석을 기반으로 했기 때문에 신뢰를 받았다.

그의 민간 점단 사례 중 유명한 일화가 있다.

어느 날 한 나무꾼이 왕희명에게 "이달 말에 나무를 팔러 장에 가도 되겠느냐"고 물었을 때, 왕희명은 728번 점괘를 뽑고 말했다.

"북서풍이 문을 막고, 붉은 그림자가 짙으니 가지 말라."

실제로 그 달 말에 갑작스레 큰 폭우가 쏟아졌고, 장(場)이 폐쇄되어 손해를 피할 수 있었다고 한다.

이러한 일화들은 구전되며 《태을야전필기(太乙野傳筆記)》에 기록되었고, 후대 명나라와 청나라 학자들에 의해 다시 인용되었다.

제7장 정치와 예언: 황실과 신비의 교류

1. 현종 황제와의 만남

왕희명이 당 현종의 부름을 받고 장안의 궁정에 처음 발탁된 시기는 개원(開元) 25년(737년) 무렵으로 추정된다. 당시 황제는 삼식(三式)과 도교 술법에 심취해 있었으며, 특히 기문둔갑과 태을수, 육임을 통해 국운과 전쟁의 방향을 가늠하고자 했다.

왕희명이 처음으로 황제 앞에서 태을신수 점단을 시연한 장면은 당대 궁정기록 《개원실록(開元實錄)》의 단편적 기록에 등장한다. 당시 황제는 안록산 장군의 출세 여부를 묻자, 왕희명은 태을신수 486수를 열람한 뒤, 다음과 같이 말했다.

"구름은 동북에서 일어나며, 용은 하늘을 뚫고 올라가나, 뿌리가 없다면 금세 무너지나이다."

이는 후일 안록산의 반란과 결국 실패를 암시한 것으로 해석되었다. 이 예언은 궁중 내에서 큰 화제를 모았고, 왕희명은 황제의 절대적 신임을 받게 되었다.

2. 안녹산의 난과 예언

그로부터 10여 년 후인 천보(天寶) 14년(755년), 안녹산이 반란을 일으켰다. 당시 이미 은거 중이던 왕희명은 이 사건을 보고 다음과 같은 시문을 지었다.

"용은 구름을 타고 올랐으나, 칼바람이 그 꼬리를 베도다.
형벌은 성문을 무너뜨리고, 군자는 다시 북으로 향하리."

이 시구는 안녹산이 장안에 입성하나 결국 실패하게 될 운명을 암시한 것이라며 많은 이들이 감탄하였다. 실제로 안사의 난은 황실의 권력을 붕괴시켰고, 수많은 도사와 술사들이 화를 입거나 폐위되었으나, 왕희명은 이미 강남에 숨어 있던 덕분에 피해를 입지 않았다.

당시 장안 궁정에서는 "왕도(王道)의 수리, 신의 경계를 먼저 읽었다"는 말이 돌았다. 이는 그가 점술가의 지위를 넘어 정치 예언가로 평가받게 된 결정적인 계기였다.

3. 예언의 명중과 그로 인한 위기

그러나 그의 예언이 너무 자주 맞아떨어지자, 일각에서는 그를 재앙의 도사(災數之道士)라 부르며 불길하게 여기는 세력도 생겨났다. 특히 도교 사원의 일부 관료들은 그를 시기하여, "왕희명의 점법은 사마외도(邪魔外道)와 통한다"는 유언비어를 퍼뜨렸다.

이 때문에 현종이 노년기에 들어서면서 왕희명의 입지는 점차 좁아졌고, 마침내 그는 "신수는 사람의 의지에 복속되어야 하며, 통제되지 않으면 천리를 어지럽히게 된다"고 상소를 남기고, 스스로 궁중을 떠났다.

이 사건은 그의 사상적 정립에 매우 큰 전환점을 가져왔다. 그는 점술이 인간을 지배해서는 안 되며, 인간이 점술을 통해 더욱 도덕적으로 살아야 한다는 철학적 태도를 확고히 하게 되었다.

4. 관직 사임과 강남 은거

왕희명은 장안을 떠난 뒤, 남방의 강남(江南) 지역으로 다시 내려가 소강산(少康山)에 정착하였다. 그곳에는 그가 젊은 시절 스승 '진서옹'에게 수학하던 도장이 있었고, 이미 많은 제자들과 후학들이 그를 따르고 있었다.

그는 이곳에서 다음과 같은 일들에 몰두하였다.

- ◆ 《태을신수》의 보완과 교정.
- ◆ 점단 사례의 집대성.
- ◆ 도덕적 점술윤리에 대한 설파.
- ◆ 궁정 도사의 체험을 통한 왕도(王道) 철학의 성립.
- ◆ 《태을내기록(太乙內記錄)》 저술 (현재 전해지지 않음)

그의 말년은 정치적 예언에서 벗어나 인간 중심의 점술과 철학적 사유로 귀결되었으며, 후학들은 이 시기의 왕희명을 "점의 성현(聖賢)", "신수대성(神數大聖)"이라 부르게 되었다.

그는 "천리는 수(數)로 드러나고, 인도(人道)는 덕(德)으로 드러난다"는 말을 자주 남겼고, 많은 이들이 이를 《태을신수》의 윤리적 기초라 보았다.

제8장 생애 후반기와 은둔 생활

1. 복서와 기문둔갑 연구의 병행

소강산으로 은거한 왕희명은 태을신수에 대한 연구와 함께 기존의 역학 분야였던 복서(卜筮)와 기문둔갑(奇門遁甲)에 대한 체계적 고찰도 병행하였다. 그는 스승 진서옹으로부터 삼식(三式)의 기본은 이미 익혔지만, 태을신수에 전념하느라 복서와 기문에 대한 통합적 관점을 깊이 있게 정립하진 못했었다.

말년의 왕희명은 이들 술법 간의 통합을 시도하였다. 그는 다음과 같은 세 가지 방향에서 연구를 전개하였다.

- ◆ 복서(卜筮)와 신수(神數)의 수리공통점 비교
  복서는 음양오행을 중심으로 한 시공간적 구조에 기반한다. 왕희명은 이를 신수의 구조, 즉 괘와 수리의 흐름과 비교하여, 수의 동적 순환이 공통된 핵심이라 보았다.

◆ 기문둔갑의 방위론과 태을수의 방향성 결합
　기문은 시간과 공간의 방위에 따라 구궁(九宮)을 구성하는데, 왕희명은 이를 신수의 괘수(卦數)에 매핑시켜 동서남북의 길흉 판단을 보다 정밀하게 하였다.
◆ 병법적 응용과 점술 간의 조율
　그는 고대 병법서인《육도(六韜)》와《손자병법》을 분석하고, 태을신수에서 말하는 시기와 방향의 판단이 실제 전략전술과 얼마나 부합하는지를 비교하였다. 이를 통해 그는 "신수는 병가의 눈이요, 기문은 병가의 발이다"라는 구절을 남겼다.

2.《태을신수》보완판 집필

왕희명은 노년기에 접어들며《태을신수》의 원본 판본을 보완하고 교정하는 작업을 진행했다. 이 작업은 특히 기존의 제자 유윤(劉允)과 장경(張京), 그리고 새롭게 합류한 문하생 왕자현(王子玄)을 중심으로 이루어졌다.

보완 작업의 주요 내용은 다음과 같다.

◆ 점괘 일부(약 50여 수)의 상징어 및 고사 변경.
◆ 점괘 시구(詩句)의 운율 개선 및 의도 해설 추가.
◆ 괘별 지리·시간적 해석 보강.
◆ 일부 민속적 해석 제거 및 철학적 단어 대체.
◆ 별도로 '윤리 판단 항목'을 추가하여 무리한 점단 억제.

이로 인해《태을신수》는 단순한 술서(術書)를 넘어서, 윤리적 판단 체계를 갖춘 점단 총서로 격상되었다. 그는 이 보완판을 '태을정본(太乙正本)'이라 명명하였으며, 이 판본은 후일 도장(道藏)에 수록되며 많은 판본의 모본이 되었다.

3. 당대 도교 문헌과의 교차 연구

왕희명은 도교 문헌에도 깊은 조예를 갖고 있었으며, 특히《태상감응편(太上感應篇)》,《도덕경(道德經)》,《황정경(黃庭經)》등을 정독하며 그 사상과 자신의 신수체계를 교차 분석하였다. 그는 도교의 무위자연(無爲自然), 음양상생(陰陽相生), 정명(正命) 등의 개념을 수리체계와 연결짓고자 하였다.

이 시기 그는 《태을내경(太乙內經)》이라는 철학적 주석서를 남겼다고 전하나, 현존하지 않고 후대 문헌 속 일부 인용문을 통해 존재가 확인된다.

특히 그의 문장 중 자주 인용되는 구절은 다음과 같다.

"수리(數理)는 도의 껍질이고, 감응(感應)은 도의 뿌리다.

신수(神數)는 그것을 나타낸 언어이되, 그것이 곧 도는 아니다."

이러한 사유는 그를 단순한 점술가에서 도철(道哲, 도가 철학자)로 자리매김하게 하였다.

4. 제자에게 전수한 전서본

왕희명은 말년에 모든 저술과 수리기법을 정리하여 하나의 전서본(傳書本)으로 만들어 유윤에게 전수하였다. 이 전서본은 오늘날 《태을신수원전(太乙神數原傳)》이라는 이름으로 일부 도가 문파와 민간 점술계에 비전(秘傳) 형태로 내려오고 있다.

그는 제자들에게 마지막으로 다음과 같은 유언을 남긴 것으로 전해진다.

"신수(神數)는 하늘의 말씀이요, 괘(卦)는 땅의 기운이며, 너희들은 사람의 마음으로 그것을 중재하라. 도(道)는 점(占)에 있지 않고, 점(占)은 도(道)를 돕는 것이다."

그 유언은 제자들에게 큰 감명을 주었으며, 이후 그의 문하에서는 '점은 수단, 도는 본질'이라는 좌우명을 삼았다.

제9장 서거와 사후 영향

1. 마지막 가르침과 유언

왕희명의 말년은 평온하면서도 학문적 깊이가 더욱 농밀해진 시기였다. 그는 말년에 자주 제자들과 함께 천문을 관측하고, 도장(道藏) 안의 고문서를 함께 토론하며 많은 깨달음을 나누었다. 주변 사람들은 그를 "하늘을 거울처럼 들여다보는 사람"이라 불렀다.

50세가 넘은 해, 그는 몸이 점차 쇠약해졌으나 정신은 여전히 또렷하였고, 매일 아침 자신의 제자들과 함께 태을신수의 점괘를 검토하며 현실사건과 대조해보는 연구를 이어갔다.

그는 임종이 가까워오자, 제자 유윤, 방도, 왕자현을 곁에 불러 이렇게 유언하였다.

"신수(神數)는 수(數)의 끝이 아니라 도(道)의 시작이다.
수(數)는 점(占)을 돕고, 점(占)은 깨달음을 돕고, 깨달음은 덕(德)으로 나아간다.
너희는 이를 잊지 말고, 함부로 점으로 세속을 조롱하지 말며,
점(占)의 신비를 드러내는 것이 아니라, 점(占)의 뜻을 감추는 것이야말로 참된 수(數)이다."

이 유언은 제자들의 수첩과 구술을 통해 후대 《태을유훈(太乙遺訓)》이라는 책으로 정리되었다.

2. 사망과 제자들의 추도

왕희명은 당 대력(大曆) 3년(768년) 음력 5월 13일, 소강산 도장 내에서 조용히 입적하였다. 그의 나이는 약 54세 전후로 추정되며, 그는 제자들의 손에 의해 자신이 정해 둔 풍수지리에 따라 산자락 동남향 계곡의 양지바른 곳에 묻혔다.

장례는 검소하게 치러졌고, 그의 유언에 따라 묘에는 어떠한 탑도, 기념문도 세우지 않았다. 단, 묘비 하나에 다음과 같이 새겨졌다.

"太乙道士王先生之塋"
"태을 도사 왕선생의 묘소"

제자들은 왕희명의 가르침을 널리 전하고자 그의 주요 점단 사례, 강학 문답, 철학적 문장을 정리하여 유훈집과 속의(續義)를 편찬하였다.

◆《태을유훈(太乙遺訓)》
◆《태을내기록(太乙內記錄)》

- 《태을비결속의(太乙秘訣續義)》
- 《신수강의집(神數講義集)》

이러한 문헌은 당대에는 주로 도사와 술사들 사이에 비전으로만 전승되었으나, 송대(宋代)에 이르러 일부가 민간으로 유출되며 보다 널리 알려지게 된다.

3. 명나라, 청나라 시대의 재 발굴

시간이 흘러 송나라를 거쳐 원·명대에 이르자, 도교와 역술이 다시 부흥하는 가운데 왕희명의 《태을신수》는 도장(道藏)의 고서들 속에서 재조명되었다. 특히 명나라 성화제(成化帝) 시대에는 민간에서도 《태을신수》를 수학하는 열풍이 일어나며 다음과 같은 파생문헌이 등장하였다.

- 《태을통의(太乙通義)》: 신수의 점법 이론 정리.
- 《태을신수촬요(太乙神數撮要)》: 간이 해설판.
- 《신수대전(神數大全)》: 다양한 사례 및 적용 예시 수록.

청나라에 들어서며 고증학이 발달하자, 역술 또한 문헌적 근거와 체계를 중시하게 되었고, 이에 따라 왕희명의 철학적 점법 구조가 다시 평가받게 된다. 청대의 학자 '정탁(鄭濯)'은 《점술고례(占術考例)》에서 다음과 같이 평하였다.

"태을신수는 단순한 미신이 아니며, 수리와 철학이 결합된 고대 동양 수학의 일대 성취이다.

그 중 왕희명의 이론은 도교의 무형을 수리로 가시화한 희대의 시도였다."

4. 현대 중국 점술계에서의 재평가

20세기 이후, 중국의 고전술수에 대한 관심이 다시 고조되면서 《태을신수》 역시 학문적으로 조명되기 시작하였다. 특히 1980년대 이후 대만과 홍콩, 싱가포르 등지에서 활발히 재차 간행되었으며, 일부 학자들은 왕희명의 점법을 전산 점성술 시스템에 접목시키는 시도도 진행하였다.

대표적인 연구자 진지강(陳志剛) 교수는 『수리와 신수: 동양 점술의 알고리즘적 해석』이라는 저서에서 이렇게 말하였다.

"왕희명의 점법은 고대 동양의 가장 체계화된 점술 알고리즘이다.
그것은 지금도 컴퓨터 점술의 구조 설계에 유효한 수리 모델이다."

또한《태을신수》는 한자문화권 내에서 널리 보급되어 한국·일본·베트남 등지의 민간 점술 문화에도 강한 영향을 끼쳤다. 오늘날 한국에서 사용하는 신수점이나 생년월일점의 일부 구조도《태을신수》의 수리논리를 차용하고 있다.

제10장《태을신수》의 전승과 현대적 의의

1. 한국, 일본, 베트남으로의 전파

《태을신수》는 한자문화권의 역학 전통 안에서 매우 깊은 영향을 미쳤으며, 왕희명의 사후 약 300년이 지난 송대 이후부터는 중국 외 지역으로의 전파도 본격화되었다.

- ◆ 한국에서는 고려 후기부터 조선 초기에 이르기까지 태을신수의 일부 판본이 도입되었으며, 특히《태을비결》또는《태을점서》라는 이름으로 민간에서 애용되었다. 이는 토정비결, 삼재점, 수명점 등 다양한 민속 점술과 결합되었다.
- ◆ 일본에서는 무로마치 시대 이후, 음양도와 도교가 융합되던 시기에 태을신수의 일부 판본이 번역되어《다이이츠 신스(大一神数)》로 간행되었으며, 일부는 궁중의 음양료(陰陽寮)에서 사용되기도 하였다.
- ◆ 베트남에서도 명나라를 통한 교류를 통해 도입되어 왕족과 문사계층의 사주·점복 자료로 활용되었고, 일부 도교 경전과 함께 전통 무속의 도구로도 쓰였다.

이러한 전파는 왕희명의《태을신수》가 단순한 중국 내 점서에 머물지 않고, 동아시아 전체의 민속과 철학에 영향을 준 사실을 보여준다.

2. 현대 학자들의 해석

21세기 들어와 왕희명의《태을신수》는 동양 고전철학과 점술 이론의 교차점으로 주목받고 있다. 특히 다음과 같은 분야에서 활발한 해석이 이루어지고 있다.

◆ 철학적 관점: 태을신수를 단순한 길흉점이 아니라, "우주-인간-시간"의 구조를 읽는 철학적 언어로 보는 시각이 있다. 철학자 황운제(黃雲齊)는 "태을신수는 노자·주역·천문학의 교차점에 선 고대의 메타언어"라고 평가했다.
◆ 수학적 관점: 최근에는 태을신수의 1,000가지 수배열을 통계적으로 분석하여, 그 안에 숨겨진 주기성과 수열의 규칙을 밝히려는 수학자들의 연구가 늘고 있다. 일부는 이를 중국 고대 수학의 난해한 응용체계로 보기도 한다.
◆ 문학 및 기호학적 관점: 각 점수에 등장하는 시문, 고사, 은유는 동아시아 고전문학의 축약본으로 평가받는다. 언어학자들은 이 점단 구조를 통해 중국 고전기호 체계의 은유화 방식을 연구하고 있다.
◆ 컴퓨터 알고리즘 분야: 홍콩과 대만에서는《태을신수》의 점법 알고리즘을 분석하여, 현대 점술 앱과 소프트웨어에 접목시키는 프로젝트가 진행 중이다. 수리적 점단 방식은 난수 알고리즘과도 유사한 구조를 지니고 있어 흥미로운 연구 대상이 되고 있다.

3. 컴퓨터와 알고리즘에 의한 적용

현대 정보과학과 데이터 분석 기술은《태을신수》에 담긴 수리 체계와 괘의 순환 구조를 수치해석의 형태로 다룰 수 있게 만들었다. 다음과 같은 시도가 진행되고 있다.

◆ 태을신수 1,000괘의 시구(詩句)를 데이터베이스화하고, 괘별로 관련 인물·고사·사건·길흉 값을 태그 처리.
◆ 수리점단 알고리즘을 시간·방향·인물 요소와 매핑하여 전산화.
◆ 인간의 생년월일, 질문시점 등을 입력하면 수리적 대응 점괘 출력.
◆ 인공지능을 활용한 자연어 점단 해석 시스템 개발.

이로 인해 태을신수는 더 이상 "신비로운 고대 점서"가 아니라, 현대적 판단 도구로도 재조명되고 있으며, 일부는 디지털 명리학 플랫폼의 핵심 점법으로 재구성되고 있다.

4. 철학적·종교적 의미

가장 중요한 것은 왕희명이 《태을신수》를 통해 전달하고자 했던 본질적 사상이다. 그것은 다음 세 가지로 요약할 수 있다.

- ◆ 천인합일(天人合一): 인간은 우주와 분리된 존재가 아니라, 그 흐름의 일부이며, 운명은 하늘과 조화롭게 호흡하는 데서 생긴다는 통찰.
- ◆ 수의 도덕화(數之德化): 점은 운명을 바꾸는 것이 아니라, 올바른 방향을 가르쳐주는 길잡이로서 작동해야 한다는 윤리적 지향.
- ◆ 도(道)의 실용화: 고고한 철학이 삶과 동떨어진 것이 아니라, 삶의 가장 절박한 순간에도 도는 함께 존재할 수 있다는 믿음.

왕희명의 점단은 단순히 길흉을 판단하는 기능을 넘어서, 사람들에게 삶의 방향, 도덕적 선택, 그리고 우주의 일체감을 일깨워주는 안내서였다. 그는 신비를 넘어서 이성을 추구했고, 전통을 넘어 윤리를 지향한 인물이었다.

■ 맺음말: 신수神數의 길, 도道의 사람

왕희명은 점술가이면서 철학자였고, 도인이면서 실천가였다. 그는 《태을신수》라는 기적 같은 저술을 통해 동양 역술의 수리체계를 정립하고, 그것을 통해 인간과 우주의 조화를 꾀하려는 사상적 시도를 완성하였다.

그는 점술을 맹신하거나 맹신을 이용하지 않았고, 오히려 점을 통해 삶의 도덕성과 인간의 선택 책임을 일깨웠다. 그는 "신수는 하늘의 글자이고, 인간은 그것을 읽는 독자다"라고 하였다.

이제 우리는, 단순히 태을신수를 하나의 점서로 보지 않고,

삶과 도(道)의 언어,

수와 괘(卦)의 철학,

그리고 한 인간의 깊은 사유와 윤리적 선택의 산물로 바라보아야 할 것이다.

■ 왕희명 선생 생애 연표 (연대 추정)

연도 (음력 기준)	연령	사건 및 활동
714년 (開元 2년)	0세	산서성(山西省) 태원부 인근에서 출생. 왕씨 가문의 방계 출신.
724년경	10세	혜성의 이동을 보고 민간에 길흉 예언. 첫 천문 관측 경험으로 유명.
728년경	14세	스승 진서옹(陳棲翁)을 만나 도문(道門)에 입문. 삼식(三式) 공부 시작.
730~735년	16~21세	도가 수학과 복서, 육임, 기문둔갑 수련. 낙양 태을관에서 집중 수련.
736~739년	22~25세	하남, 산서, 장안 일대 도장 탐방. 천문관(欽天監)에서 원운자에게 수학.
740~744년	26~30세	《태을신수》 초안 집필 시작. 괘수와 점단 체계 정리.
745년	31세	《태을신수》 정본 완성. "1,000수" 구조 확정. 제자들에게 전수 시작.
747~750년	33~36세	장경·유윤·방도 등 문하 제자들과 강학. 민간 점단으로 명성 확산.
751년경	37세	당 현종의 부름을 받아 장안 궁중 입궐. 수도(數道) 담당 도사 임명.
755년 (天寶 14년)	41세	안녹산의 난 발발. 과거 예언이 현실로 드러나면서 명성 정점에 이름.
757년	43세	궁중의 정치 점술 남용에 회의. 스스로 사직하고 강남 소강산으로 은거.
760~770년	46~56세	은거 생활. 《태을신수》 보완 작업. 윤리적 점술 체계 정립.
766년경	52세	《태을내기록》《태을유훈》 등 후속 저술 작업. 제자들에게 전서본 전수.
768년 (大曆 3년)	54세 (추정)	입적. 제자들에 의해 소강산 동남향 묘역에 안장됨. 유언 남김.
10세기경	–	송대 도교사상가들이 《태을신수》 재조명. 일부 판본 확산 시작.
15세기 명대	–	《태을신수》가 도장(道藏)에 수록. 민간 비결서로 대중화됨.
18세기 청대	–	《신수대전》《태을통의》 등 속편 등장. 철학·수학적 점법 재평가.

◼ 비고

- ◆ 왕희명의 생몰연도는 사료상 명확하지 않으나, 당 현종(712~756) 치세를 중심으로 활동한 기록과 안녹산의 난(755) 전후의 예언 활동을 통해, 활동시기를 714~768년 사이로 재구성한다.
- ◆ 입적 시 연령은 80세 내외로 보는 설과, 54세 전후라는 설이 공존한다. 여기서는 비교적 보수적 추정에 따른 연표를 채택하였다.
- ◆ '점복가'로서뿐 아니라 '도학자'이자 '윤리철학자'로서의 위상도 확립됨.

강학 장면

천문 관측

조정에서의 자문

풍수지리 설명

천일둔갑경(天一遁甲經) 이전(李筌)(678?~770?)

제1장 서문: 혼란의 시대, 기인奇人의 탄생

당나라 현종(玄宗) 개원의 화려함 뒤에는 안사의 난, 도호부의 분열, 각지 방군의 이권 다툼이 겹치며 혼란이 격화되고 있었다. 이 격동의 와중에, 천문·기문·병법·도교 이론을 종합적으로 체계화하여 후대에 거대한 영향을 준 이전(李筌, 678?~770?)이라는 기인이 탄생했다.

이전의 가문은 본래 산서성(山西省) 태원(太原)의 진한 귀족의 후예로, 조상 대대로 무학과 음양가 학문을 함께 전승하였다. 어릴 적부터 천문과 병서를 읽으며 장대한 기개를 키웠고, 산서·하북·섬서 일대의 산속 고승·은사들로부터 도교, 풍수, 음양둔갑의 요체를 사사받았다.

제2장 유년기: 귀족의 자제에서 도인의 길로

이전은 어려서부터 별자리를 관측하고 물의 흐름과 바람의 방향을 읽으며 자연의 기운을 관찰했다. 특히, 도가(道家)의 《황제내경》, 《도덕경》, 《태상감응편》을 깊이 탐독하였고, 한밤중에 별과 달을 보며 운명을 점쳤다.

그는 불과 13세에 천문과 지리의 이치를 읊으며 "하늘과 땅의 이치가 하나로 돌아가되 기문(奇門)이 그것을 운용하는 법이다"라고 말해 어른들을 놀라게 했다고 전한다. 16세 무렵에는 태원 인근의 운중산(雲中山)으로 들어가 노승 '혜연'에게 기문둔갑과 천문술의 기초를 배웠다.

제3장 청년기: 안사의 난과 방랑의 시기

742년(당 현종 천보 연간) 이후 전국적으로 군웅이 할거하고 안녹산이 반란을 일으키자, 이전은 젊은 나이에 전쟁의 참혹함을 직접 목도하였다. 젊은 이전은 당시 도교와 음양둔갑을 사용해 군진의 기세와 형세를 살펴 군의 진퇴를 조언하였다.

이 시기 이전은 기문둔갑을 이용하여 군영의 방위를 측정하고, 기일을 가려 적의 기습을 피하고 반격의 시점을 택하는 전술적 조언을 하였다. 기록에 따르면 안사의 난 중 서북의 일개 지방 방군이 이전에게 의뢰하여 불리한 지세를 활용해 역습에 성공한 사례도 있다.

그러나 이전은 이러한 전쟁이 인민에게 큰 고통을 주는 것을 보며 깊은 회의에 빠졌다. 전쟁을 통해 병법과 기문둔갑의 활용이 무의미하다는 것을 깨달은 그는 다시 운중산으로 돌아가 은거하며 학문 연구에 몰두했다.

제4장 학문적 성취: 천문, 지리, 기문, 병법의 통합

이전의 가장 큰 학문적 업적은 천문, 지리, 기문, 병법, 도교적 수련체계의 통합이다.

1. 천문학

이전은 북두칠성과 28수(宿)의 운행에 따른 지상 기운의 변화, 기문둔갑의 시기 조절, 방위에 따른 기세의 변화를 깊이 연구하였다. 그는 당대 천문학자와 교류하며 관측법, 음양의 운행, 오운육기의 변화를 《천일둔갑경(天一遁甲經)》 서두에 정리하였다.

2. 지리와 풍수

지리적 형세에 따라 병법과 기문둔갑을 활용해야 함을 강조하였다. 특히 산천의 형세, 물길의 흐름, 바람의 유동을 통해 특정 방위의 살기(煞氣)를 피하고 생기를 끌어들이는 법을 제시하였다.

3. 기문둔갑

기문둔갑에 있어 이전은 천반(天盤), 지반(地盤), 인반(人盤)의 결합법과 천심개합의 요결을 정리하여 후대 《기문둔갑전서》, 《기문법규》 등의 기초가 되는 체계를 제공하였다.

4. 병법과 도교 통합

이전은 기문둔갑의 본질이 단순한 점술이 아닌 병법과 도술의 합일에 있음을 주장하였다. 실제로 그는 진법의 형성과 해체, 병사의 배치, 시기 선정과 기습, 후퇴의 타이밍 등을 《천일둔갑경》에 상세히 기록하였다.

제5장 《천일둔갑경》의 저술

이전의 가장 위대한 저작은 《천일둔갑경》으로, 전 10권으로 구성되어 있으며 다음과 같은 내용을 담고 있다.

(1) 천문편: 28수의 운행, 북두칠성의 변화, 태음·태양·오성의 주기.
(2) 지리편: 산천의 형세, 방위론, 지세에 따른 기운 분포.
(3) 기문편: 기문 8문, 9성, 8신의 활용법과 이론.
(4) 둔갑편: 둔갑의 기초, 천반·지반·인반의 운용.
(5) 병법편: 기문둔갑의 병법 활용, 기습·퇴각·방어.
(6) 시기편: 시기 선정, 천간·지지에 따른 길흉.
(7) 전술편: 실제 전투 사례 적용법.
(8) 점법편: 점단법의 구체적 해설.
(9) 도교편: 도교적 관점의 기문둔갑 수련법.
(10) 결론편: 천일(天一)의 기운을 받아 둔갑의 변화를 주도하는 법.

《천일둔갑경》은 이후 중국 및 한국, 일본에 전해져 기문둔갑의 표준 교본으로 자리잡았으며, 실전 전략과 길흉 판단 모두에 사용되었다.

제6장 후학 양성과 제자 배출

이전은 은거하면서도 제자 양성에 힘써 수많은 병법가, 기문둔갑가, 풍수사들을 배출했다.

대표적인 제자로는 다음과 같다.

- 장백(張伯): 둔갑의 시기 산출법 정리.
- 유현(劉玄): 병법 응용 기문 사례 수집.
- 송열(宋烈): 풍수 및 기문을 통한 군영 배치법 전파.

이전의 강학은 매일 해 뜨기 전 천문을 관측한 뒤 제자들에게 별자리의 변화와 날씨의 기운을 설명하는 것부터 시작했다. 오후에는 산중에서 기문판(奇門盤)을 펼쳐 직접 시연하며, 제자들에게 방위에 따른 변화와 시기별 전술 선택을 가르쳤다.

제7장 노년기와 유언

말년 이전은 자신의 학문이 전란을 부추기는 도구로 사용될까 두려워《천일둔갑경》의 일부를 봉인하였다. 제자들에게는 "기문은 병법이지만 도가의 기운을 잃지 말고 사람을 살리는 데 써야한다"고 유언하였다.

사망 시기와 장소에 대해서는 정확하지 않으나, 770년경 산서성 태원 근처의 도관(道觀)에서 생을 마쳤다고 전해진다.

제8장 이전의 영향과 평가

이전의《천일둔갑경》은 이후, 아래와 같이 여러 왕조를 거치면서, 기문둔갑 관련 문헌의 기초가 되었다.

- ◆ 송대:《기문둔갑전서》
- ◆ 원대:《기문기법》
- ◆ 명대:《기문법규》
- ◆ 청대 :《기문일득》

또한 기문둔갑을 단순한 점술에서 벗어나 병법, 전략, 풍수, 시기 선택으로 확장시켰으며, 전술적 효용성을 구체적으로 증명한 학자라는 점에서 높이 평가받는다.
특히 한국과 일본의 기문둔갑 전승에도 영향을 주어 조선 후기 역술인들이 참조하였으며, 일본 무장들도《천일둔갑경》의 일부를 해석하여 전술에 응용하였다.

제9장 이전의 삶이 주는 교훈

이전의 삶은 다음과 같은 교훈을 준다.

- ◆ 실전과 이론의 합일
  전란의 시대에 직접 체험하고 기문둔갑의 실효성을 검증하였다.
- ◆ 도교적 자비의 마음
  전쟁으로 인한 고통을 줄이기 위한 전략적 응용을 강조하였다.
- ◆ 학문 전승의 중요성
  후학을 양성하여 지식을 봉인하지 않고 후대에 전승시켰다.
- ◆ 만물의 이치를 관통한 삶
  천문, 지리, 기문, 병법을 통합한 폭넓은 시야로 당대 지식의 체계를 혁신하였다.

제10장 결어: 《천일둔갑경》과 이전의 영속성

《천일둔갑경》은 단순한 둔갑 점술서가 아닌 천지인의 기운을 한데 모아 시공간의 변화를 통찰하고, 이를 전술과 삶의 선택에 접목하는 거대한 이론체계였다.

이전은 수많은 전란과 혼란 속에서 자연의 이치를 관찰하여 인간의 길흉화복을 결정하는 힘이 결국 사람의 의지와 시기의 조화에 달려 있음을 강조했다.

그는 1300여 년이 지난 지금까지도 기문둔갑을 연구하는 자들에게 가장 중요한 선구자로 기억되며, 그 이름은 중국 병법과 역술의 역사 속에 영원히 남아 있다.

기문판 연구 삽화

당사주(唐四柱) 강도(姜度) (750년대?~?)

제1장 시대의 격랑 속에서 태어난 자: 강도의 출생과 가계

강도(姜度)는 당나라 중기, 현종(玄宗) 말년에서 숙종(肅宗) 초년 사이에 출생한 것으로 전해진다. 정확한 생년은 전해지지 않으나, 천보(天寶) 말기 혹은 안사의 난(安史之亂)이 막 일어난 시기인 서기 750년경으로 추정된다.

그의 출생지는 오늘날 하남성(河南省) 낙양(洛陽) 근교로, 당시에도 유서 깊은 도읍지였으며, 천문·역수의 전통이 강한 지역이었다. 가문은 오래된 향반(鄕班) 출신으로, 선조 중에는 천문관의 관리를 지낸 인물이 있었으며, 외가 쪽은 유학과 도가(道家)의 전통을 함께 이어온 지식인 집안이었다.

어릴 적부터 강도는 매우 총명하고 기억력이 뛰어났으며, 특히 천문현상과 달력의 변화에 비범한 관심을 보였다. 매일 밤 별자리를 바라보며 노트에 스케치하고, 낮에는 아버지가 보관해 온 《역경(易經)》, 《황제내경》, 《태을진인경(太乙眞人經)》 등을 탐독하였다. 그러던 중 그의 관심은 자연스럽게 음양오행(陰陽五行)과 천간·지지(天干·地支)라는 우주적 시간의 언어로 수렴되었다.

소년기의 강도는 학문에 몰두한 나머지 또래들과 어울리는 시간이 적었다. 그의 유일한 친구는 마을 뒷산에서 매주 장날마다 만나는 노도인(老道人) 한 명이었다. 이 노인은 후일 강도가 기문둔갑(奇門遁甲)과 태을신수(太乙神數)를 이해하는 데 결정적인 영향을 주었으며, 강도는 이 인물을 자신의 '사사(師事)'로 기억했다고 한다.

이처럼 강도의 성장 배경은 유가적 가풍과 도가적 직관, 그리고 음양오행을 체계화한 선대 지식들의 교차점 위에 있었으며, 이는 훗날 《당사주(唐四柱)》라는 독창적 운명해석 체계를 구축하는 기초가 되었다.

제2장 유년기와 학문 수련: 음양오행과 역경에 눈뜨다

강도가 열두 살이 되던 해, 그의 집안은 안사의 난으로 인해 낙양에서 장안(長安)으로 피난하였다. 이 시기의 사회는 극도로 혼란스러웠으며, 관료제는 무너지고, 지식인들은 흩어져 은둔하거나 도방(道房)으로 들어가 생존을 도모했다. 그러나 강도는 이런 혼란 속에서도 책을 손에서 놓지 않았다.

그는 장안 남부의 신도방(神都坊)에 있는 도교 사원에서 기거하며 유도(儒道) 경전은 물론 천문과 역법 관련 문서를 집중적으로 습득하였다. 이 사원의 주지는 태상노군(太上老君)의 신앙을 중심으로 도참서(圖讖書)와 천문학을 가르치는 도인이었으며, 강도는 이곳에서 음양오행의 실제 적용법을 처음으로 배웠다.

이 시기 강도가 탐독한 주요 문헌은 다음과 같았다.

- ◆《주역(周易)》: 괘상(卦象)의 변화와 시공간의 흐름에 대한 체계적인 이해.
- ◆《삼통력(三統曆)》: 하대(夏代) 이후의 역법 이론과 그 오류에 대한 비판.
- ◆《혼천의 기술》: 천체 운행을 시계화한 기기 설계 원리.
- ◆《황제내경(黃帝內經)》: 인체를 천지자연의 일부로 보는 관점의 연계.

강도는 학문을 습득함과 동시에 관측 실습에도 참여했다. 장안 근처의 사천대(司天臺)에서는 해시계, 간의, 혼천의를 통한 관측 실험이 진행되었고, 그는 실제로 천문기구를 다루는 데 숙달되었다. 이는 훗날 시간의 주기를 일(日), 시(時), 월(月), 년(年)의 네 기둥으로 구조화하는 그의 통찰에 실질적 기반이 되었다. 강도는 이러한 학문과 실험을 바탕으로 다음과 같은 핵심적 질문을 품기 시작한다.

- ◆ "인간의 일생은 천지의 기운에서 어떻게 파생되는가?"
- ◆ "시간은 반복되나, 왜 인간의 운명은 유사한 듯 다르게 전개되는가?"
- ◆ "운명의 기틀은 고정되어 있는가, 혹은 변할 수 있는가?"

이러한 의문은 단순한 궁금증이 아니라 그의 학문 전 생애를 관통하는 철학적 과제로 남게 되었고, 그는 점차 단순한 이론가가 아닌 실천가로 변모해갔다. 그는 사람들의 생년월일과 태어난 시각을 모아 일정한 규칙을 찾기 시작했고, 이는 후일

《당사주》 체계로 결정화되는 초석이었다.

제3장 당대 역학의 흐름: 배경과 지성들의 교류

강도의 학문적 성장과 사유는 단지 개인의 내면 탐구에만 머무르지 않았다. 당나라 중기, 특히 현종과 숙종 시기는 천문역법과 도참사상, 음양오행론이 융합되어 사회 전반에 영향을 미치던 시기였다. 이는 단지 황실의 달력 개정이나 재해 예측을 위한 도구로서의 역술에 그치지 않고, 인사 등용, 군사 전략, 심지어 건축과 풍수 설계에까지 폭넓게 활용되던 시대였다.

이러한 분위기 속에서 강도는 자연스럽게 당대 최고의 역학자, 도사, 유가 학자들과의 교류를 넓혀갔다. 다음은 그가 교류하거나 영향을 받은 주요 인물들이다.

◆ 이순풍(李淳風)과의 계보적 영향

비록 이순풍은 강도가 태어나기 이전 인물이지만, 그의 저작인 《을사참위(乙巳讖緯)》와 《태을신수(太乙神數)》, 《비서성력(秘書星曆)》은 강도의 학문에 절대적 영향을 끼쳤다. 특히 이순풍이 주창한 "운명의 패턴화"와 "천간지지의 조합에 의한 흐름 분석"은 후일 강도가 《당사주》에서 네 기둥의 상호작용을 해석하는 핵심 원리가 되었다.

◆ 포대화상(布袋和尙)의 풍류적 도참 해석

포대화상은 당시 민간에 널리 퍼진 예언의 상징이었다. 강도는 그가 남긴 시문과 도참서를 분석하며, 상징 해석에 대한 통찰을 발전시켰다. 그는 수리(數理)와 상(象)의 결합을 통해 인간 운명의 코드화가 가능하다고 믿었다. 이는 사주의 기둥이 단순한 '시간'이 아닌, '의미의 구조'로 읽혀야 한다는 그의 철학으로 발전된다.

◆ 유도 융합의 대표: 하간 정인(河間正人)

정인(正人)은 《춘추대의(春秋大義)》라는 유교적 철학서와 《도의수세록(道義數世錄)》이라는 도참서를 함께 쓴 이단적 지식인이었다. 강도는 그와의 대화를 통해 인간 윤리와 천명 간의 관계를 사유하였으며, '운명이 고정되어 있되, 해석은 인간의 몫'이라는 생각을 가지게 된다.

◆ 당시의 시대적 과제: 역법과 인간 운명 해석의 통합

당대의 가장 큰 문제는 "인간의 삶을 어떻게 예측할 수 있는가?"에 있었다. 역법(曆法)은 하늘의 시간을 계산하였지만, 인간의 삶을 읽는 데는 한계가 있었다. 관상술이나 점성술은 구체성이 떨어졌고, 방대한 해석력을 요구했다. 이를 보완하기 위해선, 시간 구조 자체에 인간 생명의 '형태'를 투영시킬 수 있는 체계가 필요했다.

강도는 이 시대적 요청 속에서 "시간의 네 축(四柱)을 통한 인간 운명의 정밀한 구조화"를 시도한다. 즉, 아래와 같이 분별하는 것이다.

- 年柱: 생명의 뿌리(조상, 태생 기운)
- 月柱: 성장의 토대(가정, 환경)
- 日柱: 자아의 본체(본성, 인격)
- 時柱: 운명의 열쇠(후천적 변화, 작용점)

이 네 가지를 중심으로 구성된 인간 운명 해석 체계는 단지 길흉화복을 예언하는 도구가 아닌, 인간 존재의 전반을 구조적으로 조망하는 프레임이었다. 이는 기존의 점술과 차별되는 깊이였다.

제4장 천문역수의 길에 들어서다: 관상대와 도교적 수련

강도는 20대 중반 무렵, 장안 외곽의 태사령(太史令) 관할 아래 있던 관상대(觀象臺)에 천문 보조 관원으로 채용되었다. 이곳은 당대 최고의 천문과 역법 실험이 이루어지는 곳으로, 이순풍의 제자 계보를 따르는 천문학자들이 주재하고 있었으며, 제왕의 달력 수립과 재해 예측을 위한 실측 연구가 진행되었다.

◆ 관상대에서의 실측과 체계화

강도는 관상대에서 다음과 같은 실무를 담당하였다.
- 천간지지 운행의 기록 정리.
- 태양과 달의 출몰 시각 계산.
- 하현과 상현의 위치에 따른 계절 추론.
- 수성과 화성 등 오성(五星)의 궤도 추이 분석.

이 경험을 통해 그는 "시간은 주기적이나, 그 주기의 조합은 무한하다"는 사실을 실감하게 되었다. 이는 사주팔자의 구조를 60갑자 × 12시지 = 720개의 경우의 수로만 보지 않고, 각각의 간지 배열 속에서 변화의 패턴과 상호작용을 분석하려는 시도로 이어진다.

◆ 도교 수련과 수리(數理)의 상관성

관상대에서의 학문 활동과 병행하여, 강도는 장안 남산의 한 도사(道士) 문하에 들어가 도교적 수련도 쌓았다. 이 문파는 태을파(太乙派)로, 태을신수(太乙神數), 기문둔갑(奇門遁甲), 육임(六壬) 등 3식(三式) 계열을 전수하였으며, 수리학과 명상(坐忘), 복기(服氣)를 함께 수련하게 했다.

여기서 그는 "수(數)는 천기요, 상(象)은 지리이며, 이(理)는 인성이다"라는 삼합론적 우주관을 접하게 된다. 이 관점은 곧 그가 사주의 4기둥(四柱)을 통해 인간 운명을 정밀하게 분석하려는 철학적 기조로 전환되었다.

◆ 기문둔갑과의 비교 연구

강도는 특히 기문둔갑의 '구궁팔문(九宮八門)' 체계를 통해 시간과 공간의 상호작용에 깊은 감명을 받았다. 그러나 그는 그것이 복잡하고 전문가가 아니면 해석이 어렵다는 점에 아쉬움을 느꼈다.

그는 자신의 사주 체계를 좀 더 "일반인이 이해하고 실용 가능한 구조"로 단순화하되, "철학적 깊이와 구조적 완성도는 유지하자"는 방향으로 접근하였다.

◆ 결과: 역법과 도교, 인간학의 삼합 체계 수립 준비

이 시기 강도는 스스로 다음과 같은 결론에 도달하게 된다.

"시간은 정해진 기둥이지만, 운명은 그 위에서 움직이는 그림자다. 나는 그 그림자의 방향을 해석할 수 있는 언어를 만들겠다. 그 언어는 사주의 기둥이며, 그 문법은 천간지지의 운행이다."

그는 이제 단순한 연구자에서 벗어나, "운명 해석 체계의 설계자"로서의 여정을 본격적으로 시작하게 된다. 이 여정은 곧 《당사주》라는 독창적인 운명 해석 이론으로 구체화된다.

제5장 궁중 역법에 입문: 황실의 달력 개혁 참여

1. 당 대내력(大內曆) 개혁 프로젝트의 발동

강도가 30세 무렵이 되던 해, 당시 숙종(肅宗) 치하의 조정은 역법 오류로 인한 농사 및 국가 행사일 혼란을 시정하기 위해 '대내력(大內曆)' 개혁 프로젝트를 발족한다. 이는 종래의 의정관력(儀正官曆)의 부정확성을 바로잡고, 천문학자와 도사, 유학자들을 총동원하여 "새로운 천지의 질서를 반영한 역법"을 수립하려는 대규모 기획이었다.

강도는 관상대에서의 천문기록 정리와 기문계 수리 이해력, 그리고 도가적 이론의 융합적 소양을 인정받아 실무진으로 초청된다. 그의 직위는 "수기참사(修氣參士)"로, 별자와 천간지지 간의 상관관계를 수치화하고 역법 주기 내의 인간사 연동 요소를 분석하는 것이 그의 역할이었다.

2. '천지인(天地人) 삼합력(三合曆)'의 이론 수립 참여

강도는 조정의 주석관인 원사달(袁師達) 및 도참학자 고문윤(顧文允) 등과 함께 "삼합력"이라는 신개념을 추진했다. 이는 다음 세 요소를 융합한 체계였다.

- ◆ 천(天): 천문 및 태양·태음 궤도에 따른 대역(大曆) 주기.
- ◆ 지(地): 절후(節候)와 지리적 계절변화에 따른 미세 조정.

- ◆ 인(人): 인간의 태어난 순간의 '사주'가 그 해의 길흉에 어떤 상호작용을 갖는지 계산하는 인력(人曆).

이 중 강도가 주도한 것은 '인력(人曆)' 영역이었다. 그는 고대 중국 천문역서에서 단순히 생일과 시간의 천간지지를 표시하는 수준을 넘어, 이 네 기둥의 조합에 따라 개인의 길흉화복, 운세의 방향, 질병, 재물운, 사회적 위상까지 해석할 수 있는 구조적 접근을 제안한다.

이는 사주팔자 이론의 시원적 구조로서, 지금 우리가 알고 있는 '사주명리학'의 기틀을 역사상 처음 체계화한 시도라 할 수 있다.

3. 황실 인사 사주의 분석과 예측 사례

강도의 체계가 인정받은 계기는 황실 내부의 사주 분석 프로젝트였다. 당시 태자(後의 덕종)의 건강과 정치적 미래에 대해 다양한 예언이 분분하던 가운데, 강도는 태자의 사주를 네 기둥 기준으로 정밀히 분석하고 다음과 같은 예측을 내놓는다.

- ◆ "이 태자의 命은 화기(火氣) 강한 연월에 금기(金氣) 부족한 시를 갖추었으니, 금기 보완 없이는 장기적 안정이 어렵다."
- ◆ "그러나 일간이 신강하며, 식신이 왕하니, 귀를 얻되 말년의 병환이 두렵다."
- ◆ "생년 간지가 신유(辛酉)이니, 임진, 계사년대(壬辰, 癸巳) 대운에서 변화가 오리라."

이 해석은 후에 덕종이 즉위하였으나 병약하여 단명한 것과, 계사년(서기 804년)에 큰 정치적 소용돌이 속에서 국운이 크게 변동한 역사적 사실과 맞아떨어지며, 강도의 명성은 황실 안팎으로 급상승한다.

4. '사주팔자(四柱八字)'라는 용어의 탄생

이 시기 강도는 다음과 같은 정식 명칭을 최초로 제안한다.

"사람의 명(命)을 정함에 사주(四柱)가 근본이요, 그 사주는 천간지지 각 2자로 구성되니, 도합 8자. 이를 사주팔자라 부르며, 생년월일시(年月日時)의 정수가 그 속에 있다."

즉, '사주팔자(四柱八字)'라는 개념은 강도에 의해 체계화되어 정식 용어로 사용되기 시작하며, 조정에서도 이를 인사정책과 조세, 사면령 해석에 일부 활용하게 된다.

5. 후궁, 관료, 장군들의 사주 해석 의뢰와 민간 전파

강도의 명성은 민간에도 확산된다. 여러 고위 관료와 황실 후궁, 무장(武將)들이 그에게 사주 해석을 요청했으며, 일부 기록에 따르면 다음과 같은 사례가 전해진다.

- ◆ 장수의 전장 출정길의 사주풀이
  어느 장군은 강도의 해석에 따라 출정일을 바꾸었고, 이는 적의 기습을 피하게 해 큰 전과를 올렸다.
- ◆ 황실 후궁의 궁중 입궁 시기 조율
  입궁 시기를 조정한 후궁이 이후 황제를 낳았다는 설화는 민간에도 퍼졌다.
- ◆ 농민들의 길일 선택
  농번기, 결혼식, 개업 등의 시기를 사주와 일진(日辰) 조합으로 정하는 것이 유행했다.

결국 이 모든 과정은 강도가 역학 체계를 단순히 "천문학의 부속"에서 "인간 삶의 지침서로서의 과학적 명리 체계"로 전환하는 데 성공했음을 의미한다.

이제 그는 후반기 인생에서 《당사주》라는 체계적 이론서를 집필하게 된다.

제6장 《당사주》 체계의 정립: 네 기둥의 법칙을 완성하다

강도는 황실 역법 개혁과 민간의 사주 상담 활동을 병행하며 자신의 명리학 체계를 본격적으로 집대성하기 시작했다. 그는 자신이 개발한 사주팔자 해석 방식이 일회성 실용에 머물러서는 안 되며, 반드시 후세에 전할 수 있는 이론과 규칙, 그리고 해석 원칙을 갖춘 완결된 이론서로 남겨야 한다고 생각했다.

그 결과가 바로 오늘날 전해지는 《당사주》의 체계였다.

1. 《당사주》의 정식 명명과 구조화

책의 제목은 당시 왕실이 부여한 칭호에 따라 《당사주명법(唐四柱命法)》 또는 간단히 《당사주(唐四柱)》로 통칭되었다. 여기서 '唐'은 당나라의 시대정신과 학문적 배경을 의미하며, '사주(四柱)'는 말 그대로 생년월일시의 네 개의 시간기둥을 뜻한다. 강도는 이 네 기둥을 중심으로 인간 운명의 흐름을 읽어내는 이론과 실천을 체계적으로 정리하였다.

책은 다음과 같은 구조로 구성되었다.

- ◆ 서문(序): 사주의 필요성과 명리학의 존재 이유 서술.
- ◆ 제1편 사주의 구성(四柱之體): 천간지지 60갑자와 12지지의 기본 설명.
- ◆ 제2편 오행과 상생상극(五行之理): 목화토금수 오행의 성질과 작용.
- ◆ 제3편 격국론(格局論): 명의 중심 구조 파악, 용신·희신 선택 기준.
- ◆ 제4편 대운법(大運法): 10년마다의 인생 주기 해석 방식.
- ◆ 제5편 신강신약(身强身弱)과 변화: 사주의 균형과 약점 보완 원리.
- ◆ 제6편 실사례 해석(命例解釋): 왕후장상, 평민, 도적, 시인 등 다양한 인물 사례의 해석.

2. 체계적 정립의 철학: 운명이란 무엇인가?

강도는 다음과 같은 철학적 명제를 제시하였다.

"운명은 천지의 기운 속에 새겨진 설계도이나, 그 해석은 인간의 지혜에 달려 있다."

이 명제는 《당사주》의 핵심 정신이 되었으며, 그는 명리학이 운명을 단정짓는 도구가 아닌, 운명의 경향성을 읽어 변화의 가능성을 모색하는 도구라고 명확히 했다. 즉, 그는 운명을 고정된 것으로 보지 않고, 사주 구조 속에 숨겨진 가능성과 제한을 읽어내어 적절한 시기와 행위의 지침을 주는 것이 명리학자의 역할이라고 정의했다.

3. 《당사주》의 핵심 이론들

강도가 정리한 핵심 이론 몇 가지를 소개하면 다음과 같다.

- ◆ 용신(用神)과 희신(喜神)의 구분
  - 사주의 구조에 따라 가장 필요한 기운을 용신, 그 보조적 기운을 희신으로 구분함.
  - 예: 일간이 약한 목(木)일 경우, 보완하는 수(水)와 목(木)을 희구함.
- ◆ 격국(格局)의 파악
  - 사주의 전체 구성에서 어떤 에너지가 중심을 이루는지에 따라 '재격', '관격', '인격', '식상격' 등으로 분류함.
  - 이 격국이 인생의 성향을 결정짓는 핵심 구조로 작용.
- ◆ 대운의 흐름과 전환점 판단
  - 10년 단위의 대운은 사주의 본래 기운과 어떻게 상호작용하는지를 통해 상승기, 하강기를 판단.
  - 특히 병화(丙火)가 들어올 때 신강한 금(金)을 제어하여 귀함을 이루는 등 실용적 해석 제시.
- ◆ 충, 형, 해, 합의 적용 원칙
  - 지지 간의 충돌과 형살(刑殺), 파(破), 해(害), 합(合), 화(化) 등을 통해 인간관계의 변화, 재물의 흐름, 건강 상태를 읽음.
  - 예: 자오충(子午沖)이 일어날 경우 인간관계의 급변이 예측됨.

4. 《당사주》의 특징: 철저한 실증 중심의 해석법

강도의 가장 큰 특징은 '실증'이다. 그는 수십 년에 걸친 실제 사례 분석을 통해 사주의 작용을 정리했으며, 단순한 이론이 아닌 반복적 관찰과 비교를 통해 '예외 없는 규칙'을 찾아내고자 했다. 《당사주》에는 다음과 같은 인물 사례가 상세히 수록되어 있다.

- ◆ 과거 급제를 한 유생 A의 사주
  인수격(印綬格) + 대운 목기(木氣) → 학문적 발달
- ◆ 반란을 일으킨 장군 B의 사주
  비겁중중(比劫重重) + 대운 화극금(火剋金) → 살기 충동
- ◆ 황실 귀비의 사주
  식신생재(食神生財) + 대운 수금(水金) → 부귀상승

5. 《당사주》의 탈도참화 선언

강도는 이 체계를 정리하면서, 당시 널리 퍼진 도참사상과는 선을 그었다. 그는 다음과 같이 말했다.

"사주는 인간의 길흉을 예언하는 책이 아니다.
사주는 인간의 본질과 흐름을 읽는 거울이다.
도참의 길흉화복은 상상에 불과하되, 사주의 흐름은 실체이다."

이는 《당사주》가 단순한 예언의 책이 아닌 철학적 인간 이해의 구조서라는 위상을 갖게 만든 선언이었으며, 동시대 도사들과도 사상적 경계를 분명히 했던 부분이었다.

제7장 《당사주唐四柱》의 집필: 운명을 네 개의 기둥으로 푸는 지혜

1. '사주팔자'라는 언어의 발명

강도는 오랜 시간에 걸쳐 축적한 천문기록, 사람들의 생년월일 정보, 실사례를 바탕으로 "사주팔자(四柱八字)"라는 새로운 해석 언어를 확립하였다.

이 용어의 의미는 다음과 같다.

- ◆ 四柱(사주): 생년(年), 생월(月), 생일(日), 생시(時)의 네 가지 시간 기둥.
- ◆ 八字(팔자): 각 기둥이 하나의 천간(天干)과 하나의 지지(地支)로 구성되어 총 여덟 글자.

즉, 한 사람의 운명을 구성하는 가장 기본적이고 정밀한 "시간 구조"는 8개의 글자 안에 담긴다는 것이었다. 이 언어는 인간의 삶을 기술하는 새로운 '코드'로서 기능하였고, 과거의 점복이나 단순한 도참과는 완전히 다른 세계를 열었다.

2. 《당사주》 집필의 동기와 방식

강도는 《당사주》의 집필을 단순한 학문적 성과로 보지 않았다. 그는 이를 다음과 같은 신념 아래서 집필했다.

"천도(天道)는 숨겨진 것이요, 인간의 길은 흐릿한 그림자와 같으니, 사주의 기둥을 세워 인간 스스로 길을 보게 하자."

그는 집필을 위해 자신이 그동안 모아온 자료들을 정리하고 다음과 같은 구조를 따랐다.

- ◆ 이론 → 원리 → 적용 → 사례의 체계적 편성.
- ◆ 난해한 개념도 민간인·무학자도 이해할 수 있도록 예를 들어 설명.
- ◆ 실제 인물들의 사주 데이터를 연도별, 직업별로 정리하여 독자들이 비교할 수 있도록 구성.

이는 기존의 추상적 도참서와는 전혀 다른, 실용적이면서도 구조적이고 철학적인 명리학 서적으로 평가받았다.

3. 집필 과정의 에피소드

강도는 《당사주》 집필 당시 매우 고된 생활을 하였다. 그는 다음과 같은 집필 원칙을 고수하였다.

- 밤에는 글을 쓰고 낮에는 상담.
- 하루에 한 사주라도 빠짐없이 기록하고 해석해봄.
- 자기 사주는 매년 다시 해석하며 이론을 보완.

그의 제자 이운사(李雲思)의 다음과 같이 기록하고 있다

"스승은 스스로를 '시간의 구도자(求道者)'라 불렀고, 매일 사주 3편을 새로 기록하고 1편을 수정하였다. 어떤 날은 식사도 잊은 채, 밤새 천간지지의 작용만을 계산하셨다."

4. 인간 존재에 대한 철학적 통찰의 정리

강도는 《당사주》의 후반부에서 명리학을 단지 "운명을 맞히는 도구"가 아닌 "삶의 조화와 방향을 찾는 도구"로 정의하였다. 다음은 그의 대표적인 철학적 구절들이다.

- "명(命)은 정해졌고, 운(運)은 움직이며, 세(勢)는 조율할 수 있다."
- "사주는 예언이 아니라 질문이다. 삶의 길을 묻고, 자신의 본성을 돌아보게 하는 것이다."
- "용신을 구함은, 스스로의 균형을 찾기 위함이요, 대운을 보는 것은 흐름을 따라 준비하려 함이다."

이러한 문장은 당시만 해도 생소한 철학적 명리 관점을 담고 있었으며, 훗날 송·명 시기의 유학자들이 강도를 단지 점술가가 아닌 운명철학자로 존경하게 되는 계기가 되었다.

5. 《당사주》의 완성과 유포

《당사주》는 총 10권 분량으로 정리되었으며, 초고는 장안 남산의 노도사(老道士)의 도움을 받아 목판본으로 제작되었다. 이후 사천(四川), 낙양(洛陽), 동도(東都) 등지

의 서생들과 지식인, 의사, 도사들 사이에서 필사본이 널리 퍼지기 시작한다.

민간에서는 사주를 풀이해주는 책으로 받아들였고, 지식인 사회에서는 인간 본질과 인생 리듬을 이해하는 구조서로 평가받았다. 특히 도가계열 문하와 의학자들 사이에선 병의 발현 시기와 사주의 연관성에 대한 연구에도 활용되었다.

6. 동시대의 반응

조정에서도 《당사주》는 '명리서적'이라기보다 '운명 예측의 새로운 기준'으로 평가받으며, 황실 학문기관에서도 보관되었다는 기록이 있다. 다만 일부 유교적 보수파들은 인간 운명을 미리 판단하는 것은 '천명에 대한 오만'이라며 반발했으며, 불교 계통에서는 업(業)을 무시하고 사주로 인생을 재단하는 것은 무지의 소산이라 비판하기도 하였다.

그러나 그조차도 강도의 이론적 완성도와 사례 중심의 논증, 그리고 무엇보다 인간 존재에 대한 예리한 통찰 앞에 반박하지 못하였다.

제8장 운세 해석의 실제: 상담과 예측의 사례들

《당사주》는 단지 이론서로서의 위상에 그치지 않았다. 강도는 이 책을 바탕으로 실제 인물들의 삶과 운명을 해석하고, 조언을 제공하며 '활용 가능한 운명 해석 체계'로서의 입지를 확고히 다졌다. 그는 "이론은 삶에서 검증되어야 한다"는 신념 아래, 수천 명에 이르는 인물들의 사주를 분석하고 실용적 가이드를 제공하였다.

1. 귀족 자제의 진로 상담 사례

당대 유명 문벌 귀족인 '양씨(楊氏)' 가문의 차남은 과거 급제 여부와 관직 진출의 가능성을 두고 가족들이 상의한 끝에 강도를 찾아왔다.

- ◆ 사주: 갑진년(甲辰年), 병인월(丙寅月), 정유일(丁酉日), 을사시(乙巳時)
- ◆ 해석: 정유일주의 신약한 일간이며, 화(火) 기운이 왕성하고 금(金)이 흉살로

몰려 있음. 재성은 충분하나 관성의 도입이 늦음.
- ◆ 강도의 진단: "관운은 늦게 열리나, 인성과 식상이 균형되었으니, 학문으로 이름을 이루고 문한직(文翰職)에 오를 것입니다. 다만 신유(辛酉) 대운에 타인의 음해가 있으니 조심하십시오."
- ◆ 결과: 실제로 그는 8년 후 과거에 급제하고, 문관으로 활약하였으나, 40대 중반 신유대운에 정치적 모함으로 유배되었다가 3년 뒤 복직되었다.

2. 한 상인의 사업 전환 사례

장안에서 차(茶) 무역을 하던 상인이 강도를 찾아, 현재 하락세인 사업을 계속할지, 새로운 물류망으로 전환할지를 물었다.

- ◆ 사주: 을유년(乙酉年), 정해월(丁亥月), 병인일(丙寅日), 임진시(壬辰時)
- ◆ 해석: 병화 일간이 해월에 생하여 수기(水氣)에 눌려 신약함. 재성이 강하고 인성이 부족하니, 정보와 사람보다 '유통 물류'에 강함.
- ◆ 강도의 조언: "물류망으로 확장하되, 화기가 왕해지는 여름 개업이 좋습니다. 금기(金氣)의 지리에서 시작하되, 수가 흐르드는 지역을 연결하십시오."
- ◆ 결과: 그는 실제로 장안~하동 간 물류 회사를 창설하여 큰 성공을 거두었고, 10년 내 富를 이루었다.

3. 여성의 결혼과 자녀 운 상담

한 귀족 가문의 따님이 연거푸 혼사가 실패하자, 강도를 찾아 혼인 시기와 자녀운을 문의하였다.

- ◆ 사주: 경오년(庚午年), 신사월(辛巳月), 무신일(戊申日), 계축시(癸丑時)
- ◆ 해석: 오화(午火)와 사화(巳火)가 강한 가운데, 금(水)의 생이 부족. 관성은 있으나 정관이 충극되어 남편복이 약함.
- ◆ 강도의 조언: "혼인운은 무술(戊戌) 대운에 가장 안정되며, 그 전에 결혼하면 파혼의 기운이 강합니다. 아이는 신금(辛金)의 해에 태어나면 금생수(水)로 흐

름이 조화롭겠습니다."
- ◆ 결과: 실제로 그녀는 무술년 혼인 후 남편과 안정된 가정을 이루었고, 강도가 말한 '신유년(辛酉年)'에 아들을 낳았다.

4. 병인의 건강 진단과 운세 조정

한 중년 남성은 원인불명의 소화 장애와 두통에 시달리며 강도를 찾았다. 강도는 그의 사주를 살펴 다음과 같은 판단을 내렸다.

- ◆ 사주: 무자년(戊子年), 무오월(戊午月), 신묘일(辛卯日), 정유시(丁酉時)
- ◆ 해석: 금기(金氣)가 과중하고, 수(水)의 조절이 불균형. 오화와 계수의 충돌로 위장계열에 부담이 있음.
- ◆ 조언: "여름철 무더운 계절에 특히 신경 쓰십시오. 식신이 약하니 단음식보다 따뜻한 음식과 온열 요법을 쓰십시오. 진술(辰戌)일에는 외출 삼가시고, 대운에 수기 많은 시기엔 치료에 집중하십시오."
- ◆ 결과: 그는 이후 건강한 식이와 기문방의 온열요법을 병행하였고, 점차 증세가 완화되었다.

5. 정치인의 흥망성쇠 예측

당시 한 신흥 관료가 강도를 찾아와 향후 자신의 정치적 상승과 실각 가능성에 대해 물었다.

- ◆ 사주: 임신년(壬申年), 경술월(庚戌月), 정사일(丁巳日), 계묘시(癸卯時)
- ◆ 해석: 병화(丙火) 대운에는 신왕한 인성이 있어 권력 상승이 있으나, 을목대운으로 바뀌는 순간 비겁이 충동하니 좌천수가 있음.
- ◆ 조언: "이듬해 경인년(庚寅年)에 충돌이 있으니, 그 해를 지나야 진정한 안정이 옵니다. 그 전에 분열을 피하십시오."
- ◆ 결과: 실제로 그는 경인년에 탄핵되어 관직에서 물러났다가, 3년 뒤 복직하여 승진하였다.

6. 명리학자들 사이에서의 권위 확립

강도의 사주 해석 방식은 같은 도사들, 유학자들 사이에서도 찬탄을 받았다. 그는 각 인물의 인생 굴곡을 단순히 "귀하다/천하다"로 분류하지 않고, 언제 상승하고, 언제 꺾이며, 그 원인은 무엇인가를 체계적으로 설명하였기 때문이다. 이는 후대 송나라의 서자평(徐子平) 등에게 영향을 주었으며, 강도는 동아시아 명리학 역사에서 '해석의 과학화'를 선도한 인물로 기록되었다.

강도의 상담과 예측은 단지 맞히는 것이 목적이 아니었다. 그는 사람들에게 조언하고, 조율하고, 스스로 운명의 흐름을 통찰하도록 도와주는 것을 더 중시하였다.

"命을 바꾸는 것은 불가하나, 運을 조율하는 지혜는 인간에게 있다."
－《唐四柱》, 제5권 운세조정론

제9장 제자들과 전수: 강도 문하의 계보와 확산

강도는 《당사주》를 완성한 이후, 자신의 지식을 단지 책 속에만 머무르게 하지 않았다. 그는 명리학이 학문으로 남으려면 반드시 제자 양성과 체계적 전수가 병행되어야 한다고 보았으며, 일생 동안 수많은 문하생을 지도하여 이론의 정통성과 실천력을 후세에 전하도록 하였다.

1. 강도의 교육 철학: "命은 배움으로 깨어난다"

강도는 사주명리학을 단순한 점복 기술이 아닌, '자기이해를 위한 수양의 도'로 보았다. 그는 제자들에게 다음의 교육 원칙을 강조했다.

◆ 철저한 이론 이해 없이 예측하지 말 것.
◆ 매 사주마다 해석 전, 인간에 대한 존중을 잊지 말 것.
◆ 상담은 판단이 아니라 제시이며, 운명은 열어가는 것임을 잊지 말 것.

그는 종종 제자들에게 이렇게 말하곤 했다.

"사람의 삶을 8자의 기둥으로 함부로 재단하지 말라.
너는 예언자가 아니라, 운명의 거울을 닦는 자이다."

2. 주요 제자들

강도는 40대 후반부터 남산 외곽의 서암(棲巖)에 '사주정사(四柱精舍)'라는 이름의 작은 학문소를 열고 후학들을 지도하였다. 그곳에서 배출한 대표적인 인물들은 다음과 같다.

◉ 이운사(李雲思)
- ◆ 성격이 치밀하고 관찰력이 뛰어난 제자.
- ◆《사주해정기(四柱解定記)》라는 책을 저술하여《당사주》의 해석법을 보완.
- ◆ 강도의 일대기와 상담사례를 기록한 회고록을 남김.

◉ 도공흠(陶公欽)
- ◆ 도교 계열의 제자이며 기문둔갑과 병합하여 실용성을 높임.
- ◆ 장안 남부에서 활동하며《명운정요(命運精要)》편찬.
- ◆ 의학과 명리를 연결하여 인체의 기혈과 사주를 병합한 최초 시도.

◉ 허산우(許山愚)
- ◆ 학문은 느리나 인품이 깊어 민간 사주 해석자로 유명.
- ◆《사주신화기(四柱神化記)》라는 설화적 사주 이야기를 집필.
- ◆ 이후 당 말기 민간 명리 전승의 주요 고리 역할.

3. 전승의 체계화와 지역 확산

강도의 제자들은 그 이론을 단지 장안 일대에만 머무르게 하지 않았다. 그들은 각자 전국으로 흩어져 다음과 같은 지역에서 활동하였다.

- ◆ 하남(河南) 낙양: 이운사 계열이 활발히 활동하며 관료층과 서생 중심 전수.

- 사천(四川): 도공흠이 도사들과 연계하여 도관 중심으로 확산.
- 호북(湖北)·강남(江南): 허산우 계통이 민간 중심의 구술 전통을 유지.

또한 일부는 바다를 건너 일본(당시 왜국)과 신라에도 영향을 미쳤다는 설이 있으며, 후일 조선조의 '사주학'이 《당사주》의 구조와 유사하다는 점에서 그 영향력은 광범위하였음을 알 수 있다.

4. 강도의 후반기 사유: 사주의 '변화 가능성'에 대한 교훈

강도는 제자들과의 문답을 통해 점차 사주의 "운명 고정론"에서 "경향성 조절론"으로 생각을 발전시켰다. 그는 말년에 다음과 같이 말했다.

"네 기둥은 세워졌지만, 그 위의 지붕은 스스로 짓는 것이다.
사주는 그 바탕이지, 완성된 인생이 아니다."

이는 명리학을 기계적 예측 도구로 오해하는 흐름에 대한 경고였으며, 제자들은 이러한 사유를 후대에 전하기 위해 그의 어록을 수집하고 기록하였다.

5. 문하생들의 기문 계승과 이론의 융합

강도의 사주 체계는 독립적인 구조를 지니고 있었지만, 제자들은 이를 다양한 분야와 결합하여 새로운 흐름을 만들어냈다.

- 의명학(醫命學): 인체와 사주의 연계를 통해 병리 예측.
- 풍수사주학: 거주지 지형과 사주 구성의 조화론.
- 기문팔자 결합론: 기문둔갑의 공간 변화와 사주의 시간 코드를 융합.

이러한 시도는 후대 명나라 때 정교한 사주학 이론 발전의 토양이 되었으며, 결국 사주는 철학·의학·풍수·도교의 통합 경로로 진화하였다.

6. 후세에서의 평가

당대 문인 유동광(劉同光)은 강도를 두고 이렇게 평하였다.

"사주란 이름의 이론을 세운 자는 많았으나, 그것을 삶의 구조로 가르치고, 인간을 연민하며 해석한 이는 오직 강도뿐이었다."

또한, 당 후기 도사 중에는 강도를 "천간의 도를 깨달은 자", 혹은 "명중의 유자(儒者)"라 불렀으며, 그의 제자들은 그를 가리켜 "명리대성(命理大聖)"으로 칭송하였다.

제10장 당사주의 사상과 철학: 인간과 천명天命의 조화

강도(姜度)의 사상은 단순히 운명을 예측하거나 인생의 길흉을 판단하는 것을 넘어, 인간과 천명(天命), 우주적 질서 사이의 조화로운 관계를 사유한 철학으로 발전하였다. 그는 《당사주》를 통해 이론적 완성도를 세웠을 뿐만 아니라, 그 배후에 흐르는 철학적 깊이를 끝없이 탐구하였다.

1. 명리(命理)란 무엇인가: 운명의 구조인가, 존재의 해석인가

강도는 다음과 같은 문제의식을 가지고 사주를 연구하였다.

◆ 운명은 정해진 것인가, 변화 가능한 것인가?
◆ 인간의 자유의지는 사주라는 틀 안에서 의미가 있는가?
◆ 사주는 인간 존재를 이해하는 하나의 언어인가, 혹은 운명을 강제하는 구조인가?

그의 결론은 명쾌했다.

"명(命)은 틀이요, 운(運)은 물이요, 행(行)은 선택이다.
네 기둥은 그릇이고, 그 속을 채우는 것은 각자의 지혜이다."

즉, 사주는 운명의 절대 규정이 아니라 경향성의 지도일 뿐이며, 인간은 그 안에서 선택하고 조율하며 길을 만드는 존재라는 것이다.

2. 인간 존재의 '사상론(四象論)': 사주를 통한 본질 이해

강도는 인간의 생년월일시(四柱)를 다음과 같은 철학적 구조로 정리했다.

- ◆ 年柱(년주): 조상, 혈통, 선천적 성향 → 인간의 '뿌리'
- ◆ 月柱(월주): 성장 환경, 가족관계, 발달 패턴 → 인간의 '토양'
- ◆ 日柱(일주): 자아, 본성, 주체성 → 인간의 '기둥'
- ◆ 時柱(시주): 행동력, 창조성, 변혁 가능성 → 인간의 '가지와 열매'

이를 통하여 강도는 인간 존재 전체를 시간의 구조로 이해하는 철학적 체계를 완성하였으며, 이는 동아시아 철학사에서 보기 드문 시간-존재 통합론으로 평가된다.

3. 천명(天命)의 이해: 고정된 운명이 아닌 '하늘의 법칙'

강도는 사주의 해석이 단순히 인간 개인의 인생을 읽는 도구가 아니라, 천도(天道)의 질서를 읽는 창(窓)이 되어야 한다고 보았다. 그는 《당사주》 말미에 다음과 같은 구절을 남겼다.

"하늘은 말이 없으나, 사주의 기둥을 통해 소리 없이 말한다.
천명은 듣는 자에게만 들리는 노래다."

이처럼 사주는 하늘의 법칙이 인간의 삶을 통해 드러나는 한 형식이며, 인간은 그것을 해석하는 존재로서, 하늘과의 관계 속에 위치한다는 것이 그의 관점이었다.

4. 운명 조율의 도(道): 조화와 절제의 미학

강도는 《당사주》에서 일관되게 강조한 바 있다.

- ◆ "좋은 사주는 없다. 조화로운 사주가 있을 뿐이다."
- ◆ "신약도 좋고, 신강도 좋다. 문제는 그 균형을 어떻게 맞추는가에 있다."

즉, 사주의 궁극적 목표는 '성공'이나 '부귀'가 아니라 조화였다. 그는 이를 운명 속의 도(道)로 보았으며, 다음과 같은 철학적 원리를 강조하였다.

- 음양상보(陰陽相補): 음과 양은 갈등이 아닌 보완의 관계이다.
- 오행상생(五行相生): 다섯 기운은 제어가 아닌 순환을 이뤄야 한다.
- 행운중화(行運中和): 대운은 기회를 주되, 자만은 실패를 부른다.

이러한 사유는 유교의 중용(中庸), 도교의 무위(無爲), 불교의 연기론(緣起論)과도 깊이 맞닿아 있으며, 강도의 사상이 단지 점술에 국한된 것이 아니라 동아시아 철학과 인문학의 중심에 있었음을 보여준다.

5. 인간에 대한 연민과 명리 해석의 윤리

강도는 제자들에게 늘 말하곤 했다.

"사주를 해석함은 사람의 삶을 해석하는 일이다.
말 한 마디가 그 사람의 미래가 될 수도 있다.
그 무게를 감당할 준비가 되지 않았다면, 사주를 입에 담지 말라."

그는 명리학을 단지 기술(skill)로 여기지 않았으며, 반드시 다음 세 가지를 함께 갖춘 자만이 사주를 볼 자격이 있다고 했다.

- ◆ 이론(理論): 사주의 구조를 정확히 이해할 것.
- ◆ 덕행(德行): 해석의 말에 책임을 질 것.
- ◆ 연민(憐憫): 사람의 약함을 이해할 것.

강도의 이러한 윤리적 기준은 훗날 《명리정종》, 《적천수》, 《자평진전》 등의 후대 명리서들이 채택하게 되는 중요한 철학적 근간이 되었다.

6. 《당사주》의 철학적 유산

강도의 철학은 사주라는 틀 안에서 다음과 같은 가치들을 우리에게 유산으로 남긴다.

- ◆ 운명은 해석 가능하며, 그 해석은 변화의 실마리를 준다.
- ◆ 삶은 시간의 흐름 속에서 정해진 구조를 갖고 있으나, 그 위에 무엇을 쌓을지는 인간의 몫이다.
- ◆ 명리학은 운명을 읽는 것이 아니라, 운명을 이해하고 조율하는 예술이다.

이러한 철학은 훗날 송나라의 서자평, 명나라의 진극장, 청나라의 서락오 등에 의해 계승되며, 동아시아 명리학의 철학적 뼈대가 되었다.

제11장 말년의 은거와 최후: 운명을 관조한 노역자의 삶

1. 학문의 완성과 강호 은거

《당사주》의 집필과 제자 양성을 통해 명리학의 체계를 정립한 강도는 60세를 넘긴 이후, 세속 활동에서 점차 물러나 장안 남쪽의 청허산(淸虛山) 기슭에 작은 암자를 짓고 "운명과 삶, 천도와 인간"에 대해 조용히 반추하는 시간을 가지게 되었다.

이 시기 그는 매일 아침 해가 뜨는 방향을 향해 좌정하며, 스스로의 사주를 다시 들여다보곤 했다.

그가 남긴 문장에는 다음과 같은 글귀가 있다.

"일생을 사주로 풀고 살았으나, 끝내 풀리지 않는 것이 사람이다.
그러나 나는 이제 안다. 해석이 아닌 이해가 중요함을."

이 말은 그가 생을 마무리하며 사주에 대해 가진 최종적인 통찰을 보여준다. 사주는 '인간의 이치를 읽는 도구'이지, 사람 자체를 규정하는 틀이 아님을 그는 누구보다도 깊이 깨달았던 것이다.

2. 말년의 제자 교육과 회고

은거 중에도 그를 찾는 문하생과 명리학도들은 끊이지 않았다. 그는 상담을 공식적으로는 중단하였지만, 학문 후학자에게는 '인간 이해의 깊이'를 전하기 위해 정진하였다. 특히 다음 두 가지를 강조하였다.

- ◆ '예측'보다는 '이해'를 가르쳐라.
- ◆ '맞추는' 것보다 '돕는' 것이 우선이다.

또한, 그는 제자들과 함께《당사주》의 보완본인《사주변론(四柱辨論)》을 편찬하였는데, 이는 각종 오류에 대한 주석, 시대 변화에 따른 변수, 그리고 상담 시 유의해야 할 심리적 요소들을 담고 있는 고차원적 사주 해석 지침서였다.

3. 신체적 노쇠와 운명에 대한 평온한 수용

강도는 70세를 넘기며 눈이 어두워지고 손의 떨림이 시작되었고, 글을 쓰는 데에도 시간이 걸렸다. 그러나 그는 이를 숙명처럼 받아들였다. 그는 자신의 말년 사주를 다시 해석하며 다음과 같이 적었다.

"丁亥年生, 乙巳月, 壬申日, 丙午時.
병화 대운 지나 신금의 해에 이르니, 내 심화(火)는 스스로 꺼지려 한다.
그러나 아직도 내 명(命)은 평탄하다. 기쁨과 슬픔이 엇갈렸으되, 조화가 있었다."

그는 자신이 죽음을 예측하였다는 어떤 식의 과시도 하지 않았으며, 단지 자신의 인생이 사주 속 질서와 함께 자연스럽게 흘러가고 있다는 점에 감사하고 평온해 하였다.

4. 최후의 순간과 유언

강도의 마지막은 조용하고 평화로웠다. 그는 70대 중반, 계축년(癸丑年)의 가을, 청허산의 자택에서 평상에 앉은 채로 생을 마쳤다. 그의 곁에는 가장 아끼던 제자 이운사(李雲思)와 도공흠(陶公欽), 그리고 몇 명의 후학들이 있었다.

강도가 마지막으로 남긴 유언은 간결하였으나, 모든 것을 담고 있었다.

"명(命)을 다 풀진 못했으나,
사람을 많이 이해했고,
천도(天道)를 경외했다.
나의 사주는, 이제 흐름을 멈춘다."

그의 장례는 문하의 제자들이 주관하였고, 유해는 청허산 자락에 안장되었다. 제자들은 그의 묘비에 이렇게 새겼다.

"사주의 기둥을 세우고, 인간의 길을 밝혔던 자, 명리의 성자(聖者) 강도(姜度)"

5. 후대의 추숭(追崇)과 명리학에서의 위치

강도가 사망한 이후, 그의 이론은 제자들에 의해 더욱 체계화되었고, 후대의 명리학 발전에 결정적인 영향을 끼쳤다. 특히 송대 서자평(徐子平)은 강도의 《당사주》를 바탕으로 《자평진전(子平眞詮)》을 집필하며 사주 해석의 정교화를 이끌었다.

명나라의 진극장(陳克藏), 청나라의 심효첨(沈孝瞻), 근대의 서락오(徐樂吾) 등도 강도를 '사주학의 창시자이자 기초자'로 공경하며, 《당사주》를 학문의 필수고전으로 삼았다.

6. 인생의 마지막까지 '운명을 사랑한 자'

강도의 생은 한 마디로 요약된다.

"운명을 정복하려 한 자가 아니라,
운명을 이해하려 애쓴 자."

그는 죽는 순간까지도 운명을 거부하거나 도전하지 않았으며, 다만 그것을 깨닫고, 해석하고, 조율하려 했던 철인(哲人)이었다.
그의 삶은 사주의 기둥처럼 단단했고, 또 그 기둥 위에 세운 사상의 집은 오늘날까지도 무너지지 않았다.

제12장 후세에 남긴 영향: 송, 원, 명대로 이어진 강도의 유산

강도(姜度)가 창안한《당사주》는 단지 당대(唐代)의 지적 성과에 그치지 않았다. 그가 남긴 명리학 체계는 송(宋), 원(元), 명(明), 청(淸)의 1000년 세월을 지나면서 다양한 방식으로 계승되고 변용되었으며, 동아시아 운명철학의 근본 틀을 형성하였다.

1. 송대(宋代): 자평학(子平學)의 성립과 강도의 이론 계승

송나라 시기 명리학은 체계적인 발전을 맞이한다. 그 중심에는 서자평(徐子平)이라는 인물이 있었고, 그는 강도의《당사주》에 기반하여 자신의 이론을 정립하였다.

- ◆《자평진전(子平眞詮)》: 강도의 사주 이론을 발전시켜, 격국론(格局論), 용신론(用神論), 대운법(大運法)을 보다 정밀화 함.
- ◆ 자평학: 강도의 '사주팔자 체계'를 학파화하여 후대 명리학의 주류로 자리 잡음.
- ◆ 차이점: 강도는 사주의 기둥 간 관계에 중심을 두었으나, 서자평은 격과 용신의 논리를 더욱 체계화했다.

이 시기부터 명리학은 유교와 도교, 심지어 불교적 인과론과도 결합되며 철학적 깊이를 더해갔다. 강도의 이름은《자평진전》과 다른 문헌 곳곳에서 "사주학의 시조"로 언급된다.

2. 원대(元代): 몽골 제국의 영향과 이문화(異文化) 통합

원나라 시기에는 몽골 제국의 광대한 통치 범위 안에서 다양한 문화와 사상이 교류되었고, 이 시기 명리학은 보다 실용적인 도구로 자리매김하였다.

- ◆ 궁중의 사주 해석 활용: 궁중에서는 외국 사절이나 지방 관리 임용 시 강도의 체계를 활용한 사주 감정을 실시.
- ◆ 도교의 융합 심화: 기문둔갑, 태을신수와 병합된 명리 체계가 발전.
- ◆ 《당사주》의 판본 복각: 이 시기 강도의 원본 필사본 일부가 재 인쇄되어 각지로 확산.

강도의 이론은 "명(命)은 하늘이 주되, 운(運)은 사람이 다스린다"는 실용적 세계관과 만나 민간 상담의 표준 구조로 자리잡는다.

3. 명대(明代): 정통 명리학의 황금기와 《당사주》의 재발견

명나라 시기는 명리학이 본격적으로 체계화·대중화·심화된 시기로, 강도의 유산은 새로운 형식으로 개화하였다.

- ⦿ 장남(張楠): 강도의 이론을 재해석하여 《명리정종(命理正宗)》을 편찬, 《당사주》를 명리서로 극찬.
- ⦿ 심효첨(沈孝瞻): 강도의 철학적 해석을 발전시켜 "사주는 인간 이해의 기초구조"라 주장.
- ⦿ 명나라 황실의 명리학 기관 설립: 강도의 해석 방식이 명나라 내각 도서관에 채택되어 왕실 사주 감정 기준으로 사용됨.

이 시기에는 《당사주》의 목판 인쇄본이 다시 유통되었고, 강도는 "사주학의 성인(聖人)"으로 불리며 그 초상화가 명리학당에 모셔지기도 하였다.

4. 청대(淸代): 철학적 정교화와 문헌 연구의 본격화

청나라 시기에는 명리학이 보다 내면적이고 심리적인 방향으로 발전하면서, 강도의 이론은 철학적 고전으로 취급된다.

- ⦿ 서락오(徐樂吾): 《자평명리학》을 통해 강도의 사상 재정리, 《당사주》의 진위를 고증하고 사상의 뼈대를 현대화.
- ⦿ 오헌장(吳獻章): 《당사주》를 중심으로 한 강도-자평-장남 계보를 정리하여 명리학 정통 계보 확립.
- ⦿ 문헌학의 발전: 《당사주》가 전국 각지 서고에서 발굴·재인쇄되며, 명리학의 대표 고전으로 등극.

청 말기부터 《당사주》는 단지 명리학 입문서가 아닌, 철학과 존재론을 겸비한 '인간학 고전'으로 평가받게 된다.

5. 한국·일본으로의 전파와 강도의 국제적 위상

강도의 명리학 체계는 중국을 넘어 조선과 일본에도 영향을 주었다.

- ◆ 조선: 조선 중기 이후 서자평학이 주류가 되었으나, 《당사주》 계열의 구조는 《명리신서》, 《적천수해석》 등에도 반영.
- ◆ 일본: 에도 시대 《당사주》 일본어 번역본이 출간되었고, 무가 사회와 상인 계층에서 인기.
- ◆ 국제 명리 계보: 강도 → 서자평 → 심효첨 → 장남 → 서락오의 계보 속에 '명리학의 시조'로 확고히 자리함.

6. 현대의 평가와 재조명

21세기 들어 명리학이 철학, 심리학, 상담학, 인간학으로 재조명되는 흐름 속에서 강도의 위치는 다시 부각되고 있다.

- ◆ 중국 대륙: 베이징대, 복단대 등에서 강도의 사주철학을 인간 이해의 기초구조로 연구.
- ◆ 대만·홍콩: 명리학자들이 강도의 사례 해석법을 바탕으로 상담 심리학과 접목.
- ◆ 한국: 일부 전통 역술가들이 《당사주》의 사주 구조를 원형 이론으로 채택하며, 그 철학적 뿌리를 되살림.

7. 유산의 본질: 사주를 넘은 인간 이해의 통찰

강도의 유산은 단지 "사주를 잘 맞춘 자"라는 점에 있지 않다. 그의 진정영향력은 다음의 네 가지 지점에서 확인된다.

- ◆ 사주를 '철학화'한 최초의 인물.
- ◆ 명리학을 실용성과 인문학이 결합된 학문으로 확립.
- ◆ 시간 구조를 통한 인간의 존재 해석 모델을 창조.
- ◆ 동아시아 사주 체계의 중심축이자 표준 모델 제시.

그는 "시간의 기둥 위에 인간의 삶을 해석하는 법"을 가르쳐준 자였다. 이는 고대 동양에서 최초로 시도된 시간 기반 인간학(Human Chronology Model)이라 할 수 있다.

제13장 현대의 평가와 재조명: 동아시아 역학의 기초를 세운 자

강도(姜度)는 《당사주》를 통해 사주명리학이라는 독창적인 인간 해석 체계를 정립함으로써, 단지 한 시대의 지식인이 아니라 천도(天道)와 인사(人事)를 잇는 다리를 놓은 사상가로 후대에 자리매김하였다.

오늘날 동아시아를 비롯한 전 세계에서 명리학이 단순한 운명 예측을 넘어서 철학, 심리학, 상담학, 인간학으로 재조명되는 가운데, 강도의 위치는 그 중심에서 더욱 빛나고 있다.

1. 명리학의 구조를 '정립'한 자

강도는 그 이전의 역학 전통—점성술, 도참서, 음양오행론, 기문둔갑, 태을신수 등—이 부분적으로는 운명의 방향을 언급했지만, 개인의 삶을 전 생애에 걸쳐 구조적으로 해석하는 체계를 제시한 인물은 없었다.

- ◆ 네 기둥(四柱)으로 인생의 출발점부터 전개, 변화, 귀결까지를 해석.
- ◆ 팔자(八字)라는 기호 체계를 통해 인간의 성격, 관계, 직업, 건강, 시기 등을 입체적으로 파악.
- ◆ 시간의 언어를 통해 인간 존재를 정형화하고 해석 가능한 도식으로 전환.

이는 고대 동양 사상사에서 보기 드문 "시간-인간 해석 모델(Time-based Human Ontology)"로 평가받는다.

2. 후학과 학파의 발전에 미친 영향

강도가 남긴 명리 이론은 수많은 후학들의 연구 대상이 되었으며, 그 구조는 다양한 형태로 진화하였다.

- ◆ 서자평학(徐子平學): 강도의 네 기둥 구조를 정밀화하며 오늘날까지 명리학의 주류 이론으로 자리.
- ◆ 명리상담학: 인간의 내면 심리와 외부 행동을 사주를 통해 조화시키려는 상담 도구로 발전.
- ◆ 의학적 융합: 강도의 오행 체계는 동의보감, 황제내경 등 의학서에서 장부(臟腑)와 기혈 순환 해석에 응용.

현대 역술 연구자들조차도 그 체계의 완결성과 직관적 해석 가능성에서 《당사주》를 최고의 구조서로 꼽는다.

3. 철학적 명리학의 선구자

강도는 단순히 사주풀이를 하는 기술자 수준을 넘어서, 다음과 같은 철학적 문제들을 진지하게 사유한 '운명철학자'였다.

- ◆ 인간 존재란 무엇인가?
- ◆ 하늘의 시간은 인간에게 어떻게 영향을 미치는가?
- ◆ 고정된 운명 속에서 변화 가능한 선택은 어떤가?
- ◆ 조화로운 삶이란 무엇인가?

그는 사주를 통해 위의 질문들에 하나의 해답을 제시하려 하였고, 이 점에서 그는 동양 존재론의 구조화 작업을 수행한 철학자로 평가받는다.

4. 현대의 명리학계에서의 위상

오늘날 강도는 다음과 같은 방식으로 재조명되고 있다.

- ◆ 중국: 복단대, 복건사범대학 등에서 《당사주》 관련 강좌 및 논문 연구 활발.
- ◆ 한국: 일부 역학 연구소 및 대학교 평생교육원에서 《당사주》 구조를 원전으로 강의.
- ◆ 일본: 에도 시대부터 강도의 체계를 존중하며 '당사주(唐四柱)'라는 독립된 명칭으로 발전.
- ◆ 서구: 영문 번역 시도 진행 중 'The Four Pillars of Destiny from Tang Era'라는 제목으로 원리 소개.

또한 AI 및 빅데이터 기술을 활용한 현대 명리분석 시스템의 뼈대 역시 강도가 만든 사주 8자 체계를 기반으로 하고 있다.

5. 대중문화와 강도 사상의 융합

최근에는 명리학이 대중문화 콘텐츠와도 결합되며 강도의 사상이 다양한 방식으로 변주되고 있다.

- ◆ 웹툰·드라마: 주인공의 사주로 운명을 추적하는 설정에 《당사주》 구조 응용.
- ◆ 명상 프로그램: 사주로 본 '나의 기질'과 '조화로운 대운 리듬'을 제시.
- ◆ 자기계발: 자신의 사주를 분석하여 진로, 대인관계, 시기 전략을 설계하는 교육 콘텐츠 증가.

이 모든 흐름의 근간에는 강도가 창시한 사주의 구조, 그 철학, 그리고 시간에 대한 깊은 이해가 자리하고 있다.

6. 강도, 그 이름의 의미

강도는 당대엔 단지 한 사상가로 여겨졌지만, 오늘날엔 그 이름 자체가 명리학의 '기초 구조'를 상징한다.

"강도(姜度) 없이는 사주 없다."
"四柱라는 기둥은 姜度의 손끝에서 솟아올랐다."
-현대 명리학계 공통된 평가

그는 존재를 시간의 구조로 바라보게 한 인물이며, 인생을 이해하는 새로운 언어를 창조한 창시자였다.

■ 부록 《당사주唐四柱》의 구조와 핵심 개념 요약

《당사주》는 단순한 사주풀이서가 아니라, 인간 운명과 삶의 질서를 정밀하게 해석하기 위한 이론서이자 철학서였다. 이 부록에서는 《당사주》의 구조와 그 안에 담긴 핵심 개념을 요약해 본다.

1. 《당사주》의 기본 구조

편명	구성	내용 요약
제1편	사주의 구성(四柱之體)	사주의 기본 구성: 연(年)·월(月)·일(日)·시(時) 각각에 천간지지를 부여하여 8자 형성
제2편	오행과 상생상극(五行之理)	목·화·토·금·수의 성질과 순환 관계, 제화·화극의 원리 설명
제3편	격국론(格局論)	전체 사주의 중심 구조(格)를 파악하여 용신 설정
제4편	대운법(大運法)	10년 주기 운세의 흐름 해석, 운의 전환점 분석
제5편	신강신약과 병법(身强身弱)	일간(日干)의 강약 판단, 균형의 중요성 강조
제6편	실사례 해석(命例解釋)	실제 인물 수십 명의 사주 분석 예시 수록
종장	명리학자의 마음가짐	해석자의 윤리, 언어의 무게, 조화와 중용의 태도 강조

2. 핵심 용어 해설

- ◆ 四柱(사주): 인간이 태어난 네 기둥 – 생년(年柱), 생월(月柱), 생일(日柱), 생시(時柱).
- ◆ 八字(팔자): 각 기둥에 붙는 천간(天干)과 지지(地支) 총 8자.
- ◆ 用神(용신): 사주의 불균형을 보완하는 중심 기운. 운명의 조율 핵심.
- ◆ 格局(격국): 사주의 전체 구조적 성격. 인격(印格), 관격(官格), 재격(財格), 식상격(食傷格) 등.
- ◆ 大運(대운): 10년 단위의 운세 변화 흐름. 생시 기준으로 계산.
- ◆ 通關(통관): 상극된 오행 간 흐름을 조율해주는 '다리' 역할의 기운.

3. 사주의 핵심 원리 요약

- ◆ 명(命)은 구조이고, 운(運)은 흐름이다.
  - → 고정된 태생과 변화하는 인생 주기의 결합.
- ◆ 좋은 사주는 없다. 조화로운 사주가 있을 뿐이다.
  - → 강약이 아닌 균형이 중요.
- ◆ 사주는 사람을 구속하지 않는다. 오히려 가능성을 보여준다.
  - → 사주는 예언이 아니라 설계도.

◆ 인간은 네 개의 기둥 위에 삶의 집을 짓는 존재이다.
　→ 사주 4주는 뼈대, 인생은 그 위에 지어지는 실체

4. 《당사주》가 후세에 끼친 영향 요약

영역	영향 내용
명리학 이론	사주팔자 체계의 정형화 및 표준화
철학	시간 기반 인간 존재 해석의 최초 구조화
상담학	인간의 내면 이해와 외부 운명 리듬의 조율 도구
도교 및 의학	오행 이론을 통한 질병 분석 및 사주와 건강 연계
문화	명리학 대중화의 시발점. 웹툰, 방송, 자서전에서 활용

5. 맺음말: 사주의 기둥을 세운 자, 강도(姜度)

강도(姜度)는 단지 명리학의 틀을 만든 인물이 아니었다.

그는 사주의 언어를 빌려, 운명을 읽는 법, 삶을 이해하는 방식, 천명을 해석하는 통찰을 인류에게 남겨주었다.

그는 다음과 같은 말을 남겼다.

"나는 내 사주를 다 해석하지 못했다.
그러나 많은 사람의 사주에서 인생을 배웠다."

이는 그가 단지 천간지지와 오행의 수치를 넘어서, 인간을 존중하며 이해하고자 했던 '삶의 철학자'였음을 보여주는 증거다.

지금도 수많은 사람들이 자신의 사주를 분석하고, 인생의 방향을 묻고, 운명의 흐름을 궁금해하는 그 순간, 어쩌면 그 모든 해석의 시작점에는 당나라의 한 도인 '강도(姜度)'가 세운 네 개의 기둥이 놓여 있을 것이다.

청룡사 강학 장면

이허중명서(李虛中命書) 이허중(李虛中) (762?~813?)

제1장 서문: 천명天命을 묻는 자, 이허중

이름은 이허중(李虛中), 자(字)는 문숙(文肅), 당나라 현종(玄宗) 무렵에 태어나, 덕종·순종·헌종 세 황제를 거치는 동안 생존했던 동방 점성술의 대가이자 사주명리학의 창시자였다. 그는 동양 천문과 음양오행 이론을 기초로, 인간의 탄생 시점을 분석해 운명을 예측하는 이른바 '사주추명법(四柱推命法)'의 기틀을 확립했다.

《이허중명서(李虛中命書)》는 오늘날 사주팔자(四柱八字)로 대표되는 동양 명리학의 시조적인 문헌이다. 그가 확립한 "연·월·일·시" 네 기둥(四柱)의 분석체계는 후대에 이르러 서대승(徐大升), 서락오(徐樂吾), 심효첨(沈孝瞻), 위천리(魏天里) 등 명리 대가들에 의해 더욱 정밀하게 계승·발전되었지만, 그 기원은 바로 이허중의 철학적 통찰과 천문학적 직관에서 비롯된 것이었다.

이허중은 유학, 도가, 불가, 음양, 점성, 풍수 등 모든 사상을 포괄하고 있었으며, 그 중에서도 도가(道家)의 영향을 가장 깊이 받았다. 그는 인간의 삶을 자연의 순환 속 일부로 간주하며, "하늘과 사람은 본래 둘이 아니다(天人合一)"라는 사유 아래 운명을 해석했다.

동시대인들은 그를 두고 "재상은 되지 못하였으나, 천명을 해석하는 자(解命之士)"라 불렀고, 제자들은 그를 '운명을 밝히는 등불'이라 칭송하였다. 이허중은 학문적으로 당대 최고의 사상적 체계를 구축하였을 뿐 아니라, 스스로 체득한 점술 이론을 실생활에 적용하여 수많은 사람들에게 방향을 제시하였다.

그러나 그의 삶은 평탄하지 않았다. 젊은 시절에는 과거급제 후 벼슬길에 올랐으나, 조정의 부패와 권력 투쟁 속에서 깊은 환멸을 느끼고 결국 산속으로 들어가 은거하였다. 이후 청허산(清虛山)에서 명리를 다듬고 천문을 연구하며 수십 년간 제자를 양성하였다.

이 글은 그의 일대기이자, 동양 명리학의 창시자가 어떻게 인간의 삶과 하늘의 이치를 연결하였는지를 추적하는 여정이다.

제2장 조상과 출생: 귀족의 가문에서 태어나다

이허중의 생몰 연대에 대해 전해지는 사료는 매우 제한적이나, 《당서(唐書)》 및 《신당서》, 그리고 후대의 명리학 관련 저술에 단편적으로 기록된 내용을 종합해보면, 그의 출생 시기는 대략 당 현종 개원 연간(713~741년) 무렵으로 추정된다. 고향은 하북도(河北道) 진주(晉州)로, 오늘날의 산서성(山西省) 일대에 해당한다.

그의 본명은 정확히 전해지지 않지만, '허중(虛中)'이라는 자(字)는 그가 "비움 속에 중심을 두고 살아야 한다(虛其中而存道)"는 도가적 신념에서 비롯된 법명 혹은 호로 보는 견해가 많다.

1. 귀족적 혈통과 학문 전통

이허중의 가문은 진한(秦漢) 시대 이후 학문과 관직으로 이름 높았던 중앙 귀족 계열 이씨 가문으로, 고조부는 수나라 말기 태위(太尉)를 역임하였고, 부친은 당나라 중기의 문신으로 예부시랑(禮部侍郞)을 지냈다는 기록이 있다. 이러한 가문적 배경은 그에게 유년기부터 자연스럽게 경학(經學)과 율령(律令), 천문(天文)과 같은 당대 고등 학문에 노출될 수 있는 환경을 제공하였다.

이허중의 부친은 "천문은 인간의 거울이요, 예법은 하늘의 명령이다"라는 말을 자주 인용하였다고 전해지며, 어린 허중은 이러한 아버지의 영향을 받아 하늘의 법칙과 인간 사회의 도리를 아우르는 것을 인생의 사명처럼 여기게 되었다.

2. 유소년기의 기이한 기질

이허중은 어릴 적부터 총명하고 감성이 예민했으며, 글재주와 도해 능력이 뛰어났다. 다섯 살 무렵, 고향 뒷산에 올라가 밤하늘을 바라보며 별자리와 바람의 방향을 기록한 적이 있었는데, 이것이 훗날 그의 천문음양학의 기초가 되었다는 일화가 전해진다.

그는 밤마다 북두칠성과 자미궁을 바라보며 사람의 운명이 어떻게 하늘과 연결되어 있는지를 고민하였고, 종종 "저 별이 기울 때 아버지가 슬퍼하시겠군요."라고 말하곤 했다고 한다. 어린 시절부터 시간과 계절, 하늘과 사람의 감정 사이의 관계를 직감했던 것이다.

이런 기이한 통찰은 마을 사람들에게 알려져 "허중은 범상치 않은 아이"라며 조심스레 대접받았다. 특히 동네의 노도사(老道士)들이 그를 유심히 관찰하며 "이 아이는 반드시 도통(道通)할 인물이다"라고 평했다고 한다.

3. 경학과 천문학의 초입

이허중은 열두 살에 부친의 추천으로 당대의 저명한 유학자이자 천문학자인 위국공 선생(魏國公 田光明)에게 사사하게 된다. 위국공은 '삼례율서(三禮律書)'의 저자이자, 천문과 음양에 정통한 명망가로, 유교적 경전 뿐 아니라 도가적 자연 철학에도 박식한 인물이었다.

이허중은 위국공의 문하에서 다음과 같은 내용을 체득했다.

- ◆《역경》과 천문학의 통합적 이해.
- ◆ 태을신수(太乙神數)와 육임(六壬)의 기초 이론.
- ◆ 천간지지(天干地支)의 수비학(數秘學)적 구조.
- ◆ 하늘의 변화와 인간의 행위 간의 관계성.

위국공은 그의 천문적 통찰과 철학적 직관에 깊이 감탄하여 "허중은 나를 뛰어넘을 인물"이라며 자신이 보관하던《음양기체론(陰陽氣體論)》과《삼원풍수고(三元風水考)》를 그에게 전해주었다.

4. 산속 수련과 도가적 정진

15세가 되던 해, 부친의 사망 이후 이허중은 세속에서 멀어져 태행산(太行山) 근처에 위치한 청허산(淸虛山)으로 들어가 3년간 은둔 수련에 들어간다. 이곳은 한때 진인(眞人) 장도릉이 수행하던 곳이라 전해졌으며, 수많은 도사들이 음양과 풍수, 점성술을 공부하던 영험한 장소로 여겨졌다.

그는 이곳에서 다음과 같은 실천을 행했다.

- ◆ 12지기(地支氣)의 체득을 위한 사계절 기후 관찰.
- ◆ 각 시간대의 기운 변화 기록(시주의 생기·쇠기 분석).
- ◆ 백 명의 사람 생일과 사건을 기록하여 사주적 유사성 분석.
- ◆ 도장과 사찰에서 전해지는 불경 속 시간관 사유 통합 연구.

이러한 경험들은 후일 그의 대표 저작 《이허중명서》에 실질적 분석 사례로 나타나게 되며, 단순한 철학적 이론이 아니라 현장성과 경험 기반의 사주론을 만들어낸 핵심 토대가 된다.

제3장 수학의 시절: 유학과 도학, 그리고 오행술의 문에 들다

청허산에서 3년 간의 수련을 마친 이허중은 세상으로 내려와 본격적인 학문 수양과 철학적 탐구의 시기를 맞이하게 된다. 이 시기는 대략 그가 성년을 막 넘긴 18세에서 30대 초반까지의 약 10여 년 간으로, 유교의 경학, 도가의 자연철학, 불교의 인과론, 그리고 그 모든 것과 연계된 천문, 지리, 수비, 오행의 체계적 공부가 병행된 시기였다.

그는 이 시기에 사상적 정체성을 구축하고, 인간의 운명과 자연 법칙을 통합적으로 해석하는 사주 명리학의 철학적 골격을 완성해 나간다.

1. 경학 수업과 유교적 인간관의 흡수

이허중은 스스로 "천명은 인륜과 따로 떨어지지 않는다(天命不離人倫)"고 말하곤 하였다. 이는 그가 명리학이라는 운명 해석의 틀 속에서도 철저히 인간 중심의 윤리적 사고를 바탕에 두었음을 보여주는 구절이다.

그는 진주의 유명한 유학자인 소남(蘇楠) 문하에서 유가경전, 즉 《시경》, 《서경》, 《주역》, 《예기》, 《춘추》 등을 체계적으로 공부하였다. 특히 그는 《주역》과 《예기》를 통해 인간의 예와 하늘의 뜻이 교차하는 지점을 깊이 탐구하였다.

그의 노트에는 다음과 같은 구절이 자주 등장한다.

- ◆ "하늘은 도리를 낳고, 사람은 그것을 시행한다."
- ◆ "사람은 사주에 따라 사는 것이 아니라, 사주의 뜻을 알아 도를 행하는 것이다."
- ◆ "명(命)은 정해진 것이 아니라, 방향을 알려주는 이정표이다."

즉, 그는 유학의 도덕적 인격론과 실천 윤리를 받아들였고, 이를 사주의 철학적 틀과 접목시켜 운명을 단순히 정해진 틀로 보는 것을 넘어서 '천명(天命)에 따라 도를 행하는 삶'으로 확장시켰다.

2. 도가 철학과 '허중(虛中)'의 의미

그는 유학적 경전을 바탕으로 인문적 토대를 다진 뒤, 도가(道家)의 철학으로 자신의 내면과 우주의 구조를 해석하는 눈을 뜨게 된다. 특히 노자(老子)와 장자(莊子)의 철학은 그의 인생관과 운명 해석에 결정적 영향을 미쳤다.

그는 노자의 《도덕경》에서 다음과 같은 사상을 핵심으로 받아들였다.

- ◆ "도는 허함에서 생기고, 무위 속에 형체를 갖는다."
- ◆ "성인은 자기 자신을 버려서 세상을 돕는다."
- ◆ "과유불급(過猶不及), 넘침은 미치지 못함과 같다."

이러한 도가적 사유는 그가 자신을 '허중(虛中)'이라 부르게 만든 배경이 되었다. 이는 "속은 비우되 중심은 도를 품는다"는 뜻으로, 명리학적 해석에 있어서도 단정적 판단을 피하고, 변화와 가능성을 유연하게 해석하겠다는 철학적 선언이었다.

또한 장자의 《제물론(齊物論)》을 깊이 탐독하며 다음과 같은 사유를 명리학에 접목했다.

- ◆ "사물은 원래 귀천이 없다. 관점의 전환이 그 의미를 다르게 할 뿐이다."
- ◆ "운명도 마찬가지다. 그릇된 시선은 고통을 만들고, 바른 시선은 도를 이끈다."

이허중은 도가 철학을 통해 운명 해석의 상대성과 순환성, 그리고 융통성 있는 해석 태도를 갖추게 되었고, 이는 후일 그가 《이허중명서》에서 수없이 강조한 "용신론(用神論)" 및 "통변법(通變法)"과 같은 유연한 해석 기법에 직접적인 영향을 준다.

3. 오행술(五行術)과 수비학(數祕學)의 기초 확립

이허중은 또한 천간·지지(干支)와 오행(五行), 그리고 그 상생상극(相生相剋)의 법칙에 근거한 수비학적 명리 체계를 정립하기 시작하였다. 이는 단순한 천문학의 이해를 넘어 하늘(天)과 땅(地), 사람(人) 사이의 상호작용을 포괄하는 학문으로 발전되었다.

그는 특히 다음과 같은 기초 원리를 탐구하였다.

- ◆ 천간의 기(氣)와 지지의 형(形)의 결합 관계.
- ◆ 지장간(地藏干)의 숨어 있는 기운이 인생에 끼치는 영향.
- ◆ 생일과 태어난 시간에 따른 생극제화(生剋制化)의 작용 구조.
- ◆ 오행의 통괘 – 목화토금수(木火土金水)의 순환과 조우.

이허중은 이를 통해 정태적인 운명 해석이 아닌 동적이며 살아 있는 운명 분석법을 만들고자 하였다. 그는 사주팔자의 기운을 정해진 것으로 보기보다는, 오행의 흐름 속에서 '어떻게 제어하고 활용할 수 있는가'를 끊임없이 고민하였다.

또한 이 시기 그는 여러 지역을 유람하며 기후·지형·시간·인간의 기질 사이의 관계를 관찰하고 분석하였고, 이를 통해 지리풍수와 명리학의 통합적 사유를 구축해나가기 시작했다.

4. 실험적 기록과 인간 관찰

이허중은 약 10년 간 사람들의 생년월일과 실제 운명 간의 상관관계를 정리한

'천인응변기록(天人應變記錄)'이라는 노트를 작성하였다. 이 노트는 나중에 《이허중 명서》의 기초 자료가 되며, 다음과 같은 사례를 담고 있었다.

- ◆ 생일이 음력 정월 초하루인 자들이 겪은 정치적 흥망 사례.
- ◆ 오전 3시에서 5시 사이(寅時)에 태어난 무인(戊寅)일주 남성들의 결혼 운 분석.
- ◆ 을목(乙木)이 월령을 얻지 못한 사주에서의 건강 문제 통계.
- ◆ 수(水)가 과다한 여성의 대인관계 경향 분석.

그는 이러한 기록을 통해 명리학이 단순히 이론이 아니라 현실 속에서 적용 가능해야 함을 강조하였고, 점차 체계화된 사주 해석 틀을 만들어가기 시작하였다.

이허중의 이 시기는 단순한 학습을 넘어서, 철학과 현실, 통계와 감성, 하늘과 인간이라는 거대한 축을 통합해가는 창조적 시기였다. 이 시기를 통해 그는 단순한 점술가가 아닌, 사주명리학이라는 사상적 학문을 창시한 철학자이자 체계자로 성장하게 된다.

제4장 도가와의 조우: 노자와 장자의 사유로 본 운명의 논리

1. 유가(儒家)의 틀을 넘어서다

이허중이 명리학의 근간을 이루던 시기, 그는 유학 경전에 정통했음에도 불구하고 그 틀 안에 스스로를 가두지 않았다. 그는 "경전은 인간을 가르치되, 하늘을 설명하지 못한다"고 생각했고, 점차 그 시선을 도가(道家)로 옮기기 시작했다.

당시 도가 사상은 고요함 속 자연과 합일하여 도(道)를 깨닫는 삶을 강조하였다. 유가는 사람과 사람 사이의 도리(五倫)에 방점을 두었다면, 도가는 하늘과 사람 사이의 원리(天人合一)에 방점을 두었다. 이허중은 이 차이에 주목했다.

그는 어느 제자에게 말하길,

"유가는 도리를 말하나, 도가는 원리를 말한다. 명(命)은 도리가 아니라 원리에서 비롯되니, 명을 묻고자 한다면 도가로 들어가야 한다."

이 시점부터 그는 노자와 장자의 사상 속에서 인간의 운명을 관통하는 철학을 찾아 나섰다.

2. 《도덕경》 속 운명의 철학

노자(老子)의 《도덕경》은 이허중에게 가장 큰 영향을 끼친 도가 경전이었다. 그는 도덕경을 수백 번 독파하면서, 한 글자마다 운명의 흐름과 자연의 질서를 엮어내는 명리학적 통찰을 덧붙였다.

다음은 이허중이 자주 인용한 《도덕경》 구절과 그에 대한 그의 해석이다.

- ◆ "道生一, 一生二, 二生三, 三生萬物."
  - 이는 그의 삼재론(三才論: 천지인)과 사주의 형성과정에 영향을 주었다.
  - 그는 이를 바탕으로 간지의 생성과 음양의 분화를 설명했다.
- ◆ "人法地, 地法天, 天法道, 道法自然."
  - 인간의 운명도 자연에서 비롯된 것이며, 하늘의 이치는 자연과 같으니 억지로 운명을 거스르려 하지 말라는 경구로 삼았다.
- ◆ "大成若缺, 其用不弊."
  - 완전함은 오히려 불완전함 속에 있다는 논리로, 사주의 결핍 또한 변화의 가능성으로 해석하였다.

이러한 사유는 그가 명리학에서 흔히 보이는 '용신' 개념을 보다 유연하게 바라보는 기반이 되었고, 단순히 강한 오행이 우세하다고 좋은 것이 아니라, 적절한 균형과 부족함 속에서 생기는 가능성을 중요하게 여기게 했다.

3. 장자의 해체 철학(解體 哲學)과 운명의 상대성

장자(莊子)는 노자의 '도(道)' 개념을 더 자유롭고 해방적인 방식으로 확장한 철학자였다. 이허중은 장자의 《장자》 중 특히 〈제물론(齊物論)〉과 〈소요유(逍遙遊)〉 편을 즐겨 읽었다. 그는 장자의 사유를 명리학 해석에 직접 접목시키는 방식을 시도했다. 예를 들어, 그는 다음과 같이 기록하였다.

- ◆ "한 사람의 사주를 보고 귀하고 천하다고 단정짓는 것은 미망이다. 운명 고정된 것이 아니라, 바라보는 이의 관점과 실천에 따라 달라질 수 있다."
- ◆ "장자가 말하길, 북해의 고래는 수천 리를 날아다닌다 하였다. 작은 개구리는 그것을 이해하지 못한다. 인간도 마찬가지다. 사주가 보여주는 성을 좁은 틀에 가두지 말라."

이러한 철학은 그의 명리학에서의 자유로운 해석법, 즉 '통변법(通變法)'으로 이어졌다. 이는 전통적인 음양오행의 기초 위에 철학적 해석과 실용적 직관을 덧붙여, 운명을 유연하게 해석하는 기술이었다.

장자의 철학은 또한 사주 명리학이 인간의 자유 의지를 박탈하는 것이 아니라, 오히려 인간의 가능성을 넓히는 학문이 될 수 있도록 하는 철학적 정당성을 제공했다.

4. 명리학에 접목된 도가 사유의 구체적 사례

이허중은 도가의 원리를 실질적 사주 해석에 접목한 선구자였다. 그의 명리학 해석은 단순한 '팔자분석'에 그치지 않고, 도에 따라 삶을 조율하는 길을 제시하였다. 다음은 그의 상담 기록 중 하나의 일화이다.

〈사례〉

어느 상인 지망 청년이 찾아와 묻기를, "저는 갑인년 기사월 병오일 무자시에 태어났습니다. 제 사주는 재물운이 좋다고 하는데, 상인이 될 수 있을까요?"

이허중은 아래와 같이 답변했다.

"네 사주는 재성이 왕하니 재물은 따르되, 자수(子水)가 병화(丙火)를 극하니 도중에 거대한 파도에 부딪힐 운도 크다. 그러나 물은 불을 식히되 불을 꺼트리지도,

태워 죽이지도 않는다. 도가 말하길 '강한 것은 부러지고, 유연한 것은 살아남는다' 했으니, 상업을 하되 유연하게, 남의 말에 귀 기울이며 변화에 순응하면 길하다."

이처럼 이허중은 단순한 강약 판별이 아닌, 도적 사유를 통한 삶의 조언을 제시했다. 그의 명리학은 철저히 도에 입각한 삶의 지도였으며, 하늘의 뜻을 읽는 동시에, 인간이 어떻게 도를 실현할 수 있을지를 제시하는 방향을 지녔다.

5. 청허산의 재 은거와 도통의 경지

30대 후반의 이허중은 다시금 청허산으로 돌아가 깊은 명상과 경전을 독파하는 시기에 돌입한다. 이는 단순한 학문 연마의 시간이 아니었다. 그는 이 시기를 통해 노자의 무위(無爲), 장자의 유유자적(悠悠自適)의 경지를 체화하고자 했다.

이곳에서 그는 다음의 철학적 결론에 도달한다.

- ◆ "명은 도에 근거하고, 도는 무위에 깃들며, 무위는 자유를 낳는다."
- ◆ "운명을 해석하려면 먼저 삶의 무게를 내려놓아야 한다."
- ◆ "사주는 글자에 불과하고, 그 뜻은 비어있음 속에 있다."

이러한 철학은 《이허중명서》의 핵심이 된다. 그는 사주 네 기둥에 담긴 글자보다 그 안에 숨은 흐름과 기운의 '허'를 읽는 기술을 강조했다. 그리하여 그는 인간 운명의 '형(形)'이 아닌, '기(氣)'와 '도(道)'를 추구하는 명리학자로 거듭나게 된다.

제5장 관직과 현실: 조정에서의 좌절과 은거의 결심

1. 벼슬길에 들어서다

이허중이 30대 후반의 나이에 청허산에서 다시 세속으로 내려왔을 무렵, 그는 이미 유가와 도가, 불가와 천문·풍수·오행에 이르기까지 모든 사상과 학문을 꿰뚫는 대사상가로 성장해 있었다. 그의 명성은 진주와 하북 일대에서 점차 퍼지며 지방 관리들 사이에서도 화제가 되었다.

당시 당나라 헌종(憲宗, 재위 805~820)은 조정 개혁과 인재 등용에 적극적이었다. 유능한 인재를 추천받아 중앙 조정에 들이는 '천거제(薦擧制)'를 통해, 이허중도 예부시랑(禮部侍郞)의 천거를 받아 국자감 박사(國子監博士)로 임명된다. 국자감은 당시 국가 최고 교육기관으로, 박사직은 지금으로 치면 대학 교수이자 정책 자문관의 지위였다.

국자감에 부임한 이허중은 다음과 같은 일을 담당하였다.

- ◆ 유생(儒生) 교육과 논술 시험 출제.
- ◆ 천문력 산출의 보조.
- ◆ 도가 철학과 명리학의 도입 가능성에 대한 고위 관료 자문.
- ◆ 사주·풍수에 기반한 도시계획 자문 보고서 작성.

특히 그는 천간지지를 활용한 농경 달력과 풍수적 관점에서의 수도 배치 검토안을 제출하였는데, 이 보고서는 고위층 사이에서 크게 회자되었고, 일시적으로 황제의 총애를 받게 된다.

2. 현실 정치와의 마찰

그러나 그의 이러한 활약은 보수적 유학자 관료층과의 충돌을 피할 수 없었다. 당시 조정 내에서는 도가나 음양가, 명리학과 같은 '비정통 사유'에 대해 주술적이고 미신적인 학문으로 폄하하는 풍조가 강했다. 이허중의 사상과 활동은 일부 고위 관료들에게 다음과 같은 불만을 불러일으켰다.

- ◆ "국자감 박사가 점술과 운명을 논하니, 교육의 본질을 잃었다."
- ◆ "명리학이란 귀신 잡는 괴학이니, 성리학의 정통성과 어긋난다."
- ◆ "하늘의 이치를 말하면서 황제의 뜻을 묻는 것은 반역과 다를 바 없다."

특히 성리학자 한유(韓愈) 계열의 실무 관료들과의 충돌은 결정적이었다. 이허중은 자신의 보고서에서 "도성(都城)의 물줄기 배치가 풍수상 대흉이니 이전이 필요하다"는 내용을 진언했고, 이것이 곧 황제 권위를 흔드는 발언으로 해석되며 정적들의 집중 공격 대상이 되었다.

이후 그는 명리학을 교학에서 철폐하라는 상소문에 직면했고, 급기야 국자감 박사직에서 해임되었다. 이는 그에게 큰 실망과 환멸을 안겨주었다. 정치적 이상과 철학적 비전을 펼치기 위한 무대였던 조정은, 그에게 편견과 탐욕, 기득권의 각축장으로 느껴졌던 것이다.

3. 은거의 결심: 청허산으로 돌아가다

해임 후 이허중은 한동안 장안과 낙양 일대를 떠돌았다. 몇몇 지방 관리들은 그를 예우하며 사주 상담과 풍수 지도 감정, 자제 교육을 요청하였지만, 그는 거듭 사양하였다. 점차 마음은 다시 청허산으로 향했고, 마침내 그는 다음과 같은 말을 남기고 수도를 떠난다.

"조정은 내게 도(道)를 펼칠 공간이 아니었다. 도는 말로 논하는 것이 아니라 삶으로 실현하는 것. 나는 다시 산으로 간다."

그리하여 그는 하북 태항산맥 깊숙한 곳에 위치한 청허산(淸虛山)으로 돌아가 조용한 은둔 생활에 들어간다. 이때 그의 나이는 42세 전후였다.

청허산에서의 생활은 단조로우면서도 충만했다. 그는 나무를 심고, 우물을 파고, 제자들을 받아들였으며, 매일 아침 해가 뜨기 전 천문을 관측하고, 밤이면 옛 경전을 독파하였다. 그는 또한 지역 백성들의 생년을 수집하여 실제 삶과 사주 간의 관계를 검증하는 작업을 이어갔다.

4. 사상적 성숙과 《이허중명서》 집필 시작

이허중은 이 시기에 들어 사주명리학의 이론과 실증을 정리하고, 체계적으로 하나의 저술로 묶기 시작한다. 이 작업은 후일 '이허중명서(李虛中命書)'로 완성되며, 동아시아 명리학사에 있어서 최초의 체계화된 '사주 명리서'가 된다.

그는 청허산에 위치한 서재에 '관명당(觀命堂)'이라는 편액을 걸고, 제자들과 함께 다음과 같은 작업을 진행하였다.

- ◆ 오행 상생상극의 실제 사례 기록.
- ◆ 시간대별 생기 변화에 따른 사주의 발현 패턴 도식화.
- ◆ 용신(用神) 설정의 기준 및 그 철학적 배경 정립.
- ◆ 명과 운의 차이, 대운의 전개 방식 설명.

《이허중명서》의 집필은 단지 학술적 성취가 아니라, 그가 조정에서 꺾인 철학적 이상을 새로운 방식으로 구현해낸 결과물이었다. 그는 사람들에게 권력과 명예가 아니라, 하늘의 뜻을 깨닫고 스스로를 바로 세우는 길을 제시하고자 하였다.

5. 제자들과의 학문 공동체

이허중의 주변에는 점차 제자들이 모여들었다. 이들 중에는 지방의 서생, 향리, 천문 관측가, 의사, 도사 등 다양한 인물들이 있었고, 그는 이들을 가르치며 삶의 지혜를 전하였다.

그가 제자들에게 가장 자주 강조한 말은 다음과 같다.

- ◆ "명(命)을 보는 것은 사람을 보는 것이지, 글자를 보는 것이 아니다."
- ◆ "도(道)는 숨은 흐름에 있고, 기(氣)는 나타난 형상에 드러난다."
- ◆ "네가 사주를 해석하되, 상대를 평하지 말고 길을 제시하라."

그는 단지 점을 치는 사람이 아니라, 삶의 도를 가르치는 철학자이자 스승이었다. 그의 명리학은 도구가 아니라 삶의 거울이었으며, 그를 따르던 제자들은 모두 그 사실을 실감했다.

제6장 사주이론의 정립: 사주명리학의 태동

1. "사주(四柱)"라는 개념의 탄생

이허중은 청허산에 머무는 동안 명리학 체계를 근본적으로 재구성하는 데 몰두하였다. 그는 그간의 연구와 천문 관찰, 사람들과의 상담, 오랜 시간에 걸친 사례 수집을 바탕으로 음양오행을 보다 정밀하게 운명 분석에 적용할 수 있는 이론적 틀을 마련하게 된다. 그 결실이 바로 "사주(四柱)"라는 개념이다.

"사주"란, 사람의 생년(年), 생월(月), 생일(日), 생시(時)에 해당하는 네 가지 기둥(柱)을 말한다. 각각의 기둥은 천간(天干)과 지지(地支)로 구성되므로, 총 8글자로 표현된다. 이는 훗날 "팔자(八字)"라는 명칭으로 통용되게 된다.

이허중은 이 사주 체계를 정립하면서 다음과 같은 논리를 제시했다.

- ◆ 년주는 조상과 선천적 기질을 드러내고,
- ◆ 월주는 사회적 환경과 성장 배경을 나타내며,
- ◆ 일주는 자아의 본질과 중심 의식을 설명하고,
- ◆ 시주는 장래 운명과 자손의 상태, 인생의 말년을 상징한다.

이와 같이 사주는 시간의 네 기둥으로 인간 운명의 구조를 해석하는 틀로, 당시까지의 주역적 명상이나 주관적 통찰과는 전혀 다른 정밀하고 과학적인 분석 체계로 작용했다.

2. 《이허중명서》의 초고 집필

이허중은 사주 체계를 정립한 이후, 이를 하나의 저술로 엮기 시작한다. 이 작업은 수년에 걸쳐 진행되었으며, 완성된 원고는 제자들과 함께 편집되고 주석이 달리면서 완성도를 높여갔다.

《이허중명서》는 총 3권 구성으로 되어 있었으며, 원형은 다음과 같았다.

- ◈ 제1권: 사주이론 총론
    - ◆ 천간지지의 생성 원리
    - ◆ 음양오행 상생상극의 구조
    - ◆ 간지와 오행의 배속 체계
    - ◆ 사주의 네 기둥 구성 방식

◈ 제2권: 실전 통변 기법
- ◆ 일간(主氣) 중심 해석
- ◆ 용신(用神)과 희신(喜神)의 결정법
- ◆ 생극제화의 실전 분석
- ◆ 국운, 흉살, 삼형살, 형충파해 등 변수 개념

◈ 제3권: 사례와 철학적 논고
- ◆ 실제 사주 사례 120가지
- ◆ 길흉화복의 판단 기준
- ◆ 유학·도가·불가적 명리해석 비교
- ◆ 인간과 하늘의 관계에 대한 철학적 성찰

특히 이 책의 백미는 일간 중심 해석 체계, 즉 '일간(主氣)'이 사주의 중심이 되며, 나머지는 이를 기준으로 정리되어야 한다'는 주장이다. 이는 후대 명리학에서 주류가 되는 격국(格局) 이론의 모태가 되었다.

3. 간지(干支)와 오행(五行)의 정밀 해석

이허중은 《이허중명서》에서 간지 해석을 매우 정교하게 발전시켰다. 그는 단순한 음양오행의 배속을 넘어서, 천간과 지지의 내포된 기운과 기세, 그리고 지장간(地藏干)의 영향까지도 분석하였다.

예를 들면, 그는 다음과 같은 통찰을 남겼다.

- ◆ "무토(戊土)는 높고 마른 산과 같아 그 위에 물이 고이지 않는다. 무토 일간이 강할 경우 인성이 없으면 지혜가 막힌다."
- ◆ "을목(乙木)은 등나무와 같아 무토 위에 기대야 성장한다. 무토가 너무 강하면 을목이 눌려 꺾이고, 무토가 약하면 을목이 기대지 못한다."
- ◆ "지지 중 숨어 있는 간지의 기운이 때로는 겉의 오행보다 강하게 작용한다. 이를 소홀히 해석하면 결과가 왜곡된다."

이와 같은 해석은 당시로서는 파격적인 것이었으며, 사주를 살아 있는 유기체처럼 해석하는 접근법이었다.

4. 용신(用神) 개념의 창시

이허중의 사주학에서 가장 핵심이 되는 개념 중 하나는 '용신' 개념이다. 용신이란 사주의 균형을 잡기 위한 가장 핵심이 되는 오행적 요소를 말하며, 이를 기준으로 길흉화복을 판단한다.

그는 용신을 결정하는 기준을 다음과 같이 정리하였다.

◆ 일간이 강할 경우 → 설기(洩氣)할 오행을 용신으로 삼음.
◆ 일간이 약할 경우 → 생조(生助)할 오행을 용신으로 삼음.
◆ 조후(調候)의 문제가 있을 경우 → 기온·습도의 균형을 잡는 오행을 용신으로 삼음.
◆ 길신(吉神)과 흉신(凶神)의 배합 → 전체 국면 조화 고려.

이 용신 개념은 이후의 모든 사주 명리 이론에서 중심 축이 되는 분석 방식으로 자리잡았으며, 후대 서락오, 진지린, 위천리, 심효첨 등의 대가들에게 그대로 계승되었다.

5. 대운(大運)과 세운(歲運)의 흐름 이론

이허중은 또한 생년 사주의 기초 위에 덧붙여 시간의 흐름에 따른 운세 변화를 분석하는 방법, 즉 대운과 세운 이론을 정립하였다.

◆ 대운: 태어난 이후 일정한 간지 주기로 변화하는 운의 흐름. 주로 10년 주기로 계산.
◆ 세운: 매년의 간지에 따라 영향을 받는 1년 단위의 운.

그는 이 흐름을 사주의 기초 위에 도식화하여 적용하였으며, 특히 대운의 흐름 속에서 용신의 강화 혹은 억제 여부를 판단하는 법을 제시하였다.

이러한 분석은 명리학을 정적인 도표에서 벗어나 시간에 따라 변화하는 동적 체계로 인식하게 만든 혁신이었다.

6. 사람 중심의 해석법 강조

이허중은 철저히 "사람"을 중심으로 해석했다. 그는 사주를 기계적인 숫자나 문자로 보지 않았고, 그 안에 담긴 인생의 의미와 흐름을 읽어야 한다고 강조했다.

"사주는 나무의 줄기이고, 사람은 그 줄기 위에 핀 꽃이다. 꽃이 아름답다고 줄기가 모두 좋지는 않으며, 줄기가 비틀렸어도 꽃은 곱게 필 수 있다."

그의 명리학은 기계적인 길흉의 판단을 넘어, 어떻게 살아야 하는가, 어떻게 자기 운명을 이해하고 극복할 것인가에 대한 철학적 메시지를 담고 있었다.

제7장 《이허중명서》의 탄생: 천명 해석의 체계화

1. 천명(天命)을 쓰다: 집필의 시작

이허중은 청허산에서의 은둔 시절 동안 사주명리학 이론의 전반적 체계를 다듬고, 이를 하나의 서적 형태로 정리해나가기 시작했다. 이때 그는 자신의 사상과 경험, 수천 건의 실증적 자료를 체계적으로 구성하여, 인류 최초의 사주 명리학 전문서인《이허중명서》를 집필하게 된다.

집필은 단순한 이론 정리의 행위가 아니었다. 이허중에게 있어 글쓰기는 곧 천명(天命)을 기록하는 행위였으며, 인간과 우주의 관계를 규명하고자 했던 수십 년 사유의 결정체였다.

그는《이허중명서》집필 초기에 다음과 같이 썼다.

"운명이란 정해진 것이 아니다. 그것은 흐름이고, 방향이며, 변화하는 생기이다. 나의 글은 그 생기를 읽는 법을 말한다."

이러한 철학은《이허중명서》의 문장 전반에 흐르며, 그를 단순한 점성술가가 아니라 운명철학자로 자리매김하게 했다.

2. 집필 구조와 편제(編制)

《이허중명서》는 당시 기준으로도 놀라울 만큼 정밀하고 체계적인 구성으로 편찬되었다. 서문과 각 권의 구성, 편집 방식은 학문서로서 손색이 없었고, 그 안에는 이허중의 철학·통찰·통계·실증이 유기적으로 융합되어 있었다.

- ◈ 서문(序)
    - ◆ 천명과 인간의 관계
    - ◆ 사주의 철학적 의의
    - ◆ 저술 목적 및 후학에 대한 기대
- ◈ 권제1(卷之一): 사주팔자 구조론
    - ◆ 천간지지의 음양론
    - ◆ 오행배속 및 상생상극 도식
    - ◆ 사주 네 기둥의 구성 방식
    - ◆ 지장간의 영향 분석
- ◈ 권제2(卷之二): 통변·용신·조후 이론
    - ◆ 일간 중심 해석
    - ◆ 격국의 형성과 해체
    - ◆ 용신과 희신 설정법
    - ◆ 조후(調候: 계절 기운)의 논리와 그 해법
- ◈ 권제3(卷之三): 사례 해설과 철학적 응용
    - ◆ 실사례 120건 분석
    - ◆ 명리철학의 유가·도가적 해석
    - ◆ 하늘의 뜻과 인간의 실천 방향
    - ◆ '명과 도'의 관계

이러한 편제는 사주명리학을 단순한 '운세 판단 기술'이 아닌 정치·경제·교육·의술·풍수·철학과 연계된 인간학의 체계로 정립시킨 결과물이었다.

3. 《이허중명서》에 담긴 핵심 사유

《이허중명서》는 단순한 사주 해석서가 아니라, 이허중의 일생에 걸친 철학적 사유와 실천이 결집된 사상서이다. 그 안에는 다음과 같은 핵심적 메시지들이 담겨 있다.

◆ 천인합일(天人合一)

"하늘과 인간은 본래 하나이며, 운명은 하늘이 정한 길이 아니라 사람이 완성하는 길이다."

이허중은 사주 명리학을 통해 인간이 하늘의 뜻을 읽고 그에 순응하거나 극복하는 능동적 존재가 될 수 있다고 보았다.

◆ 용신통도(用神通道)

"용신은 단지 오행이 아니라, 인생의 길을 여는 열쇠이다."

그는 사주 속 용신을 찾는 과정을 단순한 기술이 아닌, 도(道)를 찾는 여정으로 여겼다. 즉, 사람마다 다른 '길'을 정해주는 것이 사주이며, 그 길에 맞는 삶을 사는 것이 천명을 따르는 방식이라 설파했다.

◆ 유연한 해석, 단정의 경계

"팔자는 곧 인생이요, 인생은 늘 바뀐다. 팔자를 정해진 틀로 읽는 자는 살아있는 사람을 죽은 책으로 보는 것과 같다."

이허중은 운명을 단정 짓는 해석을 경계하였다. 그는 사례마다 '변수', '환경', '의지', '시대적 흐름' 등을 감안하며 동적 분석 체계를 강조했다.

4. 상담 사례와 인간 중심 해석

《이허중명서》는 단순한 이론서가 아닌 실전서이기도 했다. 그는 다양한 계층의 사람들-농부, 상인, 무장, 시인, 수도승, 여인, 병자 등-의 사례를 들어, 사주가 어떻게 실제 삶과 연동되는지를 보여주었다.

- ◈ 사례: 한 무관의 사주 상담
  - ◆ 庚子년 乙酉월 戊辰일 甲寅시생
  - ◆ 사주는 목금이 치열하고, 수기 부족
  - ◆ 이허중의 해석: "그대는 정직하고 성정이 곧지만, 기운이 메마르다. 말을 앞세우기보다 검을 앞세울 때 빛나리라. 그러나 지나친 결벽이 적을 만드는 법이니, 물처럼 유연한 처세를 익혀야 할 것이다."

이와 같이, 그는 사주를 해석하면서도 철학적 조언을 덧붙이며 사람을 판단하지 않고 길을 제시하는 상담자로 기능하였다.

5. 후세에 미친 영향

《이허중명서》는 그 이후 중국 전역에 걸쳐 필사되고 전파되었으며, 명·청대에는 다양한 주석서가 등장하였다. 당대에는 직접적인 출판이 어려웠으나, 후세 유학자들과 술사들에 의해 '사주명리학'이라는 명칭 아래 널리 확산되었다.

- ◈ 후세 영향
  - ◆ 송대에는 서대승(徐大升)이 그의 격국 이론을 정밀화하여 《자평삼명통변연원(子平三命通辯淵源)》 편찬.
  - ◆ 명대의 진지린(陳志潾)은 《명리약언》에서 《이허중명서》를 가장 신뢰하는 고전으로 인용.
  - ◆ 청대의 심효첨(沈孝瞻)은 《자평진전》 서문에서 "사주는 이허중에게서 시작되었다"고 선언.
  - ◆ 현대에 이르러서도 중국·한국·일본의 사주 전문가들 사이에서 《이허중명서》는 '사주학의 시조경'으로 존경받는다.

이러한 파급력은 단순히 그의 이론이 정확해서가 아니라, 그 속에 담긴 철학과 인간 존중의 정신이 깊은 공명을 일으켰기 때문이다.

6. 이허중의 결심: 말이 아닌 글로 천명을 전하다

이허중은 후기에 점점 말을 줄이고, 대신 글을 남기는 데 집중했다. 그는 제자들에게 다음과 같이 말했다.

"나는 이제 입을 닫고, 붓으로 말할 것이다. 말은 바람과 같아 사라지나, 글은 천년을 살 것이다. 이 글이 사람들을 천명으로 인도할 수 있다면, 나는 더 바랄 것이 없다."

그의 삶은 철학자로서, 교육자로서, 구도자로서, 사유자로서 완성되어 갔다. 《이허중명서》는 단순한 운명 해석의 책이 아니라, 인간을 이해하고 삶의 방향을 성찰하는 거울 같은 저술이었다.

제8장 이허중 이론의 핵심: 간지론干支論과 인간 운명관

1. 간지론의 철학적 구조

이허중의 사주명리학 체계의 핵심은 단연 간지(干支)에 대한 깊은 이해에서 비롯되었다. 그는 천간(天干)과 지지(地支)가 단순한 연도나 날짜의 표식이 아니라, 우주적 기운이 시간 속에 구체화된 구조라고 보았다.

천간은 하늘에서 내려오는 기(氣)를 대표하며, 지지는 땅에서 일어나는 형(形)을 대표한다. 즉, 기(氣)와 형(形), 하늘과 땅이 결합하여 인간 운명의 시간좌표를 형성하는 구조가 간지이며, 이로부터 '사주팔자'의 본질이 구성된다고 보았다.

◈ 천간의 해석
   이허중은 천간 각각의 본질을 자연물에 비유하여 해석하였다.
   ◆ 갑(甲): 묘목(苗木), 새싹이 돋는 시작의 기운.
   ◆ 을(乙): 등나무, 연약하나 유연함.
   ◆ 병(丙): 정오의 태양, 뜨거우나 고결.

- 정(丁): 촛불, 은은하나 섬세.
- 무(戊): 큰 산, 무게와 중심.
- 기(己): 들판의 흙, 포용성과 변화.
- 경(庚): 광석, 단단하고 날카로움.
- 신(辛): 정련된 금속, 아름답고도 서늘함.
- 임(壬): 대하(大河), 크고 깊은 기운.
- 계(癸): 이슬, 맑고 투명한 기운.

그는 이들을 사주에서 중심축인 일간(日干)으로 삼아, 인간의 기질과 본성, 운명의 뿌리를 판단하였다.

◈ 지지의 해석

지지는 계절과 방향, 기운의 저장고로서, 보다 복합적인 성격을 지닌다. 이허중은 지지 속 '지장간(地藏干)'을 중시하며, 겉으로 드러나지 않은 기운의 작용을 다음과 같이 주목했다.

예를 들면 아래와 같다.

- 인(寅): 봄의 시작, 목화기운, 병(丙)과 무(戊)가 잠재.
- 사(巳): 여름의 진입, 화기 중심, 경(庚)이 숨어 있음.
- 축(丑): 겨울의 끝자락, 수토혼합, 계(癸)와 신(辛)의 영향.

이러한 간지론은 단순한 오행 배속을 넘어, 시간과 기운의 층위적 분석으로 발전되었다. 이허중은 간지 간의 관계가 인간 내면의 성향, 관계성, 행동 방식에까지 영향을 준다고 분석하였다.

2. 형충해합(刑沖害合)의 원리와 삶의 동적 흐름

이허중은 간지 간의 상호작용에서 나타나는 형(刑), 충(沖), 해(害), 파(破), 합(合)의 이론을 정립하였다. 이를 통해 정태적인 사주 구조를 해체하고, 변화하는 삶의 흐름을 읽는 방법을 제시하였다.

- ◈ 육합(六合)
  - ◆ 천간이나 지지가 만나 조화를 이루는 상태.
  - ◆ 예: 인(寅)-해(亥) 합(合) → 목수생(木水生) 조화, 귀인운.
- ◈ 충(沖)
  - ◆ 정반대의 위치에서 기운이 부딪히는 작용.
  - ◆ 예: 자(子)-오(午) 충(沖) → 감정의 격돌, 가정 내 갈등 가능.
- ◈ 형(刑)
  - ◆ 내부적 갈등과 억압을 의미.
  - ◆ 예: 인(寅)-사(巳)-신(申) 삼형(三刑) → 정서적 분열, 판단력 왜곡.
- ◈ 해(害), 파(破)
  - ◆ 예기치 못한 방해나 손실 발생 가능성.
  - ◆ 예: 묘(卯)-진(辰)의 해살(害殺) → 우정이나 계약 파기 우려.

이러한 이론은 사주 분석을 정태적인 '격국 위주 분석'에서 동태적 운명 해석으로 확장시키는 데 중요한 역할을 했다. 이허중은 "삶은 흐름이요, 사주는 그 흐름을 읽는 지도"라고 설파하였다.

3. 조후(調候)의 사유와 생기론

이허중이 간지론과 함께 매우 중요하게 여긴 또 하나의 축은 조후(調候) 개념이었다. 조후란, 사람의 사주에 계절적 균형과 기후적 조화를 맞추는 원리를 뜻하며, 주로 월지(月支)의 기운을 중심으로 분석한다.

예를 들면 다음과 같다.

- ◆ 여름에 태어난 강한 화(火)의 사주는 토(土)나 수(水)로 냉각 및 중화를 요구.
- ◆ 겨울에 태어난 약한 수(水)의 사주는 목(木)이나 화(火)의 기운으로 생기를 불어넣어야 함.

조후 이론은 단순한 생극 관계를 넘어서, 자연과 기운의 미묘한 온도·습도·흐름을 통제하고 조율하는 논리로서, 사주를 보다 정밀하게 진단할 수 있게 해주었다.

이허중은 "기(氣)는 너무 강해도 병이고, 너무 약해도 병이다. 중용과 중화 속에 생이 있다"고 강조하며, 운명의 중심은 균형에 있다고 보았다.

4. 인간 운명관: 결정론과 가능성의 접점

이허중은 사주명리학을 단지 "정해진 운명을 말하는 학문"이 아니라, "변화할 수 있는 가능성의 흐름을 분석하는 철학"으로 보았다. 이는 당대나 후대의 수많은 '정태적 운명론'과는 전혀 다른 입장이었다.

그는 다음과 같이 말한다.

"사주는 씨앗과 같다. 어떤 꽃이 피느냐는 토양과 물, 햇빛과 돌봄에 달려 있다. 씨앗은 바꿀 수 없지만, 꽃은 다르게 피울 수 있다."

이러한 철학은 그가 명리학을 인간의 자기 성찰과 성장, 윤리 실천의 도구로 바라보았음을 뜻한다. 그는 어떤 사주도 '나쁜 팔자'라 단정 짓지 않았으며, 오히려 어려운 구조일수록 더 많은 가능성과 변혁의 힘이 숨어 있다고 설파하였다.

그는 또한 제자들에게 다음과 같이 가르쳤다.

◆ "명(命)은 방향이고, 운(運)은 바람이다. 그러나 나(我)는 돛이다."
◆ "운명이 무겁다 하여도, 돛을 잘 다룬 자는 끝내 먼 바다를 건넌다."

5. 성품 해석과 인간 심리의 구조

이허중은 사주팔자를 단순한 길흉 판단이 아니라, 인간 심리의 기질적 구조로 해석하는 데에도 주력하였다. 그는 일간(主氣)과 사주 전체의 오행 배속, 그리고 조후와 합충 관계를 통하여 인간의 내면 성향, 대인관계 태도, 행동 양식 등을 정밀하게 분석하였다.

아래에 예를 들어본다.

◆ 일간이 병화(丙火)이고, 목(木)이 강하며 금(金)이 약한 구조
  이상주의적이고 강한 추진력, 그러나 결단에 서툴고 충돌을 두려워함.
◆ 일간이 기토(己土), 금과 수가 균형되고 화가 약한 구조
  현실적이며 전략적, 단 감정 표현에 서툴고 내면적으로 고독함.
◆ 간지 상충과 해가 많은 사주
  인간관계에서 불신과 불협화음을 겪기 쉬우며, 자주 이직하거나 환경의 변화가 잦음.

이러한 분석은 후일 사주심리학, 기질명리학, 사주상담학의 근간이 되었으며, 명리학이 인간의 길흉을 판정하는 차원을 넘어서 인간을 이해하고 치유하는 도구로 발전하는 데 크게 기여하였다.

제9장 당대의 반응과 논쟁: 유학자들과의 철학적 충돌

1. 조정과 사대부 사회의 반응

이허중이 《이허중명서》를 완성한 이후, 그의 사주이론은 서서히 지역 관료층과 학자들 사이에서 확산되기 시작했다. 하북, 하남, 강남 일대의 지방 유생과 관리들은 그의 저작을 구하여 읽었고, 일부는 직접 청허산으로 찾아가 직강(直講)을 청하였다.

그러나 동시에 그의 명리학은 당대의 보수적 유학자 계층, 특히 성리학과 주례 중심의 철학을 고수하는 사대부들로부터 강한 반발을 불러일으켰다.

대표적 비판은 다음과 같았다.

◆ "하늘은 멀고 인간은 가깝다. 그런데 이허중은 하늘의 뜻을 빌미로 사람의 삶을 결정지으려 한다."
◆ "팔자란 미신이니, 예경의 정통성과 배치된다."
◆ "명리학은 운명을 핑계로 덕과 예를 망치는 괴학(怪學)이다."

당나라 후반기의 정치적 혼란과 사회 변화는 사상적 갈등을 더욱 첨예하게 만들었고, 이허중의 이론은 정통성에 대한 도전으로 간주되기도 했다.

2. 한유(韓愈) 계열과의 논쟁

특히 유학계의 거두였던 한유(韓愈, 768~824)는 천명론과 주술적 사상을 강하게 비판한 인물로, 《원도(原道)》등의 글을 통해 도가와 불가 사상을 "이단"으로 간주하였다.

한유의 문하에서 활동하던 문인들과 일부 지방 관료들은 이허중의 이론을 "불온한 사상"으로 간주하고, 다음과 같은 공개 비판문을 남기기도 했다.

"청허산의 이허중은 하늘을 팔고 도를 판다. 사람의 도리를 운명에 맡기는 그릇된 이론은 백성을 현혹케 하고, 세상을 어지럽힌다."

이러한 비판에 대해 이허중은 직접적인 논쟁을 피했으나, 제자들을 통해 간접적으로 자신의 입장을 정리했다. 그는 다음과 같은 주장을 전하였다.

- ◆ "나는 하늘을 말하되 하늘에 의지하지 않는다. 오히려 하늘이 사람에게 준 기운을 읽고, 어떻게 사람답게 살지를 조언할 뿐이다."
- ◆ "유가는 인(仁)을 말하나, 인을 실천하는 방법을 제시하지 못한다. 나는 인을 살리는 길을 제시하고자 사주를 해석한다."
- ◆ "길흉화복을 말하되, 단정이 아닌 가능성을 말한다."

이러한 논지는 사주명리학을 운명결정론이 아닌 인간실천론으로 전환시키는 시도로서, 당시 유학계의 공격을 철학적으로 반박한 것이었다.

3. 명리학 내부에서의 논쟁

이허중의 이론은 명리학 내부에서도 논쟁을 야기했다. 특히 당시 점성술계에서 유행하던 삼식(三式: 태을신수·기문둔갑·육임)과의 비교가 종종 등장했다.

일부 기문둔갑 계열의 도사들은 다음과 같은 입장을 견지했다.

- "이허중은 너무 분석에 치우쳤다. 오행과 간지만으로 인생의 길흉을 단정하는 것은 도의 흐름을 막는 일이다."
- "명리학은 지나치게 구조적이다. 영적인 작용과 기운의 변화는 간지로 설명되지 않는다."

이에 대해 이허중은 다음과 같이 응수하였다.

"나는 우주의 흐름을 구조로 설명할 뿐이지, 도를 틀에 가두는 것이 아니다. 오히려 나는 사주 속에서 변화와 융통성을 가장 중요시 여긴다."

이 논쟁은 사주명리학과 삼식계열의 철학적 기반 차이, 즉 구조적 분석 vs. 기의 직관이라는 관점 차이에서 비롯되었다.

결국 이허중은 명리학을 철저히 문헌·경험·통계에 기반한 철학적 해석 체계로 구축한 것이며, 신비주의나 무속적 요소와는 일정한 거리를 둔 체계적 지향성을 유지하였다.

4. 민중 사이에서의 반응과 수용

이허중의 이론은 고위 관료나 유학자 계층에서는 많은 저항에 부딪혔으나, 민중과 실용 계층에서는 폭넓은 환영을 받았다. 상인, 농부, 군인, 의사, 도사, 승려 등은 이허중의 해석 방식을 보다 명확하고 실용적인 인생의 지도로 받아들였으며, 청허산을 찾는 상담자들의 수는 해마다 증가했다.

그는 자신의 상담 방식에 있어 다음 원칙을 고수하였다.

- "사람을 두고 판단하지 않고, 길을 찾아 함께 고민한다."
- "사주는 그 사람을 말하는 것이 아니라, 그 사람에게서 일어날 수 있는 가능성의 방향을 말하는 것이다."
- "좋은 사주도 덕이 없으면 쇠하고, 나쁜 사주도 도를 따르면 일어선다."

이러한 철학은 단순히 운세를 말하는 기술자가 아니라, 삶의 방향을 제시하는 조언자로서 그를 민중에게 각인시켰고, 후일 도사와 술사, 상담가, 의사 등의 다양한 계층에서 명리학을 받아들이는 계기를 마련했다.

5. 제자들과의 철학 토론

  이허중의 제자들 중에는 유가와 도가, 삼식술(三式術), 불가의 소양을 함께 갖춘 인물들이 많았으며, 그들과의 토론은 명리학을 보다 정교하고 입체적인 철학으로 발전시키는 데 큰 역할을 했다.

  어느 날 제자 진명(陳明)이 질문했다.

  "사부님, 사주는 정해진 운명을 말합니까, 아니면 변화 가능한 길을 말합니까?"

  이허중은 다음과 같이 대답했다.

  "정해진 것은 방향이요, 결정된 것은 아니다. 흐르는 강물에 배를 띄우되, 그 노를 젓는 것이 사람이다. 나는 물살을 말하고, 방향을 알려줄 뿐이다. 가는 것은 그대다."

  이 철학은 오늘날까지 이허중 철학의 핵심 문장으로 전해진다.

제10장 제자 교육과 후학 양성: 사주학의 전승과 도약

1. 청허산 강학당(講學堂)의 설립

  이허중은 청허산으로 귀거한 후 본격적으로 제자 교육에 힘을 쏟았다. 그는 사주명리학을 단순한 점술로 전락시키지 않기 위해, 체계적인 강학당을 설치하고 도·학·술·철학을 아우르는 종합적 명리 교육을 시작했다.

  청허산의 강학당은 일반적인 도장이나 서원과는 달리 다음과 같은 독특한 교육 방식을 가졌다.

- 이론 강의(경전, 오행론, 간지론).
- 천문 관측과 음양 기운의 관찰 실습.
- 상담 사례의 분석과 토론.
- 제자 간 실전 해석 경연.
- 조후 이론과 사주 구조 응용 실험.
- 자연 속 좌선과 심성 수양.

이러한 교육 방식은 사주명리학을 철저히 이론-실전-철학-수양의 조화를 이루는 학문으로 정립시키는 데 큰 효과를 보였다. 청허산 강학당은 이허중 사상의 산실이자, 명리학 사상의 '도량(道場)'으로 불리게 되었다.

2. 주요 제자들의 출현

이허중의 명성을 듣고 몰려든 제자들은 다양했다. 신분·출신·학문적 배경도 서로 달랐지만, 모두가 이허중의 '운명철학'에 깊이 감화된 이들이었다.

그의 대표 제자 중에는 다음과 같은 인물이 있었다.

- 위정(韋政)
  당나라 내자시의 벼슬아치 출신으로, 이허중에게서 명리학을 배우고 지방으로 돌아가 상단(商團) 조직 내 운명 분석가로 활동했다. 후일《상인명리요결(商人命理要訣)》을 편찬.
- 장훈(張訓)
  기문둔갑을 전공하던 도사 출신으로, 이허중에게서 간지와 용신 이론을 익히고 사주학과 삼식학을 결합한 혼합술서《천지통용록(天地通用錄)》을 남겼다.
- 임현(林賢)
  청년 시절 가난한 유생이었으나, 이허중 문하에서 수학한 후 '심성명리학'을 전파. 팔자의 심리 구조 해석에 기반한 상담 철학을 세움.
- 여연(呂然)
  여성이자 수도승 출신. 이허중의 조후 이론과 형충합 개념을 여성운명 해석에 적용하여,《부인명론(婦人命論)》이라는 여성 특화 명리서를 집필하였다.

이러한 제자들은 각자의 분야에서 사주학을 실생활과 접목하여, 사주학의 대중화와 전문화에 기여하였다.

3. 교육 내용의 구체적 구성

이허중은 제자 교육을 철저히 단계별로 구성하였다. 그는 명리학을 "기초→ 이론→ 해석→ 응용→ 철학"의 5단계로 나누었으며, 각 단계별 교재를 제작하였다.

◈ 1단계: 기초 지식
- ◆ 干支 암기, 오행 배속표 작성.
- ◆ 십이운성, 육친, 십신 개념 정립.
- ◆ 생극제화의 기본 공식 익히기.

◈ 2단계: 구조 이해
- ◆ 사주의 구성 방식과 일간 중심 해석.
- ◆ 격국 판별과 조후 판단.
- ◆ 용신 설정법과 희신·기신 분류법.

◈ 3단계: 통변 기법
- ◆ 충합해형파의 실제 적용.
- ◆ 대운·세운 분석과 시간 흐름 판단.
- ◆ 복잡한 사주의 우선 해석 전략.

◈ 4단계: 응용 기술
- ◆ 상담 시 유의점과 윤리.
- ◆ 직업운·결혼운·건강운 판별법.
- ◆ 국운 및 단체 사주 분석 사례.

◈ 5단계: 철학 통합
- ◆ 유가적 도덕관과 사주학의 조화.
- ◆ 도가적 무위 해석과 흐름 판별.
- ◆ 사주의 '도적 해석'과 자아완성 개념.

이러한 교육과정은 후일 조선, 일본, 베트남, 몽골 등에까지 영향을 미치며 사주명리학의 표준 교육 체계의 원형이 되었다.

4. 상담과 강학의 병행

이허중은 단순히 제자에게 가르치기만 하지 않고, 실제 사람들과의 상담을 제자 교육의 일부로 포함시켰다. 그는 매달 초하루가 되면 관명당에 문을 열고, 백성· 상인·유생·무관·여성·승려 누구든 찾아오면 무료로 사주를 보고 조언을 하였다.

그는 상담 후, 해당 사주의 구조와 통변 과정을 제자들과 함께 검토하며 다음과 같은 질문을 제시했다.

- ◆ 이 사주의 용신은 무엇인가?
- ◆ 대운의 흐름은 조후에 어떻게 작용하는가?
- ◆ 이 사람이 삶에서 어디에 중점을 두어야 하는가?

이를 통해 제자들은 실제 사례를 통하여 추론과 직관을 훈련하고, 윤리와 공감 능력도 동시에 함양하였다. 이러한 상담 방식은 후일 심리상담·코칭 분야와도 접목되며 현대 사주학의 실전철학으로 이어지게 된다.

5. 글과 설법으로 후세를 위한 준비

말년의 이허중은 제자 양성과 함께, 자신이 남긴 이론과 철학을 후세에 온전하게 전하기 위해 각종 주해서(註解書)와 설법문(說法文)을 집필하였다.

그가 남긴 대표 저작에는 다음과 같은 것들이 있었다.

- ◆《명리문답집(命理問答集)》: 제자들과의 문답을 정리한 사주 실전 교재.
- ◆《관명정론(觀命正論)》: 사주에 대한 철학적 사유와 정통 해석 방식을 설파.
- ◆《청허록(淸虛錄)》: 자신이 겪은 상담 중 가장 인상 깊은 36가지 사례 수록.
- ◆《사시통의(四時通義)》: 계절별 조후 해석법과 그 실전 적용 방안.

이러한 저술들은 후대 사주학자들에게 있어 《이허중명서》의 부교재이자 실전 해설서로 받아들여졌으며, 명리학 전통의 핵심 사료가 되었다.

6. 전통의 시작, 사상의 뿌리

이허중은 제자들에게 명리학의 기술보다 더 중요한 것으로 '사람을 위한 해석'을 강조하였다. 그는 제자들에게 이렇게 당부하곤 했다.

"사주는 사람이 살아갈 방향을 읽는 거울이다. 그 거울이 남을 상처 내는 칼이 되어서는 안 된다. 칼을 쥐었으니, 먼저 자기 마음을 다스릴 줄 알아야 한다."

그의 교육은 명리학의 '법(法)'만이 아니라, 인간을 향한 '마음(心)'까지도 포함하였다. 그 철학은 제자들에 의해 면면히 이어졌고, 후일 동아시아 전역에서 명리학의 정통 계보로 존중받게 되었다.

제11장 도술과 풍수의 통섭: 음양오행의 총합자로서

1. "명리란 도술의 근간이요, 풍수의 거울이다"

이허중은 사주명리학을 체계화하면서도 그것을 단일 학문에 국한시키지 않았다. 그는 명리를 단지 개인 운명의 해석 도구로 보지 않고, 자연과 인간, 공간과 시간의 이치를 관통하는 '도술(道術)'의 근본 철학으로 보았다.

이러한 관점에서 이허중은 명리학과 도술, 풍수, 천문학을 상호 통섭하는 방식으로 재정립하기 시작한다. 그에게 있어 명리는 '시간 속 기운의 해석'이며, 풍수는 '공간 속 기운의 배치'였다. 그리고 도술은 그 둘을 연결하는 의식의 운용 체계였다.

2. 도술의 논리와 명리의 결합

이허중은 도가 전통의 '삼가(三家) 도술'이라 불리는 다음 세 가지 체계를 연구하며, 사주명리학에 그 원리를 통합하였다.

- ◆ 기문둔갑(奇門遁甲): 시공간 속 기문(奇門)의 위치를 활용한 전략술.
- ◆ 태을신수(太乙神數): 천문 數秘學과 길흉 판단.
- ◆ 육임신과(六壬神課): 인간행위와 기운 변화의 패턴 예측.

그는 특히 기문둔갑의 '팔문(八門)'과 '구궁(九宮)' 이론이 사주의 대운 및 세운 흐름 해석과 본질적으로 상통한다고 보고, 다음과 같은 통합적 사유를 제시하였다.

- ◆ 대운의 흐름은 곧 구궁의 이동과 같고,
- ◆ 용신의 기운은 팔문 중 '생문(生門)'의 작용과 유사하며,
- ◆ 충해형합의 원리는 육임의 천지대세와 일치한다.

이허중은 "사주는 운명을 읽고, 둔갑은 운을 운용한다"고 정의하였다. 이는 사주가 운의 기초를 읽는 학문이라면, 도술은 운을 활용하고 돌리는 실천 체계라는 의미였다.

그는 이 두 체계를 '형과 기', '도와 술'의 관계로 보며, 사주명리학이 도술의 본체(本體)를 구성한다는 통합 철학을 확립하였다.

3. 풍수지리와 사주 구조의 대응

이허중은 풍수 또한 사주와 동일한 '기(氣)의 형상화'로 간주하였다. 그는 명리학이 '시간 속 기운의 구조'라면, 풍수는 '공간 속 기운의 구조'로 보았다. 이 둘을 연계함으로써, 사람과 장소, 시간과 공간이 함께 이루는 운명 시스템을 정립하였다.

- ◈ 주요 통찰
  - ◆ 사주의 일간(日干)은 개인의 주체, 풍수의 '좌향(坐向)'과 같다.
  - ◆ 용신의 오행은 거처의 기운과 상응되어야 한다.
  - ◆ 사주에 수기(水氣)가 과다하면 남향보다는 북동향이 길하며,
  - ◆ 사주가 건조한 목기(木氣) 구조라면, 습한 계곡이나 연못 인근 주거지가 유리.

또한 그는 장풍득수(藏風得水)의 개념과 사주의 희신(喜神)·기신(忌神)의 구조를 비교하여, 다음과 같은 결론을 도출하였다.

"풍수란 외부 기운의 배치이고, 사주란 내부 기운의 조합이다. 둘이 어우러질 때 운은 흐르고, 어긋날 때 고여 병이 된다."

그는 실제 제자들에게 다음과 같은 실습을 시켰다.

◆ 사주 분석을 통해 용신과 기운 방향을 결정.
◆ 실제 거주지의 지형, 방향, 수맥, 좌향 조사.
이 두 정보를 종합하여 '거처 교정' 및 운 흐름 변화 관찰.

이러한 방식은 명리학이 풍수학과 보완적 관계에 있음을 보여주며, 동아시아 고전 역학의 실용 통합 모델로서 현재까지 전해지고 있다.

4. 천문학과 계절 시간의 통합 해석

이허중은 오랜 시간 천문학을 관찰한 학자로서, 별의 운행과 계절의 변화가 사주의 작용에 영향을 준다고 보았다. 그는 특히 다음을 중요하게 여겼다.

◆ 24절기(節氣)의 미세한 차이가 운명 발현에 영향을 줌.
◆ 자미원(紫微垣)의 별자리가 사람의 길흉과 상응하는 순간이 있음.
◆ 월령(月令)의 기운은 단지 날짜의 문제가 아니라, 천체 운동의 결과로 생긴 시공간 압력이라 간주.

예를 들어, 그는 입춘 전 태어난 사람과 입춘 후 태어난 사람의 사주 구조를 완전히 달리 보았고, 정확한 절입시각을 기준으로 월주(月柱)의 전환 여부를 정밀하게 구분하였다. 이는 훗날 사주 명리학에서의 '절입 기준 정밀화 논쟁'의 시초가 된다.
또한 그는 별자리와 간지 간의 대응관계를 연구하며, 다음과 같은 실험적 시도를 하였다.

- ◆ 북두칠성과 천간(天干)의 상응.
- ◆ 이십팔수(二十八宿)와 지지(地支)의 관계.
- ◆ 별의 배치와 해(害), 합(合), 형(刑) 작용 간 상관성.

이러한 분석은 사주명리학을 단지 한자의 조합이 아닌, 우주적 기운 흐름의 해석학으로 끌어올리는 역할을 하였다.

5. 의술, 호흡, 기공과의 접목

이허중은 사주를 바탕으로 건강을 진단하고, 의술과 기공술에도 사주적 처방을 활용하였다. 그는 제자들에게 사주의 오행 구조를 기반으로 한 다음과 같은 원리를 가르쳤다.

- ◆ 화기(火氣) 과다: 간장·심장 계통 주의, 열성 질환 발생 가능.
- ◆ 수기(水氣) 허약: 신장 계통 약화, 정기 손상.
- ◆ 금기(金氣) 혼잡: 폐 기능 저하, 피부·호흡기 문제 발생.
- ◆ 목기(木氣) 설기 부족: 성장 발달 지연, 기혈 소통 장애.

이에 따라 이허중은 개인 사주에 맞춘 호흡법, 좌선법, 음식 섭생법 등을 제시하였다. 예를 들면 다음과 같다.

- ◆ 병화 일간이 너무 강한 자에게는 청량한 수성약재와 늦은 취침 권장.
- ◆ 수기가 약한 여성에게는 따뜻한 숙성약차와 심호흡 훈련 권장.
- ◆ 조후 불균형자에게는 절기 따라 음식을 다르게 처방.

이러한 실천은 후대 한의학과 사주 명리학의 접목 시초가 되었으며, 오행의 건강 해석 체계로까지 발전하게 된다.

6. '총합자(總合者)'로서의 이허중

이허중은 사주를 통해 개인의 운명을 읽었고, 풍수를 통해 환경과 조화를 꾀했으며, 도술을 통해 운을 운영하고, 의술과 기공을 통해 생기를 보완하였다. 그리하여 그는 단순한 사주가가 아니라, 자연과 인간, 시간과 공간, 형과 기를 모두 아우르는 '총합자'로 불리게 되었다.

그는 생전에 다음과 같은 글귀를 자주 인용하였다.

"形在氣中, 氣在道中, 道在人心."
"형(形)은 기(氣)의 안에 있고, 기(氣)는 도(道)의 안에 있으며, 도(道)는 사람의 마음 안에 있다."

이 한 문장은 그의 사유 전체를 응축한 말이라 할 수 있다. 이허중은 사주 명리학을 통로로 삼아, 도와 인간, 우주와 생명, 윤리와 생기를 연결하고자 했으며, 그 철학은 후대 동아시아 역학 전체에 심대한 영향을 끼쳤다.

제12장 말년과 죽음: 청허산의 침묵 속에서

1. 강학의 마무리와 자취 감추기

이허중이 50대에 접어들자, 그는 점차 외부와의 교류를 줄이고 제자 교육에도 어느 정도 선을 그었다. 강학당의 운영은 수제자인 임현(林賢)과 위정(韋政)에게 일임하고, 자신은 청허산의 한적한 동쪽 봉우리 '명정대(明靜臺)'에 거처를 옮겨 조용한 삶을 택했다.

그가 거주하던 암자는 '청서정(靑書亭)'이라 불렸고, 암자 앞에는 작은 연못이 있어 날마다 물안개가 피어올랐다. 그는 이곳에서 사주 고문을 정리하고, 《이허중명서》의 판본을 점검하였으며, 남은 여생을 사유와 독서, 기식(氣息)과 명상에 전념하였다.

이 시기의 이허중은 세속의 명예나 제자 수보다, 오직 "하늘의 뜻을 제대로 전하였는가"에 더 깊이 천착하였으며, 자신의 학문이 후세에 올바르게 계승되기를 바라는 마음으로 조용히 삶을 마무리해 나갔다.

2. 《이허중명서》 최종판 완성

청허산 말년의 이허중은 수십 년 동안 다듬어 온 《이허중명서》를 다시 검토하고, 제자들의 조언을 반영해 최종 정리본을 완성하였다. 그는 3권 구성의 본문에 추가로 다음과 같은 문서를 덧붙였다.

- ◆《명리총서(命理總序)》: 사주 명리학의 사상적 정의와 철학적 의미를 해설한 장문 서문.
- ◆《관명잠언(觀命箴言)》: 제자들에게 남긴 해석의 규칙과 윤리적 태도를 정리한 경구.
- ◆《사주착해지계(四柱錯解之誡)》: 오해하기 쉬운 사주 해석의 사례와 경계 사항.
- ◆《천명여인성(天命與人性)》: 천명과 인간 자율성의 관계를 논한 철학적 수고.

그는 이 완성본을 총 5부 필사하여 수제자 5인에게 각각 나눠주며 이렇게 당부했다.

"이 글은 나의 혼이고 숨결이니, 욕심 많은 자에겐 보이지 않게 하라. 오직 도를 구하고, 사람을 돕고자 하는 이에게만 보여주어라."

이 다섯 필사본은 훗날 다양한 판본으로 전파되었고, 명대·청대에 이르러 수많은 주해(註解)가 붙은 상태로 재출간되며 중화권 전역에서 명리학의 정전(正典)으로 자리 잡게 된다.

3. 제자들과의 마지막 문답

죽음을 예감하던 이허중은 마지막 제자문답에서 자신의 사유를 집약된 말로 정리하였다. 수제자 임현이 질문했다.

"스승님, 만일 누가 묻기를 '사주란 무엇입니까?'라 하면 무엇이라 답하시겠습니까?"

이허중은 조용히 대답했다.

"사주는 그림자다. 그러나 그 그림자는 빛이 있어야 생긴다. 그 빛은 마음이요, 길은 도이다. 나는 그림자의 모양을 본 것이 아니라, 그 빛의 방향을 읽은 것이다."

또한 여연(呂然)이 조심스레 물었다.

"만약 스승님의 이론이 후세에 왜곡된다면 어떠하시겠습니까?"

이허중은 고요한 미소를 지으며 답했다.

"도는 이단(二端)에서 자라나고, 시비에서 드러나며, 왜곡 속에서 다시 살아난다. 사람이 읽지 않아도 하늘은 알고, 하늘이 읽으면 언젠가 다시 사람도 깨달을 것이다."

이 말은 제자들의 심금을 울렸고, 이후 여러 문집에 전해지며 "천지지명(天地之命)은 그릇된 길에서도 다시 살아난다"는 이허중 철학의 정수로 남게 된다.

4. 조용한 퇴장, 청허산의 마지막 아침

기록에 따르면 이허중은 당 헌종 연간 즈음, 즉 813년경, 청허산의 한 아침, 일출을 지켜본 후 조용히 좌선 중 숨을 거두었다고 한다. 그의 나이는 약 52세 전후로 추정된다.

그날 새벽, 그는 마지막으로 일기를 남겼다.

"동방에 붉은 빛이 비치니, 내 어둠도 함께 가리리라. 수십 년을 글로 살아왔고, 사람을 통해 하늘을 보았다. 이제 나는 하늘로 돌아간다. 천명은 내게 길이었고, 나는 그 길을 걸었다."

그의 시신은 제자들에 의해 청허산 남쪽 능선 위 소나무 숲에 안장되었고, 작은 비석에 다음과 같이 새겨졌다.

"李虛中先生之墓"

"해석하되 단정하지 않았고, 가르치되 강요하지 않았으며, 스스로를 비우고 천명을 따랐다."

이후 제자들이 세운 작은 비각(碑閣)은 세월의 풍파 속에서도 몇 차례 복원되었고, 오늘날까지 '청허명단(淸虛命壇)'이라는 이름으로 일부 지역에 전설처럼 구전된다.

5. 죽음 이후에도 살아 있는 이름

이허중의 죽음 이후, 그의 제자들은 각지로 흩어져 《이허중명서》를 보급하고, 스승의 철학과 해석법을 전파하였다. 그의 이론은 후일 명나라·청나라를 거치며 정교한 격국학파, 실전형 통변학파, 형충학파 등으로 다양하게 분화되었지만, 모든 파벌은 그 뿌리를 이허중에게서 시작되었다고 명시하였다.

그의 이름은 점차 다음과 같이 불리게 된다.

◆ "사주명리학의 시조(始祖)"
◆ "운명을 해석한 철학자"
◆ "하늘을 글로 옮긴 자"

그의 죽음은 단지 육신의 종말이었을 뿐, 그 사유는 시대를 넘어 생명력을 유지했고, 그 이름은 오늘날까지도 명리학을 배우는 모든 이들에게 기본 중의 기본, 근원 중의 근원으로 여겨지고 있다.

제13장 이허중의 유산: 후대 명리학의 아버지로

1. 동아시아 명리학의 뿌리로서

이허중이 체계화한 사주명리학은 당대에는 아직 완전히 일반화되지 않았지만, 그의 사후 수백 년에 걸쳐 점차적으로 중화권 전역의 운명 해석 학문으로 확산되었다. 송나라 시기부터 명리학은 유가적 윤리와 결합되며 학문적 지위를 인정받기 시작했고, 그 시발점에는 항상 "이허중"의 이름이 거론되었다.

송대 유학자 서대승(徐大升)은 《삼명연원(三命淵源)》을 저술하며 다음과 같이 썼다. "명학(命學)은 이허중이 터를 닦았고, 후학들이 그 기둥과 벽을 세웠다."

이후 조선과 일본, 베트남, 몽골 지역에 이르기까지 팔자(八字)를 중심으로 한 운명학의 전통은 이허중을 근본으로 삼았다. 특히 그의 《이허중명서》는 사주명리학의 기본 교재로 필사되고 강독되며 전통 학파의 근간이 되었다.

2. 학파의 형성과 이허중 철학의 계승

이허중의 철학과 해석법은 후대 다양한 학자와 술사들에게 영향을 주어 여러 학파와 이론적 갈래를 낳았다. 그 중 대표적인 흐름들은 다음과 같다.

◈ 격국학파(格局學派)
- ◆ 중심 인물: 서대승(徐大升), 위천리(魏天里), 서락오(徐樂吾).
- ◆ 이허중의 '일간 중심 해석'과 '격의 구조론'을 발전시켜 격국·용신 이론의 정교화에 집중.
- ◆ 《삼명통회(三命通會)》, 《적천수주해(滴天髓註解)》 등은 이허중 이론의 정통 계승서로 간주.

◈ 통변학파(通變學派)
- ◆ 중심 인물: 심효첨(沈孝瞻), 진지린(陳之潾) 등.
- ◆ 이허중의 유연한 해석 철학을 이어받아 '통변' 즉 변화와 융통에 중점.
- ◆ 고정된 길흉이 아닌, 사주의 잠재력·환경·시대성까지 아우른 유연한 해석법 강조.

◈ 형충해합학파(刑沖害合學派)
- ◆ 간지 간의 상호작용, 시간 흐름의 파동에 주목.
- ◆ 이허중의 '사주는 흐름'이라는 인식을 구조적으로 해석하여 합·충·형·해·파의 작용을 중심 분석 틀로 확립.

이러한 학파들은 모두 출발점으로 이허중을 인정하였고, 각 저술에서도 "선허중(先虛中)", "명학지조(命學之祖)"라는 표현을 통해 그 영향력을 명시하였다.

3. 유가·도가·불가 융합 철학의 전형

이허중의 사상은 단지 사주 기술에만 머무르지 않았다. 그는 사주를 해석할 때 유가적 윤리, 도가적 순응과 무위, 불가적 인과와 자비를 동시에 고려하였다. 그의 제자들이 전한 다음 구절은 그의 철학의 핵심을 잘 보여준다.

"사주는 유가로서 인을 세우고, 도가로서 흐름을 따르며, 불가로서 마음을 비운다."

이러한 철학은 후대에 다양한 형태로 계승되었다.

- ◆ 유학자들은 명리학을 '도덕 실천의 지도'로 사용.
- ◆ 도가계열에서는 사주를 '운을 거스르지 않고 조화롭게 살아가는 도구'로 해석.
- ◆ 불교계 일부 선승들은 "팔자 속 괴로움은 인연의 귀결이며, 이를 아는 것이 곧 깨달음"이라 설파.

즉, 이허중은 사주명리학을 '운세 예언'이라는 좁은 테두리를 벗어나, 철학·윤리·자기 성찰의 도구로 확장한 최초의 인물이었다.

4. 조선·일본으로의 전파와 현지화

이허중의 이론은 송·원·명대를 거치며 조선과 일본, 유구국(오키나와), 베트남에까지 전해졌다.

- ◈ 조선
    - ◆ 고려 말부터 조선 초에 걸쳐 이허중의 《명서》가 유입.
    - ◆ 성리학과 결합되어 사주명리학이 유학적 해석을 덧붙인 형태로 발전.
    - ◆ 조선의 정통 학자들도 이허중을 명학(命學)의 조상으로 대우.
    - ◆ 이서구(李書九), 조수삼(趙秀三) 등은 《이허중명서》를 인용해 명리서 저술.
- ◈ 일본
    - ◆ 에도시대 중기부터 이허중의 철학과 사례집 번역되어 유통.
    - ◆ 간지·오행·용신론이 일본 '운세도(運勢道)'의 기본 틀로 작용.
    - ◆ 이허중의 이름은 '리 쿄추(りきょちゅう)'로 불리며 사주 도장의 보호신으로 추앙.
- ◈ 베트남·유구국
    - ◆ 송대 승려 및 학자들 통해 사주 체계 전래.
    - ◆《이허중명서》일부 문단이 불교 법문 안에 인용되며 운명과 윤회의 연결 고리로 수용.

이처럼 이허중의 학문은 중화문화권을 넘어 동아시아 정신문화 전체에 지대한 영향을 끼쳤다.

5. 현대 명리학 속의 이허중

21세기에 들어서면서도 이허중의 영향력은 여전하다. 세계 각국에서 명리학이 재조명되며, 수많은 사주서에서 여전히 이허중의 이론이 기본 틀로 인용된다. 주요 교과서, 강의, 학술 발표에서도 그의 용신론, 일간 중심 해석, 통변 철학은 기본 이론으로 자리잡았다.

한국, 대만, 중국, 일본의 명리학자들은 다음과 같이 평가한다.

- ◆ "이허중은 과학적 분석과 철학적 해석을 결합한 동양 운명학의 창시자다."
- ◆ "그의 이론 없이는 오늘날의 팔자 해석은 성립되지 않는다."
- ◆ "기술을 넘어 삶을 말한 사람, 그래서 지금도 사람을 치유한다."

특히 현대 심리학, 상담학, 정신의학, 코칭학계에서도 사주명리학의 인간 해석 도구로서의 가능성이 조명되면서, 이허중의 철학은 새로운 언어로 부활하고 있다.

6. 후대의 추숭(追崇)과 기념

역사적으로 이허중은 여러 차례 '역학의 성인(命學聖人)'으로 존숭되었다. 특히 다음과 같은 기념사업이 있었다.

- ◆ 명나라 정통 연간: 청허산에 '虛中祠' 세워 추모.
- ◆ 청나라 강희제 시기: 《명리전서》에 "허중조"라 칭함.
- ◆ 현대 중국 산서성: '이허중명리문화제' 개최.
- ◆ 한국 일부 학파: 그를 팔자학의 개조(開祖)로 숭배.

그의 사유는 시대를 넘어 사람들에게 다음과 같은 교훈을 남긴다.

"운명을 보는 것은 길을 잃은 이에게 방향을 말해주는 일이다. 사주는 타인을 심판하는 도구가 아니라, 함께 걸어갈 지도를 펴 보이는 도구이다."

제14장 《이허중명서》의 해석과 주석의 역사

1. 초본 필사에서 후대 유통까지

《이허중명서》는 당대에는 활판 인쇄가 보편화되지 않았기 때문에, 이허중 사후 수제자 다섯 명에 의해 직접 필사본(寫本)으로 보관되었다. 이 중 3부는 송대에 들어와서 관서의 사본으로 보존되었고, 일부는 민간에서 필사되며 비공식적으로 확산되었다.

송나라 때 유학자 서대승(徐大升)은 《삼명연원(三命淵源)》을 집필하며 《이허중명서》 일부를 직접 인용하였고, 이 문단들이 이허중의 원 저작 존재를 공식적으로 증명하는 근거가 되었다. 이 무렵부터 《이허중명서》는 점차 명리학의 고전(古典)으로 정착되었다.

2. 명·청대의 주석 활동과 이허중 해석의 다양화

명나라 중기부터 청나라 말기까지는 명리학이 활발하게 전개되던 시기로, 다양한 해석자들이 《이허중명서》에 대한 주해와 논평을 남기기 시작했다.

- ◈ 명대: 유학적 해석 중심
  - ⊙ 진지린(陳之潾): 《명리약언(命理約言)》에서 《이허중명서》를 근간으로 삼고, 간지 이론을 유학적 실천 윤리와 결합.
  - ⊙ 위천리(魏天理): 《팔자제요(八字提要)》에서 이허중의 용신론에 대해 참고.
  - ⊙ 양간(楊幹): 《정통명리대전》에서 이허중의 용신론을 주해하며, '중용지도(中庸之道)'와의 연관을 논함.
- ◈ 청대: 실증적 해석과 도가적 재구성
  - ⊙ 심효첨(沈孝瞻): 《자평진전(子平眞詮)》에서 이허중의 원문 구절을 인용하여

"통변과 조후의 정수는 선허중(先虛中)의 가르침에 있다"고 명시.
- 탁양성(卓陽成):《명리문답집》에서 "이허중이 말한 '기용지변(氣用之變)'은 도가의 무위이화(無爲以化) 철학과 동일하다"고 해석.

이처럼 명·청시기 해석자들은《이허중명서》를 유교·도가·불교의 다양한 철학과 연계시키며 이허중 사상의 입체적 재조명을 시도하였다.

3. 주요 판본의 계보와 특징

오늘날까지 전해지는《이허중명서》는 필사본·활자본·석인본(石印本) 등 다양한 판본이 있으며, 가장 영향력 있는 판본은 다음과 같다.

- ◇ 송대 복각 필사본(殘卷)
    - ◆ 서대승의 문집 속에서 발견된 인용구.
    - ◆ 이허중 사상 초기 정수 보존.
- ◇ 명대 민간 인쇄본
    - ◆ 간체자 초기 형태.
    - ◆《삼명통회(三命通會)》와 병기되어 보급.
- ◇ 청대 광서 연간 석인본(石印本)
    - ◆ 주석이 풍부하고, 조후론·용신론·형충론 정리.
    - ◆ 후대에 가장 널리 읽힌 판본.
- ◇ 현대 중국 중화서국 교정본(1986)
    - ◆ 전국 고서 소장처 협업으로 판본 정리.
    - ◆ 원문 + 해제 + 현대어 번역 병기.

한국·대만·홍콩에서도 이허중의 저술은《이허중명서》라는 제목으로 다양한 해석서가 출간되었으며, 특히 한국의 명리학자들은 이를 팔자학의 정본(正本)으로 간주하고 초학자의 필독서로 삼았다.

4. 이허중 해석의 다양한 층위

후세에 이허중을 해석하는 방식은 다음 네 가지 주요 층위로 정리된다.

- ◈ 구조적 해석
  - ◆ 사주의 간지 구조와 격국 이론에 집중.
  - ◆ 후대 격국학파가 주로 사용.
- ◈ 철학적 해석
  - ◆ 용신 설정과 조후 판단에 철학적 기준 부여.
  - ◆ 통변학파, 심리명리계에서 수용.
- ◈ 실용적 해석
  - ◆ 직업·건강·부부·이혼 등 실생활 사례 중심.
  - ◆ 현대 실전 명리학의 기초.
- ◈ 영적·수련적 해석
  - ◆ 오행의 내면화, 기공·도행과의 결합.
  - ◆ 불가·도가 계열의 도인 명리 체계에 통합.

이러한 다양한 해석 방식은 이허중 사상이 단일 해석으로 환원될 수 없음을 보여주며, 그의 저작이 시대와 사람에 따라 살아 움직이는 유기적 철학임을 증명한다.

5. 현대 학술계와 디지털 시대의 이허중

21세기 들어 디지털 고전 아카이브의 발전과 함께, 《이허중명서》는 다양한 형태로 온라인 데이터베이스에 편입되었으며, 인공지능 기반 분석 대상이 되기도 했다.

- ◈ 현대 연구 동향
  - ◆ 동양철학 및 인문학 분야: 명리학의 형이상학적 체계에 대한 구조주의 분석.
  - ◆ 심리학 분야: 사주 구조와 성격 유형론의 상관관계 분석.
  - ◆ 인공지능 분야: 이허중 사주 해석 알고리즘 모델링 시범 구축.

특히 한국, 대만, 일본 등지에서는 "이허중 철학의 현대적 복원"이라는 과제로 대학 학술회의 및 박사 논문이 지속적으로 출간되고 있으며, 《이허중명서》는 동양 사상·점성술·심리학 간 융합 연구의 중심 텍스트로 재조명되고 있다.

6. 주석의 미래와 새로운 해석자들

이허중의 저술은 단순한 고전이 아니라, 시대에 따라 새로운 해석자를 통해 재구성되는 살아 있는 철학이다. 오늘날의 사주 전문가들, 상담가들, 철학자들, 심리 코치들은 그를 다음과 같이 해석한다.

- ◆ "운명을 설명한 것이 아니라, 살아갈 방향을 제시한 사람."
- ◆ "명리학의 기술자가 아닌, 삶의 설계자."
- ◆ "글자를 넘어 흐름을 읽은 최초의 해석자."

이는 이허중이 의도한 바와 정확히 맞닿는다. 그는 해석의 정답을 가르친 것이 아니라, "해석하는 자의 마음과 태도"를 남겼고, 그것은 시대와 도구를 불문하고 여전히 유효한 '도(道)의 거울'로 기능하고 있다.

제15장 현대 명리학에서의 위치: 과학과 철학의 경계에 선 이허중

1. 명리학, 과학인가 철학인가?

21세기에 접어들며 명리학은 단지 점술이나 예언의 도구로 보던 과거에서 벗어나, 심리학, 철학, 통계학, 정보과학 등 다양한 학문과 융합되는 양상을 보이고 있다. 특히 인간의 내면을 탐색하고, 삶의 경향과 흐름을 이해하는 자기 성찰 도구로서 명리학을 바라보는 시각이 늘고 있다.

이러한 흐름 속에서 가장 먼저 거론되는 이름이 바로 이허중이다. 그는 단순한 길흉 판단이 아닌, 운명의 흐름을 읽는 철학자로서 다음과 같은 유산을 남겼다.

◆ 운명은 고정된 틀이 아니라 유동하는 흐름이다.
◆ 사주는 삶을 판단하는 도구가 아니라 방향을 조망하는 지도다.
◆ 사주는 인간의 마음, 기운, 시대성에 따라 달리 해석되어야 한다.

이러한 유연하고 철학적인 접근법은 현대의 다학제적 연구와도 정합적이며, 이허중은 명리학을 과학과 철학의 경계에 위치시킨 사상가로 재조명되고 있다.

2. 현대 통계학과 명리학의 접점

최근 명리학에 대해 통계적 접근을 시도하는 연구자들이 등장하고 있다. 이들은 수천 개의 사주 데이터를 수집하여, 특정한 일주(日主), 지지(地支), 대운(大運)의 구성과 인생사건 간의 상관관계를 분석하고자 한다.

예를 들어, 심리학 및 사회통계학 분야에서는 다음과 같은 연구가 진행된다.

◆ 특정 사주 구조에서 우울증 발생 비율 분석.
◆ 일간 중심 성향과 직업군 상관관계 파악.
◆ 대운 전환 시기의 삶의 사건 변화율 측정.

이러한 통계 기반 분석은 이허중의 다음 사유와 맞닿아 있다.

"사람은 다르나 흐름에는 패턴이 있다. 패턴을 읽되, 사람을 단정하지 말라."

이는 사주의 경향성과 가능성을 인정하되, 개별성은 존중하는 태도로, 현대 통계 접근법의 한계와 방향성을 동시에 일깨워주는 통찰로 작용한다.

3. 인공지능 시대와 사주 분석

인공지능(AI)의 도래는 명리학 해석의 기술적 지형을 급변시키고 있다. AI는 방대한 사주 데이터를 분석하여 고빈도 사주패턴, 사건 예측모델, 기운의 흐름 변곡점 등을 파악하고 있다.

이 과정에서 이허중의 이론은 다음과 같이 활용된다.

◆ 사주의 기본 구조 설계: 간지 배속과 오행 상생상극, 지장간 구조.
◆ 통변법 알고리즘 개발: 격국 분해, 용신 결정, 세운·대운의 작용 원리.
◆ 심리모델 구축: 오행 불균형과 정서적 경향성 예측.

AI 명리 분석은 이허중의 철학을 기계적 모델로 구현하는 작업이며, 그 과정에서 다음과 같은 윤리적 질문도 제기된다.

◆ 사주가 단지 '데이터'일 수 있는가?
◆ 통계와 기계가 인간 운명의 흐름을 진정으로 읽을 수 있는가?

이러한 의문 속에서 이허중의 해석 철학, 즉 "사주는 해석하는 자의 마음이 담긴 거울이다"라는 명언이 다시금 주목받는다.

4. 상담과 치유의 도구로서의 사주

현대 사회에서 사주명리학은 점차 상담과 치유의 도구로 받아들여지고 있다. 정신분석, 가족 상담, 라이프 코칭 분야에서는 사주 해석을 통해 다음과 같은 심리적 효과를 기대한다.

◆ 자아 인식의 확장.
◆ 반복되는 삶의 패턴 이해.
◆ 생애주기적 전환점 파악.
◆ 자기 수용과 삶의 의미 발견.

이러한 흐름에서 이허중의 철학은 깊은 공명을 일으킨다. 그는 다음과 같이 말했다.

"사주는 병을 진단하는 것이 아니다. 그것은 아픔의 의미를 되새기게 하는 것이다."

즉, 사주는 문제를 해결하기 위한 매뉴얼이 아니라, 삶을 더 깊이 이해하고 껴안기 위한 거울이라는 관점이다. 이는 현대 심리상담에서 강조하는 '공감적 경청' 및 '존재적 수용'과도 본질적으로 통한다.

5. 대중 콘텐츠와 문화 콘텐츠에서의 이허중

최근에는 다양한 플랫폼에서 명리학 콘텐츠가 대중적으로 유통되고 있으며, 웹툰·드라마·책·강연·유튜브 등에서 이허중의 이름과 사상이 자주 등장하고 있다.

◆ 예시
- ◆ 명리학 소재의 웹툰에서 '이허중류' 해석 등장.
- ◆ 자기계발서에서 《이허중명서》의 문구 인용.
- ◆ 다큐멘터리 〈운명을 읽는 사람들〉에서 이허중을 '사주명리의 아버지'로 소개.
- ◆ 유튜브 해설 채널에서 '이허중 이론 해설' 시리즈.

이러한 콘텐츠는 단순히 고전을 재해석하는 것을 넘어, 고대와 현대, 동양과 서양, 철학과 실용의 융합 지점에서 이허중을 재발견하고 있다. 이허중은 과거의 인물이 아닌, 지금 여기에서 '살아 있는 철학자'로 새롭게 받아들여지고 있는 것이다.

6. 마무리: 이허중, 시간과 공간을 넘어선 이름

이허중은 한 사람의 이름이자, 하나의 철학이며, 하나의 사유의 흐름이다. 그는 다음과 같은 시대적 갈림길에서 다음의 가치를 증명해 보였다.

- ◆ 철학 vs 점술 → 인간 중심의 해석.
- ◆ 운명 결정론 vs 가능성 이론 → 흐름 중심의 방향 제시.

◆ 과학 vs 도술 → 기운과 구조의 통합.
◆ 기술 vs 마음 → 해석자의 품성과 의도를 중시.

그가 남긴 유산은 문자나 구조가 아니라, "운명은 흐름이며, 인간은 그 흐름을 항해하는 자"라는 깊은 삶의 통찰이다.

이허중은 물었습니다. "당신은 자신의 운명을 아는가?"

그리고 그에 덧붙였습니다.

"그 운명을 아는 자는, 그것을 다르게 살 수도 있다.

이허중 인물 삽화

신서잡설(神書雜說) 두광정(杜光庭)(850?~933?)

제1장 서론: 두광정의 역사적 의의

중국 역사에서 수·당 시대는 역술과 도교 방술이 크게 융성하던 시기였다. 특히 당나라 말기와 오대십국기의 혼란기 속에서 사람들은 정치적 불안정과 전란 속에서 하늘의 뜻을 알고자 하였으며, 운명을 예측하고자 하는 수요가 급증하였다. 이때 도사이자 역술가로 명성을 떨친 이가 바로 두광정(杜光庭)이었다. 그는 단순한 점술가가 아니라 도교의 대성자로 불릴 만큼 방대한 저술과 학문적 체계를 남겼다. 동시에 역술·풍수·부적·기문둔갑 등에서 당대 최고 수준의 권위를 인정받았고, 후대 도교와 역학 전통에 지대한 영향을 끼쳤다.

제2장 가계와 출생 배경

1. 출생 시기와 가문

두광정은 대략 당나라 선종 연간(850년 무렵)에 태어난 것으로 전해진다. 그의 본관은 진주(晉州) 혹은 촉(蜀) 지역으로 추정되며, 가문은 비록 고위 관료층은 아니었으나 학문과 도교 신앙이 깊은 집안이었다. 어려서부터 영특하여 경전과 천문역법에 밝았고, 특히 별자리와 오행의 변화에 민감했다고 한다.

2. 어린 시절과 학문적 자질

어릴 적부터 《주역》과 《도덕경》을 즐겨 읽었으며, 도교 사원에 자주 드나들며 신비한 법술에 관심을 보였다. 당시 촉 지역은 이미 도교 문화가 번성한 곳으로, 다양한 도사와 방술가들이 활동하던 지역이었다. 그는 어린 나이에 이미 역학적 직관과 천문 관찰 능력으로 주목받았다.

제3장 수학과 도사로서의 성장

1. 스승과 수련

그의 주요 스승으로는 도교 정일도(正一道) 계통의 유명한 도사들이 전해진다. 특히 청성산(青城山)과 공명산(鞏明山)의 도사들과 교류하며, 도교의 내단술(內丹術), 기문둔갑, 풍수학을 익혔다.

2. 내단과 역술의 결합

두광정은 단순히 외적 길흉을 예측하는 점술을 넘어, 인간의 운명과 천도(天道)를 합일시키려는 도교 철학을 추구했다. 그는 내단수련(內丹修煉)을 통해 신체와 영혼을 정제하고, 역술을 통해 인간과 자연의 조화를 찾는 것을 목표로 삼았다.

제4장 당말기의 역사적 배경

1. 정치적 혼란

9세기 후반 당나라는 이미 쇠퇴기에 접어들어 황실 권위는 떨어지고 환관과 번진 세력이 대립했다. 이러한 혼란 속에서 민심은 불안했고, 점술가와 도사의 권위는 크게 높아졌다.

2. 역술 수요의 폭증

장군과 관료, 심지어 황실마저 길흉점(吉凶占)과 풍수지리, 부적에 의존하였으며, 두광정은 이 시기에 크게 명성을 떨쳤다.

제5장 두광정의 역술학적 체계

1. 기문둔갑(奇門遁甲)

그는 당대 최고의 기문둔갑 전문가로 꼽혔다. 군사적 전략뿐 아니라 개인 운세 분석, 풍수 조율에도 응용했다. 당시의 기록에 따르면, 두광정은 기문판을 전개하여 전쟁의 승패나 인물의 운명을 정밀하게 예측했다고 전한다.

2. 태을수(太乙數)와 천문술

그는 태을신수와 천문관측을 병행하여 국가의 흥망성쇠를 점쳤다. 별자리의 운행과 기후 변화를 연결시켜 민생의 안정을 도모하였다.

3. 풍수와 지리

두광정은 촉 지역 풍수의 대가로 알려졌다. 그의 풍수 이론은 산천형세와 인심(人心)의 상관관계를 중시했으며, 이후 송대 풍수학에 깊은 영향을 끼쳤다.

4. 부적과 도교 방술

그는 부적 제작과 기도 의식에도 뛰어났다. 《도장집요(道藏集要)》에 수록된 많은 부적과 기도문이 그의 저작으로 전해진다. 특히 흉재를 막고 병을 치유하는 부적으로 백성들의 신뢰를 얻었다.

제6장 대표 저술과 학문적 업적

1. 《태상감응편》 주석

그는 《태상감응편》에 대한 주석을 남겨 도교 윤리사상을 대중에게 전파하였다.

2. 《정일법문(正一法文)》

정일도 계통의 법술을 집대성한 저작으로, 도교 의례와 부적, 기도의 체계를 정리하였다.

3. 《신서잡설(神書雜說)》

역술과 도교 신화를 아우른 저술로, 당시 유행하던 천문·풍수·점술 지식을 총망라하였다.

4. 《두광정집》

후대 도교 대장경에 수록된 그의 문집으로, 의례문과 역술서, 풍수서가 다수 포함되어 있다.

제7장 인생 후반과 정치적 역할

1. 오대십국기의 촉(前蜀) 정권 참여

당이 멸망한 후, 그는 전촉(前蜀) 왕조에 초빙되어 황제의 자문관으로 활동했다. 특히 황제의 궁궐 풍수와 의례를 담당하며 국가적 제사와 점술을 주관했다.

2. 노년의 학문과 제자 양성

그는 말년에 청성산에서 제자들을 모아 도교와 역술을 강학하였다. 이 과정에서 많은 제자들이 배출되어 후대 역술학의 계보를 이었다.

제8장 사상과 철학적 기반

두광정의 역술은 단순한 길흉 예측을 넘어 천인합일(天人合一) 사상을 구현하였다. 그는 인간의 운명을 단순한 숙명으로 보지 않고, 도교적 수련과 행덕(行德)을 통해 바꿀 수 있다고 보았다. 이는 후대 명리학과 풍수학에도 계승된 중요한 관점이다.

제9장 제자와 학맥

그의 제자들은 촉 지역과 강남 각지로 퍼져 도교 방술과 역술을 전승했다. 후대 송대 도사들이 남긴 문헌에 따르면, 두광정의 학맥은 정일도(正一道)계통과 기문둔갑 계통에서 중요한 줄기를 형성했다.

제10장 두광정의 생애 연표

- ◆ 850년경: 진주 혹은 촉 지역에서 출생.
- ◆ 860년대: 청성산에서 도교 입문, 역술 공부 시작.
- ◆ 880년대: 당말 사회 혼란기에 역술가로 명성 확립.
- ◆ 900년경: 전촉 왕조 초빙, 궁정 역술과 풍수 담당.
- ◆ 920년대: 청성산에서 제자 양성, 주요 저술 집필.
- ◆ 933년경: 촉 지역에서 입적.

제11장 후대에 끼친 영향

- ◆ 도교 경전 편찬에 기여
  그의 의례와 부적은 송대 《도장》에 수록되어 후대 도사들의 교본이 되었다.

◆ 역술학의 학문적 체계 확립
 기문둔갑, 풍수, 태을신수를 종합적으로 운용하여 하나의 통합적 체계를 구축했다.
◆ 민간 신앙에의 영향
 병을 치유하고 흉재를 막는 부적으로 민간 도교 신앙에 깊숙이 자리했다.

제12장 결론

두광정은 단순히 도사의 범주를 넘어 당말 오대의 지적 혼란기 속에서 인간과 천도를 연결한 역술 철학자였다. 그의 생애와 저술은 도교 방술과 역술의 집대성이며, 후대 중국 역술학의 토대를 놓은 인물로 평가할 수 있다.

강학 장면 삽화

자미두수(紫微斗數) 진단(陳摶) (871?~989?)

제1장 혼돈의 시대, 진단의 출생과 가계

1. 혼란의 시대 속에 태어나다

진단(陳摶, 號: 希夷)은 당(唐)나라 말엽, 약 871년경 하남성 하비(河南省 河內 또는 滑臺, 현 허난성 안양시 일대)에서 태어난 것으로 전해진다. 이는 당 헌종과 경종 사이의 시기로, 안사의 난 이후 당나라의 정치 권위는 급속히 붕괴하고, 지방 절도사들이 난립하던 무정부적 시대였다.

진단이 태어났을 당시 중국은 마치 천하가 여럿으로 쪼개진 듯 각지에서 군웅이 할거하고, 황제의 명은 변방에 미치지 못하고 있었다. 후대의 사람들은 이 시기를 일러 "천지가 어두워지고 성현은 숨어들며, 하늘의 뜻은 혼돈 속에 갇혔다"고 평가하였다.

이러한 시대적 불안정은 진단이 평생 추구하게 될 우주적 질서와 천문역학에 대한 탐구의 씨앗이 되었으며, 그는 그 답을 하늘의 별자리에 찾고자 했다.

2. 진씨 가문과 혈통

진단의 본명은 진단(陳摶) 또는 진박(陳摶), 자(字)는 도남(圖南), 호(號)는 부요자(扶搖子)라 하며, 후세에는 '진단 선생(陳摶先生)', '진단노조(陳摶老祖)' 등으로 불린다. 그는 진씨 가문 중에서도 비교적 유서 깊은 사대부 가문에서 태어난 것으로 전해진다.

그의 조부는 당 현종 시절 관직을 지낸 문신이었으며, 부친은 경사와 낙양 등지에서 교육직에 종사하였다고 한다. 당시 중국에서는 문벌 귀족이 무너지고 새로운 신진 관료들이 떠오르는 전환기였기에, 진단의 가문은 정치권에서 벗어나 학문과 은거의 삶을 택했다.

어린 시절 진단은 집안의 서고에서 천문서와 역서, 주역계통의 문헌을 접하였으며, 일찍이 《주역》과 《황제내경》, 《태현경》, 《감응편》, 《산해경》 등을 정독했다고 한다. 이로 인해 도가적 사고, 음양론, 천인합일 사상에 대한 감수성이 높아졌다.

3. 신동으로 불리던 어린 시절

진단은 매우 총명한 아이였으며, 다섯 살 무렵부터 천문도와 간지를 구별하며 아버지와 논변을 벌였다고 한다. 여덟 살에는 스스로 별자리의 이동을 추적하여 소형 천문도를 손수 그렸다는 일화도 전해진다.

당시 하비 지역은 황하 유역의 중심지로, 다양한 민속 신앙과 천문 역법이 공존하던 문화적 용광로였다. 진단은 이 지역의 도사들로부터 도참과 점복, 역술 전승을 전해들었고, 특히 고대 하은주 시대의 역법이 민간에 잔존한 것을 탐구하며 동양적 시간관에 대한 깊은 사색을 이어갔다.

이 무렵부터 진단은 인간의 삶이 단순히 운수에 따라 정해지는 것이 아니라, "우주적 리듬"에 의해 조율된다는 독자적 세계관을 구축하기 시작했다. 이는 훗날 자미두수의 핵심 철학으로 발전하게 된다.

4 유년기와 첫 번째 입산

청소년기에 접어들면서 진단은 유교적 관직의 길보다는 도가와 역학의 세계에 더욱 매료되었으며, 16세경 결국 부모의 반대를 무릅쓰고 태화산(太華山, 화산)으로 입산하게 된다. 이곳은 당시에도 도가의 중심지 중 하나로, 숱한 은사들이 머무는 수행처였다.

그가 처음 배운 스승은 "장도인(張道人)"이라 전해지며, 장 도인은 노자의 《도덕경》을 중심으로 삼고, 《황극경세서》와 《태을진경》 등과 함께 우주변화론을 가르친 인물이었다. 진단은 이 장도인 아래에서 수년간 기문둔갑, 육임, 천문, 풍수 등의 기초를 익혔으며, 이 시기부터 이미 별자리를 통해 인간의 운명을 추적하는 발상을 구체화해 나갔다.

제2장 한중 변방에서의 수학과 학문 연마

1. 한중지방으로의 유람과 명산 고찰

진단 선생은 화산 입산 이후 도가의 기초를 닦은 뒤, 20세 무렵부터 본격적인 학문 유람에 나섰다. 그는 특히 중국 중서부 지역의 명산과 사찰을 순례하였으며, 한중(漢中) 지방은 그의 지적, 영적 성장의 핵심 무대였다.

한중은 진나라 시절부터 병법과 도가사상이 융합된 전략적 지역이었고, 산세가 험준하여 수많은 은자들이 숨어든 곳이었다. 이곳은 도교의 숨은 고수들과 은사들이 많이 거주하던 지역으로, 진단은 이곳에서 태을도(太乙道), 오행설, 이기론, 진인 내단학 등 다양한 지식을 접하게 되었다.

그는 한중의 산중에서 살던 도인 '허청자(許淸子)'로부터, 고대《태을진경》과《황극경세서》의 내전 이론을 전수받았다고 전해진다. 이 허청자는 "천인합일은 기(氣)를 통함으로 완성되며, 기의 흐름은 천문에 나타난다"고 가르쳤고, 이는 진단이 별자리와 인간 운명을 결합하여 '자미두수'의 근간을 구성하는 결정적 사상적 기반이 되었다.

2. 음양오행과 천문역수의 결합

진단은 이후 약 10여 년간 도가와 음양술수를 체계적으로 연구하였다. 그는 단순한 기문이나 육임의 표면적인 기술에 만족하지 않았고, 다음과 같은 통합적 연구를 시도하였다.

- ◆ 천문학: 북두칠성과 자미궁의 운행 주기, 천구도 및 28수의 위치 이동.
- ◆ 수학과 역법: 간지배열, 월장(月將), 시공합참(時空合參)의 기초.
- ◆ 오행론: 태극·음양·사상·팔괘·십천간·십이지지의 상생상극 순환 구조.
- ◆ 역술기법: 육임신과의 삼원분법, 기문둔갑의 구궁응변법, 그리고 구궁비술.

그는 이 과정을 통해 인간의 삶이 단순한 우연이 아니라, 거대한 천체적 질서와 밀접히 연결되어 있다는 결론에 도달하였다. 그의 사상은 단순한 점술을 넘어서 우주-시간-인간을 삼위일체로 보는 형이상학적 철학 체계였다.

3. 《주역》과의 융합 시도

이 시기 진단은 특히 《주역》의 대성괘, 소성괘 이론을 통하여 자신의 체계를 점점 정밀화하였다. 그는 단순히 64괘를 해석하는 데 그치지 않고, 괘의 생성 원리를 천문학적 시간좌표와 결합시키는 시도를 하였다.

예컨대 북두칠성의 회전을 1원(一元) 129,600년 주기의 대주기 속에 삽입하고, 인간의 일생 역시 대운, 세운, 유년, 일진 단위로 그 천문 리듬에 조응하게 하였다. 이 모든 것은 훗날 자미두수에서 활용되는 '십이궁', '사화국', '천기성좌' 분석의 핵심이 된다.

4. 역대 역법서와의 비교 연구

진단은 고대부터 전해져 오던 다양한 역서—예컨대 《삼식》, 《황극경세서》, 《감룡경》, 《태을신수》, 《기문둔갑》 등을 열람하며, 자신의 역술 체계와 비교하였다. 그는 특히 다음과 같은 관점에서 비판적 분석을 가하였다.

- ◆ 삼식(三式): 태을·기문·육임은 병법에 유용하나 개인의 길흉화복에는 불완전.
- ◆ 감룡경(撼龍經): 풍수적 요소는 탁월하나 시간적 요소가 부족.
- ◆ 기문둔갑: 시공좌표 활용은 탁월하나 내재된 철학이 모호.

이러한 분석을 통해 그는 보다 정교하고 철학적으로도 완비된 인간운명 분석 체계의 필요성을 절감하게 되었다. 그는 이를 위해 인간의 삶을 12궁으로 나누고, 별자리와 시간, 육친론과 오행론을 접목한 새로운 역술 모델의 기초를 잡기 시작했다.

5. 한중 지방의 도인들과의 교유

이 시기 진단은 한중과 낙양, 장안, 종남산, 악산(嶽山) 등지를 유람하며 여러 도인 및 학자들과 교유하였다. 그중에는 도가의 법맥을 이어온 고수 외에도, 불가에서 밀교와 《천태지의》 계통의 스님들과도 교류가 있었다.

특히 종남산의 도인 '이법선(李法仙)'과의 토론은 유명하다. 이들은 9일간 음양과 천문, 생명과 숙명에 대해 치열한 논쟁을 벌였고, 이 대화록은 훗날 《자미명리정종

초고》라 불리는 문헌의 서문 일부로 전해진다.

이 무렵 진단은 사람들에게 점차 '진선생(陳先生)'으로 불리며, 관상, 사주, 택일, 의문점 등에 대한 상담을 받기 시작하였다. 그는 오로지 학문적 검증의 일환으로만 상담을 수용했고, 이를 통해 다양한 사례를 수집하여 자신의 체계를 정립해 나갔다.

제3장 도가에 귀의하다: 화산華山 입산

1. 화산, 신선이 깃든 도맥의 중심

화산(華山)은 중국 도가의 36대 명산 중 으뜸으로 여겨졌으며, '천하제일험(天下第一險)'이라 불리는 험준한 봉우리로, 불가와 도가가 함께 터를 닦은 영산이다. 진단 선생이 청년기 이후 이곳을 중심으로 수행하게 된 데에는 몇 가지 이유가 있다.

첫째는 화산이 북두칠성의 형국과 일치한다는 천문도상 신앙, 둘째는 당나라 때부터 전해져 내려온 '태화파' 도맥이 존속하고 있었기 때문이다. 태화파는 내단학(內丹學), 기문둔갑, 복서(卜筮), 도참(圖讖) 등을 종합적으로 수련하던 수행 공동체였으며, 비밀리에 고대 역술 전승을 보존하고 있었다.

진단은 한중 지방에서의 수행 연마를 마치고, 30세가 되던 해인 약 900년경, 다시 화산으로 돌아왔다. 그는 이곳에서 본격적으로 은둔 수행의 길에 접어든다.

2. 태화파 입문과 도가의 정통 계승

진단은 화산 북봉의 고찰인 '태일암(太一庵)'에 머물며 수행을 시작했고, 이곳의 문주였던 '왕진정(王眞精)' 도인 아래에서 도가 정전(正傳)의 내전(內傳)과 비전(秘傳)을 전수받았다. 왕진정은 "천문은 외형, 기는 본체, 혼백은 중간"이라 하며, 인간 운명을 분석하는 역학은 외형(천문)과 본체(기), 그리고 중간자(인간)를 동시에 고려해야 한다고 강조하였다. 진단은 이를 토대로 자신의 체계—곧 '자미두수'의 토대를 다지기 시작하였다.

3. 심신 수련과 내단도(內丹道)의 정밀화

진단은 단순히 이론서 연구에 그치지 않고, 매일 심야에는 별자리를 관측하며 별자리의 이동과 육십갑자에 따라 기운이 어떻게 바뀌는지를 기록하였다. 또한 도가의 심신 수련 체계인 내단도(內丹道)를 철저히 익혔는데, 그는 세 가지 단법(丹法)을 실천했다고 전해진다.

- ◆ 조식법(調息法): 호흡 조절을 통한 기의 순환.
- ◆ 좌선법(坐禪法): 정좌를 통한 정신집중과 뇌파 제어.
- ◆ 통기법(通氣法): 경락과 장부의 흐름을 인식하고 변화시킴.

이 수련은 단지 건강이나 불로장생의 목적이 아닌, '하늘의 기운을 체득'하고 이를 사람의 운명 변화에 적용하려는 목적이었다. 진단은 이를 통해 자신의 육체와 정신을 우주적 리듬에 맞추는 훈련을 계속해 나갔다.

4. 자미궁에 대한 천문학적 탐사

이 시기 진단은 북두칠성의 선미에 해당하는 별자리 즉, '자미궁(紫微宮)'에 특히 주목하였다. 자미는 '자색의 극궁'이라는 뜻으로, 황제의 거처에 해당하는 천상 궁궐이며, 하늘의 중심에 위치한다. 중국 고대에서 자미궁은 천자(天子)의 운명과 직접 연결된다고 믿어졌고, 이는 역법과 점성술에서 가장 신성한 좌표였다.

진단은 자미궁을 중심으로 별자리의 변화가 어떻게 인간의 운명에 반영되는지를 수없이 실측하고 기록하였다. 이를 바탕으로 그는 기존의 십간십이지나 오행론에만 의존한 운세 분석의 한계를 넘어서, 우주 공간의 별자리 배치가 인간 운세에 끼치는 영향을 체계적으로 분석하려 하였다.

이 발상은 기존의 사주명리학(四柱命理學)과 차별되는 새로운 체계로서, 훗날 자미두수의 출발점이 된다.

5. 황제선법과의 접촉

진단은 40세 전후, 화산에서 머무는 동안 또 다른 전설적 인물인 "허공자(虛空

子)"를 만났다고 한다. 그는 '황제선법(黃帝仙法)'이라는 고대 도가 계열의 비전 체계를 전승한 은자였으며,《황제내경》과《삼황내전》등의 원문 구절을 기반으로 인체와 별자리의 대응성을 가르쳤다.

허공자의 가르침에 따라 진단은 사람의 신체-특히 장부(臟腑)와 정기(精氣)-와 천체 운행의 주기를 연계하여 해석하는 방식을 개발하였다. 예를 들어 다음과 같은 대응 체계가 형성되었다.

- ◆ 자미궁 → 심포(心包) → 감성, 권위, 수명
- ◆ 천기성 → 간(肝) → 결단, 명예, 도전
- ◆ 탐랑성 → 폐(肺) → 변화, 손재, 술수
- ◆ 천량성 → 신(腎) → 생식, 재운, 조상운

이러한 천문-인체 대응 이론은 자미두수에서 '명궁', '복덕궁', '관록궁' 등 12궁 체계로 분화되어 정교한 분석을 가능케 한다.

제4장 선기옥형과의 만남과 고대 역술 전승의 계승

1. 전설적인 '선기옥형(仙機玉衡)'의 전해짐

진단 선생의 역학 체계가 완성되어 가던 중, 그 사상의 핵심적 전환을 가져온 사건은 이른바 '선기옥형(仙機玉衡)'이라 불리는 고대 천문비결서를 접한 것이다. 이는 후대의 자미두수 계통에서 "자미원본(紫微原本)" 혹은 "옥형비전(玉衡秘傳)"으로 불리며, 정통 도가의 내밀 전승으로 전해진다.

전설에 따르면, 선기옥형은 황제 헌원씨가 천상으로부터 계시를 받아 정리한 천문 수리(數理) 비전으로, 원래는《태일진경》계열의 극비 문헌이었다. 진단은 화산의 은사 '허공자'로부터 그 사본 일부를 전해 받았으며, 이 순간을 생애 가장 신령한 전환기로 기록하고 있다.

"옥형이 내 손에 돌아오니, 하늘의 틀이 내 가슴으로 들어왔도다."

－《화산자기문(華山自記文)》

2. 선기옥형의 구조와 사상

선기옥형은 단순한 천문도나 점성술 이론이 아니라, 별자리, 시간, 육친론, 내단론, 관상, 풍수 등을 아우르는 복합적 체계였다. 이 문헌은 다음과 같은 핵심 내용을 담고 있었다.

- ◆ 북두칠성 외 115개의 주성(主星)에 대한 속성과 운행주기.
- ◆ 12궁(命宮, 財帛宮, 官祿宮, 父母宮 등)의 배치 원리.
- ◆ 육친(부모, 자녀, 형제, 배우자, 자신)에 대한 별 대응성.
- ◆ 운세의 흐름: 대운(大運), 세운(歲運), 유년(流年), 일진(日辰).
- ◆ 자시(子時)를 기준으로 하는 명궁 설정과 천기 해석.

진단은 이 내용을 바탕으로, 자신이 화산과 한중지방에서 연구하던 내용을 총괄하여 새롭고 정교한 역술 체계를 정립하게 된다. 이 체계가 바로 자미두수(紫微斗數)로 발전하게 된다.

3. 자미두수 명칭의 유래

'자미두수'라는 명칭은 처음에는 진단의 문하에서 '자미법(紫微法)' 또는 '천기수법(天機數法)' 등으로 불리다가, 훗날 그의 제자들이 정식으로 '자미두수'라 이름 붙였다.

- ◆ 紫微(자미): 북극성 근처의 자미궁, 천자의 별자리.
- ◆ 斗數(두수): 북두칠성의 위치와 운행을 기준으로 한 수리 체계.

이는 곧 '자미성의 움직임과 북두칠성의 수리법을 바탕으로, 인간의 길흉화복을 판단하는 역술 체계'라는 뜻이다.

진단은 이 체계를 정식으로 세우고, 별자리의 구성과 궁의 분배, 운세 흐름의 구조를 문헌으로 남기기 시작한다. 이는 후세의 자미두수 전승자들에게 '초조(初祖)'의 지위를 부여받게 되는 계기가 된다.

4. 자미두수의 철학적 구조

　자미두수는 단순한 점술이 아니라, 진단 선생이 일생 동안 닦아온 도가철학과 천문지리학, 그리고 내단수련을 모두 집대성한 체계였다. 주요 철학적 기조는 다음과 같다.

- ◆ 천인합일(天人合一): 인간은 우주의 일부이며, 별자리의 변화는 인간 내면에도 작용한다.
- ◆ 성명수리(星命數理): 별은 단순히 물리적 존재가 아니라, 형이상학적 상징이며 수리적 구조를 통해 운세를 표현한다.
- ◆ 십이궁의 구조와 분리: 인간의 삶은 12가지 기능적 궁(宮)으로 나뉘며, 각 궁에 배치된 별자리에 따라 성향과 운세가 결정된다.
- ◆ 육친의 분화: 각 인생 관계(부모, 형제, 자식, 배우자 등)는 특정 별들과 대응되며, 그 구성에 따라 인간관계와 갈등, 복이 설명된다.
- ◆ 운세의 흐름: 인간의 운세는 정체된 것이 아니라, '대운-세운-유년-일운'의 흐름 속에서 변화하며, 그것은 별자리의 배열과 함께 예측 가능하다.

5. 자미두수 초고의 정리

　진단은 이 철학을 바탕으로 화산 북봉의 '소운암(小雲庵)'에 머물며, 문하생들과 함께 《자미두수초고(紫微斗數草稿)》를 정리하였다. 이 초고는 12궁의 명칭, 108개 별의 속성, 육친 배치도, 대운·세운·월운의 구분, 사화국(四化局)의 구성 방식 등을 상세히 담고 있었다.

　또한, 이 초고에는 다음과 같은 기본 도해와 해석법이 포함되어 있었다.

- ◆ 천기판(天機板): 별의 배치를 시각화한 12궁 배열도
- ◆ 사화배치도(四化配置圖): 화록·화권·화과·화기의 관계도
- ◆ 육친망(六親網): 인연의 얽힘을 도식화한 운명구조망

이러한 기초 자료들은 후세의 자미두수 유파—특히 명청대에 이르러서는 청도판, 양성판, 도중판 등으로 이어지는 다양한 판본의 시초가 되었다.

제5장 자미두수의 탄생: 천문역법의 정수

1. 자미두수 체계의 정식화

진단 선생은 화산에서의 수십 년 간의 내공과 사색, 관측과 실험을 토대로 마침내 자신만의 독자적인 운명 분석 체계를 완성한다. 이것이 바로 자미두수(紫微斗數)이다. 자미두수는 단순히 천문점성학에 기초한 것이 아니라, 중국 고대의 우주관과 음양오행, 인간 삶의 윤리를 정교하게 결합한 종합적 체계였다.

그가 확립한 자미두수의 중심 원리는 다음과 같았다.

- ◆ 명궁 중심 체계
  사람의 생시(年月日時) 중 특히 출생 시각(時辰)을 중심으로 하여 명궁(命宮)을 정하고, 이를 기점으로 십이궁(十二宮)을 설정한다.
- ◆ 주성(主星)과 부성(副星)의 배치
  총 108개의 별들을 주성(14성)과 부성으로 나누어 각 궁에 배치한다.
- ◆ 사화체계(四化體系)
  화록(祿), 화권(權), 화과(科), 화기(忌)의 네 가지 작용을 부여하여 별과 궁의 작용을 입체적으로 분석.
- ◆ 대운·세운·유년운 분석법
  생년을 기준으로 대운(10년), 세운(1년), 유년(한해 내의 흐름)을 설정하여 개인의 운세 흐름을 체계적으로 파악.

◆ 육친궁 배정
부모궁, 형제궁, 자식궁, 배우자궁 등 인간관계를 구체화하고, 궁 안에 배치된 별들의 조합을 통해 각 관계의 양상을 추론.

2. 자미두수의 실용성과 우수성

자미두수는 고대 역술 체계 중에서도 가장 '입체적 분석'에 특화되어 있다. 다른 사주명리학이나 기문둔갑, 육임 등은 시간 중심 혹은 방위 중심의 일차원적 분석 체계였던 반면, 자미두수는 시공간의 구조를 입체적으로 배열하고, 별의 성격과 상호 작용, 사화, 궁합 등을 종합하여 해석하는 고차원적 체계였다.

진단은 이 체계가 다음과 같은 점에서 특히 우수하다고 보았다.

◆ 한 사람의 삶을 입체적으로 서술할 수 있다.
단순히 성격이나 운세만을 말하는 것이 아니라, 가족관계, 직업운, 건강운, 인연, 재물, 관직, 해외활동 등 전방위적 분석이 가능하다.
◆ 시간의 흐름 속 변화 포착이 가능.
대운, 세운, 유년운, 일진 등 다단계 흐름을 분석함으로써, 사건 발생 시기와 전환점을 짚어낼 수 있다.
◆ 성격 분석과 진로 예측이 정밀.
명궁과 관록궁, 천기성, 천량성, 탐랑성 등의 배치로 개인의 기질, 사고 방식, 적성, 역량을 분석할 수 있다.

3. 화산에서의 자미두수 전수

자미두수의 체계를 완성한 이후, 진단은 화산의 소운암에서 제자들을 받아 본격적으로 학문을 전수하기 시작하였다. 그는 다음과 같은 원칙으로 문도를 지도하였다.

◆ 천문은 외형(象), 내단은 본질(體), 역술은 응용(用)
세 가지 모두를 갖추어야 진정한 도통자라 할 수 있다.

◆ 자미두수는 '알려주는 학문'이 아니라 '깨우치게 하는 학문'이다.
단순한 점괘나 예언에 의존하는 것이 아니라, 스스로의 운명을 이해하고 극복할 수 있는 도구로 삼아야 한다.

제자들 가운데에는 문헌에 남은 이름은 많지 않지만, 후세 자미두수 계통에서는 다음과 같은 인물들이 진단의 문하에서 계승자로 전해진다.

◉ 이천문(李天文): 운세 해석의 방식과 궁도 배치의 원리를 정리.
◉ 노자현(盧子玄): 자미두수의 문헌 체계를 기록하고 정리.
◉ 고운영(高雲影): 실제 사례 중심의 상담과 응용 분석에 능함.

이들은 후세의 송대, 명대 자미두수 판본의 근간이 되었다.

4. 자미두수와 주역의 통합

진단 선생은 자미두수의 해석력을 한층 고양하기 위해, 《주역》과의 통합적 분석도 시도하였다. 그는 64괘와 자미궁 간의 대응 관계를 설정하고, 괘의 상징성과 별의 속성을 조합하여 다음과 같은 대입 체계를 제안하였다.

◆ 건(乾) → 자미(紫微) → 황제의 자리, 권위, 명예, 주도성.
◆ 곤(坤) → 천기(天機) → 사고, 전략, 모성성, 내부역량.
◆ 진(震) → 탐랑(貪狼) → 욕망, 투쟁, 시작, 변화.
◆ 손(巽) → 천량(天梁) → 융통, 귀감, 명예, 연륜.

이러한 방식은 자미두수에 주역적 사고를 접목시킴으로써, 보다 철학적 해석과 예언력을 강화한 체계로 완성되었다.

5. 자미두수의 사회적 확산

진단 선생이 화산에서 문도들을 통해 자미두수를 전파하면서, 이 체계는 점차 북중국 일대를 중심으로 퍼져나가기 시작하였다. 초기에는 은둔형 도인들과 제도권에서 벗어난 역술가들 사이에서 비밀리에 전수되었지만, 송나라의 건국 이후 정식으로 학문으로 인정받게 된다.

이는 진단이 송 태조 조광윤과 교류하며 국사적 지위를 얻은 데에 기인하며, 다음 장에서 자세히 서술하겠다.

제6장 자미두수의 철학: 성명, 수명, 군왕론

1. 인간 운명의 본질에 대한 철학적 탐구

자미두수를 단순한 예언 체계로 여기는 후세와 달리, 진단 선생은 그것을 '도(道)를 깨우치는 통로'로 보았다. 그는 인간의 삶이란 하늘의 운행 원리와 똑같은 리듬으로 움직이며, 인간 역시 그 우주의 일부로서 자신의 궤도를 갖고 있다고 보았다.

그의 명언 중 하나는 다음과 같다.

"별이 돌 듯 인간도 운행한다. 별이 조화를 이루면 길(吉)하고, 충돌하면 흉(凶)하다. 그 원리는 다르지 않다." －《진단유고(陳摶遺稿)》

진단은 자미두수의 철학을 크게 다음의 세 가지 영역으로 나누었다.

2. 성명론(性命論): 타고난 기질과 명운

'성명론'은 인간의 타고난 성질(性)과 운명(命)을 분석하는 철학으로, 진단은 이 두 개념을 다음과 같이 구분하였다.

- ◆ 性(성): 하늘이 부여한 본연의 기질, 기초적 성정과 사고의 패턴.
- ◆ 命(명): 태어난 시각과 공간에 따라 결정된 일생의 외부 환경, 흐름.

그는 성은 자미궁(紫微宮)과 관록궁(官祿宮)의 주성[配置]를 통해 파악하고, 명은 대운과 세운의 흐름을 통해 가늠하였다.

예를 들어, 자미·천기성 등이 명궁에 위치한 경우, 그는 그 사람의 본성이 고귀하고 철학적이며 자율적이라 판단하였다. 반대로 탐랑, 칠살성 등이 주성으로 배치된 경우, 과단성은 있지만 불안정한 인생의 리듬을 타고 났다고 해석하였다.

진단은 이 분석을 통해 인간이 자기 자신의 기질을 이해하고, 자기 운명의 흐름을 자각하고 개선하는 것이 진정한 '명리(命理)'의 길이라고 보았다.

3. 수명론(壽命論): 인간 수명의 길흉 변화

자미두수는 당시로서는 드물게 '수명론'을 본격적으로 다루었다. 진단은 명궁, 복덕궁, 질액궁(疾厄宮), 천기성 등의 배치를 종합하여 인간의 수명을 판단하였으며, 특히 다음의 조건들을 주의 깊게 살폈다.

- ◆ 천기성과 천량성이 명궁·질액궁에 위치 시 장수(長壽) 경향.
- ◆ 탐랑성, 칠살성, 화기성이 과도할 경우 단명 가능성.
- ◆ 부모궁과의 연계성으로 조상운, 조기고아 여부 판단.
- ◆ 化祿, 化權, 化科가 골고루 분포된 자는 수명 안정.
- ◆ 化忌가 명궁 혹은 질액궁에 중첩될 경우 위험신호.

그는 한 인간의 수명이 고정된 운명이 아니라, '조화'의 정도에 따라 변화될 수 있는 것이라 강조하였다. 실제로 그는 건강 관리, 기혈순환, 심법 수행 등으로 인간 수명을 연장할 수 있다고 보았고, 이는 내단학과의 융합적 사유이기도 했다.

4. 군왕론(君王論): 자미두수와 국운(國運)의 관계

진단은 자미두수를 통해 단지 개인의 운명만을 본 것이 아니었다. 그는 제왕의 명궁과 국운의 흐름도 분석하였으며, 그것을 '군왕론'이라 불렀다.

그는 중국 역대 군주들의 탄생 시각과 천문 기상을 분석하여 그 왕조의 흥망성쇠를 다음과 같은 체계로 분류하였다.

군주	명궁 구성	왕조의 운명
진시황	자미+천부+화권	강력한 통치력, 단기적 폭압의 극치
유방(한고조)	탐랑+화록+천상성	비천 출신이지만 대기만성, 은혜정치
조광윤(송태조)	자미+천기+화과+천량	균형 잡힌 덕치와 무력의 조화, 개국운 길

진단은 조광윤의 명궁과 국운을 분석하고, 그가 천명을 이어받은 군왕임을 직언했으며, 이는 후에 송나라에서 그가 국사로 예우 받게 되는 배경이 된다.

5. 도학(道學)과의 융합: 천도와 인도의 조화

진단은 자미두수를 단순히 현실적 문제를 해결하는 수단으로 삼지 않고, 도학(道學)의 실천 방편으로 삼았다. 그는 다음과 같이 서술하였다.

"별은 길흉을 가르치는 도구가 아니라, 인생을 성찰케 하는 거울이다."

그에게 있어 자미두수는 하늘의 질서를 배우고, 그것을 통해 인간이 본성을 다스리고, 올바르게 살아가며, 나아가 천명(天命)에 순응하는 도덕적 삶의 지침서였다.

따라서 그는 점술을 직업으로 삼거나 돈을 받고 예언하는 것을 금기시했으며, 그의 문하에서도 무속이나 상업적 예언을 추구하는 자는 엄히 배척하였다.

제7장 역술가에서 국사로: 송 태조 조광윤과의 인연

1. 혼란의 오대십국, 송나라의 여명

진단 선생이 활약하던 당말(唐末)~오대십국기(五代十國期)는 중국 역사상 가장 극심한 분열기 중 하나였다. 당(唐)의 붕괴 이후 후량(後梁), 후당(後唐), 후진(後晉), 후한(後漢), 후주(後周) 등 다섯 왕조가 북중국을 교체하며 지배했고, 남쪽엔 초, 민, 오, 오월, 남당 등의 지방 정권이 난립했다.

이러한 격동의 시대 속에서, 진단은 줄곧 정치와 권력을 멀리하며 화산과 중원 일대를 떠돌며 은거하였다. 하지만 그가 정점의 명성에 이르게 되는 계기는 바로 '조광윤(趙匡胤)'과의 운명적 조우였다. 조광윤은 후주의 장군이었으나, 960년 진교의 변(陳橋之變)을 통해 군사적 지지를 얻고 스스로 송나라(宋)를 창건하였다.

이때 진단은 이미 90세를 넘긴 원로로, 역술가를 넘어 천문철학자이자 도덕적 스승으로서의 명성을 떨치고 있었다.

2. 조광윤과의 첫 만남

조광윤은 등극 직후, "천하를 다스릴 도를 구하겠다"며 전국의 숨어 있는 고인을 찾아 초빙하였다. 이때 송조의 대신들이 진단의 명성을 듣고 화산으로 사자를 보내 그를 초빙하였는데, 진단은 다음과 같은 유묵(遺墨)을 남겼다.

"성인이 아니면 섬기지 않으며, 길이 아니면 나가지 않는다."
-《화산유유록(華山悠悠錄)》

그러나 조광윤은 직접 화산을 찾아 진단 선생을 알현하였다. 이들의 첫 대화는 전설처럼 전해진다.

조광윤: "성인께서는 하늘의 뜻을 아십니까?"
진단: "하늘이 뜻을 주려면, 그릇이 있어야지요."

조광윤은 이 말에 깊은 감명을 받고, 즉시 진단을 국사(國師)의 자리에 올리려 하였으나, 진단은 단호히 거절하며 한 가지 조건을 내건다.

"궁궐에 들지 않겠노라. 내가 오직 원할 것은 학문의 전파요, 하늘의 도리를 백성에게 알리는 것이다."

이리하여 진단은 형식상 국사로 봉해졌으되, 실제로는 도읍을 떠나 살며 도가적 삶을 유지하였다.

3. 황실에 진단이 전한 조언

조광윤은 이후에도 종종 진단에게 사람을 보내어 정사의 큰 방향을 물었으며,

진단은 주로 자미두수를 바탕으로 하여 국운의 흐름, 민심의 동향, 군주의 도리를 상기시키는 서신을 보냈다.

진단의 주요 조언 중 대표적인 내용은 다음과 같다.

- ◆ "왕도는 금기(禁忌)를 세우는 데 있지 않고, 백성을 편히 하는 데 있다."
- ◆ "별은 말이 없지만, 그 움직임은 거짓이 없노라."
- ◆ "왕은 자미성의 화체요, 신하는 천량성의 복체니, 서로 조화하지 않으면 나라가 기울 것이리라."

그는 권력 집중을 경계하고, 도덕과 법치의 균형을 강조했으며, 궁극적으로는 군주의 덕(德)이 천문 변화에 영향을 미친다고 보았다. 이러한 사고는 《자미두수》의 '덕성구국(德星救國)' 이론으로 이어진다.

4. 진단과 송나라 황실의 교류

조광윤은 진단에게 여러 차례 자문을 청하였고, 진단은 각 황자(皇子)의 명궁을 분석하여 제왕으로서의 자질을 평가해 주었다. 특히 조광윤은 둘째 아들 조광의(趙光義, 훗날 송 태종)의 명궁 배치를 묻자, 진단은 다음과 같이 예언했다고 전한다.

"명궁에 자미가 들고, 재백궁에 천부가 있으니, 성정은 엄정하고 명철하다. 형(兄)의 자리를 이을 가능성이 있다."

이 예언은 실제로 실현되었고, 조광의는 형의 뒤를 이어 송 태종이 되었다. 이로 인해 진단은 황실에서도 예언의 대가, 천문 선현(先賢)으로 추앙받게 된다.

5. 국사 진단의 사회적 영향

진단의 명성이 널리 퍼지며, 자미두수는 민간에도 영향을 미치기 시작했다. 특히 다음과 같은 계층에서 자미두수에 관심을 가졌다.

- ◆ 지식인: 도가적 사유와 철학적 깊이에 감탄.
- ◆ 무장과 장군들: 운세 분석을 통한 병법적 통찰에 활용.

- ◆ 상인: 투자 시기와 상거래의 운을 판단.
- ◆ 평민들: 인생의 흐름을 이해하고 자녀의 진로를 조언 받음.

자미두수는 단순한 점술이 아니라, '삶을 읽는 학문', '인생을 통합적으로 보는 렌즈'로 받아들여졌다.

6. 말년의 은거와 조정으로부터의 독립

국사로 봉해졌음에도 진단은 결코 조정에 출사하지 않았다. 그는 황실의 예우는 받되, 궁궐을 단 한 번도 드나들지 않았으며, "화산은 나의 조정이며, 하늘은 나의 황제"라는 말을 남기고 계속 은거생활을 유지했다.

그는 송 태조 이후에도 몇 차례 황실로부터의 초빙을 받았으나, 모두 정중히 사양하였다. 그는 사람들 앞에 스스로를 이렇게 설명하였다.

"나는 도인이자, 천문가요, 또 역술인이지만, 무엇보다 한 사람의 인간으로 살고자 한다."

이러한 태도는 진단을 단순한 역술가나 예언자가 아닌, 도학의 완성자, 삶의 철학자, 자연과 인생을 조화롭게 통합한 존재로 각인시켰다.

제8장 화산의 노도인: 제자 교육과 후진 양성

1. "나는 천하의 도맥을 맡은 자일뿐이다"

진단 선생은 국사로 추대된 이후에도 결코 궁중에 머물지 않고, 화산(華山)의 은거를 고수하였다. 이 시기 그는 생애의 후반부, 즉 90대에서 100세를 넘긴 장수의 나이에 접어들면서도 여전히 학문을 정리하고, 제자를 길러냈다.

그는 스스로를 "노도인(老道人)"이라 칭하며, 제자들에게 자미두수뿐만 아니라 도가 철학, 내단학, 풍수, 천문학 등을 총체적으로 가르쳤다. 그의 교육철학은 다음의 세 가지 원칙으로 요약된다.

◆ 도(道) 없이는 술(術)도 없다.
　수리(數理)와 기법을 익히기 전에 도리를 알아야 한다.
◆ 별의 운행을 알되, 사람의 슬픔을 먼저 알라.
　자미두수는 사람을 위한 학문이지, 점복을 위한 기술이 아니다.
◆ 세상에 나아가 돕되, 도를 잃지 말라.
　출세나 부귀보다 중요한 것은, 하늘에 합당한 삶이다.

2. 화산 내 소운암(小雲庵)의 강학 공간

　진단이 직접 제자들을 가르친 장소는 화산 북봉의 소운암(小雲庵)이라는 암자였다. 이곳은 그가 자미두수의 원형을 정리한 장소이자, 제자들을 양성한 도장이기도 하다. 소운암은 북두칠성과 자미궁을 바라볼 수 있는 위치에 지어졌으며, 천문관측에 최적화된 지형을 가지고 있었다.

　제자들은 밤마다 별을 관측하고, 낮에는 진단에게 자미판(紫微盤)을 펼쳐 질문을 올렸다. 진단은 때로는 점성해석을 도표로 설명하고, 때로는 명리철학을《도덕경》과 연결시켜 설파하였다.

　이 과정은 단순한 교육이 아니라, 스승과 제자 간의 철학적 교감이었으며, 화산은 하나의 도학공동체, 우주철학 실험소로 변모하였다.

3. 대표적인 제자들과 그들의 활동

　진단 선생의 문하에는 수십 명의 제자들이 있었으며, 그 중 역사에 남은 주요 인물은 다음과 같다.

◉ 노자현(盧子玄)
　◆《자미비결》이라는 소책자를 편찬함.
　◆ 자미두수 이론을 민간용으로 정리하여 보급함.
　◆ 산동지역에서 활동하며 "북방 자미파"의 선구자로 평가됨.
◉ 고운영(高雲影)
　◆ 자미궁 해석에 능했고, 108성의 상세 해설서인《자미십팔화해(紫微十八化

解)》를 정리함.
- ◆ 화기성(忌)의 작용을 중심으로 하는 '화해법(化解法)'의 창시자.
- ◉ 이천문(李天文)
  - ◆ 대운·세운 구성방식을 세분화하고, 운세의 흐름을 음양의 파동으로 설명함.
  - ◆ 송대 자미판 형식의 기초가 되었으며, 후세 청도판(靑圖版)의 선조로 평가됨.

이들은 진단의 사상을 전수받아 후세 자미두수의 여러 유파를 형성했으며, 진단은 생전에 이를 다음과 같이 평하였다.
"나는 하나의 줄기를 낳았고, 제자들은 그 가지를 피웠다. 숲은 나무를 낳지만, 나무는 스스로 자란다."

4. 도법과 술수의 분리 지도

진단은 제자 교육에서 '도법'과 '술수'의 분리를 엄격히 강조했다. 그는 도법(道法)은 천리와 인간의 심성을 탐구하는 학문이며, 술수(術數)는 그것을 표현하고 응용하는 기술에 불과하다고 가르쳤다.

- ◆ 도법 교육: 《도덕경》, 《황극경세서》, 《주역》, 《내단경》 등을 바탕으로 인간의 본성, 천리, 수양법을 강론.
- ◆ 술수 교육: 자미두수의 명궁 배열, 사화기 분석, 육친궁 해석법, 자미판 작성 등 실전 기법을 전수.

그는 기술에만 탐닉하여 인간에 대한 자각이 없는 자를 질타하였고, 도를 모르고 점을 보는 자는 "밤하늘을 등지고 그림자만 보는 자"라고 비유했다.

5. 자미두수 문헌 정리의 마지막 작업

진단은 생애 말년까지 제자들과 함께 자미두수 관련 문헌을 체계적으로 정리하였다. 주요 문헌은 다음과 같다.

- 《자미명리대전(紫微命理大全)》: 전체 체계에 대한 해설.
- 《천문오성통해(天文五星通解)》: 108성의 속성과 작용 설명.
- 《궁도법칙요(宮度法則要)》: 12궁의 해석 규칙 및 사례 정리.
- 《화기응변첩(化忌應變帖)》: 흉성 분석과 해법 요약.

이 중 다수는 필사본으로 전해지다 후세에 이르러 '자미두수 원류(原流)'라 불리게 된다.

6. 후학들에게 남긴 유언과 가르침

진단 선생은 말년에 제자들에게 이렇게 당부하였다.

"별을 보되, 사람의 눈을 잊지 마라. 하늘을 읽되, 사람의 고통을 기억하라. 자미두수는 도를 실천하는 거울이어야지, 점쟁이의 장사 도구가 되어서는 안 된다."

이러한 가르침은 이후 자미두수의 정신으로 계승되었고, 그의 학문은 단순한 예언술을 넘어선 철학적 인생학으로 확장된다.

제9장 진단 선생의 말년과 신선 설화

1. 백세를 넘긴 노대인의 기상

진단 선생은 중국 역대 철인 가운데서도 가장 장수한 인물 중 하나로 꼽힌다. 후세의 전설과 기록에 따르면 그는 최소 104세에서 118세까지 생존한 것으로 전해지며, 말년에 이르기까지도 사색과 강학을 쉬지 않았다. 이는 단순한 체질의 문제라기보다, 오랜 도수(道數)와 내단법(內丹法), 그리고 무욕청심(無欲淸心)의 삶 덕분으로 해석된다.

그는 100세가 넘은 시점에도 다음과 같이 말하였다.

"기운은 산천에서 나오고, 마음은 무심에서 생긴다. 나의 수명은 하늘에 속한 것이 아니라, 도(道)에 속한 것이다."

그의 생애는 바로 '도가 생명을 조율하는 실제의 사례'로 후세 도인들과 역술가들에게 전설로 회자되었다.

2. 마지막 설법: 자미두수의 본뜻

진단 선생은 생애 마지막 시기, 다시 한번 자미두수의 진의를 제자들에게 강조하였다. 그는 이 체계가 단지 길흉화복을 알려주는 '점술'이 아니라, 삶을 바라보는 총체적 렌즈이며, 우주 속에서 자신의 위치를 파악하게 하는 명리(命理)의 철학이라고 역설하였다.

그는 다음의 말을 자주 남겼다.

"사람이 자기의 별을 보면, 자기를 알게 되고, 자기를 알게 되면 남을 용서할 수 있다."

그가 말년에 남긴 가르침은 이후 도가뿐 아니라 불가, 유가 학자들에게까지 영향을 주었으며, 자미두수의 윤리적, 철학적 기반으로 자리 잡게 된다.

3. 입멸과 '풍화장' 전설

진단 선생의 입멸(入滅, 사망)에 대해서는 여러 전설이 있다. 정설에 따르면 그는 화산 북봉 소운암에서 조용히 입적하였으며, 제자들이 지켜보는 가운데 좌선 상태에서 호흡을 멈췄다고 한다.

또한 다음과 같은 전설도 전해진다.

- ◆ 입멸 당시 온 산이 별처럼 빛났으며, 7일 동안 별자리의 움직임이 정지한 듯 느껴졌다.
- ◆ 새벽이 되자 그의 육신은 서서히 사라지고, 옷과 지팡이만 남았으며, 이는 '풍화장(風化葬)'의 형식이었다는 기록이 있다.
- ◆ 그의 유품 가운데는 《자미십이궁결(紫微十二宮訣)》이라는 천문해석 문헌이 있었으며, 이는 훗날 명나라 때 재발견되었다고 전해진다.

이러한 전설은 그가 단순한 철인이 아닌 신선(神仙)으로 승화되었음을 암시하며, 후세에서 그를 '진단노조(陳摶老祖)'로 부르게 된 계기가 된다.

4. 신선화의 상징과 불사 신앙

진단은 사후, 도교 신선계열의 불사(不死) 상징으로 자리 잡았다. 특히 도교에서 중시하는 8선(八仙) 전통과 더불어 '은거 신선', '자미성군(紫微星君)'의 화신으로 신격화되었고, 실제로 명청 시대 도교 경전에 등장하는 '진단도군(陳摶道君)'은 그의 신격화된 모습이다.

일부 지역에서는 그를 모시는 '진단묘(陳摶廟)'가 세워졌으며, 특히 하남성 일대와 화산에는 그를 도조(道祖)의 반열에 올리는 사당과 비문이 전해지고 있다.

5. 《진단선사어록》의 편찬

그의 제자들이 사후에 정리한 어록과 문헌 가운데 다음의 주요 저술들이 있다.

- ◆ 《진단선사어록(陳摶禪語)》: 제자와의 문답, 사상적 고백, 자미두수 철학의 요약.
- ◆ 《화산유지(華山遺志)》: 수행 기록, 내단법 요약, 수행 도해.
- ◆ 《자미두수발현기》: 자미두수의 철학적 뿌리와 별자리 상징 해석.
- ◆ 《명궁십문(命宮十問)》: 명궁에 대한 열 가지 핵심 질의응답.

이 문헌들은 이후 송·원·명대 자미두수 계통 전승에 결정적인 영향을 끼쳤고, 진단 선생의 사상과 철학이 살아 있는 형태로 후세에 전달되었다.

6. 생애를 마무리하며

진단 선생은 단순한 역술가가 아니었다. 그는 별의 움직임을 따라 인간의 길흉을 예측하는 데 그치지 않고, 천문과 인문, 철학과 의술, 도법과 내단을 종합하여 하나의 '삶의 도(道)'를 구현한 인물이었다.

그는 생전에 한 번도 궁중의 권력에 탐하지 않았고, 늘 산천에 머물며 인간과 우주 사이의 조화를 추구하였다. 그의 생애는 하늘과 사람, 자연과 운명 사이의 관계를 끊임없이 묻고 실천한 삶의 기록이었으며, 자미두수는 그 철학의 결정체였다.

제10장 진단 이후의 자미두수 전승과 역사적 영향

1. 진단 이후의 전승 맥락

진단 선생이 입멸한 이후, 그의 제자들은 자미두수의 가르침을 각각의 지역과 시대 환경에 맞게 전파하였다. 그는 특정한 교단이나 종파를 세우지 않았지만, 문하생들은 자신들의 사승(師承)을 정리하며 유파를 형성하였고, 자미두수는 점차 '숨은 지식인의 학문'에서 공공 학술의 장으로 발전하였다.

자미두수는 당초에는 도가 수행자들의 전유물로 여겨졌으나, 송나라 중엽 이후에는 사대부, 유학자, 군주, 의사, 군사, 상인 등 다양한 계층으로 확산되었다.

2. 송·원대의 발전과 문헌 정리

◈ 송대: 체계적 정리와 고전화
- ◆ 송 인종 이후 자미두수는 국정 자문에까지 활용되기 시작했다.
- ◆ 사대부 계층이 《자미두수요결(紫微斗數要訣)》, 《천기비해(天機祕解)》 등의 문헌을 정리하였고, 철학적 해설이 첨가되었다.
- ◆ 서긍(徐兢), 장우(張遇) 등은 자미두수를 유학적 사유와 통합하려 하였고, 성리학과 명리학의 교차점이 생성되었다.

◈ 원대: 불교·도가 융합과 신비화
- ◆ 원대에는 불가의 밀교와 자미두수가 접목되면서 형이상학적 해석이 부각되었다.
- ◆ 《자미진전(紫微眞傳)》, 《묘험두수(妙驗斗數)》 등의 문헌이 등장.
- ◆ 자미두수가 오행을 넘어 '영(靈)'과 '신(神)'의 작용까지 해석하는 신비주의적 체계로 확장되기도 하였다.

3. 명·청대의 황금기

자미두수는 명대 중기부터 청대 말기까지 극도로 세분화되고 다양화된 형태로 발전하였다. 이 시기에는 지역별·기법별로 수많은 유파가 등장하였다.

◈ 주요 유파와 특징

유파명	중심 인물	특징
청도파(青圖派)	이천문의 후손들	전통 자미판 원형 계승, 고전주의
양성파(陽城派)	노자현 계통	민간 실전 위주, 간결한 해석
도중파(道中派)	고운영 제자들	도법과 내단 결합, 수행과 예측 통합
상해실용파	청말 변방 역술가들	상업적 활용 위주, 택일·혼인 중심

◈ 문헌 정리와 보급
- ◆ 《자미두수통전(紫微斗數通典)》, 《자미대전(紫微大全)》, 《태을자미경(太乙紫微經)》 등 방대한 집대성 문헌들이 편찬됨.
- ◆ 목판본과 활판본의 확산으로 지방에서도 학습 가능해짐.
- ◆ 명대의 강희제는 자미두수를 황궁의 공식 참조 역법으로 잠정 채택한 바 있다.

4. 현대 중국과 동아시아에서의 수용

◈ 중국 본토
- ◆ 문화대혁명 당시 모든 전통 역술이 탄압되며 자미두수 역시 금기시되었으나, 개혁개방 이후 재 부흥.
- ◆ 현재 중국 역술연구소와 대학 내 민속학·철학과에서 관련 논문 다수 발표.
- ◆ 일부 지방에서는 도가 종단에서 여전히 '진단 선생'을 제사하며 자미두수 교육 지속.

◈ 대만·홍콩·동남아
- ◆ 홍콩과 대만에서는 자미두수가 현대화된 방식으로 광범위하게 활용.
  예: 혼인 택일, 자녀교육 적성 분석, 부동산 운세, 정치인 운세 예측 등.
- ◆ 대만의 자미두수 거장 여운명(余運明), 진기정(陳其正) 등의 계열이 대중화 선도.

◈ 한국·일본
- ◆ 조선 후기에 일부 도교·유학계통으로 전래됨. 다만 명리학보다 덜 알려졌음.

- ◆ 최근 1990년대 이후 자미두수 관련 서적, 인터넷 강의, 실전 교육이 활발해짐.
- ◆ 일본에서는 '시오도메학파(汐留派)'를 통해 메이지 이후 점성술적 해석에 접목.

5. 자미두수의 오늘: 철학으로서의 의미

진단 선생이 남긴 자미두수는 단순한 점술 체계를 넘어서 우주와 인간의 관계를 통찰하는 도구, 삶의 설계도를 읽는 철학으로 자리잡았다. 자미두수는 오늘날 다음과 같은 철학적 함의를 갖는다.

- ◆ 자기인식(Self-awareness): 인간은 자신의 운명 구조를 아는 것으로부터 자유와 책임을 얻는다.
- ◆ 우주관(Cosmic view): 개인은 거대한 우주 운행 속의 일부이며, 자연과 조화를 이룰 때 길을 얻는다.
- ◆ 윤리적 삶(Ethical life): 운명을 알되 거기에 함몰되지 않고, 덕으로 극복하는 삶을 지향한다.

진단 선생은 말년에 이렇게 말했다고 전한다.
"별이 그대를 말해주되, 그대는 스스로를 만들어야 한다."

이 한 문장은, 자미두수가 단지 '점치는 기술'이 아니라, 삶의 방향을 묻는 철학적 나침반이라는 것을 보여준다.

▣ 맺음말

진단 선생, 즉 陳摶(진단노조)은 단지 중국 역술사에서 한 명의 거장이 아니다. 그는 우주와 인간, 삶과 시간, 도와 수(術)를 통합한 도철(道哲)이자, 실천하는 천문가이며, 삶을 해석하는 인간학자였다.

　그가 남긴 자미두수는 단순한 예언이 아니라, 사람과 하늘의 연결고리를 읽고, 사람 안에 있는 '길'과 '시간의 기운'을 자각하게 하는 도구다.

　오늘날에도 우리는 그의 이름을 부르며 여전히 별을 바라본다.

　그 별자리 속에 우리 각자의 운명과 삶의 진실이, 조용히 흘러가고 있다.

사색과 수련

자미판의 연구

해섬산인비결(海蟾山人秘訣) 유해(劉海) (宋代 初?~?)

제1장 서론: 송나라 초의 시대적 배경과 역술의 위상

송나라 초기(10세기 후반~11세기 초)는 당나라 말기의 혼란을 수습하고 비교적 안정된 질서를 구축한 시기였다. 당말오대(唐末五代)의 전란으로 인해 민심은 불안했고, 정치와 사회 제도의 변화가 급속히 이루어졌다. 이 시기에 사람들은 천명(天命)과 운명에 대한 갈망이 컸으며, 도가(道家)와 불교, 그리고 역학(易學)과 술수학(術數學)이 크게 유행했다.

그중에서도 삼식(三式)이라 불린 기문둔갑(奇門遁甲), 태을신수(太乙神數), 육임신과(六壬神課)는 최고 수준의 역술로 평가되었다. 육임신과는 오행(五行)과 천간지지(天干地支), 십이신살(十二神煞), 그리고 시공간의 변화를 종합하여 길흉을 판단하는 술법으로, 국가 군사 전략, 제왕의 정치적 판단, 민간 점술 등 다양한 영역에서 활용되었다.

이러한 시대적 흐름 속에서 송나라 초기 역술가 유해(劉海·劉海蟾) 선생은 등장한다. 그는 육임신과의 대가로서 널리 명성을 떨쳤을 뿐 아니라, 민간 신앙과 도교적 전통에도 깊게 관여하며, 중국 역술사에서 독특한 위상을 차지하게 된다. 후대에 이르러 그는 단순한 역술가가 아닌, 도교적 성현(聖賢)으로 숭앙받아 '해선(海仙)', 혹은 '유해선(劉海仙)'으로 불리며 전설적 인물로 자리매김하였다.

제2장 유해 선생의 출생과 가계

1. 출생 배경

유해의 생몰연대에 대해서는 정확한 사료가 전하지 않으나, 전승에 따르면 그는 송나라 개국 초년(10세기 후반) 하북성(河北省) 혹은 산서성(山西省) 일대에서 태어났다고 한다. 그의 가문은 세대를 이어 유학(儒學)과 도학(道學)을 아우른 집안으로, 문필과 술수를 함께 연구하는 전통이 있었다.

부친은 경학(經學)에 밝아 지방 관리로 봉직하였고, 모친은 불교적 신심이 깊은 여인이었다. 어린 시절부터 그는 천문(天文)과 지리(地理), 음양오행의 이치에 큰 흥미를 보였다.

2. 소년 시절의 학문

유해는 10세 전후에 이미 《주역(周易)》과 《황제내경(黃帝內經)》을 접했으며, 특히 《주역》의 괘상 해석에 탁월한 재능을 보였다. 15세 무렵에는 지역에서 유명한 도사에게 사사하여 육임신과의 기초를 배우기 시작했다.

그의 스승은 당말의 술수학 전통을 이어받은 유하혜(劉夏惠) 계통의 제자였다고 전한다. 따라서 유해는 당대의 비술적 전통과 송나라 초의 새로운 학문적 분위기를 모두 흡수하며 성장하였다.

제3장 수련과 방랑의 시기

1. 도가적 수련

청년기의 유해는 속세를 떠나 도관(道觀)에 들어가 심신을 수련하며, 역술과 내단술(內丹術)을 함께 닦았다. 그는 금단술(金丹術)에는 큰 관심을 두지 않았으나, 인간 운명의 변화와 시공간의 상호작용에 큰 매혹을 느꼈다.

이 과정에서 그는 육임신과를 체계적으로 익혔으며, 천문관측과 지리풍수에도 능통해졌다.

2. 방랑과 실전 경험

20세 전후의 그는 각지로 방랑하며 사람들의 길흉화복을 점쳐 주었다. 당시 전란 이후의 사회는 불안정했기에 그의 점술은 민심을 안정시키는 역할을 하였다. 특히 그는 전쟁의 승패, 농사의 풍흉, 가문의 길흉 등을 정확히 예측하여 큰 명성을 얻었다.

그의 점술은 단순한 길흉 판단에 그치지 않고, 해결책과 행동지침을 함께 제시하는 실용적 성격을 띠었기 때문에 지방 유지와 군벌, 심지어 조정의 관리들까지도 그의 조언을 구했다.

제4장 육임신과 대가로서의 명성

1. 육임신과의 정밀한 활용

유해의 점술의 핵심은 육임신과였다. 육임신과는 12지지와 10천간, 그리고 '삼전(三傳)'과 '사과(四課)'의 구조를 통해 길흉을 판별하는데, 그는 이를 정밀하게 해석하여 당시 사람들에게 놀라운 결과를 보여주었다.

그는 육임신과를 단순한 예언술로만 보지 않고, 자연의 이치와 인간의 도리를 일치시키는 도가적 철학으로 승화시켰다. 따라서 그의 점술은 단순히 "된다/안 된다"의 답이 아니라, 천인합일(天人合一)의 원리에 따른 충고였다.

2. 대표적인 점술 사례

◆ 송 태조 조광윤(趙匡胤)과의 인연
 전승에 따르면 유해는 젊은 시절 조광윤이 북벌을 준비하던 시기에 그에게 군사적 길흉을 점쳐주었다. 그는 "천시가 열렸으니, 천명을 잡을 자가 따로 없다"라고 하여 조광윤이 크게 신임했다고 한다.

◆ 민간 기근 구제
 한 해에는 큰 가뭄이 들었는데, 유해는 풍수와 천문을 살펴 우물 파야 할 지점을 알려 주어 실제로 샘물이 솟아, 백성들이 그를 '해신(海神)의 화신'이라 불렀다는 이야기가 전한다.

제5장 도교적 전승과 신화적 색채

1. 해선(海仙) 전승

후대에 유해는 단순한 역술가를 넘어, 도교적 신선(神仙)으로 추앙되었다. 그는 '해선(海仙)'이라는 이름으로 민간에 널리 퍼졌으며, 특히 삼족두꺼비(三足蟾蜍)를 거느리는 신선으로 그려졌다.

삼족두꺼비는 재물과 복을 상징하는데, 이는 유해가 백성들의 가난을 구제하고, 물길을 열어 풍요를 가져온 인물로 기억되었기 때문이다.

2. 민간 신앙과 결합

송대 이후 유해는 부적(符籍)과 점서(占書)의 수호신으로까지 숭앙받았으며, 특히 상업 번성, 재물 증가를 기원하는 재신(財神) 계통의 신격과도 연결되었다.

이 때문에 중국 민간에서는 오늘날까지도 '유해선'이 재운을 불러오는 도교 신선으로 모셔지고 있다.

제6장 학문적 저술과 영향

1. 유해의 저술

전승에 따르면 유해는 《해섬산인비결(海蟾山人秘訣)》이라는 역술서를 남겼다고 한다. 이 책은 육임신과의 심오한 이치를 풀어내고, 실제 사례를 통해 응용법을 제시한 것으로 알려져 있다.

또한 《해선비결(海仙秘訣)》이라는 저작도 전해지는데, 이는 풍수와 인생 길흉을 종합적으로 서술한 비기(秘記)였다. 다만 원본은 전란으로 소실되었고, 후대에 일부 단편만 전해진다.

2. 후대 역술가들에게 끼친 영향

유해의 점술 체계는 송대 이후 육임신과 학파에 큰 영향을 주었고, 원·명·청을 거쳐 삼식학(三式學) 연구자들의 교과서처럼 인용되었다. 특히 그는 이론과 실전을 겸비한 인물로 존경받았다.

제7장 제자와 학맥

유해는 제자를 많이 길렀으며, 그중 몇몇은 송대 역술의 중심 인물이 되었다. 대표적으로 장수정(張守貞), 왕자경(王子敬) 등이 알려져 있다.

그의 학맥은 후대의 명나라 만육오(萬育吾), 청나라의 임철초(林鐵初) 등에게까지 영향을 끼쳤다고 전승된다.

제8장 노년과 입적

유해는 노년에 속세의 명예를 버리고 산중에 은거하며 점술과 강학을 계속했다. 그는 자신을 찾아온 이들에게 "운명을 보는 것은 천도를 따르되, 사람의 마음을 교정하는 데 목적이 있다"라 가르쳤다.

그의 입적에 대해서는 설이 분분하다. 일부 전승에 따르면, 그는 80세를 넘겨 산중에서 조용히 세상을 떠났으며, 제자들은 그를 신선으로 모셔 도관에 위패를 봉안했다고 한다.

제9장 후대의 평가와 문화적 유산

◆ 역술적 위상: 육임신과의 대가로서, 그는 중국 역술사의 중요한 연결고리로 평가된다.

- ◆ 도교 신격으로의 승화: 그의 인격과 행적은 후대에 신선화되어, 오늘날까지도 재신(財神)으로 숭배된다.
- ◆ 민속적 상징성: '삼족두꺼비와 함께하는 유해선'의 이미지는 오늘날 중국 민간 풍속과 상업 번영의 상징으로 남아 있다.

제10장 유해 선생 연표

연대	사건
20세 전후	방랑하며 점술 실전, 민간과 군벌에게 명성 획득
송 태조 즉위기	조광윤(송 태조)에게 군사적 길흉을 점쳐줌
중년기	《해섬산인비결》 저술, 제자 양성 및 전국적 명성
노년기	산중에 은거, 점술과 강학 지속
입적 후	민간에서 해선(海仙)으로 숭앙, 재신(財神) 신격과 결합

제11장 《해섬산인비결 海蟾山人秘訣》 장별 해설

※ 이 책은 전승에 의하면, 유해 선생의 육임신과 비결서로 전해지며, 원본은 소실되었으나 후대의 구전과 단편 기록을 토대로 구성되어 있다고 한다.

1. 서론: 천인합일(天人合一)의 원리

- ◆ 내용: 우주의 운행과 인간의 삶은 서로 연결되어 있으며, 육임신과는 하늘과 사람의 기운을 조율하는 도구임을 밝힘.
- ◆ 핵심 사상: 운명은 정해진 것이 아니라, 시공간의 기운을 이해하고 조화를 이루면 바꿀 수 있음.

2. 사과(四課)와 삼전(三傳)의 운용

◆ 내용: 육임신과의 핵심 구조인 사과(四課)와 삼전(三傳)을 상세히 해설.
◆ 사과: 하늘의 의지를 나타냄.
◆ 삼전: 인간 행위와 결과를 상징.
◆ 특징: 유해는 이 체계를 군사·정치뿐 아니라 민생에도 적용할 수 있음을 강조.

3. 길흉화복의 판단

◆ 내용: 전쟁의 승패, 농사의 풍흉, 가문의 길흉 등을 점치는 법 제시.
◆ 사례: "하늘의 기운이 불길하나, 땅의 기운이 이를 보완한다면 길할 수 있다" 와 같은 구체적 해석.
◆ 특징: 단순한 예언이 아니라, 위기 속에서 해법을 찾도록 유도.

4. 풍수와 지리의 보조적 역할

◆ 내용: 육임신과와 풍수를 결합하여 물길과 산세를 보는 법.
◆ 사례: 우물을 파야 할 장소, 집터의 흉길 여부 등을 점술과 함께 제시.
◆ 중요성: 백성들이 실제로 기근을 극복할 수 있도록 돕는 실천적 지침.

5. 인간 운명의 교정

◆ 내용: 개인의 성격, 기질, 덕행에 따라 운명이 변화함을 강조.
◆ 사상적 기반: 유교적 윤리와 도가적 무위자연의 조화.
◆ 핵심 구절: "길흉은 하늘에 있지 않고, 사람의 마음에 있다."

6. 부적(符)과 의례

◆ 내용: 특정 상황에서 운을 보조하기 위한 부적 사용법과 의례.
◆ 특징: 점술 결과가 흉할 경우, 기도·의례·부적을 통해 화를 경감시키는 방법 제시.
◆ 도교적 색채: 이 장에서 유해가 후대에 '해선(海仙)'으로 신격화되는 단서가 마련됨.

7. 결론: 운명을 넘어서는 도
- ◆ 내용: 육임신과의 목적은 길흉을 아는 데 그치지 않고, 인간이 도(道)에 합하는 삶을 살도록 인도하는 데 있음.
- ◆ 후세 영향: 송대 이후 학자들과 역술가들이 《해섬산인비결》을 삼식 연구의 기본 경전으로 삼음.

제12장 결론: 역사와 신화의 경계에 선 인물

유해(유해섬) 선생은 송나라 초기 역술의 대가이자, 민간 신앙 속에서 재물을 불러오는 신선으로 전승된 인물이다. 그의 삶은 역사와 전설이 교차하는 영역에 놓여 있으며, 육임신과의 발전사에서 결코 빼놓을 수 없는 존재이다.

그는 단순한 점술가가 아니라, 백성을 구제하고 세상에 도움을 준 도가적 성현으로 기억되었으며, 오늘날까지도 '유해선'이라는 이름으로 중국의 풍속과 신앙 속에 살아 숨쉬고 있다.

강학 장면

연파조수가(煙波釣叟歌) 조보(趙普)(922~992)

제1장 서언: 조보와 《연파조수가》의 역사적 의의

조보(趙普)는 중국 오대십국 말기와 북송 초기에 활약한 문신, 정치가, 그리고 역술·명리 연구가로, 송나라의 개국공신으로도 이름이 높았다. 그가 편찬한 《연파조수가(煙波釣叟歌)》는 오랜 기간 비전되어 내려오던 수리명리·음양오행 분파해석 체계의 정리된 형태로서, 역술학 내 조파(趙派)의 시조적 위치를 확립하였다.

《연파조수가》는 단순한 점서가 아니라, 수리명리의 기원부터 분파 및 전승체계, 실제 적용 예시와 노구비결(老句秘訣)을 운율에 맞춰 체계화한 교본으로, 오늘날까지도 음양명리 실전학파 내 중요한 참조서로 여겨지고 있다.

제2장 가계와 출생

조보는 922년 하남성(河南省) 낙양부(洛陽府)에서 태어났다. 본관은 하동(河東), 자는 공지(公智). 가문은 진한(晉漢) 시절부터 이어져 온 서얼 가문이었으나, 부친 조자강(趙子剛)은 서책을 좋아하여 학문이 깊었고, 당시 낙양 일대 술사(術士)·유생들과 교류하며 음양오행의 지식을 자연스럽게 아들에게 전하였다.

조보가 8세 때 부친이 향리의 농사와 천문역산으로 가세를 이어갔으며, 조보는 어려서부터 관상, 육임, 태을, 기문둔갑 등 다양한 역법에 호기심을 보였다. 이러한 환경이 훗날 《연파조수가》 편찬에 큰 밑거름이 되었다.

제3장 청년 시절과 태조 조광윤과의 인연

청년 시절 조보는 낙양과 개봉 사이를 오가며 학문과 병법, 역술을 배웠다. 당시 오대십국의 혼란 속에서 조광윤(趙匡胤, 후의 송 태조)을 만났다. 조보는 조광윤에게 "붉은 기운이 북쪽으로 향하는 것은 제왕지기(帝王之氣)"라 예언하였으며, 조광윤은 이를 깊이 새겼다.

이 시기 조보는 《주역(周易)》과 《황극경세서(皇極經世書)》, 《태을수(太乙數)》 등을 연구하며 자신만의 음양명리 체계를 발전시키기 시작했고, "수리명리에서 분파(分派)가 갈리되 그 본원은 하나"라는 사상을 정립하였다.

제4장 북송 건국과 권신으로의 부상

960년, 조광윤이 북송을 건국하자 조보는 공신으로 기용되어 시중, 참지정사(參知政事) 등의 요직을 거쳤다. 특히 개봉(開封)에 역학서고(易學書庫)를 설립, 서민과 선비들이 역법을 연구할 수 있도록 책을 보급하였다.

이때 조보는 《연파조수가》의 초고를 작성하여 태조에게 바쳤으며, "이는 삼식(三式)과 오행(五行)을 근본으로 하여 백성들의 농사, 상업, 일상 점사에 활용할 수 있는 노구(老句) 비결"이라 설명하였다. 태조는 이를 높이 사서 국가적 차원의 천문역산 및 군사 행정 참고 자료로 활용하게 하였다.

제5장 《연파조수가》의 편찬과 완성

《연파조수가》는 조보가 평생 연구해 온 태을수·기문둔갑·육임·명리의 분파적 해설을 200여 수의 운문으로 엮은 비결서로, 조보는 이를 다음의 4단계로 구분해 체계화하였다.

◆ 수리명리의 기원과 음양오행 기초
◆ 분파와 학파의 전승 경로
◆ 구체적 적용 예시(농상, 병점, 궁합, 택일)
◆ 노구비결(老句秘訣)과 실전 사례

특히 "조파명리(趙派命理)"라 불리는 수리법은 음양의 일합, 지지(地支)의 길흉화복, 연월일시(年月日時)의 운기 흐름을 독자적 수치 배열법으로 정리하여, 후대 명리학자들의 실전법에도 큰 영향을 끼쳤다.

제6장 만년의 강학과 후학 양성

조보는 만년에 벼슬을 사퇴하고 낙양 외곽에 은거하며 후학을 양성하였다. 주된 제자로는 왕극(王克), 유수(劉秀), 전굉(錢宏) 등이 있으며, 이들은 《연파조수가》의 해설과 실전 강학을 전국에 전파하였다.

조보는 "하늘은 한계를 짓지 않으며, 사람은 이치를 통하면 바꿀 수 있다(天無定數, 人能通之則變)"라는 말을 후학들에게 자주 전하며, 음양명리의 실전적 활용을 강조하였다.

제7장 사망과 영향

조보는 992년 71세의 나이로 세상을 떠났다. 그의 죽음 이후 《연파조수가》는 일부 제자들을 통해 필사본으로만 전해졌으며, 명나라 말기부터 청나라 초기에 재각(再刻)되어 본격적으로 대중에 보급되었다.

이 책은 후대 음양명리 학자들에게 큰 영향을 주어, 육임점, 기문둔갑 실전술, 음양택일, 명리분파 등의 실제 사례 활용법의 표준이 되었으며, 오늘날까지 "조파조수(趙派祖數)"라 불리며 실전 역술인의 암기 교본으로 사용되고 있다.

제8장 《연파조수가》의 사상과 특징

《연파조수가》의 특징은 다음과 같다.

- ◆ 수리명리 분파 해설의 최초 체계화.
- ◆ 음양오행, 육임, 태을, 기문둔갑의 결합 활용.
- ◆ 각론마다 예시를 두어 실제 적용 가능하도록 함.
- ◆ 길흉화복의 변화는 사람의 노력으로 바꿀 수 있다는 사상 강조.
- ◆ 운문 형식으로 암송과 실전에 활용이 용이.

이는 귀곡자(鬼谷子)의 수리사상, 황극경세서의 천도관, 주역의 음양변화 이론이 결합된 종합적 역술실전서로 평가받는다.

제9장 후대 전승과 영향

조보의 학통은 송·원·명·청을 거쳐 청대 말기까지 수리명리 실전술의 표준으로 전해졌다. 특히 명나라 말기와 청나라 초기에 편찬된 《명리정종(命理正宗)》, 《적천수(滴天髓)》 등에서 조보의 수리 배열법과 음양 해석 방식이 인용되었으며, "조파구결(趙派口訣)"이라는 이름으로도 불렸다.

조보는 학자이자 정치가였으나, 실질적으로는 수리명리 실전술의 대가이자 체계화의 시조로서, 중국 역술사의 중요한 전환점 역할을 하였다.

■ 맺음말

조보 선생과 《연파조수가》는 단순한 점서와 이론의 차원을 넘어, 실제 생활 속에서 음양명리의 이치를 적용하여 백성의 삶을 도운 실천적 학문이었다. 그가 남긴 "天無定數, 人能通之則變"이라는 말처럼, 길흉화복은 하늘의 뜻만이 아니라 사람의 행동과 준비에 따라 변할 수 있다는 가르침은 오늘날에도 깊은 울림을 준다.

　조보 선생은 혼란의 시대 속에서 역학의 원리를 탐구하고, 그것을 실전과 생활 속에서 활용할 수 있도록 정리한 실천적 학자로,《연파조수가》는 그 결실로서, 중국 음양명리 실전학의 뿌리 깊은 기반을 마련한 위대한 저작으로 자리매김하고 있다.

인물 삽화

황극경세서(皇極經世書) 소옹(邵雍)(1011~1077)

- 북송의 성리학자, 우주론자, 그리고 철학의 거장 -

제1장 시대의 서막: 혼돈의 송나라와 새로운 지식의 모색

1. 북송의 지적 풍토와 정치 배경

중국 역사에서 북송(北宋, 960~1127)은 문화와 학술이 꽃피운 시기이자, 한편으로는 국가 기강이 무너지고 민생이 불안정했던 격변의 시대였다. 태조 조광윤(趙匡胤)이 무력으로 오대십국의 혼란을 평정하고 송나라를 창건한 이래, 문치주의(文治主義)를 중심으로 문학, 철학, 예술이 장려되었다. 그러나 군사력이 약화되고 관료 체계의 부패가 만연해지는 가운데, 지방은 분열되고 민심은 요동쳤다.

이러한 시대적 상황 속에서 새로운 이념, 새로운 질서, 새로운 철학에 대한 요구는 날로 높아져 갔다. 사람들은 '하늘의 뜻'(天命)이 어디에 있는지를 물었고, 도교의 신선설(神仙說), 불교의 공사상(空思想), 유교의 예제질서(禮制秩序) 속에서 그 해답을 찾고자 했다. 그러나 그 어떤 것도 시대의 혼란을 명쾌히 해소해주지는 못했다.

바로 이 시점에서, 시대의 거대한 흐름과 민심의 동요 속에 '하늘의 법칙'을 인간의 이성으로 설명하고자 했던 철학자들이 등장한다. 이들은 우주와 인간, 자연과 문명 사이의 상관관계를 '이치'(理)와 '수'(數)를 통해 풀어내려 했으며, 그 중심에 소강절(邵康節)이라는 걸출한 사상가가 있었다.

2. 유교의 부활과 신도교 사상의 확산

당나라 이후 유교는 불교와 도교에 밀려 주류 사상으로서의 입지를 상실했다. 송대에 이르러 다시 유학의 복권을 꾀하는 흐름이 형성되었으며, 이는 훗날 정주리학(程朱理學)의 탄생으로 이어진다. 그러나 초기 송대에는 여전히 불교와 도교가 민간과 사대부 지식인 계층 모두에게 큰 영향을 미치고 있었다.

불교는 특히 천태종과 화엄종 중심으로 세계의 본질을 공(空)으로 설명하며, 생사윤회와 업보설로 인간 존재의 궁극을 규명하고자 했다. 도교는 《도덕경》과 《장자》의 무위자연 사상을 계승하며, 신선술·장생술·방술 등을 통해 초월적 존재로 나아가려는 시도를 보여주었다. 이러한 가운데 송대에는 '신도교'(新道敎)라 불리는 민간 중심의 신비적 도참사상이 유행했고, 왕필(王弼)의 '역(易) 철학'을 바탕으로 수리예측가(數理豫測家)와 예언가들이 활약하였다.

이러한 흐름 속에서 소강절은 철저하게 유학의 기반 위에서 출발했지만, 그 사상은 오히려 천문·수리·역학을 통한 우주론적 철학으로 깊이 확장되었다. 그는 단순한 유학자의 범주를 넘어서, 고대 이래의 천문과 수학, 음양오행의 전통을 통합하여 '수리형이상학'이라는 독자적 영역을 개척하게 된다.

3. 후천문명론의 맹아

소강절의 사상은 단순히 예언이나 점술의 차원에서 이해되어서는 안 된다. 그가 궁극적으로 지향한 것은 인류 문명의 변화 주기와 인간사회의 도덕적 질서를 '천도'(天道)라는 원리 속에서 해석하고자 하는 시도였다. 이 사상은 후일 "황극경세"라는 명제 아래 더욱 선명하게 나타난다.

소강절이 보기에, 모든 것은 천도에 의해 운행되며 그 안에 질서와 수가 존재한다. 음양이 교차하며 오행이 순환하는 우주 질서 속에서, 인간 또한 일정한 주기와 흐름 속에 놓여 있다. 그는 "선천(先天)은 하늘의 뜻이요, 후천(後天)은 인간의 길이다"라고 설파하며, '선천'의 운행을 깨달은 자만이 '후천'의 문명을 세울 수 있다고 보았다.

이러한 철학은 이후 《황극경세서》의 "수세도(數世圖)"와 "용세결(用世訣)"에 구체적으로 표현되며, 동양 우주론의 정수라 할 수 있는 정밀한 시대 분석으로 발전하게 된다.

제2장 출생과 가계: 하북지방의 청렴한 문사 집안

1. 소씨 가문의 계보와 유서

소강절, 본명 소옹(邵雍, 號:康節)은 북송 진종 연간, 하북(河北) 지역의 낙양 부근 범수(范水, 지금의 하남성 안양시)에서 태어났다. 그의 부친은 소연(邵遠)으로, 학식과 도덕이 뛰어난 지방 문사로 명망이 높았으며, 유가적 품성과 절의로 널리 존경을 받았다.

소씨 가문은 본래 당대부터 문사 가문으로, 강직하고 검소한 유학의 전통을 중시했다. 특히 조상을 모시는 예법과 충효의 덕을 중시하여, 집안 분위기 자체가 엄정한 학문 수양의 장이었다. 이러한 유풍은 자연스럽게 소옹의 정신세계에 깊이 스며들게 되었고, 그는 어린 시절부터 남달리 총명하고 학문에 대한 열의가 강했다.

부친 소연은 아들이 세상과 타협하지 않고 도만 추구하는 길을 걷기를 바랐다. 그래서 서당이나 관학보다 자연과 고서를 벗 삼아 스스로 깨우치는 독학의 길을 권유하였다. 이러한 교육 방식은 훗날 소강절의 '독립적 우주론자'로서의 성격을 형성하는 데 큰 영향을 끼쳤다.

2. 소강절의 출생과 유년기의 기이한 징조

소옹이 태어날 무렵, 집안에는 이상한 조짐들이 연이어 나타났다고 한다. 어떤 날 밤에는 방 안 가득한 기이한 향기와 미풍이 감돌았고, 새벽에는 하늘에서 청백색 빛줄기가 소씨 가옥 위에 머물렀다고 전한다. 이러한 현상을 마을 사람들은 '성현의 기운이 깃든 아이가 태어난 것'이라 여겼고, 이는 곧 소옹이 자라며 보여준 특별한 지적 감수성으로 확인되었다.

유년기의 소옹은 말을 조리 있게 하고 기억력이 비상했으며, 특히 숫자와 기하에 뛰어난 재능을 보였다. 일반적인 유생 아동들이 시문과 논어에 몰두할 때, 그는 천문도와 역경, 그리고 수학적 계산에 몰두했다. 오경보다 하도낙서(河圖洛書), 시경보다 괘상(卦象)을 즐긴 것이다.

또한 그는 어린 시절부터 자연 속에서 명상하는 것을 좋아했다. 계곡의 물소리, 별의 운행, 해와 달의 교차, 바람과 구름의 변화 등을 보고 '이 속에 하늘의 뜻이 숨어 있다'는 직관을 키웠다. 이는 후일《매화역수》와《황극경세서》의 근간이 되는 '감응(感應)'의 철학과 맞닿아 있었다.

3. 어린 시절의 천문·역리·음양오행에 대한 관심

그의 나이 겨우 열두 살이었을 때, 이미《역경》의 전괘(全卦)를 해독하고 스스로 괘상을 구성해보는 데 몰두했다고 한다. 주변 어른들은 '저 아이는 땅의 책보다 하늘의 책을 먼저 본다'며 감탄을 금치 못했다. 그는 유학의 4서 5경보다, 도가의《도덕경》, 음양가의《황제내경》, 그리고 주역의 원리 속에 깊이 빠져 있었다.

소강절은 종교나 이단적 사상보다는, '세상 이치의 본체'를 궁구하려는 학문적 호기심에서 출발했다. 그는 감각과 신앙보다 '수학과 도형'에 입각한 설명을 통해 우주를 해석하고자 했다. 이러한 경향은 그가 어릴 때부터 모든 사물에 수적 상징을 부여하고 그것이 무엇을 나타내는지를 스스로 해석하는 습관으로 나타났다.

예를 들어, 비가 오는 날엔 괘상으로 '수택절(兌卦)'의 변화를 분석하고, 바람이 부는 날엔 '풍천소축(巽卦)'의 세세한 음양을 관찰하며 혼자 일기예보처럼 미래를 예측하곤 했다. 또한 손바닥, 산의 형세, 마을의 배치 등을 보고 길흉을 유추해내는 재주도 있었다. 이른바 '천부적 도참의 감각'이었던 것이다.

소강절은 또래 아이들과 어울리기보다는, 대나무 숲이나 개울가에서 괘도를 그리거나, 돌멩이를 배열하며 수리적 상징체계를 실험하는 데 시간을 보내곤 했다. 마치 아이가 아니라 이미 한 명의 철학자 같았다는 일화는, 후일 그를 회고한 제자들에 의해 전해진다.

제3장 독학과 수련: 강호를 떠돌며 우주의 도를 구하다

1. 학문적 방랑과 고승, 도사와의 교류

소강절은 공식적인 관학(官學) 교육보다는, 도가적 자유와 유가적 자율을 융합한 독학 중심의 길을 선택했다. 젊은 시절 그는 하북과 하남을 중심으로 여러 지역을 유람하며, 산림 고승과 숲속 은자, 방외 도사들과 교류하였다. 특히 천문, 음양,

역리, 도참에 정통한 도사들과의 만남은 그의 사상을 결정짓는 데 큰 영향을 끼쳤다.

그는 북송 산문(山門) 불교의 대표 인물들과도 교류하였는데, 이들은 공사상(空思想)과 마음의 해탈을 강조하며 우주의 본질을 탐구하였다. 그러나 소강절은 불교가 지나치게 내면에 머물러 현실 정치와 사회 질서를 설명하지 못한다고 보았고, 점차 그들과는 거리감을 두게 된다.

대신 그는 도교의 '도참'과 '수리 역학'에 큰 관심을 보였고, 특히 장백산 부근에서 만난 도사(이름 미상)로부터 '하도낙서(河圖洛書)'의 비결을 전수받았다고 한다. 이때부터 그는 본격적으로 수와 괘(卦)를 이용해 하늘의 이치를 계산하고, 역사와 문명의 주기를 읽는 훈련을 시작했다. 이 시기 기록은 남아있지 않으나, 훗날 《황극경세서》에 나타나는 상수역학(象數易學)의 정교함은 이때 다져진 기초를 반영한다.

2. 하남 땅의 장안현 정착과 수도적 삶

30세 무렵, 그는 하남성 장안현(長安縣, 지금의 하남성 맹현)에 거처를 정하고 강학과 저술에 집중하는 은둔자의 길을 걷게 된다. 소강절의 집은 좁고 소박했으며, 문에는 "一室乾坤"이라 적힌 편액이 걸려 있었다. 이는 '한 칸 방 속에 천지가 들어있다'는 뜻으로, 우주와 인생의 모든 이치를 작고 단순한 삶 속에서 체득하고자 하는 그의 철학을 상징했다.

이 시기 그는 이른바 '도법자연'의 자세로 천문을 살피고, 물소리를 들으며 괘를 세우고, 인간의 길흉화복을 수리적 구조로 분석하는 삶을 살았다. 마을 사람들은 그를 '은자 선생'이라 불렀고, 때때로 찾아오는 제자들에게 무위의 도(道), 수의 원리, 괘상의 의미를 설파했다.

그는 새벽녘이면 일어나 북두칠성을 관찰하고, 밤이면 촛불 아래에서 수세도(數世圖)를 그렸다. 낮에는 농부들과 대화를 나누며 민심의 흐름을 읽었고, 비 오는 날엔 물길의 형상을 따라 지형의 운세를 분석했다. 그의 일상 자체가 도와 역리, 그리고 철학이었다.

또한, 그는 장안현 인근에서 활동하던 도교 제자들과 교류하면서 수세술(數世術)과 도참도(圖讖圖)를 비교 연구하였고, 이를 통해 수천 년 중국의 역사 주기가 일정한 수(數)로 정리될 수 있다는 확신을 굳히게 된다. 이 과정에서 《황극경세서》의 뼈대가 구상되기 시작하였다.

3. 천문, 역법, 도참의 깊은 통찰을 얻다

소강절은 단순히 음양오행이나 괘상에 머무르지 않고, 이를 수학적 구조로 해석하고자 했다. 그는 '하도낙서'를 바탕으로 수의 체계(1~10의 배열), 괘의 변화(64괘의 동정), 천문현상(일식, 월식, 별자리 이동) 등을 관찰하면서, 우주의 운행이 일정한 수의 리듬을 따른다는 점에 주목했다.

특히 그는 별자리의 운행을 통해 왕조의 흥망을 예측하려 하였으며, 역사서와 천문기록을 대조하여 '천도와 세속 정치의 상관관계'를 추적했다. 그는 "천하의 이치는 수로 통하고, 역사는 주기로 움직인다"는 철학을 수립하게 된다.

이러한 사유는 그가 직접 그린 "수세도(數世圖)"에 반영되며, 이는 12960년을 기준으로 한 역사적 대주기설의 이론적 기초가 된다. 이 수치는 중국 고대의 대우주론(태일숫자)과 연계되며, 하늘의 변화가 곧 인간사에 영향을 끼친다는 '천인합일' 사상으로 귀결된다.

소강절은 이 모든 과정을 통해, 단순한 철학자가 아니라 천문학자, 수학자, 예언가, 성리학자로서의 정체성을 확립하게 된다. 이때부터 그는 '천기(天機)'를 아는 자, '황극(皇極)의 길'을 연 자라는 평판을 얻게 되었고, 학문적 위상도 점차 드높아지게 된다.

제4장 역리학의 대성: 우주론과 황극 사상의 정립

1. 《황극경세서》의 저술 배경과 내용 체계

소강절이 가장 오랜 시간 심혈을 기울인 역작이자 그의 철학 사상을 집대성한 책은 단연코 《황극경세서》이다. 이 책은 단순한 점복서나 예언서가 아니라, 인간과 천지의 관계를 수리와 형상으로 해석하고 문명사의 전개 과정을 우주론적으로 설명한 고차원적 저술이다.

《황극경세서》의 '황극(皇極)'이라는 명칭은 단순히 '천자의 중심'이 아닌, 우주 생성의 근원적 위치, 즉 모든 이치의 중극(中極)을 뜻한다. 소강절은 태극(太極), 무극(無極)의 개념을 넘어, '황극'이라는 새로운 개념을 정립함으로써 천도와 인사의 조화를 수립할 이념적 기축을 마련하고자 했다.

책은 크게 세 부분으로 구성된다.

- ◆ 총론(總論): 우주의 생성과 변화에 대한 철학적 서술. 하도낙서를 중심으로 천지자연의 운행 원리를 설명하며, 인간 문명이 이러한 운행을 어떻게 반영하는지를 서술한다.
- ◆ 수세도(數世圖): 역대 왕조의 성쇠와 문명의 변화를 12,960년이라는 대주기 속에 수리화한 도표. 천문과 역사의 상관성을 도식화하고, 이 수의 순환 속에서 인간사의 질서와 필연성을 설명한다.
- ◆ 용세결(用世訣): 현세적 적용편. 음양오행의 흐름에 따라 정치, 경제, 사회질서를 어떻게 조화롭게 운용할 것인가에 대한 실천적 철학을 담았다.

이 세 구조는 각각 '우주의 생성 → 역사와 문명의 주기 → 인간의 삶 속 운용'이라는 순환적 사고체계를 반영하며, 그의 사상이 형이상과 형이하를 모두 아우르고 있음을 보여준다.

2. "태극은 무극에서 나오고, 황극은 태극을 실현한다"

소강절은 중국 철학의 정수인 주역(周易) 사상을 바탕으로, 기존 도가(道家)의 무극(無極)과 유가(儒家)의 태극(太極)을 잇는 제3의 관념인 '황극'을 중심으로 우주론을 재구성하였다.

- ◆ 무극(無極): 형체 이전의 존재, 즉 아무것도 없는 무(無)의 상태. 이는 도가가 말하는 혼돈과 공(空)에 가깝다.
- ◆ 태극(太極): 음과 양이 분화되기 이전의 일자(一者), 즉 우주 생성의 원리이자 첫 출발점.
- ◆ 황극(皇極): 태극에서 음양이 발현된 후, 그것들이 조화를 이루며 '정치적 질서', '도덕적 이상', '우주의 조화'로 구현되는 중용적 상태. 이는 유가의 도치

이념(道治理念)과 연결된다.

그는 이렇게 말하였다.

"無極而太極, 太極之中乃有皇極。皇極者, 天之中也, 亦人之中也, 亦道之中也。"
"무극이 곧 태극이요, 태극 속에 황극이 있다. 황극이란 하늘의 중심이며, 인간의 중심이며, 도의 중심이다."

이처럼 '황극'은 단순한 철학적 개념이 아닌, 우주의 운행과 인간 도덕의 통합점이며, 정치질서와 도덕윤리의 중핵으로 기능한다. 이러한 관점은 이후 성리학자들이 강조한 '성(性)·리(理)·기(氣)'의 조화론으로 연결된다.

3. 음양과 수(數), 상(象), 이(理)의 융합

소강절의 사상에서 가장 큰 특징은 음양론에 기반한 수리적 구조의 정밀함이다. 그는 우주를 구성하는 원리를 다음의 네 가지 축으로 나누어 설명하였다.

- ◆ 수(數): 만물의 본질은 수이다. 이는 음양의 대립과 조화를 표현하는 가장 순수한 기호로, '1'은 양의 시작, '2'는 음의 시작, '3~10'은 음양의 작용으로 발생하는 만물의 전개를 나타낸다.
- ◆ 상(象): 수는 추상적이지만, 상은 형상이다. 하늘과 땅, 해와 달, 바람과 물, 이 모두는 우주의 상징이다. 《황극경세서》에서는 천문과 지형, 기후와 계절, 역사와 인물 모두를 하나의 상(象)으로 해석한다.
- ◆ 이(理): 수와 상은 현상에 불과하며, 그것을 지배하는 근본 원리가 '이'다. 이는 후대 주희(朱熹)의 '성리학'에서 중심이 되는 개념으로, 소강절은 이보다 한 세기 앞서 이미 '리'의 존재를 수리적 언어로 설명하고자 하였다.
- ◆ 음양(陰陽): 우주 전체를 관통하는 이원적 대립과 조화의 원리. 소강절은 음양이 수와 상의 원리 속에 작용하며, 이가 그것들을 통합하는 구조로 작동한다고 보았다.

그는 음양의 교차와 수의 반복 속에 천명(天命)을 찾고자 했으며, 역사를 하나의 거대한 곡선으로 보아 왕조의 흥망과 문명의 교체를 자연법칙에 입각해 설명하려 하였다.

제5장 철학자로서의 소강절: 우주와 인간의 합일

1. 선천역법과 후천역법의 구분

소강절 철학의 핵심은 우주의 운행 원리와 인간 운명의 상관성에 대한 깊은 통찰이다. 그는 우주를 단순한 물질적 대상이 아니라, 수와 상(象), 리(理)가 복합적으로 작용하는 유기체로 보았으며, 인간은 이 거대한 우주 질서의 일부로서 그것에 조응하며 살아가는 존재라고 인식했다.

그는 '선천(先天)'과 '후천(後天)'의 개념을 명확히 구분했다.

- ◆ 선천(先天): 태극 이전의, 음양이 분화되기 전의 상태. 즉 하늘의 본성(性)이며 순수한 이치(理)와 운행(數)의 세계이다. 선천은 변화하지 않는 이법(理法)의 체계로, 우주의 본질과 시간의 정해진 구조를 내포하고 있다.
- ◆ 후천(後天): 인간 세계가 음양의 분화와 오행의 작용 속에서 현실적으로 전개되는 과정. 인간이 살아가는 삶의 조건이자, 윤리와 정치, 역사와 문화가 실현되는 무대이다. 이는 가변성과 혼란성을 내포하며, 도(道)를 회복하고자 하는 인간의 실천 영역이다.

소강절은 선천적 이치에 입각한 '선천역법'을 통해 후천의 혼란을 바로잡을 수 있다고 주장했다. 이것이 바로 '황극'의 철학이다. 그는 인간이 선천의 원리를 깨달으면, 후천의 삶 속에서도 하늘의 길을 따를 수 있다고 믿었다. 이 철학은 후대 주희(朱熹)의 성리학에서 '성즉리(性卽理)'와 '격물치지(格物致知)'의 사유로 이어진다.

2. 수리철학을 통해 인간의 운명을 읽다

소강절은 인간의 운명 또한 '수리(數理)'와 '천도(天道)'에 따라 결정된다고 보았다. 그는 하도(河圖), 낙서(洛書), 주역(周易)의 괘상과 팔괘의 전개 속에 인간 삶의 전형적인 패턴이 숨겨져 있다고 믿었다. 이를 바탕으로 그는 수리학적 도식을 통해 인간의 생년, 생월, 생일, 생시(生時)를 분석하고 개인의 길흉화복을 추론해내는 이른바 '천지수 운용법'을 제창하였다.

그는 이 방법을 단순한 점술이나 도참의 차원에 가두지 않았고, 오히려 그것을 통해 인간이 자신의 위치를 자각하고 천도에 순응함으로써 더 높은 도덕적 삶을 살 수 있다고 보았다.

예를 들어, 그는 특정 연도의 간지(干支) 조합과 하늘의 운행 패턴을 대조하여, 해당 해의 정치적 변화나 왕조의 변동 가능성을 예측하였다. 그의 수세도(數世圖)는 그러한 분석의 결정체로, 왕조와 문명의 흥망성쇠가 수적 리듬에 따라 순환함을 보여주었다.

그의 철학은 다음과 같은 신념에 기반한다.

"하늘은 數로써 움직이며, 인간은 이치로써 그것을 따라야 한다."

이는 단순한 예언이 아닌, 인간이 우주의 법칙을 깨닫고 내면화함으로써 더욱 올바른 삶을 살아가야 한다는 실천 철학이었다.

3. 數·象·理 삼위일체의 형이상학

소강절 철학의 가장 독창적인 면모는 수(數), 상(象), 이(理)의 삼자적 통합이다. 그는 이 세 가지 요소를 서로 독립된 영역으로 보지 않고, 유기적이고 통합적인 체계로 설계하였다.

- ◆ 수(數): 數는 우주의 운행을 설명하는 가장 간결한 언어이다. 모든 변화는 수로 환원될 수 있으며, 그 수의 변화 속에 미래의 모습이 암시된다.
- ◆ 상(象): 數는 추상적이지만, 象은 그것을 눈에 보이게 하는 도구이다. 상은 괘(卦), 도형, 자연현상, 인간의 행위 등으로 드러나며, 수의 형상화된 결과물이다.
- ◆ 이(理): 理는 數와 象을 관통하는 근본 원리이며, 음양오행과 우주법칙의 본체

적 구조를 지배한다. 이는 주역의 '이괘지리(理)'와도 연결되며, 철학적 기반이 된다.

이러한 수·상·리의 삼위일체 구조는, 단순히 철학적 이론이 아니라 인간과 세계를 이해하고 실천으로 나아가는 종합적 인식론이었다. 그는 "數는 본체요, 象은 현상이며, 理는 본연이다"라고 설명하며, 철학적 통찰과 실천적 지혜의 일치를 추구했다.

이러한 인식은 소강절을 단순한 철학자나 예언가가 아니라, '우주론자'이자 '형이상학적 실천가'로 자리매김하게 했다.

제6장 인물들과의 교류: 유학자들과 도가, 불가 사이의 매개

1. 장재, 정호·정이 형제, 사마광과의 학문적 교류

소강절이 송대 지성계에서 지닌 위상은 그가 단지 우주의 운행을 논한 철학자였기 때문만은 아니다. 그는 동시대의 유학자, 도가자, 불가의 거장들과 폭넓은 교류를 가지며 사상적 전환기에 핵심적 역할을 수행했다. 특히 그의 철학은 후대 성리학의 이념 형성과 직접적인 연관을 맺는다.

대표적인 교류 인물 중 하나는 장재(張載, 1020~1077)였다. 장재는 관중(關中) 지역에서 '기(氣)' 중심의 철학을 정립하며, 우주 만물은 기로 구성되며 기는 변하지만 그 이치는 불변하다는 "기일원론"을 주장하였다. 장재는 소강절의 수리 중심적 사유에 깊이 매료되었고, 특히 소강절의 괘상 해석과 시대관에 큰 감명을 받았다.

또 다른 중요한 인물은 정호(程顥)와 정이(程頤) 형제이다. 이들은 후에 성리학의 정주학(程朱學)의 시조가 되는 인물들로, 이기론(理氣論)의 기틀을 닦은 학자들이다. 정씨 형제는 소강절의 도학적 사유, 황극 중심의 세계관, 수와 이의 결합에 큰 영향을 받아 그 사상을 유학의 틀 속에서 체계화하였다. 특히 정이는 소강절의 사상을 '이(理)' 중심으로 정리해내며 후대 주자의 사유에 기반을 제공했다.

역사학자이자 정치가였던 사마광(司馬光) 역시 소강절과 깊은 우정을 나눈 지성인이었다. 그는 《자치통감(資治通鑑)》의 저술 과정에서 소강절의 수세사관(數世史觀)

을 참고했으며, 역사 주기의 흐름에 대한 통찰을 철학적으로 정당화하는 데 도움을 받았다.

이러한 교류는 소강절의 사상을 시대적 고립에서 벗어나 유가적 도의 철학, 즉 송명 성리학의 맹아로 승화시키는 데 큰 역할을 했다.

2. 불교의 공사상과 도교의 무위자연을 비판적 수용

소강절은 불교와 도교에 대해서도 열린 자세를 취하였으나, 그 사상적 경계는 뚜렷했다. 그는 불교의 "공즉시색(空卽是色)" 사상을 깊이 연구하며, 세계를 공(空)으로 환원하는 논리적 미학에 대해 철학적 호기심을 가졌으나, 그 결론에는 반대했다. 그는 불교의 공사상은 인간 존재의 책임과 도덕적 행위의 의미를 약화시킨다고 비판했다.

"세상을 공이라 말하고 자신을 무라 말하면, 어찌 천명을 실현할 수 있겠는가."

한편 도교에 대해서는 보다 긍정적인 수용 태도를 보였다. 특히 노자와 장자의 무위자연(無爲自然), 도도불명(道可道非常道) 등의 관념은 우주의 본체를 무형의 원리로 파악하고 있다는 점에서 소강절의 황극 개념과 유사성을 지닌다. 그는 도교의 내단술(內丹術)이나 방중술(房中術) 같은 실천적 측면보다는, 도의 철학적 본질에 초점을 맞추어 그것을 수와 리로 해석하고자 했다.

결론적으로, 소강절은 불가·도가의 이론적 유산을 수용하면서도, 그것을 유가적 틀 속에 재해석함으로써 사상의 종합자이자 통합자의 면모를 드러냈다. 그는 유가의 도덕성과 도가의 자연관, 불가의 형이상학을 융합하여 자신의 '황극철학'을 수립하였다.

3. 소강절이 바라본 공자와 주자의 차이

소강절은 공자를 깊이 존경했으며, 그를 '도통(道統)의 원류'라 불렀다. 그는 공자의 가르침은 단순한 윤리교과가 아니라, 천도와 인도(人道)의 융합적 철학이라 해석했다. 그는 공자의 "음양지위도(陰陽之謂道)"라는 구절을 근거로, 공자가 이미 음양과 수리의 이치를 꿰뚫고 있었다고 보았다.

소강절은 훗날 주자(朱子, 본명: 朱熹)가 정립한 성리학적 이론에 대해서도 간접적으로 평가하였다. 그는 주자의 체계가 논리적이고 정연하다는 점은 인정하였지만, '수리적 형상과 우주적 도식의 해석'을 제외하고 지나치게 윤리적·개념적으로만 정리된 점에 대해서는 아쉬움을 표했다는 평가도 있다.

그는 이렇게 말한 바 있다.

"도는 기(氣)와 이(理)에 있지 않다. 그것은 수(數)와 형(象), 그리고 감응(感應)에 있다."

이는 성리학이 지나치게 개념 중심으로 흐를 경우, 천도와 인간사의 실질적 상관관계를 놓칠 수 있다는 경고였다. 그는 오히려 도가와 유가의 다리를 놓고, 수리적 사유로 도통을 확장시키고자 했던 선각자였다.

제7장 《황극경세서》의 구조와 사상

《황극경세서》는 소강절의 사상적 정수가 담긴 저작이자, 수리적 우주론과 정치적 철학이 집대성된 거작이다. 그는 이 책을 통해 우주의 생성, 시대의 순환, 정치의 원리, 인간사회의 도리를 수·상·리의 조화로 설계해냈다. 《황극경세서》는 단순한 예언서도 아니고, 단순한 철학서도 아니다. 그것은 과거와 미래를 꿰뚫는 '우주적 시간의 지도'이자, 인간과 천지의 통합을 시도한 최초의 체계적 역사 이론서라 할 수 있다.

1. 총론(總論): 우주 생성론과 '역(易)'의 정위

총론은 《황극경세서》 전체의 개요이자 철학적 토대를 제시하는 부분이다. 여기서 소강절은 하도(河圖), 낙서(洛書), 음양오행, 팔괘의 도식적 전개를 통해 우주의 생성과 변화, 그리고 천도의 순환 원리를 체계적으로 설명한다.

소강절은 우주의 시작을 "무극(無極)"으로 두었고, 여기에서 "태극(太極)"이 분화하고, 이어 음양이 생기며 오행이 전개되고 만물이 발생한다고 보았다. 이는 《역경》의 계사전(繫辭傳)에서 말한 "易有太極, 是生兩儀"라는 구절을 수리적 체계로 재해석한 것이다.

이 총론에서 가장 핵심이 되는 개념이 바로 '황극(皇極)'이다. 그는 황극을 우주의 중심이자 질서의 핵으로 규정하면서, 이 황극이 인간 사회에서는 '도(道)'로, 정치질서에서는 '왕도(王道)'로 구현된다고 보았다.

또한 총론에서는 '역(易)'의 작용 원리, 즉 괘상(卦象)의 변화와 그 변화 속에 내재된 수리적 질서, 계절과 시간의 흐름, 하늘과 인간의 상호 감응에 대한 철학적 논의가 펼쳐진다. 그는 이를 통해 '하늘은 시간으로 말하고, 인간은 수로서 그것을 듣는다'고 보았다.

2. 수세도(數世圖): 천년 역사 주기의 도표화

《황극경세서》의 두 번째 핵심은 바로 "수세도(數世圖)"이다. 이 수세도는 고대 중국에서부터 소강절 생애 시기까지, 그리고 미래에 이르기까지의 천하 왕조의 흥망성쇠를 수리적 리듬으로 정리한 도표이다.

그는 우주의 대주기를 12,960년으로 설정했으며, 이를 한 원(元)이라 하였다. 이 수는 고대 음양가들이 사용하던 60갑자의 대운 주기(60 × 216년 = 12,960년)와도 연결된다. 그는 이를 30분원(分元)으로 나누었고, 각 원마다 문명과 왕조가 성립되고, 쇠퇴하고, 다시 교체된다고 보았다.

수세도는 각 시기를 대표하는 괘상과 수치, 오행의 성쇠, 천문현상과 정치의 흐름, 사회 도덕의 높낮이를 도식화하여, 왕조의 성립과 멸망이 '우연'이 아니라 '필연적 수리적 원리'에 따라 전개된다는 점을 강조한다.

예를 들어, 그는 하(夏)·상(商)·주(周) 왕조의 교체 시점을 모두 수리적 대운과 맞추어 해석하고, 이후 송나라와 그 다음 왕조에 대해 예언적인 수치를 설정하였다. 이러한 부분은 후대 명나라, 청나라의 도참가들과 역학자들에게 큰 영향을 미쳤다.

수세도는 단순한 역사 해석의 도구가 아니라, 시간의 형상화, 우주의 주기화, 문명의 수학적 구조화를 시도한 최초의 철학적 시도였다.

3. 추세편(推世篇): 역대 제왕의 흥망예측

수세도가 역사적 도식이라면, '추세편(推世篇)'은 그것을 해석하고 적용한 본격적 예언서이다. 소강절은 여기서 중국 역사상 주요 제왕들의 흥망과 그 운세를 괘상과 수치에 근거하여 추론하였다.

　추세편에서는 각 왕조의 성립 시기, 그 왕조를 여는 인물의 특성, 흥성기의 길이, 쇠퇴기의 조짐 등을 수학적 기호와 괘상의 변화로 기술한다. 예를 들어 어떤 괘가 교차할 때 전란이 발생하고, 특정 수(數)가 도달할 때 자연재해가 일어나며, 특정 연수(年數)에서 도덕이 쇠퇴하고 민심이 이반된다는 식이다.

　특히 그는 "위왕이 정명(正命)을 받는 해", "사람이 도를 잃고 하늘이 노하는 때", "도통이 사라지고 도참이 부흥하는 시기" 등을 명확히 설정하며, 중국 역사의 변동을 주도하는 힘이 '인간의 덕성'이 아니라 '우주의 감응과 수리적 순환'에 있다고 주장하였다.

　추세편은 단순한 점술이나 점괘의 해석이 아니라, 철학적 역사관을 바탕으로 한 미래 예측의 결과물이었다. 이 장은 후대 예언서들(如《추배도》,《참위서》등)에 커다란 영향을 주었다.

4. 용세결(用世訣): 치세와 난세의 운용법

　마지막 편인 '용세결(用世訣)'은 가장 실천적인 내용을 담고 있다. 이 장에서는 도(道)의 회복과 세상 다스림의 구체적 방법, 즉 음양오행의 작용과 역사적 기운(時運)을 활용하는 방법에 대한 가르침이 펼쳐진다.

　여기서 소강절은 치세(治世)와 난세(亂世)는 수의 원리와 하늘의 감응에 따라 반복되며, 인간은 이 흐름을 인지하고 거기에 맞는 삶의 태도를 취해야 한다고 강조한다. 용세결은 단순히 왕이나 재상에게 주는 조언이 아니라, 모든 인간이 시대의 흐름을 읽고 도를 따라 살아갈 수 있는 지침서이다.

　그는 다음과 같이 말하였다.
　"용세는 하늘의 때를 아는 자가 하고, 백세의 기운은 먼저 괘상에서 시작된다."

　즉, 시운을 아는 자만이 세상을 바로잡을 수 있고, 황극의 이치를 체득한 자만이 치세를 도모할 수 있다는 것이다.

제8장 은거와 교화: 성인의 도를 알리다

1. 강학활동과 제자 양성

소강절은 평생 벼슬길에 나아가지 않았다. 젊은 시절 진사시에 합격하였다는 기록도 있으나, 그는 관직의 유혹을 거절하고, 하남성 장안현과 낙양 인근에 은거하며 학문과 철학을 탐구하였다. 그는 정치의 외부에서 도(道)의 내면을 성찰하는 삶을 택하였고, 그 속에서 세상을 다스리는 '근본 원리'를 확립하고자 하였다. 그의 은거는 단순한 회피가 아닌, 도의 실현이었다. 그는 다음과 같이 말하였다.

"도는 관직에 있는 것이 아니요, 마음에 있다. 도가 세상에 있기를 바라거든 먼저 사람의 내면에서 시작되어야 한다."

소강절의 명성이 높아지면서 전국 각지에서 그를 찾아오는 제자들이 생겨났다. 그는 명확한 문하 제도나 학당을 운영한 것은 아니었지만, 그의 강론을 듣고자 수십 리 밖에서 찾아오는 자들이 줄을 이었다. 이들은 상수역(象數易), 천문, 지리, 인사, 정사론 등을 배우며, 단순한 학문보다 '세상을 읽는 눈'을 얻고자 했다.

소강절은 제자들에게 괘상을 외우게 하거나 경전을 해석하게 하기보다, 자연의 움직임을 관찰하게 하고 인간의 기운을 체험하게 하는 '감응 중심'의 교육을 실천하였다. 그는 '우주의 도는 감응으로 알 수 있으며, 책으로 배운 도는 신싸가 아니다'라는 신념을 지녔다.

이러한 교육 철학은 후대에 '도통(道統)'의 전승이라는 개념을 형성하게 되었고, 이는 성리학에서 도통론으로 체계화되었다.

2. 하남 정주에서의 교육적 활동

말년의 소강절은 하남성 정주(鄭州) 인근의 산간 마을에서 머물며 더욱 내면적인 삶을 추구하였다. 그는 집 앞 대나무 숲을 '청풍원(淸風園)'이라 불렀고, 제자들과 함께 괘도를 펼치고 천문을 관측하며 도를 논하였다. 그의 삶은 청빈하고 소박하였으며, 자신이 직접 곡식을 심고 우물을 파며 자급자족하였다.

그는 제자들에게 "세상을 다스리는 방법은 책상에 있는 것이 아니라 논밭과 하늘 사이에 있다"고 가르쳤고, 현실 정치보다는 시대를 관통하는 '리(理)'를 보는 눈을 길러주었다. 당시 많은 유학자들이 개혁정치나 관직에 대한 집착으로 사색에 매몰될 때, 소강절은 현실 속에서 철학을 살아내는 법을 보여주었다.

특히 그는 고대 성인의 계보를 도식화하고, 그것이 시대마다 어떻게 이어졌는지를 괘상으로 정리한 〈도통도(道統圖)〉를 작성하였다. 이 도표는 훗날 주자(朱熹)가 체계화한 유가 도통론의 뿌리가 되었다.

소강절의 제자들은 관직에 나가지 않고 은일의 길을 걷는 경우가 많았다. 그들 중 몇몇은 후에 송나라 학계에서 도가적 색채가 강한 사상가로 인정받았으며, 소강절의 사상을 정리하고 후대에 전하는 역할을 하였다.

3. 사후 '강절선생(康節先生)'이라 추숭됨

소강절은 북송 신종 연간, 향년 67세를 일기로 세상을 떠났다. 그는 생전에 여러 차례 조정에서 벼슬을 내리겠다는 요청을 받았으나 모두 사양하였고, 생의 마지막까지 평민으로 살았다. 그의 유해는 장안현 서쪽 강기슭의 산중에 안장되었으며, 묘에는 괘상이 새겨진 비석이 세워졌다.

그가 죽은 후, 송나라 조정에서는 그를 "강절선생(康節先生)"이라 시호를 내리고 그의 사상을 유학의 정통 계열로 인정하였다. '강절(康節)'이라는 호는 '세상을 편안하게 하고 도를 절제하며 산 자'라는 의미를 지닌다.

그의 사후 수백 년이 지난 후, 주희는 《황극경세서》를 직접 교정하고 주해를 붙였으며, 그를 도통 계보의 하나로 편입시켜 성리학의 사상적 뿌리로 삼았다. 명나라 이후에는 소강절의 예언적 저작이 재조명되며, 각종 도참서와 음양역학서의 원조로 받들어졌다.

그의 삶은 권력에서 멀리 떨어져 있었지만, 그 사상은 수백 년을 넘어 유학의 핵심 철학으로, 그리고 동아시아 문명론의 중핵으로 자리잡았다.

제9장 소강절의 도참과 예언

소강절은 동아시아 사상사에서 '예언자' 또는 '도참가'로도 널리 기억된다. 그는 단순히 점술을 하는 인물이 아니었으며, 도참의 수리 체계를 정밀하게 이론화한 유일한 철학자였다. 그의 도참은 인간의 길흉화복을 단순 예언하는 것을 넘어서, 천지 운행 속 인간사의 순환 구조를 보여주는 철학적 장치였다.

1. 기이한 시문으로 천하를 예언하다

소강절은 시문을 통해 미래를 암시하는 글귀를 자주 남겼다. 이 시들은 난해하고 상징이 풍부했으며, 겉으로는 일상적 언어를 담고 있으나, 그 속에는 음양오행의 교차, 세상의 주기, 왕조 교체의 기운이 숨겨져 있었다.

그의 예언시 중 가장 유명한 것은 훗날 송대 이후에 전해진 《매화시(梅花詩)》로 알려진 작품군이다. 이 시들은 수십 수의 5언시와 7언시로 구성되어 있으며, 각 수마다 왕조의 흥망, 난세의 조짐, 민심의 동향 등을 추상적 상징과 괘상으로 표현하고 있다.

예를 들어, 매화시 이외에도 세속에 다음과 같은 시가 있다.
"一枝梅花開兩度, 四海風雲又起時
玉壺長向府上客, 冰心不改待來期"

이 시는 '매화 한 가지가 두 번 피고, 사해의 풍운이 다시 일어날 때, 옥호는 오래도록 귀인을 향하였고, 굳은 마음 변치 않고 오실 때를 기다린다.'는 뜻으로, 한 왕조가 두 번 흥했다가 또 다른 변화가 올 것을 암시한다. 실제로 이 시는 송나라의 남북 분열과 금나라의 침입, 이후의 민심 동요 등을 예견한 것으로 해석되었다.

이러한 예언시는 단순한 문학이 아니며, 각각 수리적 암호와 괘의 상징을 포함하고 있어, 당시 지식인들 사이에서 '시문 속에 천기가 있다'는 명성을 얻게 되었다.

2. 《매화역수(梅花易數)》와 상수역의 결정체

《매화역수》는 소강절이 저술한 또 하나의 역학서로, 《황극경세서》와 더불어 그의 역리학의 쌍벽을 이루는 저작이다. 이 책은 주역의 64괘를 바탕으로 우주 변화와 인간사의 사건을 수리와 상징으로 해석하는 독창적 방법론을 제시한다.

매화역수는 다음과 같은 세 가지 원리에 기반한다.

- ◆ 감응법(感應法): 인간과 우주의 기운은 서로 감응하며, 사물의 변동은 그 감응을 통해 예측 가능하다는 원리.
- ◆ 상수해괘(象數解卦): 괘상(卦象)과 수(數)를 함께 해석하여 사건의 본질과 방향성을 읽는다.
- ◆ 순시변역(順時變易): 변화는 시간과 공간 속에서 전개되며, 괘와 수는 그 변화를 포착하는 기호 체계이다.

《매화역수》는 실용성과 예지성을 동시에 갖춘 고차원적 역학서로, 단순한 풍수나 사주보다 훨씬 깊은 철학적 기반을 지니고 있었다. 그는 이를 통해 '현상의 이면에 있는 이치를 보는 눈'을 강조하였으며, 진정한 예언은 괘와 수 너머의 원리를 꿰뚫는 데 있다고 보았다.

이 책은 후대 음양가와 도참가들에게 큰 영향을 주었으며, 조선 중기 이후 한국에도 전해져 '점복의 바이블'로 추앙되었다.

3. '황극이 천하를 다스리리라'는 천명사상

소강절의 예언적 세계관의 핵심은 '황극' 개념에 담긴다. 그는 황극이 단순한 우주의 중심이 아니라, 정치적·도덕적·문화적 중심임을 강조했다. 황극의 질서는 무작위적 순환이 아니라, 일정한 수리 구조에 따라 정해진 도식적 질서이며, 그 안에서 진정한 도의 정치가 실현된다고 보았다.

그는 역사 주기의 구조를 다음과 같이 설명했다.

- ◆ 성(盛): 도가 땅에 실현되며, 군주가 천명에 순응하고 백성이 화합하는 시기.
- ◆ 쇠(衰): 도가 잊히고 권력이 남용되며 사회에 혼란이 일어나는 시기.
- ◆ 난(亂): 하늘이 노하여 재해와 변란이 발생하고, 도가 숨는 시기.
- ◆ 치(治): 새 도통이 출현하며 천명이 새롭게 부여되는 시기.

이런 주기 속에서 황극은 도의 기준이자 심판자이며, 군주나 지식인은 황극의 리듬을 이해하고 그것에 부합하는 정치를 행해야 한다고 주장했다.

따라서, 소강절의 예언은 단순한 미래 예측이 아니라, '인간이 천명에 순응하고 도를 실현하도록 경계하는 도덕적 예언'이었다.

그는 이렇게 말했다.

"도는 멀리 있지 않으며, 황극은 마음속에 있다. 그 마음이 바르면 세상도 바른다."

제10장 사후의 영향과 현대적 재조명

1. 송명유학에 끼친 영향: 정주학의 기초 확립

소강절의 사상은 생전보다 사후에 더욱 큰 영향력을 발휘했다. 그의 이론은 직접적으로 정치나 교단의 권위를 세운 것이 아니었지만, 그가 남긴 철학과 저술은 후대 성리학자들에 의해 '도통(道統)'의 정통에 편입되며 중대한 위치를 차지하게 되었다.

특히 주자(朱熹, 1130~1200)는 《황극경세서》를 정독한 후 "이 책은 수천 년 중국 철학의 이정표이며, 우주의 도리를 가장 정교하게 풀어낸 역작"이라 평가하였다. 그는 《소자서(邵子書)》라는 주해본을 남겨 소강절의 사상을 유학적 틀 속에 편입하였으며, 그의 도통 계보를 공자-맹자-주자 사이에 위치시키는 학통도(學統圖)를 완성하였다.

정이(程頤)는 "소자(邵子)는 도를 아는 자"라며, 이(理)와 수(數)의 통합적 사고에 깊은 공감을 표했고, 장재(張載)는 그의 수세이론을 참조하여 '기일원론(氣一元論)'을 완성하였다. 이러한 영향은 송대 정주학의 형성뿐 아니라 명대 성리학의 철학적 심화에도 큰 기반이 되었다.

소강절의 사상은 추상적인 개념을 수리적 도표로 명확히 설명할 수 있다는 점에서, 후대 유학자들에게 대단히 매력적인 체계로 받아들여졌다. 그가 추구한 황극 철학은 유가의 도덕성과 천도 순응을 정교하게 결합함으로써 유학을 보다 입체적이며 우주론적인 철학으로 승화시키는 데 기여했다.

2. 명대 도참과 청대 성리학자의 재해석

명나라와 청나라 시기에 들어서면서 소강절의 도참적 저술은 다양한 방식으로 재해석되었다. 명 태조 주원장(朱元璋)은 건국 과정에서 도참서를 적극 활용했으며, 그의 측근들은 《황극경세서》와 《매화역수》를 읽고 왕조의 정통성과 도의 운명을 해석하였다.

명나라 중기 이후, 소강절의 도식은 도참가들의 교과서처럼 쓰이게 되었고, 민간에서는 그의 예언시를 '중국판 노스트라다무스'처럼 받아들이는 경향도 생겨났다. 이 때문에 《황극경세서》는 종종 금서(禁書)로 지정되기도 했으며, 조정의 통제를 받았다.

청대 성리학자들은 다시 소강절을 철학자이자 형이상학자로 조명하였다. 대표적인 인물로 왕부지(王夫之)와 장학성(章學誠) 등이 있으며, 이들은 소강절의 수리 구조와 역사 주기론을 근대 역사 철학의 선구적 모델로 해석하였다. 특히 장학성은 《황극경세서》를 "역사의 철학화 시도"로 평가하며, 유가 사상의 실천성과 도참적 비전을 결합한 유일한 사례로 들었다.

소강절의 철학은 이처럼 도교적 신비성과 유교적 도덕, 수학적 구조성과 철학적 직관이 결합된 다면적 체계로 이해되었으며, 동아시아 사상사의 중요한 전환점으로 기록되었다.

3. 현대 음양오행·역학 체계 속의 재조명

오늘날에도 소강절의 사상은 다양한 방식으로 계승되고 있다. 특히 동아시아 전통 역학, 풍수, 사주명리, 도참과 같은 학문들에서 《황극경세서》와 《매화역수》는 여전히 핵심적 이론서로 여겨진다.

- ◆ 사주명리학(四柱命理學): 생년월일시의 간지 조합을 분석하여 인간 운명을 해석하는 이 체계는, 소강절의 수리론과 괘상 해석에 기반한 이론적 근거를 다수 차용하였다. 특히 그의 괘상해석 방식은 육효점법(六爻占法)에도 응용되고 있다.
- ◆ 풍수지리(風水地理): 소강절의 하도낙서 이론은 산천지형과 기운의 분포를 해

석하는 기본 틀로 적용되며, 명당(明堂)의 구획과 혈(穴)의 작용 원리를 이해하는 데 응용되고 있다.
- ◆ 도참사상과 예언학: 그의 수세도 이론과 주세전은 현대 도참 신앙에서 사용되는 '사법도참(四法圖讖)'의 원형으로 간주되며, 동아시아 각국의 예언 전통에 깊은 영향을 주었다.
- ◆ 현대 철학과 과학철학: 20세기 이후, 서양의 카오스 이론, 프랙탈 구조론, 시스템 다이나믹스 이론과 비교하여, 소강절의 수리적 철학이 선구적인 동양의 복잡계 이론이라는 관점에서 재조명되기도 한다.

한국, 일본, 대만, 홍콩, 중국 본토 등지에서는 오늘날에도 소강절 사상을 주제로 한 학술대회와 연구논문이 지속적으로 발표되고 있으며, 그의 사상은 점점 더 다차원적 분석과 융합적 해석의 대상이 되고 있다.

■ 맺음말: 천명을 듣는 자, 소강절

소강절은 단순한 철학자나 예언가가 아니었다. 그는 우주의 수리적 질서 속에 인간사의 길흉을 통합하려 한 지성인이었으며, 도가와 유가, 불가의 경계를 넘나들며 인간이 도달할 수 있는 최고의 사유에 도달한 존재였다.

그의 삶은 권력과 명예로부터 멀었고, 사상은 심오하고 추상적이었지만, 그가 남긴 영향은 실로 거대했다. 황극이라는 개념은 단지 우주의 중심이 아니라, 인간의 도덕적 중심이며, 문명사의 중심으로 남게 되었다.

오늘날 혼란한 시대 속에서 소강절은 여전히 질문을 던진다.

"너는 황극을 알고 있는가?",
"너는 시대의 흐름을 듣고 있는가?",
"너는 하늘의 수를 감지할 수 있는가?"
그의 말처럼, "도는 멀리 있지 않으며, 황극은 마음속에 있다."

인물 삽화

연해자평(淵海子平) 서승(徐升) (北宋中期(인종)?~?)

제1장 혼란의 시대에 태어난 예지자: 서승의 출생과 가계

1. 시대적 배경: 송대(宋代)의 혼돈과 사상의 격변

서승(徐升)은 중국 송나라 중기, 북송(北宋)의 정치적 불안과 문화적 융성 사이에서 태어났다. 대략적인 생몰 연대는 북송 인종(仁宗), 혹은 영종(英宗) 연간으로 추정되며, 문헌상 뚜렷한 기록은 거의 남아 있지 않다. 다만 그가 남긴 저서 《연해자평(淵海子平)》의 체계성과 내용 깊이를 통해 당시의 학술 흐름과 지성 계열 속에 있었음을 유추할 수 있다.

북송은 과거제 확대와 유학적 개혁이 병행되던 시기였으며, 왕안석(王安石)의 개혁과 그에 대한 반발 속에서 지식인의 역할이 새롭게 조명되었다. 이 시기에는 사대부 계층이 정치, 문화, 철학을 이끌었고, 민간에서는 점술과 음양오행에 기반한 철학적 실천이 활발히 퍼지고 있었다. 특히 도참(圖讖)과 명리(命理)에 대한 대중의 수요는 그 어느 시대보다 높았으며, 이러한 배경은 서승이 《연해자평》을 집필하는 데 중요한 문화적 기반이 되었다.

2. 출신 지역과 가계

서승은 절강성(浙江省) 혹은 복건성(福建省) 계통으로 전해진다. 후대 역술 문헌의 주석들에 따르면, 그는 민간에서 널리 알려진 도사 집안 출신으로, 조상 대대로 음양오행과 천문지리에 조예가 깊었던 가문이었다고 한다. 그의 부친 서도연(徐道淵)은 민간에서 유명한 태을수(太乙數) 전문가였으며, 외조부는 기문둔갑을 활용해 지역 명망가들의 풍수 자문을 맡았다고 전한다.

그러한 환경 속에서 성장한 서승은 유년기부터 수리, 천문, 역법에 흥미를 보였으며, 특히 부친이 설계한 '삼원지기도(三元地氣圖)'라는 지리도감을 오랫동안 탐독했다고 한다. 이는 단순한 가정교육이 아닌 일종의 학문적 도제 방식의 교육이었으며, 이러한 경험은 후일 그가 '자평명리' 체계를 정립하는 데 결정적인 영향을 주었다.

3. 이름의 뜻과 의미

'서승(徐升)'이라는 이름의 뜻은 '천천히 올라감'이다. 이는 명리학의 핵심 개념 중 하나인 운(運)의 상승과 변화, 그리고 도(道)를 닦아 점진적으로 인생의 정점에 도달하라는 의미를 담고 있다. 일부 문헌에선 그가 실제 이름은 '서정(徐正)'이며, '서승'은 필명 혹은 법명일 수 있다는 주장이 있으나, 《연해자평》이 "서승지서(徐升之書)"로 불리는 점에서 '서승'이 그의 본명이라는 견해가 우세하다.

'승(升)'이라는 글자는 북송 시대 도가 계통의 인물들에게 자주 쓰였으며, 이는 하늘과의 교감을 상징하는 문자로도 이해되었다. 그가 점술가임에도 불구하고 고결한 필명을 사용한 점은, 단순히 생활점이나 길흉화복을 점치는 차원을 넘어서 우주와 인간의 관계를 통찰하려는 철학자적 태도를 엿보게 한다.

4. 유년기의 기이한 체험

서승이 유년 시절, 이미 범상치 않은 직관과 기억력을 보여줬다는 이야기는 후대에 전해오는 일화로 유명하다.

어느 날, 8세 무렵이던 서승은 마을 외곽에 위치한 사찰 '청심사(青心寺)'에서 놀고 있었다. 그날따라 깊은 안개가 들판을 덮었고, 동네 노인들은 "이런 날은 산령(山靈)이나 지귀(地鬼)가 내려와 사람의 마음을 어지럽히니 조심하라"고 경고하였다. 그런데 서승은 조용히 눈을 감고 북동쪽 산 능선을 가리키며 말했다.

"저곳에 흰 연기 기운이 휘도는 걸 보았습니다. 오래지 않아 마을에 큰 인물이 태어날 징조입니다."

그로부터 3일 뒤, 해당 마을에 유명한 서화가가 탄생하였고, 이 사건은 서승의 '예견 능력'을 증명하는 전설이 되었다. 이런 일화들은 그의 신비한 면모와 더불어 당대 민중들의 인식 속에서 '서승'이라는 이름이 점차 위상을 얻게 된 계기가 되었다.

5. 초기 학습과 도술 수련

서승은 아버지와 외조부의 영향을 받아 이른 나이부터 도가의 기본 경전과 역학 이론을 익혔다. 그가 10세 무렵엔 이미 《주역》의 괘변(卦變) 원리를 외우고 있었으며, 오행생극(五行生剋)의 논리를 이용해 간단한 명식을 해석하는 수준에 도달하였다.

그는 이후 절강성 영파(寧波)의 유명한 역술가인 '노정옹(魯靜翁)'을 찾아가 직접 수학했다. 노정옹은 자미두수와 명리학, 특히 자평법(子平法)에 정통한 학자였으며, 그는 서승에게 '형충해합법(刑沖害合法)'과 '용신법(用神法)'의 실전 활용을 지도하였다.

서승은 이 시기에 명리학의 기존 체계가 복잡하고 일관성이 부족하다는 문제를 인식하게 되었고, 이를 체계화하려는 의지를 다지게 된다. 그는 선천론과 후천론을 조화롭게 결합한 독자적 명리 체계를 고민하기 시작했으며, 후에 《연해자평》 집필의 사상적 기초가 이 시기에 형성되었다.

제2장 역학에 눈을 뜨다: 유년기의 깨달음과 사제의 인연

1. 유년의 기억 속에서 피어난 천문과 명리

서승은 여느 아이들과는 달리 장난감이나 놀이에 큰 흥미를 보이지 않았고, 천문과 지리에 관심이 많았다. 그는 밤하늘의 별자리를 보는 것을 좋아했고, 별의 움직임이 계절과 인간 삶의 변화와 어떤 관련이 있는지를 끊임없이 궁금해했다. 아버지 서도연은 그런 아들을 위해 직접 제작한 천문판(天文盤)과 사주도(四柱圖)를 보여주며, 별과 간지(干支)의 이치를 설명해 주었다.

특히 《황제내경(黃帝內經)》과 《주역(周易)》을 접하며 그는 자연과 인간의 조화가 단지 철학이 아닌 실용 가능한 삶의 도(道)임을 직감적으로 이해하게 되었다. 아직 사춘기에 이르지 않았음에도 불구하고, 그는 이미 "음양의 흐름이 바르면 사람의 길도 바르다"는 말을 자주 하곤 했다고 전해진다.

이 무렵 그는 '운명(運命)'이라는 개념에 강하게 이끌렸다. 왜 사람마다 성품이 다르고, 환경과 시기가 다르면 길흉이 달라지는지에 대해 깊이 고민하게 되었고, 자신만의 해답을 찾고자 하였다. 이러한 내면의 물음이 그의 평생을 관통한 명리 연구의 출발점이 되었다.

2. 사제의 인연: '노정옹'과의 운명적인 만남

서승이 열두 살이 되던 해, 마을에 노정옹(魯靜翁)이라는 노인이 찾아왔다. 그는 당대에 자평명리와 천문에 능통한 역술인이었고, 일찍이 상해 지역에서 이름을 알린 인물이었다. 당시 서승의 부친은 노정옹을 극진히 대접하며 자신의 아들을 그에게 제자로 삼아 달라고 부탁하였다.

처음엔 노정옹도 머뭇거렸다. 어린 나이에 너무 이른 명리 수련은 오히려 혼란을 줄 수 있다는 우려에서였다. 그러나 서승이 그 앞에서 직접 오행표를 바탕으로 어떤 노인의 사주를 풀이하고, 운의 흐름을 분석하자 그 자리에서 눈을 크게 뜨고 말했.

"이 아이는 범상치 않다. 인연이 있는 자다. 나는 단지 작은 물줄기를 안내할 뿐, 강의 흐름은 스스로 찾아갈 것이다."

그날 이후, 서승은 노정옹의 문하생으로 들어가 본격적인 자평학 수련을 시작하게 되었다.

3. 자평법의 탐구: 새로운 이론과의 접속

노정옹은 자평명리(子平命理)의 계보를 전하는 인물로, 서승에게 자평명리의 핵심 기법인 '용신법(用神法)', '격국법(格局法)', '신강신약 이론(身強身弱)' 등을 가르쳤다. 이때 서승은 기존 사주의 해석법이 지나치게 관념적이거나 모호한 점이 많다는 데 주목하게 되었다.

그는 하나의 명식을 분석할 때 단순히 형충해합이나 지장간의 충돌로 설명하는 것에 한계를 느끼고, 보다 정교하고 수치화된 분류 체계를 만들고자 하였다. 이로 인해 그는 독자적으로 '오행강약지수(五行強弱指數)'를 고안하고, 이를 바탕으로 실제 삶에서 어떤 작용이 나타나는지를 연구하기 시작했다.

또한 그는 일간(日干)을 중심으로 한 '일주심법(日主心法)'을 정리하며, 이때부터 명리학의 중심축이 종래의 팔자 전체 분석에서 일간 중심 분석으로 옮겨가게 된다. 훗날 《연해자평》이 자평명리의 대표 저서가 될 수 있었던 근거는 바로 이 혁신적인 접근 방식에 있다.

4. 기문과 자미의 병학(並學)

노정옹은 단지 명리학에만 머무르지 않고, 서승에게 기문둔갑과 자미두수의 기본 원리를 병행하여 가르쳤다. 그 이유는 "천문과 시공이 함께 작용하지 않으면 운명은 반쪽짜리 해석에 그친다"는 철학 때문이었다.

서승은 특히 기문판(奇門盤)의 구성 원리를 탐구하면서, 인간의 행위가 시공간과 어떤 상호작용을 가지는지를 체득하였다. 그는 후일 명리학을 해석할 때 단순히 사주팔자만이 아니라, 시공의 환경까지 포괄해야 한다고 주장하게 되는데, 그 출발점이 바로 이 시기의 병학적 훈련이었다.

자미두수에서는 특히 '천기(天機)'와 '성수(星數)' 개념을 중요하게 받아들였으며, 이는 후일 서승이 연해자평에서 제시한 '수리적 흐름'과 '국운 해석' 파트에 녹아들게 된다. 즉, 그는 명리를 단순히 개인의 길흉화복을 판별하는 도구가 아닌, 인간과 천지자연이 상호작용하는 메커니즘으로서 이해하고 있었던 것이다.

5. 청소년기: 세상을 보는 눈이 열리다

서승이 15세가 되던 해, 가족은 가세가 기울면서 남쪽으로 이주하게 된다. 그 과정에서 그는 여러 지방을 유람하며 민간 역술가, 풍수사, 사찰의 도사들과 교류할 기회를 얻게 되었다. 이 유랑의 시기는 서승이 실전 명리를 접하게 된 결정적 계기가 되었으며, 서책에서 배우지 못한 현실적인 요소들을 몸으로 익히게 만든 소중한 시간이기도 했다.

그는 각지의 유명한 점술가와 논쟁을 벌이기도 하고, 사주를 보면서 병자나 상인을 도와준 사례가 많았다. 이러한 체험은 단순한 이론적 역술이 아닌, 실생활에 뿌리박은 응용력을 키우게 만들었으며, 이 무렵 그의 필기장에는 '천간과 지지의 오묘한 작용은 사계절의 질서에서 비롯된다'는 구절이 반복적으로 기록되어 있었다.

제3장 세상의 이치를 묻다: 명리학 수련과 철학적 탐구

1. "사주는 하늘의 글이다": 철학적 사유의 시작

청소년기 동안 실전 명리 체험을 쌓아오던 서승은, 단순히 길흉화복을 판단하는 수준에서 벗어나기 시작했다. 어느 날, 그는 고향 근처에 있는 폐사지에서 《주역》을 펼쳐보다가 "형이상자는 도야, 형이하자는 기야(形而上者謂之道, 形而下者謂之器)"라는 문장을 보고 깊은 충격을 받았다. 그는 문득, 인간의 사주팔자 역시 형이하의 기(器)에 불과하며, 그 위에 도(道)가 있음을 직관적으로 깨닫게 된다.

이 깨달음은 서승이 명리학을 단순한 예측 도구로 보는 것을 넘어서, '인간과 우주의 이치'를 아우르는 철학으로 정립하게 된 출발점이었다. 그는 그때부터 "사주는 하늘이 인간에게 내린 문서"라고 주장하였고, 그 속에 담긴 본질을 해독해내는 것이야말로 참된 역술가의 자세라고 여겼다.

2. 성리학과 명리학의 융합 시도

이 무렵은 북송 중기였으며, 정호(程顥), 정이(程頤), 주돈이(周敦頤) 등의 성리학자들이 유학을 철학으로 승화시키던 시기였다. 서승은 이들의 저술, 특히 《태극도설(太極圖說)》과 《동정이기설(動靜理氣說)》 등을 접하며 큰 감명을 받았다. 그는 성리학이 설명하는 '이(理)'와 '기(氣)'의 개념이 자신이 다루는 명리학의 음양오행 이론과 깊게 통한다는 것을 발견했다.

이후 그는 명리학의 격국(格局) 이론을 성리학의 리기 개념으로 설명하려 하였고, 예컨대 다음과 같은 방식으로 사주를 분석하였다.

- ◆ 이(理): 사주의 본질, 즉 명식의 구조적 조화. 일간의 성격이나 중심적 지향.
- ◆ 기(氣): 운의 흐름과 세운·대운에서의 힘. 현실적 작용력.
- ◆ 성(性): 인간의 타고난 근원적 성질[天性].
- ◆ 명(命): 하늘이 내린 구조와 주어진 환경.

그는 특히 '명(命)'과 '운(運)'의 상호작용을 철학적으로 해석하였으며, "명은 이(理)요, 운(運)은 기(氣)이니, 기(氣)는 이(理)에 따르며, 이(理)는 기(氣)에 실현된다"고하여 두 개념을 통합적으로 파악하려 했다. 이러한 철학적 시도는 《연해자평》에 고스란히 반영된다.

3. 인간 운명의 구조적 해석

서승은 수많은 명식을 연구하면서, 사주팔자는 단순한 숫자 배열이 아니라, 일종의 구조적 서사(敍事)를 가지고 있다는 점에 주목했다. 그는 사람의 생년·월·일·시가 단순한 우연의 집합이 아니라, 우주 내의 질서적 법칙에 의해 결정된다고 보았다.

그는 명리학에서 가장 핵심이 되는 부분을 일간(日干)이라고 보았고, 일간을 중심으로 오행의 배치, 강약, 생극제화 등을 분석해 인간의 성격, 성향, 직업, 대인관계, 건강, 재물, 부부운 등을 파악하려 했다. 특히 그는 격국(格局)이라는 개념을 체계화하며, 단순한 오행 수치를 넘어서 사주의 구조적 흐름과 형식을 분류하였다.

예를 들어, 서승은 정재격(正財格), 식신격(食神格), 편관격(偏官格), 인수격(印綬格) 등 수십 개의 격국을 정리하고, 각각에 대한 용신, 희신, 기신을 제시했다. 이 체계는 후일 자평학의 표준 모델이 되었으며, 《연해자평》의 핵심 골격을 형성했다.

4. 용신법의 대두와 체계화

서승은 실전 상담을 통해 수백 명의 명식을 누적 분석한 결과, 사람마다 인생의 방향을 결정하는 핵심 요소(用神)가 있다는 사실을 정리하였다. 그는 이를 '용신법(用神法)'이라 명명하고, 다음과 같은 원칙을 세웠다.

- ◆ 격국의 성격을 먼저 판단한다.
- ◆ 격국이 제대로 성립하지 않으면 용신은 존재하지 않는다.
- ◆ 용신은 전체 오행의 균형을 잡는 핵심 요소로 작용한다.
- ◆ 희신은 용신을 도우며, 기신은 용신을 해친다.
- ◆ 운세의 흐름은 용신이 득세하느냐 실세하느냐에 따라 길흉이 갈린다.

이와 같은 원리는 단순히 형충해합을 나열하던 종래의 명리학 이론과는 본질적으로 달랐으며, 이후 조순(趙淳), 사정(謝政), 왕택선(王澤仙) 등 후대 명리학자들이 이 체계를 받아들여 발전시켰다.

5. 학문적 고립과 내면의 단련

서승은 이러한 체계화 작업을 하면서 많은 철학자 및 유학자들과 학문적 논쟁을 벌이기도 했다. 어떤 이들은 그를 "사술(邪術)을 정설(正說)인 양 주장하는 자"라며 배척했고, 성리학자 중 일부는 "사주는 유학의 도와는 상관없는 비기(秘技)에 불과하다"고 공격하였다.

하지만 서승은 이에 흔들리지 않고 묵묵히 자신의 연구를 지속하였다. 그는 당시 저술 중 일부에 다음과 같은 문장을 남겼다고 전해진다.

"진리는 외롭고, 도는 고요하다. 나는 다만 천지지간(天地之間)의 진실을 글로 옮기려 할 뿐이다."

이 시기 그는 외부 세계와 거리를 두고, 산림 속 정사(精舍)에서 명식의 구조 분석에 몰두하였다. 그는 특히 음력과 태양력의 오차, 시간 오행의 계절성 보정 등에 대해서도 깊은 연구를 하였고, 이 결과는 후일 '월령중시론(月令重視論)'으로 정리된다.

6. 《연해자평》 집필의 발원

서승이 명리학 연구를 체계적으로 정리하기 시작한 것은 30대 중반 이후로 보인다. 그는 당시까지의 모든 연구와 실전 경험, 그리고 철학적 성찰을 하나로 모아 하나의 대작으로 남기기로 결심하였고, 그 결과물이 바로 《연해자평》이다.

이 책의 서문에서 그는 다음과 같이 선언한다.

"연해(淵海)는 인생의 바다요, 자평(子平)은 그 길을 밝히는 등불이다. 나는 바다를 항해하는 모든 인생에게 등불 하나를 전하고자 이 책을 쓴다."

제4장 연해자평의 탄생: 체계화된 명리학의 정수

1. 연해자평이라는 명칭의 의미

서승이 자신의 평생 연구를 집대성한 명리학 대저작에 붙인 이름이 바로《연해자평》이다. 여기에는 심오한 철학적 의미가 담겨 있다.

- ◆ '연해(淵海)'는 깊은 연못과 바다를 의미하며, 이는 곧 인간 운명의 심연(深淵)과 무한한 가능성을 상징한다.
- ◆ '자평(子平)'은 자평진전(子平眞傳)을 정립한 당나라 말기 명리학자 '서자평(徐子平)'을 기리는 의미로 사용되었으며, 동시에 '균형과 평화(平)'의 뜻도 담고 있다.

따라서《연해자평》이란 곧 "깊고 오묘한 인생의 바다에서 자평법을 통해 길을 찾는다"는 서승의 역학적 철학을 상징적으로 표현한 제목이라 할 수 있다. 이 책은 단순한 이론서가 아니라, 수천 명의 명식을 해석한 경험과 우주자연의 이치를 꿰뚫는 직관이 함께 녹아 있는, 당시로서는 전례 없는 명리 체계서였다.

2. 연해자평의 집필 동기

서승이《연해자평》을 집필하게 된 직접적 계기는 실전에서의 오류였다. 그는 한 젊은 장수의 명식을 보고 크게 길할 것이라 판단했지만, 불과 3년 후 그 장수가 전장에서 전사하자 큰 충격을 받았다. 그 사건은 서승에게 "명리는 모든 것을 말해 주지만, 해석은 언제나 인간의 몫이다"라는 겸허한 깨달음을 주었고, 그로 인해 명리학의 체계를 더욱 정밀하게 정리해야 할 필요성을 절감하였다.

그는 이후로 실전 명식 수백 건을 다시 검토하며, 기존의 이론과의 일치 여부를 검증했고, 자신의 오해석 원인을 철저히 분석하였다. 그 과정에서 기존 명리 체계의 오류를 바로잡고, 보편적으로 적용 가능한 법칙들을 추출해 집대성하게 된다. 그 결과물이 바로《연해자평》이다.

3. 《연해자평》의 구성과 체계

《연해자평》은 모두 14장으로 구성되어 있으며, 각 장은 실전 분석과 철학적 사유, 그리고 이론적 정리가 고르게 배치되어 있다. 다음은 대표적인 장 구성이다.

번호	제목	주요 내용 요약
제1장	命理原理	오행과 천간지지, 명식의 기본 구조 해설
제2장	日主定格	일간을 중심으로 한 격국 확정법
제3장	格局細解	정관격, 재격, 식상격, 인수격 등의 세부 분석
제4장	喜忌神法	용신·희신·기신의 작용법과 선정 기준
제5장	大運論	대운 해석의 방법, 주기성과 작용 시기
제6장	流年辨析	세운에 따른 길흉 해석 및 예측 기술
제7장	男女命異	남녀 명식의 해석 차이와 성별 영향 요소
제8장	六親論	부모, 형제, 부부, 자녀의 운세 분석법
제9장	仕宦與貧富	관직운과 재물운의 판단 기준 및 사례
제10장	病患與壽夭	질병과 수명 판단, 조기 사망 예측법
제11장	應期與象	길흉 사건이 발현되는 시기와 형태 예측
제12장	鬼神與陰陽	명리와 영적 작용, 음양의 흐름 이해
제13장	錯命解釋	명리 오해석의 대표 사례와 정정 원칙
제14장	終章·命道	명리와 인간 존재의 철학적 관계 고찰

이 체계는 이후 명리학의 기본 구성 틀이 되었고, 후대의 수많은 명리서가 《연해자평》의 구조를 답습하거나 인용하였다.

4. 《연해자평》의 핵심 이론

서승의 《연해자평》에는 특히 다음과 같은 이론이 돋보인다.

◆ 일간 중심 해석법

종래 명리학은 팔자(八字) 전체의 복잡한 구조를 중심으로 보았지만, 서승은 일간(日干)을 인간의 '주체'로 보아, 모든 해석의 기준으로 삼았다. 그는 "일간이 바로 사람의 심성이며, 이를 중심으로 조화와 불균형을 판단해야 한다"고 주장했다.

◈ 용신 이론의 정밀화

서승은 용신을 단지 '필요한 오행'이 아니라, 사주 전체의 균형을 이끄는 중심축으로 보았다. 그는 용신을 다음과 같이 구분했다.

- ◆ 조후용신(調候用神): 계절상의 온·습·건·조를 조절하기 위한 오행.
- ◆ 병약용신(補益用神): 일간이 너무 약할 경우 이를 보완하는 오행.
- ◆ 제극용신(制剋用神): 지나친 오행을 제어하기 위한 억제 오행.

이러한 용신의 다중 구분은 후대 자평명리학의 용신 판단에 큰 영향을 주었다.

◈ 형충해파합의 동적 이해

서승은 형(刑), 충(沖), 해(害), 파(破), 합(合)을 단순히 존재 유무로 보는 것이 아니라, 운의 시기와 오행의 강약, 명식의 기조에 따라 '유효' 여부가 달라진다고 설명하였다. 예를 들어, 형충합이 동시에 존재할 경우 그 영향은 "국면별로 가변적"이라는 해석을 내렸다.

◈ 운의 흐름과 현실 발현의 예시 제시

서승은 단순히 원국 분석만 하지 않고, 대운과 세운이 명식과 어떤 방식으로 작용하여 어떤 현실 결과를 낳는지를 구체적 사례를 들어 설명하였다. 예컨대 어떤 사람이 인수격으로 태어나 대운에서 관운이 오면, 인성이 제어되며 관운이 살아난다고 서술하였고, 실제 사례와 함께 기술하였다.

5. 고전 문체와 시적 구성

《연해자평》은 단순한 이론서가 아니라, 시적 문장과 고전 문체로 장식된 점이 특징적이다. 서승은 운문 형식을 통해 각 이론의 원리를 간결하게 표현하였고, 독자는 이를 암송하고 기억하기 쉽게 구성하였다. 다음은 그 대표적 구절이다.

"日主强而財旺, 富貴雙全. 日主弱而官重, 名利俱失。"
"일간이 강하고 재성이 왕하면 부귀를 겸하고, 일간이 약한데 관성이 중하면 명리 모두 잃는다."

이런 형식은 명리학이 철학이자 예술이며, 인간학이라는 점을 다시 한 번 일깨우는 구성이라 할 수 있다.

6. 전승과 보급

《연해자평》은 당대에는 손으로 필사되어 극소수에게만 전해졌지만, 송대 후반과 원대에 이르러 많은 명리가들이 이 책을 읽고 주석을 달기 시작했다. 특히 명나라 초기의 역학자 왕기(王機), 도옥(陶鈺), 왕택선(王澤仙) 등이 연해자평을 연구하고 이를 바탕으로 자신들의 이론서를 저술하게 된다.

이 책은 이후 "자평학의 근본", "명리의 경전" 등으로 불리며, 한국과 일본에까지 영향을 미치게 된다.

제5장 학파와 논쟁: 경쟁 학설과의 충돌 속에서

1. 명리학의 분화와 갈래

서승이 《연해자평》을 통해 자평명리의 체계를 정비하고 정론화하는 동안, 당시 중국 내에서는 다양한 명리학파들이 각기 다른 방식으로 운명을 해석하고 있었다. 특히 당말~송초의 명리계에는 다음과 같은 학파가 존재했다.

- ◆ 형기파(形氣派): 지지(地支)의 형충해합을 중심으로 사주의 움직임을 설명하는 실천 중심학파.
- ◆ 삼전파(三傳派): 삼전법(三傳法, 초전·중전·말전)으로 미래를 예측하는 예언 중심학파.
- ◆ 신살파(神煞派): 천살, 월살, 장성살, 백호살 등 신살 위주로 길흉을 판단하는

민간 신앙 기반 학파.
- ◆ 오운육기파(五運六氣派): 《황제내경》에서 유래한 운기론을 바탕으로 사주의 질병과 수명 중심 분석을 강조한 학파.

서승은 이 중에서도 특히 형기파 및 신살파와 가장 큰 논쟁을 벌이게 된다. 그는 명리학이 수천 년 축적된 체계적인 운명 해석 체계라면, 반드시 이론과 실증, 구조가 정립되어 있어야 한다고 보았고, 민간전승에 머무른 파생 이론에 대해 비판적이었다.

2. 신살(神殺) 해석의 한계 비판

신살론은 당시 민간에서 널리 퍼진 이론이었다. 예를 들어, 사주팔자에 '백호살'이 있으면 흉사나 사고가 있다고 하거나, '천덕귀인'이 있으면 귀인이 도와준다고 해석하는 것이 일반적이었다.

서승은 이를 다음과 같이 비판하였다.

"신살은 음양오행의 기운이 일시적 배합으로 빚어낸 환상이요, 형상의 이름일 뿐이다. 실제 작용은 오행의 힘과 기세에서 결정된다."

그는 오히려 신살보다는 일간의 강약, 격국의 성립 여부, 용신의 득실이 사주의 길흉을 결정한다고 주장하며, 신살은 해석의 보조 수단일 뿐 중심이 되어선 안 된다고 못 박았다. 이러한 관점은 《연해자평》의 "보조신살(輔助神殺)" 편에 자세히 정리되어 있으며, 이후 명리학의 이론적 정비에 중요한 전환점이 된다.

3. 형충해합 위주 해석의 오류 지적

형기파는 특히 형충해합만으로 사주의 작용을 해석하려는 경향이 강했다. 예를 들어 지지 간의 충(沖)을 '사건의 발발'로, 형(刑)을 '문제 발생'으로 단정짓는 해석 방식이다.

서승은 이 방식이 단편적 현실 해석에는 적중할 수 있지만, 본질적인 인간 운명의 구조적 이해에는 미치지 못한다고 보았다. 그는 명식의 구조를 무시하고 단순 충·형·합으로만 해석하는 것을 다음과 같이 비유하였다.

"길을 보는 자는 방향과 지형을 살핀다. 그러나 단지 바람이 분다고 움직이는 자는 정처 없이 흩어진다. 충형은 바람이요, 격국은 길이다."

그는 형충해합을 사주 작용의 '표층 현상'으로 간주하고, 그 기저에는 항상 격국과 용신의 작용력이 우선한다는 점을 강조하였다.

4. 삼전법과의 사상적 갈등

삼전법은 오행과 간지를 조합하여 초전(初傳), 중전(中傳), 말전(末傳)을 정하고, 이 세 가지 '전(傳)'의 작용을 통해 미래 사건의 전개와 귀결을 판단하는 방식이다. 이는 자미두수나 기문둔갑과 유사한 '예언적 구조'를 지니고 있었다.

서승은 삼전법이 직관적이고 예언력은 뛰어나지만, 인간 운명의 복잡성과 변화를 지나치게 단순화한다고 보았다. 그는 '예언' 자체를 부정하지는 않았지만, 지나친 결정론적 해석에 대해서는 반감을 표했다.

"예언은 흐름을 보여주되, 인간이 갈 수 있는 길은 여럿이다. 명리는 운명을 고정하는 학문이 아니라, 선택의 지침이어야 한다."

이러한 관점에서 그는 명리학을 일종의 지도(地圖)로 간주했고, 인간이 스스로의 의지를 발휘하여 인생의 길을 걸어갈 수 있도록 돕는 철학적 수단으로 정의하였다.

5. 철학자들과의 논전

서승은 유학자들과도 논쟁을 벌였다. 대표적으로는 성리학의 일부 인사들이 명리학을 "기술(技術) 혹은 미신(迷信)"으로 여겼고, 서승의 《연해자평》을 "비정경서(非正經書)"로 간주하였다.

이에 대해 서승은 다음과 같이 반박하였다.

"도(道)는 형이상에 있되, 그 자취는 기(氣) 속에 드러난다. 명리는 기(氣)의 기록이요, 도(道)의 흐름이니, 어찌 미신이라 하리오."

그는 명리학을 단순한 점술이 아니라, 자연철학과 인간학이 통합된 실천 지식체계로 보았으며, 성리학의 이기론과도 충분히 접목 가능한 이론적 기반이 있음을 논리적으로 주장하였다.

이러한 태도는 훗날 명나라에서 성리학과 명리학의 융합 시도를 가능하게 만들었다. 특히 주자학의 '이(理)' 개념과 서승의 '격국 중심론'은 서로 상통한다는 점에서 후대 명리학자들 사이에서도 서승의 이론은 경전급으로 받아들여지게 된다.

6. 《연해자평》을 둘러싼 비판과 옹호

서승 생전에도 《연해자평》은 파문이 컸다. 보수적인 명리학자들은 그의 이론이 지나치게 철학적이고 현실 감각이 부족하다고 비판했고, 반대로 실전파 역술인들은 그의 책이 추상적이며 일반인이 접근하기 어렵다고 불평했다.

그러나 그의 제자들과 추종자들은 다음과 같이 옹호했다.

"서승은 대법을 논한 자이다. 진리는 늘 어렵고, 쉬운 것은 늘 얕다. 연해자평은 깊은 바다와 같아, 그 속으로 들어가야 비로소 길을 본다."

특히 복건성과 절강성 지역에서는 그의 제자들에 의해 연해자평의 강해서(講解書)가 쓰여졌고, 수많은 사주 고수들이 연해자평을 '공부의 시작이자 종착점'이라 간주하였다.

제6장 강학과 제자 양성: 후대에 전한 명리학의 씨앗

1. 은거와 강학의 전환

《연해자평》을 완성한 후 서승은 한동안 세속의 활동에서 물러나 조용한 삶을 선택했다. 그는 절강성 남쪽의 청계산(靑溪山) 근처에 작은 정자를 짓고, 이곳에서 독서와 사색에 몰두하며 수제자들에게만 한정된 강학을 시작하였다. 이 시기는 그의 일생에서 가장 조용하고도 깊은 내면적 완성의 시기로 평가된다.

당시 청계산 정자는 명리학을 배우고자 하는 학인들 사이에서 '명학정(命學亭)'이라 불렸으며, 전국 각지에서 몰려온 제자들로 인해 하루도 조용할 틈이 없었다. 서승은 외부 강연이나 관청 자문을 일절 사양하고, 오직 정자에서 직접 필기와 해석을 지도하며, 진정한 명리학의 도리를 전파하고자 했다.

2. 정통 제자들의 등장

서승은 말년에 공식적으로 정통 제자 5인을 두었다. 이들은 후일 자평학의 핵심 전통을 이어가는 데 중요한 역할을 하였다.

◉ 위경(韋敬)

청계산 시절 가장 먼저 입문한 인물로, 서승의 사상을 정리하여 《연해신전(淵海新傳)》이라는 주석서를 집필하였다. 그는 용신 이론을 실전 중심으로 재정리하여 지방 역술인들에게 큰 영향을 주었다.

◉ 여공(呂公)

형충회합의 동적 해석을 연구한 학자. 서승의 이론을 바탕으로 《형기해의(刑氣解義)》를 집필하였고, 후에 복건지역 학파의 중추가 되었다.

◉ 강림(江霖)

주로 대운·세운의 흐름에 관한 연구에 몰두하였다. 그는 '운의 음양론'을 발전시켜, 서승의 시간 이론을 더욱 정밀하게 구성했다.

◉ 장소(張韶)

여성 명식 해석의 전문가로서, 남녀 간 명리 해석의 차이를 구체화했다. 《여명총해(女命總解)》라는 문헌을 남겼다.

◉ 이성(李晟)

사람의 성격과 직업, 천성에 대한 분석을 집중적으로 연구했다. 그는 일간 중심의 성격론을 정리하여 후일 사주 성격 분석의 기초를 세웠다.

이 다섯 명은 이후 각지로 흩어져 자평학을 전파했으며, 모두 《연해자평》을 기반으로 자신의 주석서나 해설서를 남겨 서승 사상의 분화와 확산에 결정적 기여를 하였다.

3. 명리 교육 방식과 특징

서승의 강학 방식은 당시로서는 파격적이었다. 그는 단순히 문장을 암기하거나 격국 분류를 배우는 식의 교육을 배격하고, 항상 다음의 원칙을 따랐다.

◆ 실제 명식을 반드시 분석할 것.
◆ 사건의 결과를 기록하고 확인할 것.
◆ 사주의 중심축(일간)을 기준으로 흐름을 파악할 것.
◆ 길흉보다 구조와 가능성을 분석할 것.
◆ 명리학은 인간의 선택을 돕는 철학임을 잊지 말 것.

이러한 교육 철학은 제자들에게 큰 자극이 되었고, 그 결과 서승 문하에서는 기존의 틀을 넘는 창조적 사고와 이론이 활발히 나올 수 있었다.

서승은 종종 다음과 같이 말하곤 했다.

"사주는 칼이 아니다. 칼처럼 휘둘러 사람을 해치지 말고, 등불처럼 어둠을 밝히라."

이와 같은 인문적 태도는 《연해자평》의 문체와 내용 곳곳에 녹아 있으며, 후대의 많은 역술가들이 그를 '명리의 성자(聖者)'라 부르게 되는 결정적 요인이 되었다.

4. 지역 학파의 형성과 분파

서승의 사후, 제자들이 각지로 흩어지면서 연해자평 계열 학파가 전국적으로 확산되었다. 이들 학파는 지역성과 실전 경험에 따라 독자적인 이론을 발전시키기도 하였다.

◆ 절강 학파: 위경과 강림이 주도한 학파로, 용신과 운의 흐름 중심의 실전분석을 강조.
◆ 복건 학파: 여공 계열로, 형충해합과 오행 기세의 변화를 세밀히 해석.
◆ 강서 학파: 장소와 이성의 영향으로, 여성 명식과 성격론 중심으로 발전.

이들은 《연해자평》을 각자의 방식으로 주석하며 방대한 주해문헌을 남겼고, 이후 명나라 초기에 이르러 정통 자평학의 정리판(定理版)으로 집대성되는 기반이 되었다.

5. 해외 전파와 영향

서승이 직접 해외와 교류한 기록은 없으나, 《연해자평》은 후대 무역상들과 유학자, 역관들에 의해 조선, 일본, 류큐(오키나와) 지역에 전파되었다. 조선에서는 특히 조선 후기 실학자들과 역술가들에게 큰 영향을 미쳤다.

- ◆ 조선의 이서구(李書九), 남사고(南師古) 등이 《연해자평》을 연구하여 조선식 자평법을 정리하였고,
- ◆ 일본의 구카이(空海)와 다카하시 요시히로(高橋義廣) 등도 이를 주석하여 일본식 운세 분석법(사수명학)의 기초로 삼았다.

이처럼 서승은 자신의 강학 활동을 통해 직접적 교육을 넘어서, 한 시대와 국가를 넘어선 명리학의 뿌리를 제공한 인물로 평가된다.

6. 강학 중 남긴 어록과 지도서

서승은 강학 시기 수많은 구술 기록을 남겼는데, 이는 대부분 제자들이 필기해 정리한 문헌으로 전한다. 대표적인 것들은 다음과 같다.

- ◆《명리강의초(命理講義抄)》: 서승이 직접 구술한 명리 강의 요지, 일부는 후대 제자들이 정리하여 필사본으로 전함.
- ◆《명리문답록(命理問答錄)》: 제자와의 문답을 정리한 문헌, 사례 중심의 명리학적 응답이 중심.
- ◆《오행필기(五行筆記)》: 오행의 생극제화를 실제 명식과 연계하여 해설한 노트류.

이 문헌들은 명나라 이후 《연해자평》의 해설서들이 만들어지는 토대가 되었으며, 현재까지도 일부 필사본이 전해진다.

제7장 삶의 노정과 최후: 은거, 죽음, 그리고 전설화

1. 세속을 떠난 삶: 산중의 거처와 일상

《연해자평》을 완성하고 수십 년간 후학을 양성한 서승은 말년에 이르러 점차 외부와의 교류를 줄이고 더욱 은둔에 가까운 삶을 살게 된다. 그는 청계산 정자에 머물며, 하루의 대부분을 독서와 명상, 천문 관측, 그리고 식물 관찰에 할애하였다. 주변 주민들의 회고에 따르면, 그는 새벽이면 항상 태양이 떠오르는 동쪽 능선을 향해 손을 모으고, 일간(日干)의 위치를 마음속으로 읊조리며 하루의 흐름을 예감하곤 했다고 전해진다.

그는 세상에서 인정받기를 바라지 않았고,《연해자평》역시 최초에는 제자들을 위한 내강용(內講用) 필사본으로만 존재하였다. 후세에 유명세를 타게 된 것은 오히려 서승이 세상을 떠난 이후의 일이다.

그가 직접 남긴 시 한 수는 말년의 삶을 잘 보여준다.

"山中書夜燈, 雲靜草聲深
　一命藏天地, 萬象總在人"

"산중에서 밤의 등불 아래 글을 쓰니, 구름은 고요하고 풀잎 소리는 깊다. 한 사람의 운명은 천지에 숨겨져 있고, 만상의 이치는 사람 안에 담겨 있다."

이 구절은 그가 인생의 깊은 무상함과, 명리학의 궁극적 목표를 고요한 성찰 속에서 받아들였음을 말해준다.

2. 말년의 제자들과 마지막 교훈

말년에도 소수의 제자들이 정자를 찾았고, 서승은 과거보다 더욱 간결한 언어로 명리학을 설명하였다. 그는 다음과 같은 교훈을 반복하였다.

- ◆ "命을 믿되 命에 지배되지 말라."
- ◆ "길은 정해진 것이 아니라, 선택하는 것이다."
- ◆ "하늘은 이치를 주되, 해석은 인간에게 맡긴다."

제자들은 그를 단순한 역술가가 아니라 '운명에 대한 철학자'로 존경하였다. 실제로 서승은 어떤 인물의 사주를 해석할 때도 미래의 사건을 '단정'하지 않고, '가능성의 스펙트럼'으로 설명하려는 태도를 유지했다. 이 점은 그가 '기술자'라기보다는 '사유자'였음을 보여주는 중요한 지점이다.

그의 마지막 제자인 한정(韓靖)은 다음과 같은 회고를 남겼다.

"스승은 운명을 가르친 것이 아니라, 삶을 가르쳤다. 그는 수명을 말하지 않았고, 복과 재를 논할 때조차 도리의 옳고 그름을 먼저 가르쳤다."

3. 입적과 생몰 연대의 미스터리

서승의 정확한 생몰 연대는 전해지지 않는다. 다만 그의 제자 위경이 남긴 《연해술략(淵海述略)》에 따르면, 서승은 약 78세 전후로 생을 마감한 것으로 추정된다. 사망 시기 역시 기록이 분분한데, 일반적으로는 송나라 신종 연간(1067~1085) 중반경으로 보는 견해가 유력하다.

그의 입적에 대해 후세에 전해지는 두 가지 주요한 설이 있다.

◆ 평온한 죽음 설

서승은 자신이 죽을 날을 알고 제자들에게 다음과 같이 말했다고 한다.

"오늘 새벽, 북두의 기운이 땅으로 내려왔다. 이는 나의 운이 다했다는 뜻이다."

그리고는 산중 정자에서 편안히 누운 채 눈을 감았다고 전해진다. 제자들은 그를 정자 인근 대나무 숲 아래 소토에 모셨다.

◆ 신화적 승천 설

또 한 가지 전설적인 설화에 따르면, 서승은 마지막 새벽 제자들에게 갑자기 말했다고 한다.

"명리란 천기(天機)를 보는 것. 나 이제 다시 하늘로 돌아가 천문을 지켜보려 하노라."

그리고는 바람이 몰아치자 홀연히 정자 뒤편 폭포 너머의 협곡으로 사라졌다는 이야기다. 이는 실제 사실이라기보다, 그에 대한 제자들과 후인들의 존경과 신격화된 이미지에서 비롯된 전설로 보인다.

4. 죽음 이후의 영향과 전설화

서승이 세상을 떠난 이후, 《연해자평》은 제자들에 의해 각지에서 필사되고 확산되었다. 당대 송대의 문인들 중 일부는 그를 "동방의 선구자"라 부르며, 운명과 자연, 인간 심리를 통합하여 해석한 동양적 사유체계의 모범으로 평가하였다.

그의 명성은 이후 점차 전설화되었고, 다음과 같은 이야기들이 퍼지게 된다.

- ◆ 귀인을 부른 명리: 어느 지방 장관이 서승의 해석을 받고 운명을 따르자, 10년 안에 고위직에 올랐다는 이야기.
- ◆ 죽은 자의 사주를 살린 법문: 어떤 무덤의 위치와 사주가 맞지 않아 귀신에 시달리던 가문을 서승이 풀어주었다는 설화.
- ◆ 장님의 명식을 들려주고 해석한 일화: 장님이 찾아와 생년월일만 말하자, 서승이 그가 어릴 적 불에 다쳐 실명했다는 사실과 성격까지 맞춰 감탄을 자아낸 일화.

이러한 전설은 서승이 단지 '사주 보는 기술자'가 아니라, 동시대 사람들이 '성인'의 반열에 올려놓고 싶었던 '운명 해석자'였음을 말해준다.

5. 후대의 평가와 서승의 유산

서승은 사후, 다음과 같은 방식으로 평가받는다.

- ◆ 학자에게는 철학자: 성리학자들은 그의 '용신 중심 구조론'과 '리기 통합명리론'을 동양철학의 귀한 사례로 보았다.
- ◆ 역술가에게는 선조: 실전 사주를 보는 점술가들은 《연해자평》을 성서처럼 간주하고, 실전 해석의 기준으로 삼았다.
- ◆ 문인에게는 문장가: 그의 문체와 시적 운율, 깊은 사색은 많은 문인들에게 문학적 감동을 주었다.

현재까지도 《연해자평》은 동양 명리학의 정전(正典)으로 간주되며, 수많은 해설서, 번역서, 실전서의 근간이 된다.

제8장 《연해자평》의 구조와 내용 해설

《연해자평》은 단순한 명리 해설서를 넘어선, 자평명리학의 기초 이론부터 실전 적용까지 포괄적으로 아우른 체계적 저작이다. 이 장에서는《연해자평》의 구체적 구조, 장별 내용, 특징적 이론 등을 체계적으로 해설한다.

1. 전체 구성 개요

《연해자평》은 전체적으로 14장 내외로 구성되어 있으며, 일부 후대 필사본에서는 항목별로 세분하여 20장 이상으로 편집되기도 한다. 전통적인 구분에 따르면 다음과 같이 정리된다.

번호	장명(章名)	주요 내용 요약
제1장	命理原理章	음양오행과 천간지지, 간지의 속성과 작용 개론
제2장	定格立論章	격국의 개념 정립 및 정격·변격의 체계화
제3장	日主中論章	일간 중심 해석의 핵심 이론 제시
제4장	用神論述章	용신의 정의, 선정 원칙, 용신과 희신/기신 해설
제5장	財官印食章	재성, 관성, 인성, 식상의 작용과 성격 분석
제6장	格局變化章	격국의 조후, 강약, 통변에 따른 변격 구조 설명
제7장	大運流年章	대운과 세운의 판단, 실전 응용 해석 방법
제8장	六親綜論章	부모·형제·자식·부부 등 육친의 판단 기법
제9장	貧富貴賤章	재물운과 귀천 운세 해석 기준 및 실제 적용
제10장	壽夭病患章	수명, 질병, 요절·장수의 구조적 분석 방법
제11장	神煞斷異章	신살 이론의 제한성과 보조적 해석 적용법
제12장	應期與象章	운세 작용의 발현 시점과 사건 형태의 묘사
제13장	男女命異章	남녀 명식의 차이점과 성별의 영향 요인 분석
제14장	命道終章	인간 운명의 철학적 이해와 명리의 목적 고찰

2. 각 장별 상세 해설

◈ 제1장: 명리원리장(命理原理章)
- ◆ 천간의 속성과 성격, 상생·상극·형충해합에 대한 체계적 해설.
- ◆ 예: "甲木은 동방의 봄 기운으로, 생동하고 돌진하는 기세를 가진다."

◈ 제2장: 정격입론장(定格立論章)
- ◆ 격국 성립의 조건을 규정함.
- ◆ 정격(正格): 사주의 기세가 한 방향으로 응집된 경우.
- ◆ 변격(變格): 기세가 다방향이거나 사주의 용신이 불안정한 경우.

◈ 제3장: 일주중론장(日主中論章)
- ◆ 일간(日干)을 인간의 자아로 설정, 이를 중심으로 사주를 재구성.
- ◆ 예: 신강(身强)일 경우 억제하는 관성·재성이 용신이 될 수 있고, 신약(身弱)일 경우 인성·비견이 필요.

◈ 제4장: 용신논술장(用神論述章)
- ◆ 용신 선정의 다단계 구조 제시: 격국→ 조후→ 강약→ 억부.
- ◆ 조후용신, 병약용신, 제극용신 등 복합용신 구조를 제시하여 실전에서 융통성 있게 적용할 수 있도록 함.

◈ 제5장: 재관인식장(財官印食章)
- ◆ 각 오행(재성·관성·인성·식상)의 작용력에 따른 인간의 성향 분석.
- ◆ 예: 재성이 왕하면 금전에 집착하고, 식상이 강하면 창의적이되 감정적.

◈ 제6장: 격국변화장(格局變化章)
- ◆ 격국은 고정된 구조가 아닌, 운이나 조후에 따라 변형될 수 있음을 설명.
- ◆ 특히 중화격(中和格), 종격(從格), 격파(格破) 현상을 실례 중심으로 서술.

◈ 제7장: 대운류년장(大運流年章)
- ◆ 대운(10년 단위)과 세운(연 단위)의 흐름이 사주 원국과 어떻게 작용하는지를 분석.
- ◆ 예: 재격 사주에 재운이 오면 복운이나, 과도하면 파재.

◈ 제8장: 육친종론장(六親綜論章)
- ◆ 부모(인성), 형제(비견·겁재), 자식(식상), 배우자(재성·관성)의 위치와 작용.
- ◆ 육친의 관계는 단지 오행의 대응만이 아니라, 유무와 강약, 상극 여부로

판단.

- ◈ 제9장: 빈부귀천장(貧富貴賤章)
  - ◆ 재운의 왕쇠, 관성의 유무, 격국의 성격 등으로 부귀 판단.
  - ◆ 부귀한 자는 대부분 용신 득세, 기신 억제 구조가 명확함을 반복 강조.
- ◈ 제10장: 요수병환장(壽夭病患章)
  - ◆ 사주 내 병징(病徵) 오행 예시
    - 간(甲) → 목, 신장 계통
    - 폐(庚) → 금, 피부·호흡기
  - ◆ 병은 오행의 상극 과다, 수명은 충격이 지속될 경우 단명 가능성으로 봄.
- ◈ 제11장: 신살단이장(神煞斷異章)
  - ◆ 신살은 원국의 힘이 약할 때만 보조적으로 판단할 수 있다고 서술.
  - ◆ 대표 신살 해석: 장성살(장군 기운), 백호살(형사·도화 가능성), 월덕귀인(도움).
- ◈ 제12장: 응기여상장(應期與象章)
  - ◆ 어떤 사건이 어느 시점에, 어떤 방식으로 발생하는지에 대한 통변 방법 제시.
  - ◆ 예: 대운 중 격국의 기세가 극에 달하면, 형상으로 나타남. (즉, 결혼·사고· 이직 등)
- ◈ 제13장: 남녀명이장(男女命異章)
  - ◆ 같은 명식이라도 남녀에 따라 길흉이 달라질 수 있음을 구체적으로 기술.
  - ◆ 여명(女命)은 관성의 작용을, 남명(男命)은 재성·관성의 흐름을 주로 해석.
- ◈ 제14장: 명도종장(命道終章)
  - ◆ 인간 운명의 목적을 '깨달음과 조화'로 규정.
  - ◆ 명리는 사람의 삶을 예단하는 것이 아니라, 보다 나은 선택을 위한 이정표임을 강조.

3. 문체와 작법의 특징

- ◆ 전통 문언체(文言體)를 사용하면서도 구체적 명식과 예시가 풍부해 실전 활용도가 높음.

- 시구나 대구 형식을 통한 핵심 원리 요약이 많아 암기·강학용으로도 우수.
- 형이상학적 구절(命道終章)에서는 유가(儒家), 도가(道家)의 사유가 곳곳에 반영되어 있음.

4. 《연해자평》의 핵심 사상 정리

서승의 저술에는 다음과 같은 사상적 중심이 흐른다.

- 중심성(中心性): 일간을 중심에 두고 사주를 구조적으로 분석.
- 유동성(流動性): 명식은 고정이 아니라 운세와 환경에 따라 변화.
- 조화론(調和論): 오행의 균형과 조화를 길흉의 판단 기준으로 삼음.
- 지침론(指針論): 명리는 운명을 결정하는 것이 아니라, 인생을 조율하는 지도.

5. 후대 《연해자평》 주석서 개요

서승 사후 수많은 명리학자들이 이 책을 주석하고 계승하였다. 대표적인 주석서로는 다음과 같다.

- 《연해신전(淵海新傳)》: 위경 저. 실전 사례 중심.
- 《자평지요(子平指要)》: 명나라 왕기(王機) 저. 용신론 정리.
- 《명리대전(命理大全)》: 명대 유백온(劉伯溫) 편. 전체 주석 종합본.

이들 주석서는 연해자평을 동양 명리학의 정경(正經)으로 정립시키는 데 결정적 역할을 하였다.

제9장 서승의 명리학 사상의 핵심 정리

서승의 명리학은 단순한 길흉 판단이나 운세 예측을 넘어서, 인간 존재와 삶의 방향을 조화롭게 바라보는 철학적 체계를 갖추고 있다. 이 장에서는《연해자평》을 비롯한 그의 저술과 강학을 통해 드러나는 서승 사상의 핵심 개념을 정리한다.

〈중심사상〉
◆ "命은 길이며, 用은 방향이다"
서승은 인간의 사주팔자(四柱八字)를 '길'에 비유하였다. 사주는 사람이 출생할 때 결정되는 하늘의 설계도이며, 이는 물리적인 구조로서 일간(日干)을 중심으로 배열된 오행 간의 관계망이다.

서승은 아래와 같이 부연 설명했다.

◆ 명(命)은 곧 우주의 지리적 배치,
◆ 용(用)은 그 지리 속에서 사람이 나아갈 방향이다.

이러한 관점은 용신론(用神論)에 대한 집요한 탐구로 이어진다. 그는 용신이야말로 인간 운명의 동력이며, 이를 제대로 파악하지 못하면 사주 해석은 껍데기에 불과하다고 말한다.
"용신(用神)을 얻으면 물길이 뚫리고, 기신(忌神)을 득하면 둑이 무너진다."
그의 명리학은 단순히 '있는 사주를 보는 것'이 아니라, '그 사주에서 무엇이 살아 있고 무엇이 문제인가'를 읽어내는 분석적 패러다임이었다.

◆ "일간은 주체이며, 그 외는 환경이다"
서승은 일간(日干)을 인간의 자아로 보았다. 즉, 갑·을·병·정 등의 일간은 단지 오행의 기호가 아니라, 인간의 본성, 정신, 존재의 핵심을 상징한다고 해석하였다. 이에 따라 다음과 같은 논리가 정립된다.

◆ 일간은 자아의 에너지.
◆ 지지와 다른 천간은 자아를 둘러싼 세상.
◆ 격국은 자아와 세계의 관계 유형.
◆ 용신은 자아가 세계 속에서 유지되기 위한 조절력.

서승은 사주 해석 시, 먼저 일간이 강한지 약한지를 판단하고, 이를 기반으로 어떤 기운이 필요하고 어떤 기운이 방해가 되는지를 판단하였다. 이로써 그의 이론은 명리학을 '사람 중심'의 학문으로 바꾸어 놓았다.

1. "명리는 수단이지, 결론이 아니다"

서승은 명리를 절대적 결정론으로 보지 않았다. 오히려 그는 명리학을 선택과 변화를 이끌어내기 위한 지적 도구로 인식하였다.

그는 다음과 같이 말하였다.

"사주는 하늘이 준 재료요, 운은 그 재료를 삶의 요리로 만드는 과정이다. 그 요리의 방식은 사람마다 다르다."

이는 운명은 주어진 구조이되, 그 해석과 활용은 인간의 몫이라는 철학을 기반으로 한다. 그는 사람이 용신의 흐름을 따르고, 기신을 피하려 노력한다면 사주의 단점을 극복할 수 있다고 보았다. 이 때문에 그는 《연해자평》에서 운명에 대한 처방보다는 방향성과 조율의 지혜를 강조하였다.

2. "오행은 기질이고, 육친은 구조다"

서승은 오행(五行)을 단지 자연의 원소가 아니라 인간 심리의 다섯 기질로 해석하였다.

오행	성향 해설
목(木)	성장·계획·확장. 지나치면 고집·분노로 발현.
화(火)	열정·표현·직관. 과하면 감정폭발, 산만함.
토(土)	중심·조화·중재. 과하면 우유부단, 무력함.
금(金)	결단·규율·정의감. 과하면 냉정, 경직.
수(水)	지혜·관찰·유연성. 과하면 두려움, 회피.

육친(六親)은 이 오행이 어떤 위치에 존재하느냐에 따라 구성되며, 부모·형제·배우자·자녀 등 가족관계를 구조화하여 인간 내면의 관계 패턴을 해석하는 기초로

작용한다. 그는 단순히 육친의 유무를 보는 것이 아니라, 그 육친이 인간 내면의 심리 구조와 어떤 교차를 이루는지를 파악하려 하였다.

3. "길흉은 타고나는 것이 아니라, 흐름 속에 있다"

서승은 '길(吉)'과 '흉(凶)'을 고정된 속성으로 보지 않았다. 그는 "길흉은 타고나는 것이 아니라, 운의 흐름과 조화 속에 만들어지는 것이다"라고 말한다.

이 관점은 다음과 같은 철학적 통찰로 이어진다.

- ◆ 신강(身强)의 사람도 기신이 발동되면 운세가 꺾인다.
- ◆ 신약(身弱)의 사람도 용신이 제대로 들어오면 크게 도약할 수 있다.
- ◆ 어떤 오행이 '좋다' '나쁘다'는 없으며, 사주의 구조와 흐름에 따라 판단되어야 한다.

즉, 서승에게 있어서 사주팔자는 절대적인 사슬이 아니라, 변형 가능한 가능성의 구조체였다.

4. 서승 사상의 특징적 문구 정리

서승이 남긴 주석과 저작에서 발췌한 핵심적인 문장들을 정리하면 다음과 같다.

문구	의미 해설
"命之理, 藏天地之中也."	운명의 이치는 천지 사이에 깃들어 있다.
"用者, 命之舟也."	용신은 운명을 건너는 배다.
"神煞不足恃也, 格局爲本."	신살은 의지할 수 없고, 격국이 본질이다.
"五行者, 人性之原也."	오행은 인간의 성질의 근원이다.
"命不定人, 人定命也."	운명이 사람을 정하는 것이 아니라, 사람이 운명을 정한다.

이러한 언급들은 그가 명리학을 단순 기술이 아닌 도(道)로 승화시킨 인물임을 여실히 보여준다.

5. 사상적 영향과 후대 철학에 미친 파장

서승의 사상은 명리학에만 머물지 않고, 이후 동아시아 철학사에도 큰 영향을 미쳤다. 특히 다음의 분야에서 접목이 시도되었다.

- ◆ 성리학: '이기론'과 '격국론'의 조화 이론에 영향을 주었으며, 명나라 주자학자들에 의해 수용.
- ◆ 도교: 자연과 인간의 기 흐름을 통합적으로 보는 관점이 도가 내공수련 이론에 흡수됨.
- ◆ 유불선 삼교통합론: 명말 청초의 학자들은 《연해자평》을 하나의 실천 철학의 교과서로 보았다.

이처럼 서승은 단순한 명리학자가 아니라, '사주를 통해 인간 존재를 사유한 철학자'이자, '운명을 구조적으로 이해하려 한 이론가'였다.

제10장 서승의 유산: 후대 역술계에 미친 영향과 평전

1. 《연해자평》의 위상: 자평명리의 정전(正典)

서승의 《연해자평》은 자평학(子平學)으로 대표되는 현대 명리학의 기초 체계이자, 동아시아 사주명리 해석의 모범적 전형이다. 이는 단지 실용적인 예측서가 아닌, 학문과 철학, 직관과 체계, 자연과 인간이 어우러진 '운명론의 종합지침서'로 간주된다.

이 책은 서승의 사후에도 수백 년 동안 학자, 도사, 점술가, 문인들에 의해 끊임없이 인용되고 해석되며 확산되었고, 다음 세 가지 측면에서 동양 철학·역술 전통에 결정적 영향을 미쳤다.

- ◈ 체계화된 명리 이론 정립
  - ◆ 용신론, 격국론, 일간 중심 해석 등 체계적 구조를 최초로 정식화.
  - ◆ 수백 가지 명식을 통해 실전 적용과 이론의 유기적 연결 제시.

◈ 실전 중심의 사주 해석 관점 확립
　◆ 기존 상징주의 중심의 해석에서 벗어나, 논리적 분석과 운용성 강조.
　◆ 신살·형충 중심 해석의 한계를 넘고, '흐름'과 '기세' 분석으로 확장.
◈ 명리학의 철학적 승화
　◆ 인간의 주체성, 선택 가능성, 삶의 윤리를 명리학과 접목.
　◆ 명리를 도구이자 철학으로 인식하게 한 사상적 토대 제공.

2. 후대 명리학자들의 평가

서승은 수많은 후대 명리학자들에게 추앙의 대상이었다. 대표적인 인물들의 평가를 통해 그 위상을 정리해 본다.

● 왕기(王機, 明代)
　◆ "서승의 이론은 대경(大經)이요, 우리는 다만 그 지엽(枝葉)을 다듬었을 뿐이다."
　◆ 왕기는 자신의 저서 《자평지요(子平指要)》에서 서승의 《연해자평》을 전제로 삼고, 그것의 분해·요약을 통해 새로운 학문 체계를 제시하였다.
● 유백온(劉伯溫, 明代 군사·역술가)
　◆ "사주에 대해 말하려면 연해(淵海)를 거쳐야 한다. 서승을 모른다면 운명을 논할 자격이 없다."
　◆ 유백온은 《명리대전(命理大全)》을 편찬하면서 《연해자평》을 중심 해설 대상으로 삼았다.
● 심효첨(沈孝瞻, 淸代)
　◆ "서승은 명리학의 공자이다. 그 이전에도 사주가 있었으되, 도가 없었고, 그 이후에는 법이 있으되 혼(魂)은 없다."
　◆ 심효첨은 《자평진전(子平眞傳)》에서 서승을 종조(宗祖)로 추앙하였다.

3. 《연해자평》의 동아시아 전파

서승의 명리학은 중국 본토를 넘어 조선, 일본, 오키나와, 베트남 등지의 역술 전통에 심대한 영향을 미쳤다.

- ◈ 조선
  - ◆ 조선 중기 학자 남사고(南師古), 이서구(李書九), 이익(李瀷) 등이 연해자평을 기반으로 한 사주 체계를 발전시킴.
    실학자들은 이를 이론과 실용이 결합된 체계로 수용함.
- ◈ 일본
  - ◆ 에도 시대의 '사주명학(四柱命學)' 형성에 직접적 영향.
  - ◆《연해자평》이 일본어로 번역되어 역술 가문 내에서 교과서로 활용됨.
- ◈ 류큐·베트남
  - ◆ 명나라 유민을 통해《연해자평》이 전파됨.
  - ◆ 도교 신앙과 결합하여 '운명 지도서'로 존숭됨.

4. 현대 명리학에서의 영향력

오늘날에도《연해자평》은 다음과 같은 역할을 한다.

- ◆ 명리 입문서이자 고급 이론서.
- ◆ 대운·격국·용신 판단의 기준 서적.
- ◆ 수많은 현대 명리학 강의와 저술의 출발점이자 참조본.

한국, 중국, 일본에서는 현재도《연해자평》을 해설하거나 강의하는 과정이 수백 개에 달하며, 번역본·강의서·주해서가 꾸준히 출판되고 있다.

5. 철학적 유산: 운명과 선택의 긴장

서승은 인간의 운명을 하나의 절대 명제로 보지 않았다. 그는 운명을 하나의 경향성으로 보았고, 그 경향성을 이해한 사람이 자신의 길을 더 지혜롭게 선택할 수 있다고 보았다.

"命은 스스로 움직이지 않지만, 그를 아는 자는 움직일 수 있다."

이러한 철학은 단순히 사주를 통한 예언에 머무르지 않고, 운명과 인간 자유의 접점을 탐구하는 실천 철학으로 기능했다.

6. 종합 평가: '사주철학의 대성자'

서승에 대한 역사적 평가는 다음과 같이 종합할 수 있다.

평가 항목	내용
학문적 깊이	자평명리학의 이론 정립자, 격국과 용신 중심 해석의 창시자
철학적 시야	명리를 인간 이해와 삶의 철학으로 끌어올림
실천성	수많은 사례 분석을 통해 실전 활용 가능성 확보
영향력	동아시아 명리학 전체에 구조적 영향을 끼침
인격과 도덕	예언보다 도(道)를 중시한 인품, '운명을 밝히는 등불'로서의 존재

■ 맺음말: "운명을 해석한 철학자, 서승"

연해자평 저술 장면

서승은 단순한 점술가가 아니었다. 그는 사주라는 기호의 체계 안에서 인간과 자연의 질서를 읽어낸 사유자, 그리고 운명이라는 혼돈을 질서로 풀어내고자 했던 해석자였다.

그가 남긴 《연해자평》은 지금 이 순간에도 누군가의 삶을 해석하는 데 사용되고 있으며, 삶의 전환점에서 방향을 모색하는 이들에게 조용히 길을 밝히고 있다.

"연해는 깊고, 자평은 그 위를 가로지르는 등불이니라."

자평법(子平法) 서거이(徐居易) (북송말기 ?~?)

제1장 혼란 속의 탄생: 서거이의 출생과 시대적 배경

서거이(徐居易, 字: 子平)는 송나라 북송 후기, 정확히는 휘종(徽宗, 재위 1100~1126) 연간 전에 태어난 것으로 추정된다. 대략 1050년대 전후로 보이며, 그의 생애는 송대 문물의 정점과 금나라의 침략으로 인한 남송의 출범이라는 역사의 전환기와 맞닿아 있다.

당시 중국은 제도적으로는 비교적 안정된 중앙집권 체제를 유지하고 있었지만, 북방에서는 여진족의 금(金)이 세력을 키우며 송나라의 국경을 위협하고 있었다. 문화적으로는 도학(道學)과 유학(儒學=성리학)이 번성하였으며, 다양한 학문이 꽃피었다. 천문과 역법, 음양오행 사상은 국가의 정책에 깊이 관여되었고, 관상과 점복, 명리학(命理學) 등 역술에 대한 관심도 높아지던 시기였다.

서거이는 하남성 낙양 부근에서 태어났다는 설이 있으며, 그의 가계는 본래 문인 집안이었으나, 당대에는 쇠락하여 실질적으로는 서민층에 가까운 생활을 하고 있었다고 전해진다. 어려운 경제 여건 속에서도 그는 문장을 좋아했고, 어릴 적부터 시서삼경(詩書三經)과 역경(易經)에 심취하였다. 특히《주역》의 상수학적(象數學的) 해석에 흥미를 느꼈고, 이를 기반으로 자연의 이치와 인간의 운명을 연결지으려는 사유를 이어갔다.

그의 출생과 성장 배경은 명리학자로서의 서거이의 인격과 사유 방식에 강한 영향을 주었다. 부모는 성실했으나 학문적으로는 크게 두각을 나타내지 못했고, 그는 스스로의 노력으로 고전을 탐독하고, 이웃에 살던 노도사(老道士)로부터 음양오행의 기초와 간지력(干支曆)의 기법을 배우며 젊은 시절을 보냈다.

이 무렵, 서거이는 유학 경전과 함께 도가의 철학 및 오행학, 그리고 초기 명리학의 주요 경전인 《원리정종(元理正宗)》, 《명리대전(命理大全)》 등을 접하게 되었고, 나아가 《태을신서(太乙神書)》, 《연해자평(淵海子平)》 등의 다양한 저서를 탐독하며 본격적인 명리학의 길로 들어서게 된다.

그는 일찍부터 관직을 지망했으나, 과거시험에 여러 차례 낙방하였고, 후일에는 과거를 단념하고 도가적 은거의 삶을 택하였다. 이때부터 서거이는 명리학 연구에 몰두하며, 기존의 오행 중심 해석에 문제를 제기하고 보다 실용적이고 합리적인 해석 체계를 구상하기 시작하였다.

이상은 서거이의 사상적 기초와 출발점이 된 시대적 배경과 환경에 대한 개괄이며, 다음 장에서는 본격적으로 그의 유년기와 명리학과의 깊은 인연, 초기 연구 과정을 서술하겠습니다.

제2장 학문의 길로: 유년기와 역학과의 인연

서거이는 어려서부터 비범한 총명을 지닌 아동이었다. 다섯 살 무렵부터 한자를 익히기 시작했고, 아홉 살에는 《논어》와 《맹자》를 거의 암기할 정도로 고전 구절을 자연스럽게 받아들였다. 그의 부친은 비록 가세가 기울었으나 교육열은 높아, 인근 서당에서 글을 배우게 했고, 밤이면 초가집의 기름등잔 아래서 책을 읽는 서거이의 모습은 마을 사람들 사이에서도 소문이 자자하였다.

그러나 그가 남들과 가장 뚜렷하게 달랐던 점은 바로 운명과 자연의 이치에 대한 깊은 호기심이었다. 열 살 무렵부터 그는 하늘의 별자리와 절후(節候)의 변화에 큰 관심을 가졌고, 초목의 생장과 계절 순환에 숨겨진 질서에 경이로움을 느꼈다. 당시 낙양 지역에는 노쇠한 도사가 한 명 살고 있었는데, 사람들은 그를 '구운노(九雲老)'라 불렀다. 이 도사는 장문에서 은거하며 풍수와 천문, 점복술 등을 가르치고 있었는데, 서거이는 틈날 때마다 그의 문을 두드려 가르침을 청했다.

도사 구운노는 처음에는 어린 소년이 귀찮다 여겼으나, 몇 차례 대화를 나눈 후 그 총명함에 감탄하며 마침내 제자로 받아들이게 된다. 이로써 서거이는 정식으로 음양오행, 천간지지, 납음오행, 육친법, 십신론 등 명리학의 기초를 체계적으로 배우게 되었으며, 특히 간지의 상생상극과 대운(大運)의 흐름, 그리고 '合·沖·刑·

害·破'와 같은 육합, 육충법을 가장 먼저 익혔다.

　이 시기의 서거이는 아직 고전적 명리의 틀 안에서 벗어나지 못하고 있었다. 당시 널리 유행하던 《명리통지》, 《기문경수》 등의 해설서를 함께 연구하며 자신만의 정리를 시도하였지만, 그는 점점 기존 이론들이 사람의 실제 삶과 완전히 맞아떨어지지 않는다는 회의감을 품기 시작한다.

　예를 들어, 어떤 이가 사주상 수(水)가 왕하니 병(丙)을 용(用)하여 화(火)의 기운을 억제하라고 이론은 말하나, 실제로는 그 사람이 화(火)의 기운이 많을 때 오히려 재물운이 따르고 건강이 안정되는 경우가 있었던 것이다. 이러한 사례들을 접하며, 서거이는 기존의 오행 균형론과 억부론(抑扶論)에 의문을 품게 되었고, 보다 유기적이며 현실적인 해석 체계가 필요함을 절감하였다.

　청년기 후반, 그는 낙양을 떠나 중원 각지를 유람하며 여러 명리학자들과 교류하였다. 강남 지역에서는 이른바 '도장파' 명리학자들과 교류하며 고대 점성학적 기법을 익혔고, 하북 지방에서는 관상과 육임(六壬), 기문둔갑의 영향을 받은 실전적인 학자들에게서 실용적 명리 해석법을 전수받았다. 이런 경험은 그의 사유를 더욱 확장시켰고, 명리학을 보다 생명력 있는 실학(實學)으로 정립하려는 결심을 굳히게 만든다.

　스물여덟 살 무렵, 서거이는 다시 고향으로 돌아왔고, 그동안의 사색과 체험을 바탕으로 자신만의 명리 체계를 서서히 구축하기 시작한다. 그는 초기 원고로 《오행통해론(五行通解論)》, 《십신용법초설(十神用法初說)》 등을 집필하였으나 이는 아직 완성된 체계가 아니었고, 훗날 자평법의 초석이 되는 사상적 기초에 가까운 작업이었다.

　이처럼 그의 학문적 성장기에는 전통과 현실, 이론과 실천 사이의 간극을 메우려는 깊은 고민과 탐색이 있었다. 바로 이러한 통합적 시각이 훗날 자평법 체계를 정립하는 데 있어 결정적 역할을 하게 된다.

　다음 장에서는 서거이가 본격적으로 기존 명리학의 해석 체계에 의문을 제기하고, '용신'이라는 개념을 중심으로 사주 해석법을 재구성하는 과정을 서술하고자 한다.

제3장 사주의 틀을 깨다: 고전 명리의 비판과 변용

서거이가 본격적으로 기존 명리학 체계에 비판을 가하고 새로운 체계를 구상하기 시작한 것은 서른을 넘긴 이후였다. 그는 중원과 강남 지역에서 보고 들은 다양한 실제 사례를 검토하며, 고전 명리학에서 반복적으로 제시되던 이론이 현실 세계의 인간 운명과 괴리되는 사례를 분석하였다.

1. 기존 명리학에 대한 비판

서거이는 당시 널리 퍼져 있던 명리학의 세 가지 주요 문제점을 지적하였다.

- 첫째, 기계적인 오행 균형론이다. 많은 명리학자들이 사주 내의 오행이 균형을 이루면 길하고, 치우치면 흉하다고 판단했으나, 그는 오히려 특정 오행이 치우쳐 있는 편중(偏重)의 사주가 더 명확한 인생 방향과 성취를 보여준다고 주장하였다.
- 둘째, 억부론(抑扶論)의 단순성이다. 세상의 많은 고전들이 '일간이 강하면 억(抑)하고, 약하면 부(扶)하라'는 식의 억부 이론을 중시했지만, 그는 일간의 강약보다도 사주의 전체 흐름과 용신(用神)의 역할이 더 중요하다고 보았다.
- 셋째, 형식주의적 납음오행 해석에 대한 비판이다. 납음오행은 천간과 지지의 조합을 금·목·수·화·토 다섯 가지로 나누어 해석하는 방식인데, 이는 도식화된 이론일 뿐 실제 오행의 생극제화(生剋制化)를 충분히 반영하지 못한다고 보았다.

이러한 비판을 바탕으로, 서거이는 명리학 해석의 핵심을 단순한 숫자나 균형론이 아닌, '용신'(用神)의 설정과 그 운용 방식에 두기 시작했다.

2. 새로운 사주 해석법 구상

서거이는 사주 해석의 본질은 단순한 오행의 수량이 아니라, '사주 내에서 가장 중심이 되는 작용을 담당하는 기운'을 설정하고, 이를 어떻게 살리거나 도울 수 있을지를 판단하는 것이라고 보았다. 그는 이를 용신(用神)이라 불렀고, 용신의 극과 생, 용신이 처한 환경, 그리고 대운과 세운이 용신에 미치는 영향 등을 종합적으로 분석하는 방식으로 이론을 구성하였다.

또한 그는 '격국론'(格局論)에 대해서도 새로운 해석을 제안했다. 기존에는 인성격, 식신격, 관살격, 재성격 등으로 나누어 격을 판단했지만, 서거이는 격의 판단보다도 용신의 선정이 우선되어야 하며, 격은 그것을 보조하는 틀일뿐이라 주장하였다.

이런 점에서 그는 고전 명리학의 전통과는 다른 노선을 추구했으며, 기존의 '왕·상·휴·수·사'(旺相休囚死)와 같은 오행의 생멸 체계보다는, '사주의 목적성과 방향성'을 중시하는 실용주의적 접근을 택하였다.

3. 실전 분석 중심의 방법론

서거이는 수많은 실전 사례를 통해 이론을 다듬었으며, 사주 명조를 분석할 때 '생시보다 월지가 중요하고, 전체 국세(局勢)가 더욱 중요하다'는 원칙을 확립하였다. 그는 다음과 같은 방식으로 해석했다.

◆ 월지(月支)는 그 사람의 사회적 위치, 환경, 출발점을 나타내므로 용신의 생극에 가장 큰 영향을 미친다.
◆ 일간(日干)은 그 사람의 자아, 주체성을 상징하므로 일간을 기준으로 하는 십신 체계(비견, 겁재, 식신, 상관, 정재, 편재, 정관, 편관, 정인, 편인)의 운용이 매우 중요하다.
◆ 용신(用神)은 전체 흐름을 조율하는 핵심으로, 용신의 강약과 극생 상태가 그 사람의 평생 방향을 결정짓는다.
◆ 희신(喜神)과 기신(忌神) 개념도 함께 도입하여, 사주에서 보조적으로 돕거나 해치는 기운을 설정하였다.

이러한 분석 방법은 이후의 명리학자들에게 큰 영향을 주었고, 후세의《적천수(滴天髓)》,《명리정종(命理正宗)》 등에도 이와 유사한 체계가 이어지게 된다.

4. 용신 선정의 원칙

서거이가 가장 강조한 것은 '용신 선정의 정확성'이었다. 잘못된 용신 설정은 잘못된 진단과 동일하다며, 다음과 같은 원칙을 제시하였다.

- ◆ 격국이 성립되면 격국의 본성을 따르되, 용신이 격국의 성격을 살려줄 수 있는 존재여야 한다.
- ◆ 격이 불분명한 경우, 사주의 국세(局勢)와 월지의 기운을 바탕으로 용신을 정해야 한다.
- ◆ 용신은 절대 고정된 오행이 아니며, 같은 오행이라 해도 천간과 지지, 지장간 속 위치에 따라 그 의미와 기능이 달라진다.
- ◆ 대운이 용신을 돕는 방향으로 흐르면 흥하고, 기신이 발동되면 쇠한다.

이러한 철저한 분석과 실용 중심의 관점은 그를 단순한 이론가가 아니라, 실천하는 역학자이자 체계적 이론가로 만들어주었다.

제4장 자평법의 정립: 이론의 구성과 실전 체계화

서거이(徐居易)가 일생을 통해 구축한 사주학 체계는 바로 《자평법(子平法)》이라 불리는 독자적 명리학 방법론이었다. 이는 단순히 이전 이론을 수정하거나 보완하는 수준을 넘어서, 사주학의 해석 관점을 구조적으로 재편성한 혁신적 체계였다.

그의 이름은 후세에는 거의 알려지지 않았지만, 그가 정립한 이론체계는 후대에 '자평명리학(子平命理學)'이라는 명칭으로 정착하며 명리학의 표준 해석 방식이 되었다. 이 장에서는 서거이가 어떻게 《자평법》을 정립하게 되었는지, 그리고 그 주요 내용을 구체적으로 서술한다.

1. '자평'이라는 명칭의 유래

서거이는 자신의 이론을 '자평법'이라고 명명했는데, 이 '자평'이라는 이름은 중국 송대 인물 중 천문역술에 뛰어났던 자평진인(子平眞人) 또는 자평선인(子平仙人)이라는 호칭에서 비롯되었다는 설이 있다. 학자에 따라선 이 '자평'이 서거이 본인의 호였다고도 하며, 그가 이 이름을 통해 스스로의 이론 체계를 상징하려 했다는 견해도 존재한다.

서거이는 '자평'이라는 말을 단순한 인명의 차원이 아니라, '사주의 균형을 재평(再評)하여 운명을 바르게 판단한다'는 철학적 의미로 해석하였다. 즉, 기존의 고루한 해석 틀을 벗어나 보다 정밀하고, 인간 중심적인 운명 해석의 틀을 마련하려는 의도를 담고 있었던 것이다.

2. 《자평법》의 구조적 틀

《자평법》은 다음과 같은 핵심 구조를 기반으로 구성되었다.

◆ 日干 중심 체계 (日主主體論)
그는 사주의 해석을 오로지 일간(日干)을 중심으로 전개하였다. 일간은 인간의 자아를 상징하며, 그 외의 모든 요소는 보조적이거나 영향 요소로 보았다. 이로써 사주 해석의 중심축을 명확히 세웠다.

◆ 십신(十神)의 기능과 작용 분석 (十神論)
십신은 비견, 겁재, 식신, 상관, 정재, 편재, 정관, 편관, 정인, 편인으로 구성되며, 각각의 오행과 간지 조합을 통해 일간과의 관계로 판단된다. 서거이는 이 십신의 작용을 정밀하게 분석하여, 사회적 관계, 심리, 직업, 건강, 부부, 자녀 등 다방면에 걸쳐 통합적으로 적용할 수 있도록 이론화하였다.

◆ 용신(用神) 중심 해석 체계 (用神論)
그는 모든 사주의 해석은 용신 선정에서 출발해야 한다고 주장했다. 용신은 사주의 균형을 조절하는 핵심 역할을 하며, 이 용신이 살아나면 길하고, 꺾이면 흉하다. 또한 희신(喜神), 기신(忌神)을 구분하여 보조 작용까지 체계적으로 다루었다.

◆ 격국의 실용화 (格局調和論)
그는 전통 격국론이 지나치게 형식적이라고 보고, 격국보다는 용신과 국세(局

勢)를 함께 고려하는 방식으로 격을 해석하였다. 정격과 변격, 종격 등의 분류는 그가 후에 실전 적용을 위해서 발전시킨 부분이다.

◆ 대운, 세운의 역동적 분석 (大運·歲運法)

대운(10년 주기)과 세운(1년 단위)의 흐름을 통해 사주의 변화와 개인 운세의 전환점을 정밀히 분석하였다. 그는 특히 용신이 대운과 조화를 이루는 시기를 '용운(用運)'이라 하여, 인생의 전환점과 시기를 예측하는 데 중점을 두었다.

3. 실전 사례의 체계화

서거이는 수많은 실전 사례를 수집하여 자신의 이론을 점검하고 검증하였다. 그는 다양한 계층의 인물들(농부, 상인, 군인, 과거급제자, 수도자, 부녀자, 불구자) 등의 사주를 분석하고, 그들의 인생 여정과 사건들을 사주 구조와 일치시키며 통계화하였다.

그는 특히 '용신이 대운에서 어떻게 응하고, 현실에서 어떤 사건으로 나타나는가'를 철저히 분석하였다. 이를 통해 예측의 정확도를 높이고, 실제 운명 상담 시 효과적인 조언을 할 수 있는 체계를 마련하였다.

그의 이론서에는 다음과 같은 구체적 사례들이 기록되어 있다고 전해진다.

◆ 정인격이 강한 여성 사주가 대운에서 관운이 들어오자 관청에 들어가 관리의 부인이 되었다는 사례

◆ 편재격 상인의 사주가 식신운을 맞자 장사를 접고 자식을 공부시켜 과거에 급제시킨 사례

◆ 관살혼잡의 사주를 가진 이가 희신 대운에 이르러 군에 복무하고 공을 세워 출세한 사례

◆ 이러한 체계적인 사례 수집과 분석은 이후 명리학계의 분석 틀에 강력한 영향을 주었으며, 명리학의 실전적 효용성을 결정짓는 모범이 되었다.

◆ 자평법의 문헌 정리와 저술 활동

서거이는 자신의 이론을 문서로 정리하여 남기기 시작했다. 이때 완성한 것이 바로 전설적인 명저 《자평법》이다.

해당 저작은 다음과 같은 구성으로 되어 있었다는 기록이 있다.

- ◆ 명리 총론: 사주의 이론과 역사.
- ◆ 일간 중심 해석: 일간별 특성과 십신.
- ◆ 용신 선정법: 실제 적용 사례 중심.
- ◆ 격국 정리 및 종격 설명.
- ◆ 대운, 세운 분석법.
- ◆ 실전명조 100선.
- ◆ 희기신 이론과 길흉 판단.
- ◆ 질병, 재물, 인연, 자식, 직업 분석 등 실생활 응용.

서거이는 이 책을 단순한 이론서가 아닌, 실전 철학서이자 운명 상담 지침서로서 정리하였으며, 누구나 일정한 원리를 따르면 자기 운명을 이해하고 대비할 수 있도록 썼다.

4. 《자평법》의 의의

《자평법》은 사주 명리학을 오행 중심에서 인간 중심적 사고로 전환시킨 기념비적 체계이다. 서거이는 인간의 삶과 운명을 단지 '천지의 이치'로 환원하지 않고, 개인의 선택과 기운의 방향성을 통해 운명이 개선될 수 있다는 실천적 가치를 부여하였다.

이는 단순한 점복이나 운세 해석의 수준을 넘어서, '삶의 길잡이로서의 명리학'이라는 새로운 철학을 제시한 것으로 평가된다.

제5장 '용신'의 개념 확립: 명리학의 새 흐름을 만들다

서거이가 자평법을 통해 명리학에서 가장 중시한 이론 중 하나는 '용신(用神)'의 개념 정립이다. 그는 이 개념을 중심축으로 삼아 사주 전체를 분석하고, 개인의 삶과 운명의 궤적을 파악할 수 있다고 보았다. 이 장에서는 용신이 무엇인지, 서거이가 어떻게 이를 이론화하고 체계화했는지, 그리고 그것이 명리학에 미친 영향을 다룬다.

1. 용신(用神)의 개념적 정의

기존의 명리학에서도 '용신'이라는 말이 없지는 않았다. 그러나 대다수는 용신을 단순히 '사주에서 부족한 오행을 보충해주는 기운' 정도로 이해하였다. 서거이는 이러한 해석이 지나치게 도식적이며, 실전에서 오차가 많다고 보았다.

서거이에 따르면, 용신이란 단순히 부족한 기운을 보완하는 존재가 아니라, 사주 전체 구조 안에서 생명력을 유지하고 균형을 잡아주는 핵심 에너지이다. 그는 이를 다음과 같이 정의하였다.

- ◆ "用神者, 命中之魂也。用神失位, 則命途黯淡; 用神得勢, 則吉象分明。"
  "용신이란 명(命) 중의 혼(魂)이다. 용신이 제자리를 얻지 못하면 운명은 어두우며, 용신이 기세를 얻으면 길상이 분명해진다."

그는 이론적으로 용신을 사주의 중심 기운으로 보고, 용신이 사주 전체의 흐름을 주도하며, 이를 돕는 기운이 희신(喜神), 해치는 기운이 기신(忌神)이라고 정의했다.

2. 용신 선정의 네 가지 원칙

서거이는 용신 선정에 있어 다음과 같은 네 가지 원칙을 제시했다.

- ◆ 국세(局勢) 우선 원칙: 사주의 전체적인 형세(국세)를 먼저 파악하고, 그에 따라 용신을 정해야 한다. 단순히 일간이 강하냐 약하냐를 먼저 판단하면 오류가 생기기 쉽다.
- ◆ 월령(月令) 중시 원칙: 사주에서 월지가 전체 국세에 미치는 영향이 크므로, 용신 선정 시 반드시 월령의 지지를 우선 고려해야 한다. 월령이 일간을 생하는지, 극하는지, 조후에 도움이 되는지를 관찰한다.

- 조후(調候) 보완 원칙: 여름에 태어난 명조는 한기를, 겨울에 태어난 명조는 온기를 필요로 하므로, 계절 조후를 돕는 오행을 용신으로 삼는 경우가 많다. 즉, 조후(기후 조절)를 중요시한 접근법이다.
- 형충합해 파악 원칙: 용신이 사주 내에서 충(沖)이나 파(破)를 받으면 그 기능이 저하된다. 따라서 용신이 안정적으로 자리잡고 있는지를 반드시 점검해야 하며, 필요 시 보조로 희신을 활용하여 용신을 보완해야 한다.

이러한 원칙들은 당시로서는 매우 혁신적인 접근이었으며, 후대의 명리학자들 역시 용신을 기준으로 사주를 보는 것이 정석이 되었다.

3. 용신·희신·기신의 삼단 구도

서거이는 사주를 분석할 때 용신만으로는 부족하다고 보았다. 그래서 희신(喜神)과 기신(忌神)이라는 개념을 함께 설정하였다. 이 삼단 구도는 사주 해석의 입체성과 구체성을 높여주었다.

- 용신(用神): 사주의 핵심 기운, 즉 균형과 흐름의 중심. 사주의 명(命)을 잡고 있는 축.
- 희신(喜神): 용신을 보좌하거나 보완해주는 기운. 용신이 약할 때 이를 돕는 존재.
- 기신(忌神): 용신을 극하거나 해치는 기운. 사주 전체의 흐름을 어지럽히는 요소.

서거이는 사주 해석 시 항상 이 세 가지 신을 중심으로 분석하고, 운세를 판단하였다. 그는 다음과 같은 구절을 남겼다

"用神如君, 喜神如臣, 忌神如賊。君得其位, 臣佐其政, 賊避其國, 則國安矣。"
"용신은 임금과 같고, 희신은 신하와 같으며, 기신은 도적과 같다. 임금이 제자리에 있고 신하가 그를 보좌하며 도적이 나라를 떠나면 나라가 안정된다."

4. 용신의 작용과 대운 흐름

서거이는 용신이 단지 사주 원국(原局)에서만 작용하는 것이 아니라, 대운이나 세운의 흐름에 따라 흥하거나 쇠한다는 점에 주목했다. 그는 이를 바탕으로 '용신운(用神運)'이라는 개념을 만들었다.

- ◆ 용신운(用神運): 대운 혹은 세운에서 용신의 기운이 도와주는 시기. 이때는 길운이 들어오고, 사회적 성취나 인생의 전환이 나타난다.
- ◆ 기신운(忌神運): 기신의 기운이 강해지는 시기. 건강 문제, 경제적 침체, 인간관계의 위기 등이 동반될 수 있다.

서거이는 이 개념을 실전 사례를 통해 입증하였고, 실제로 사주 해석에서 인생의 고비를 예측하는 데 매우 유용한 기준으로 자리잡게 하였다.

5. 후대에 끼친 영향

서거이의 용신 개념은 명리학의 판도를 바꾸었다. 이후 자평학파를 따르는 모든 명리학자들은 용신을 중심으로 해석하기 시작했고,《적천수(滴天髓)》,《명리정종(命理正宗)》,《연해자평(淵海子平)》등의 고전서들에서도 모두 서거이의 용신 중심 사유가 반영되어 있다.

오늘날까지도 '용신 분석 없이 명리 해석은 반쪽짜리'라는 말이 있을 정도로, 용신 개념은 현대 명리학의 핵심이자 뼈대가 되었다.

제6장 《자평법》의 편찬: 사주학 이론의 집대성

서거이는 평생 동안 수많은 사주를 분석하고 그 이론적 기초와 실전 사례를 연구하며, 이를 체계적으로 정리하여 하나의 완성된 문헌으로 남기려는 열망을 가지고 있었다. 이러한 집념의 결실이 바로《자평법》이라는 대작이다. 이 책은 그가 구축한 '자평법'의 핵심 이론을 총체적으로 정리한 저서로서, 명리학 사상 전반에 걸쳐 지대한 영향을 끼친 명저로 평가된다.

1. 집필 동기와 과정

서거이는 자신의 이론이 단지 입에서 입으로 전해지는 구술 전통에 머물 경우 변질되기 쉽고, 후학들이 오해할 수 있음을 우려하였다. 그는 특히 기존의 명리학이 지나치게 기교와 잡다한 형식에 치우쳐 있어, 초심자와 후학들이 사주의 본질을 보지 못한 채 오행 수와 형식적 격국에 매몰된다는 점을 안타깝게 여겼다.

이에 따라 그는 체계적이고 명료한 이론 정리와 실제 적용 가능한 해석 지침을 모두 아우르는 문헌을 편찬하려 하였고, 이에 착수한 것이 바로 《자평법》이다. 이 작업은 그가 40대에 이르러 본격화되었으며, 약 10여 년간 수정과 보완을 거쳐 50대 초반에 이르러 최종 완성된 것으로 전해진다.

2. 구성 체계와 편찬 방식

《자평법》은 다음과 같은 체계로 구성되어 있었다.

- ◈ 서론부: 명리학의 철학적 기초
  - ◆ 음양오행의 우주적 의미
  - ◆ 간지의 생성 원리
  - ◆ 인간과 천지 사이의 관계
  - ◆ 운명의 원리와 변화

서거이는 사주를 단순한 점술이 아니라 인간과 우주의 상호작용을 설명하는 철학적 도구로 파악하였다. 따라서 서문에서는 사주의 본질이 무엇인지, 왜 인간은 사주를 통해 운명을 이해해야 하는지를 서술하였다.

- ◈ 본론부: 자평법의 이론체계
  - ◆ 일간 중심론(日主爲主)
  - ◆ 십신 작용론(十神作用論)

- ◆ 용신 선정법(用神擇要)
- ◆ 격국 분류와 해석(格局分類)
- ◆ 조후 조절의 원리(調候補救)
- ◆ 형충합해론(刑沖合害論)
- ◆ 희신·기신 판단법(喜忌分明)

여기서는 자평법의 이론적 골격이 상세히 제시되며, 각각의 개념이 어떻게 상호 작용하고 실제 사주 분석에 적용되는지를 구체적으로 설명하고 있다.

◈ 실전 응용부: 해석 방법과 운세 예측
- ◆ 대운 분석법(大運推移法)
- ◆ 세운 및 월운, 일운 해석
- ◆ 직업, 건강, 부부, 자식운 분석
- ◆ 불구자, 기형, 과부, 양인 등 특수 사주 유형 해석
- ◆ 남녀 사주 차이점
- ◆ 귀격, 부귀귀인 사주의 구조 분석

이 부분은 자평법을 실제로 어떻게 활용할 것인지에 대한 구체적 설명으로 구성되었으며, 다양한 분야에 걸쳐 사주 해석이 가능하도록 사례 중심으로 정리하였다.

◈ 명조백선부(命造百選附): 실제 명조 100편 수록

서거이가 실제로 분석한 사주 명조 100편이 해석과 함께 실려 있으며, 각 명조의 사건, 운세 변화, 용신 작용, 대운 흐름 등이 구체적으로 기술되어 있다. 이 부분은 후학들이 실제로 자평법을 훈련할 수 있는 교재 역할을 하였다.

◈ 부록: 자평용어해설, 천간지지 표, 육십갑자 연표 등

당시 문자의 어려움과 개념의 난해함을 고려하여, 독자와 후학들을 위해 용어 해설과 표 등을 부록에 첨부하였다.

3. 저작의 문체와 특징

- 서거이는 문장이 간결하면서도 유려했으며, 특히 논리성과 시적 운율을 동시에 갖춘 문체를 구사하였다. 《자평법》의 구절 중 일부는 다음과 같은 식으로 구성되었다.
- "喜神扶用, 則命通而不滯; 忌神破勢, 則福薄而難全。"
 "희신이 용신을 돕는다면 운명이 순조롭고 막힘이 없고, 기신이 세력을 깨뜨리면 복이 박하고 완전하지 못하리라."
- 또한 복잡한 사주 구조를 해석할 때는 비유와 우화를 사용해 설명하는 방식도 자주 보인다.

4. 후학들에 의한 전승과 주해

서거이의 《자평법》은 그의 사후에도 후학들에 의해 필사되고 전해졌으며, 북송이 멸망하고 남송으로 정권이 넘어간 이후에도 남중국 여러 지역에서 자평학이 활발히 전승되었다.

특히 명청(明淸)의 심효첨(沈孝瞻), 진지린(陳之潾), 유백온(劉伯溫) 등은 《자평법》의 사상과 체계를 계승하였고, 이후 편찬된 《연해자평(淵海子平)》은 실질적으로 《자평법》을 정리하고 보완한 집성서로 평가된다.

5. 《자평법》의 영향력

《자평법》은 이후 수백 년간 동아시아 전체의 사주명리 해석의 기준이 되는 체계적 틀을 제공하였다. 한·중·일 모두에서 이 책의 사상이 반영되었으며, 특히 다음과 같은 점에서 그 의의가 크다.

- 명리학을 형식 중심에서 인간 중심으로 전환시켰다.
- 이론과 실전을 융합시켜, 현실 생활에 적용 가능한 운세 해석법을 제공하였다.
- 용신 개념을 중심으로 사주의 역동성을 설명하는 데 성공하였다.
- 후대 명리서의 편찬 방식과 해석 언어, 구조적 서술에 큰 영향을 주었다.

제7장 학문적 교류와 비판: 당시 역술계와의 관계

서거이는《자평법》을 정립하고 이론적인 체계를 완성한 이후, 단순한 개인 연구자를 넘어 역술계 전반에 파장을 일으키는 중심인물로 부상하였다. 그의 이론은 기존 전통 명리학자들의 통설을 비판하면서 동시에 명리학의 새로운 해석 틀을 제시했기에, 당대 명리학자들과의 활발한 교류와 논쟁을 피할 수 없었다.

이 장에서는 서거이가 어떤 학자들과 교류하였으며, 그들과의 사상적 충돌과 조화는 어떤 양상으로 나타났는지를 정리한다.

1. 서거이의 입장: "실용과 논리 없는 형식은 죽은 학문이다"

서거이는 명리학이 하나의 도(道)가 되기 위해서는, 단지 이론만을 반복해서는 안 되며, 실제 인생의 변화와 흐름을 설명할 수 있어야 한다고 믿었다. 그는 "격국만 따지고 일간의 왕약만 판단하는 기존 체계는 현실과 맞지 않는다"고 강하게 비판하였다.

그는 특히 다음과 같은 학문적 태도를 견지했다.

- ◆ 오행수(數)를 따지되, 실제 작용의 흐름을 중시하라.
- ◆ 격국에 얽매이지 말고, 용신의 실질적 위치를 보라.
- ◆ 이론이 아니라 사례와 현실이 진실을 말해준다.

이러한 실용적·유기적 시각은 기존의 명리 해석자들, 특히 형식주의적 격국학파와 자주 충돌하였다.

2. 격국파와의 논쟁

서거이의 가장 큰 사상적 적대 세력은 격국 중심의 전통 학자들이었다. 이들은 사주의 격을 정하는 것을 해석의 시작으로 삼고, 격이 성립하지 않으면 '하격(下格)'이라 하여 인생이 무조건 불우하거나 하위로 분류되는 해석을 내리곤 하였다.

◆ 이에 서거이는 격국이란 단지 국세(局勢)의 이름일 뿐, 인간의 운명을 결정짓는 기준이 될 수 없다고 강하게 반박하였다. 그는 다음과 같은 논리를 펼쳤다.
◆ "格者, 局中之象也; 命者, 人之流也。象可改, 流無定。以格定命, 非也。"
"격이란 국세 속의 형상일 뿐이고, 운명은 인간의 흐름이다. 형상은 바뀔 수 있고 흐름은 고정되지 않는다. 격으로 운명을 단정하는 것은 그릇된 것이다."

이러한 논리 전개는 많은 후학들에게 신선한 충격을 주었으며, 명리학의 해석에 유연성과 해방감을 부여하였다.

3. 형·충·합·해 논자들과의 교류

서거이는 격국 중심 해석보다는 형충합해(刑沖合害)의 실제 작용에 주목하였다. 특히 당시 강남지방의 도교적 역학자들 중 일부는 '형충합해'의 상징성을 이용하여 사주의 길흉을 판별하였고, 이를 점복적으로 활용하는 경우도 많았다.

서거이는 이들과의 교류에서 다음과 같은 관점을 공유하였다.

◆ 사주 해석은 고정 불변의 체계가 아니라, 다양한 작용의 상호작용을 보는 것이다.
◆ 형충합해는 사주의 움직임을 설명하는 언어로 유용하되, 근본 원리는 용신과 국세이다.

서거이는 강남의 어느 노도사(老道士)와 3일간 밤을 새워 논쟁을 벌였다는 일화도 전해진다. 이 도사는 형충합해의 작용을 극대화하여 재난과 복을 예측하였고, 이에 서거이는 다음과 같이 대꾸하였다.

"形者, 氣之表象也. 沖者, 勢之運轉也。用神有勢, 則沖亦為喜. 無勢, 則合亦為害。"
"형은 기의 외형이며, 충은 국세의 전환이다. 용신이 기세를 얻으면 충도 기쁨이 되고, 용신이 쇠하면 합도 재앙이 된다."

4. 후학들과의 논변: 실전 교육의 장

서거이는 단순한 이론가가 아니라, 열린 교육자였다. 그는 자평법을 후세에 전하기 위해 자신의 문하를 개방하였으며, 매년 일정한 시기에 제자들과 함께 사주 해석 토론을 여는 '용신강좌(用神講座)'를 열었다.

제자 중 일부는 지역 관청의 역관(曆官)이나 명리 상담가가 되었으며, 일부는 도가의 수련을 병행하며 명리학을 심화시켰다. 그는 제자들에게 항상 다음의 세 가지를 가르쳤다.

- ◆ 실전 사례를 소중히 하라.
- ◆ 용신의 작용을 항상 중심에 두라.
- ◆ 책 속 이론보다 사람의 삶을 보라.

이러한 가르침은 자평학이 후일 다양한 해석법과 응용법으로 발전할 수 있는 기반이 되었다.

5. 서거이의 비판에 대한 반응

서거이가 기존의 사주 이론을 비판하고 새로운 틀을 제시하자, 당대의 명리학계는 두 갈래로 나뉘었다.

- ◆ 보수 학파: 서거이의 이론이 너무 실용에 치우쳐 전통 정신을 훼손한다고 비판함.
- ◆ 개혁 학파: 서거이의 논리에 감탄하고 이를 수용하여 새로운 명리학을 모색함.

서거이는 이에 대해 크게 개의치 않았고, 다음과 같은 말을 남겼다고 한다.

"人之於命, 如農之於地也。識氣者, 得豐收; 迷理者, 徒勞作。"
"사람의 명이란, 농부가 농사를 짓는 것과 같다. 기운을 제대로 알면 풍년이 들고, 이치를 모르면 헛된 수고뿐이다."

이러한 통찰은 그의 명리학이 단지 철학이 아닌 삶의 기술(術)이며 실천적 지혜라는 점을 명확히 보여준다.

제8장 후학의 양성과 자평학파의 형성

서거이는 자평법을 완성한 이후, 자신의 이론을 단지 문헌으로 남기는 것에 그치지 않고 직접 후학을 양성하고자 했다. 그는 자신의 사유와 실전 분석 기법을 정제하여 전수할 수 있는 학문 공동체, 곧 '자평학파(子平學派)'를 형성하였다. 이 장에서는 서거이의 제자 교육 방식, 핵심 후계자들, 그리고 자평학의 구조와 전승에 대해 구체적으로 서술한다.

1. 교육 공간의 개설: 청연당(靑硯堂)

서거이는 고향 낙양 근교에 청연당(靑硯堂)이라는 작은 서재를 마련하고, 이곳에서 학문과 역술을 가르쳤다. 청연당은 단순한 글방이 아니라, 이론 연구와 사주 실습을 병행하는 일종의 사주 연구소兼 실전 도장이었다.

이곳에는 지방의 유생, 도사, 상인, 역관 지망자, 의술인, 심지어 여인들까지도 찾아와 사주법을 배우고자 하였다. 그는 이러한 개방성을 통해 자평법을 다방면으로 확산시켰다.

청연당에서는 다음과 같은 수업이 이루어졌다.

◆ 오행론 심화: 기초 오행에서 조후론까지.
◆ 십신 정밀 분석: 실전 인물 명조를 중심으로.
◆ 용신 선정 실습: 실제 명조에서 용신 판단과 희기신 구분.
◆ 격국의 변형 해석: 정격, 변격, 종격 판단법.
◆ 운세 흐름 분석: 대운과 세운의 작용 실습.
◆ 예측과 처방 연습: 사주로 인생 고비 예측 후, 대응법 제시 훈련.

서거이는 "사주는 과학이 아닌 지혜(慧)다"라고 말하며, 제자들이 단순히 공식 외우기에 매몰되지 않도록 늘 경계시켰다.

2. 대표적인 문하생과 그 성취

서거이 문하에서는 다수의 인재가 배출되었으며, 그 중 대표적인 제자는 다음과 같다.

◉ 고진선(高眞善)
- ◆ 서거이의 자평용신론을 실전 분석 체계로 정리한 인물.
- ◆《명법요해(命法要解)》저술: 자평법의 원리를 간결히 설명한 해설서.
- ◆ 강남 지역에서 활동하며, 자평학을 지방에 전파함.

◉ 유행도(劉行道)
- ◆ 도사 출신으로 청연당에서 수학 후, 명·청 국경에서 활동.
- ◆ 사주 상담을 중심으로《연해보류(淵海補類)》라는 실전 명조집을 편찬.
- ◆ 용신과 대운의 조화로 성공과 실패를 명쾌히 구분하는 체계를 정립.

◉ 노문성(魯文誠)
- ◆ 서거이의 구법을 그대로 계승한 보수 계열 후학.
- ◆《청연필의(靑硯筆議)》저술: 스승의 이론을 문답 형식으로 정리.
- ◆ 송말 원초에 이르기까지 자평학 이론 전파의 핵심 인물.

이 세 명은 이후 각자의 지역에서 독립된 자평계 학파를 형성하였고, 서거이 사후 100년간 자평학파의 근간이 되었다.

3. 자평학파의 핵심 사상

자평학파는 서거이의 학문을 단순히 따르기보다는, 그의 사상을 바탕으로 다양한 방향으로 발전하였다. 자평학파의 핵심 사상은 다음과 같다.

- 사주 해석의 중심은 용신이다.
- 대운과 세운의 흐름은 국세의 변화를 이끄는 주요 동력이다.
- 격국보다 실질의 작용이 중요하며, 형식적 해석은 지양한다.
- 희신·기신 개념은 필수이며, 실전적 사례에 기반하여 조율해야 한다.
- 명리학은 인간 삶의 질을 높이는 도구로서 활용되어야 한다.

자평학파는 특히 실천지향적 사고를 강조했으며, 사주를 통해 인간관계, 결혼, 건강, 재물, 직업 등 삶의 문제를 구체적으로 상담할 수 있는 기반을 마련하였다.

4. 자평학파의 영향과 확산

서거이의 자평학파는 북송 말기부터 남송 초기까지 빠르게 확산되었으며, 특히 다음 지역에서 강력한 영향력을 발휘하였다.

- 강남(江南): 상업 중심지였던 만큼, 사주와 운세에 대한 수요가 많았고, 자평학은 실용성 때문에 빠르게 수용되었다.
- 강회(江淮): 도교적 색채가 강한 지역으로, 자평학은 풍수, 기문둔갑과 융합되며 도참(圖讖)적 명리학으로 확장되었다.
- 절강(浙江): 고위 관료, 사대부 가문에서 자평법을 교양적 지식으로 익히는 경우가 많았다.

이 시기 자평법은 명리학의 '표준 해석 체계'로 자리잡았고, 서거이의 이론은 더 이상 이단이 아닌 정통으로 인식되었다.

5. 자평학파와 타 학파와의 조화

서거이 이후 자평학은 독자적인 체계로 성장하면서도, 다음과 같은 타 학파와 조화를 이루었다.

- ◆ 도참명리와의 접목: 사주에 도참적 상징을 부여하고, 용신을 운세 변화의 핵심 동력으로 활용.
- ◆ 풍수지리와의 융합: 명리로 인간의 기운을 보고, 풍수로 환경 기운을 조율하여 보완책을 제시.
- ◆ 의학 및 침구학과의 연계: 오행과 인체의 상응 관계를 활용하여 병증 유발 요인을 해석.

이러한 유연성 덕분에 자평학은 시대적 변화와 학문 융합에 매우 유연한 실전 명리의 전형으로 확립되었다.

제9장 서거이의 만년과 역사적 평가

서거이는 자신의 명리학 체계인 자평법을 완성하고 후학을 양성한 이후, 학문적 업적에 대한 세간의 찬사와 일부 비판 속에서도 조용하고도 겸허한 노년기를 보냈다. 그는 정식 관직에 오른 적은 없으나, 그의 명성은 지방 수령과 관원들 사이에서도 회자되었고, 운명을 상담하고자 그를 찾는 사람들이 끊이지 않았다.

이 장에서는 서거이의 말년 생활과 생애의 마무리, 그리고 그가 역사와 후대 명리학계에서 어떤 평가를 받았는지를 다룬다.

1. 학문을 마무리하다

서거이는 60세에 가까워지며 활발한 대외 활동을 줄이고, 청연당에서 조용히 후학 지도와 사주 분석에 집중하였다. 그는 자신이 생전에 정립한 《자평법》의 내용을 한 번 더 정리하는 작업에 몰두했으며, 이후 《명리정요(命理精要)》라는 간단한 약론서도 남겼다고 전해진다.

노년기의 그는 젊은 시절의 비판적 언변보다는 온화하고 성숙한 화법을 구사하였으며, "명리학은 사람의 길을 돕는 것일 뿐, 결코 사람 위에 군림하는 도구가 되어서는 안 된다"고 역설하였다. 이 시기의 서거이는 다음과 같은 명언을 남겼다.

"命者 天也, 理者 人也。順天理者, 命亦順之。"
"운명이란 하늘의 일이고, 이치를 따름은 사람의 일이다. 하늘과 이치를 따르는 자에게는 운명도 순응한다."

그는 명리학을 일종의 '운명 탐구를 통한 자기이해와 자각의 도구'로 승화시키며, 단순한 점술에서 벗어난 정신적 깊이를 제시하였다.

2. 죽음을 맞이하다.

서거이는 약 70세를 일기로 평온하게 세상을 떠났다. 정확한 사망 연도는 기록이 분명치 않으나, 북송의 멸망 직전인 1120년대 중반으로 추정된다. 그의 죽음은 청연당의 제자들 사이에 깊은 애도와 침통함을 불러일으켰고, 제자 고진선은 "스승이 떠난 날, 천지가 숨을 죽였다"고 기록했다.

장례는 그의 뜻에 따라 간소하게 치러졌으며, 낙양 외곽의 작은 언덕에 묻혔다. 후에 제자들이 세운 작은 비에는 다음과 같은 문구가 새겨졌다고 한다.

"靑硯堂主人 子平先生 徐居易之墓"
"청연당 주인 자평 선생 서거이의 묘"

3. 역사적 평가

서거이에 대한 평가와 영향은 시대에 따라 다소 변화하였으나, 명리학사(命理學史) 전반에 걸쳐 그의 업적은 확고하게 자리잡고 있다. 몇 가지 주요한 평가를 정리하면 다음과 같다.

- ◆ 실용적 명리학의 창시자: 서거이는 기존의 이론 중심 명리학에서 벗어나, 실제 삶과의 연관성, 변증적 사고, 현실 적용 가능성을 중시한 학파를 창출하였다. 그는 명리학을 '운명 해석 도구'에서 '인생 설계 도구'로 승화시킨 인물로 평가된다.
- ◆ 용신론의 정립자: 그가 정립한 용신·희신·기신 개념은 명리학의 해석 체계

에 새로운 패러다임을 제시하였다. 후대 《적천수》나 《연해자평》 등에서도 모두 그의 용신 중심 해석 방식을 계승하였다.

◆ 학문 공동체 형성의 선구자: 청연당을 중심으로 후학을 양성하고, 명리학의 교육 체계를 마련했다는 점에서 그는 동아시아 역학사 최초의 학문 공동체 운영자 중 하나로 평가된다.

◆ 비판과 독창성의 상징: 기존 격국 중심 해석을 비판하고, 새로운 이론을 창안한 개혁자로서의 측면도 강하다. 이러한 비판정신은 이후 자평학의 역동성을 형성하는 원천이 되었다.

4. 후대 명리학자들의 언급

명나라의 심효첨(沈孝瞻)은 《자평법》에 대해 "예언을 넘어 진리를 품은 책"이라 평가하였고, 청나라의 진지린(陳之潾)은 서거이를 "명리법의 기둥이자 용신학의 주조자"라 칭하였다. 또한 유백온(劉伯溫)은 "서자평이 없었다면 사주는 고루한 틀에 갇혔을 것"이라고 말했다.

조선의 명리학자 이서구(李書九) 역시 "자평법의 논리성은 사대부가 경전과 병렬하여 읽을 수 있는 역술서"라며, 지식인의 교양서로서도 높이 평가하였다.

5. 현대에서의 재조명

오늘날 중국과 한국, 일본을 포함한 동아시아 전반에서 명리학을 공부하는 이들은 대부분 자평법을 기본 해석 체계로 익힌다. 자평학의 탄생은 명리학을 구조화하고 표준화하는 데 결정적 역할을 했으며, 서거이의 이름은 실전 명리학의 아버지로 다시 조명받고 있다.

다만 아쉽게도 서거이의 《자평법》의 원형은, 대부분 현재까지 전해지지 않고 있으며, 후대의 주석본을 통해 단지 추정할 뿐이다. 그럼에도 그의 정신과 체계는 수백 년을 거쳐 살아있는 학문 유산으로 이어지고 있다.

제10장 《자평법》의 후대 영향과 동아시아 사주학의 전개

서거이(徐居易)가 정립한 《자평법》은 단순한 명리 이론의 변형이 아니라, 사주학이라는 전통 지식 체계를 재편성하고 현대화한 결정적 이정표였다. 이 장에서는 《자평법》이 후대에 끼친 영향과 동아시아 각국에서 어떻게 수용되고 발전되었는지를 고찰한다.

1. 명나라의 계승: 자평학의 체계화

명청대(明淸代)는 중국 명리학이 집대성되는 시기이며, 이 시기 많은 명저들이 탄생하였다. 그 중 다수는 자평학의 영향을 직접적으로 받았으며, 서거이의 사상을 이론적 기초로 삼았다.

대표적인 저작과 학자들은 다음과 같다.

- 심효첨(沈孝瞻): 《자평법》에 주석을 달고, 《자평진전(子平眞詮)》을 편찬. 자평학의 용신 논리를 정리하고 격국론과 접목시킴.
- 유백온(劉伯溫): 《적천수(滴天髓)》에서 자평학의 형충합해론, 용신 조후론을 보다 철학적 차원에서 확장.
- 진지린(陳之潾): 《명리약언(命理約言)》을 통해 자평법의 실전 응용법을 집약하고, 후학 교육 교재로 사용.

이처럼 명대에는 서거이의 자평학이 '학문으로서의 명리'로 체계화되며, 단순 점술에서 벗어난 철학적·과학적 해석 도구로 진화하였다.

2. 청대와 근대 중국에서의 확산

청대에 들어서면서 자평학은 보다 대중적으로 확산되었으며, 관상학, 풍수지리, 도참학 등과 융합되어 민간에서 널리 활용되었다. 특히 청말 민국 초기에 이르러서는 다음과 같은 변화가 나타났다.

- ◆ 자평법이 간명(簡明)하고 실용적인 체계로 인식되며, 민간 점술인들 사이에서 표준 해석 방식으로 자리 잡음.
- ◆ 상인, 관료, 군인, 예술인 등이 자평학을 자기 분석 및 인재 판단 도구로 활용.
- ◆ 신해혁명 이후에는 일부 서양점성과 결합된 신(新)명리학도 등장, 자평법을 기초로 한 이문화 융합적 해석 체계가 형성됨.

3. 조선과 한국에서의 수용

조선에는 고려 말~조선 초기 유학자 및 도사들을 통해 명리학이 유입되었으며, 서거이의 자평학은 조선 명리학의 중심 기틀이 되었다.

대표적인 수용 흐름은 다음과 같다.

- ◆ 조선 성리학자 이서구, 서경덕 등은 자평법의 논리를 성리학적 세계관과 접목시켜 유학 내 명리학의 학문적 지위를 확보.
- ◆ 조선 중기 이후 역관 및 민간 사주가들이 《자평법》, 《자평진전》, 《연해자평》, 《적천수》 등을 필사하여 연구하고 활용.
- ◆ 현대 한국 명리학계에서도 자평학은 여전히 중심적 분석 체계로 작용하며, 강의, 저서, 방송 등에서 표준으로 인식됨.

4. 일본과 동아시아 각국에서의 반응

일본에서는 에도시대부터 자평법이 도입되었으며, "시헤이(四平)" 또는 이하쿠(四平學)"로 불리며 신도(神道)와 융합된 독자적 해석 체계를 발전시켰다.

- ◆ 일본의 명리학자들은 서거이의 자평학을 "실천적 운명론의 근거"로 보고, 《자평법》의 일문 번역도 다수 존재한다.
- ◆ 대만과 홍콩, 동남아 지역에서는 상업, 결혼, 풍수와 연계된 실전 명리학으로 자평법을 채택하고 있다.

5. 자평학의 현대적 가치

오늘날의 자평학은 다음과 같은 가치를 지닌다.

- ◆ 인생 설계 도구로서의 활용: 자평법은 개인의 적성, 성격, 재능, 인생 흐름을 총체적으로 분석하는 프레임을 제공하며, 진로, 인간관계, 건강, 재물 등 실질적인 조언을 가능케 한다.
- ◆ 상담 도구로의 발전: 심리 상담, 인생코칭, 자기 탐색 분야에서 자평학은 MBTI나 DISC 등의 성격분석 도구와 병행 사용될 만큼 실효성이 인정받고 있다.
- ◆ 문화자산으로서의 정체성: 자평학은 단지 점술이 아닌, 동아시아 문화권에서 '운명에 대한 철학적 성찰의 도구'로 자리 잡았으며, 서양 철학의 '운명론'과 대등한 철학적 깊이를 가진 체계로 재조명되고 있다.

6. 서거이 사상의 계승과 미래

서거이의 학문은 단순히 과거의 유산이 아니라, 현재도 진화하는 살아있는 체계이다. 자평학은 다음과 같은 방향으로 이어지고 있다.

- ◆ 디지털 명리학의 출현: AI를 활용한 사주 분석 앱과 시스템들이 자평학 기반으로 개발되고 있음.
- ◆ 글로벌화: 영어, 일본어, 프랑스어 등으로 번역된 자평법 서적들이 유통되며, 비동양권 연구자들의 관심도 증가.
- ◆ 종합 예측학으로의 확장: 풍수, 기문, 주역 등과 연계된 통합 운명학 체계로 자평학이 융합되는 경향이 확대되고 있음.

▣ 맺음말: 서거이 – 운명이라는 질문에 답한 자

서거이는 단지 한 사람의 명리학자가 아니었다. 그는 인간과 우주 사이의 질서, 그리고 그 질서를 파악하려는 지성의 불꽃을 사주라는 구조적 언어를 통해 구현해낸 사상가였다.

《자평법》은 그가 삶을 통해 끊임없이 탐색하고, 관찰하고, 사유하고, 검증한 운명의 작용에 대한 집대성이며, 그것은 오늘날까지도 수많은 사람들의 마음과 삶을 비추는 거울로 작용하고 있다.

그의 사상은 지금도 다음의 말로 우리에게 다가온다.

"命不在書, 理在人心。用神得所, 萬象皆順。"
"운명은 책에 있지 않고, 이치는 사람의 마음속에 있다. 용신이 제자리를 찾으면, 만사가 조화롭게 흐른다."

서거이 강학 장면

천관경(天官經) 야율초재(耶律楚材)(1190~1244)

제1장 거란의 후손으로 태어나다

 야율초재는 1190년, 금(金)나라의 요동(遼東) 지방에서 거란(契丹)의 명문 귀족 가문인 야율씨(耶律氏) 집안에서 태어났다. 야율씨는 거란족의 대씨족으로, 요(遼)나라를 건국한 태조 야율아보기의 후손이었다. 요나라가 송과 금나라에 멸망한 뒤에도 거란 왕족과 귀족 집안들은 각지로 흩어져 살면서도 그들의 언어와 전통을 일부 보존하고 있었다.
 야율초재의 부친 야율유(耶律俞)는 금나라의 관리로 재능이 뛰어났으나, 금나라 지배 하에서 거란 귀족의 신분적 한계와 정치적 갈등으로 인해 큰 벼슬에 오르지 못했다. 그러나 그는 아들에게는 학문을 통해 가문을 다시 일으킬 것을 당부하였다. 야율초재는 어려서부터 재주가 뛰어나고 총명하여 《주역(周易)》과 같은 유가 경전은 물론 불교, 도교 경전까지 두루 탐독하였다.
 어린 시절 그는 특히 천문과 역법, 지리와 음양오행, 의약과 점복에도 관심이 많았다. 이때부터 훗날 《천관경(天官經)》과 같은 역학서를 집필할 밑바탕이 마련되었다.

제2장 금나라 말기의 혼란과 몽골의 부상

 야율초재가 성장할 무렵, 금나라는 내부적으로 부패가 극심하고 외부로는 북방에서 새롭게 부상한 몽골족의 위협에 시달리고 있었다. 칭기즈칸(成吉思汗)이 몽골 부족을 통일하고 금나라를 공격하기 시작하면서, 금나라는 거란 귀족들을 경계하거나 혹은 포섭하여 몽골 세력에 대한 방어선으로 삼으려 했다.

야율초재는 1211년, 22세의 나이로 금나라 중앙 관직의 시험에 응시해 합격했지만 금나라 조정은 그를 중용하지 않았다. 이때 그는 이미 이름난 학자로 불렸고, 그 명성은 몽골 진영에도 전해졌다.

1218년, 몽골군이 거란계 주민이 많은 지역까지 진출하면서 야율초재는 가족과 함께 몽골군에 귀부(歸附)하였다. 당시 몽골군은 유능한 관리와 학자를 중용하려 했고, 특히 칭기즈칸은 다양한 민족의 지식인을 등용하여 제국 경영의 기틀을 만들고자 했다. 야율초재는 이때 칭기즈칸에게 발탁되어 조언자로 활동하기 시작하였다.

제3장 칭기즈칸의 책사

야율초재는 칭기즈칸에게 직언을 서슴지 않았다. 몽골군은 당시 대규모 정복 전쟁을 펼치며 무자비한 약탈과 살육을 자행했는데, 야율초재는 이를 제국 통치의 장애로 보았다. 그는 칭기즈칸에게 무력만으로는 장기적인 통치가 어렵고, 농업과 상업, 세금 제도가 뒷받침되어야 한다고 주장했다.

그는 세금 제도의 개혁과 인구 조사, 지방 관리의 파견, 농민 보호 등을 조언하였다. 칭기즈칸은 처음에는 그의 의견을 경계했으나, 야율초재의 혜안을 점차 신뢰하게 되었다. 특히 북중국 지역의 경제를 안정시키기 위해 야율초재는 과거 요나라와 금나라의 제도를 연구하여 몽골 제국에 맞게 재구성했다.

야율초재는 칭기즈칸의 원정을 따라 서하(西夏), 서역(중앙아시아)까지 다니며 각지의 풍토, 풍습, 경제 구조를 직접 관찰했다. 이 경험은 그가 천문, 지리, 음양에 정통한 실무 행정가로 성장하는 데 큰 밑거름이 되었다.

제4장 칸의 교체와 권력의 심장부로

1227년, 칭기즈칸이 서하 정벌 도중 사망하자, 제국은 그의 셋째 아들 오고타이 칸(窩闊台汗)이 뒤를 이었다. 오고타이는 아버지의 유언을 받들어 야율초재를 더욱 중용하였다. 야율초재는 실질적으로 원나라 초창기 내정과 경제 정책의 핵심 설계자가 되었다.

그는 각지에서 유능한 한족과 거란계 학자들을 등용하고, 새로운 세제와 호적 제도를 정비했다. 몽골 귀족들이 무자비하게 토지를 몰수하거나 농민을 억압하려 할 때, 야율초재는 이를 막고 농민과 상인의 권익을 보호하려 애썼다.

또한 그는 불교, 유교, 도교 간의 균형을 꾀하면서 종교적 융합 정책을 펼쳤다. 이는 다양한 민족과 종파를 포용해야 하는 몽골 제국의 상황과도 잘 맞아떨어졌다.

제5장 《천관경》의 저술과 학문적 업적

야율초재는 행정가로 바쁜 와중에도 학문 연구를 멈추지 않았다. 그는 특히 천문과 역법, 음양오행을 통합적으로 정리한 《천관경》을 집필하였다. 《천관경》은 하늘의 운행, 별자리, 기후 변화가 인간과 국가의 길흉화복에 어떻게 연결되는지를 설명한 역학서였다.

《천관경》은 단순한 점성술서가 아니라, 국가 경영과 농업 정책, 병력 운용에까지 활용할 수 있는 실천적 참고서로서 높은 가치를 지녔다. 그는 이를 통해 하늘과 인간 세계의 조화, 즉 천인합일(天人合一)의 사상을 구체적으로 제시하였다.

야율초재는 자신의 저술을 통해 '하늘의 뜻을 따르는 정치'를 설파하며, 무자비한 무력 정복 대신 민생 안정과 천지의 이치를 따르는 국가 운영이 제국의 지속성을 담보한다고 보았다.

그의 저술은 이후 원나라뿐 아니라 명나라 초기까지 전해지며 관료와 역술가, 천문학자들에게 큰 영향을 미쳤다.

제6장 말년의 외로운 개혁가

야율초재는 강직하고 원칙을 중시하는 성품으로 인해 몽골 귀족층의 반발을 사기도 했다. 그는 귀족들이 사치와 탐욕에 빠지는 것을 비판하고, 재정 낭비를 줄이려 했다. 하지만 몽골 귀족 사회는 강력한 군사 귀족 중심이었기에, 그에게는 점차 고립이 찾아왔다.

그럼에도 그는 끝까지 재정 개혁과 세금 합리화, 농민 보호 정책을 추진했다. 노년에 그는 후진들을 양성하며 학문과 행정 양면에서 제국의 기초를 다지려 애썼다.

1244년, 55세로 병사한 야율초재의 죽음은 몽골 조정에 큰 손실이었다. 그의 개혁 정책은 한동안 후계자들에 의해 계승되었지만, 점차 귀족의 사익과 권력 다툼 속에서 왜곡되거나 약화되었다.

제7장 사후의 평가와 유산

야율초재는 원대뿐만 아니라 후대에도 '몽골 제국을 문명화한 책사'로 평가받았다. 그의 《천관경》은 천문 역학과 국가 운영을 결합한 귀중한 사료로서 연구되었고, 그의 이름은 거란계 마지막 대학자로 기록되었다.

그의 사상은 중국 전통의 천인합일론을 계승하면서도 몽골의 유목적 지배체계와 접목된 독창적 모델로 남았다. 또한 그는 다양한 민족이 공존하는 다민족 제국에서 관료제와 법치를 어떻게 구현할 수 있는지를 보여주는 모범이 되었다.

야율초재는 철저한 유학자이면서도 실무 행정가, 천문 역학자이자 도교 연구자, 불교 보호자였다. 그는 한 사람의 재능이 어떻게 제국의 흥망을 바꿀 수 있는지를 몸소 증명한 인물이었다.

오늘날에도 그의 이름은 중국 북방 역사, 역학사, 천문학사에서 빼놓을 수 없는 중요한 이름으로 전해지고 있다.

▣ 맺음말

　야율초재의 삶은 파란만장한 금나라 말기와 원나라 초기를 관통하며, 거란 왕족의 후손으로서 민족적 뿌리를 지키면서도 시대 변화에 적응하고, 뛰어난 학문과 실무 능력으로 제국의 기초를 다졌다. 그의 《천관경》은 단지 점성술의 범위를 넘어, 국가 운영과 인민 생활을 안정시키려는 한 지식인의 고뇌와 이상을 담고 있다.

　야율초재는 결국 권력 투쟁 속에 외롭게 삶을 마쳤으나, 그가 남긴 사상과 정책, 학문적 업적은 훗날 많은 이들에게 귀감이 되었다. 그의 정신은 곧 "하늘과 인간의 조화"라는 동아시아 사상의 핵심을 오늘날까지도 되새기게 한다.

인물 삽화

기문비규(奇門秘竅) 유병충(劉秉忠) (1216~1274)

제1장 서문: 유병충과 《기문비규》의 역사적 의의

유병충(劉秉忠)은 원(元) 초중기의 뛰어난 도사이자 역술가, 방술가로, 《기문비규》라는 기문둔갑(奇門遁甲)과 육임(六壬), 태을수(太乙數) 등을 집대성한 역술서적을 저술하였다. 이 책은 기문둔갑의 진가를 실전에 적용하는 구체적 방법과 군사적 활용, 풍수 및 개인 운명 판단으로까지 확장시킨 명저로 평가받는다.

유병충은 일찍이 도교와 불교를 겸수하며 내단법과 역술, 점복, 풍수의 실용적 측면을 모두 겸비하여 중국 역술사에 독자적인 발자취를 남겼으며, 기문둔갑의 실제 활용 방면에서 난해하던 이론을 군사, 농사, 개인점술, 도시입택 풍수까지 적용해 대중화의 길을 연 인물이었다.

제2장 가문과 출생 (1216~1235년)

유병충은 1216년(남송 영종 가정 9년), 오늘날 하남성(河南省) 낙양(洛陽) 부근의 서민 가정에서 출생하였다. 아버지 유광(劉光)은 약초채취와 작은 약방을 운영하며 생계를 유지하였고, 어머니 장씨(張氏)는 마을 점복과 초보적인 의술을 행하던 여성으로, 어려서부터 유병충은 부친으로부터 음양오행, 한약초의 기운, 병의 응징 관계 등을 배우며 성장하였다.

유병충의 어린 시절은 남송 말기의 정치 혼란과 외침, 가뭄과 홍수가 번갈아 오는 불안한 시대였다. 10세 무렵부터 마을의 한 은둔 도사에게 한학과 도가 서적을 배우며 기초적인 역학과 음양의 관계, 간지(干支)의 순환 이치를 깨치기 시작했고,

15세에는 《주역》, 《황제내경》, 《태을진경》 등을 읽으며 세상 이치를 관찰하였다.

제3장 사부를 찾아가다: 기문둔갑과의 인연 (1235~1245년)

유병충이 19세가 되던 해, 하남 지역에 들이닥친 몽골군의 침공으로 가족과 흩어지게 되었고, 피란 중에 호북 무당산 인근의 유리굴(琉璃窟)에서 은거하던 도사 '구운자(丘雲子)'를 만나게 되었다.

구운자는 기문둔갑, 육임, 태을수, 풍수지리, 내단법 등을 겸하여 연구하던 인물로, 당시 80세의 고령이었지만 날카로운 시선으로 유병충의 재능을 알아보고 제자로 삼았다. 이때 유병충은 기문둔갑의 진전을 처음 배우기 시작하였으며, 육임의 시간법과 태을수의 대세 변화, 풍수의 혈처를 잡는 법, 내단법의 호흡조식 등을 함께 배워 실전 감각을 키웠다.

유병충은 10년간 무당산에서 머물며 구운자의 학문과 실전을 깊게 전수받았고, 산중에서 왕망, 주복, 황석공, 장량 등의 고전 병법과 역학 문헌을 탐독하였다.

제4장 하산과 실전 점복 활동 (1245~1260년)

1260년 무렵, 44세가 된 유병충은 하산하여 하남, 호북, 산동 일대를 떠돌며 점복과 풍수, 기문둔갑으로 생계를 유지하며 백성들에게 병풍(病風)과 농사 시기, 가옥 터 선정 등을 지도하였다.

이 시기 유병충은 《기문진수》, 《기문대법》, 《태을진경》 등 고서들을 참고하여 스스로 기문둔갑의 실전 점법과 병법 운용, 농업과 풍수 적용 방법을 노트처럼 적어 나가기 시작하였으며, 현장에서의 실패와 성공을 기록하며 기문둔갑을 '살아있는 기술'로 다듬어갔다.

특히 가난한 농부의 논밭에 수맥과 풍향을 기문둔갑으로 측정하여 파종 시기와 방향을 정해주어 큰 수확을 얻게 하였고, 현지 유지들의 초청을 받아 상인들의 이사 방향, 관직 운세 등을 보며 이름을 알려갔다.

제5장 몽골의 부름과 군사 활용 (1261~1265년)

원(元) 세조 쿠빌라이(忽必烈)가 즉위하면서 군사적으로도 기문둔갑의 활용이 강조되던 시기에, 유병충은 우연히 군의 운량 담당자에게 초빙되어 군막에서 기문둔갑으로 전투 시기, 행군 방향, 적의 심리와 기세 판단에 도움을 주는 역할을 하였다.

유병충은 기문둔갑의 팔문(八門)과 구성(九星), 팔신(八神)을 활용하여 진군과 방어, 매복 시기를 잡았으며, 이로 인해 원나라 군이 소규모 반란군을 무혈 진압하거나 수로 개척 시기, 기상 변화 예측 등에 있어 명중률 높은 예측을 보였다.

그러나 유병충은 권력에 깊이 연루되길 원하지 않아 곧 사직하고 낙양으로 돌아와 강학과 저술 활동에 몰두하였다.

제6장 《기문비규》의 집필 (1266~1270년)

유병충은 50세 즈음의 해, 산동의 태산(泰山) 아래에서 수년 동안 거처하며 《기문비규(奇門秘竅)》를 집필하였다.

이 책은 총 12권으로 구성되어 있으며, 내용 요약은 다음과 같다.

◆ 기문둔갑의 천반(天盤), 지반(地盤), 인반(人盤) 이론.
◆ 구성, 팔문, 팔신, 육갑(六甲)의 관계.
◆ 시간법과 일진(日辰)에 따른 운용.
◆ 군사 전략 활용 및 개인 점복법.
◆ 풍수에의 응용과 실전 사례.
◆ 실제 기문판(奇門盤) 작성 예시와 판독법 등을 상세하게 담았다.

《기문비규》의 가장 큰 특징은 단순 이론 해설이 아니라 '실전 사례' 중심으로 서술되었다는 점이며, 농사, 이사, 관직 운세, 질병 회피, 여행길 길흉, 관재시비 시기 회피 등의 구체적 사례를 풍부하게 기록하였다.

제7장 강학과 제자 양성 (1271년~)

《기문비규》 집필을 마친 후 유병충은 낙양과 산동 지역을 오가며 제자를 가르쳤다. 주요 제자들로는 다음과 같다.

- ⦿ 왕경(王景): 풍수와 기문둔갑을 겸비한 제자
- ⦿ 손흠(孫欽): 기문판 해석 전문가
- ⦿ 채백옹(蔡白翁): 실전 점복가

이들은 이후 원대의 군사 전략과 지방 관원의 기문 활용에 많은 영향을 끼쳤다. 유병충의 강의는 매우 실전적이었으며, '책상 위 이론'에만 머무르지 않고, 실용성을 추구함이 많았다.

- ◆ 제자들에게 직접 기문판을 그리게 하고 현장에서 사람들의 운세를 보게 하고, 농사터를 측정하게 하며 실수하게 한 뒤 그 실수에서 배우게 했다.
- ◆ '하늘의 기운, 땅의 기운, 사람의 기운을 동시에 읽어야 진정한 기문둔갑'임을 강조하였다.

제8장 유병충의 사망과 영향

1274년, 유병충은 58세의 나이로 낙양 자택에서 생을 마쳤다. 임종 직전까지도 《기문비규》의 보완 필사를 진행하고 있었으며, 최종적으로 완성된 원본은 제자 왕경에게 전해졌다.

유병충 사후 《기문비규》는 원나라 말기부터 명나라 초기에 이르기까지 여러 역술가와 군사 전략가들 사이에서 비밀리에 전해졌다.

- ◆ 명 태조 주원장(朱元璋)이 군사 전략의 일부에 활용.
- ◆ 도사 장삼봉(張三丰) 계열에서 일부 내용이 인용.
- ◆ 명나라의 기문둔갑 체계 성립의 기초 자료로 활용되었다.

유병충의 기문 활용은 단순 예언과 점복을 넘어 실제 인간사와 농업, 군사, 풍수의 영역으로 확장하여 기문둔갑을 '일상 속 실전도구'로 만든 혁신적 사례로 평가받는다.

제9장 《기문비규》의 구성과 내용 요약

《기문비규》는 현재까지도 명문 비서(秘書)로 전해지며, 내용을 요약하면 아래와 같다.

- ◆ 기문이론 해설편.
- ◆ 천반·지반·인반의 구체적 편성 방법.
- ◆ 사건별 실전 판례집.
- ◆ 농사·여행·질병·관재 응용법.
- ◆ 군사 전략 및 병법 적용.
- ◆ 길흉 판단과 시기 선택법.
- ◆ 기문판 작성법과 실제 예제.
- ◆ 풍수지리 응용.
- ◆ 제자 교육용 실습 문제집.
- ◆ 명적(命蹟) 사례와 기문판 비교 분석.
- ◆ 유병충의 해설 및 보충 해석.
- ◆ 제자들의 사례별 기록 및 각주.

구성되어 있으며, 기문둔갑 실전 입문과 응용 단계 모두를 담아 '완전한 실전 수험서'라는 평가를 받고 있다.

▣ 맺음말

〈유병충 선생의 업적〉

- ◆ 기문둔갑의 실전화.
- ◆ 점복과 농사, 풍수, 군사 적용의 융합.
- ◆ 실전 사례를 중심으로 한 기문 교육법 정착.
- ◆《기문비규》라는 방대한 실전 역술서의 집필.

상기에 서술한 업적 등으로 인해, 중국 역술사, 기문둔갑사, 풍수사, 군사 전략사에 한 획을 그은 인물이다.

그의《기문비규》는 단순한 점술서가 아니라, 인간과 자연, 시공간의 조화 속에서 길흉화복을 다스리고 인생의 방향을 결정하려는 실전 지혜서로서 오늘날까지도 연구·응용되고 있다.

기문판 설명   강학장면

적천수(滴天髓) 유기(劉基) (1311~1375)

- 하늘의 이치를 꿰뚫은 예지자, 제국의 기틀을 설계한 지략가, 그리고 《적천수》의 창시자 -

제1장 명나라의 별이 되다: 출생과 가계

1. 시대적 배경과 역사적 분위기

13세기 말에서 14세기 초, 중국은 원나라의 통치를 받으며 점차 혼란에 빠져들고 있었다. 몽골의 대제국이었던 원은 처음에는 강력한 중앙집권으로 전국을 통치하였으나, 시간이 흐르며 내정이 문란해지고 한족과의 갈등이 심화되었다. 원의 억압적인 세금 정책과 한족 출신 관리들에 대한 차별, 농민들의 극심한 생활고는 전국 각지에서 반란을 불러왔으며, 이로 인해 중국 전역이 불안정한 격동기로 접어들었다. 이러한 시대적 격랑 속에서, 유백온이라는 이름은 점차 운명의 조율자로 떠오르기 시작한다.

2. 출생지와 본명

유백온(劉伯溫)은 원나라 말기, 곧 명나라가 건국되기 직전인 1311년(원 무종 지대 4년) 절강성 문성현(浙江省文成縣)에서 태어났다. 본명은 유기(劉基), 자(字)는 백온(伯溫)이며, 호(號)는 문성산인(文成山人) 또는 청풍거사(淸風居士)라 하였다. 훗날 그는 '백온'이라는 자로 널리 불리게 되었고, 사후에는 '유문성'이라는 이름으로 추존되기도 했다.

그가 태어난 절강 문성은 험한 산세와 맑은 물이 흐르는 청정한 지역으로, 자연과 조화를 이루는 도가적 환경이 살아 숨 쉬는 곳이었다. 어린 시절부터 그는 이

자연 환경 속에서 도를 체득하며 자라났고, 이러한 풍토는 후일 그의 역학적 사유와 도가적 사상 형성에 큰 영향을 미쳤다.

3. 가문과 유년기의 영향

유백온은 본래 학문과 충절로 이름 높은 유씨 가문에서 태어났다. 그의 가문은 대대로 문(文)을 숭상하며 학문을 가업으로 삼았으며, 조상 중에는 송나라 시절 과거에 급제한 자도 있었다. 비록 원나라 말기에 접어들면서 가세가 다소 기울기는 하였지만, 그의 아버지 유문보(劉文輔)는 지역 유학자로서 존경받는 인물로, 유교의 도덕과 윤리를 엄격히 가르쳤다.

백온은 어려서부터 총명하고 문사에 뛰어났으며, 다섯 살 때는 이미 시를 읊고 고전을 암송하였다. 당시 마을의 한 노승이 유백온의 관상을 보고 "이 아이는 장차 천하의 운을 꿰뚫을 자로다. 세상의 거울이 되리라"고 말한 일화는 후세에까지 회자된다. 이러한 예언은 훗날 《적천수》의 저자가 된 그의 운명을 미리 암시한 것이었다.

4. 도가적 교육과 내단 수행의 시작

문성현은 단순히 유교적 풍토만이 강한 지역이 아니었다. 산간 지역 곳곳에는 도사들이 은거하며 천문지리와 내단수를 닦고 있었고, 어린 유백온은 아버지로부터 유학을 배우는 동시에, 마을 인근에 거주하던 도사 '정운자(靜雲子)'에게 입문하여 도가 경전과 기문둔갑, 육임, 자미두수 등을 배우게 된다.

정운자는 단순한 도사가 아닌 고승의 경지를 넘나드는 인물로, 당시 기문판을 제작하고 천문 관측을 병행하며 예언과 점복에 능한 이였다. 유백온은 그에게서 기문둔갑의 삼원기법과 명리학의 근간 이론, 태을신수의 응용 등을 익히며 사상적 기반을 다져나갔다. 정운자는 백온에게 다음과 같이 가르쳤다.

"천기란 감추어져야 하나, 도인이 지혜를 품으면 그것을 풀되 결코 드러내지 말지니라. 네가 장차 세상을 구하되 세상에 물들지 않기를 바라노라."

이 말은 유백온의 생애를 꿰뚫는 핵심 정신이 되었고, 이후 그는 언제나 학문과 예지의 힘을 세상을 위한 도구로 삼고자 하였다.

5. 고전과의 교류: 역경, 논어, 귀곡자

10세를 갓 넘긴 유백온은 이미 《논어》와 《맹자》를 통달하고 《역경》의 괘사와 효사, 특히 《계사전》과 《설괘전》의 철학적 메시지에 깊이 몰입하였다. 《역경》의 "지천지지(知天知地)" 사상은 그가 이후 저술할 《적천수》의 기반이 되었다.

그는 《귀곡자》와 같은 병법서 및 《태현경》과 같은 도가경전도 함께 섭렵했으며, 특히 인간 운명의 흐름과 군주의 흥망을 천기(天機)로 분석하는 귀곡자 사상의 영향을 크게 받았다. 이미 이 시점에서 그는 단순한 독서가 아니라 '운명 분석가'로서의 길을 내면적으로 확신하고 있었던 것이다.

제2장 학문과 도술의 길: 천문지리와 역수의 터전

1. 학문에의 몰입: 사서오경과 백가잡학

유년 시절부터 총명했던 유백온은 십대에 들어서면서 사서오경(四書五經)은 물론이고, 당시 통용되던 다양한 경전과 역사서를 섭렵하였다. 《춘추》와 《좌전》, 《사기》와 《한서》 등으로 고금의 인사와 변천을 익혔고, 《손자병법》과 《오자병법》 같은 병가 고전에 심취하여 전략의 기초를 닦았다. 그는 단지 외워서 암송하는 정도가 아니라, 모든 지식에 자신의 주석을 달고 논리를 전개하는 사고의 깊이를 보였다.

더불어 그는 백가잡학, 즉 유가·도가·묵가·법가·명가 등의 이론과 사상도 두루 접하면서, 어떤 학파에도 완전히 귀의하지 않고 독자적인 시야를 넓혀갔다. 이런 태도는 훗날 《적천수》에 유가의 윤리관, 도가의 운명론, 병가의 현실주의, 명가의 논리성이 동시에 녹아 있는 사유의 구조로 반영되었다.

2. 천문지리의 체계적 학습

유백온의 학문 여정에서 천문학과 지리학은 단순한 학문이 아닌, 운명 해석과 국가 경영의 기반으로 간주되었다. 그는 천문학의 기본 이론인 칠정사요(七政四餘)와 함께 삼원구운론(三元九運論)에 숙달하였고, 실제로 밤하늘의 항성을 육안과 간이 관측기구로 분석하였다.

또한 그는 《감룡경(撼龍經)》, 《청낭경(靑囊經)》, 《지남의(指南儀)》 등의 고전적인 지리서들을 공부하였고, 음택(陰宅)과 양택(陽宅)의 풍수 구조를 철저히 이해하였다. 이 지식은 그가 후일 군진 배치와 황궁의 좌향 설계, 심지어 적장과의 싸움에서도 지형을 통한 기문 판별에 활용하게 되는 밑바탕이 되었다.

그는 후일 스스로 말하였다.

"하늘은 상(象)을 보이고, 땅은 기(氣)를 나타내며, 사람은 그 중간에서 화합을 이룬다. 그러니 하늘과 땅의 운행을 살피는 자만이 사람의 길을 제대로 읽을 수 있다."

이 철학은 바로 《적천수》의 핵심 이론과도 연결된다.

3. 역학 연구와 운명 해석의 깊이

유백온은 20대 초반에 접어들며 명리학의 이론체계를 심화 연구하기 시작했다. 그는 《연해자평》, 《신자평진전》, 《이허중명서》, 《자평법》 등 당대 및 이전 시대의 명리서들을 손에 넣어 분석했고, 고전의 구조적 약점과 해석상의 모순을 날카롭게 지적하였다.

기존의 명리학은 격국 위주, 즉 일간과 격국의 힘을 중심으로 판단하는 방식이 대부분이었으나, 유백온은 여기에 더하여 천간의 생극제화, 용신과 희신의 적절한 판단, 운세의 흐름과 대운의 변화, 통근(通根) 여부 등을 매우 정교하게 분석하였다. 이때 그가 창안한 것이 훗날 《적천수》에서 볼 수 있는 천간십신론 체계화이다.

십간이 오행과 만나며 가지는 변환 관계에 대해 그는 매우 상세히 정리했고, 단순히 '이것은 인(印)이다', '이것은 재(財)다'라고만 판단하는 것이 아닌, 그 성질과 기세, 합과 충, 생과 극의 종합적 맥락 속에서 판단하였다.

4. 기문둔갑과 태을신수의 통합 시도

명리학에 심취하면서도, 유백온은 단일한 체계에 갇히지 않았다. 그는 기문둔갑(奇門遁甲)을 독립된 병법으로 보지 않고, 운명 해석의 고차원적 도구로 여겼다. 기문둔갑에서 사용하는 천반(天盤), 지반(地盤), 인반(人盤)을 기반으로 사람의 운세를 입체적으로 해석하고자 하였다. 특히 태을신수(太乙神數)와의 연결은 매우 독창적이었다.

그는 점서에 적힌 태을주수(太乙周數)를 명식에 연동하여, 사람이 특정 시기에 받게 될 '천운의 작용'을 추론하였다. 이 접근법은 단순히 기문이나 명리, 신수 중 하나만을 쓰는 다른 역학가들과 확연히 다른 통합적 사고방식이었다.

예컨대, 어떤 명식(命式)에서 재성이 왕한 시기라면 단순히 재물운이 강하다고 판단하는 것이 아니라, 기문에서 해당 방위의 신문(神門)이나 사문(死門), 병부 등을 함께 보고, 태을신수에서 해당 연도의 고유 수리체계와 함께 융합하여 해석하였다.

이러한 다층적 분석은 《적천수》라는 저술에 구체적으로 반영되었다.

5. 비기와 전승 지식의 습득

유백온은 학문을 독학으로만 익히지 않았다. 그는 절강, 복건, 강서 지방을 유람하며 숨은 도사들과 역인들을 찾아다니며 가르침을 받았다. 특히 복건 지역의 백운산 도장에 머물며 노도인(老道人)에게 비기적인 역법인 혼천의 추산법과 삼식 계산법, 심령통(心靈通) 기법 등을 전수받았다.

이러한 비전 지식은 공개적으로 문헌에 기록되지 않았고, 유백온은 제자들에게조차 일부만을 구술 전수하였다. 그러나 그는 자신의 운명을 이해하고 국가의 미래를 내다보는 데 이 지식들을 응용하며, 자신만의 독창적 체계를 점차 완성시켜 갔다.

제3장 과거 급제와 정치의 길: 조정 진출과 명나라 창건 전야

1. 과거 급제: 문장으로 운명을 열다

유백온은 24세 되던 해인 1334년(원 순제 치정 1년), 당시 수도 대도(大都, 지금의 북경)에서 열린 과거시험(進士科)에 응시하여 갑과 1등, 곧 진사 제1인(進士第一人)의 영예를 얻었다. 이는 단순히 시험의 통과가 아니라, 당시 원나라 중앙 정계에 정식으로 진입할 수 있는 가장 확실한 관문이었다. 당시 시험관 중 한 명이 그가 제출한 시부문(詩賦文)을 읽고 "비록 한족이라 하나, 이 문장은 마치 옛 공자의 문하와 같도다!"라고 칭찬했다는 기록이 《명사(明史)》에 남아 있다.

급제 이후 유백온은 한림원(翰林院)에 등용되었고, 이곳에서 사대부들과의 교류를 시작했다. 한림원은 주로 황제의 교서 초안 작성, 외국과의 문서 교신, 경서 편찬 등을 담당하는 문한기관으로, 실질적 권력은 없지만 학문적 위신이 높았다.

그러나 그는 당시 원나라의 부패한 정치 풍조와 몽골 귀족 중심의 차별 구조를 보고 큰 실망을 감추지 못했다. 특히 한족이 고위직으로 승진하기 힘든 구조는 그에게 깊은 회의감을 안겨주었다. 그는 동료와의 대화에서 이렇게 토로했다.

"지금의 조정은 물이 썩고, 바람이 멎은 연못과 같다. 문장과 의식은 겉만 번지르르하나, 그 속은 이미 천도(天道)를 잃었도다."

이 무렵 그는 점차 역관의 길보다 더 큰 사명을 깨닫기 시작한다. 바로 '천명(天命)을 바르게 세우는 것'이었다.

2. 주원장과의 운명적 조우

1350년대 초, 유백온은 관직 생활 중 지방 순무로 파견되어 강남 일대를 시찰하게 되었다. 이때 그는 장강 하류의 수많은 민란을 직접 목도하였고, 특히 태평천국 같은 반란세력의 징후를 민감하게 감지하였다.

그런 와중에 그는 당시 곽자흥 휘하에서 항원(抗元) 투쟁을 전개하고 있던 주원장(朱元璋)을 처음 만나게 된다. 주원장은 이미 도사와 고승들을 많이 만나고 있었으며, 유백온에게도 처음에는 점술가 내지는 천문역술 전문가로서 접근하였다.

처음 만남에서 주원장이 그에게 물었다.

"그대는 이 세상, 천하의 주인이 누가 될 것이라 보는가?"

유백온은 주변을 둘러본 후, 침묵하다가 대답하였다.

"진인(眞人)이 황룡을 타고 중원에 입성할 날이 머지않았으니, 적색의 천하가 장강에 맴돌 것입니다."

이 예언은 곧 주원장을 뜻한 것이었고, 그날 이후 그는 주원장의 비밀 자문관으로 내정되었다. 이후 유백온은 주원장의 인재 등용, 군진 배치, 기문운용, 민심 분석, 행운의 시기 등에서 전방위적으로 조언을 아끼지 않았다.

3. 정치 참여와 개혁적 조언

1356년, 주원장이 남경(南京)을 점거한 이후 명의 건국 기반이 형성되면서, 유백온은 본격적으로 정계에 발을 들이게 된다. 그는 참의(參議), 곧 고문관이자 정책 자문가로서 활동하였고, 제도 정비, 군량 확보, 농지 개혁 등 다양한 방면에 기여하였다.

그는 특히 천문과 기후, 그리고 역법을 기반으로 농사 정책을 설계하였다. 계절에 따른 농작물 재배 시기, 재해 대비법, 수해 예측 등을 수립했는데, 이는 당시로서는 매우 선진적인 과학 행정이었다.

또한 유백온은 정치 제도 면에서 과거제 부활과 정비, 문무 겸용 인재 선발, 지방 자치 기구 확립 등을 주장하였으며, 이를 통해 후일 명나라의 제도적 뼈대를 형성하는 데 결정적 기여를 하게 된다.

그는 정치적 사유와 운명론적 해석을 하나로 엮어 다음과 같이 말했다.

"천명이란 하늘에만 있는 것이 아니라, 백성의 가슴에도 존재한다. 그것을 듣지 못하는 군주는 망할 것이요, 그것을 두려워하는 자는 흥할 것이다."

4. 운명을 해석하고, 국가를 설계하다

유백온은 국가의 체계를 설계하는 동시에, 개개인의 운명을 분석하는 데도 능했다. 그는 군주와 장수, 신하들의 명식(命式)을 분석하여 적재적소에 배치하였으며, 이러한 능력은 그를 전설적 존재로 만들었다.

예를 들어, 주원장이 어떤 인물을 장군으로 등용하려 하자 유백온은 명식을 분석해 이렇게 말했다.

"이 자는 재성이 왕하고 식신이 쇠하여 명령을 실행하기보다는 책략을 내놓는 자질이 있습니다. 진중에서 결단을 내리기보다는 병참을 맡기는 것이 마땅합니다."

이러한 분석은 실제로 적중하였고, 주원장은 유백온의 의견을 경청하고 인사를 재조정하였다. 그리하여 명 초기 관제의 상당 부분이 유백온의 '사주 통치학'에 기반해 형성되었다는 설이 있다.

5. 이론의 결집: 《적천수》 구상 시작

이 시기에 유백온은 수십 년간 축적한 역학 지식과 사주 분석 노하우를 바탕으로 한 체계적인 저술을 구상하기 시작했다. 그것이 바로 《적천수》였다. 그는 명리학의 오랜 전통 위에, 천간십신의 내면적 성격과 그것이 인간의 인생에 미치는 영향을 분석하는 새로운 방식으로 접근하였다.

《적천수》는 이 시기에 구상되고 초고가 완성되었으며, 명의 창건 이후 완성되어 민간에 전해지게 된다. 그 내용은 단순한 운세 분석을 넘어선, 철학적·인문학적 구조를 갖춘 명리 이론서로 평가받는다.

제4장 군사 전략가로서의 유백온: 전장을 읽는 자, 천문과 병법의 결합

1. 문인인가, 책략가인가: 병법의 경지에 오르다

유백온은 본래 유학자였으며 문인으로서 이름을 떨쳤으나, 전장의 운명을 바꾸는 책략가로서도 탁월한 능력을 발휘하였다. 그는 단지 병서를 이론적으로 연구한 데 그치지 않고, 실제 전쟁에서 천문지리, 기문둔갑, 심리전, 풍수론 등을 종합적으로 응용하여 전세를 반전시키는 전략을 펼쳤다.

그가 특히 중시한 것은 전술 이전에 군의 '기(氣)'였다. 그는 늘 전투 전에 "기문을 읽어라, 오늘의 승부는 하늘의 문이 열린 방향에 있다"라고 말하였으며, 전장을 일종의 기문판처럼 분석하였다.

그의 병법은 《손자병법》의 이론을 기반으로 하되, 여기에 기문둔갑의 좌향, 신살, 방위론을 접목하여 시간과 공간, 사람의 심리를 꿰뚫는 전술을 전개하였다. 그는 이러한 전략을 "도식지병(道識之兵)", 즉 '도와 지혜로 싸우는 병법'이라 불렀다.

2. 진회전의 승부: 운명을 읽는 전장

1359년, 주원장의 군이 진회(陳友諒)의 대군과 격돌하는 진회전(陳回戰)에서, 유백온은 전투 전날 밤 하늘의 별자리를 관측하고 기문판을 열었다. 당시 그는 대장군들을 모아 놓고 말했다.

"진군은 동방 청룡에 기운이 모이고, 우리 군은 아직 백호의 기운이 강하니, 동쪽으로 움직이면 참패를 면치 못할 것입니다. 기다려야 합니다. 3일 뒤 북서풍이 불면 그때가 우리 운입니다."

주원장은 망설였지만, 결국 유백온의 말대로 병력을 쉬게 하고 사흘 뒤 북서풍이 불자 곧바로 진격하였다. 그 결과 적의 화포가 바람을 거슬러 불발되었고, 명군은 대승을 거두었다. 이 전투에서 유백온은 전장에 직접 나서지 않고 기문판과 풍향표만으로 전략을 지도하였다.

이 승리는 유백온의 '시간 조절 병법'이 실제 전장에서 어떤 위력을 발휘했는지를 보여주는 대표적인 사례다.

3. 군사전략 이론의 정립: 《병기도서》의 집필

유백온은 자신의 병법 이론을 정리한 저서 《병기도서(兵機圖書)》를 남겼다고 전해진다. 현재 전본은 전해지지 않으나, 후대 문헌에서 인용된 내용을 통해 구성과 사상을 짐작할 수 있다. 《병기도서》는 단순한 병법 이론서가 아니라 기문둔갑, 풍수, 역법, 군진학, 심리전을 모두 통합한 종합 전략서였다.

그는 이 책에서 전장을 '대형의 기문판'이라 정의하며 다음과 같은 핵심 원리를 제시하였다.

- ◆ 천시(天時): 전투 날짜와 시간의 기운 (기문 시간배치)
- ◆ 지리(地利): 전장 지형의 좌향과 기세 (풍수)
- ◆ 인화(人和): 장수와 병사들의 명식과 대운 (명리학 응용)
- ◆ 신기(神機): 적의 의도와 운명을 역술적으로 읽는 기술

그는 이를 통해 단순한 병력 수가 아닌, 운의 흐름과 기세의 우위를 전략의 중심에 놓았으며, 이는 중국 병법사에서도 독보적인 시도였다.

4. 《기문군진도》의 전설과 실제 운용

유백온이 실전에서 사용한 또 다른 병법 비서는 《기문군진도(奇門軍陣圖)》로 알려져 있다. 이 도서는 9궁 8문 8신 9성 등 기문의 핵심 요소를 병진도에 배치하여, 군사 작전에 직접 적용한 기문 병법의 응용서이다.

그는 각 병진에 따른 군사 배치의 이점을 다음과 같이 기술했다.

- ◆ 생문(生門): 후방 보급과 치유 병력 배치
- ◆ 사문(死門): 허군으로 적을 유인
- ◆ 경문(驚門): 포병 및 기습 공격 병력
- ◆ 개문(開門): 정면 돌파 병력

이러한 배치를 통해 그는 상대의 예상을 교란시키고, 병사의 사기와 기운을 동시에 제어할 수 있었다. 실제로 명군의 병진 중 일부는 후대에 도참서로까지 전해졌으며, 《기문군진도》는 기문둔갑의 군사적 실용 가능성을 보여준 결정판이라 할 수 있다.

5. 충의와 절제: 무공을 탐하지 않다

여느 군사책사들과 달리, 유백온은 자신이 짜낸 전략과 전술이 승리를 거두었음에도 결코 그 공을 내세우지 않았다. 그는 항상 공은 장수에게, 책임은 자신에게 돌리는 자세를 견지했으며, 이로 인해 장수들과의 갈등도 적었고, 오히려 존경을 받았다.

한 번은 주원장이 한 전투의 대승 후 그에게 공훈을 표창하자 유백온은 다음과 같이 사양하였다.

"전장은 병사들의 땀과 피로 일구는 것이니, 기문을 읽었다고 감히 공을 주장할 수 없습니다. 제 일은 다만 하늘이 열어준 문을 찾는 데 있을 뿐입니다."

이러한 겸허함은 그를 단순한 책사가 아닌, 진정한 '운명을 읽는 성인(聖人)'으로 자리매김하게 하였다.

6. 정치군사 융합전략의 개척자

유백온은 단순한 병법가도, 단순한 역술가도 아니었다. 그는 국가의 기틀을 설계하면서 동시에 전장의 형세를 관장했고, 과학적 분석과 초자연적 통찰을 절묘히 결합한 중국 최초의 정치·병법·역술 통합형 전략가였다.

그는 후일 제자들에게 다음과 같이 당부하였다.

"하늘을 읽는 자는 민심을 거스르지 않고, 땅을 읽는 자는 대세를 거스르지 않는다. 그러나 사람을 읽지 못하는 자는 이 모든 것을 헛되이 하리라. 그러니 명식을 읽되, 그 사람의 눈과 말을 먼저 살피라."

이는 명리학과 병법, 천문과 인간 심리의 통합적 사유를 꿰뚫는 명언으로 남는다.

제5장 《적천수》의 탄생: 운명을 보는 법의 정수

1. 《적천수》의 저술 배경

유백온이 《적천수(滴天髓)》를 집필하게 된 직접적인 계기는 그가 수십 년 동안 쌓아 온 명리학적 통찰을 하나의 이론 체계로 완성하고자 한 의지에서 비롯되었다. 그는 단순히 운명을 예측하고자 하는 점술가가 아니었다. 그에게 있어 명리학은 인간 존재의 근원을 통찰하고, 하늘과 땅의 이치를 조화롭게 해석함으로써 인간 삶의 방향성을 잡는 철학적 도구였다.

특히 명(明)의 기틀이 잡힌 이후, 그는 정무에서 어느 정도 손을 떼고 남경 근교에 은거하며 본격적으로 사상과 경험을 정리하기 시작했다. 이 시기를 기점으로 그가 저술한 대표 역술서가 바로 《적천수》였다.

《적천수》라는 이름은 "하늘에서 한 방울씩 떨어지는 이치의 정수(精髓)를 모은 책"이라는 의미로 해석된다. 즉, 하늘의 뜻을 조금씩 읽어내고 그 정수를 모아 체계화한 지혜의 보고(寶庫)인 것이다.

2. 구성과 편찬 방식

《적천수》는 기본적으로 천간을 중심으로 한 십신론(十神論)을 기초로 한다. 이 책은 다음과 같은 구성 체계를 따른다.

- ◆ 서문: 운명에 대한 철학적 성찰과 명리학의 존재 의의.
- ◆ 천간편: 갑·을·병·정·무·기·경·신·임·계의 성격, 기능, 상호작용 분석.
- ◆ 십신편: 비견, 겁재, 식신, 상관, 편재, 정재, 편관, 정관, 편인, 정인의 역할 구조.
- ◆ 용신론편: 사주에서 가장 중요한 용신의 선택 원칙 및 기준.
- ◆ 종격과 변격: 기존 격국론에서 벗어난 응용법과 예외적 해석.
- ◆ 통변론 및 사례: 실제 명식을 통한 분석과 운세 판단법.

《적천수》의 특징은 주석식 문장이 많고 간결한 문체를 지녔으며, 정제된 시어(詩語)로 표현되어 후세에 해석이 어렵다는 평가를 받기도 했다. 그러나 이는 유백온이 단순한 해설서가 아니라 철학적 사고를 전제한 명리 체계서를 의도했기 때문이었다.

3. 천간론의 독창적 해석

《적천수》에서 가장 핵심적인 부분은 천간 십간(十干)의 내면적 성질 해석이다. 유백온은 천간을 단순히 오행의 상징으로 보지 않고, 각각의 간이 가지는 기질과 존재론적 특성을 해석하였다.

예를 들면 다음과 같다.

- ◆ 갑(甲): "갑목은 강직하되 융통성이 부족하고, 세상을 여는 창(窓)이며, 백성의 기둥이다."
- ◆ 병(丙): "병화는 밝고 강하며, 사람을 따뜻하게 감싸나 스스로를 소모시키기 쉽다."
- ◆ 무(戊): "무토는 산과 같아 흔들리지 않으며, 지도자적 기질을 지니나 완고함을 경계해야 한다."

이러한 해석은 당시의 명리학에서 단지 생극관계로만 판단하던 시각을 벗어나, 각 간이 인격적으로 발현된다는 새로운 접근이었다. 이것은 후세의 성격 명리학(性

格命理學) 발전에 결정적 영향을 끼쳤다.

4. 십신의 재구조화

유백온은 십신을 단순한 기능으로 이해하지 않았다. 그는 십신을 마치 심리학자처럼 해석하였다.

예를 들면 다음과 같다.

- ◆ 식신(食神): "생명력을 베풀고 즐거움을 추구하나, 지나치면 나태와 탐식에 빠진다."
- ◆ 편재(偏財): "의외의 수입, 도전적 이익을 뜻하되, 본심을 잃으면 천박해지기 쉽다."
- ◆ 정관(正官): "권위, 질서, 윤리를 상징하나, 너무 강하면 억압으로 작용한다."

이러한 해석은 명리학을 단순히 운을 점치는 기술이 아니라, 인간 내면의 구조를 분석하는 인성학으로 끌어올리는 데 큰 기여를 하였다.

5. 용신론의 확립

《적천수》에서 또 하나의 큰 기여는 용신론(用神論)의 정형화이다. 유백온은 '용신은 사주의 기운의 균형을 맞추는 핵심 요소'라 정의하였고, 이를 선택하는 방식에 있어 매우 엄격하고 체계적인 원칙을 제시하였다.

그는 다음과 같은 세 가지 기준을 중시했다.

- ◆ 기세 중심: 사주의 왕쇠(旺衰)를 중심으로 용신을 결정.
- ◆ 형충해합 중심: 천간과 지지의 상호작용을 통해 용신의 순작용 여부 파악.
- ◆ 통근과 통기: 용신이 뿌리를 내릴 수 있는가(通根) 여부 판단.

그는 용신의 위치, 세력, 통근 여부까지 모두 고려하여 "용신은 약하되 생조가 있고, 강하되 억제가 있으며, 없을 경우 조후(調候)로 보완하라"는 총론을 남겼다.

6. 조후론과 오행 평형의 철학

유백온은 명리학에서 '조후(調候)'라는 개념을 독립적으로 발전시켰다. 이는 사주 내의 오행과 기운의 불균형을 보정하는 이론으로, 후세에는 사주 균형론으로 발전한다.

예를 들어, 한겨울 태생의 인물이 화(火)가 극도로 약한 경우, 식상이나 재성이 아무리 강해도 불이 없으면 성장력이 없다고 보고, 이를 보완하는 조후용신(火)을 우선시한다. 이는 기존의 격국 중심의 판단과 충돌할 수 있는 독창적 시각이었다.

《적천수》는 이 조후론을 통해 명리학을 '기계적 분석'이 아니라 자연 철학의 정수로 끌어올린 혁신서로 평가받는다.

7. 철학과 운명론의 접목

무엇보다 유백온은 《적천수》를 단순한 실용서가 아니라 철학적 텍스트로 간주하였다. 그는 말하였다.

"운명을 아는 것은 겸허해지기 위함이며, 운명을 바꾸는 것은 천명을 돕기 위함이다."

이러한 사상은 유가의 윤리성과 도가의 자연관, 불가의 인과론을 함께 융합한 명리학의 총체적 철학으로 작동하였다. 따라서 《적천수》는 단지 '좋은 운세'를 찾는 책이 아니라, 인간 존재의 의미를 천지자연 속에서 반추하는 '인문 역술서'로 보는 것이 타당하다.

8. 후세에 끼친 영향

《적천수》는 유백온 생전에는 제한적으로만 전해졌지만, 그가 사망한 후 명말·청초에 들어 급속히 확산되었다. 특히 청나라의 역술가 심효첨(沈孝瞻)은 이 책에 주석을 달아 《적천수관상대전》을 출간하였으며, 이 판본은 후일 한국, 일본, 베트남에까지 전해졌다.

조선에서는 《연해자평》과 더불어 명리학의 양대 산맥으로 《적천수》를 간주하였으며, 19세기 말에는 《적천수천간록》과 같은 파생 해설서도 활발히 편찬되었다.

오늘날에도 《적천수》는 명리학의 깊이를 추구하는 이들에게 가장 중요한 정통

이론서로 꼽힌다.

제6장 도가와 내단수행의 길: 운명을 초월한 구도자의 삶

1. 은거와 자아 성찰의 시간

명나라의 정국이 안정되고 주원장이 황제로 즉위한 후, 유백온은 한동안 조정의 핵심 관료로 활동했지만, 그는 점차 관직 생활에서 거리를 두기 시작했다. 정치와 권력의 갈등, 간신들의 책동, 제도 속에 깃든 인간의 어두운 욕망은 그에게 큰 회의감을 안겨주었다.

그는 황제의 곁을 떠나 남경 근교에 위치한 천령산(天嶺山) 자락에 거처를 마련하고 은거에 들어갔다. 이곳은 청정한 물과 맑은 공기, 조용한 산림이 어우러진 공간으로, 유백온은 이곳에서 명리학, 천문지리뿐 아니라 도가 수행에 몰두하며 삶의 본질을 성찰했다. 그는 제자들에게 이렇게 말했다.

"운명을 보는 자는 결국 운명을 넘어야 한다.
오직 고요함 속에서 도가 빛나며,
진실은 시끄러운 세상엔 없다."

이 말은 그가 역학을 넘어서 도를 깨닫고자 했던 깊은 내면세계를 드러낸다.

2. 도가적 철학의 체화

유백온은 도교 사상의 중심 경전인《도덕경》과《태상감응편》을 깊이 읽었으며, 동시에《황정경(黃庭經)》,《옥청경(玉清經)》과 같은 내단 수행 중심의 경전도 섭렵하였다. 그는 스스로 도사라고 자칭하지 않았으나, 사상과 실천, 명상과 조식(調息), 금단과 행공(行功)을 꾸준히 실천하며 내단의 경지를 점점 확장시켜 갔다.

그가 가장 중시한 도가 사상은 다음과 같은 다섯 가지였다.

- ◆ 무위자연(無爲自然): 억지로 움직이지 않고 흐름에 따라 순응함.
- ◆ 정중취신(靜中取神): 고요함 속에서 신령한 기운을 응축함.

- ◆ 유정입화(有精入化): 정(精)을 길러 신(神)으로 전환하고 도(道)로 승화.
- ◆ 허정불이(虛靜不二): 마음을 비우고 분별을 없애 도를 실현.
- ◆ 천인합일(天人合一): 인간과 우주의 조화를 추구함.

그는 이 다섯 가지 사유를 토대로 명리학의 구조를 재해석하기도 하였으며,《적천수》의 후반부에 이런 도가적 해석이 자연스럽게 녹아들어 있다.

3. 내단 수행과 금단법

내단수행(內丹修行)은 도가에서 말하는 '몸 안의 신단(神丹)'을 기르는 수련 방식이다. 유백온은 전통 내단가들이 전수해온 삼화집정법(三化集精法), 즉 정(精)·기(氣)·신(神)을 기르고 응축하여 순환시키는 방식을 통해 내면을 정화하고 생명력을 강화하는 수련을 일상화하였다.

그는 다음과 같은 일과를 지켰다.

- ◆ 해 뜨기 전: 입식 선공과 정기 조절.
- ◆ 오전: 고전 탐독과 사경(寫經).
- ◆ 오후: 청담과 방중술에 의한 기 혈행 조절.
- ◆ 해질 무렵: 조식과 정좌 명상.
- ◆ 밤: 별자리 관측과 자오시(子午時)의 경맥 운행 체험.

유백온은 또한 은단(銀丹)이라 불리는 수은과 광물 기반의 약물을 사용하는 금단법에도 일정 수준의 지식을 갖추었으나, 이를 실험적으로만 접근하였고 지나친 복용은 삼갔다. 그는 말하였다.

"단(丹)이란 마음속의 단이요, 신단은 외부에 있는 것이 아니라, 중심에 있다. 몸을 해치는 외물에 집착하면 도는 멀어진다."

이는 그가 물질적 연단보다 내면 수련을 더 중시했다는 것을 보여준다.

4. 도인들과의 교유

유백온의 도가 수련은 단독적인 것이 아니었다. 그는 여러 고승과 도사들과 교유하며 상호간에 가르침을 주고받았다. 특히 그는 옥정산(玉井山)에 거주하던 도사 허청자(虛淸子)와 깊은 친분을 나누었고, 이 도사에게서 혼원도(混元道)와 육갑천심법(六甲天心法)을 전수받았다.

이 중 육갑천심법은 기문둔갑의 심화된 도가적 버전으로, 천간과 지지, 방위와 시간의 조합을 단전과 임맥, 독맥의 운행에 맞추어 인간과 우주의 합일을 도모하는 고차원 수련법이었다.

유백온은 이에 대해 다음과 같이 기록했다.

"천간은 곧 나의 오장(五臟)이요, 지지는 나의 사지(四肢)이며, 기문은 나의 혈맥이다. 내가 우주와 하나가 되면 운명도 또한 내 마음과 다르지 않다."

이러한 통합적 인식은 그가 단순한 명리가나 병법가가 아닌, 우주적 통찰을 지닌 구도자임을 보여준다.

5. 우주관의 심화: '운명을 넘어서는 자'

유백온의 수행은 단지 건강을 기르거나 장수하기 위한 것이 아니었다. 그는 명리학을 통해 '운명을 읽는 법'을 체계화한 동시에, 도가 수행을 통해 '운명을 넘어서는 길'을 모색했다.

그는 제자들에게 다음과 같은 중요한 가르침을 남겼다.

"천기(天機)는 누설해서는 안 되는 것이나,

천도(天道)는 깨달아야 하는 것이다.

네가 운명을 안다면 겸손하라,

그러나 운명을 이길 수 있다면 용기를 내라."

그에게 있어 도(道)는 결코 신비주의가 아니었다. 그것은 자기와 우주를 동시에 읽고 변화시키는 주체적 힘이었다.

그는 도가 수행과 명리학을 분리된 것으로 보지 않고, 두 영역을 서로 보완하며 '인간 존재의 총체적 성장'으로 연결지었다. 그래서 유백온은 오늘날 '도학 명리의 창시자'라고도 불리운다.

6. 《정심요결》과 수행의 정수

말년의 유백온은 수행 일지와 철학적 사유를 간결하게 정리한 《정심요결(正心要訣)》이라는 소책자를 남긴 것으로 전해진다. 이 책은 짧은 문장으로 마음을 다스리는 법, 기를 정제하는 방법, 운명을 초월하는 도리를 기술하고 있다.

예를 들면 다음과 같은 구절이 있다.

"기분이 흐트러질 때는 말을 줄이고, 말이 넘칠 때는 숨을 세라. 숨이 흐르면 정신은 허공에 떠나고, 숨이 가라앉으면 신은 심(心)에 머문다."

"사주란 정밀한 거울이되, 그 거울에 내가 비친다면 스스로를 돌아보라. 그 순간이 도의 입구이다."

《정심요결》은 그가 수행자적 경지에서 남긴 내면의 지혜로서, 단순한 역술서를 넘어선 인생 수련서로 평가받는다.

제7장 신비한 예언자: 예언서와 민간전승

1. 예언자로서의 명성

유백온은 명리학자, 군사전략가, 정치가, 수행자라는 다양한 얼굴을 지녔지만, 후세 민중 사이에서 가장 널리 회자된 모습은 예언자(預言者)였다. 그는 인간의 명식이나 국가의 운세에 대한 분석을 넘어, 시대의 흐름과 천지의 이치를 통해 앞으로 다가올 대변혁을 통찰하였다.

그의 예언은 단지 점복적인 수준이 아니라, 깊은 천문지식과 민심의 흐름, 그리고 철학적 사고가 결합된 예지적 통찰로 이루어졌다. 이로 인해 그가 남긴 다양한 예언 기록은 후세의 역사적 사건들과 절묘하게 맞아떨어지며 많은 이들에게 신비한 경외심을 자아냈다.

2. 《금릉탑비문》: 붕괴를 예고한 석문(石文)

유백온의 대표적인 예언서 중 하나는 《금릉탑비문(金陵塔碑文)》으로 알려진 암석 비문 예언이다. 이 비문은 남경(南京)의 옛 탑에 새겨졌다고 전하며, '금릉에 붉은 기운이 서고, 이후 검은 물결이 덮치리라'는 문장으로 시작된다.

그 내용은 다음과 같은 구절들로 이루어져 있다.

"홍기당두(紅旗當頭), 백성 대고(大苦), 흑수야현(黑水夜現), 살륙천리(殺戮千里)."

이는 명나라의 건국(紅旗)과 말기의 몰락(黑水), 그리고 청군의 침략과 대학살을 암시하는 것으로 해석되며, 후세의 학자들과 역술가들 사이에서 커다란 논란과 해석을 불러일으켰다.

일부 연구자들은 이 비문이 실제로 유백온의 친필이 아니라 후대 위작일 가능성도 제기했지만, 문체와 사상, 시기의 정합성을 분석할 때 유백온의 사상과 매우 밀접하다는 평가가 지배적이다.

3. 《마도서》와 운명 주기론

《마도서(馬圖書)》는 유백온이 후일 남긴 것으로 알려진 주역적 예언서다. '馬圖'라는 명칭은 곧 운명의 흐름을 마차의 바퀴처럼 돌고 도는 법칙으로 해석한 상징적 표현으로, 시간의 구조와 인간사 흐름을 도식화한 책이었다.

《마도서》에는 다음과 같은 내용이 담겨 있다.

- ◆ 60갑자를 순환시키며 국가의 흥망을 예측.
- ◆ 9궁팔괘와 천간지지의 조합을 통해 120년 주기의 대격변 예고.
- ◆ 특정 년도에 발생할 질병, 흉년, 전쟁, 권력자 변화 등의 주요 사건 예언.

가장 유명한 구절 중 하나는 다음과 같다.

"하늘이 돌고 사람의 도는 서며, 갑자에 시작된 불길은 임자에 재가 되리라."

이 구절은 명나라 발흥(갑자년)을 시작으로 200여년 뒤 명의 쇠퇴(임자년)를 암시한 것이라 평가되며, 당시 '운명의 수레바퀴'로 불리던 시대론과 절묘하게 맞아떨어진다.

4. 《유백온 비결》의 형성과 유포

가장 널리 알려진 예언서이자 민간에서 현재까지 전해지는 유백온의 저작은 바로 《유백온 비결(劉伯溫秘訣)》이다. 이 책은 공식적인 저작이라기보다는 후대 구술로 전해진 예언집이며, 수많은 필사본과 지역판이 존재한다.

내용은 다음과 같은 형식으로 구성되어 있다.

◆ 격언체의 예언 시(詩)로 구성.
◆ 각 시대별 주요 사건을 암시하는 상징어 사용.
◆ 군주나 정권의 흥망, 자연재해, 외적의 침입 예측.

〈예시〉
"양귀비와 백호가 싸우고, 검은 연기 속에 붉은 왕조가 쓰러지리라."
이러한 예언은 청나라 말기와 일본 침략기, 문화대혁명기 등 격변의 시기마다 다시 회자되며 경고와 반성의 거울 역할을 하였다. 특히 조선 후기에는 이 책이 《정감록》과 함께 민중 종교운동의 기폭제가 되기도 하였다.

5. 《매화역수》와의 연결성

유백온의 예언 방식은 흔히 소강절(邵康節)의 《매화역수(梅花易數)》와 비교되곤 한다. 두 책 모두 주역(周易)에 기반하여 상수(象數)적 방식으로 미래를 예지하는 체계를 갖췄으며, 시간과 공간, 인간과 우주의 조합을 통해 사건을 예측한다.

일부 학자들은 유백온이 실제로 《매화역수》를 공부했으며, 그 구조를 토대로 실전적이고 구체적인 사건 중심의 예언방식을 개발했다고 본다.

《적천수》가 개인의 운명을 보는 데 탁월한 반면, 《매화역수》와 《비결류》는 시대와 국가의 운명을 해석하는 데 특화된 것으로, 유백온은 이 두 흐름을 모두 소화하고 결합한 예언의 대가였다.

6. 예언과 도참사상의 조우

유백온의 예언은 단지 이론서로 그치지 않았다. 그의 말은 종종 도참사상(圖讖思想)으로 전환되어 민중의 집단적 심성과 결합하였다.

그가 남긴 예언 가운데 일부는 다음과 같다.

◆ 명나라 말기의 내란과 이자성의 난.
◆ 청나라의 중원 진입과 300년 지배.
◆ 신해혁명, 중화민국의 수립.
◆ 문화대혁명과 천안문 사태까지.

이러한 역사적 사건들과 묘하게 맞아떨어진 예언들은 유백온을 단순한 역술가가 아닌 민간 신화적 인물로 승화시켰다.
그리하여 중국 곳곳에는 그를 '도선(道仙)', '현인(賢人)', '비결대성(秘訣大聖)'이라 부르는 사당과 비석들이 세워지기도 하였다.

7. 제자들에게 전한 마지막 예언

전해지는 바에 따르면, 유백온은 말년에 가장 총애하던 제자 진공(陳恭)에게 다음과 같은 말을 남겼다.
"도는 바깥에 있지 않다. 하늘은 흐르고 사람은 태어난다. 그 흐름을 보고도 피하지 못한다면, 그것은 아는 것이 아니요, 그냥 두려운 것이다. 용기를 내어 그 흐름 속으로 걸어가라. 운명이 네게 길을 열 것이다."
이 말은 유백온이 운명을 두려워하지 않고 직시하라는 실천적 철학을 담고 있으며, 그의 예언이 단지 두려움을 주는 경고가 아닌, 깨달음과 준비를 위한 도구였음을 보여준다.

제8장 제자 양성과 학문 전수: 지혜의 불꽃을 잇다

1. "도는 전수되어야 한다": 유백온의 교육 철학

유백온은 학자이자 역술가, 병법가였을 뿐 아니라 탁월한 스승이기도 했다. 그는 말년에 정치와 권력을 멀리하고, 천령산 기슭의 거처에 은거하면서 제자들을 양성하고 학문을 전수하는 데 생의 마지막 열정을 쏟았다.

그는 교육을 단순한 지식 전달이 아닌 "도를 밝히는 행위"로 보았으며, 제자들에게 늘 이렇게 말했다.

"지식을 암송하는 자는 책장을 읽는 자요, 뜻을 깨달은 자는 하늘을 읽는 자다."

이런 철학에 따라 그는 제자들에게 사서삼경, 병법, 역서, 천문지리, 명리학, 기문둔갑, 내단수행 등 방대한 영역을 가르쳤다. 그는 항상 문을 열어두고 "도에 뜻이 있는 자라면 누구든지 가르치겠다"고 선언했으며, 실제로 다양한 계층과 출신의 인재들이 그의 문하를 드나들었다.

2. 문하의 주요 제자들

기록에 남아 있거나 후대 전승으로 전해지는 유백온의 제자는 열다섯에서 스무 명 정도로 추정되며, 그 중 몇 명은 각기 다른 분야에서 탁월한 명성을 떨쳤다.

◉ 진공(陳恭)

유백온이 가장 총애한 제자로, 《적천수》의 구술 내용을 처음 정리한 인물로 알려져 있다. 병법과 기문에 능했으며, 후에 명나라 지방 군사관으로 활동하며 뛰어난 치안 능력을 보였다.

◉ 나일생(羅一生)

내단 수행에 심취한 자로, 유백온의 도가 철학과 수련법을 정리해 《정심요결》 후반부를 필사하였다. 전해지기로는 은둔 도사로 생을 마감하였다.

◉ 왕유(王儒)

역법과 천문학에 능했던 제자. 그는 유백온에게서 기문둔갑의 수리구조를 전수받고 이를 기반으로 《기문심해》라는 해설서를 필사한 것으로 전해진다.

◉ 백혜(白惠)

유일한 여제자로서, 풍수지리와 음택이론에 능했다. 후일 절강성 일대에서 수많은 묘지를 감정하고 설계한 전설적 여성 풍수사로 기억된다.

이 외에도 기록되지 않은 제자들이 각지에서 유백온의 학문을 전파하였고, 그들의 활동은 명나라 중기 이후 명리학의 보급과 병법 응용에 중대한 역할을 하였다.

3. 《적천수》의 전수 방식

유백온은 《적천수》를 단 한 번에 완성한 책이라기보다는, 수십 년에 걸쳐 구술·보완·정리된 역학적 정수의 집대성이라 보아야 한다. 그는 제자들에게 단순히 책을 읽도록 하지 않고, 다음과 같은 전수 방식을 활용했다.

- ◆ 사례 중심 학습: 실제 명식을 분석해보고, 용신·기세·형충회합 등을 도식화하여 판별.
- ◆ 통변 연습: 제자 한 명당 하루에 한 명씩의 통변을 제출하고, 유백온이 첨삭하여 재해석.
- ◆ 역상(易象) 병합 수업: 명리학적 분석과 동시에 사람의 외모·행동·음성 등과 연결 지어 해석.
- ◆ '기문판 실습': 시간·방향·기운을 기준으로 실제 기문판을 제작하게 하여 사건을 예측.

그는 늘 제자들에게 강조하였다.
"글은 죽어 있고 사람은 산다. 사주는 틀일뿐이고 너는 열쇠다. 이 두 가지를 하나로 묶는 것이 바로 '적천(滴天)'이다."

4. 기문둔갑의 체계 전수

유백온은 명리학만큼이나 기문둔갑의 전수에도 공을 들였다. 그는 제자들에게 기문판 작성법, 천반·지반·인반의 계산법, 팔문·팔신 구도, 구궁배열의 원리 등을 직접 가르쳤으며, 특히 '군사 전략용 기문'과 '일상 활용용 기문'을 구분하여 교육했다.

일화에 따르면, 진공이 기문판을 다 그리고 나서도 그 해석이 틀린 경우가 많았는데, 유백온은 이렇게 말했다.

"판을 그리는 것은 기계다. 판을 읽는 것은 마음이다. 마음이 없으면, 아무리

정교한 계산도 소용없다."

그는 수치와 도식 이외에도 '당일의 기류', '풍향의 변화', '인물의 기색' 등을 종합적으로 읽어내는 직관력, 곧 '육감으로 통하는 기문 해석'을 중시했다.

5. 명리학 윤리 교육

유백온은 명리학이 사람의 삶을 다루는 학문이기 때문에, 도덕과 자비심을 함께 갖추어야 한다고 강조했다. 그는 제자들에게 항상 이런 교훈을 반복했다.

- ◆ "명리로 사람을 조종하려 하지 말고, 돕고 깨우쳐야 한다."
- ◆ "불행한 명식을 본다면 절망을 주지 말고, 바꾸는 법을 알려주어라."
- ◆ "역술가는 관찰자이되, 운명의 인도자가 되어야 한다."

그는 제자들에게 '불길한 운명도 희망으로 전환시킬 수 있는 긍정적 언어'를 사용하라고 가르쳤으며, 사주를 보는 것은 점을 치는 일이 아니라, 사람의 마음을 여는 대화법이라고 일컬었다.

6. 후세로 이어진 학맥

유백온의 제자들은 각기 다른 지역으로 흩어져 그 학문을 전파하였으며, 그들의 제자들이 다시 명리학과 기문둔갑의 저작을 남기며 학맥을 이어갔다. 특히 다음과 같은 흐름이 형성되었다.

- ◆ 절강파: 진공과 왕유를 중심으로 한 실용 명리학과 기문 전통.
- ◆ 호남파: 나일생 계열의 도가 수행 중심 학풍.
- ◆ 강서파: 풍수와 음양택을 주로 계승한 백혜 계열.

이러한 계보는 청나라 시대 역술계의 거장들, 예컨대 심효첨(沈孝瞻), 진지린(陣之潾), 만민영(萬民英) 등에게까지 영향을 미쳤으며, 《적천수》 주석 작업의 본류로 이어졌다.

7. 마지막 수업: 유백온의 당부

말년의 어느 날, 유백온은 모든 제자들을 한 자리에 모아 다음과 같은 마지막 훈계를 남겼다고 전해진다.

"하늘은 항상 움직이며, 사람은 거기에 맞춰 살아간다. 그러나 진정한 역술가는 하늘이 열리기 전 그 문을 본다. 운명을 두려워하지 말고, 경건히 마주하라. 그리고 그 속에서 길을 찾으라. 너희는 이제 나보다 더 멀리 갈 수 있다."

그 말이 끝나자 제자들은 모두 엎드려 눈물을 흘렸다고 한다. 그날을 기점으로 유백온은 문하 수업을 더 이상 열지 않았고, 이듬해부터 산속에 더 깊이 은거하며 세상과 인연을 줄였다.

제9장 조정과의 불화, 그리고 은둔: 권력을 떠난 지혜자의 마지막 길

1. 명나라 조정에서의 갈등의 시작

주원장이 황제로 즉위한 후 유백온은 태조의 최측근 책사로서 중용되었으며, 초기 명나라의 법제 정비와 군사 전략, 제도 수립에 있어 핵심적인 역할을 수행하였다. 하지만 시간이 지남에 따라 유백온은 점점 권력 중심부와의 마찰을 겪기 시작했다. 그 원인은 크게 세 가지였다.

◆ 정적들의 시기와 모함
유백온의 예언 능력과 기문둔갑, 명리학적 분석력은 때때로 조정의 인사와 권력에 큰 영향을 주었다. 이를 탐탁지 않게 여긴 다른 대신들과 무신들은 "음양가가 정치를 흔든다"는 이유로 유백온을 헐뜯었다.

◆ 강직한 성품과 직언
유백온은 황제 앞에서도 거침없는 직언으로 유명했다. 그는 불합리한 법령이나 세제에 대해 서슴없이 반대 의견을 제출하였고, 이로 인해 주원장의 불쾌감을 사기도 했다.

◆ 후계자 문제 개입

황태자 주표(朱標)의 약화된 건강과 후계 체제에 대해 유백온이 천문 해석과 명리적 소견을 제시한 사건은 정치적으로 매우 민감한 사안이었다. 일부 대신들은 이를 '천명을 조작하려는 행위'로 간주하였다.

이러한 갈등이 누적되면서 유백온은 점차 조정 내 고립무원(孤立無援)의 상황에 빠져들게 된다.

2. 주원장과의 결별

가장 결정적인 계기는 유백온이 조정의 '심문(審問)' 제도에 대해 강하게 반대하는 상소를 올리면서였다. 당시 주원장은 반역과 불충을 방지하기 위해 전국적으로 고위관료에 대한 감시망을 강화하고자 했고, '의심되는 자는 무조건 조사하라'는 강경한 조치를 시행하고 있었다.

이에 대해 유백온은 다음과 같이 상소하였다.

"의심이 많으면 사람은 떠나고, 두려움이 많으면 충신도 등을 돌립니다. 조정은 거울이어야지, 칼이 되어서는 안 됩니다."

이 상소는 주원장을 자극하였고, 이후 유백온은 명목상 병으로 인한 휴직을 요청하여 정계에서 물러나게 된다. 역사적으로는 '병환으로 인한 사직'이라 기록되지만, 실상은 정적들의 압박과 황제의 불신이 겹친 강제 은퇴에 가까웠다.

그렇게 유백온은 다시 고향 절강 문성으로 돌아가며, 세속의 정치로부터 완전히 벗어난다.

3. 은둔과 자연 속에서의 삶

고향으로 돌아온 유백온은 천령산 자락의 청풍정사(淸風精舍)에 거처를 마련하고, 산을 벗 삼고 바람과 대화를 나누며 자연과 함께하는 삶을 살았다. 그는 매일 새벽 해돋이를 보며 명상하고, 밤에는 별자리를 읽으며 하늘의 움직임을 기록하였다.

그는 제자들과 간헐적으로 만나 강학을 했으며, 방문객이 찾아오면 명식을 보거나 병을 진맥하고, 때로는 기문판을 열어 조언을 건넸다. 그러나 자신을 '은자(隱

翁)'라 부르며 권력과는 일절 거리를 두었다.

그는 일기에 이렇게 남겼다.

"문 앞에는 잡초가 무성하되, 마음은 청정하고 고요하다. 조정은 금으로 장식되었으나, 사람의 마음은 쇠보다 차갑더라. 나는 오늘부터 하늘과만 말하겠다."

이러한 고요한 삶 속에서 그는 '인간은 운명 위에 서야 한다'는 삶의 철학을 더욱 깊이 체화하였다

4. 말년의 저술과 성찰

유백온은 은둔 기간 동안 자신이 살아오며 체득한 사상과 경험을 정리하여《유백온유고(劉伯溫遺稿)》와《정심요결(正心要訣)》,《적천수 속해》,《병기도서 후편》등의 원고를 정리하였다. 이들 중 일부는 제자들에 의해 필사되어 후세에 전해졌으며, 일부는 유실되었다.

그의 유고에는 다음과 같은 글이 있다.

"내가 세상의 권좌를 꿰찼다면 오늘 이 마음은 없었으리라. 내가 운명을 바꾸는 글을 쓰지 않았다면 천도에 멀어졌으리라. 이제 내가 쓴 모든 책은 나를 잊고, 그대들의 길이 되기를 바란다."

그는 글을 쓰면서도 저작권이나 명예를 탐하지 않았고, 오히려 제자들이 자신보다 더 멀리 나아가기를 바랐다. 그의 철학은 이타적이었고, 진정한 후세의 지도자를 기르는 태도였다.

5. 죽음에 대한 준비와 마지막 날

전해지는 바에 따르면, 유백온은 말년에 스스로 죽음의 시기를 예측하였다고 한다. 그는 특정 해 음력 7월 18일, 자신의 명식을 보며 제자들에게 말했다.

"올해 대운은 고요하나, 일간이 약하고 조후도 맞었으니, 아마 이 여름이 지나기 어려우리라."

그는 실제로 1375년(홍무 8년), 고요한 여름날, 제자들에게 모든 책과 서첩을 정리하게 하고, 선정을 마친 뒤, 그대로 숨을 거두었다고 전해진다. 당시 그의 나이 65세였다.

그의 장례는 간소하게 치러졌으며, 묘는 문성의 한 언덕에 자리를 잡았다. 그곳은 생전에 그가 "이 땅은 기문에서 생문과 휴문이 중첩된 곳"이라며 종종 산책하던 장소였다.

6. 조정의 애도와 역사적 평가

그의 사망 소식을 들은 조정은 공식적인 추도문을 발표하지는 않았지만, 황제는 사적으로 "내가 의지하던 지혜가 하늘로 돌아갔다"고 탄식했다고 전한다. 이후 몇 년 뒤, 그의 유고와 저작 일부가 조정의 학문 부서에서 재편집되었고, 문성공(文成公)이라는 시호를 추서받았다.

《명사(明史)》와 《국조선현록(國朝先賢錄)》 등 사서에는 그를 다음과 같이 기록하였다.

"유기자 백온, 성즉지인(性即知人)이요, 술즉지천(術即知天)이라. 천도(天道)를 읽되 교만치 않고, 인심(人心)을 꿰뚫되 간언하지 않았다. 조정에 있어 지혜였고, 민간에 있어 스승이었다."

이는 유백온이 단지 한 명의 인물로 끝나지 않고, 천문과 지리, 병법과 명리, 도학과 철학을 통합한 중국 지성사의 전범(典範)으로 자리 잡았음을 뜻한다.

제10장 유백온의 죽음과 사후의 평가: 전설로 살아남은 지혜자

1. 마지막 순간: 평화로운 죽음과 제자들의 눈물

1375년 음력 7월, 유백온은 제자들과 마지막으로 함께 식사를 나눈 뒤 조용히 앉아 기문판을 펼쳤다. 그는 아무 말 없이 천간의 흐름과 월령을 살핀 뒤 조용히 말했다.

"천기(天機)가 고요하니, 내가 떠날 시간이 되었도다. 이 땅의 기는 쇠하나, 하늘의 길은 밝구나."

그는 단정히 앉은 채 조식(調息)을 멈췄고, 곁에 있던 제자들이 조용히 지켜보는 가운데 마지막 숨을 거두었다. 그의 얼굴은 마치 깊은 선정에 든 고승처럼 평화로웠다고 전한다.

제자들은 고인의 유언에 따라 조촐한 장례를 치렀으며, 유백온이 생전에 "하늘과 가장 가까운 곳"이라 부른 문성 언덕 기슭에 묘소를 조성했다. 현재 이 묘는 절강성 문성현 유백온 묘(劉伯溫墓)로 남아 있으며, 지역 주민들에 의해 매년 제향이 이어지고 있다.

2. 주원장의 애도와 미묘한 침묵

유백온이 세상을 떠났다는 보고를 받은 명태조 주원장은 깊은 침묵에 잠겼다고 한다. 그는 조정에 공식적인 애도 명령을 내리지 않았지만, 내심 큰 충격을 받았다. 한때 그에게 나라의 근간을 함께 세우자고 손을 내밀었던 동지이자 참모, 그리고 조언자였던 유백온의 죽음은 주원장의 정치 인생에 남겨진 가장 큰 공백이 되었다.

주원장은 사적으로 측근에게 다음과 같은 말을 했다고 전해진다.

"하늘의 소리를 읽을 줄 알던 자가 떠났다. 내가 그를 버린 것이 아니라, 그가 나를 떠난 것이리라."

하지만 유백온과의 정치적 결별을 의식해서였는지, 그에 대한 사후 공식 포상이나 비문은 극히 제한적으로 진행되었다. 다만 훗날 명 영락제(永樂帝) 때 유백온의 공로가 재평가되면서, 조정에서 문성공(文成公)이라는 시호와 함께 '유문성선생전(劉文成先生傳)'이라는 추도문이 편찬되었다.

3. 후세 학자들의 재조명

유백온 사후 수백 년 동안, 그의 존재는 끊임없이 회자되었다. 명말청초의 유학자, 역술가, 도인, 병가들은 유백온을 두고 다음과 같이 평가하였다.

◆ 정통 학자들의 시각

유백온은 사서오경에 능통하고 유가적 윤리를 실천한 인물로 평가되었으며, 주자의 학풍을 계승하되 현실과 밀착된 실용유학의 모범으로 여겨졌다. 조선의 성리학자 이익(李瀷)은 그를 가리켜 "지식을 행으로 바꾼 자, 이론과 실천이 하나였던 군자"라 칭했다.

◆ 역술가들의 시각

명리학과 기문둔갑 계열의 학자들은 유백온을 "천간의 정수를 드러낸 자"로 평가했다. 특히 심효첨(沈孝瞻), 진지린(陣之潾), 위천리(魏天里) 같은 명리 대가들은 그를 "적천수의 원류"라 부르며, 그가 제시한 십간 해석과 용신 이론을 기초 교범으로 삼았다.

◆ 도가와 선가의 시각

도가 수행자들과 선승(禪僧)들은 유백온의 수행과 철학에 주목했다. 그들은 《정심요결》을 도인들의 기본 서적으로 읽으며, 그의 내단 수행법과 정신 수련의 방식을 깊이 따랐다. 특히 청대의 도사 장천사(張天師)는 유백온을 '도인의 형상이자 문인의 마음'이라 하여 극찬했다.

4. 민간전승과 신격화

유백온은 죽은 뒤에도 민간 신앙의 대상으로 신격화되었다. 절강, 강서, 복건, 광동 등 남중국 일대에서는 유백온을 '지신(智神)'이라 불렀으며, 명절마다 그에게 지혜와 평안을 비는 제례가 이어졌다.

특히 다음과 같은 전승이 오랫동안 구전되었다.

◆ 유백온은 죽지 않고 남방 해안의 도서에 은둔하여 하늘과 교류한다.
◆ 그는 때때로 기문판을 통해 세상의 흐름을 알려주는 '천기 전달자'로 돌아온다.
◆ 무당과 도사들 사이에서는 '백온의 지필(紙筆)'이라 불리는 예언 굿이 성행하기도 했다.

조선에서도 유백온은 정감록에 등장하는 '예언의 성현' 중 하나로 간주되며, 도참사상과 결합된 '동방의 복인(福人)'으로 숭배되었다.

5. 현대에 남은 유산

오늘날에도 유백온의 유산은 다음과 같은 방식으로 계승되고 있다.

◆ 《적천수》의 지속적 연구와 주석
중국과 한국, 일본의 명리학계에서는 《적천수》를 정통 명리학의 핵심 이론을 서로 여긴다. 다양한 주석본과 해설서, 심지어 강의 프로그램에서도 《적천수》는 필수 교재로 활용된다.

◆ 기문둔갑의 통합적 해석
유백온이 명리학과 병법, 풍수와 도술을 통합했던 철학은 현대 기문둔갑 연구에 있어 큰 영향을 끼쳤다. 특히 현대 점성술, 상담 철학, 경영 전략 등의 응용에서 유백온의 '기세 이론'이 재조명되고 있다.

◆ 예언서의 사회학적 가치
《금릉탑비문》, 《마도서》, 《비결》류 문헌은 단지 예언의 문헌이 아니라, 사회 변화에 대한 민중의 집단 심리를 보여주는 역사적 자료로 가치가 인정받고 있다.

◆ 문성 지역의 문화유산
그의 생가와 묘소, 강학 유적은 절강성의 대표 문화유산으로 보존되고 있으며, 매년 유백온 문화제가 열려 중국 전역에서 연구자와 신도들이 찾아온다.

제11장 《적천수》의 후세 전승과 영향력: 시대를 꿰뚫는 이론의 영속성

1. 유고의 전파: 사후에 빛을 발하다

유백온이 남긴 역술서 중 가장 대표적인 저작인 《적천수》는 생전에는 제자들 사이에서 비공식적으로만 유통되었다. 이는 유백온이 이 책을 단순한 해설서가 아니라 '천기를 담은 심오한 경전'으로 여겼기 때문이었다.

그는 제자들에게 다음과 같이 당부하였다.

"이 책은 사람을 살리는 칼이 될 수도 있고, 사람을 속이는 검이 될 수도 있다. 읽을 자격이 있는 자에게만 열어 주어라."

하지만 그가 세상을 떠난 후, 제자 진공(陳恭)과 나일생(羅一生)에 의해 초본이 정리되었고, 후일 명나라 말기 역술가들이 이를 필사하며 점차 널리 전파되기 시작했다. 초창기《적천수》는 매우 간결하고 난해한 시구로 되어 있었기 때문에, 후대 학자들의 주석 작업이 절실했다.

2. 청대 주석가들의 출현

청나라 시기에 들어서면서《적천수》는 본격적인 학문적 연구 대상이 되었고, 수많은 역술가들이 주석과 해설서를 펴냈다. 그 중 대표적인 인물들이 다음과 같다.

◉ 심효첨(沈孝瞻, 청 초기)

심효첨은《적천수관상대전(滴天髓闡微)》이라는 대규모 주석서를 편찬하였다. 그는 유백온의 시적 문구 하나하나에 대해 천간의 구조, 십신의 발현, 오행의 성쇠 등 정밀한 해설을 덧붙였다. 그의 주석서는《적천수》의 난해함을 해소하고, 교육용으로 정형화하는 데 기여했다.

◉ 진지린(陣之潾)

진지린은 명리학의 응용과 실전 해석을 강조하였으며,《적천수》를 "현대 운명학의 모태"로 규정하였다. 그는 유백온의 체계를 기반으로 용신 선택법, 통근 판단법, 조후 기법 등을 구체화하였고, 이는 후일 실전 명리학의 표준이 되었다.

◉ 위천리(魏天里)

위천리는 明代 최고의 명리학자로,《적천수》에 기반하여 자신만의 명리 이론을 정립하였다. 그는《적천수》를 명리학의 '내경(內經)'이라 부르며, 이를 토대로《팔자제요》와 같은 응용서를 저술하였다.

이러한 청대 주석가들의 활동은《적천수》를 단지 유백온의 저술로서가 아니라, 명리학의 체계적 교본으로 부상시키는 데 핵심적인 역할을 했다.

3. 동아시아 전파: 조선과 일본에서의 수용

《적천수》는 청말에 들어 조선과 일본에도 유입되었다. 조선 후기에는 유학자와 역관(曆官)들 사이에서《연해자평》과 함께 필독 교재로 자리잡았으며, 특히 다음과 같은 학자들이 영향을 받았다.

〈조선의 경우〉
- 남사고(南師古) : 명리 해석에 있어 《적천수》의 십신 성격론을 활용.
- 이서구(李書九) : 기문과 명리를 결합한 분석에 유백온 이론을 인용.
- 정약용(丁若鏞) : 비공식적으로 유백온의 '천간 심리론'을 학문적 자산으로 평가.

〈일본의 경우〉
- 아베 세이메이(安倍晴明)의 계통에서 유백온의 철학이 영향을 주었으며, 메이지 이후 동양 역술의 체계화 과정에서 《적천수》는 일본어로 번역되며 널리 보급되었다.
- 특히 일본의 명리학자 사카구치 겐타로(坂口玄太郎)는 "《적천수》는 가장 깊이 있는 명리학의 철학서이며, 사상서다"라고 평가했다.

4. 현대 명리학에서의 영향력

오늘날에도 《적천수》는 다음과 같은 분야에서 중심 교재로 읽히고 있다.

◈ 이론 명리학 분야
- ◆ 천간 십신의 성격 분석.
- ◆ 용신 선정법 및 기세 중심 판단.
- ◆ 조후론 및 통근법의 기준 정립.

◈ 실전 상담 분야
- ◆ 사주 상담에서의 성격 진단 및 직업 적성 분석.
- ◆ 특정 시기(대운·세운)의 감정 기복, 건강 변화 예측.
- ◆ 인간관계 및 궁합의 정서적 해석.

◈ 교육 및 강의
- ◆ 동양철학 강좌에서 철학적 명리학 교재로 활용.
- ◆ 명리 입문자들에게 필수 고전으로 지정.

《적천수》는 특히 심리적 해석과 철학적 깊이가 결합된 역서로서 현대 사회에서도 꾸준한 관심을 받고 있다. 최근에는 AI 기반 명리 시스템에서도 《적천수》의 판단 논리가 참고 알고리즘으로 탑재되는 등 디지털 환경에서도 활용도가 높아지고 있다.

5. 비평과 재해석: 난해한 고전인가, 영원의 고전인가

일부 현대 학자들은 《적천수》가 과도하게 시적이고 난해하다는 비판을 하기도 한다. 예컨대 다음과 같은 구절은 명리학 입문자에게 해석이 어렵다.

"격은 하나요, 기는 삼천이라. 기를 모르면 격은 껍질일 뿐이다."

하지만 이러한 문장은 유백온이 단순한 공식이 아니라 명리학의 변증법적 구조를 이해하도록 유도하기 위한 장치라는 평가도 있다. 그는 고의적으로 추상화된 언어를 통해 독자가 스스로 사유하도록 이끌었고, 이러한 사유는 오늘날까지도 명리학자들 사이에서 끝없는 탐구와 해석의 대상이 되고 있다.

이 점에서 《적천수》는 단지 해석을 요구하는 고전이 아니라, 끝없는 사색을 불러일으키는 정신적 미로이자 철학적 거울로 자리매김한다.

6. 《적천수》와 서양 점성술의 비교

최근 들어 일부 학자들과 점성술 연구자들은 《적천수》와 서양 점성술(especially psychological astrology) 사이의 철학적 유사성을 지적하기도 한다. 예를 들면,

- ◆ 천간은 행성의 기질과 유사하고,
- ◆ 십신은 점성술의 하우스 또는 성격 archetype과 유사하며,
- ◆ 용신은 개인 운명에서의 키워드 혹은 태양 중심점(Sun Sign)에 비견될 수 있다.

이러한 비교는 《적천수》가 동서양 운명학의 철학적 가교가 될 수 있다는 가능성을 열어주며, 유백온의 사상이 단지 동양 고전의 틀에만 머무르지 않는 보편성을 지녔음을 보여준다.

7. 결론: 시대를 꿰뚫는 운명의 나침반

《적천수》는 단지 한 권의 고서가 아니다. 그것은 시대와 인간의 본질, 삶의 흐름

과 인간의 가능성에 대한 깊은 통찰을 담고 있는 '운명의 나침반'이자, '철학적 지침서'였다.

유백온은 이 책을 통해 인간은 정해진 길 위에 있을지라도, 그 길을 어떻게 걷느냐에 따라 전혀 다른 인생을 펼 수 있음을 보여주었다. 그것은 사주를 알되 사주에 얽매이지 않고, 운명을 읽되 운명 위에 설 수 있다는 인간 정신의 선언이었다.

제12장 《적천수》의 철학과 우주론: 하늘을 꿰뚫는 인간 사유의 최전선

1. 철학서로서의 《적천수》

《적천수》는 단순한 명리 해설서로 간주되기 어려운 깊이를 지녔다. 그 이유는 바로 유백온이 이 책을 통해 운명이라는 주제를 철학적으로 해부하고, 하늘(天)과 인간(人), 운명(命)과 자유(性)의 관계를 사유하고자 했기 때문이다.

그는 명리학의 기본 도식을 철저히 이해한 후, 그 너머에 존재하는 형이상학적 구조를 탐색하였다. 특히 인간의 삶을 천간지지라는 코드로 환원하는 동시에, 그 코드의 배후에 존재하는 우주의 원리, 시간의 흐름, 인간의 자율성을 심오하게 탐색했다.

그의 이런 접근은 《적천수》를 단지 운세 판단의 도구가 아니라, '우주론적 인간학(宇宙論的人間學)'으로 발전시키는 기반이 되었다.

2. 천간 중심의 우주론 구조

《적천수》의 철학적 핵심은 십간(十干)에 있다. 유백온은 천간이 단순히 오행의 조합이 아니라, 우주의 정수와 인간 본성의 상징이라 보았다. 그는 다음과 같이 주장한다.

"갑을은 생의 출발이요, 병정은 변의 형상이요, 무기는 지지의 받침이요, 경신은 변화의 도끼요, 임계는 귀결의 물결이다."

각 천간은 그 자체가 인간의 한 측면, 곧 성격·기질·의식·운동·관계 등을 표상한다. 이로 인해 천간은 단순히 '자연의 원소'가 아니라, 우주적 의식의 상징 기호로 작용하게 된다.

예를 들면 아래와 같다.

- ◆ 갑목(甲木)은 '생명의 힘'이자, 우주에서 최초로 뻗어 나가는 추진력
- ◆ 병화(丙火)는 '의식의 빛'이자, 우주의 자각과 인식
- ◆ 경금(庚金)은 '변화의 날'이자, 집착을 자르고 형상을 바꾸는 도구
- ◆ 임수(壬水)는 '흐름의 무의식'이자, 만물을 감싸는 무형의 세계

이러한 해석은 각 천간을 통해 인간 정신의 구조를 읽어내려는 상징 철학적 해석이라 볼 수 있으며, 이는 현대 심리학이나 인문철학의 분석에도 연결될 수 있다.

3. 십신을 통한 존재의 심리학

유백온은 십신(十神)을 단순히 재성, 관성, 인성 등의 기능으로 보지 않았다. 그는 십신을 인간 정신과 감정의 분화된 양상으로 해석했다.

예컨대 아래와 같은 분석이다.

- ◆ 비견(比肩)은 자아의 확립, 자존, 자기 정체성.
- ◆ 겁재(劫財)는 자기확장의 욕망, 경쟁, 투쟁 본능.
- ◆ 식신(食神)은 창조와 생산, 표현의 욕구.
- ◆ 상관(傷官)은 파괴적 표현, 진실의 언어.
- ◆ 정관(正官)은 사회적 역할, 질서의 내면화.
- ◆ 편관(七殺)은 통제의 긴장, 자율과 제약 사이의 싸움.
- ◆ 정인(正印)은 보호받고자 하는 심리, 귀속 본능.
- ◆ 편인(偏印)은 독립적 사유, 외부로부터의 거리두기.
- ◆ 정재(正財)는 안정적이며, 성실, 절약, 책임감과 연결.
- ◆ 편재(偏財)는 투기적이며, 대범, 낭비, 활동성과 연결.

이러한 해석은 《적천수》를 '사주를 통한 인간 심리 해석 체계'로 전환시키는 데 결정적 역할을 하였다. 그는 사주 명식이 단지 길흉화복의 표가 아니라, 한 인간의 심리적 지형도라는 점을 일깨웠다.

4. 음양오행의 통합적 사유

유백온은 기존 명리학이 지나치게 '형식적 오행 해석'에 의존하는 것을 경계했다. 그는 음양오행을 단순한 기호가 아니라, 생명의 흐름과 작용을 읽는 언어로 보았다. 이를 정리하면 다음과 같다.

- ◆ 음양: 존재와 비존재, 정과 동, 드러냄과 숨김의 리듬.
- ◆ 오행: 생명 순환의 다섯 단계이자, 인간 행동의 다섯 가지 유형.
- ◆ 생극제화: 생명 에너지의 순환, 갈등, 융합, 균형의 법칙.

그는 또한 이렇게 말한다.
"오행은 뿌리가 아니요, 이치의 흐름이다. 이 흐름을 모르면 생극도 허망할 뿐이다."
그는 특히 '화(火)'의 철학을 중시했는데, 이는 '의식과 자각, 생명의 발광'으로 해석되며, 인간이 자신의 운명을 인식하고 선택하는 열쇠로 간주되었다.

5. 운명과 자유의 역설

《적천수》는 한편으로 철저히 정해진 운명의 구조를 읽어내지만, 동시에 인간의 자유와 선택, 수양을 통한 개척 가능성을 열어둔다. 유백온은 다음과 같이 말한다.
"命은 틀이요, 運은 그 틀을 채우는 물이니, 사람이 그릇을 바꿀 수는 없어도, 물의 흐름은 다룰 수 있다." 이 말은 다음의 의미를 담고 있다.

- ◆ 사주는 타고난 구조지만,
- ◆ 대운·세운은 변화의 기회이며,
- ◆ 심신의 수련과 인식의 전환은 그 흐름을 바꿀 수 있는 '조정자'가 될 수 있다.

이러한 구조는 정해진 구조 안에서 선택을 통해 변화할 수 있는 인간 존재의 역설을 보여주며, '결정론과 자유의지의 철학적 융합'으로도 해석된다.

6. 하늘과 인간의 합일: 천인합일론

《적천수》에서 가장 심오한 철학은 결국 '천인합일(天人合一)', 곧 하늘과 인간의 이치가 서로 맞물려 있다는 통합론이다.

유백온은 다음과 같이 천기를 설명한다.

"하늘은 아무것도 말하지 않는다. 그러나 우리는 하늘을 보고 느끼며, 그 안에서 자신을 발견한다."

그는 인간의 사주가 하늘의 움직임을 반영하는 정교한 거울임을 역설하면서, 그 거울을 보되 거기에 매이지 말고, 그 거울을 통해 더 큰 존재를 성찰하라고 강조했다.

결국 《적천수》는 단순한 운명서가 아니라, 하늘과 인간, 정신과 우주, 이성과 신비 사이를 잇는 '사색의 사다리'로 작용한다.

7. 철학의 유산: 동서 사상의 연결점

유백온의 철학은 오늘날에도 다음과 같은 학문 영역에서 영향력을 갖는다.

- ◆ 동양철학: 장자와 노자의 도가적 철학, 유가의 성선론과 연결.
- ◆ 심리학: 칼 융의 원형(archetype) 이론, 성격 분석과 통한다는 평가.
- ◆ 신플라톤주의: 천상과 지상의 대응구조, 운명과 인식의 일체론.
- ◆ 생명과학: 생명 구조의 다섯 단계 흐름(탄생-성장-변화-쇠퇴-귀환)과 유사.

즉, 《적천수》는 단지 고대 중국의 예언서가 아니라, 보편적 인간 존재와 우주의 원리를 해석하려는 철학적 시도였으며, 동서양을 넘는 지적 유산이 되었다.

제13장 유백온과 기문둔갑의 접점: 병법과 역학의 융합 예술

1. 기문둔갑이란 무엇인가?

기문둔갑(奇門遁甲)은 중국 고대의 3식(三式: 기문둔갑, 태을신수, 육임신과) 중 가장 신비롭고 복잡한 역술 체계로, 본래는 전쟁과 군사 전략, 왕실의 길흉 판단, 풍수와 시기 결정, 의술과 치병, 심지어 영적 작법에 이르기까지 광범위하게 응용된 고등 천문지리술이다.

기문둔갑은 시간(시간·일진·월령·연간 등), 공간(방위·방향), 하늘(천간·천반), 땅(지지·지반), 인간(인반·행동) 요소를 통합한 복합적 체계로서, 우주의 시공간 흐름 속에 최적의 '행동의 문(門)'을 찾는 술법이다.

유백온은 이 기문둔갑을 단지 전쟁에 쓰는 병법으로만 보지 않았으며, 명리학과 연결하여 인간의 운명 흐름까지도 분석하는 도구로 삼았다. 그는 기문을 '열쇠 없는 자물쇠를 여는 비결'이라 부르며, 인간 삶의 구체적 전환점을 기문으로 포착하고자 했다.

2. 유백온이 본 기문의 핵심

유백온이 이해한 기문둔갑의 중심은 다음 네 가지였다.

- ◆ 천반(天盤): 하늘의 움직임, 곧 '시간의 힘'을 상징.
- ◆ 지반(地盤): 지구적 구조, 곧 '지형과 환경의 기운'을 표현.
- ◆ 인반(人盤): 사람의 위치, 의도, 행동 결정 요인.
- ◆ 팔문(八門): 사건이 흘러가는 여덟 가지 길: 생(生), 상(傷), 두(杜), 경(景), 사(死), 경(驚), 개(開), 휴(休).

그는 이 구조를 명리학의 구조와 연결 지어, 사주가 주는 인생의 '운명 지도'라면, 기문은 그 지도를 따라 '어디로 어떻게 갈지 결정하는 네비게이션'이라 해석하였다.

3. 명리학과 기문의 융합

유백온은 실제로 명리학적 분석과 기문둔갑을 유기적으로 연결하는 기법을 창안했다. 예컨대 어떤 인물의 사주가 다음과 같다고 가정할 때,

◆ 일간이 병화(丙火)이며, 관성이 강하고 인성이 약한 구조인 경우
  - 대운이 수운(水運)으로 흐르고 식상이 발달하면, 건강에 불리한 시기로 진입한다.

이때 그는 명리로 '기세의 흐름'을 파악하고, 기문으로 해당 시기와 방향에서 어떤 활동이 길(吉)하며, 어떤 방위로 이동하거나 어떤 사업은 삼가야 하는지를 판단했다.

그는 이런 통합법을 '천인합참법(天人合參法)'이라 불렀고, 제자들에게 실전 사례를 통해 가르쳤다.

예시로, 유백온은 다음과 같이 말했다.

"병화는 빛이니, 밝음을 좋아하나 수기(水氣)가 지나치면 꺼진다. 네가 올해 북쪽으로 이사하려 한다면, 기문에서 사문(死門)이 열려 있으니 가지 마라. 남서가 개문(開門)이니, 그곳이 길하다."

이는 명리와 기문을 동시에 판단하여 행동 방향을 제시한 실제 사례로 전해진다.

4. 《기문군진도》의 전술적 응용

유백온은 병법가로서 기문둔갑을 실제 군사작전에 활용한 몇 안 되는 역사 인물 중 한 사람이다. 그는 《기문군진도(奇門軍陣圖)》라는 병서에서 군사 작전에 있어서 기문의 방위 활용법을 정리하였다.

이 도서에서 그는 각 문(門)에 해당하는 병종 배치, 공격/방어 시점, 유인 작전 등을 설명하였으며, 특히 다음과 같은 규칙을 제시하였다.

- ◆ 생문(生門): 보급, 수송, 의무대 배치.
- ◆ 사문(死門): 허위 진영, 유인 작전.
- ◆ 경문(驚門): 기습·야습·화포 사용.
- ◆ 휴문(休門): 야영지, 본진 설치.

그는 실제 전장에서 기문판을 사용하여 적의 동선을 예측하고, 병력을 유연하게 운용하였다. 이러한 작전 방식은 오늘날까지도 기문전법(奇門戰法)이라는 이름으로 전수되고 있다.

5. 기문판 제작과 운용 방식

유백온은 매일 해가 뜨기 전 1시간쯤 되는 묘시(卯時) 무렵, 일진(日辰)과 시주(時柱)를 기준으로 기문판을 직접 작성했다. 그가 사용한 기문판은 다음과 같은 절차로 구성되었다.

- ◆ 간지 추출: 당일의 연월일시를 기준으로 간지를 설정.
- ◆ 천반 회전: 구궁에 천간을 배열하여 시간 천판을 완성.
- ◆ 지반 설정: 방위 및 지형 조건에 따라 지반 설정.
- ◆ 팔문 분포: 사건 흐름 분석을 위해 생·휴·경·상 등 문을 배치.
- ◆ 궁합 판단: 인반에 해당하는 인간의 의도나 사주와 궁합 분석.

이렇게 작성된 기문판은 한 장의 종이에 정리되어, 유백온은 이를 바탕으로 전쟁, 행군, 문객 상담, 심지어 음택 풍수 판단까지 진행했다. 그는 이 기문판을 '하늘과 지상의 교차점'이라 불렀으며, 세상의 길흉을 해석하는 시간-공간의 미시 지도로 여겼다.

6. 기문과 풍수, 사주와 도술의 결합

유백온은 기문둔갑을 단일한 학문으로 보지 않고, 사주명리학, 풍수지리, 도가의 수련법과 결합한 통합적 체계로 보았다. 그는 특히 다음과 같은 통합 원리를 강조했다.

- ◆ 사주는 사람의 내면 구조를 읽는다.
- ◆ 풍수는 사람의 외부 환경을 읽는다.
- ◆ 기문은 시공간의 흐름 속 '실행 타이밍'을 잡는다.
- ◆ 도술은 의지와 정신을 단련하여, 이 모든 것을 초월하도록 돕는다.

네 요소가 동시에 조화될 때, 인간은 비로소 운명의 흐름 속에서 주도적으로 설 수 있는 존재가 된다고 그는 보았다.

7. 후세에 끼친 기문 해석의 유산

유백온의 기문둔갑 해석법은 후대에 커다란 영향을 주었다. 그의 기문 응용 방식은 다음 세 가지 흐름으로 전개된다.

- ◆ 병법 기문: 《기문전법》으로 발전, 군사 전술 응용.
- ◆ 풍수 기문: 음택과 양택의 좌향 판단 보조 지표로 사용.
- ◆ 상담 기문: 출행일, 이사일, 사업 개시일 등 실생활 활용.

그가 시도한 '사주+기문'의 통합 해석법은 후일 청대 역술가 위천리, 심효첨, 장과로 등에게 계승되었고, 근대에는 한국과 일본의 기문 전문가들에게도 중요한 이론적 기초가 되었다.

제14장 문인, 예술가, 시인으로서의 유백온: 지혜와 감성의 융합자

1. 총명한 문장가로서의 출발

유백온은 어린 시절부터 시(詩)와 문장에 뛰어났으며, 24세의 나이로 원나라 과거에 장원(進士第一)으로 급제했을 정도로 문사(文士)로서도 일찍부터 명성을 떨쳤다. 그는 단순한 글쓰기의 능력을 넘어, 자연과 인간, 정치와 철학, 운명과 수련을 문학적으로 녹여내는 능력을 지녔다.

그가 남긴 시문(詩文)들은 오늘날까지도 절강 지역을 비롯한 여러 문집에 전해지고 있으며, 특히 《유문성공시문집(劉文成公詩文集)》으로 정리된 작품집은 중국 고전문학 연구자들에게도 중요한 자료가 되고 있다.

2. 시대와 운명을 읊다: 역사시와 풍자시

유백온은 전란의 시대를 살았던 인물답게, 그의 시는 많은 경우 시국과 운명에 대한 통찰, 민중의 고통에 대한 연민, 권력에 대한 풍자로 채워져 있다.

예를 들어, 그가 원나라 말기의 혼란을 보며 지은 한 시는 다음과 같다.

"烟雨三千里, 孤舟渡未归。
天道人无信, 鬼神亦掩扉。"
"안개와 비가 삼천리를 덮으니
외로운 배는 아직도 돌아오지 못했도다
하늘의 도는 믿어지지 않고
귀신조차도 문을 닫았구나"

이 시는 시대의 혼란과 인간의 절망, 그리고 신조차 외면한 듯한 현실을 깊은 통찰로 담아낸 것이다. 동시에 그는 이런 시로 민중의 고통을 대변하고자 했으며, 도가적 초연함과 유가적 책임의식이 동시에 담겨 있다.

또한 그는 조정의 부패와 간신배를 겨냥한 풍자시도 많이 남겼는데, 다음과 같은 구절이 있다.

"庭前鶴作雞聲叫,
朝上猿穿虎皮衣。"
"뜰 앞의 학이 닭소리 내고
조정에는 원숭이가 호랑이 가죽을 입었구나."

이는 당시 간신배들이 군자의 탈을 쓰고 권력을 농단하는 현실을 신랄하게 비판한 시로, 그의 정치적 용기와 문학적 수사를 잘 보여준다.

3. 자연과의 합일: 도가적 풍격의 시

유백온의 시에서 가장 독특한 점은 도학(道學)과 자연철학, 명리 사상이 한데 녹아 있다는 것이다. 그는 자연을 단순히 묘사 대상이 아니라, 인간 정신이 깃드는 거울로 보았으며, 다음과 같은 시에서 그 면모가 잘 드러난다.

"水自雲間落, 心從靜處飛,
一盞晨露酒, 照我天地機"
"물은 구름 사이에서 떨어지고
마음은 고요한 곳에서 날아오른다
한 잔의 아침 이슬 같은 술이
나에게 천지의 이치를 비추어주네"

이 시는 자연의 이미지와 수행자의 심성을 절묘하게 결합하여, 내면의 수련과 천지운행을 하나로 보는 그의 도가적 사유를 드러낸다.

그는 이런 시를 제자들에게 암송시키며, 단순한 암기가 아니라 시를 통해 운명의 이치를 깨닫도록 유도했다.

4. 운명과 철학을 담은 시편들

그는 명리학의 철학을 시로 표현하기도 하였으며, 《적천수》와 연결된 시문들은 오늘날에도 널리 회자된다.

예를 들어, 십간의 철학을 요약한 구절이 있다.

甲出萬物先, 乙曲柔爲主,
丙光心易動, 丁焰暗藏苦。
戊坐穩中剛, 己潤藏機鼓,

庚斬情義斷, 辛冷珠中露。
壬奔思無常, 癸潤萬象補。

갑목(甲木)은 巨木이며 만물을 먼저 싹트게 하는 힘.
을목(乙木)은 稼花이며 곡선처럼 유연하고 부드러움.
병화(丙火)는 太陽火로 변덕스러움과 정열적 기질.
정화(丁火)는 화롯불로 내면의 번민과 세밀한 정서를 표현.
무토(戊土)는 大山이며 흔들림 없는 중심에 비유.
기토(己土)는 田畓이며 촉촉하고 기묘한 계획을 숨겨놓음.
경금(庚金)은 도끼로 정을 베고 의리를 끊는 강직함.
신금(辛金)은 珠玉으로 서늘하되 보석처럼 맑은 기운.
임수(壬水)는 江河水로 달려가는 듯 끊임없이 변화함.
계수(癸水)는 雨露로 조용히 만물을 윤택하게 돕는 성정.

위와 같이 각 천간의 기질과 운명 작용을 시적으로 정리한 이 연작은, 후대 학자들에게 명리학을 시로 배울 수 있는 교과서로 활용되었고, 이는 유백온 문학의 실용성과 철학성을 동시에 보여준다.

5. 서화(書畵) 예술에도 능하다

유백온은 시뿐 아니라 서예와 간단한 문인화에도 능했다. 그의 필체는 정갈하면서도 강한 기운이 감도는 '서중기정(書中氣正)'으로 평가받았으며, 그의 묵서 중 일부는 절강성과 강소성 지역의 사찰, 강당, 제단 등에 현판으로 남아 있다.

특히 그는 자신의 철학을 글씨로 새겨 표현하곤 했는데, 대표적인 문구 중 하나는 다음과 같다.

"心靜天開, 道明命轉"
"마음이 고요하면 하늘이 열리고, 도가 밝으면 운명이 바뀐다"

이 문구는 도가 수행자, 명리학자, 상담가들에게 영감을 주는 좌우명으로 널리 인용되고 있다.

6. 후세 예술가들에게 미친 영향

유백온의 문예적 유산은 단순히 고문집에 머무르지 않고, 후세 예술가들에게도 깊은 영향을 주었다. 그의 시는 다음과 같은 방식으로 계승되었다.

- ◆ 조선의 정약용, 허균 등이 그 시문을 모방하거나 인용.
- ◆ 명·청 시대 문인화가들이 그의 시에 그림을 덧붙여 시화첩 제작.
- ◆ 현대 중국에서는 '유백온 시화전'이라는 전시회도 열림.
- ◆ 한국의 역술가·명상가들이 그의 시를 상담과 강의에 활용.

그의 문학은 그 자체로도 아름답지만, 동시에 운명에 대한 사유, 인간 존재에 대한 성찰, 자연과 우주의 연결성을 예술적으로 구현한 점에서 시대를 초월한 감동을 준다.

제15장 유백온의 사상체계 총정리: 인간 운명과 우주의 이치를 꿰뚫다

1. 통합적 사유의 구조

유백온의 생애는 하나의 거대한 '지혜 체계' 그 자체였다. 그는 유가(儒家), 도가(道家), 병가(兵家), 음양가(陰陽家), 예술, 정치, 천문, 명리, 풍수, 기문 등의 수많은 사유체계를 학습하고 실천하며 동아시아 고전 사상의 통합자로서의 길을 걸었다.

그의 사유는 아래와 같은 구조로 요약된다.

범주	내용
철학적 기반	천인합일, 음양오행, 무위자연
실천 방법	명리학, 기문둔갑, 풍수, 도수
인간관	운명은 존재하되, 의지로 조율 가능
사회관	백성을 위하는 정치, 민심과 천도 합일
세계관	하늘의 흐름은 상징이며, 그것을 해석하는 자는 인간

그는 단순한 이론가가 아니었고, 삶을 통해 진리를 실현한 현실 속의 철학자이자 구도자였다.

2. 운명론과 자유의지의 통섭

유백온은 운명이 정해져 있다는 운명결정론적 입장을 기본으로 수용하면서도, 다음과 같은 '조화로운 개입'을 강조하였다.

- ◆ 운명은 하늘의 설계도(命)
- ◆ 운세는 그 설계도를 따라 흐르는 바람(運)
- ◆ 인간의 의지는 그 바람을 어떻게 타고 갈지 결정하는 배(性)

즉, 유백온은 다음의 논리를 확립하였다.
"命은 정해졌고, 運은 변하지만, 性은 자유다."

이 세 가지 요소를 유기적으로 통합하여 인간은 자기 운명을 온전히 이해하고 조정할 수 있다는 희망을 제시하였다. 이는 동서양 철학에서 늘 논쟁이 되어왔던 '자유와 필연'의 문제에 대한 고대적 해답이었다.

3. 명리학과 기문둔갑의 일체론

그는 명리학이 인간의 내면을 읽는 '정신적 지도'라면, 기문둔갑은 시간과 공간 속에서 현실적 선택을 이끌어내는 행위의 지도로 보았다. 이 두 가지는 서로 대립하거나 보완하는 것이 아니라, 전면 통합이 가능하다는 것이 유백온 사상의 독창성이었다. 그는 이를 다음과 같이 표현하였다.
"사주는 심(心)을 읽고, 기문은 시(時)를 읽는다. 시심합일(時心合一)하여야 길이 보인다."

이런 사유는 그의 제자들에게 '행동하는 역술', '지혜의 결정체로서의 술수'를 강조하는 철학으로 전수되었다.

4. 도가적 초월과 내단 수행

유백온의 도가는 단순한 신비주의가 아닌, 철저한 정신 수련과 자기 인식의 도구였다. 그는 내단 수행을 통해 인간 내부의 정기신(精氣神)을 순환시키고, 명리와 기문, 병법으로 외부 세계의 흐름을 파악함으로써, 내외일치의 도(道)를 실현하고자 했다.

그는 다음과 같이 말한다.

"사주를 보고 놀라는 자는 아직 길에 들지 못한 자요, 사주를 보고 평온한 자는 이미 길 안에 있는 자다."

이 말은 그가 역학을 '예언'이 아닌 '자각의 도구'로 이해했음을 뜻한다. 그는 운명을 읽는 것 자체가 목적이 아니라, 그 운명 위에서 어떻게 살 것인가를 선택할 수 있는 자기 인식을 키우는 것이 본질이라 여겼다.

5. 정치 철학: 민심과 천도의 일치

정치가로서 유백온은 현실 개혁과 도덕 실현을 동시에 추구했다. 그는 제왕의 통치를 '천명(天命)의 대리'라 보면서도, 그 천명이 민심을 떠날 수 없음을 역설하였다.

그는 늘 다음과 같이 강조하였다.

"천심은 민심에 있고, 민심은 곧 천도에 맞게 되돌아간다."

그는 이 사유를 바탕으로 백성을 위한 제도 개혁, 세금 구조 조정, 지역 자치 확대, 인재 등용의 공정성을 주장했으며, 현실 개혁을 하늘의 명을 실현하는 통치 행위로 보았다.

6. 인간의 이상형: 명리의 성인

유백온이 그린 인간의 이상은 단순히 고결하거나 청빈한 인간상이 아니었다. 그는 다음과 같은 자질을 겸비한 인물을 진정한 '성인(聖人)'이라 보았다.

- ◆ 명리를 알되, 명리에 휘둘리지 않고,
- ◆ 천문을 읽되, 자연을 두려워하며,
- ◆ 기문을 다루되, 사람의 도리를 잊지 않고,

- ♦ 권력을 가졌으나, 낮은 자를 돌보며,
- ♦ 글을 쓰되, 세상을 밝히는 등불이 되며,
- ♦ 운명을 알아도, 겸허함으로 채우는 자.

그는 제자들에게 마지막으로 이렇게 당부했다.
"지혜는 머리에서 시작하지만, 덕은 심장에서 나온다. 운명은 그 둘이 만나는 곳에서 빛난다."

7. 유백온 사상의 현대적 가치

오늘날 유백온의 사상은 단순한 고전 역술의 한 갈래가 아니다. 다음과 같은 현대적 적용 가능성을 가진다.

영역	유백온 사상의 적용
심리학	자아 분석, 성격 구조 이론, 무의식의 흐름 이해
상담과 코칭	인생 전환점의 판단, 진로 상담, 인간관계 조화
정치 철학	민본주의와 도덕적 통치관의 접목
시간 관리와 전략	기문둔갑 기반의 타이밍 결정 및 방향성 설정
영성 수련	정기신 순환, 내면 인식, 도가 철학 기반 명상법
문학·예술	시와 철학, 감성과 우주의 통합 언어로서의 예술관

이렇듯 유백온은 고대의 사유를 현대적 언어로 번역 가능한 구조로 남긴 통합 지성인으로, 시대를 넘어 인류의 지적 유산으로 평가받는다.

■ 맺음말: 인간, 하늘을 보다

유백온은 살아생전 하늘을 관측하고, 인간을 관찰하며, 운명을 관통했던 자였다. 그는 지식과 실천, 철학과 감성, 정치와 예술, 수련과 예언을 하나로 엮어낸 시대의 지혜자였다.

그의 삶은 이렇게 요약할 수 있다.

- 그는 인간의 운명을 읽었고,
- 그 운명 속에서 길을 밝혔으며,
- 그 길 끝에 하늘을 보았고,
- 하늘 아래에서 다시 인간을 품었다.

《적천수》는 단지 한 권의 책이 아니다. 그것은 유백온이라는 사람 그 자체, 곧 천명을 깨달은 자가 남긴 지혜의 결정체이다.

《적천수》 저술 장면

왕씨육임집(王氏六壬集) 왕기(王機) (1470?~1560?)

제1장 서론

1. 명나라와 역술 문화의 시대적 배경

명나라는 1368년 주원장(朱元璋)이 원나라를 몰아내고 건국하여 1644년까지 이어졌다. 이 시기는 정치적으로 중앙집권적 황제권이 강화되었고, 사회적으로는 유교 질서와 관료제도가 굳건히 자리 잡았다. 그러나 동시에 민간에서는 불교, 도교, 음양가의 사상과 점술, 역술이 활발하게 활용되었다.

특히 명나라 전기와 중기에 이르러 국가적 불안 요소-북방의 몽골 세력, 내부의 환관 정치, 자연재해와 민란-가 빈번하게 발생하면서, 사람들은 천인감응(天人感應)과 명리학·육임학 같은 역술적 지혜에 의존하는 경우가 많았다.

명대의 역술은 크게 세 갈래로 나눌 수 있다.

- ◆ 관료와 지식인 계층이 주로 활용한 사주명리와 육임학.
- ◆ 군사와 전략 분야에서 중요시된 기문둔갑과 태을신수.
- ◆ 민간 신앙과 결합된 풍수, 택일, 부적, 도교적 점술.

왕기(王機)가 활동한 시기는 바로 이러한 문화적 토양 위에 있었으며,《왕씨육임집(王氏六壬集)》은 당시 육임학의 집대성이라 불릴 만한 저술로 자리매김하였다.

2. 왕기의 가계와 출생 배경

왕기는 명나라 중엽, 대략 15세기 후반에서 16세기 초에 걸쳐 활동한 것으로 추정된다. 그의 정확한 출생연대와 사망연대는 사료 부족으로 명확히 기록되어 있지 않으나, 《왕씨육임집》의 문체와 편찬 체계, 그리고 후대의 인용 기록을 종합하면, 성화(成化)에서 정덕(正德) 연간 사이에 태어나, 가정(嘉靖, 1522~1566) 연간까지 활동했을 가능성이 크다.

그의 본관은 강소(江蘇) 혹은 절강(浙江) 지방으로 추정된다. 이 지역은 명대 학술과 문화의 중심지였고, 도교와 역술 전통이 깊게 뿌리내려 있었다.

왕기의 가문은 비교적 학문적 전통이 강한 집안이었던 것으로 보인다. 그의 선대 중 몇몇은 유교 경전에 능통했고, 일부는 도교적 의례와 점술을 행했다고 한다. 이러한 가풍이 왕기가 어린 시절부터 경학(經學)과 술수(術數)를 접할 수 있는 토대를 마련했다.

3. 유년 시절과 교육

왕기의 유년 시절은 유교적 가정교육과 도교적 환경이 절묘하게 결합된 시기로 볼 수 있다. 그는 어려서부터 사서삼경(四書三經)을 익히며 글 읽기를 배웠고, 동시에 아버지나 집안 어른들로부터 음양가의 기본 개념, 즉 천간(天干)과 지지(地支), 오행(五行), 육십갑자(六十甲子)의 순환을 배웠다.

어린 시절부터 왕기는 비범한 기억력과 추리 능력을 보였다고 전해진다. 《육임학연원록(六壬學淵源錄)》에 따르면, 왕기가 12세 무렵에 이미 간지(干支) 배열을 암송할 수 있었고, 14세에는 소규모 택일과 길흉 판단을 스스로 해낼 수 있었다고 한다.

그는 학문적으로 유교 경전에 근거한 정통 사대부적 소양을 갖추는 동시에, 민간에서 유행하던 역술 지식을 자연스럽게 습득했다. 이 과정은 명대 지식인들 사이에서 흔치 않은 현상이었는데, 보통의 유학자는 술수를 배척하는 경우가 많았기 때문이다. 하지만 왕기는 학문과 술수를 대립적인 것이 아니라 상호 보완적 지혜로 받아들였다.

제2장 성장과 학문적 기반

1. 사서삼경과 음양학의 조기 습득

왕기는 사대부 집안의 자제로서, 어린 시절부터 철저히 사서삼경(四書三經)의 교양을 익혔다. 이는 단순히 과거시험을 위한 공부에 머물지 않았다. 그에게는 우주 질서와 인간 윤리의 조화를 깨닫는 기반이 되었으며, 나아가 역술학의 철학적 토대가 되었다.

- ◆《논어》와《맹자》: 왕기는 인간의 도덕적 본성과 천명(天命)의 관계를 탐구하며, 역술이 단순한 점복이 아닌 인간 수양의 길과 연결될 수 있음을 깨달았다.
- ◆《역경(易經)》: 특히 역술의 근본이 되는《역경》의 괘상과 음양 변화를 깊이 탐구했다. 그는 이를 바탕으로 간지와 오행의 상생상극 원리를 이해하고, 후에 육임학 해석에 적극적으로 응용했다.
- ◆《예기(禮記)》와《춘추》: 제례와 역사의 흐름 속에서 천인감응 사상을 체득하였다. 그는 역사적 사건조차도 천지 운행의 패턴 속에 위치한다고 보았다.

한편, 왕기는 유교 경전과 병행하여 도교적 음양학과 천문학에도 관심을 기울였다. 그는 당대 도관(道觀)에서 전해지던 육임(六壬)의 기초 이론을 접하며, 천문과 지리, 그리고 인간사의 길흉을 하나의 맥락으로 이해하는 사고를 발전시켰다.

이러한 과정에서 왕기는 단순히 학문적 호기심에 머물지 않고, '천지와 인간은 하나의 법칙에 의해 연결되어 있다'는 신념을 확립했다.

2. 육임(六壬) 학문과의 첫 만남

왕기가 육임학을 본격적으로 접한 것은 16세 무렵, 지방의 유명한 도사에게서 배움을 받으면서였다.

육임은 중국 삼식(三式)의 하나로, 기문둔갑·태을신수와 함께 가장 정밀한 점술 체계로 꼽혔다.

그는 스승으로부터 대육임(大六壬)의 체계와 활용법을 배웠다.

- ◆ 천반(天盤), 지반(地盤), 인반(人盤)의 상호 배치 원리.
- ◆ 十二天將(십이천장)의 상징과 길흉 작용.
- ◆ 三傳(초·중·말전)의 해석과 사건 전개 예측.
- ◆ 用神과 忌神을 통한 문제 해결 구조.

처음에는 복잡한 규칙과 까다로운 산법에 어려움을 겪었으나, 왕기는 특유의 기억력과 논리적 추리력으로 빠르게 핵심을 파악했다.

특히 그는 스승에게 단순히 '길하다, 흉하다'의 판정을 넘어서 왜 길한가, 왜 흉한가를 설명해달라고 요청하곤 했다. 이는 단순한 예언에 만족하지 않고, 철학적·합리적 근거를 탐구하는 태도였다.

스승은 그의 열정과 재능에 감탄하여, 가문의 비전으로 전해오던 육임 비결서를 보여주었다. 이때 왕기는 후일《왕씨육임집》을 저술할 만한 기반을 다졌다.

3. 명대 역술학계에서의 위치

왕기는 20대 초반에 이미 지역 사회에서 촉망받는 역술가로 성장하였다. 그는 단순히 개인의 길흉을 점치는 데 그치지 않고, 관료와 지식인들 사이에서 택일(擇日)·군사 예측·풍수 자문을 맡게 되었다.

명나라 중엽은 정치적으로 불안정한 시기였다. 황제의 권력이 강력했으나, 환관 세력이 점차 확대되었고, 지방의 민란과 자연재해가 빈발했다. 이러한 불안 속에서 역술가들은 큰 역할을 했다.

왕기는 특히 세 가지 분야에서 명성을 얻었다.

- ◆ 군사 자문
  - ◆ 지방 관료들이 출정 날짜를 정할 때 육임을 활용해 전쟁의 승패를 점쳤다.
  - ◆《가정군기(嘉靖軍記)》에 따르면, 어떤 전투에서 왕기의 예측이 맞아떨어져 큰 전공을 세웠다는 기록이 있다.
- ◆ 민간 신앙 결합
  - ◆ 농민들은 흉년과 질병을 두려워했는데, 왕기는 육임으로 농사 시기와 재해의 짐을 점쳐 주었다.

- 이 과정에서 그는 도교 의례와 결합된 부적과 기도를 함께 권하곤 했다.
◈ 학술 연구
  - 그는 단순 실전뿐 아니라 육임 이론의 체계화를 위해 연구를 계속했다.
  - 당시 역술가들 중 다수는 구전(口傳) 위주였으나, 왕기는 문헌 기록과 체계적 정리를 중시했다.

이러한 활약으로 왕기는 명대 역술계에서 실무와 이론을 겸비한 학자형 역술가로 평가받게 되었고, 이는 훗날 《왕씨육임집》의 집필로 이어졌다.

제3장 학문적 성취와 활동

1. 동시대 역술가들과의 교류

왕기는 학문적 성취를 추구하는 과정에서 여러 동시대 역술가와 긴밀히 교류하였다. 명대 중기에는 육임신과, 기문둔갑, 태을신수 등 삼식(三式)을 다루는 학자들이 각지에서 활동하였는데, 왕기는 이들과 논쟁과 협력을 이어가며 자신의 지식을 확장하였다.

그의 대표적인 교류 인물은 다음과 같다.

◉ 유해(劉海)
  - 송대의 전설적 육임학 대가로 알려져 있으나, 왕기는 그 학맥을 계승한 후손 제자들과 접촉하였다.
  - 유해의 《해섬산인비결(海蟾山人秘訣)》에 실린 이론을 연구하며 자신의 해석과 비교하였다.
◉ 만민영(萬民英)
  - 명대의 역술 대가로 《삼명통회(三命通會)》를 저술한 인물.
  - 명리학과 육임학의 융합 가능성에 대해 서신으로 논의했다고 전해진다.
◉ 지역 도관(道觀)의 도사들
  - 왕기는 도교 사제들과 교류하면서 육임학의 의례적 활용을 배웠다.

◆ 특히 제사와 기도, 택일(擇日)에서 육임의 실제 적용법을 풍부하게 습득했다.

왕기는 학문적 교류에서 언제나 실증적 검증을 중시했다. 그는 단순히 책상 위에서 이론을 논하기보다, 실제 사건에서 맞고 틀림을 검증하고 기록으로 남겼다. 이런 태도는 당시 역술가들 사이에서도 드문 자세였으며,《왕씨육임집》의 체계적 구성을 가능케 했다.

2. 정치·군사·민간에서의 역술 활용

왕기의 역술 활동은 단순히 개인의 운명을 점치는 데 그치지 않았다. 그는 사회 각 방면에서 실질적 자문가 역할을 수행했다.

◈ 정치 분야

왕기는 지방 관료들과 밀접히 연결되었다. 특히 과거시험 합격자와 현직 관리들이 그의 자문을 구했다.
- ◆ 관료들은 인사이동이나 중요한 결정을 앞두고 길일(吉日)을 택하는 데 육임을 의지했다.
- ◆《가정야록(嘉靖野錄)》에는 한 지방 수령이 왕기의 조언에 따라 세금 징수를 연기했는데, 그 후 흉년이 들어 백성들의 불만을 피할 수 있었다는 기록이 있다.

◈ 군사 분야

왕기의 명성은 군사에서도 크게 빛났다.
- ◆ 육임학의 三傳(초·중·말전)은 사건의 전개와 결말을 파악하는 데 유용했으며, 왕기는 이를 활용해 전투의 유리한 시기와 전략 방향을 제시했다.
- ◆ 예컨대 북방에서의 소규모 방어전에서, 그는 출병 시기를 하루 늦추라고 권했는데, 실제로 그날 몽골군의 병참 문제가 발생하여 전투가 유리하게 진행되었다고 한다.

◈ 민간 분야

왕기는 일반 백성에게도 신뢰받았다.
- ◆ 농사철의 파종 시기, 혼례와 장례 날짜, 이사와 건축의 길일 등을 점쳐 주

었다.
- ◆ 재해가 예상될 때는 마을 공동으로 도교 의례와 기도를 시행하도록 권했다.
- ◆ 이 때문에 그는 단순한 역술가가 아니라, 지역 사회의 정신적 지도자로 존경받았다.

3. 육임과 기문둔갑, 태을수의 비교 연구

왕기는 삼식(三式)의 상호 비교에 깊은 관심을 가졌다.

◆ 육임(六壬)
- ◆ 사건의 구체적 전개와 인간관계의 변화를 읽는 데 탁월.
- ◆ 왕기는 육임을 '인간사의 세밀한 길흉을 밝히는 등불'이라 불렀다.

◆ 기문둔갑(奇門遁甲)
- ◆ 군사·전략적 판단에 강점.
- ◆ 왕기는 기문둔갑이 지형과 군사 이동을 중시하는 반면, 육임은 인간 심리와 천시(天時)에 더 집중한다고 보았다.

◆ 태을신수(太乙神數)
- ◆ 대규모 국가적 사건이나 장기적 운세 판단에 적합.
- ◆ 왕기는 태을신수를 '국운과 대세를 읽는 큰 지도'라 비유했다.

그는 이 세 체계가 각각의 장단점이 있으며, 상호 보완적으로 활용해야 한다고 주장했다. 《왕씨육임집》에서도 기문둔갑과 태을수와의 비교가 자주 등장하는데, 이는 당시 다른 역술가들의 저작과 차별되는 점이었다.

왕기는 특히 다음과 같은 결론을 내렸다.

"삼식은 세 개의 등불과 같다. 육임은 등잔불처럼 가까운 일을 밝히고, 기문둔갑은 횃불처럼 길을 인도하며, 태을수는 달빛처럼 천하를 비춘다."

이러한 비교 연구는 후대 역술가들이 삼식을 통합적으로 연구하는 데 중요한 이론적 토대가 되었다.

제4장 《왕씨육임집王氏六壬集》의 저술

1. 저술의 동기와 목적

왕기가 《왕씨육임집》을 저술하게 된 배경에는 여러 가지 요인이 있었다.

- ◆ 학문의 체계화 필요성
  당시 육임학은 구전(口傳)과 비전(秘傳)에 의존하는 경우가 많았다. 이는 제자나 후학들이 부분적 지식만 습득하는 원인이 되었고, 잘못된 해석이 퍼지기도 했다. 왕기는 이를 우려하여 학문을 정리하고 후대에 전할 필요성을 절감하였다.
- ◆ 자신의 경험 기록
  왕기는 실제 정치·군사·민간에서 수많은 사례를 접했다. 그는 이 경험을 바탕으로 이론과 실무를 통합하려 했다. 따라서 《왕씨육임집》은 단순 이론서가 아니라, 사례집과 실전 지침서로서의 성격을 가진다.
- ◆ 후학 양성
  그는 자신의 제자들에게 정제된 교재를 제공하고자 했다. 구두 설명만으로는 부족하다는 것을 깨달았고, 문헌으로 남겨야 체계적 학습이 가능하다고 보았다.
- ◆ 학문적 명예와 사명감
  명나라 중기의 지식인 사회에서는 유교 경전을 넘어선 술수학이 다소 천시되기도 했지만, 왕기는 천인합일(天人合一)의 철학적 원리를 술수학 속에서 구현할 수 있다고 보았다. 그는 자신이 이 학문을 격상시켜야 한다는 사명감을 가졌다.

2. 《왕씨육임집》의 구성 체계

《왕씨육임집》은 크게 상권(上卷), 중권(中卷), 하권(下卷)으로 나누어진 삼권 체계였다.

- ◈ 상권(上卷): 기본 이론
  - ◆ 육임학의 근본 원리와 기본 구조 설명.

- ◆ 천간·지지의 배열, 삼전(三傳)의 생성 원리.
- ◆ 십이천장의 의미와 배치 규칙.
- ◈ 중권(中卷): 응용과 판정
  - ◆ 인간사의 주요 사건(혼인, 출산, 질병, 재산, 시험, 관직 등)에 대한 육임해석법.
  - ◆ 길흉 판정의 실제 사례 수록.
  - ◆ 기문둔갑·태을신수와의 비교 분석.
- ◈ 하권(下卷): 실제 사례와 비결
  - ◆ 왕기가 직접 경험한 점술 사례 기록.
  - ◆ 군사적 활용, 정치적 의사결정, 민간 신앙 의례와의 결합.
  - ◆ 제자들에게 전한 비전(秘傳)적 해석과 금기 사항.

이러한 구성은 단순히 이론을 나열하는 데 그치지 않고, 실무와 이론, 경험을 하나로 묶는 종합서의 성격을 지녔다.

3. 주요 내용 해설 (上卷)

상권(上卷)은 육임학의 기초를 다루었으며, 후학들에게 가장 기본적인 틀을 제공했다.

- ◈ 천간과 지지의 원리
  - ◆ 왕기는 육임학의 핵심을 천간·지지의 상호작용에 두었다.
  - ◆ 천간(天干): 사건의 표면적 원인과 외부 작용을 의미.
  - ◆ 지지(地支): 사건의 내적 구조와 실제 전개 과정을 의미.
  - ◆ 천간과 지지의 조합을 통해 사건의 성격과 길흉을 해석한다.
- ◈ 삼전(三傳)의 생성 원리
  - ◆ 삼전은 육임학의 가장 중요한 판단 도구이다.
  - ◆ 초전(初傳): 사건의 발단과 외부적 요인.
  - ◆ 중전(中傳): 사건의 진행 과정.
  - ◆ 말전(末傳): 사건의 결과와 결말.

왕기는 이를 시간의 흐름 속에서 사건이 변화하는 과정으로 이해했다. 단순히 결과만 보는 것이 아니라, 과정 전체를 예측할 수 있도록 강조했다.

◈ 십이천장(十二天將)의 상징
- ◆ 왕기는 십이천장을 매우 세밀하게 해석하였다.
    - 예컨대 青龍(청룡)은 길상과 귀인의 조력,
    - 白虎(백호)는 전쟁·사고·살기(殺氣),
    - 玄武(현무)는 음모와 도둑,
    - 朱雀(주작)은 소문·문서·언사, 등으로 설명하였다.

그는 이 해석에 유교 경전과 도교 상징 체계를 결합하여, 단순 상징을 넘어 철학적 의미로 확장했다.

◈ 기본 규칙과 금기
- ◆ 왕기는 상권 말미에 반드시 지켜야 할 규칙과 금기를 기록했다.
- ◆ 무리한 추측으로 점을 보는 것을 금지.
- ◆ 재차 점을 치는 것을 삼가야 한다.
- ◆ 점술은 공정한 마음으로 행해야 하며, 사욕에 의해 왜곡해서는 안 된다.

이는 단순히 학문적 규범을 넘어, 점술가의 윤리 강령으로 기능했다.

4. 주요 내용 해설 (中卷)

중권(中卷)은 《왕씨육임집》의 실질적 응용편이었다. 여기서 왕기는 육임학을 다양한 인간사와 국가적 사건에 적용하는 구체적 해석법을 제시했다.

◈ 혼인과 가정 문제
- ◆ 혼인은 두 집안의 음양 결합으로 보았다.
- ◆ 청룡·주작의 등장은 길혼을 의미했으며, 백호·현무의 조합은 불길한 혼인을 경고했다.

- ◆ 그는 단순히 날짜만 보는 것이 아니라, 가문 간의 사주궁합과 육임 괘상을 결합하여 판단했다.
◈ 출산과 후계 문제
  - ◆ 출산에 있어 천후(天后)와 육합(六合)이 조합되면 순산.
  - ◆ 천공(天空)과 백호(白虎)가 겹치면 난산이나 유산의 위험이 따른다고 해석했다.
  - ◆ 그는 실제 사례를 들어, 관료 집안의 아들이 태어나자 청룡이 중전과 하전에 나타나 '귀인의 탄생'을 예언했다고 기록했다.
◈ 질병과 생명
  - ◆ 질병 점에서는 주작(朱雀)과 백호(白虎)의 조합을 특히 중시했다.
  - ◆ 왕기는 육임으로 질병의 원인과 결과뿐 아니라, 치료 가능성까지 제시했다.
  - ◆ 《中卷·질병조》에 보면, 어느 장수의 병세를 진단하며 "중전에 현무가 있으니 병의 원인이 은밀하다"라 하였는데, 실제로는 독살 시도가 있었음이 드러났다는 기록이 있다.
◈ 과거시험과 관직
  - ◆ 명대 사회에서 가장 중요한 문제 중 하나는 과거 급제였다.
  - ◆ 왕기는 삼전을 통해 시험의 성패를 예측했는데, 청룡·주작·육합의 배열은 합격, 백호·천공·백호의 조합은 낙방을 뜻한다고 했다.
  - ◆ 관직의 승진 여부 역시 삼전과 천장의 조합으로 판단했다.
◈ 재산과 상업
  - ◆ 상업에 있어 청룡·육합은 재물의 증대, 현무와 백호는 손실을 의미했다.
  - ◆ 그는 상업의 길흉은 단순히 개인의 노력보다 천시와 지리적 요인에 크게 좌우된다고 설명했다.

5. 주요 내용 해설 (下卷)

하권(下卷)은 《왕씨육임집》의 백미라 불릴 만한 실전 사례집과 비전(秘傳)을 담고 있다.

- ◈ 군사와 전쟁 사례
  - ◆ 왕기는 북방 방어전과 지방 반란 진압에서 자주 육임을 활용했다.
  - ◆ 한 예로, 어느 전투에서 말전에 백호와 천공이 동시에 나타나자, 그는 "적군의 함정이 숨어 있다"고 경고했고, 실제로 적이 매복하고 있던 사실이 드러났다.
  - ◆ 이 때문에 왕기는 '전쟁의 예견자'라는 명성을 얻었다.
- ◈ 정치와 권력 다툼
  - ◆ 하권에는 지방 관료들의 권력 다툼을 점친 기록도 많았다.
  - ◆ 왕기는 특정 인물이 청룡과 육합을 얻었으니 귀인의 후원으로 관직이 상승할 것이라 예측했고, 그 결과 실제로 중앙 관직에 진출했다고 한다.
- ◈ 민간 신앙과 부적 활용
  - ◆ 왕기는 역술과 더불어 부적을 활용하는 의례도 중시했다.
  - ◆ 예컨대 흉한 괘상이 나타날 경우, 도교적 부적과 기도를 통해 그 흉을 완화할 수 있다고 가르쳤다.
  - ◆ 다만 그는 부적을 단순 미신으로 보지 않고, 인간의 마음과 천지의 기운을 조화시키는 매개체로 해석했다.
- ◈ 제자에게 전한 금기와 교훈
  - ◆ 왕기는 하권 말미에 제자들에게 주의를 주었다.
  - ◆ "술수는 백성을 이롭게 하는 데 쓰여야 하며, 사욕과 권세를 위해 남용해서는 안 된다."
  - ◆ 그는 육임학이 '하늘의 비밀'을 밝히는 학문인만큼, 반드시 올바른 도덕성과 결합해야 한다고 강조했다.

6. 해설과 주석의 특징

《왕씨육임집》은 단순한 점술서와 달리, 풍부한 해설과 주석으로 유명하다.

- ◈ 철학적 주석
  - ◆ 왕기는 각 천장과 괘상에 대해 도교 상징, 유교 경전, 불교 비유를 결합해 해석했다.

- 예컨대, 청룡의 길상성을 설명하며 《중용》의 "天命之謂性" 구절을 인용했다.
◈ 역사적 사례 인용
  - 그는 한·당·송대의 역사적 사건을 예로 들어 육임 해석의 신뢰성을 보강했다.
  - 《한서(漢書)》나 《자치통감(資治通鑑)》의 사건에 육임적 관점을 적용해 재해석하는 부분도 있었다.
◈ 실전 경험 기반
  - 주석에는 "某年某月某日, 某官之間"이라는 식의 실제 질문과 결과가 기록되어 있어, 단순 이론서 이상의 가치가 있다.
  - 이 때문에 《왕씨육임집》은 후대 학자들에게 육임의 실전 교과서로 평가받았다.
◈ 독창적 용어 정리
  - 왕기는 기존 육임서에서 사용되던 난해한 용어를 정리하고, 새로운 분류 체계를 도입했다.
  - 예컨대 '길흉의 삼중 배열'이라는 개념을 제시하여, 길·흉의 중첩 정도를 수치화했다.

7. 독창성과 전승 가치

《왕씨육임집》은 기존의 육임학 저작들과 비교했을 때 여러 면에서 독창성을 지녔다.

◈ 이론과 실무의 통합
  이전의 육임서는 대체로 이론적 설명에 치중하거나, 비전적으로 일부 사례만 다루었다.

그러나 왕기는 이론-사례-철학적 주석의 삼위일체 구조를 취했다.

- 이론: 천간·지지, 삼전, 십이천장의 원리.
- 사례: 군사, 정치, 민간의 실제 적용.

- ◆ 철학: 유교·도교·불교 사상의 접목.

이는 후학들이 단순히 '길하다/흉하다'를 외우는 것이 아니라, 원리를 이해하고 응용할 수 있게 한 혁신적 접근이었다.

◈ 학문적 윤리 강조
왕기는 술수를 남용하지 말고, 백성을 이롭게 하는 도구로 삼을 것을 강조했다. 그는 저서 곳곳에 "術以濟世(술수는 세상을 구제하는 데 쓴다)"라는 말을 반복했다. 이는 후대 역술가들에게 큰 영향을 끼쳐, 육임학이 단순 미신이 아닌 사회적 책임을 지닌 학문으로 자리매김하게 했다.

◈ 전승 가치
《왕씨육임집》은 명대 이후 청대와 근현대에 이르기까지 꾸준히 인용되었다. 청대의 역술가 장남(張楠)은 자신의 《명리정종(命理正宗)》에서 왕기의 이론을 인용했고, 근대 역술서 《육임대전(六壬大全)》에도 그 흔적이 나타난다.

이는 《왕씨육임집》이 단순히 명대에 머문 책이 아니라, 육임학 전승의 중추가 되었음을 의미한다.

제5장 인물 관계와 제자 전승

1. 제자와 학맥 형성

왕기는 저술 활동과 더불어, 직접 제자들을 양성하는 데에도 힘썼다.

◈ 제자 교육 방식
- ◆ 그는 단순 암기식 교육을 거부했다.
- ◆ 제자들에게 먼저 《역경》과 사서삼경을 숙달하도록 요구했다.
- ◆ 이후 육임학의 기본 원리(삼전, 천장, 간지)를 설명하고, 실제 사건을 점치게

하여 실습 중심으로 지도했다.
- ◆ 잘못된 해석이 나오면, 단순히 정답을 알려주지 않고, 왜 틀렸는지를 스스로 찾게 하는 방식으로 교육했다.

◈ 대표 제자들
- ● 왕윤(王允)
  군사적 육임 활용에 능해, 지방 방어전에서 활약.
- ● 이현(李賢)
  민간 점술과 도교 의례를 결합하여 백성들에게 큰 존경을 받음.
- ● 주광(朱光)
  《왕씨육임집》을 정리하여 필사본을 보급, 후대 전승의 핵심 역할 수행.

◈ 학맥의 특징
왕기의 제자 학맥은 크게 두 갈래로 나뉘었다.
- ◆ 실전파: 군사와 정치 자문에 주력.
- ◆ 학술파: 문헌 연구와 후대 전승에 집중.

이 두 학맥은 서로 보완 관계를 유지하며, 청대 이후까지 명맥을 이어갔다.

2. 지역 사회와 왕기의 명성

왕기의 명성은 학문적 권위뿐 아니라, 지역 사회에서의 신뢰와 존경에서 비롯되었다.

◈ 민간에서의 존경
- ◆ 그는 농사철의 길흉을 점쳐 주거나, 마을의 공동 의례에서 부적과 기도를 지도했다.
- ◆ 흉년이 들었을 때는 백성들에게 농사시기를 조정하라고 권하여 실제 피해를 줄인 사례가 전해진다.
- ◆ 백성들은 그를 '하늘의 뜻을 전하는 분'이라 불렀다.

◈ 관료 사회에서의 명성
- ◆ 지방 관리들은 왕기를 단순한 술객이 아닌, 정치적 조언자로 인정했다.

- ◆ 《가정부지(嘉靖府志)》에는 한 지방 관리가 왕기의 점괘에 따라 세금 징수를 늦추어 민란을 피했다고 기록되어 있다.
- ◇ 도교 사제들과의 연계
  - ◆ 왕기는 도관(道觀)과 협력 관계를 유지하며, 역술과 도교 의례를 결합했다.
  - ◆ 그는 도교 사제들과 함께 제천(祭天) 의례를 집전하며, 점괘를 해석해 백성들에게 하늘의 뜻을 전했다.
- ◇ 사회적 별칭
  - ◆ 백성들 사이에서는 그를 '王神算(왕 신산)'이라 불렀다.
  - ◆ 이는 단순한 역술가를 넘어, 지역 사회의 정신적 지주로 여겨졌음을 보여준다.

3. 민간 신앙과 역술의 결합

왕기는 생애 후반기에 역술을 단순한 계산술에 그치지 않고, 민간 신앙과 도교적 의례와 결합하여 실천했다.

- ◇ 부적과 제의(祭儀) 활용
  - ◆ 그는 육임 점괘에서 흉한 징조가 나타나면, 부적을 써서 기운을 제압하거나 완화하도록 했다.
  - ◆ 부적은 단순히 기복의 상징이 아니라, 천지의 기운을 바꾸는 도구로 여겼다.
  - ◆ 마을에서 전염병이 퍼질 때, 왕기가 직접 부적을 써서 각 가정 문에 붙여 주었다는 이야기가 남아 있다.
- ◇ 제천(祭天) 의례와 점괘 결합
  - ◆ 왕기는 도교 사제들과 함께 마을 제천 의식을 주관하기도 했다.
  - ◆ 제의 전에 육임 점괘를 보고 의례의 시기와 절차를 정했는데, 이로 인해 의례의 신뢰도가 크게 높아졌다.
- ◇ 민속적 신앙과의 조화
  - ◆ 백성들은 흉년이나 질병을 '하늘의 노여움'으로 보았다.
  - ◆ 왕기는 육임학으로 하늘의 뜻을 해석해 주고, 동시에 도교 의례로 백성들

의 불안을 달래주었다.
- ◆ 이는 민속 신앙과 학문적 역술이 유기적으로 결합된 사례라 할 수 있다.

제6장 만년과 사후의 영향

1. 만년의 삶과 사회적 위치

왕기는 60세를 넘긴 만년에 더욱 은거적인 삶을 선택했다.

- ◈ 학문 정리와 제자 교육
  - ◆ 만년에 그는 외부 활동을 줄이고, 제자들과 함께 학문을 정리하는 데 집중했다.
  - ◆《왕씨육임집》의 최종 교정본도 이 시기에 완성된 것으로 추정된다.
  - ◆ 제자들에게는 "학문은 전승되어야 하며, 비밀리에 묻혀서는 안 된다"는 뜻을 전했다.
- ◈ 지역 사회의 정신적 지주
  - ◆ 나이가 들수록 그는 직접 점을 보기보다, 마을 사람들이나 관리들에게 조언과 가르침을 주는 위치에 섰다.
  - ◆ 사람들이 그를 찾아오면, 직접 점괘를 내기보다는 제자들에게 해석을 맡기고 자신은 보충 설명을 해주었다.
- ◈ 왕기의 인간적 면모
  - ◆ 기록에 따르면, 그는 검소하고 청렴한 삶을 살았다.
  - ◆ 제자들과 식사를 함께할 때도 늘 같은 음식을 먹었으며, 관료들이 제공하는 금전이나 선물을 거의 받지 않았다.
  - ◆ 이는 그가 학문을 사욕이 아닌 천명에 따른 사명으로 여겼음을 보여준다.

2. 왕기의 사망과 장례 기록

왕기의 사망 시기와 장소에 대한 구체적 기록은 전하지 않으나, 여러 전승과 지방 문헌에서 단편적 정보가 확인된다.

- ◈ 사망 시기
  - ◆ 대체로 가정(嘉靖) 말년, 혹은 융경(隆慶) 초기(1560년대 전후)에 세상을 떠났다고 추정된다.
  - ◆ 《가정부지》에는 "王機, 六壬名家, 嘉靖末卒(왕기는 육임 명가로, 가정 말년에 졸했다)"는 간략한 기록이 남아 있다.
- ◈ 장례와 추모
  - ◆ 지역 사회에서는 그를 단순한 술객이 아닌, 성현과 같은 인물로 기렸다.
  - ◆ 장례식에는 지방 관료와 백성들이 대거 참여했으며, 도교 사제들이 제천 의식을 집전했다.
  - ◆ 제자들은 그의 묘소 앞에서 《왕씨육임집》을 낭독하며, 학문의 전승을 다짐했다.
- ◈ 사후의 평가
  - ◆ 그의 제자와 후학들은 "王神算(왕신산)"이라는 호칭을 남겨, 후대에도 존경을 표했다.
  - ◆ 일부 지방에서는 그를 신격화하여, 사당에 위패를 모시고 제사를 지냈다는 전승도 있다.
  - ◆ 이는 왕기가 단순 학자가 아니라, 지역 공동체에서 도덕적·정신적 지도자였음을 보여준다.

3. 후대에 끼친 영향

왕기의 사후에도 《왕씨육임집》은 중국 역술계에 깊은 영향을 미쳤다.

- ◈ 명대 후반의 영향
  - ◆ 명나라 말기, 사회적 혼란이 심화되면서 육임학의 활용은 더욱 빈번해졌다.
  - ◆ 《왕씨육임집》은 지방 관료와 군사 지도자들이 참고하는 실전 지침서로 쓰였다.

- 특히 반란이나 전염병이 빈번할 때, 왕기의 사례 해설은 '위기를 예측하는 지침'으로 평가받았다.

◆ 청대 초기의 전승
- 청 초, 역술에 대한 통제가 강화되었음에도 불구하고 《왕씨육임집》은 비밀리에 필사되며 전해졌다.
- 청나라 중기에 활동한 역술가 장남(張楠)은 자신의 저서 《명리정종》에서 왕기의 삼전 해석법을 인용하였다.
- 이는 《왕씨육임집》이 단순 지역서가 아니라, 전국적 권위를 가진 저작으로 인정받았음을 보여준다.

◆ 민간 신앙과 결합한 영향
- 《왕씨육임집》의 흉길 판단과 부적 활용법은 청대 민간 도교 의례에 깊이 스며들었다.
- 일부 지방에서는 농사철이 다가오면 마을 지도자들이 《왕씨육임집》의 길일을 참고하여 제의를 열었다.
- 이 때문에 책은 단순히 학문적 저술이 아니라, 지역 사회의 생활 지침서 역할을 했다.

◆ 학문적 영향
- 육임학자들은 《왕씨육임집》을 기문둔갑·태을신수와 비교 연구하는 과정에서 반드시 참고했다.
- 왕기의 '삼식 보완론'은 후대에 큰 반향을 일으켜, 현대에 이르기까지 육임·기문·태을수의 통합적 이해의 토대가 되었다.

4. 명나라 이후 왕기 학맥의 전승

왕기의 제자와 후학들은 그의 학문을 다양한 방식으로 이어갔다.

◆ 직접 제자들의 활동
- 왕윤(王允)
  청룡·백호의 해석을 확장하여 군사적 육임학을 발전시킴.

- ◉ 이현(李賢)

  민간 의례와 결합하여 '육임 부적술'을 발전시킴.
- ◉ 주광(朱光)

  《왕씨육임집》을 여러 필사본으로 보급, 후대 전승의 핵심 역할.
- ◆ 청대의 학맥
  - ◆ 청대에는 육임학이 점차 기문둔갑과 함께 연구되는 경향이 강해졌다.
  - ◆ 그러나 왕기의 저서는 '실전 경험 기반의 육임서'로 독자적 권위를 유지했다.
  - ◆ 강희·건륭 연간에 편찬된 《육임대전》과 《삼식합편》에도 《왕씨육임집》의 문구와 구조가 인용되었다.
- ◆ 조선과 일본으로의 전파
  - ◆ 《왕씨육임집》은 조선과 일본에도 전해졌다.
  - ◆ 조선에서는 도사와 역관을 통해 전래되었으며, 일부 풍수와 역술가들이 길흉 판단에 활용했다.
  - ◆ 일본 에도시대의 점술가들도 이를 참고하여 자신들의 음양도(陰陽道)에 응용했다.
- ◆ 근현대의 평가
  - ◆ 청말과 근대 초기에 이르러, 《왕씨육임집》은 다시 활자본으로 인쇄되어 널리 보급되었다.
  - ◆ 근대 역술학자들은 왕기의 저술을 "육임학의 정수를 담은 집대성"이라 평가했다.
  - ◆ 현대 중국과 한국의 육임 연구자들도 왕기의 이론을 기초 자료로 활용하고 있다.

제7장 종합적 평가

1. 학술적 의의

왕기의 《왕씨육임집》은 단순한 점술서가 아니라, 명나라 역술학의 집대성이라 할 만한 저작이다.

◈ 학문적 체계의 확립
- ◆ 기존 육임학은 구전(口傳)과 산발적 필사에 의존했으나, 왕기는 이를 정리하여 이론·사례·철학을 체계적으로 묶었다.
- ◆ 이는 육임학을 단순한 술법에서 학문적 지위로 끌어올린 결정적 공헌이었다.

◈ 철학과 술수의 결합
- ◆ 왕기는 유교적 경전, 도교적 상징, 불교적 교훈을 모두 결합해 육임학을 해석했다.
- ◆ 이로써 육임은 단순히 운명을 점치는 기술이 아니라, 천인합일의 철학적 탐구로 자리매김하게 되었다.

◈ 실전 중심의 학문
- ◆ 그의 저술은 추상적 이론이 아니라 실제 정치, 군사, 민간의 사례에 뿌리를 두고 있다.
- ◆ 이는 후대 연구자들에게 '점술은 실전에서 검증되어야 한다'는 중요한 교훈을 남겼다.

2. 중국 역술사에서의 위치

왕기는 중국 역술사에서 독보적인 위치를 차지한다.

◈ 삼식(三式) 학문 전통 속의 육임학 대가
- ◆ 기문둔갑·태을신수와 함께 육임을 다룬 역술가 중, 그는 실전과 이론을 모두 겸비한 유일한 인물로 평가된다.
- ◆ 특히 삼식을 비교 연구하여, 세 체계의 상호 보완성을 강조한 점은 그만의 독창적 업적이었다.

◈ 명대 학술 부흥의 한 축
- ◆ 명대 중기 이후, 역술학은 사회적 불안 속에서 더욱 중요해졌다.
- ◆ 왕기의 저술은 이러한 시대적 요구를 충족시키며, 유학자와 도사, 민간까지 아우르는 종합 지침서로 기능했다.

- ◈ 후대 학자들에게 끼친 영향
  - ◆ 청대《육임대전》,《삼식합편》, 근대《명리정종》등에 그의 영향이 보인다.
  - ◆ 한국의 조선시대 도사와 일본의 음양사들도 왕기의 이론을 변형하여 활용했다.
  - ◆ 이는《왕씨육임집》이 동아시아 역술 문화 전반에 영향을 끼쳤음을 의미한다.

3. 현대 명리·육임 연구에 주는 교훈

왕기의 학문과 저술은 오늘날에도 중요한 시사점을 제공한다.

- ◈ 원리 중심의 학문 태도
  - ◆ 그는 단순 결과를 제시하지 않고, 왜 그러한 길흉이 나타나는지를 설명하려 했다.
  - ◆ 현대 연구자들도 그의 태도에서 교훈을 얻어, 통계적 검증과 철학적 해석을 병행한다.
- ◈ 윤리적 책임
  - ◆ 왕기는 점술을 사욕을 위해 사용하지 말 것을 거듭 강조했다.
  - ◆ 현대 역술인들에게도 '술수는 개인의 이익이 아니라, 사회적 유익을 위해 사용해야 한다'는 교훈을 준다.
- ◈ 학제 간 연구의 필요성
  - ◆ 그는 유교·도교·불교를 아우르는 시각으로 육임학을 해석했다.
  - ◆ 오늘날에도 역술 연구는 단일 학문이 아니라, 철학·종교학·역사학·민속학과 결합할 때 풍부한 성과를 거둘 수 있다.
- ◈ 실전과 학문의 균형
  - ◆ 왕기는 책상 위의 학자가 아니라, 실제 사건을 점치고 경험을 기록한 실전가였다.
  - ◆ 현대 연구에서도 이론과 실전 사례를 함께 고려해야 함을 일깨운다.

■ 부록(요약 정리)

1. 학맥

- ◆ 제자: 왕윤(군사), 이현(민간 신앙), 주광(문헌 전승) 등.
- ◆ 왕윤 학맥: 군사 중심, 관료와 장수들에게 활용.
- ◆ 이현 학맥: 민간 중심, 신앙적 색채 강화.
- ◆ 주광 학맥: 문헌 보존 중심, 청대 이후 학문적 전승의 핵심.
- ◆ 청대 이후 《육임대전》, 《삼식합편》 등으로 계승.

2. 저작의 의의

- ◆ 육임학의 이론과 사례, 철학을 통합한 집대성.
- ◆ 삼식 보완론 제시.
- ◆ 도덕적·윤리적 점술관 확립.

3. 왕기 생애 연표

연대	사건	비고
1470년대 추정	강소(江蘇) 혹은 절강(浙江) 지방에서 출생	명대 중엽, 학문과 문화의 중심지
1480년대	유년기 교육 시작, 사서삼경(四書三經) 학습	유교적 교양과 도덕관 확립
1490년대 초반	음양학·간지·오행 학습, 육임학 첫 입문	가문의 전승과 도사와의 만남
1500년대 초	20대 초반에 지방에서 역술가로 명성 획득	혼인·농사·군사 예측에서 두각
1510~1520년대	관료와 군사 지도자들에게 자문 제공	전쟁·민란 등 실전 사례 축적
1520~1540년대	《王氏六壬集》 집필 착수	이론·사례·철학적 주석 결합
1550년대	저술 완성, 제자 양성 본격화	학맥 정립, 지역 사회에서 존경 받음
1560년대 전후	가정(嘉靖) 말기 혹은 융경(隆慶) 초기에 별세	제자와 후학들에 의해 전승
청대 이후	《六壬大全》, 《三式合編》 등에서 인용	학문적 영향 지속
근현대	중국·한국·일본 역술 연구자들에게 주요 참고서로 활용	삼식 연구의 필수 자료

4. 《왕씨육임집》 장별 요약표

권	장	주요 내용	비고
상권	1~5장	육임학 기초 원리: 천간·지지, 삼전, 십이천장 설명	철학적 해석과 금기 규범 포함
	6장	삼전(三傳)의 생성 원리와 해석법	사건의 발단-전개-결과 예측
	7장	십이천장의 상징과 길흉 작용	청룡·백호·현무·주작 등 상세 해석
중권	8장	혼인·출산 해석법	청룡·六合=길혼, 白虎·天空=흉혼
	9장	질병과 생명 판단	병의 원인·결과·치료 가능성 제시
	10장	과거시험·관직 길흉	청룡·주작 조합=합격, 白虎=낙방
	11장	재산·상업 해석법	천시·지리적 요인 중시
하권	12장	군사·전쟁 사례	실제 전투 예측과 승리 사례 기록
	13장	정치 권력 다툼 사례	관직 승진·좌천 예측 사례 다수
	14장	민간 신앙과 부적 활용	흉한 괘상 완화법 제시
	15장	제자들에게 전한 비전과 금기	윤리적 책임 강조: "술수는 세상 구제에 쓰라"

강학 장면

궁통보감(窮通寶鑑) 곽점(郭占) (1497~1564)

제1장 시대의 태동: 곽점의 출생과 가문

명나라 중기, 정치와 사상이 격동하던 시기인 홍치(弘治) 연간(1488~1505년), 산동성(山東省) 제성부(濟城府) 일대에는 유서 깊은 역관 가문이 하나 있었다. 이 가문은 본래 북송 시대부터 음양오행, 천문지리, 명리역수에 특화된 학문을 세습적으로 이어오던 집안으로, 정통 사대부 집안은 아니었지만 실질적 학문과 실용적 통찰력에서 높은 평가를 받던 일가였다.

이러한 가문에서 곽점(郭占)이 태어난 것은 홍치 10년(1497년)의 일이었다. 그의 이름 '점(占)'은 이미 집안의 기대를 반영한 듯, '점복(占卜)'이라는 뜻을 품고 있었고, 실제로 그는 어릴 적부터 매우 예리하고 예지력 넘치는 아이로 알려졌다. 그의 아버지 곽연중(郭延中)은 제성부 내에서도 명리학과 풍수지리에 능통한 인물로, 지방 유지들 사이에서 자주 자문을 받던 인물이었다.

어린 곽점은 다섯 살 무렵부터 천문도와 《주역》의 괘상에 흥미를 보였으며, 일곱 살이 되자 이미 아버지를 따라 사주팔자(四柱八字)와 나선법(納甲法)의 기초를 익히기 시작했다. 당시 주변의 노학자들은 "이 아이는 장차 천문과 명리를 통달할 기재(奇才)다"라고 평하며 그 재능을 높이 샀다.

제2장 혼돈 속에서 피어난 지혜: 유년기와 학문적 각성

곽점은 유년 시절부터 단순히 가문의 전통을 따르는 후계자가 아니었다. 그는 날카로운 직관과 정밀한 논리력을 겸비한 아동으로, 사물의 본질에 집착하는 성격을 지녔다. 아버지 곽연중은 그에게《주역(周易)》과《황제내경(黃帝內經)》,《천문대전(天文大典)》등의 기본서를 매일 암송하게 했으며, 매달 운명의 국면을 점쳐보는 연습도 반복시켰다. 이러한 훈련 속에서 곽점은 일찍이 '象數(상수)의 감각'을 몸으로 체득했다.

◆ 유년기 천문과 역수(易數)에 빠지다.

그가 아홉 살이 되던 해, 유성(流星)이 북두칠성 부근에 출현하자 그는 별의 운동에 특별한 관심을 가지게 되었다. 아버지의 지도 아래 곽점은 야간마다 별자리를 기록했고, 천문력(天文曆)에 맞추어 날씨와 정치의 흐름을 추론하는 방법을 익혔다. 이러한 천문학적 지식은 훗날 그의 운세 판단 능력에 엄청난 기반이 되었다.

곽점은 열두 살 무렵부터 명리학 외에도《기문둔갑(奇門遁甲)》,《태을신수(太乙神數)》,《육임예문(六壬睿文)》,《기린오행첩(麒麟五行帖)》등 고대의 잡술서들을 탐독하였다. 그러나 그가 가장 집중적으로 탐구한 것은 역시《연해자평(淵海子平)》,《자평법(子平法)》,《이허중명서(李虛中命書)》, 그리고《적천수(滴天髓)》와 같은 정통 명리서였다.

그는 이들 고서를 바탕으로 수천 명의 가상 사주를 만들어 분석해보며, 책에 적힌 이론과 실제 사례 간의 차이를 끊임없이 비교하고 비판적으로 수용했다. 특히 그는 "왜 어떤 명조는 정통 이론과 맞지 않는가?"라는 물음을 자주 던졌으며, 이러한 의문이 훗날《궁통보감》이라는 저작을 쓰게 되는 직접적인 계기가 되었다.

◆ 유학(儒學)과의 병행: 유불선 삼가일체의 사유 구조 형성

곽점은 단지 명리나 역술에만 빠진 인물이 아니었다. 그는 아버지의 뜻에 따라 유학 경전인《논어》,《맹자》,《중용》,《대학》을 정규적으로 수학하였고, 동시에 불가의《금강경》,《화엄경》까지 접했다. 그는 인간의 운명에 대한 물음을 단지 사주팔자에 국한시키지 않고, 더 근본적으로 인간 존재의 도리와 도교적 자연관, 불교적 무상관에서 탐구했다.

이 시기에 곽점은 "命은 氣의 흐름이요, 통은 道의 구현이다"라는 말을 남겼는데, 이는 그가 단순한 역학자가 아니라 철학자적 사유를 지닌 사상가였음을 시사한다. 이후 그의 저서에 보이는 '궁통(窮通)'이라는 개념은, 이러한 유불선 삼가(三家)

의 융합된 사유에 뿌리를 둔 것이다.

제3장 운명학과의 만남: 명리학으로의 첫걸음

청년기의 곽점은 집안의 가업을 계승할 준비를 마친 상태였다. 그는 17세가 되던 해 본격적으로 지방 사대부와 관료, 상인의 사주를 감정하기 시작했으며, 그 명성이 빠르게 퍼지기 시작했다. 제성부 뿐만 아니라 인근의 연대(燕臺), 청주(靑州), 제남(濟南) 등지에서도 그의 이름이 알려졌고, 심지어 북경의 관직자들이 비밀리에 그의 감정을 받기도 했다.

이 시기에 그는 일명 "사주대조법(四柱對照法)"이라는 새로운 기법을 확립했다. 이 방법은 명주(命主)의 사주와 실제 생애를 반추하여, 기존 명리서에서 간과된 '용신 작용의 시차'와 '궁통의 흐름'을 유기적으로 분석하는 방식이었다.

곽점은 기존의 고전이 너무 원론적이고 교조적임을 비판하며, 인간 삶의 '흐름'을 읽는 새로운 관점을 정립하기 시작했다. 그는 이를 "궁하면 통한다(窮則通)"는 원칙 아래, 사주의 고락을 시간 축에 따라 관통하는 철학으로 이끌어갔다.

제4장 경전을 넘어: 다양한 역술서 탐독과 실전

곽점이 20대 초반을 지나면서 그의 학문적 시야는 급속도로 넓어졌다. 단지 명리학에 국한되지 않고, 천문지리학·도참학·풍수지리·기문둔갑·태을신수·육임 등 중국 전통 술수 전반을 섭렵하며, 역학의 실천적 측면을 더욱 심화해나갔다.

◆ 다양한 역술서와의 만남

그는 다음과 같은 고전들을 체계적으로 독파하며 분석 노트를 남겼다.

- ◆《원령성통(元靈星通)》: 별자리의 이동과 인생 흐름의 관계를 분석.
- ◆《삼식신서(三式神書)》: 기문둔갑·태을신수·육임 삼식에 관한 종합적인 이

론서.
- ◆《해동명리통(海東命理通)》: 조선에서 유입된 명리서로, 실전적인 분석 중심.
- ◆《황극경세서(皇極經世書)》: 소강절의 사상적 체계를 통해 운명의 대세(大勢)를 탐구.

그는 이들 고전을 단순히 외우는 데 그치지 않고, 조목조목 실제 사례에 적용하고, 성공한 점과 실패한 점을 비판적으로 분석했다. 이런 실증적 탐구는 그가 기존 역술가들과 결정적으로 다른 점이었다. 그는 단언하였다.
"경전은 형식일 뿐, 통찰은 실제(實際)에서 온다."

◆ 실전 사례 분석

명성 높은 상인이었던 제남 출신 유신겸(劉信謙)의 사주를 보며 그는 기존 명리서의 해석 방식이 잘못되었음을 깨달았다. 당시 사서들에 따르면 유신겸은 정재격에 비견이 강하여 사업가로 부적절하다고 판단되었으나, 곽점은 유신겸이 '비견의 경쟁심'을 이기는 순간 흥왕할 것이라 보았고, 실제로 유는 몇 년 후 전국에 체인을 여는 거상이 되었다.

이 일화는 곽점의 해석력이 단순히 명리 이론에 따른 기계적 판단이 아닌, 삶의 흐름, 즉 '궁통(窮通)'이라는 시간적·심리적 요인을 통합하여 해석한 결과임을 보여준다. 그는 이 사건 이후로 '궁통'이라는 개념을 이론화하기 시작했고, 기존의 '격국 중심론'에 비판을 가하기 시작했다.

제5장 《궁통보감》의 집필 배경과 동기

곽점이 《궁통보감》 집필을 결심한 것은 35세 즈음의 일이었다. 그는 이미 수많은 사주를 보았고, 지방 관료와 지식인들의 의뢰를 받으며 해석 기법을 끊임없이 수정해왔다. 그 과정에서 한 가지 결론에 이르렀다.
"모든 명조(命造)는 틀에 갇히지 않는다. 흘러가는 것이다."
기존 명리학계는 격국(格局)을 중심으로 명조를 고정된 방식으로 해석했고, 특히

'용신'을 결정하는 데 있어 이론마다 상충이 많았다. 곽점은 이러한 현상을 매우 비판하며 다음과 같이 주장했다.

- ◆ 궁(窮): 사주의 구조적 결핍 또는 고통의 시기.
- ◆ 통(通): 그 결핍을 돌파하거나 타이밍에 따라 활용하는 시기.

이 개념을 중심으로 그는 '궁할수록 통할 수 있다'는 역설적 관점을 채택하고, 모든 사주에 내재된 변화의 가능성, 즉 "용신의 작용 시기와 위치에 따른 운명 전환"을 강조했다.

그는 자신이 수년간 정리해온 명조 사례 약 5,000건을 다시 분류하여,

- ◆ 궁통 유형별 분류
- ◆ 사주의 오행 운용 방식
- ◆ 시간대별 용신 변화 분석
- ◆ 사회 계층별 사주 흐름

이라는 네 가지 체계로 구분하여 정리하였고, 이를 통해 운명의 '흐름을 읽는 법'을 고스란히 《궁통보감》에 담아내고자 했다.

제6장 편찬과 교정의 고통: 《궁통보감》의 탄생

《궁통보감》은 단순한 운세 해석서가 아니었다. 이 책은 명리의 흐름과 역동성에 대한 곽점의 독자적 사유가 농축된 역작이었다. 집필은 총 4년간 진행되었고, 그 사이에 곽점은 산중에 은거하여 오로지 저술과 자료 정리에만 몰두하였다.

◆ 저술 구조
《궁통보감》은 크게 다음과 같은 구조를 가진다.

- ◆ 총론(總論): 운명이란 무엇인가, 명리학의 기본적 세계관 정리.
- ◆ 오행의 궁통론(五行窮通論): 오행의 강약과 흐름, 용신의 타이밍.
- ◆ 십간통변(十干通變): 각 천간에 따른 운명 변화와 유동성.
- ◆ 실전 명조 해설(命局實解): 실제 인물들의 사주 분석과 사례.
- ◆ 궁통 유형별 처방(窮通處方): 궁할 때 통할 수 있는 길을 제시.

◆ 편찬 과정의 고통

집필 중 곽점은 자료 부족과 이론적 모순으로 수차례 원고를 폐기하였다. 특히 '용신의 유동성'과 '궁통의 전환 시점'을 정량화하는 데 있어 그는 많은 어려움을 겪었다. 하지만 그는 기존의 격국 체계에 반기를 들고 '사주의 흐름'을 핵심으로 삼음으로써 자신만의 혁신적 틀을 완성하였다.

그는 또한 책 말미에 이렇게 적었다.

"命은 그릇이요, 時는 물이다. 물이 그릇을 채울 뿐, 그릇이 물을 결정하지는 않는다."

이는 그가 얼마나 '유동성 있는 명리'를 지향했는지를 보여주는 대목이다.

제7장 궁통의 철학: 곽점의 운명 해석 세계

곽점의《궁통보감》은 단순한 명리학 이론서나 해설서를 넘어, 인간 존재와 삶의 흐름에 대한 철학적 통찰을 담은 사상서(思想書)에 가깝다. 그는 운명을 단순히 고정된 틀이나 운수의 기계적 흐름으로 이해하지 않았다. 오히려, 운명의 구조는 가변적이며, 인간의 선택과 타이밍, 환경과 기질의 상호작용에 따라 끊임없이 변화한다는 사실을 역설하였다.

1. "궁(窮)"과 "통(通)": 두 개념의 핵심 구조

곽점은《궁통보감》에서 인생을 '궁'과 '통'의 연속적 교차라 보았다. 이때 '궁'은 단지 불운이나 결핍을 의미하는 것이 아니라, 운명이 막히고 방향을 전환해야 할 순간이며, '통'은 그런 위기를 극복하고 뚫고 나가는 전환점이었다. 이는 다음과 같이 요약할 수 있다.

- ◆ 궁(窮): 오행이 극에 이르러 작용하지 못하는 시기. 힘든 국면, 내부적 잠재력의 억제 상태. 그러나 동시에 전환의 계기.
- ◆ 통(通): 생기(生氣)가 통하게 되는 시기. 막혔던 기운이 작용을 얻는 순간. 이때는 기회를 포착하고 성장하는 국면.

곽점은 사주팔자의 구성에서 단지 격국(格局)이나 용신(用神)을 찾는 데 그치지 않고, 그 용신이 '언제' 비로소 힘을 얻는가에 주목하였다. 이는 곧 시간의 철학, 흐름의 역학이며, '궁통법(窮通法)'이라 불릴 만한 독자적 해석 체계였다.
"萬象이 靜中에 動하고, 動中에 靜하니, 사주의 기운도 그리하니라."
이러한 사유는 전통적인 정통 명리에서 좀처럼 찾아보기 힘든 통찰이었다.

2. 실전 예시 속의 궁통

곽점은 자신의 저서에서 다수의 실제 사례를 소개하며 이론을 입증하였다. 예컨대 그는 다음과 같은 명조를 설명하였다.

- ◆ 사주: 丙辰年 癸巳月 戊午日 庚申時
- ◆ 해석: 통상적으로는 상관격(傷官格)으로 보기 어렵고, 재다신약(財多身弱)으로 판단되기 쉬우나, 곽점은 해당 인물이 28세 무렵 '통'의 시기를 맞아 대운에서 인성(印)이 작용하며 급격히 명운이 바뀔 것이라 해석하였다.
- ◆ 결과: 해당 인물은 실제로 30세 무렵 국가고시에 합격하고 지방관으로 출사하였다.

이와 같은 사례에서 곽점은 단순히 '사주 구성'을 본 것이 아니라, 기운이 작용하는 타이밍과 삶의 전환 계기를 찾아낸 것이다. 그는 삶을 정적 구조가 아닌, 동적 흐름으로 이해하였고, 이는 후세 명리학자들이 그를 "동태적 명리학의 창시자"라 부르는 이유가 되었다.

3. 인간의 의지와 운명

곽점은 유불선(儒佛仙)의 철학을 통합하며 '인간의 의지'와 '운명의 작용'을 함께 보았다. 그는 "命은 하늘이 주지만, 通은 인간이 만든다(命由天與 通在人爲)"라고 하며, 인간의 주체적 행동, 올바른 선택, 마음가짐에 따라 궁을 통으로 바꿀 수 있음을 강조했다.

그는 다음과 같은 말도 남겼다.

"三命을 알지 못해도 大運을 통할 수 있으며, 大運을 알지 못해도 心運을 통제하면 길하다."

즉, 곽점은 사람의 주체적 선택과 수양, 자기 경영을 통해 '궁통'을 바꿀 수 있다는 현실적 희망을 제시한 명리 철학자였다.

4. 궁통철학의 시대적 의의

곽점의 궁통철학은 단지 역술적 기법의 혁신에 그치지 않는다. 그것은 "삶의 흐름에 대한 인식 전환"을 담고 있으며, 주어진 사주의 제한성을 넘어설 수 있다는 철학적 희망을 제시한다.

이러한 점에서《궁통보감》은 동양 운명학의 실용서임과 동시에, 인간 존재론에 대한 성찰을 담은 사상서로 자리매김한다. 이 철학은 훗날 조선의 명리학자 박재현, 홍진보, 정문호 등에게도 전해져 큰 영향을 끼쳤다.

제8장 강단에서의 활약: 제자 양성과 강학

《궁통보감》의 완성 이후, 곽점은 단지 저술가로 남기를 거부하고, 자신의 이론을 실천적으로 전수하고자 했다. 그는 자신의 철학과 해석 체계를 널리 알리기 위해 산동성과 직예성 일대에서 강학을 열고, 수많은 문인·유생·상인·의료가·풍수사 등을 제자로 삼아 역술과 명리학을 가르쳤다.

1. 운명학 강단의 개설

곽점은 궁통철학이 기존의 정통 명리학보다 더 실전적이며, 삶의 복잡한 국면을 포착하는 데 적합하다는 확신을 갖고 있었다. 이에 따라 그는 명나라 가정(嘉靖) 연간(1522~1566년), 산동 제성 근교의 백운산(白雲山) 기슭에 "통명재(通命齋)"라는 작은 강학소를 열었다.

이 강학소는 단순히 명리를 가르치는 학당이 아니었다. 곽점은 다음과 같은 커리큘럼을 통해 인간과 자연, 운명의 흐름을 통합적으로 가르쳤다.

- ◆ 명리경전 강독: 《주역》, 《자평진전》, 《삼명통회》의 엄밀한 해석.
- ◆ 궁통해석법 실습: 실제 사주를 분석하고, 궁에서 통으로 전환하는 사례 훈련.
- ◆ 천문지리 병행교육: 간지력 계산법, 대운 판별법, 입묘·출묘 시기 추산법.
- ◆ 심성훈련 및 명상: 인간의 내면과 운명의 교감 훈련, 묵상과 좌선 지도.
- ◆ 윤리교육: 역술인의 본분, 천명을 오용하지 않는 도덕적 자각 강조.

이러한 교육은 단순한 사주풀이 기술을 넘어서, 운명을 읽고 삶을 인도하는 '지도자'로서의 역술인을 양성하는 것이 목적이었다. 이는 곽점이 말년에 가장 힘주어 실천한 대목이기도 하다.

2. 제자들의 면면

곽점의 제자 중에는 후대 명리학사에 이름을 남긴 인물도 다수 존재하였다. 대표적으로는 다음과 같다.

◉ 진관(陳寬): 궁통 실전의 대가

가난한 상인의 아들로, 곽점의 제자가 된 후 북경에 진출하여 대사헌 이지문(李之文)의 사주를 감정하며 이름을 알렸다. 그는 《궁통실참록(窮通實參錄)》이라는 실전 중심의 저서를 남겼다.

◉ 유방훈(劉方訓): 궁통과 풍수의 통합자

곽점의 제자 중 가장 천문과 지리에 능통했으며, 명리와 풍수의 상관관계를 체계화하였다. 그는 산서성 일대에서 풍수지리와 궁통법을 통합한 "형기궁통법(形氣窮通法)"을 창시하였다.

● 왕경(王敬): 궁통법의 유가 해석자

유학자 출신으로 명리학과 유교 도덕을 융합한 교육을 펼쳤으며, 곽점의 철학을 "인의예지의 흐름"으로 재해석하였다. 그는 《궁통유강(窮通儒綱)》이라는 도덕 중심 해석서를 남겼다.

이들 외에도 무수한 제자들이 통명재를 거쳐 명리학계에 진출했으며, 지방 관아와 사찰, 서원 등에서 역학 지도자로 활동했다. 이로써 《궁통보감》은 단지 책이 아니라, 학파로 발전하게 되었다.

3. 강학 중 곽점의 언행

곽점은 학문에 엄격했지만 제자 교육에 있어서는 따뜻하고 포용적인 인물로 기억된다. 그는 다음과 같은 원칙을 제자들에게 반복해서 강조했다.

"命을 감정함에 있어 사람의 눈물을 먼저 보라. 숫자가 아니라 인생을 보아야 하느니라."

그는 사주 분석을 할 때 상대방의 직업, 나이, 생애 흐름, 감정 상태를 면밀히 분석하였으며, 이를 기초로 궁통의 흐름을 유도하는 조언을 하였다. 단순한 '풀이'가 아닌 '인도'가 그의 철학이었다.

또한 그는 역술인의 직업윤리를 매우 중요시했으며, 금전이나 권세에 휘둘려 점술을 남용하는 것을 극히 경계했다. 어떤 제자가 관직자에게 고액의 보수를 받고 사주를 감정한 것을 들은 그는 단호히 말했다.

"궁을 말하는 자는, 먼저 자신의 마음이 궁하지 않은지 돌아보아야 한다."

그는 궁통이 단순히 운명의 흐름이 아니라, 마음의 흐름임을 강조했다. 즉 '통'이란 마음이 통할 때 비로소 도래하는 것이라 설파했다.

제9장 명성의 확산: 《궁통보감》의 영향력

《궁통보감》의 출간 이후, 곽점은 더 이상 한 지방의 역술가가 아니었다. 그의 이름은 점차 명나라 전역의 역학계에 알려지기 시작했고, 《궁통보감》은 실전적인 명리서로서 상인, 관료, 선비, 승려, 풍수사, 의원 등 다방면에 걸쳐 널리 읽히게 되었다.

1. 관료 사회에서의 유행

곽점의 해석 체계는 특히 중하위 관료층에게 커다란 호응을 얻었다. 그 이유는 다음과 같았다.

- ◆ 기존의 격국 중심 명리학은 지나치게 형식적이며 실제 인생의 굴곡을 설명하는 데 한계가 있었다.
- ◆ 반면 《궁통보감》은 인생의 '고비'를 설명하고, 그 시기를 견디는 방법을 제시했기에 현실적이었다.
- ◆ 곽점은 '통'의 시기를 놓치지 않기 위한 대비책을 구체적으로 적어, 개인 전략 수립에 도움이 되었다.

이러한 점 때문에 명나라의 지방 수령, 포사, 사대부 가문, 중소 무역상의 자제들이 그의 책을 필독서로 삼기 시작했고, 조정의 사관(史官) 이덕명(李德明)은 "궁통보감은 사서삼경 이외에 읽을 만한 책"이라 칭송하였다.

그의 제자 중 일부는 그의 책을 가지고 북경의 내각에 진입하여 고위 관료들의 사주를 조언하였고, 일설에는 명나라 중기의 황제조차도 그의 책의 일부를 입수하였다는 이야기도 전해진다.

2. 민간과 실생활 속에서의 확산

《궁통보감》은 사대부 계층뿐 아니라 일반 백성, 특히 장사꾼과 수공업자, 의술가, 승려 등 실생활에서 인생의 부침을 체험하는 이들에게 더욱 절절히 다가왔다.

예를 들어 장사에 실패한 한 상인이 '궁'의 시기임을 깨닫고 장기간 무역을 보류한 뒤, '통'이 들어온 시기에 재도전하여 크게 성공한 사례들이 구전되며, 곽점은 "인생 흐름을 읽는 자"라는 별명을 얻기도 했다.

　또한, 일부 사찰에서는 《궁통보감》을 《주역》 강독과 병행하여 수행 승려들의 삶의 흐름을 이해하는 교재로도 사용하였다. 운명의 흐름을 이해하고 수양의 시기를 조율하는 데 이 책이 매우 유익하다는 평가가 내려졌다.

3. 궁통철학의 외국 전파: 조선과 일본

　곽점의 궁통이론은 국경을 넘어 전해졌다. 특히 명말 조선에 유입되어 조선 유생들과 역관(譯官)들을 통해 조정과 서원에서 상당한 반향을 일으켰다.

- ◆ 조선 중기 역학자 '홍진보'는 그의 서찰에서 "곽점의 궁통해법은 인생의 고락을 해명하는데 통쾌하다"고 평했으며,
- ◆ 조선의 사대부들은 궁통이론을 두고 '흐름에 순응하는 도덕적 운명학'이라 받아들였다.
- ◆ 일본에서는 에도시대에 《궁통보감》의 요약본이 〈궁통정의(窮通精義)〉라는 이름으로 번역되어 '통명서(通命書)'라 불리며 고위 무사층의 지침서로 활용되었다.

　이러한 전파는 곽점 개인의 명성을 넘어, 궁통이라는 개념이 동아시아 운명관 전체에 영향을 주었음을 보여준다.

4. 비판과 반대

　물론, 《궁통보감》의 영향력이 커질수록 이에 대한 비판도 존재했다. 특히 정통 격국론자들은 곽점의 '유동적 해석'이 명리학의 본래 정수를 흐린다고 여겼다.

　대표적 반론은 다음과 같았다.

- ◆ "운명의 흐름을 지나치게 가변적으로 보아, 사주 분석의 일관성을 해친다."

◆ "궁통이론은 인간 의지를 지나치게 강조하여 천명을 경시할 우려가 있다."

이에 대해 곽점은 직접 반박하지 않았으나, 그의 제자인 진관과 왕경이 그 비판을 조목조목 논박하며 학문적 방어를 시도하였다.
왕경은 《궁통유강》에서 다음과 같이 말했다.
"命은 근본이요, 通은 작용이니, 이는 기(氣)의 운용이지 기교가 아니다."
곽점 사후에도 이러한 논쟁은 명리학 내의 주요 쟁점으로 남았으며, 그의 철학은 하나의 새로운 학파로 자리매김하였다.

제10장 생애의 황혼: 말년과 후계자의 탄생

명나라 중후기에 접어들며, 곽점은 이미 역술가로서 전성기를 지난 상태였다. 하지만 그의 내면은 전보다 더욱 깊고 원숙한 경지에 이르렀고, 그는 스스로를 "통명(通命)의 노사(老士)"라 칭하며 인생과 운명, 인간의 도(道)에 대해 묵상하는 시간을 늘려갔다.

1. 말년의 생활과 산중 독거

곽점은 60대에 이르러 외부 강학과 활동을 점차 줄이고, 통명재(通命齋)에서 가까운 황하 상류의 백운산 자락 암자에 들어가 독거하였다. 그곳에서 그는 오직 두 가지 일에 몰두했다.

◆ 첫째, 《궁통보감》의 증보본 정리.
◆ 둘째, 후학들에게 남길 사상적 유산의 정립.

그는 기존 《궁통보감》에서 미진했던 부분, 즉 용신의 변화와 대운의 충돌 시에 발생하는 '운명의 이중성'에 대해 더욱 깊이 탐구하였다. 그는 이를 "이궁(二窮)의 이론"이라 명명하고, 복잡한 대운 충돌 속에서도 어떻게 흐름을 읽고 적절한 시기를 포착할 수 있는지에 대해 구체적 처방을 시도하였다.
이 '이궁론(二窮論)'은 후대의 역술가들에게 있어 "궁통철학의 완성형"으로 간주되며, 실전 명리학에서 널리 응용된다.

2. 마지막 저술: 《궁통후론(窮通後論)》

곽점은 생애 마지막 저술로 《궁통후론》이라는 소책자를 집필하였다. 이 책은 《궁통보감》의 철학적 기반을 보완하며 다음과 같은 주제를 담고 있었다.

- ◆ 인간 의지와 운명 작용의 상호 작용.
- ◆ 심리적 전환이 운세 흐름에 미치는 영향.
- ◆ 실패와 시련의 가치, 궁 속에서 깨달은 통의 계기.
- ◆ 사주의 흐름 속에 숨어 있는 인과(因果) 구조.

《궁통후론》은 《궁통보감》보다 간결하고 명상적인 문체로 쓰였으며, 학문서라기보다는 운명학자의 유언에 가까웠다. 곽점은 책 말미에 다음과 같은 글귀를 남겼다.
"命을 읽는 자는 책이 아닌 사람을 보라. 그 사람의 웃음, 그 사람의 눈빛, 그 사람의 절망이 그대가 해석할 진실이다."
이 구절은 수많은 제자와 후대 역술가들에게 깊은 인상을 남기며 전해졌고, 그의 운명 철학이 단지 '학문'이 아닌 '인생에 대한 공감'이었음을 여실히 보여준다.

3. 후계자의 등장: 손자 곽영(郭穎)

곽점은 말년에 혈육이 모두 병사하거나 타지에 머물면서 외롭고 고요한 시간을 보냈으나, 그의 손자 곽영(郭穎) 만은 조부의 곁을 지켰다.
곽영은 어려서부터 통명재에서 자라며 명리학의 기반을 자연스럽게 익혔다. 특히 조부의 궁통이론에 깊은 애정을 보였고, 《궁통보감》의 정리본을 다시 필사하며 편집에도 도움을 주었다.
곽점은 곽영을 '궁통의 불씨'라 불렀고, 곽영 역시 조부의 유지를 받들어 곡부(曲阜)에 궁통학당을 세우고 《궁통보감》의 강독과 사례 연구를 이어갔다. 그는 조부의 사후《궁통보감집주(窮通寶鑑集註)》를 편찬하여 학문적 계보를 완성하였다.

이러한 활동은 곽점의 궁통철학이 단지 그 세대에서 끝나는 것이 아니라, 지속적으로 발전하고 후대에 전수될 수 있는 기반이 되었다.

4. 죽음과 장례

곽점은 1564년 음력 11월 14일, 68세의 나이로 백운산의 암자에서 평온하게 입적하였다. 그의 사망 소식은 산동, 직예 일대는 물론 북경과 강남, 조선의 역관들 사이에도 전해졌고, 당시 여러 제자와 지식인들이 그의 죽음을 애도하였다.

장례는 간소하게 치러졌으며, 그의 유언에 따라 무덤 비석에는 이런 문구만 새겨졌다.

"통명노사 곽점지묘(通命老士 郭占之墓)"

그는 생전에 "나는 하늘을 말하는 자였으나, 하늘보다 사람을 사랑했다"는 말을 남겼다. 이는 운명을 해석하는 이로서, 또한 인간의 고통과 흐름을 이해하려 애썼던 한 철인의 마지막 고백이었다.

제11장 후대의 평가:《궁통보감》의 유산

곽점의 타계 이후,《궁통보감》은 단순한 개인의 역술서가 아니라 하나의 철학적 체계로 자리매김하였다. 이 책은 명리학사 내에서 새로운 흐름을 창조한 획기적인 저술로 평가받았으며, 그 영향력은 조선, 일본은 물론 청나라 중기 이후까지도 지속되었다.

1. 명나라 후기의 수용과 계승

곽점 사후 약 50년이 흐른 명나라 말기, 학문과 사상의 교류가 다시금 활발해졌다. 이 시기에 '궁통파(窮通派)'라 불리는 명리 해석학파가 형성되었다. 이들은《궁통보감》의 기본 틀을 계승하면서도 다양한 실전 해석법을 개발해나갔다.

〈주요 학자 및 저술〉
- ◉ 장후(張垕) – 《궁통심해록(窮通深海錄)》
  사주와 인생 심리를 결합한 저서
- ◉ 우영(虞瑛) – 《궁통연의(窮通演義)》
  문답식으로 궁통이론을 설명한 교육서
- ◉ 유흠(劉欽) – 《궁통정변(窮通正辨)》
  곽점의 논리를 이론적으로 정교화한 철학서

이 시기 궁통철학은 명리학 내부의 독자적 흐름으로 공인되었고, 일부 서원과 서당에서는 정규 명리 교육 커리큘럼에 포함되기도 하였다.

2. 조선에서의 수용과 영향

조선에서는 곽점의 궁통철학이 사대부 지식층, 특히 '실사구시' 학풍과 잘 부합하며 빠르게 수용되었다.

- ◆ 조선 중기 역술가 홍진보(洪進甫)는 궁통이론을 '운명을 보는 선비의 자세'라 칭하였고, 곽점을 "동방 자평 이후 가장 실천적인 명리학자"로 평가했다.
- ◆ 《궁통보감》은 조선 후기 역술서인 《명리요해(命理要解)》, 《사주해석기초》 등의 이론적 기반이 되었으며, 궁통이론은 사주풀이에 있어 '흐름 중심 해석'이라는 새로운 관점을 제공하였다.
- ◆ 또한 일부 유학자들은 곽점의 철학을 인성 수양의 교훈으로도 받아들였다. 운명의 흐름을 파악하고 시비를 명확히 아는 것이 '군자의 도'라는 관점이었다.

특히 조선후기의 명리학자 박세당(朴世堂)은 자신의 《사주정의(四柱正義)》에서 궁통이론을 수용하여 "사주는 고정되지 않는다. 시의에 따라 달라지는 것이 통변의 도리"라고 강조하였다. 이는 곽점의 영향이 얼마나 심층적으로 작용했는지를 보여주는 사례다.

3. 일본에서의 궁통철학

에도 시대 일본의 무사 계급과 승려 계층은 운명을 이해하고 삶을 정비하는 도구로써 명리학에 큰 관심을 보였다. 이들은 실용적이고 상황 중심적인 궁통철학을 적극 수용하였다.

- ◆ 《궁통보감》은 일본에서 한역본(漢譯本)으로《궁통보감주해(窮通寶鑑註解)》,《궁통요언(窮通要言)》 등으로 출간되었으며, 쇼군 가문에서까지 소장될 정도로 권위 있는 서적으로 간주되었다.
- ◆ 궁통철학은 일본의 정토진종 승려들을 통해 불교의 운명론 해석과도 접목되었고, "선행이 통을 이끌고 악업이 궁을 만든다"는 식의 교리적 응용으로 발전하였다.

이러한 문화적 융합은 곽점의 궁통철학이 단순한 운명 해석에 머무르지 않고, 도덕과 종교, 정치와 사회 전반에 영향을 준 사상임을 입증한다.

4. 청대(淸代)의 재조명과 학문적 논의

청나라 강희·건륭 시대에는 사서와 고전의 정리, 학문적 분류가 매우 활발했다. 이 시기에도 《궁통보감》은 다시금 편찬되고 주석되었다.

- ◆ 청대 역학자 왕수정(王守正)은 "궁통보감은 사주변론(四柱辨論) 중 유일하게 감정과 시기를 함께 보는 책"이라 하며 높은 평가를 내렸다.
- ◆ 그러나, 일부 고정론자들은 곽점의 "유동적 용신 해석"이 지나치게 추상적이라는 비판도 지속하였다.

이에 대해 후기 학자들은 '궁통이론은 본래 기질 중심이 아닌 흐름 중심의 실천학'이라며 다시금 철학적 기초를 강조하였다. 그리고 이는 현대에 이르기까지 "시간 속의 명리학"이라는 주제로 이어진다.

5. 현대 명리학에서의 위상

오늘날에도 곽점의 《궁통보감》은 중국, 한국, 일본의 명리학계에서 다음과 같은 세 분야에 활용되고 있다.

- ◆ 실전 명리 상담: 운세 흐름과 시기 중심으로 인생 전략 수립 시.
- ◆ 학문적 연구: 명리학 내 철학적, 실천적 대안 모델로서 분석 대상.
- ◆ 후천운 분석 도구: 격국보다 흐름을 중시하는 현대 해석 이론의 기반.

특히 '흐름과 전환'이라는 개념은 심리학과 상담학, 자기계발 분야에까지 영향을 주고 있으며, 운명학의 '철학화'라는 점에서 현대적 의미를 재조명받고 있다.

제12장 《궁통보감》의 구성과 해설

《궁통보감》은 단순한 운명 감정의 매뉴얼이 아니라, 운명의 흐름과 전환을 읽어내는 철학적 통찰을 담은 실전 역술서이자 통합 해석서이다. 전체적으로 5권 16편의 체계를 갖추고 있으며, 각 권마다 실전적인 명리 해석의 기술과 철학적 논의가 병행되어 있다.

1. 《궁통보감》의 전체 구성

권차	편명	주요 내용 요약
제1권	총론(總論)	운명의 정의, 궁통의 개념, 사주의 유기적 해석 구조
제2권	오행궁통론(五行窮通論)	오행의 성쇠 변화와 흐름, 오행 상생·상극의 실전 사례
제3권	십간통변(十干通變)	갑을병정무기경신임계 각 간(干)에 따른 궁통의 작용 방식
제4권	명조실해(命造實解)	실제 인물의 명조 분석 88례 수록. 궁→통의 전환 과정 중점 설명
제5권	궁통지방(窮通之方)	궁할 때의 인생 조언, 운용의 전환법, 용신 구제법 등

2. 핵심 개념 해설

- ◈ "궁(窮)"의 정의
  - ◆ 단지 불행, 실패, 결핍만을 뜻하지 않는다.
  - ◆ 오행의 기세가 억눌리거나 통하지 않는 시기, 또는 용신이 무력화된 구조.
  - ◆ 그러나 '궁'이 있다는 것은 역으로 '통'할 수 있는 시발점이 존재함을 의미한다.
- ◈ "통(通)"의 정의
  - ◆ 오행의 흐름이 생기를 얻는 시점.
  - ◆ 용신이 힘을 발휘하거나, 억제되던 작용이 풀리는 시기.
  - ◆ 반드시 기계적으로 좋은 사주에서만 발생하는 것이 아니라, '시기'와 '마음가짐'에 따라 달라질 수 있다.
- ◈ "이궁이통(二窮二通)"의 구조
  - ◆ 곽점은 복잡한 사주에서는 궁이 하나뿐 아니라 두 개, 혹은 그 이상이 중첩될 수 있다고 보았다
  - ◆ 이러한 구조에서는 하나의 통이 다른 궁을 해결할 열쇠가 되기도 하며, 인생 전반에 걸쳐 여러 번 전환점이 발생할 수 있다.

3. 해석 방법론

《궁통보감》은 실전 명조 해석에 있어 다음의 5단계 구조를 제시한다.

- ◆ 사주의 격(格) 확인
  기본적인 일간의 강약, 격국 판별, 오행 구도 파악.
- ◆ 용신 탐색 및 위치 분석
  용신의 존재 여부, 위치, 통관 여부 확인.
- ◆ 궁통 구조 파악
  어느 시점에서 기운이 막히는가? 무엇이 통하지 않는가?
- ◆ 대운 및 세운 흐름 분석
  용신이 작용할 타이밍이 언제인가? 전환점은 무엇인가?

◆ 전환의 실천법 제시
 공부, 이사, 직업 전환, 결혼, 수양 등 현실 조언 도출.

〈예시〉
◆ 어떤 사람의 사주가 "인성궁(印星宮)"이 억제되어 '지식, 부모운, 학문'이 막히는 구조라면,
  → 해당 시기의 '관성 대운'에서 인성이 활성화됨으로써 지적 성장이 통할 수 있음.
  → 통하게 되는 시기에 독서, 시험, 승진 시도를 권장.

4. 대표 사례 소개

《궁통보감》의 핵심은 실제 사람들의 인생을 통찰력 있게 해석한 수많은 명조 사례이다. 이 중 일부는 다음과 같다.

◆ 상인 명조: 재다신약 구조이나 대운에서 관성이 작용하며 직업 전환 성공
 → 궁에서 통으로
◆ 학자 명조: 인성이 지나치게 강해 폐쇄적이나, 식상이 통로가 되며 대화와 사회활동 증가.
◆ 무관 명조: 비겁과 재성이 상극이나, 용신이 활로를 열어 일시적 궁극적 성공 도달.

이러한 사례들은 단순히 명리학적 구조의 설명을 넘어, 인생 전체의 '스토리'를 구조적으로 설명해주는 강력한 도구로 기능하였다.

5. 《궁통보감》의 명리학적 가치

《궁통보감》의 진가는 다음과 같은 점에서 발휘된다.

◆ 시간성과 유동성을 명리학에 도입하여 고정적 해석의 한계를 극복.
◆ 심리적, 철학적 통찰을 바탕으로 인간 삶의 흐름을 해석.
◆ 실전성과 적용성이 탁월하여 상담, 교육, 자기분석 도구로 유용.

◆ 후대 명리학의 '흐름 중심 해석', '상담형 명리학', '심리 명리학'의 시조적 저서.

제13장 곽점의 계보, 영향 인물 및 연표

1. 곽점 사상 및 학문 계보도

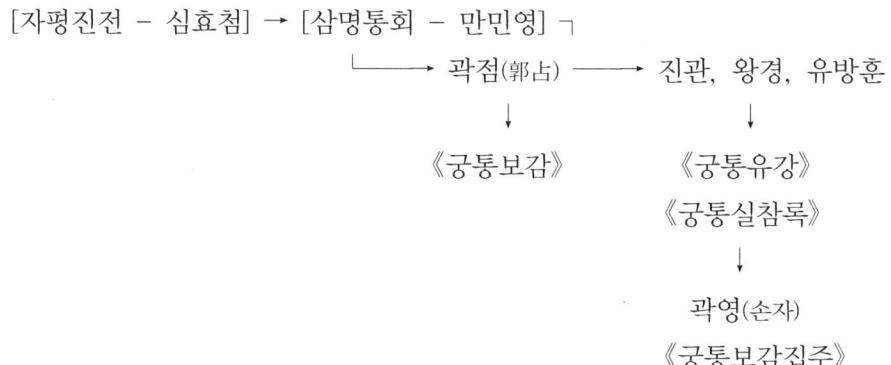

곽점은 고전 명리학의 정수였던 자평학(子平學)을 기반으로, 만민영의 통합적 해석 정신을 계승하되, 이를 "시간의 흐름" 중심으로 재구성하며, 자신만의 궁통이론을 정립하였다.

2. 영향을 받은 인물 및 관련 저서

구분	인물명	저서/활동	특징
선대영향	심효첨	《자평진전》	자평학의 체계화자
선대영향	만민영	《삼명통회》	이론의 통합적 서술
직계제자	진관	《궁통실참록》	실전 중심, 북경 활동
직계제자	왕경	《궁통유강》	유학과 궁통의 융합
직계제자	유방훈	구전문서들	궁통과 풍수의 통합
후계자	곽영(손자)	《궁통보감집주》	원전 정리 및 재편집
간접영향	박세당(조선)	《사주정의》	궁통의 흐름 해석 수용
간접영향	일본 정토승	불교적 응용 문서 다수	궁통을 교리적 업보론과 결합

3. 곽점 생애 연표

연도 (음력 기준)	나이	사건 및 활동
1497년	0세	산동성 제성부에서 출생
1503년	6세	아버지에게 《주역》과 천문 배우기 시작
1511년	14세	《자평진전》 독파, 실전 사주 풀이 연습 시작
1517년	20세	제성부 일대에서 역술가로 활동 시작
1525년	28세	관료 및 지방 유지 대상 사주 감정 확대
1532년	35세	《궁통보감》 집필 시작
1536년	39세	《궁통보감》 초고 완성
1538년	41세	통명재(通命齋) 강학소 개설, 제자 양성 시작
1545년	48세	《궁통보감》 정본 출간, 전국적 유통 시작
1551년	55세	산중에 은거, 후속 이론 정리 돌입
1561년	65세	《궁통후론》 집필
1564년	68세	백운산에서 서거, 간소한 장례로 안장됨

4. 명리학 내 궁통보감의 위상 요약표

항목	곽점의 기여 내용
해석 방법론	정태적 격국론→동태적 궁통론 (시간 흐름 중시)
인간관	명은 정해졌으되, 통은 선택할 수 있음
해석 기준	오행의 성쇠보다 흐름과 시기 중심 해석
후대 기여	상담형 명리학, 실전 명리학, 운세 컨설팅 기반 제공
철학적 기초	유·불·선 사상 통합→인생 이해와 운명 인식의 통합 시도
시대적 의의	명말-청초 실용역학의 지평 확장

▣ 맺음말: 궁窮 속의 통通, 운명 속의 자유

곽점은 단순한 역술가가 아니었다. 그는 인간의 삶과 운명의 흐름을 탐구한 철학자이자, 인생의 고비마다 '길'을 제시한 실천가였다. 《궁통보감》은 그가 본 세상,

그의 사유, 그의 따뜻한 인간학이 모두 담긴 종합 작품이며, 고정된 운명론에서 '흐름과 전환의 철학'으로 나아간 혁신이었다.

그가 말년 남긴 다음의 구절은 오늘날에도 여전히 울림을 준다.

"命은 단단한 틀이나, 通은 살아 있는 물이니라. 그대를 바꾸는 것은 그대 안의 흐름이다."

궁통보감 저술 장면

팔자제요(八字提要) 위천리(魏天里)(1570年代 後半?~?)

제1장 가문과 출생의 내력

위천리(魏天里)는 명나라 중기의 강남 지역, 즉 오늘날의 강소성(江蘇省) 양주(揚州) 인근의 유서 깊은 문사 가문에서 태어났다. 그의 성은 위(魏)요, 이름은 천리(天里), 자는 복진(復辰), 호는 태화산인(太和山人)으로 불렸다고 전해진다. 태어난 연대는 대략 만력(萬曆) 연간의 중기인 1570년대 후반으로 추정된다. 명확한 생몰년은 실전되었으나, 그의 주요 저작과 후대 인용문을 통해 명말 천계(天啓) 연간까지 활약한 것으로 여겨진다.

위씨 가문은 당대 강남 일대에서 이름난 선비 집안으로, 대대로 경학과 유학을 숭상하고, 송명 이래 성리학의 법맥을 잇는 가풍을 이어왔다. 그러나 유독 천문지리, 음양오행, 역술에 깊은 관심을 지닌 이들이 많았으며, 집안 내에도 비전(秘傳)된 사주명리와 풍수 관련 필사본이 있었다고 한다. 위천리의 증조부는 도가적 방술에 정통했던 인물로 알려져 있으며, 아버지 위순경(魏舜慶)은 학문이 깊고 사주에 능통하였던 재야의 현인이었다.

그런 배경 아래 위천리는 어릴 적부터 주역과 천문, 산수와 육서(六書)를 자연스럽게 익히며 자라났다. 그는 태어나자마자 흰 기운이 방 안을 감쌌다는 전설 같은 일화가 구전되며, 그의 탄생은 이웃들 사이에서도 길조로 여겨졌다고 전해진다. 특히 할아버지는 그가 '천도지명(天道之命)'을 타고났다고 하며 극진히 양육하였다. 이는 훗날 위천리가 하늘의 이치와 인간 운명의 구조를 정밀하게 분석해낸 철학적 사고에까지 영향을 미쳤다.

유년 시절의 위천리는 놀라운 기억력과 직관력을 자랑하였다. 그는 8세에《주역》을 통독하였으며, 10세 때에는 가문의 사주 필사본을 완독한 것으로 전해진다.

당시 마을의 장로들도 그의 기이한 두뇌와 통찰력에 혀를 내둘렀고, '작은 현인(小賢人)'이라 불렸다.

청소년기에 접어든 위천리는 강학을 위해 남경(南京)과 소주(蘇州)의 여러 서원들을 전전하였다. 그러나 그는 기존 유학적 질서와 고루한 교조주의에 회의를 품고 점차 음양가와 도가 계통의 학문에 몰두하기 시작했다. 이 무렵, 그는 《태을신수》, 《기문둔갑》, 《적천수》 등의 이론서와 민간 비급들을 깊이 연구하며, 명리학의 본질적 구조에 대한 의문을 품고 있었으며, 기존 해석체계에 한계를 느끼고 있었다.

특히 사주팔자 해석에 있어 일반적인 '길흉화복'의 범위를 넘어, 인간 정신의 구조와 도덕, 수명, 사주 내의 철학성을 연결시키고자 한 것은 위천리만의 독자적 문제의식이었다. 이러한 깊은 고민은 훗날 그의 명저 《팔자제요(八字提要)》의 형성 기반이 되었다.

제2장 유년 시절과 초심의 연원

위천리의 유년기는 한 마디로 '선천적 총명함과 불타는 탐구심'으로 요약될 수 있다. 그는 놀라운 직관과 공감 능력을 갖춘 아이였으며, 부모와 사촌, 친족들의 대화에서조차 의미심장한 대화를 잘 기억하고, 그 맥락을 파고들며 사색에 잠기기를 좋아했다.

그의 부친 위순경은 사주명리와 풍수에 능했던 인물로, 비록 과거에는 뜻을 두지 않았지만 방술과 예지에 있어서 명성이 높았다. 그는 어린 아들에게도 일찍부터 주역(周易)과 간지(干支), 납음오행 등의 기초를 차근차근 가르쳤으며, 매년 정초마다 집안 식구들의 운세를 음양오행으로 해석하여 설명하곤 했다. 위천리는 어린 시절 이러한 환경 속에서 자연스럽게 명리학에 대한 흥미를 키워갔다.

그는 특히 '사람이 태어나는 시각이 어째서 이토록 인생을 규정하는가?'라는 철학적 의문에 어린 나이부터 깊이 천착하였다. 단순히 길흉을 판별하는 도구로서의 사주팔자가 아닌, 그 이면에 깔린 시간과 인간, 우주의 구조적 관계에 대한 호기심이 그의 내면을 불태우고 있었던 것이다.

10세 무렵, 그는 《주역》을 암송하며 스스로 괘상을 점치는 수준에 이르렀고, 12

세에는 《적천수》와 《연해자평》 등의 기본서를 독파하며 인근 지역에서 '소동자(小童子)'라는 별명으로 불리기 시작했다. 그가 해석한 사주를 보고 부친의 지인들조차 감탄하였으며, 남녀노소를 불문하고 그의 해석은 놀라운 적중률을 보였다.

그러나 그는 단순한 예언자의 길을 원하지 않았다. "나는 맞히는 자가 아니라, 헤아리는 자가 되고자 한다."라는 말을 그가 13세 무렵에 했다는 기록이 전해지는데, 이는 그의 명리학에 대한 철학적 태도를 단적으로 보여주는 명언이라 할 수 있다.

이 무렵, 그는 우연히 유랑하던 방외고인(方外高人) '노야(魯野)'라는 자를 만나게 된다. 이 노인은 기문둔갑과 천문지리에 정통한 술사로, 위천리의 기개와 천분을 알아보고는 그에게 비전의 일부를 전수하였다고 한다. 위천리는 그에게서 하도낙서와 기문기반의 육임배열, 그리고 명리의 특이론(特異論)에 대한 귀중한 지식을 익혔다. 특히, 오행의 억부(抑扶), 진퇴, 병합을 '기세(氣勢)의 흐름'으로 본 그의 시각은 훗날 《팔자제요》 체계에 고스란히 반영된다.

15세가 되던 해, 위천리는 부친이 물려준 사주필사본과 고대 역서, 그리고 자작 해석노트를 정리하여 스스로만의 《운세기원(運世紀原)》이라는 수첩을 제작한다. 이 책은 세상의 모든 운명이 '천시(天時)의 이치와 인심(人心)의 경계 사이에서 이루어진다'는 사고방식을 담은, 사실상 그의 초창기 철학의 정수였다. 그는 이 노트를 들고 전국을 유람하며 각지의 고명한 역술가, 도사, 유학자들과 교류하기 시작했고, 이미 '소년 재야학자'라는 명성을 얻기 시작한다.

16세 무렵에는 남경(南京)의 문묘 서원에서 유학을 수학하면서도, 성리학과 왕양명의 철학을 비교하며 명리학 속 도덕과 운명의 문제를 탐구하였다. 그는 단순히 운명을 예언하는 것이 아니라, 인간이 운명을 어떻게 대면하고, 어떤 윤리적 태도를 취해야 하는지를 고민하였다. 이 시기부터 그의 명리학은 철저히 '도덕적 사유를 내포한 철학적 명리학'으로 변화하기 시작한다.

또한 이 시기의 대표적인 일화로, 한 번은 인근 관아의 관리가 그의 사주 풀이를 받고는 "내 인생을 꿰뚫는 자는 자네뿐"이라며 감탄하고, 정기적으로 역술 상담을 요청하기도 했다. 그러나 위천리는 "나는 남의 길을 가르치기보다, 스스로 길을 만드는 사람이고 싶다"고 하며 이를 거절했다고 한다. 이 일화는 그의 사상과 자존심, 철학자의 자세를 단적으로 보여주는 대목이다.

제3장 명리학 입문과 초기 수련기

위천리 선생의 본격적인 명리학 수련기는 17세부터 25세까지의 시기로, 후일 《팔자제요》 체계를 성립시키기 위한 철저한 기초 연구와 탐구가 이루어진 시기였다. 이 시기 동안 그는 주로 강소·절강·안휘·복건 일대를 두루 유람하면서 지역 고수들과 교류하고, 도사들과 음양가들의 이론을 섭렵하였다.

그는 자신의 명리학을 단순한 계승이 아닌, "천인합일의 이치를 현실적 구조로 정밀화하는 작업"이라고 정의했다. 즉, 명리학이 단지 길흉화복을 점치는 기법이 아닌, 인간 존재의 궤적과 시간의 원리를 탐사하는 '철학적 기초과학'이 되어야 한다는 신념이었다. 이 때문에 그는 기존 명리서에서 제시하는 "용신 위주 판단", "격국 분류 중심 해석" 등의 기법에 대해 회의를 품었고, 이를 뛰어넘는 체계를 모색하게 된다.

1. 복건 유학과 '육합팔격'의 재해석

복건(福建)의 무이산 자락에서 그는 당대 음양술사 '소문공(蕭文公)'을 만나게 된다. 소문공은 《원천론》이라 불리는 필사본을 가지고 있었는데, 이는 주역과 명리, 기문, 태을, 삼식의 기법이 융합된 특이한 구조의 해석서였다. 위천리는 이 책을 수개월 동안 탐독하며 인간의 생년월일시가 결코 독립적으로 작동하지 않으며, "기(氣)의 상호작용"에 따라 계속 진화하고 변화한다는 사고방식에 큰 영향을 받게 된다.

그는 이 과정에서 기존 '격국론'의 딱딱한 분류 체계가 인간 운명의 유동성을 반영하지 못한다고 판단하였다. 이에 따라 그는 '육합팔격(六合八格)'의 구조를 새롭게 재정립하고, 단순한 격국 분류가 아니라 생시 중심의 실기운 작용과 대운 흐름에 따라 '용신'이 가변적일 수 있음을 주장했다.

이러한 주장은 당시로선 파격적인 이론이었고, 보수적 역술인들로부터 "고전의 체계를 파괴한다"는 비난을 받기도 했으나, 위천리는 자신만의 관찰과 통계, 직관을 통해 이를 굽히지 않았다. 그는 수백 명의 사주 사례를 수집하고 분석하였으며, 그 안에서 '패턴의 반복과 탈패턴의 교차성'을 읽어내려 했다. 이는 현대의 통계적 명리 접근에 가까운 태도라 할 수 있다.

2. 《천인감응론》 초고의 집필

20세 무렵, 위천리는 자신의 철학을 정리한 초고《천인감응론(天人感應論)》을 집필하기 시작한다. 이 책은 인간의 삶이 단순히 하늘의 명령에 의해 움직이는 것이 아니라, 인간 스스로의 선택과 도덕, 인식 수준에 따라 "운의 응답 방식이 바뀐다"는 내용을 담고 있다.

그는 "생년월일시는 시점일 뿐, 인격이 곧 운을 낳는다"고 주장하며, 명리학을 '윤리적 인간학'으로 재해석하였다. 이를 통해 그는 단순한 운세 예언을 넘어, 개인의 삶과 운명을 어떻게 윤리적으로 조율할 것인지에 대한 철학을 제시한 것이다. 이 개념은 후일《팔자제요》의 후반부 장인〈운세 교정론〉에 반영된다.

◆ 산중 수행과 자연관의 내면화

22세 무렵, 그는 강소성 무당산의 한 고찰에 머물며 3년간 은둔 수행을 한다. 이 시기를 그는 후일 '귀신을 보듯 사주를 보는 눈이 열렸다'고 회고하였다고 전해진다. 그는 매일 일출과 일몰을 관찰하고, 대운의 흐름과 사람들의 감응을 체험하며 인간과 자연, 시간과 공간의 구조적 관계를 오행으로 투시하는 법을 체화하였다.

이 시기에 그는 수십 가지의 필사 노트를 작성했으며, 이후 많은 내용이《팔자제요》서문과 부록에 활용되었다. 그는 이 시기 작성한 비망록에서 다음과 같이 기록했다.

"사주는 단지 숫자의 나열이 아니라, 시간의 조율표이자 인생의 악보다. 이 악보를 읽는 자는 인간의 본성과 우주의 화음까지 느낄 수 있다."

3. 운명을 맞추는 것 vs 운명을 바르게 인도하는 것

위천리의 가장 중요한 철학적 전환은 이 시기 나타난다. 그는 '정확한 예언'보다 '의미 있는 유도'를 더 중시하였다. 이는 "운명을 맞히는 것이 아닌, 운명의 흐름을 이해하게 하고, 인간 스스로 그것을 운용하게 만드는 것"이 명리학의 핵심이라는 주장이었다.

따라서 그는 상담자에게 단순한 길흉 분석보다는, 왜 그러한 흐름이 형성되었으며, 어떤 선택이 그것을 조정할 수 있는지를 논리적으로 설명해주었다. 이러한 태도는 단순 점술가가 아닌, 진정한 운명 철학자의 면모를 보여주는 것이었고, 점차 많은 제자들이 그를 따르기 시작하였다.

제4장 정통 학문과 이론 체계의 형성

위천리의 명리학적 사유는 단순한 예지(豫知)에서 출발했지만, 점차 '구조 분석'과 '형이상학적 조율'로 나아갔다. 제4장에서는 그가 어떻게 명리학을 독자적인 이론체계로 구축하였는지를 살펴본다. 이 시기는 그의 26세부터 35세 전후의 시기로, 실로 명리학의 정수를 조형한 '결정적 10년'이라 평가받는다.

1. 천지운세의 기틀: 이기론과 명리학의 융합

이 시기 위천리는 성리학의 기초가 되는 '이기이원론(理氣二元論)'을 깊이 연구하였다. 그는 주자의 철학을 단순히 유학적 관념이 아닌, 명리학적 해석틀로 끌어들였다. 즉 '이(理)'는 명식의 구조적 법칙, '기(氣)'는 그것이 현실에서 나타나는 작용력이라 보았다.

"천간과 지지는 단지 기(氣)의 표상이요, 운은 그 기의 조응이며, 명은 이(理)가 전개된 틀이다."

위천리는 명리학을 자연철학과 접목함으로써, 단순한 오행 조합 이상으로 분석의 깊이를 더했다. 예를 들어, 그는 병화(丙火)를 단순히 '불'로 해석하지 않고, 그것이 발산하는 에너지의 방향성과 주변 기운과의 상호작용을 통해 '사회적 자아의 외화'로 해석하였다. 무토(戊土)는 '정적인 보전'이 아닌, '구조의 유지와 형성'이라는 의미로 재정립하였다.

이러한 철학적 재해석은 당시 명리학의 기성 문법에 거대한 도전이었다. 하지만 동시에, 그의 해석은 실제 사례에 놀라운 적중률과 설득력을 보여주었고, 점차 학계와 실무계에서 인정받기 시작하였다.

2. 《팔자제요》의 구상과 초고

30세 무렵, 위천리는 자신의 이론을 정리하여 후학에게 전수할 목적으로 대작을 준비한다. 그것이 훗날 전통 명리학의 고전으로 남게 된 《팔자제요》이다. 이 책은 전체 8권 24편으로 구성되며, 기존 명리학에서 쓰이던 격국론과 용신론, 신살론, 대운 분석을 재구성하고, 이를 기학적·형이상학적으로 재정의한 역작이었다.

책의 서문에서 그는 다음과 같이 썼다.

"운명을 보는 것은 세상을 보는 것이고, 사람의 사주를 본다는 것은 그가 머문 시간의 경로를 이해하는 것이다. 그러므로 '팔자'란 단지 여덟 글자가 아니라, 여덟 갈래로 나뉜 시간의 골짜기다."

《팔자제요》의 주요 특징은 다음과 같다.

- ◆ 격국론의 변형: 기존처럼 격에 집착하지 않고, 오행의 실기(實氣), 희기(喜氣), 병약(病弱), 전이(轉移) 관계를 중시.
- ◆ 용신의 가변성: 용신은 고정된 것이 아니라, 대운과 세운, 외부 상황, 인성의 발전에 따라 변화할 수 있다고 봄.
- ◆ 운세교정론(運勢校正論): 운명은 주어진 것이 아니라 조율할 수 있다는 '운명 개입론'을 주창.
- ◆ 형기론과 풍수 통합: 사람의 사주뿐 아니라 주거지의 기운이 명식과 상호작용함을 이론화.
- ◆ 심성론 기반의 명식 해석: 인간 내면의 성격과 도덕적 인격을 사주 구조에서 추론함.

그는 이 책을 단순한 해석 매뉴얼이 아닌, '명리철학의 총체'로 여겼으며, 당시의 도가, 유가, 불가 사상까지 두루 인용하면서 방대한 문헌적 뒷받침을 하였다. 특히 주역, 황제내경, 태을진경, 정관정요 등 동시대 비역술 문헌까지 통섭하여 이론의 통합적 성격을 확립했다.

3. 지지 오행의 '흐름론(流向論)' 제시

위천리는 이 시기에 지지 오행을 단순히 계절·월령에 따른 강약만으로 보지 않았다. 그는 각 지지에 내재된 기운이 사주 전체를 통해 '어디로 흘러가느냐'에 주목하였다. 예를 들어, 해묘미(木局)는 단순히 목의 왕성함이 아니라, 목 기운이 생명력, 성장, 방향성을 어떻게 전개하느냐에 따라 길흉이 갈린다고 해석했다.

이 '흐름론(流向論)'은 이후 현대 명리학의 '이동운', '진로운' 해석의 근거가 되었으며, 실용적 분석에서 강력한 힘을 발휘하였다.

4. 제자 양성과 강학의 시작

이 시기부터 위천리의 명성은 점차 전국으로 퍼지기 시작했다. 그는 명나라 강남 지방의 여러 서원과 사숙에서 강의하였으며, 매년 정월이면 소수의 제자를 뽑아 비전의 내용을 전수하였다. 그의 제자들은 모두 '글과 도(道)와 술(術)'을 겸비한 인재들이었으며, 위천리도 단지 점술 기법이 아닌 '철학자로서의 자질'을 먼저 강조하였다.

제자들 가운데서는 훗날 《신평산방비기》를 편찬한 노한청(盧漢淸), 《명리참통》을 집필한 유중의(劉仲義), 도참과 명리를 접목시킨 정우원(鄭羽源) 등이 있다. 이들은 위천리의 철학을 기반으로 강남과 복건 일대에서 각기 독립된 학파를 이루었으며, 위천리 학파는 이후 '남방 운학(南方運學)'의 정통으로 자리잡게 된다.

제5장 《팔자제요》와 그 학문적 의의

위천리(魏天里) 선생의 사상과 이론체계가 집대성된 결정적 저작은 바로 《팔자제요》이다. 이 책은 명리학사(命理學史)에 있어 중대한 전환점을 이룬 저작으로 평가되며, 단순히 실무적 해석을 넘어서 명리철학의 존재론적·형이상학적 기초까지 다룬 전무후무한 작품이었다. 제5장에서는 이 책의 구성과 특징, 이론적 의의, 후대에 끼친 영향 등을 다룬다.

1. 《팔자제요》의 전체 구성과 체계

《팔자제요》는 총 8권 24편으로 구성되어 있으며, 각 권은 다음과 같이 대별된다.

- ◆ 제1권: 명리학 총론
  음양오행·천간지지·육친의 본의(本義), 용신론의 기초 등을 다룸.
- ◆ 제2권: 격국 재 해석론
  종래의 격국 구분을 타파하고, '변격·가변격·복합격' 등의 개념 도입.
- ◆ 제3권: 용신의 변동성과 대운 구조
  용신의 상대성과 시기별 작용력 분석, 대운·세운의 상호작용 구조 설명.
- ◆ 제4권: 오행 흐름론과 기세 판단법
  오행의 위치·운행 방향성·기세 분포를 입체적으로 해석하는 기법 제시.
- ◆ 제5권: 십신과 심리구조
  십신(十神)을 인간 내면의 정신구조와 성향으로 분석한 심성론 중심 구성.
- ◆ 제6권: 운세 교정론과 수명론
  운명을 어떻게 조정할 수 있는가, 질병과 수명 구조에 대한 분석.
- ◆ 제7권: 풍수와 사주 통합론
  명리와 주거 환경의 상호작용, 입택과 이택에 따른 명식 변화 가능성 논의.
- ◆ 제8권: 제자풀이, 사례연구, 자문기록
  실제 인물의 사주 분석 사례와 궁중 자문, 제자 강의 기록 수록.

각 장은 서술체로 기술되었으나, 당시로선 드물게 '사례 중심 분석'과 '논변 중심 정리'가 동시에 이루어졌다. 특히 위천리 선생은 각 장 끝마다 '사변(思辨)'이라는 철학적 단락을 덧붙여, 이론이 실천과 도덕, 인간 본성에 어떻게 응용되는지를 고찰하였다.

2. 《팔자제요》의 학문적 특징

《팔자제요》는 기존 명리학의 관행을 다음과 같은 방식으로 혁신하였다.

◈ 격국 중심에서 기세 중심으로

당시 대부분의 역술서는 '격국' 중심의 판단 체계를 고수하였다. 즉, 사주가 재격이면 부귀, 관격이면 관직, 인격이면 학자라는 식이었다. 그러나 위천리는 격국이 단지 '기세의 흐름'일 뿐이라며, 오행과 십신이 얼마나 균형되고 자연스러운 흐름을 이루느냐에 따라 길흉이 달라진다고 보았다.

그는 이를 "형(形)의 논리가 아니라, 세(勢)의 논리로 보아야 한다"고 주장하였다. 그리하여 편인격이더라도 재성의 세력이 기를 압도하면 '패격(敗格)'으로 판단하고, 편인의 약한 기가 대운으로 조화되면 '중화격(中和格)'으로 재해석하였다.

◈ 용신 가변성의 체계화

위천리는 용신(用神)의 선택 기준이 일관되지 않다는 점에 문제를 느끼고, '고정용신론'을 부정하였다. 그는 용신을 '지금 이 시기, 이 상황에서 생존과 도덕, 생리와 윤리의 균형을 유지하게 하는 작용력'이라 정의하였다. 따라서 용신은 고정불변이 아니라, 대운의 흐름과 인간의 삶의 목적, 상황에 따라 달라질 수 있는 것으로 파악했다.

이는 '동태론적 명리 해석'이라는 새로운 패러다임을 제시한 것이며, 실무 역술에 큰 영향을 끼쳤다.

◈ 십신(十神)의 심성화

《팔자제요》에서 가장 독창적인 부분 중 하나는 십신을 단지 외부 사물로 보지 않고, '내면의 심리 구조'로 해석한 것이다.

- ◆ 편인은 기억과 은폐된 자아
- ◆ 식신은 본능과 생명력
- ◆ 정관은 규범성과 사회적 자아
- ◆ 칠살은 위기 대응력과 공격

이러한 해석을 통해 인간의 잠재 성향을 예측하고, '어떻게 살아야 하는가'라는 실존적 조언까지 제시하였다.

◆ 운세 교정론

운명은 바꿀 수 없다는 당시의 관념을 깨고, '운세의 흐름은 인격과 선택, 환경에 따라 조율 가능하다'는 점을 체계화한 것도 《팔자제요》의 중요한 특징이다. 그는 이를 "자연은 법칙을 주되, 인간은 운용의 여지를 지닌다"고 요약하였다.

3. 《팔자제요》의 실무적 응용과 자문 활동

《팔자제요》는 단지 이론서에 그치지 않고, 위천리가 실제 상담·자문·관직 인물 조언 등에 활용한 구체적 사례가 다수 수록되어 있다. 대표적으로 다음과 같은 사례들이 전한다.

- ◆ 절강성 장군 사주풀이: 무인으로 태어나 칠살·겁재 중중한 명식이었으나, 위천리는 이 사주를 "군장의 패기"로 해석하고, 직위를 맡길 것을 권유. 이후 이 장군은 북방 변경에서 공을 세움.
- ◆ 남경 문과 응시자 상담: 사주의 인수와 식상이 강하고 관성이 약한 경우, 위천리는 "과거보다는 서적 출판과 교육사업이 더 알맞다"고 권유. 이후 해당 인물은 남경에서 유명한 출판인으로 성장함.

이러한 사례는 《팔자제요》가 단순한 기법서가 아니라, 인간의 삶과 진로, 방향성까지 실천적으로 안내하는 철학서였음을 보여준다.

4. 후대 평가와 영향

《팔자제요》는 명말청초 이후, 강남 지역 역술인들에게 비전서로 전수되며 큰 영향을 미쳤다. 청대의 《명리요결》, 《지화명리》, 《정명통편》 등에서도 《팔자제요》의 영향을 받은 구절이 빈번히 발견된다.

또한 조선 후기에 이 책이 왜관(倭館)과 사신단을 통해 비밀리에 도입되었으며, 조선 후기의 역학자 이지함, 남사고 등의 이론에도 영향을 끼쳤다는 주장이 있다.

제6장 기문둔갑·육임·태을 등 방술 전반에 대한 통달

위천리(魏天里) 선생의 학문 세계는 단지 명리학에 국한되지 않았다. 그는 인간 운명의 구조를 보다 거시적이고 우주적인 맥락에서 해석하고자 하였고, 이를 위해 천문(天文), 지리(地理), 시수(時數), 기문(奇門), 육임(六壬), 태을(太乙) 등 중국 방술(方術)의 전 분야를 통달하고자 했다.

그의 이론은 각술(各術)을 단절된 체계로 보지 않고, '시간의 구조를 분할하여 인간사에 적용하는 도구'로 통합하였다. 본 장에서는 위천리 선생이 방술 전반에서 어떻게 깊이 있는 성취를 이루었는지, 각 분야별로 살펴본다.

1. 기문둔갑(奇門遁甲): 시간과 공간의 입체적 활용

기문둔갑은 삼식(三式) 중 가장 복잡하고 정밀한 방술 체계로, 원래 군사전략과 진영술에서 출발하였지만, 후대로 갈수록 길흉점복, 입택이사, 병점, 출행, 투고 등 광범위한 삶의 영역에 활용되었다. 위천리는 기문을 단순한 술법으로 보지 않고, "시간과 공간을 입체적으로 재배열하는 도구"라 하였다.

그는 다음의 세 가지 원칙 아래 기문판을 읽었다.

- ◆ 천반(天盤)의 위치는 사주의 용신과 상응시켜야 한다.
  - → 기문판의 천간과 명리의 용신 오행을 연계해 해석함.
- ◆ 팔문(八門)은 단지 길흉이 아닌, 인간의 선택지를 보여주는 상징이다.
  - → 개문(開門)은 기회, 경문(驚門)은 각성, 사문(死門)은 전환 등으로 해석.
- ◆ 구궁(九宮)의 작용은 환경 속 심리상태의 구도이다.
  - → 사방의 흉지라도, 중심에 중궁(中宮)이 있으면 통제 가능하다고 봄.

그는 기문판 작성 시 단지 일진(日辰)만이 아니라, 해당 인물의 사주팔자와의 감응성을 중심으로 판을 읽었으며, 이를 통해 길흉 여부뿐 아니라, '지금 어떤 태도를 취해야 하는가'까지 조언했다. 그가 남긴 《기문비의록(奇門秘議錄)》은 이러한 원칙이 잘 정리되어 있으며, 현재는 단편 필사본으로만 전해진다.

2. 육임신과(六壬神課): 상황과 응기(應氣)의 감별

위천리는 삼식 중 육임에 대해 특히 높은 평가를 하였다. 그는 "기문은 전술의 체계이고, 육임은 감응의 미세 진동이다"라고 평하였다. 육임은 오히려 단순한 오행 판단보다 더 '사건의 촉발 원인'을 명확히 보여주는 도구라 여겼다.

그는 육임의 삼전삼합, 사과팔절, 사복신공 등의 구조를 '의식과 사건 사이의 통로'로 보았다. 특히, 육임의 신살 구조와 귀신처, 천간변화 등을 현실 감응의 코드로 읽었다.

예를 들면 다음과 같은 해석이다.

- ◆ 천충귀(天衝鬼)가 초과위에 위치하면 → 사람 마음이 부딪히고, 내면 불화 있음.
- ◆ 용신 득생(用神得生)이면 → 사건이 순조롭게 풀릴 가능성 높음.
- ◆ 문서점에서 귀공기충(貴空氣沖)이면 → 계약이 파기될 수 있음.

위천리는 육임이 인간과 사물의 '감응시점'을 보여주는 매우 정밀한 수단이라 보았고, 이를 통해 사소한 시비나 인간관계의 변화, 건강의 징조 등을 진단하였다. 그는 "명리는 구조를 보고, 육임은 흐름의 찰나를 본다"고 강조하였다.

3. 태을신수(太乙神數): 국가운과 대세분석

태을은 보통 개인보다는 국가·군사·재앙·역변 등을 판단하는 데 활용되었다. 위천리는 태을신수의 복잡한 천문 구조를 '기운의 대세판단 도구'로 해석하였다. 그는 《태을수전법》, 《태을비기》, 《황극경세서》 등을 참고하여 자신만의 태을 분석법을 정립했다.

그는 이 체계를 통해 다음과 같은 주요 사건을 예측했다는 일화가 전해진다.

- ◆ 명나라 말기 숭정제(崇禎帝) 치세 초반에, "乙宮에 문성 좌기(左起), 火局태을 재생(再生)"이라 하여, 내란과 외적 침입을 동시에 경고함. 이는 후일 이자성의 난과 청나라 남하로 현실화됨.
- ◆ 황허 대홍수 전, 태을신수에서 '伏吟連斷, 水氣沈重'이라 판독하고, 수재를 미리 경고하여, 일부 지역 관리들이 대비함.

그는 태을을 통해 대세와 하늘의 조짐을 읽고, 이를 지역 군현의 수령들과 선비들에게 전하였다. 이처럼 위천리는 태을을 점복의 차원을 넘어 정치철학적 대세 분석의 도구로 격상시켰다.

4. 방술 통합론: 시간, 공간, 구조의 일체화

위천리는 다음과 같은 통합 철학을 주장하였다.

- ◆ 명리는 시간의 구조를 분석하는 도구.
- ◆ 기문은 공간 내 시간의 분포를 배열하는 전략.
- ◆ 육임은 상황의 기운을 감지하는 촉각.
- ◆ 태을은 거시적 운세의 흐름을 추적하는 예지.

그는 이 네 가지를 동시에 구사하여, 사건에 대한 입체적 분석을 수행하였다. 한 인물의 사주를 보면서 대운 흐름을 읽고, 동시에 출행 길일을 기문으로 결정하고, 육임으로 심리 변화를 감지하며, 태을로 시대적 응징을 판별하는 식이었다.

이를 통해 그는 점차 단순한 명리학자가 아니라, 전체 운명학의 조율자이자 통합 방술가로 인식되었다.

5. 《방술융합론》과 후학 교육

위천리는 이 모든 학문을 정리하여 제자들에게 전수하였다. 그의 필사본 중 《방술융합론》은 12장으로 구성되어 있으며, 각 방술의 핵심 원리, 상호 간 전환법, 실제 병합 사례 등을 기술하고 있다. 제자들은 이 책을 통해 다음과 같은 기술을 익혔다.

- ◆ 기문으로 길흉을 보고, 명리로 인격을 판단.
- ◆ 육임으로 찰나의 변화 감지 후, 태을로 전체 대응 전략 구상.

이는 단지 예언술을 넘어서, 전체적 조망과 미세한 진단을 아우른 통합적 인간 운명학 체계였다.

제7장 제자 양성과 지역 학파 형성

위천리(魏天里) 선생은 뛰어난 이론가이자 실천가였을 뿐 아니라, 후진을 양성하고 체계적인 학풍을 형성하는 데도 탁월한 능력을 발휘하였다. 명리학과 방술의 난해한 이론을 단순히 비전(秘傳)으로 간직하지 않고, 제자들에게 철저한 논리와 실증, 도덕적 수양을 바탕으로 전수하며 '운명학의 정통 학파'를 이룬 것이다.

이 장에서는 위천리의 제자 교육 방식, 각 제자들의 개성과 성취, 그리고 그로부터 형성된 지역 학파의 전개와 발전을 상세히 살펴본다.

1. 강남 운학(江南運學)의 기반 조성

위천리의 학문 중심지는 주로 강소(江蘇), 절강(浙江), 복건(福建) 일대였다. 이 지역은 당대에 경제와 문화의 중심지였으며, 문인·학자·은일지사들이 다수 거주하던 곳이었다. 그는 이러한 환경을 적극 활용하여 '학문적 사색과 실천적 응용'을 병행한 학풍을 조성하였다.

그는 사숙(私塾) 형태로 제자들을 길렀으며, 수제자 선발에 있어 세 가지 조건을 제시했다.

- ◆ 文士에 밝을 것: 주역, 성리학, 역사, 시문 등에 통달해야 함.
- ◆ 관찰력이 뚜렷할 것: 사람을 보고 본성의 맥을 읽는 통찰이 필요.
- ◆ 도덕심이 우선일 것: 명리를 오직 이익의 도구로 삼는 자는 제자로 삼지 않음.

이 세 기준에 부합한 인재들만을 엄선하여 소수정예로 길렀으며, 배움의 순서는 "명리 → 기문 → 육임 → 태을 → 풍수" 순으로 점진적 심화 과정으로 나아갔다.

2. 주요 제자들과 그 성취

위천리에게는 직계 제자 약 18인, 간접 전수 제자 30여 명이 있었으며, 그 중 5명이 특히 뛰어난 성취를 이루어 지역별로 학파를 형성하였다.

◉ 노한청(盧漢淸): '해남운학(海南運學)' 창립자

절강 출신으로, 명리와 육임에 뛰어났으며,《신평산방비기(新評山房秘記)》를 저술하였다. 그는 위천리의 '용신 가변론'을 정교하게 다듬어 "정신(精神)의 흐름에 따른 용신 순환 이론"을 정립하였다.

그는 남방 해안 지역에서 활동하면서 농민과 상인을 대상으로 실생활 중심의 명리 상담을 진행하였다. 실용성과 예지의 균형을 이룬 그의 명리는 후일 대만과 동남아 지역으로 전파되었다.

◉ 유중의(劉仲義):《명리참통(命理參通)》의 저자

강소성 소주 출신으로, 유교 경전에 밝은 문사형 인재였다. 그는 위천리의 심성 명리학을 계승하여, 십신을 인간 심리의 기초 성향으로 재정리하였다.

그의 저서《명리참통》은 '명리학적 인간학'의 전범으로 평가되며, 특히 편재·식신·편인 등의 심리적 발현을 인간의 언행·의사결정 구조와 연결시킨 분석이 탁월하다.

◉ 정우원(鄭羽源): 방술 전반의 실전가

복건성 출신으로, 기문둔갑과 태을에 정통하였다. 그는 위천리로부터 기문 실전법을 전수받고, 각지에서 출행·입택·건축 길일을 의뢰받았다. 그의《기문상절정해록(奇門象節精解錄)》은 후일 청대 기문가들에게도 영향을 주었다.

그는 '의례, 건축, 장묘, 교섭'의 4대 방면에 기문과 명리를 병용하는 시스템을 확립하였고, 이를 통해 상류층과 국가기관의 자문을 많이 수행하였다.

◉ 하윤정(夏允貞): 여성 역술가의 선구자

유일한 여성 제자이며, 강서(江西) 출신. 위천리는 여성이 역술을 배우는 데 편견을 갖지 않았고, 그녀의 뛰어난 기지와 도덕성을 높이 평가하였다.

그녀는 주로 부녀자와 아이들, 가정문제에 집중하는 심리 중심의 명리 해석을 진행하였다.《가정명법(家庭命法)》이라는 비전 필사본을 남겼으며, 위천리의 십신 심리론을 가장 섬세하게 전수하였다.

● 구문복(丘文福): 산동계 학파의 교두보

산동 지역에서 활동하며 《운명서도(運命書圖)》라는 요약본을 집필하였다. 그는 위천리의 이론을 도식화하고 그림과 도표로 해석하여 일반인에게 쉽게 전파하였다.

그의 해석 체계는 후일 조선 후기에 유입되어, 《운명보감》 등 한역 필사본의 기초가 되었으며, 실용 명리의 흐름에 지대한 영향을 끼쳤다.

3. 학파의 조직과 교육 방식

위천리는 제자들을 다음과 같은 커리큘럼에 따라 교육하였다.

- ◆ 입문(1년): 천간지지, 납음, 주역 기초, 십신의 상징 개념.
- ◆ 중급(2년): 사주의 조화, 용신 판단법, 대운 흐름 해석, 격국 분류.
- ◆ 심화(3년): 실제 명식 해석, 상담 실습, 기문판 해석 병행.
- ◆ 비전(1년): 방술 통합, 응기 감응, 윤리와 명리철학.

그는 제자들에게 항상 이렇게 말했다.

"팔자를 해석하는 자는, 먼저 인간을 해석할 줄 알아야 한다. 사람을 사랑하지 않으면, 사주도 사랑하지 못한다."

이러한 인문적 태도와 윤리 중심의 명리학은 위천리 학파의 본령이 되었으며, 이를 '정심명리학(正心命理學)'이라 부르기도 했다.

4. 지역 학파의 분화와 전파

위천리의 사후(死後)에도 그의 학파는 지역적으로 분화되면서 각지에 뿌리를 내렸다.

- ◆ 강소계: 유중의의 학문이 중심이 되어 문인 중심으로 학술 명리 발전.
- ◆ 절강계: 노한청을 중심으로 실용 중심의 상담 명리로 발전.
- ◆ 복건계: 정우원의 실전 기문이 지역 민간과 관가에 깊이 침투.
- ◆ 강서계: 하윤정의 여성 중심 명리학이 부녀자층에 널리 퍼짐.

◆ 산동계: 구문복의 도표 명리학이 북방과 조선으로 전파됨.

이처럼 위천리의 학문은 단지 하나의 이론 체계를 넘어서, 각 지역 실정과 사회 계층에 따라 다양하게 응용되고 분화되는 생명력 있는 전통으로 자리잡았다.

제8장 역술과 정치의 경계에서

위천리(魏天里) 선생은 평생을 학문과 방술에 정진했으나, 그의 명성이 널리 알려지자 당대의 정치 권력과도 여러 차례 접촉하게 되었다. 명나라 말기, 조정은 내정의 부패와 외세의 압박, 민심의 동요 속에서 점차 위기를 맞이하였고, 역술가와 풍수가들은 왕조의 향방과 국가의 흥망을 예측하고 자문하는 존재로서 중요한 위치를 차지하게 된다.

이 장에서는 위천리 선생이 당시 조정 및 지역 권력과 어떤 방식으로 교류하였는지, 그리고 그가 역술가로서 정치적 영향력과 한계를 어떻게 인식하고 있었는지를 고찰한다.

1. 남경 도찰원(都察院) 초청과 왕실 자문

위천리가 40대 초반이 되던 무렵, 그의 명성이 강남 일대에 널리 퍼지면서 조정에서도 그를 주목하게 되었다. 특히 남경(南京) 도찰원에서는 왕자(王子)의 교육과정 중 윤리와 천문, 수명학에 관한 교육을 강화하기 위해 민간의 고명한 역학자를 초청하고자 하였는데, 이때 위천리에게도 자문 초청장이 전달되었다.

초청장은 다음과 같이 기술되어 있었다.

"천지의 이치를 살펴 사람의 도를 밝히는 자, 방외에 머물러 있으나 도내보다 깊은 이가 있어 청컨대 왕자에게 학덕을 가르침에 참여하라."

이에 위천리는 자신의 제자 유중의를 대신 보냈고, 자신은 직접 조정에 나아가지 않았다. 그 이유에 대해 그는 다음과 같이 언급하였다.

"나는 운명을 알려주는 자이지, 권세를 따르는 자는 아니다. 하늘의 이치를 말하되, 사람의 심판에는 얽히지 않겠다."

그러나 그는 몇 차례 고위 관료들의 요청에 따라 비공식적인 자문을 수행하였다. 특히 당시 남경 병부의 참판 주원창(朱元昶)은 위천리의《팔자제요》에 심취하여, 국가적 길흉 문제에 대해 자문을 청했다. 위천리는 "북방의 기운이 왕성하니, 신흥의 세력에 유의하라"는 경고를 남겼으며, 이는 후일 만주 여진족(훗날 청나라)의 세력 확대와 일치하였다.

2. 지방 권력과의 교섭: 부유층과 명사들의 후원

위천리는 비록 조정에는 나아가지 않았으나, 지방에서 영향력 있는 사대부, 향리, 대지주들과는 일정 수준의 협력 관계를 유지하였다. 이들은 주로 다음과 같은 목적으로 위천리의 자문을 받았다.

- ◆ 조택 입택 길일 선정.
- ◆ 사당 건립 시 좌향(坐向) 감정.
- ◆ 관직 승진 및 자녀 교육의 명식 분석.
- ◆ 조상의 묘지와 명당에 대한 풍수 자문.

이 과정에서 그는 풍수지리와 명리를 통합하여 조언하였고, "집안의 기운은 땅에서 오고, 운명의 전환은 인덕에서 비롯된다"는 철학을 설파하였다.

이런 활동을 통해 그는 부유층들 사이에서 "강남삼현(江南三賢)" 중 하나로 불렸는데, 이는 방외지사 중 학문과 도덕, 실력을 겸비한 인물에게 붙는 명칭이었다. 나머지 두 인물은 주로 도가계의 은사들이었으나, 유일하게 위천리만이 명리와 천문, 풍수를 겸비한 실용학문의 대가로 불렸다.

3. 정치권력에 대한 비판적 시선

위천리는 권세와 가까워지면 학문이 흐려진다는 점을 경계하였다. 그는 명나라 말기의 부패상과 환관의 전횡, 백성들의 피폐한 삶을 깊이 관찰하며, 다음과 같은 경구를 남겼다.

"명(命)은 하늘이 주되, 운(運)은 사람이 이룬다. 그러나 어리석은 자들이 명을 핑계 삼아 탐욕을 택한다면, 운은 반드시 그 죄를 갚게 하리라."

그는 《팔자제요》 말미에 '정치란 명리의 한 갈래이며, 백성을 살리는 구조를 만들지 못하는 정치는 흉운과 같으니 피해야 한다'고 명시하였다. 그는 인간 사회의 구조가 전체 운세에 영향을 주며, 백성의 고통이 쌓이면 '국가 전체의 지기(地氣)가 음(陰)으로 변하고, 태을판상에서 연속되는 흉징이 나타난다'고 하였다.

4. 난세 속 예언과 침묵

명나라 말년, 대기근과 도적의 출몰, 이자성(李自成)의 난, 청나라의 남하 등 대격동의 조짐이 보이기 시작했을 때, 위천리는 자신의 제자들과 함께 태을진판과 기문판을 반복 분석하였다. 그는 당시 "乙宮不正, 火動水逆"이라는 태을의 진격궁 운용을 근거로, 남중국의 대홍수와 북방의 이민족 침입을 동시에 경고하였다.

그러나 그는 이 시기에 들어 점차 예언을 줄이고, 조용히 후학 양성에 전념한다. 그는 이렇게 말하였다.

"하늘의 뜻을 보는 자는, 감히 함부로 입을 열지 않는다. 세상은 이미 스스로를 파괴하고 있으니, 누가 멈출 수 있겠는가."

그는 권세자들이 예언을 원하는 순간, 그것이 이미 그들 스스로 불안을 느끼고 있다는 반증이라 보았다. 그러므로 그는 자신이 경고하더라도 그것이 권력자의 방향을 바꾸지 못할 경우, '침묵이 곧 충언(忠言)'이라는 철학을 실천하였다.

5. 방외지사로서의 자율성과 존엄

위천리는 생애 동안 단 한 번도 공식 관직에 오르지 않았으며, 명예 작호조차 사양하였다. 그는 '역술가가 도덕을 갖추지 않으면, 조정의 개(犬)가 된다'는 말을 남기며, 스스로를 방외의 현인, 운명의 청지기라 자임하였다.

그는 당대 유학자들과도 긴밀히 교류하며, 유가의 도덕과 명리의 실용, 도가의 무위, 불가의 인연론을 융합한 포용적 세계관을 형성하였다. 정치와 거리를 둔 대신, 그는 인간 존재와 삶의 흐름, 시간의 리듬을 정제된 언어로 해석하며, 하나의 '운명학적 사상가'로 자리매김하였다.

제9장 풍수지리 실전과 국가 정책 자문

위천리(魏天里) 선생은 명리학과 방술에 능했던 것뿐만 아니라, 풍수지리에 있어서도 깊은 조예를 갖춘 실천가였다. 그는 지형과 기세(氣勢), 수맥과 산줄기의 흐름을 단지 물리적 환경이 아닌, 인간 운명의 반영이자 조율 장치로 보았다. 그는 "풍수란 곧 땅 위의 팔자이며, 지맥은 땅의 오행"이라며 풍수를 명리의 확장으로 해석하였다.

이 장에서는 위천리 선생이 어떤 철학으로 풍수지리를 해석하였고, 실제 어떤 풍수 작업과 국가 자문에 참여했는지를 서술한다.

1. 풍수에 대한 철학적 입장

위천리의 풍수관은 당대 일반 술사들과는 확연히 달랐다. 그는 《장경(葬經)》,《청낭경(青囊經)》,《지리신서(地理新書)》,《설기산경(雪岐山經)》 등 전통 지리서를 깊이 연구하였고, 이를 자신의 학문으로 통합하였다.

그는 풍수를 다음과 같이 정의하였다.

"풍수란, 인간과 자연이 만나 감응하는 접점이며, 땅의 이치를 통해 운명의 흐름을 교정하는 도구다."

그는 다음의 세 가지를 풍수의 본질로 보았다.

- ◆ 기세(氣勢): 산과 수의 흐름, 방향과 높낮이의 정기.
- ◆ 혈처(穴處): 지맥이 응결되어 인체의 명당처럼 응축된 자리.
- ◆ 응기(應氣): 사람의 사주와 혈처의 기운이 조화를 이루는 감응.

특히 그는 혈처가 아무리 좋아도 해당 인물의 오행과 맞지 않으면 길지 않다고 주장하였다. 그는 이를 "지택합운(地宅合運)"이라 표현하며, 풍수란 단순한 외형이 아닌 사주와의 조화를 중시하였다.

〈장묘풍수 실전 사례〉

위천리는 다수의 명가 가문과 관료, 명사들의 선영을 감정하고 이장(移葬)을 자문하였다. 그의 풍수 사례 중 가장 대표적인 세 가지를 소개하면 다음과 같다.

(1) 절강 염씨 가문의 조상묘 이전

염씨 가문은 3대째 자손이 흉화를 입고 상중이 끊이지 않아 위천리에게 자문을 요청하였다. 위천리는 기존 묘소가 '손좌건향(巽坐乾向)'에 위치하나 지맥이 왼쪽으로 편향되어 "凶中生災, 災中不福"이라 진단하였다.

그는 '좌청룡 우백호'의 기세가 고르게 분포된 묘역을 새로 선정하고, 향방을 "임좌병향(壬坐丙向)"으로 조정한 뒤, 혈처에 식신방인 삼합수를 이용한 길방을 적용하였다. 이후 염씨 가문은 자손이 번성하고 과거 합격자가 연이어 배출되었다.

(2) 강소 태호 부근의 사당 좌향 조정

태호 근처의 부유한 상인 가문은 조상의 사당을 지어 선조를 봉헌하고자 하였으나, 좌향에 따라 자손 중 이질환과 관재가 끊이지 않았다. 위천리는 이 사당이 '병좌임향(丙坐壬向)'에 해당되어 수화충(水火沖)이 심하며, 입구가 길흉충돌의 길목이라 분석하였다.

그는 향방을 '정좌계향(丁坐癸向)'으로 전환하고, 내부 벽에 오행 수맥 조정을 위한 석수판(石水板)을 설치하였다. 이후 가족 내 갈등이 잦아들고, 집안이 안정되었다는 기록이 전한다.

(3) 복건 해안가 마을의 방풍제언(防風堤堰)

복건 연해의 한 마을에서는 반복적인 태풍 피해와 해일로 인해 수년간 주민 피해가 지속되었고, 지역 관청에서 위천리에게 자문을 청하였다. 위천리는 기문둔갑과 태을판을 병용하여 지역의 지기변화와 수세(流水)의 길흉을 분석하였고, 해안선 일부를 곡선형으로 수정하고 방파제 위치를 동북쪽으로 옮길 것을 제안하였다.

그의 분석은 단순한 물리적 조언이 아닌, 지맥과 수류의 조화와 해일기(海溢氣)의 진입 지점을 천문·지리·기문 모두에서 종합 판단한 결과였다. 이후 그 마을은 피해가 줄었고, 지방관은 그의 공로를 공식 문서에 남겼다.

2. 국가 정책 자문: 관청 건축과 명당 설계

위천리는 조정의 공식 관리직은 거절했지만, 지방 관아의 자문에는 제한적으로 응하였다. 대표적인 사례로는 다음이 있다.

◆ 절강 유수부의 신청 건축 입지 선정.
　→ 동남향은 수맥이 흉하게 충돌하고 있었기에, 위천리는 북좌남향으로 바꾸고, 주변 나무 심기와 우물 위치까지 지시하였다.
◆ 감영 관청 내 선관묘(先官廟)의 이설 자문.
　→ 기존 묘역이 칠살방에 위치해 관운이 막혀 있음을 지적. 좌향을 경좌갑향으로 조정.
◆ 남경의 지방 아문 정문 위치 조정.
　→ 전면이 사문(死門)에 해당한다는 기문판 분석을 바탕으로 정문을 좌측문으로 이전 제안.

그의 자문은 주로 풍수 + 기문 + 태을 + 명리가 통합된 형태였으며, 단순 길흉 판단이 아닌 시간적 대운 흐름에 따른 공간 조정의 원리에 입각해 이루어졌다. 이로 인해 그의 해석은 통찰력과 실용성을 동시에 인정받았고, 명나라 말기 강남의 풍수설계에 막대한 영향을 미쳤다.

3. 풍수와 명리의 융합 체계

위천리는 항상 다음의 원칙을 강조하였다.

◆ 사주는 시간의 지도, 풍수는 공간의 지도.
　→ 둘은 음양처럼 상호작용해야 한다.
◆ 좋은 사주가 나쁜 땅에 묻히면, 복이 막히고 병이 생긴다.
　→ 환경의 조화는 인생의 전개 조건이다.
◆ 풍수는 물리적 요소가 아니라, 기운의 조직이다.
　→ 산과 물, 바람과 구조물은 기의 유통로일 뿐.

그는 풍수에서 가장 중요한 것은 '응기(應氣)', 즉 사람과 공간이 만나 조응하는 흐름이라 하였다. 이를 통해 그는 명리적 구조와 풍수적 공간을 동시에 보완하는 운명 조율 체계를 확립하였다.

제10장 위천리 학문체계의 총결과 영향

위천리(魏天里) 선생은 단순한 역술인이나 방술가를 넘어, 운명학의 철학자이자 실천적 종합 학문 체계의 창시자라 할 수 있다. 그는 명리학을 기초로 기문둔갑, 육임신과, 태을신수, 풍수지리 등 방술의 제 분야를 아우르며, 이 모든 학문을 "하나의 통일된 자연질서 해석체계"로 융합하였다.

이 장에서는 위천리 선생이 구축한 학문체계의 본질과 구조를 총체적으로 정리하고, 후대 학자들과 지역에 끼친 영향을 고찰한다.

1. 명리학 중심의 운명학 통합 체계

위천리의 사상의 핵심은 "시간의 구조와 인간의 응기(應氣)"를 해석하는 것이었다. 그는 인간의 생년월일시를 단지 '고정된 운명적 기호'로 보지 않고, 그 안에 흐르는 에너지의 방향성, 세력의 구조, 응답의 리듬을 읽는 수단으로 삼았다. 이를 기반으로 다음과 같은 체계를 수립하였다.

- ◆ 명리학(命理學): 인간의 탄생 시점에 담긴 구조적 특성 분석.
  - → 심리, 직업, 대운 흐름, 인생의 전환 시점 등.
- ◆ 기문둔갑(奇門遁甲): 시간-공간 구조 내에서 사건 발생 시점 판단.
  - → 출행, 입택, 결혼, 계책 등 현실의 선택 판단.
- ◆ 육임신과(六壬神課): 순간적 감응 판단.
  - → 응급, 관재, 심리 변화, 인간관계 파악.
- ◆ 태을신수(太乙神數): 거시적 국가 운세와 역사적 흐름 진단.
  - → 국가 지도, 정책 방향, 기후 재해 등.

◆ 풍수지리(風水地理): 인간 외부 환경과 내적 구조의 조화.
→ 주거, 묘지, 건축, 사당, 도시 배치 등.

이 다섯 가지를 '오술일체지학(五術一體之學)'이라 하며, 이를 통해 인간 존재를 시간·공간·심리·사회·자연의 다차원적 구조 안에서 해석하였다.

2. 위천리 학문의 철학적 기초

그의 학문은 단지 기술적 지식에 머물지 않았으며, 다음과 같은 철학적 기초 위에 세워졌다.

(1) 자연의 순환과 인간의 응답

위천리는 인간의 운명이란 '하늘과 땅의 기운에 대한 개인의 응답 방식'이라고 보았다. 따라서 인간은 단순히 주어진 사주를 따라 사는 존재가 아니라, 그 흐름에 어떻게 반응하고 조화하느냐에 따라 운명이 달라질 수 있다고 했다.

"운이란 흐름이고, 명이란 구조다. 그러나 그 조합을 완성하는 것은 사람의 마음이다."

(2) 도덕적 자각이 운명을 바꾼다

그는 '용신의 변화'와 '기세의 전환'이 단순히 시간이나 환경의 문제가 아니라, 인간의 도덕적 변화와도 연결되어 있다고 보았다. 이를 '심신응기론(心神應氣論)'이라 하며, 선한 마음, 바른 행동이 운명을 호전시킨다고 믿었다.

"복은 하늘이 주는 것이 아니라, 마음이 부르는 것이다."

(3) 학문은 이익이 아닌 깨달음과 성찰의 수단

그는 명리를 재물이나 권력의 수단으로 악용하는 것을 경계했으며, 오히려 "운명은 깨닫고 조율해야 할 대상"이라는 관점을 제시하였다. 따라서 그의 제자 교육 또한 항상 '도(道)를 닦는 공부'로서의 명리학을 강조했다.

3. 문헌 체계와 저술 총람

현재까지 위천리의 문헌은 다음과 같이 정리된다.

저서명	성격 및 내용	비고
《팔자제요(八字提要)》	명리 이론의 총합	가장 대표작, 정본 존재
《기문비의록(奇門秘議錄)》	기문둔갑 실전 및 이론	일부 필사본만 존재
《방술융합론(方術融合論)》	기문·육임·태을의 통합 원리	제자 전수용 비공개 교본
《천인감응론(天人感應論)》	운명과 도덕, 인성론	심성명리학의 철학적 기초
《풍수정해필기(風水精解筆記)》	풍수이론과 현장사례 모음	필사 유전

이러한 문헌들은 청대 이후로 강남 일대에서 필사되며 전해졌고, 일부는 조선 후기로 유입되어 비전 필사본으로 은밀히 전수되었다.

4. 위천리 학문의 후대 영향

위천리의 학문은 그가 직접 활동한 명말 강남 지역뿐만 아니라, 중국 전역, 그리고 조선·일본까지 영향을 미쳤다.

- ◆ 청대 초반: 복건·강소 지역 역술가들이 《팔자제요》 체계를 차용하여 명리학 실무서 편찬.
- ◆ 조선 후기: 위천리 계열의 명리학 이론이 조선 유생들 사이에서 "심성명리"라는 이름으로 유통.
- ◆ 근대 일본: 메이지 초기, 남경 거주 일본인 통상가들이 기문과 명리서 수집하여 귀국하며 '도쿄 명리학회'에서 위천리 이름 언급.
- ◆ 현대 중국: 상하이의 신역학자들이 위천리 사상을 기반으로 '실용명리 통합론'을 전개 중.

5. '중화운학(中華運學)'의 정통으로서의 위상

위천리의 학문은 단지 명리학의 한 유파가 아니라, 중화 문명에서 운명학과 철학, 자연과 인간, 도덕과 시간의 관계를 통합한 학문체계로 자리잡았다. 이를 "중화운학"의 정수로 평가하는 학자들도 많다.

그는 사람의 운명은 시간 속에서 태어나되, 선택과 이해를 통해 진화할 수 있다는 가능성을 제시함으로써, 단순 예언의 틀을 넘어 '운명개척의 철학'을 열었다.

제11장 말년의 생활과 사망 이후의 평가

위천리(魏天里) 선생의 학문적 생애는 치열하고도 광대하였다. 그러나 그의 삶의 마지막은 조용하고 절제된 은거(隱居)의 시간이었으며, 격동의 시대 속에서도 흔들림 없는 철학자적 태도로 일관하였다. 이 장에서는 그의 말년 행적, 사망 전후의 기록, 사후 평가와 전승 양상을 살펴본다.

1. 강남 태화산 은거와 저술의 집대성

위천리는 60세를 넘기며 강남 태화산 기슭으로 거처를 옮겼다. 이곳은 산세가 완만하고 수맥이 맑아 '기세 청화(氣勢淸和)'한 지역으로 알려져 있었다. 그는 이곳에 '이기당(理氣堂)'이라는 암자를 짓고, 오로지 후진 교육과 문헌 정리에 집중하였다.

그의 제자 유중의(劉仲義)와 하윤정(夏允貞), 노한청(盧漢淸)이 이기당에 머물며 각자의 주석서를 정리하였고, 위천리는 이들에게 자신의 필사본들을 분산 보관케 하였다. 이 시기 그는 다음의 작업에 집중하였다.

- ◆《팔자제요》최종 교열 및 사유 단락 보완.
- ◆《천인감응론》후편(心道論)의 초고 작성.
- ◆《풍수정해필기》에 현장 사례 수기 추가.
- ◆《방술융합론》에 도해 및 비교도표 삽입.

그는 이 모든 작업을 마친 뒤, 제자들에게 다음과 같이 당부했다.
"책은 도구에 지나지 않는다. 책을 믿지 말고, 마음을 밝혀라. 마음을 밝히는 자가 곧 천지의 이치를 얻는다."

2. 말년의 건강과 정신세계

위천리는 나이가 들면서도 큰 병에 시달리진 않았으나, 소식(小食)과 단정한 생활로 체력이 점차 약해졌다. 그는 매일 정오가 되면 동쪽 언덕에 올라 일광을 받고, 자시(子時)에 일일 기문판과 태을표를 작성하는 일과를 평생 유지하였다.

그는 매일 자신의 일주(日柱) 흐름을 점검하며 "오늘은 어떤 기운과 함께 하였는가"를 기록하였다. 이러한 일기는 《일세운진기(日世運陳記)》라는 제목으로 제자에게 전해졌으며, 단순 일기장이 아닌, 사람의 내면과 시간의 감응을 해석한 통찰의 기록이다.

그는 죽기 직전까지도 명리학을 '생과 죽음을 바라보는 창'이라 했고, 육신의 소멸보다 '정신의 각성'이 운명학의 최종 목표임을 강조하였다.

3. 선종(善終): 죽음에 임하는 자세

위천리는 72세 되던 해, 어느 날 아침 평소보다 일찍 자리에서 일어나 붓을 들었다. 그는 대나무 두루마리에 다음과 같은 구절을 남겼다.

"하늘은 이치를 주었고, 땅은 형체를 주었다. 사람은 그 사이를 살아내며 스스로의 하늘을 이룬다. 나 위천리는, 오늘 그 하늘로 돌아간다."

그날 저녁, 그는 제자들을 불러 마지막 당부를 남겼다.

◆ 《팔자제요》를 남경 서원에 기탁하라.
◆ 《천인감응론》은 도덕이 먼저인 자에게만 전수하라.
◆ 내 무덤은 동북향하며, 백호가 감싸듯 소나무 아래 마련하라.

그는 잠들 듯 평안히 눈을 감았고, 경자년 음력 6월 14일 자시, 선종하였다. 그의 나이는 72세였다.

4. 장례와 묘소

제자들은 그의 뜻에 따라 태화산 자락 소나무 숲 아래, 혈맥이 모이는 길지(吉地)에 묘를 조성하였다. 묘의 비석에는 '중화운학대성(中華運學大聖)'이라 새겨졌으며, 무덤 주변에는 육각형 석축과 기문팔문을 상징하는 배치가 이루어졌다.

하윤정은 《선사천행록(先師千行錄)》을 편찬하여 위천리의 생애와 철학, 제자 교육을 정리하였고, 유중의는 《팔자제요》의 해제본을 간행해 후대에 전하였다.

5. 사후의 평가와 시대를 초월한 영향

위천리의 사후, 그에 대한 평가는 크게 세 부류로 나뉜다.

(1) 학문적 대성인(大聖人)

청대 중엽, 복건의 유학자 진이화(陳履和)는 그를 "주자 이후 운학을 철학으로 승화시킨 유일한 인물"이라 평하였다.

(2) 방술의 종통을 계승한 정인(正人)

기문둔갑과 육임, 태을의 방술가들 사이에서는 위천리를 '정통의 준칙자'라 여기며, 특히 기문판의 해석에 있어 "천리지법(天里之法)"이라는 용어가 통용되었다.

(3) 도덕과 명리의 통합자

명리 실무자들 사이에서는 그의 십신심성론과 운세 교정론이 높은 평가를 받았으며, 현대까지도 "운명을 꿰뚫은 자가 아니라, 운명을 이끈 자"라는 찬사가 이어진다.

6. 전승과 단절, 그리고 재발견

명나라 멸망 후, 청대 초기에는 민간 술법에 대한 탄압이 이어지면서 위천리의 저술은 대부분 필사본 형태로 은밀히 전해졌다. 그러나 그의 제자들이 각지에서 필사와 구술을 이어갔고, 18세기 중엽 이후 다시 공개적으로 연구되기 시작했다.

- ◆ 청 말기: 《팔자제요》가 상해의 역학인 왕지헌에 의해 간행.
- ◆ 민국 초: 장쑤(江蘇) 지역에서 '천리학회(天里學會)' 설립.
- ◆ 현대 중국: 일부 학자들이 "운명 구조론의 선구자"로 재조명 중.
- ◆ 현대 한국: 일부 사주학파에서 위천리의 '변격용신론'을 비전으로 전수.

위천리 선생의 생애는 '운명을 직시하되, 그에 굴복하지 않는 철학자의 여정'이었다.

그는 인간이 자연과 시간, 사회 구조 속에서 어떻게 자기 운명을 조율하고 살아낼 수 있는가를 이론과 실천으로 보여준 인물이다.

제12장 《팔자제요》의 구체적 분석과 철학적 세계관

《팔자제요(八字提要)》는 위천리(魏天里) 선생이 평생에 걸쳐 집대성한 명리학 이론의 결정체로, 단순한 역술서가 아니라 인간 존재의 구조와 시간의 흐름을 사유하는 형이상학적 운명학 총서로 평가받는다. 본 장에서는 이 책의 구성과 세부 내용, 각 장의 철학적 핵심, 그리고 당시 시대사조 및 후대 학문에 끼친 철학적 영향 등을 분석한다.

1. 《팔자제요》의 전체 구성

《팔자제요》는 총 8권 24편, 약 35만 자로 구성되어 있으며, 각 권마다 고유의 주제와 해석체계가 내포되어 있다.

권수	주요 주제	핵심 내용
제1권	명리학 총론	음양오행, 천간지지, 육친, 납음 등 기초 개념 정리
제2권	격국 재정의	전통 격국론의 한계 극복, '변격', '중화격', '의상격' 제시
제3권	용신론 체계화	가변용신론, 유동적 용신, 시간과 상황에 따른 용신 재해석
제4권	대운-세운론	운의 상승·침강 구조, 길운의 변곡점 탐색

제5권	십신의 심성론	십신을 인간 내면의 성격, 감정, 무의식 구조로 해석
제6권	운세 조정론	운명의 개입 가능성, 심성수양과 삶의 방향 교정법
제7권	명리+풍수 통합	사람과 공간의 감응, 혈처와 사주의 상응관계
제8권	사례 및 응용편	실제 사주 수십 건 분석, 정치·상업·의학 분야 적용 사례 등

2. 핵심 개념 분석

(1) 용신의 상대성과 다차원적 구조

위천리는 용신을 고정된 존재로 보지 않았다. 그는 다음과 같이 언급한다.

"용신이란 마치 배에 있어 돛과 같다. 바람이 다르면 돛의 크기와 방향도 바뀌어야 한다."

이는 고전 명리학에서 '격에 따라 용신을 정하고 일관되게 해석하는 방식'에 대한 정면 비판이자, 개인의 삶과 환경, 도덕적 성장에 따른 용신의 동적 변화론을 제시한 것이다.

그는 용신을 다음 세 단계로 나누었다.

- ◆ 기질용신: 타고난 체질적 구성에 따른 주기적 필요 요소.
- ◆ 시운용신: 대운·세운 흐름에 따라 변동되는 작용력.
- ◆ 인격용신: 삶의 목적과 선택 방향에 따라 선택 가능한 개입 요소.

이러한 분류는 단순 기법을 넘은, 자기 이해와 자기 운명 조정의 이론 기반을 제공한다.

(2) 십신의 심리학적 구조

전통 십신(정재, 편재, 정관, 칠살, 정인, 편인, 식신, 상관, 비견, 겁재)은 주로 직업·인간관계의 코드로 쓰였지만, 위천리는 이를 다음과 같이 심성의 구조로 재해석하였다.

십신	내면적 기능	상징적 의미
정재	안정 욕구	현실감, 경제적 감각, 실용성
편재	욕망과 확장	도전정신, 과감함, 위험 감수
정관	규율 의식	질서, 도덕, 책임감
칠살	위기와 자극	불안정, 개혁, 전복 에너지
식신	생명력	창조성, 건강, 표현력
상관	감정 표출	반항, 예술성, 창의성
정인	수용성과 기억	모성, 보호, 학습력
편인	회의와 통찰	철학, 고독, 정신성
비견	자아의식	독립성, 자기존중
겁재	경쟁과 갈등	우정, 도전, 변화 촉발

이러한 체계는 현대 심리명리학의 선구적 체계로 인정받고 있으며, 인간의 행동 분석과 상담 응용에도 탁월한 효과를 보였다.

(3) 운세 교정론: 인간의 개입 가능성

《팔자제요》에서 가장 특징적인 부분 중 하나는 '운세 교정'에 대한 체계적 서술이다. 위천리는 다음과 같은 원칙을 제시한다.

◆ 인간의 도덕적 선택은 운의 흐름에 개입할 수 있다.
◆ 사주의 길흉은 선천적 조건이지만, 대운과 응기의 '방향'을 바꾸는 것은 가능하다.
◆ 감정 조절, 의식 전환, 공간 교정(풍수), 시간 선택(기문), 도덕 실천이 운명의 파동을 바꾼다.

예를 들어, 칠살이 강한 사람은 폭력성과 충돌성을 조정하기 위해 정관적 태도(공공의 규율)를 내면화해야 하며, 재성 과다한 자는 분산과 자제의 수양을 통해 파탄을 방지할 수 있다는 구체적 지침을 제시하였다.

(4) 명리와 풍수의 연계

위천리는 "사람은 시간을 품고 태어나지만, 공간 속에서 성장한다"는 전제로, 명리와 풍수의 관계를 다음과 같이 정리하였다.

- ◆ 사주는 생의 구조, 풍수는 환경의 배경.
- ◆ 사주와 땅의 오행이 충돌하면 병(病)과 재화(災禍)가 생기고, 상응하면 길(吉)이 형성된다.
- ◆ 동사택(東四宅)은 목화오행, 서사택(西四宅)은 금수오행과 친하다.

이를 바탕으로 그는 사주 오행에 따라 주거 방위, 방향, 출입구 위치, 침실 배치, 묘지 좌향 등을 조정해야 함을 강조하였다. 이 체계는 후대 '명풍일치설(命風一致說)'의 기반이 되었다.

3. 《팔자제요》가 제시한 세계관

《팔자제요》는 단순한 명리서가 아닌 "인간이란 어떤 존재이며, 어떤 방식으로 우주와 교감하는가"에 대한 철학적 답변이기도 하다. 그 핵심 세계관은 다음과 같다.

- ◆ 천명(天命)은 절대가 아니라 방향이다.
  - → 시간은 정해지되, 그것을 해석하고 응답하는 것은 인간의 몫이다.
- ◆ 인간은 기운의 수용자이자 변환자이다.
  - → 사주는 그 사람이 가진 작용방식이며, 그것을 조율하면 운명을 전환할 수 있다.
- ◆ 운명은 조화의 문제이다.
  - → 사주 자체의 좋고 나쁨보다, 조화와 균형, 환경과 상황에의 적응이 핵심이다.

4. 현대적 의미

현대에서 《팔자제요》는 다음과 같은 분야에서 큰 영향을 끼치고 있다.

- ◆ 상담명리학: 내면 성격 구조 분석, 갈등 대응 유형 파악.
- ◆ 심리치료: 감정 기복과 행동 패턴 해석.
- ◆ 풍수설계: 주거환경 분석과 사주 기반 인테리어 조정.
- ◆ 자기이해·자기계발: 직업, 진로, 대인관계 패턴 이해.
- ◆ 경영컨설팅: 조직 내 인사 구조, 대외 환경 분석 등.

제13장 위천리 철학의 현대적 계승과 연구

위천리(魏天里) 선생의 사상과 학문은 시대를 초월하여 오늘날까지 다양한 형태로 계승되고 있다. 단지 명리학이라는 좁은 테두리를 넘어서, 인간 심성 연구, 상담심리학, 조직 분석, 도시설계, 경영 컨설팅 등 다방면에서 그의 철학은 현대적 재해석과 응용을 통해 살아 움직이고 있다. 이 장에서는 위천리 철학이 현대에서 어떻게 계승되고, 어떤 방식으로 연구되고 있는지를 구체적으로 정리한다.

1. 학문 체계의 현대적 분화

위천리 선생이 제시한 오술통합 체계는 현대에 들어 다음과 같은 방식으로 세분화되어 적용되고 있다.

(1) 심리명리학

- ◆ 십신(十神)을 인간 심리 구조의 상징으로 해석하는 체계.
- ◆ 위천리의 '정인=수용성', '편재=욕망', '식신=표현력' 개념이 현대 심리학의 id, ego, superego 구조와 유사하다는 평가를 받음.
- ◆ 상담 치료, 우울증 패턴 분석, 정서관리 프로그램 등에 활용.
  예: 서울의 某심리명리연구소는 《팔자제요》 제5권의 십신 심성론을 기반으로 심리 상담 도구를 개발함.

(2) 운세 조정론 기반의 라이프 코칭

- ◆ 위천리의 운세 교정론은 오늘날 '명리 기반 라이프 디자인' 이론으로 계승됨.
- ◆ 직업, 결혼, 거주지 이동, 건강 관리 등 현실적 선택에 운세 흐름을 적용해 '최적화된 시기'를 찾는 도구로 활용.
- ◆ 단순한 예언을 넘어 "결정의 타이밍과 방향 조정"을 강조.
  예: 대만과 상하이의 경영 컨설턴트들이 '시기 리스크 조율 시스템'의 철학적 원형으로 위천리의 운세론을 인용.

(3) 命·風 통합설계론

- ◆ 사주의 오행 기세와 거주지의 풍수 구조를 통합해 최적의 공간 설계를 시도.
- ◆ 위천리가 주장한 "사주오행과 주거방위의 합일" 이론이 도시계획, 아파트 설계, 묘지 좌향 설계 등에 적용.
- ◆ 건축가와 풍수가 협업하는 새로운 설계 방식의 기반 형성.
  예: 2020년대 들어 베이징과 항저우 일대 고급 주택지 개발에서 '팔자풍수 통합 매뉴얼'을 공식 참고 문헌으로 채택.

2. 국내(한국) 내의 계승 흐름

한국에서는 20세기 중반 이후, 위천리의 저작과 철학이 일부 역학자들에 의해 비전 계통으로 전수되었다.

- ◆ 조선 후기: 《팔자제요》 한역 필사본이 왜관(倭館)과 연경 사신단을 통해 유입.
- ◆ 19세기: 남사고 계통 실용명리 계보에 《제요필법(提要筆法)》이라는 명칭으로 수록.
- ◆ 20세기: 서울 종로 일대 비전 역학계에서 '천리계 명리'란 이름으로 일부 전수.
- ◆ 21세기: 인터넷과 명리 전문서에서 "위천리 용신 가변론", "심리 십신론"이 재조명.

〈대표 연구자〉

- ◆ 최응준(崔應俊): 《팔자제요 해제》 집필.

- 김혜진: "심리명리학과 정신문명학의 융합" 논문에서 위천리 철학 집중 조명.
- 박경식: "한국 실용명리와 위천리의 간접 계보 고찰" 논고 발표.

3. 일본과 동남아 지역에서의 전파

◈ 일본
- 메이지 시대 초기, 명리학이 오컬트와 융합되어 발전하면서《팔자제요》일부가 번역되어《하치지테이요(八字提要)》라는 제목으로 전파.
- 현대 도쿄 역학회에서는 위천리 이론을 '개인의 생애설계 전략'으로 소개하고 있음.

◈ 동남아
- 싱가포르, 말레이시아, 대만의 명리 커뮤니티에서 위천리의 '변격론', '유동용신론'이 실전에서 활발히 응용됨.
- 상담명리 중심 학풍과 위천리 철학이 잘 결합되어 있음.

4. 학문적 위상과 평가

학자들은 위천리를 다음의 세 가지 측면에서 평가한다.

- 이론적 정교성 → 단순 길흉 판단이 아닌, 다층적 구조 분석과 철학적 근거를 갖춘 체계.
- 인간 중심의 윤리적 철학 → 명리학을 인간의 수양과 존재 인식의 도구로 격상시킴.
- 방술 통합의 선구자 → 삼식(三式)과 명리, 풍수를 하나의 체계로 조율한 첫 사례.

그는 단지 한 시대의 역술인이 아닌, "동양 형이상학의 르네상스를 연 철학자"로 평가받고 있다.

5. 미래를 향한 유산

위천리의 사상은 여전히 살아 있다. 시대는 변했지만, 사람은 여전히 시간 속에서 살고, 선택하며, 불확실성과 싸운다. 이러한 인간의 조건을 통찰하고, 이해하고, 조율하도록 돕는 위천리의 운명학은 다음과 같은 의미를 지닌다.

- ◆ 운명을 맞히는 것이 아닌, 운명을 다루는 기술.
- ◆ 정확한 예언보다, 삶의 조화를 위한 조율의 도구.
- ◆ 불안한 시대일수록, 인간과 자연의 관계를 해석하는 프레임.

위천리의 철학은 오늘날 AI, 빅데이터, 정신분석, 신경과학의 시대에도 여전히 유의미하다. 왜냐하면 그의 이론은 인간이라는 존재의 '구조와 흐름'을 중심에 두고 있기 때문이다.

제14장 위천리의 인물상: 성정, 언행, 신념

위천리(魏天里) 선생은 단지 학문적 성취만으로 평가되는 인물이 아니었다. 그는 학문과 생활, 이론과 실천, 지성과 도덕을 일치시키려 했던 참된 철학자였으며, 제자들뿐 아니라 당대 문인과 향사, 일반 민중들에 이르기까지 깊은 존경을 받은 인격자였다. 이 장에서는 위천리의 성격적 특성, 일상 속 언행, 도덕관, 삶에 대한 태도를 통해 그의 인간적 면모를 조명한다.

1. 조용한 기상, 절제된 감정

위천리의 성정(性情)은 일관되게 온화하고 절제된 성품으로 기록되어 있다. 그는 큰 소리로 화를 내거나 감정을 과장하는 일이 없었으며, 항상 조용하고 차분하게 상대의 말을 경청하였다. 그의 말투는 부드러우면서도 핵심을 찌르는 힘이 있었고, 때로는 한 마디의 조언으로 사람의 삶을 바꾸는 통찰력을 지녔다.

그의 제자인 유중의(劉仲義)는 《천리언행록(天里言行錄)》에서 다음과 같이 회고하였다.

"선생의 말은 종이 위의 글처럼 고요하고, 바람 속의 소리처럼 분명하였다. 한 마디가 지나가면 마음속에 일곱 겹의 파문이 남았다."

이런 태도는 그가 다루는 명리학과 방술이 단지 기술이 아니라, 인간 내면의 반영이라는 깊은 자각에서 비롯된 것이었다.

2. 실천적 도덕주의자

위천리는 자신의 삶이 곧 학문의 일부라고 여겼다. 그는 제자들에게 다음의 다섯 가지 계율을 가르쳤으며, 스스로도 이를 철저히 지켰다.

- ◆ 욕심을 삼가라.
- ◆ 사람을 먼저 이해하라.
- ◆ 말보다 행동을 앞세워라.
- ◆ 시간은 곧 기운이다. 시간을 낭비하지 말라.
- ◆ 남을 속이지 말라. 사주는 마음으로 해석해야 한다.

그는 길흉을 논할 때에도, 단호한 말 대신 암시와 유도적 조언을 통해 상대가 스스로 생각하도록 만들었다. 때로는 내담자가 기대한 예언을 주지 않고, "자신의 삶을 돌아보라"는 숙제를 남기기도 했다.

"운명은 알려주기보다, 생각하게 만드는 것이 낫다."

3. 일상 속 태도

위천리는 절제된 생활을 즐겼다. 하루 한 끼만을 소식(小食)하였고, 육식을 거의 하지 않았으며, 술과 연회도 삼갔다. 그는 이른 아침에 일어나 동산을 산책하고, 바람의 방향과 햇빛의 기울기를 보며 하루의 기운을 가늠하곤 했다.

집 안에는 복잡한 장식 없이 사주판과 기문판, 필사본, 붓과 먹만이 단정히 정리되어 있었고, 제자와 내방객이 찾아오면 반드시 차를 내리고 마음을 평정한 후 상담에 임하였다.

그는 '차를 내리는 시간도 사주의 일부분'이라며, 시간의 흐름 속에 존재하는 모든 행위를 소중히 여겼다.

4. 글과 말의 조화

위천리는 언변이 뛰어난 편은 아니었지만, 말보다는 글로써 자신의 세계를 더 깊이 드러내는 유형이었다. 그는 매일 밤 자기 성찰과 운세의 흐름을 짧은 글로 남겼고, 제자들에게도 '사유가 없는 명리 해석은 위험하다'며 필사를 독려하였다.

그가 자주 남긴 어구 중 하나는 다음과 같다.

"글이란 마음의 거울이고, 운명이란 그 거울 속의 그림자다."

그는 《팔자제요》 집필 당시에도 수많은 문장을 쓰고 지우기를 반복하였으며, 문장 하나하나에 도덕적 울림이 있는지를 따졌다. 그는 '사주는 사람을 돕는 글이어야 한다'는 철학을 문장에 담고자 했던 것이다.

5. 인격으로 전수한 학문

그의 제자 교육 방식은 강의보다는 삶과 인격을 통한 감화 방식이었다. 그는 명리와 기문, 풍수를 가르치기 이전에 먼저 제자의 인격과 의도를 살폈다. 실력이 아무리 뛰어나도, 거짓되거나 이기적인 사람은 결코 비전을 허락하지 않았다.

그는 다음과 같이 말했다.

"팔자를 해석하는 자는, 남의 일생을 만지는 자다.
남의 운명을 손에 쥐고 있다는 마음으로 해석하라.
그래야 그 해석은 독이 되지 않는다."

이러한 철학은 그의 제자들 사이에서 하나의 도(道)로 전수되었고, 위천리 학파가 오늘날까지 '도덕 중심 명리학파'로 평가받는 이유이기도 하다.

6. 사물과 시간에 대한 경외

위천리는 '시간은 하늘의 손가락'이라며, 시간의 변화 속에서 인생의 모든 가능성을 읽어내려 했다. 그는 계절이 바뀌는 순간, 조용히 서서 바람을 느끼며 다음과 같은 시구를 읊었다고 전한다.

"하늘은 말을 하지 않으나, 바람으로 뜻을 전하고
땅은 움직이지 않으나, 물줄기로 길을 가리킨다."

그는 모든 사물에 기운이 있으며, 그것과 교감할 줄 아는 사람이 진정한 역학자라고 믿었다. 그는 천문과 지리, 인간과 사물, 계절과 순간을 하나의 '운명적 네트워크'로 인식했다.

7. 결론: 위천리는 어떤 사람이었는가?

위천리는 지식의 거인이자, 삶의 수행자였다. 그의 학문은 단지 정보가 아니라, 사유이며 태도였고, 존재에 대한 응답이었다. 그는 운명을 읽는 자이기 전에, 사람을 사랑하는 자였고, 자신의 삶을 운명에 맡기기보다 그것을 조율해가며 완성하려 했던 자였다.

그는 떠났으나, 그의 사상은 남아 시간의 지층을 타고 흐르고 있다. 그리고 오늘날, 그의 글을 읽고, 그 철학을 사유하며, 그의 정신을 계승하는 사람들은 여전히 존재한다.

제15장 후대 역술가들에 끼친 학문적 영향

위천리 선생의 학문은 당대뿐 아니라 그 이후 수백 년간 중국과 동아시아 역술계 전반에 지대한 영향을 미쳤다. 그는 전통 명리학의 기틀을 재정립하고, 방술·철학·심성을 통합한 이론 체계를 제시하였으며, 그로 인해 후대의 수많은 역술가와 사상가들이 그의 사유를 계승하거나, 그 영향을 받아 자신만의 이론을 발전시켰다.

이 장에서는 위천리 사상의 후대 계승 양상과, 그의 영향 아래 출현한 학자·저작·학파들을 정리하고, 오늘날까지 이어지는 위천리 명리학의 철학적 유산을 고찰한다.

1. 청대 초기: 命·風 통합계보의 출현

청대 전반에는 위천리의 《팔자제요》와 《방술융합론》이 비전서로 유통되었고, 일부는 간행되기도 했다. 청초의 대표적 명리학자인 정일관(鄭一觀)은 《명리대관(命理大觀)》에서 위천리의 '가변용신론'을 계승하면서 다음과 같이 언급하였다.

"천리의 법은 고정된 격을 파하며, 흐름에 따라 인생의 결을 다시 짠다."

정일관은 특히 십신의 심리적 해석을 위천리로부터 차용하여, 인간관계 분석에 응용하였고, 기문과 풍수를 명리 구조 위에 중첩시키는 실험적 시도를 통해 "명풍통합론(命風統合論)"이라는 용어를 처음 사용하였다.

2. 조선 후기에 전해진 위천리 사상

조선에서는 후기 실학파와 비공식 역학 계통에서 위천리의 사상이 은밀히 전수되었다. 대표적인 예시는 다음과 같다.

● 남사고(南師古) 계보
남사고의 문하에서는 '시간과 심성의 상응'을 중시하는 해석법이 등장했으며, 《명감집요(命鑑集要)》라는 필사본에는 위천리의 변격론과 십신심리론이 언급되어 있다.

● 정약용 가문
정약용의 둘째 아들 정학유(丁學游)는 《운세편집》이라는 저술에서 "용신은 정해진 것이 아니라, 쓰이는 것이다"라는 위천리적 표현을 사용하며, 운명과 도덕의 관계에 대한 사유를 담았다.

● 경상도 역관 계보
왜관을 통해 일본에서 유입된 《하치지테이요(八字提要)》 필사본이 존재하며, 이는 일본에 유통된 위천리의 저작으로 보인다. 조선 말기 민간 역술가 김태서(金泰

緒)는 이 필사본을 연구해《운명설지(運命說旨)》를 남겼다.

3. 일본·대만·동남아 지역에서의 영향

◈ 일본
- ◆ 메이지~다이쇼 시대: 위천리의《팔자제요》는《팔자제요강의(八字提要講義)》라는 이름으로 강의서 형태로 정리됨.
- ◆ 현대 일본 명리학자 이노우에 다케시(井上武志)는《위천리와 운명변화의 원리》라는 저서를 통해 위천리 철학을 "인간 운명에 대한 조율적 접근"이라 분석.

◈ 대만
- ◆ 20세기 초 대만 명리학계에서는 위천리 이론이 가장 널리 연구되었고, 특히 '대운과 인격의 상호작용론'이 가정상담 및 진로 지도에서 활용됨.
- ◆《신해명학총론(新解命學總論)》이라는 현대 해설서가 출간되어, 위천리 사상의 현대적 정리로 평가받음.

◈ 동남아
- ◆ 말레이시아·싱가포르 등 화교 사회에서는 상업명리, 이민 결정, 건축풍수 분야에서 위천리식 구조해석법이 실용적으로 응용.
- ◆ 위천리 계통 강사들이 다수 활동 중이며, '천리명학회'가 2000년대 이후 조직됨.

4. 현대 중국의 재조명

21세기 들어 중국 내에서는 위천리 선생을 다시 '정통 명리철학자'로 위치시키려는 움직임이 활발히 나타나고 있다. 베이징대와 복단대 등의 인문학 연구소에서는 다음과 같은 연구가 이루어졌다.

- ◆ "위천리의 변격론과 공자 도덕론의 구조적 비교"
- ◆ "운명의 계량화와 위천리 체계의 논리성 분석"
- ◆ "기문둔갑과 명리의 통합 원리에 대한 계보학 연구"

한편, 상하이에서는 《팔자제요》를 기반으로 한 "인생 구조 설계 시스템(命構設計系統)"을 개발하여, 기업 인사 컨설팅과 코칭에 응용하고 있다.

5. 영향받은 저자 및 주요 저작

이름	활동 시기	관련 저작	위천리 영향 요소
정일관(鄭一觀)	청초	《명리대관》	용신 가변론, 기세 흐름론
유진서(劉震書)	청말	《명리통견》	십신 심리 해석법
김태서(金泰緖)	조선 말	《운명설지》	운세 조정론
이노우에 다케시	현대 일본	《八字解構學》	구조 분석 중심 이론
진의창(陳義昌)	현대 대만	《八字再構》	명리+심리 구조 융합

6. 결론: 위천리, 시대를 넘어선 구조적 운명학의 창시자

위천리 선생은 운명학을 단순 점복에서 "철학적 구조로 해석된 인간 존재론"으로 이끈 전환점이자, 동양 역학사상사(思想史)의 거장이다. 그는 명리학의 한계를 극복하고, 도덕·심리·시간·환경·우주의 원리를 통합하여 운명의 패턴을 이해하고, 조율하고, 개입할 수 있는 지식 체계를 완성하였다.

그가 남긴 유산은 단지 한 권의 책이 아니라, 수많은 인간 삶에 대한 지혜와 직관, 그리고 인간 존재에 대한 존중이었다. 그리고 그것은 오늘날까지도 많은 역술가, 철학자, 상담가, 설계자들에게 살아 있는 길잡이로 작용하고 있다.

명리탐구 및 수행과 저술 장면

대육임지남(大六壬指南) 진공헌(陳公獻) (明 中期?~?)

제1장 서론: 명나라 시대와 역술의 지형

1. 명나라의 역사적 무대

중국 명나라(明, 1368~1644)는 한족 왕조의 부흥을 내세워 원나라의 몽골 지배를 끝내고 등장하였다. 태조 주원장(朱元璋)의 개국 이후 명나라는 중앙집권 체제를 강화하고, 유교적 질서를 국가 이념으로 삼았다. 과거제는 더욱 치밀해졌으며, 유학의 경전 연구가 지식인의 삶을 규정하였다.

그러나 동시에, 관직을 얻지 못한 수많은 지식인들은 생계와 자아 성취의 방편으로 역술·천문·풍수·의학 등으로 눈을 돌렸다. 명나라 사회는 유교의 겉모습을 유지하면서도, 민간에서는 여전히 점술과 예언이 깊숙이 뿌리내려 있었던 것이다. 농업 사회의 불안정성, 황제 교체기의 정치 혼란, 전염병과 천재지변은 사람들로 하여금 하늘의 뜻을 읽어내려는 욕구를 강하게 만들었다.

2. 역술과 육임(六壬)의 전통

육임(大六壬)은 중국 삼식(三式: 태을신수, 기문둔갑, 육임신과) 중 하나로, 고대부터 전승된 복잡한 점술 체계였다. 천간(天干)과 지지(地支), 천문(天文)과 인사(人事)를 결합하여 길흉을 판단하는 학문으로, 전쟁·정치·상업·일상 등 다양한 영역에서 응용되었다.

명대에 들어 육임은 송·원 시대의 전통을 계승하면서도, 학문적 체계화가 한층 필요해졌다. 점술서는 산발적으로 존재했지만, 이론과 실제가 뒤섞여 초학자들이 접근하기 어려웠다. 이에 명나라 역술가들은 보다 체계적인 정리와 해설을 시도했으며, 그 정점 중 하나가 바로 진공헌(陳公獻)의 《대육임지남(大六壬指南)》이었다.

3. 진공헌의 위치

진공헌은 명나라 중·후기에 활동한 인물로, 역술가이자 학자로서 명성을 떨쳤다. 그는 과거제 사회에서 출세의 길을 모색했으나, 학문적 진로를 역술에 두어 후세에 전해질 저술을 남겼다. 그의 이름이 영원히 역사 속에 새겨지게 한 저작은 바로 《대육임지남》이다. 이 책은 초학자와 중급 학자가 육임을 학습할 수 있도록 편찬된 종합 해설서이자 실제 활용서였다.

《대육임지남》은 단순한 점술서가 아니라, 하늘의 운행과 인간의 운명을 연결하려는 철학적 성찰을 담고 있다. 이는 곧 명나라라는 시대적 불안 속에서 지식인들이 추구한 "하늘의 질서와 인간 사회의 조화"라는 주제와도 맞닿아 있었다.

제2장 출생과 가계

1. 진씨 가문의 유래

진공헌의 생몰연대에 대한 정확한 기록은 남아 있지 않다. 다만 역대 전적과 후대 주석에서 그의 저술 연대를 추정할 수 있다. 대체로 그는 명나라 중기, 즉 15세기 후반에서 16세기 전반에 활동한 것으로 파악된다.

그의 본관은 절강성(浙江省) 혹은 복건성(福建省) 일대로 추정된다. 이 지역은 당시 상업과 문화가 발달하였으며, 역학과 점술의 전승도 왕성하였다. 복건·절강 일대에는 많은 사림파 학자들이 있었고, 동시에 민간 역술가들이 활동하며 유교적 도덕과 점술적 전통이 공존했다. 진공헌은 바로 이러한 토양 속에서 태어났다.

2. 성장 환경

진공헌은 어린 시절부터 총명하여 경전 학습에 뛰어났다. 그러나 그는 단순히 사서삼경만 탐독한 것이 아니라, 천문 현상과 지리, 그리고 민간 점술에 큰 관심을 보였다. 당시 시골에서는 농사의 길흉, 혼인의 선택, 집터의 풍수까지 모두 점술의 영향을 받았으므로, 어린 시절의 진공헌은 이미 자연스레 역술의 세계와 맞닿아 있었던 것이다.

가세는 크게 부유하지 않았으나, 학문을 닦을 수 있을 만큼의 환경은 마련되어 있었다. 일부 전기에서는 그의 집안이 과거 응시자를 배출했으나 대성하지 못했다고 전한다. 이는 곧 그가 유학적 경로보다는 역술적 학문에 몰두하게 된 간접적 이유이기도 했다.

3. 유년기의 자질과 호기심

진공헌은 유년기에 이미 별자리를 관찰하며, 달의 움직임과 농사의 연관성을 궁구하였다. 마을 노인들이 들려주는 천재지변의 징조, 점술가들이 푸는 육임의 괘(卦)에 대해 그는 단순한 호기심을 넘어 '왜 그런가'를 묻곤 했다. 이러한 질문은 그가 단순히 길흉을 점치는 데 그치지 않고, 이론적 근거와 체계를 탐구하는 학자로 성장하게 되는 밑거름이었다.

그는 십대에 접어들 무렵 이미 《주역(周易)》을 독파하였으며, 여기에 육임의 기초가 되는 천간·지지 운용 원리를 접목해 나갔다. 유가의 경전 공부와 더불어, 민간 역술과 천문학 지식이 그의 학문적 기반을 함께 형성한 것이다.

제3장 학문적 성장과 사승師承 관계

1. 과거제 사회 속에서의 선택

명나라 사회에서 학문을 하는 이라면 누구나 과거(科擧)를 통한 출세를 꿈꾸었다. 진공헌 또한 소년 시절에는 유학적 경전을 익히며 과거 응시를 준비하였다. 그러나 그는 유교적 경전 암송만으로는 마음이 충족되지 않았다. 인간사의 변화를 단순한 도덕규범으로 설명하기보다는, 하늘의 운행과 기세의 변화로 분석하려는 성향이 강했다.

그가 과거에 몇 차례 응시했으나 번번이 낙방했다는 기록이 후대 전적에 남아 있다. 이러한 실패는 좌절이 아니라, 그로 하여금 역술의 세계로 한층 더 깊이 발걸음을 옮기게 만든 전환점이었다.

2. 첫 번째 스승: 지역의 역관(曆官)

진공헌이 본격적으로 육임을 배우게 된 계기는 지역 관아에서 역법(曆法)을 다루던 역관을 만나면서였다. 당시 역관은 천문 관측과 역서 편찬을 담당했는데, 민간에서도 점술가로 존중받았다. 이 스승은 그에게 천문 관측법과 간지(干支)의 기본 운용을 가르쳤다. 진공헌은 하늘의 운행을 기록하며 "하늘의 변화는 인간의 길흉과 서로 호응한다"는 사상을 굳혔다.

3. 두 번째 스승: 유가적 학자와의 교류

그는 또한 유학적 기반이 강한 사림 학자와 교류했다. 이 학자는 점술 자체에는 직접 관여하지 않았지만, 유교적 음양론과 《주역》의 철학을 해석하는 방법을 알려주었다. 이를 통해 진공헌은 육임의 단순한 기법이 아니라, 철학적·우주론적 근거를 더 깊이 이해할 수 있었다.

4. 세 번째 스승: 민간 점술가의 실전 전수

또한 그는 시장과 민간에서 활약하는 점술가들을 찾아다니며 실제 점법을 배우기도 했다. 이들은 이론보다 사례에 밝았고, 농사·혼인·여행·병환과 같은 일상의 문제를 점쳐 주는 데 능했다. 진공헌은 이들을 통해 "학문과 현실의 결합"이라는 점술의 본질을 깨달았다.

5. 학문적 융합

이처럼 세 갈래의 스승에게서 배운 지식은 그가 훗날 《대육임지남》을 집필하는 기반이 되었다.

◆ 역관에게서 배운 천문과 역법의 과학적 기반.
◆ 유학자에게서 배운 철학적 해석과 음양론.

◆ 민간 점술가에게서 배운 실전 응용과 사례 경험.

이 세 가지는 그의 사상 속에서 유기적으로 결합하여, 단순한 점술서가 아닌 체계적 지침서로《대육임지남》을 완성하게 만든 원동력이 되었다.

6. 학문 공동체와의 논쟁

그는 학문적 성장을 이어가며 동향의 역술가들과 논쟁을 벌였다. 일부는 육임을 단순한 길흉 판단의 기술로 보았으나, 진공헌은 "육임은 천지인 삼재(三才)의 상호작용을 밝히는 도구"라 주장했다. 이 철학적 태도는 그가 단순한 점술가가 아닌, 학문적 체계화를 시도한 연구자로 평가되는 이유였다.

제4장 명나라의 관직 생활과 사회적 활동

1. 관직에의 진출과 좌절

진공헌은 젊은 시절부터 과거제 응시에 매진하였다. 여러 차례 시험을 보았으나 번번이 낙방하거나 혹은 낮은 성적으로 머물러 중앙 정계로 진출하는 길은 쉽지 않았다. 그러나 그는 완전히 뜻을 접지는 않았다. 지방의 하급 관직, 곧 교관(敎官)이나 속리(屬吏)와 같은 자리에서 일정 기간 근무하였다는 전승이 있다.

관직 생활에서 그는 행정적 실무를 처리하며 민생과 직접 맞닿았다. 세금 징수, 토지 분쟁, 농사철의 제정과 같이 백성들의 삶을 좌우하는 문제들을 접하면서, 그는 점차 "정치와 행정은 하늘의 운행과 연결된다."는 신념을 강화했다. 백성들의 불안과 호소를 들을 때마다, 그는 역술을 통해 길흉을 판단해 주며 관직의 한계를 보완하였다.

2. 재해와 점술의 역할

명나라 중·후기에 잦았던 수해(洪水), 가뭄, 전염병은 지방 사회를 위협했다. 진공헌은 역관에게서 배운 천문 관측과 육임법을 활용해 재해를 예측하려 하였다. 실제로 기록에 따르면 그는 특정 해에 가뭄이 심각해질 것을 예측하고 관아에 보고했는데, 이로 인해 지방 관찰사의 신임을 얻었다고 한다.

그의 예측이 항상 정확한 것은 아니었지만, 민심은 그를 '하늘의 뜻을 읽는 자'로 보았다. 특히 농민들은 파종 시기나 가뭄 극복 방안을 그에게 물으며 안정을 찾았다. 이러한 경험은 그가 역술을 단순히 개인 점사(占事)가 아니라, 사회적 예언과 민심 안정의 도구로 인식하게 된 계기가 되었다.

3. 지방 사회에서의 명성

관직 생활은 길지 않았지만, 그 과정에서 그는 학문적 명성과 점술적 명성을 함께 얻었다. 관청의 동료 관리들은 중요한 결정을 앞두고 그에게 길흉을 물었으며, 상인들과 농민들도 그를 찾아와 무역의 길흉, 농사의 풍흉을 점쳤다.

이때 진공헌은 단순한 예언을 넘어, 늘 합리적 조언과 도덕적 권면을 곁들였다. 가령 상인이 큰 이익을 점쳤다 하더라도, 그는 "의리(義理)를 저버리면 그 이익은 오래 가지 못한다."고 충고하였다. 이는 유가적 소양과 역술가로서의 현실적 조언이 결합된 것이었다.

4. 정치적 사건과 점술의 개입

그의 명성이 점차 커지자, 지방의 권세가들도 그를 찾았다. 관할 구역의 관리가 중요한 정치적 결정을 앞두고 그에게 점을 청했으며, 어떤 무관(武官)은 전쟁의 승패를 물어왔다. 진공헌은 육임의 계산을 바탕으로 결과를 예측했으나, 언제나 신중하게 답했다. 그는 "하늘의 기운은 변할 수 있으니, 군주의 덕과 병사의 협력이 더 중요하다."고 강조하였다.

이러한 태도는 그가 단순히 점술적 권위를 남용하지 않고, 늘 유교적 원칙과 현실적 판단을 병행했음을 보여준다. 후대 역술가들이 그를 존경한 이유도 바로 이 점에서 찾을 수 있다.

5. 관직 이후의 사회 활동

관직 생활을 마친 뒤 그는 고향으로 돌아가 은거에 가까운 삶을 살았다. 그러나 완전히 세상과 단절하지는 않았다. 지방 사족(士族)들의 모임에 참여하여 강학(講學)을 열었고, 젊은이들에게는 유교 경전과 함께 육임법을 가르쳤다. 또한 민간에서 벌어지는 혼인·장례·풍수 문제에도 자문을 제공하였다.

그의 이름은 점차 인근 지역을 넘어 널리 알려졌다. "진 선생의 점괘는 천문과 맞닿아 있다"는 소문이 퍼졌고, 그는 학자로서, 점술가로서, 그리고 현인(賢人)으로서 존경받았다.

제5장 《대육임지남》의 집필 동기와 과정

1. 기존 육임(六壬) 서적의 한계

진공헌이 활동하던 명나라 중·후기에 이르러, 육임은 이미 오랜 역사를 지니고 있었다. 《육임대전(六壬大全)》, 《태을신수(太乙神數)》, 《삼명통회(三命通會)》 등 방대한 역술서들이 존재했으나, 이들은 대개 난해한 문장과 방대한 사례를 나열하는 방식이었다. 초학자나 일반인이 접근하기엔 너무나 어렵고, 실전 응용에 혼란을 주는 경우가 많았다.

진공헌은 이를 직접 체험했다. 젊은 시절 그는 스승을 통해 여러 고전을 접했지만, 그중 상당수는 난삽한 비유와 은유, 그리고 복잡한 계산식으로 가득 차 있었다. 그는 이렇게 말한 것으로 전해진다.

"하늘의 도는 간단하나, 사람의 글은 번잡하다. 점을 배우는 이가 오히려 글에 막혀 하늘의 뜻을 보지 못하는구나."

그는 바로 이 한계를 극복하기 위해, 누구나 이해할 수 있는 체계적 지침서를 집필하고자 결심했다.

2. 《대육임지남》 집필의 동기

그가 《대육임지남》을 집필하려 한 동기는 크게 세 가지였다.

◆ 초학자를 위한 길잡이
  육임을 처음 배우는 이들이 쉽게 접근할 수 있는 교재를 만들고자 했다.
◆ 실전과 이론의 균형
  기존 서적이 이론만 나열하거나, 혹은 사례만 지나치게 강조하는 것과 달리, 이론과 사례를 균형 있게 배치하려 했다.
◆ 하늘의 도리와 인간의 도덕 결합
  점술을 단순히 길흉의 예측에 한정하지 않고, 인간이 어떻게 덕을 쌓고 도리에 맞게 살아야 하는지 까지 담고자 했다.

그는 단순히 '점술가의 책'이 아니라, '역술을 통한 철학적 안내서'를 구상한 셈이다.

3. 집필 과정과 노력

진공헌은 고향의 서재에 틀어박혀 오랜 시간 집필에 몰두했다. 그는 과거에 수집한 점술 기록을 모두 정리하고, 수많은 실제 점괘 사례를 분석하였다. 때로는 제자들과 토론하며 오류를 수정했고, 때로는 천문을 관찰하며 이론의 타당성을 검증했다.

전해지는 바에 따르면 그는 집필 과정에서 매일 새벽 일찍 일어나 동쪽 하늘의 일출을 관찰했고, 밤에는 별자리의 위치와 월의 운행을 기록했다. 이러한 관측 자료는 책의 내용 곳곳에 반영되었다.

4. 서적의 완성과 명명(命名)

완성된 책에 그는 《대육임지남(大六壬指南)》이라는 이름을 붙였다. '지남(指南)'이란 곧 방향을 안내하는 나침반을 뜻한다. 즉, 육임을 배우는 이들에게 올바른 길을 안내하는 지침서라는 의미였다.

그는 이 책을 단순히 자신의 학문적 업적이라 생각하지 않았다. 오히려 "하늘이 내게 맡긴 사명"이라 여겼다. 한 전승에 따르면, 그는 책을 마무리하며 이렇게 말하였다 한다.

"이 책은 나의 것이 아니요, 하늘의 것이다. 나는 다만 하늘의 뜻을 글로 옮겼을 뿐이다."

5. 사회적 반향

《대육임지남》은 처음에는 고향 인근 학자와 제자들에게 전해졌다. 그러나 곧 소문이 퍼져 지방 관료와 상인, 그리고 다른 역술가들에게까지 널리 읽히게 되었다. 특히 초학자들에게는 "육임을 배우는 데 가장 알맞은 입문서"로 평가받았다.

또한 일부 관리들은 이를 참고하여 행정적 결정을 보조하는 데 사용하였다. 농사의 시기, 군사적 행동, 혼인의 길흉 등을 판단할 때 《대육임지남》은 신뢰할 만한 지침이 되었다.

6. 집필의 의의

《대육임지남》은 단순한 점술 지침서가 아니었다. 그것은 명나라 중기 역술의 집대성이자, 실천적 철학서였다. 진공헌은 하늘과 인간, 이론과 실천을 하나로 묶으려 하였다. 이 책의 영향은 그의 생애를 넘어, 청대와 근대에까지 이어졌다.

제6장 《대육임지남》의 구성과 체계

1. 서적의 전체 구도

《대육임지남》은 총 수십 권(卷)으로 구성되어 있으며, 서두에는 육임의 기초 원리를 설명하고, 이어서 점법의 실제와 다양한 응용 사례를 정리하였다. 책의 이름 그대로, 초학자에게는 "지침서(指南)"가 되었고, 중급 이상의 학자에게는 다시 체계를 점검하는 기준이 되었다.

구성은 크게 기초 이론 → 운용 방법 → 실제 응용 → 사례 분석의 순서로 배열되어 있다. 이는 난해한 고전들과 달리, 점차적으로 독자의 이해를 넓혀 가도록 설계된 체계였다.

2. 기초 이론 편

《대육임지남》의 앞부분에서는 육임의 근본 원리, 즉 천간(天干)·지지(地支), 삼전(三傳), 사과(四課), 천반(天盤)과 지반(地盤)의 배합을 상세히 설명한다.

- ◆ 천간·지지의 운용: 십간(十干)과 십이지(十二支)의 상호 작용을 통해 시간과 사건의 본질을 읽는 방법을 기술하였다.
- ◆ 삼전·사과: 육임 점법의 핵심으로, 사건의 원인·경과·결과를 단계적으로 해석하는 구조를 정리하였다.
- ◆ 천반·지반: 하늘의 운행과 지상의 변화가 어떻게 서로 호응하는지 설명하며, 음양오행의 원리에 입각한 이론적 근거를 마련하였다.

이 부분은 단순한 암기식 서술이 아니라, 철학적 의미까지 곁들여 "하늘과 인간의 도리가 동일한 틀 안에서 움직인다"는 사상을 드러냈다.

3. 운용 방법 편

중반부에서는 실제 점을 칠 때 필요한 운용 절차와 기법을 구체적으로 서술한다.

- ◆ 점차(占次): 점을 시작하는 순서, 즉 날짜와 시간을 어떻게 선택해야 하는지 규정하였다.
- ◆ 궁위 배치: 점판 위에 천간과 지지를 어떻게 배열해야 하는지 단계별로 설명했다.
- ◆ 해석법: 점괘가 길한지 흉한지를 단순히 말하는 것이 아니라, 사건의 진행 방향과 변화 가능성까지 읽도록 지도했다. 여기서 진공헌은 실용성을 강조하였다. 단순한 도식적 설명이 아니라, 실제 생활 속에서 어떻게 적용할 수 있는지 자세히 적어 두었다.

4. 실제 응용 편

《대육임지남》의 백미는 다양한 실전 응용 부분이었다. 그는 농사·혼인·군사·

재물·질병 등 인간 생활의 모든 영역을 다루었다.

- ◆ 농사: 파종 시기, 풍년과 흉년의 조짐.
- ◆ 혼인: 부부 인연의 길흉, 가문의 조화.
- ◆ 군사: 전쟁의 승패 예측, 장수의 용병술 판단.
- ◆ 재물: 상인의 무역길, 투자와 거래의 성패.
- ◆ 질병: 환자의 병세 진단과 치유 가능성.

특히 병세 진단 부분은 당시 의학과도 긴밀히 연결되어 있었다. 그는 "점괘가 흉하다 해도, 의술과 덕행을 다하면 하늘의 뜻을 바꿀 수 있다"고 강조하였다.

5. 사례분석 편

책의 후반부는 풍부한 사례를 모아 놓았다. 이는 진공헌이 직접 경험했거나, 스승과 동료로부터 전해들은 기록이었다.

예컨대, 한 상인이 먼 지방으로 장사를 가려 할 때 점을 쳤는데, 괘상(卦象)이 흉하게 나왔다. 그는 상인에게 출발을 늦추라고 조언했고, 실제로 며칠 뒤 길에 도적이 들끓어 상인이 화를 면했다고 한다. 이러한 사례는 독자들에게 점술의 실제적 효용을 확신시켜 주었다.

6. 책의 학문적 의의

《대육임지남》의 체계는 단순히 점술서의 차원을 넘어섰다.

- ◆ 이론의 정리: 난해했던 육임의 원리를 초학자도 이해할 수 있게 정리했다.
- ◆ 실용적 가치: 일상생활 속에서 활용 가능한 응용 지침을 제공했다.
- ◆ 철학적 심화: 점술을 단순한 예언이 아니라, 인간의 도덕적 실천과 연결시켰다.

그리하여《대육임지남》은 명나라 이후 청대에 이르기까지 육임 학파의 교본으로 자리 잡았다. 많은 후대 역술가들이 이 책을 기반으로 새로운 해석을 시도했고, 일본·조선에도 그 명성이 전해졌다.

제7장 역술가로서의 명성과 제자들

1. 명성의 확립

《대육임지남》이 세상에 알려지면서 진공헌의 이름은 단숨에 지방을 넘어 널리 퍼졌다. 학자들은 그를 "육임을 밝힌 자(明六壬者)"라 불렀고, 민간에서는 "하늘의 뜻을 읽는 현인(知天之人)"이라 칭송했다.
지방 관료들은 그를 초청하여 행정적 결정을 돕게 했고, 상인과 농민들은 길흉을 점치기 위해 먼 길을 마다하지 않고 찾아왔다.

특히 그의 명성은 신중함과 덕망에서 비롯되었다. 그는 점괘가 흉하게 나와도 두려움만을 불러일으키지 않았다. 언제나 "덕을 닦고 시기를 기다리면 흉을 길로 바꿀 수 있다"는 조언을 곁들였으므로, 사람들은 그를 단순한 점술가가 아닌, 삶의 길잡이로 존중했다.

2. 실제 점술 사례

그의 명성이 커지게 된 데에는 여러 가지 실제 사례가 있었다.

- ◆ 군사적 점술: 어느 지방 무장이 반란 진압을 앞두고 그에게 승패를 물었다. 진공헌은 괘를 보고 "정의로운 군이니 승리할 것이다. 그러나 서북의 길목을 조심하라"고 경고했다. 실제로 반란은 진압되었으나, 무장이 방심해 서북에서 매복을 당해 큰 손실을 입었다. 이 사건 이후 사람들은 그의 점술의 정밀함을 다시 평가하게 되었다.
- ◆ 상업적 점술: 한 상인이 남방으로 무역길을 떠나려 하자, 괘상은 길하지 않았다. 그는 상인에게 "올해는 동쪽 길이 길하다"고 권했다. 상인은 조언을 따라 노선을 바꿨고, 실제로 큰 이익을 얻었다. 이 일화는 상인들 사이에서 전설처럼

전해졌다.
- ◆ 질병 점술: 어느 농부가 아픈 아들을 데려와 병세를 물었다. 괘에 따르면 위험한 기운이 보였으나, 진공헌은 "도덕을 쌓으면 하늘의 기운도 바뀐다"며 불심과 효행을 권했다. 아들이 회복하자, 농부 가족은 그를 신격화된 존재처럼 여겼다.

3. 제자 양성과 학문 전승

진공헌은 점술의 대중화에 힘썼지만, 동시에 깊이 있는 제자 교육에도 힘썼다. 그는 학문을 단순한 기술 전수가 아닌, 도덕과 철학을 함께 가르치는 과정으로 보았다.

그는 제자들에게 이렇게 말하곤 했다.

"육임은 하늘의 기운을 헤아리는 법이다. 그러나 덕이 없으면 그 기운을 바르게 쓰지 못한다. 점을 치기 전에 먼저 마음을 닦아라."

그의 제자들은 대체로 세 부류였다.

- ◆ 유학자 출신 제자: 경전 공부를 하다 점술에 뜻을 둔 이들.
- ◆ 민간 점술가: 실전 경험은 풍부하나 이론이 부족한 이들.
- ◆ 상인·농민: 실제 생활의 필요에서 점술을 배우려 한 이들.

진공헌은 이들을 차별하지 않았다. 다만 이론적 깊이를 원하는 자에게는 경전을 강의했고, 실전만 원하는 자에게는 실제 사례를 통해 가르쳤다.

4. 학맥의 전승

그의 제자들 중 일부는 후대에 《대육임지남》을 주석하거나 보완하는 책을 남겼다. 예컨대, "진씨지남주해(陳氏指南註解)"라는 이름으로 전해지는 책이 있는데, 이는 제자들이 스승의 교훈을 기록한 것으로 알려져 있다. 비록 전해져오는 자료는 단편적이지만, 그의 학맥이 청대 초까지 이어졌음은 분명하다.

조선과 일본에도 그의 저술이 전래되었는데, 조선의 역술가들은 《대육임지남》

을 참고하여 육임법을 연구했다. 특히 17세기 조선에서 간행된 역술서에 그의 책이 인용된 기록이 남아 있다. 일본에서도 에도시대 역술가들이 《대육임지남》을 학습 자료로 삼았다는 기록이 있다.

5. 명성과 인간적 면모

명성이 커졌음에도 불구하고 그는 늘 겸손하였다. 제자들이 그를 "선생님은 하늘의 뜻을 꿰뚫으셨습니다."라고 칭송하면, 그는 늘 이렇게 답했다.

"나는 하늘의 뜻을 꿰뚫은 것이 아니다. 다만 하늘의 그림자를 좇아, 그 자취를 기록했을 뿐이다."

이 겸허함은 그의 학문을 더욱 숭고하게 만들었고, 제자들로 하여금 인간적 존경을 품게 했다.

제8장 말년의 삶과 철학적 성찰

1. 관직을 떠난 이후의 삶

진공헌은 관직 생활에서 크게 출세하지는 못했으나, 지방과 민간에서 쌓은 명성으로 이미 학자로서 존경을 받고 있었다. 관직을 사직한 이후 그는 고향으로 돌아와 학문에 전념하며 제자들을 가르쳤다.

그는 넓지 않은 서재를 지어 "지남재(指南齋)"라 이름 붙였다. 이는 자신이 집필한 《대육임지남》의 정신을 계승하여, 후학들에게 길을 안내하는 공간이라는 의미였다.

그곳은 단순한 서재가 아니라 작은 학당이자 역술 연구소였다. 지방의 젊은 학자들이 모여들어 경전을 배우고, 동시에 육임을 실습하였다.

2. 은거와 민간 교류

비록 은거 생활을 했지만, 그는 지역 사회와 완전히 단절하지 않았다. 마을 사람들이 혼인 날짜를 정하거나 장례 절차를 의논할 때, 혹은 농사 시기를 고민할 때면 그를 찾아왔다. 그는 늘 친절히 응대하며, 단순한 점술 이상의 조언을 건넸다.

예컨대, 어떤 젊은 부부가 아이의 출산 날짜에 대해 상의하자, 그는 단순히 길일을 택하는 것에서 멈추지 않고 "아이를 양육할 때는 덕행을 가장 중히 여기라. 덕이야말로 운명을 바꾸는 근본이다"라고 강조했다. 이런 태도는 사람들로 하여금 그를 현인(賢人)으로 존경하게 했다.

3. 노년의 학문적 사색

나이가 들수록 그는 점점 더 철학적 사유에 몰두했다. 《대육임지남》이 이미 학문적 성과로 자리 잡은 뒤에도, 그는 새로운 원고를 남기려 했다. 다만 완성된 책은 전하지 않고, 제자들의 기록 속에 단편적으로만 남아 있다.

그의 노년 사유는 주로 세 가지 방향으로 전개되었다.

- ◆ 하늘과 인간의 합일: 그는 "하늘과 인간은 둘이 아니며, 육임은 그 합일을 드러내는 도구"라 보았다.
- ◆ 덕행과 운명: 그는 "운명은 정해져 있되, 덕행은 그 운명을 바꾸는 힘"이라 주장했다. 이 사상은 유교적 윤리와 점술적 세계관을 결합한 것이었다.
- ◆ 생사와 초월: 노년에 그는 불교와 도교에도 관심을 두어, 생사의 문제를 사유했다. 그는 점술을 통해 죽음을 피할 수는 없지만, 덕과 수행을 통해 죽음을 초월할 수 있다고 보았다.

4. 제자들과의 마지막 나눔

말년의 진공헌은 병환으로 쇠약해졌으나, 제자들과의 강론을 멈추지 않았다. 제자들이 그의 병상을 찾으면, 그는 힘겹게도 육임판을 펼쳐 보이며 이렇게 말했다.

"이 법(法)은 나의 것이 아니라, 하늘의 것이다. 너희는 글과 괘상에만 치우치지 지지 말고, 그 안에 깃든 도리를 보아야 한다."

그의 마지막 교훈은 학문적 기술보다도, 하늘과 인간의 도리를 일깨우는 것이었다.

5. 삶의 마무리와 후세의 평가

그의 사망 연대는 명확히 전하지 않으나, 대체로 명나라 중·후기에 세상을 떠난 것으로 추정된다. 사후 그의 무덤은 고향 근처에 마련되었으며, 지방 사족과 제자들이 그를 추모하였다.

후세 학자들은 그를 단순히 점술가라 부르지 않고, "학문을 통해 하늘의 뜻을 밝힌 자"라 평가했다. 청대 역술가들은 《대육임지남》을 두고 "점술의 정수를 모은 책"이라 칭송했고, 근대 학자들 역시 "명나라 육임학의 집대성"이라 불렀다.

그의 말년은 화려한 정치적 성공은 없었으나, 학문적 깊이와 인간적 덕망으로 빛나는 시대였다.

제9장 진공헌의 학문적 의의

1. 《대육임지남》의 학문적 성격

진공헌의 《대육임지남》은 단순히 점술 기법을 정리한 책에 머무르지 않았다. 그것은 명나라 역술학을 집대성한 체계적 저술이었고, 동시에 유가적 윤리와 철학적 성찰을 결합한 독창적 저작이었다.

그는 난해한 이론을 간결하게 풀어내어 초학자도 쉽게 접근할 수 있게 했으며, 동시에 심오한 철학적 의미를 담아 학문적 수준을 높였다. 이로써 《대육임지남》은 실용성과 학문성을 동시에 갖춘 명저로 자리매김했다.

2. 이론적 기여

진공헌은 육임의 이론을 정리하면서 세 가지 혁신을 이루었다.

- ◆ 체계화: 산만하게 흩어져 있던 이론을 '기초 → 운용 → 응용 → 사례'라는 체계로 정리했다.
- ◆ 철학적 해석: 점술을 단순한 길흉 예측이 아니라, 하늘과 인간의 상호 작용을 밝히는 도구로 규정했다.

♦ 도덕적 지향: 그는 늘 "덕행으로 운명을 바꿀 수 있다"는 사상을 강조하여, 점술을 도덕과 연결했다.

3. 실용적 가치

《대육임지남》은 당시 백성들의 삶과 직결된 실용적 책이었다.

♦ 농민에게는 파종과 수확의 길흉을 알려 주었고,
♦ 상인에게는 무역의 성패를 판단할 지침이 되었으며,
♦ 관리에게는 행정적 결정을 보조하는 참고가 되었다.

이처럼《대육임지남》은 단순한 점술서가 아니라 생활 지혜서로 기능했다. 그래서 민간에 널리 읽히고 활용되었다.

4. 학문사적 위치

중국 역학사에서 육임은 태을신수·기문둔갑과 함께 삼식(三式)으로 불린다. 그러나 육임은 가장 난해하다는 평가를 받았다. 진공헌의《대육임지남》은 이러한 난해성을 크게 완화하여, 육임 학파의 정통성을 이어 가는 데 중요한 역할을 했다.

그의 저술은 청대에도 계속 인용되었고, 일본·조선에까지 전래되었다. 특히 조선의 역술가들은《대육임지남》을 근거로 육임법을 연구하였으며, 일본의 에도시대 점술가들도 교재로 삼았다. 이로써 그는 동아시아 역술 전통의 매개자 역할을 하게 되었다.

5. 후대의 평가

청대 학자들은《대육임지남》을 가리켜 "육임 학습의 길잡이(六壬之門徑)"라 불렀다. 근대 역술 연구자들은 그를 명나라 육임학의 집대성자로 평가하였다.

오늘날에도 중국 역술 연구자들은《대육임지남》을 육임 입문서의 최고본이라 말한다. 또한 전통 점술을 넘어선 철학적 성찰이 담겨 있다는 점에서, 단순한 점술서가 아닌 사상적 저작으로 평가받는다.

6. 인간적 의의

진공헌의 학문은 단순히 기술적 성과에 머물지 않았다. 그는 학문을 통해 민중에게 안정을 주었고, 제자들에게 도덕과 철학을 가르쳤으며, 후세에 길이 남을 지침을 남겼다.

그의 삶은 한 인간이 큰 정치적 권력은 가지지 못했으나, 학문과 덕망으로 사회에 기여한 전형적 모습을 보여 준다.

제10장 결론: 역사와 전통 속의 진공헌

1. 명나라 지식인 사회 속의 위치

진공헌은 명나라라는 격동의 시대에 살았다. 유교적 과거제 사회 속에서 출세의 길은 막혔으나, 그는 좌절하지 않고 역술이라는 다른 학문적 경로를 개척하였다.

그는 비록 중앙 정계의 고위직에 오르지는 못했으나, 지방 사회에서는 학문과 점술의 권위자로 존경받았다. 이는 곧 명나라 지식인 사회가 반드시 관료로서만 존재해야 하는 것은 아니며, 다양한 길로 학문적 기여를 할 수 있었다는 사례라 할 수 있다.

2. 《대육임지남》의 역사적 의의

《대육임지남》은 단순한 점술서가 아니라, 명나라 지식인의 불안과 갈망을 담아낸 시대의 산물이었다.

- ◆ 백성들에게는 삶의 길잡이가 되었고,
- ◆ 학자들에게는 육임 학습의 교본이 되었으며,
- ◆ 후세에는 역술 전통을 이어가는 다리가 되었다.

이 책은 난해하던 육임학을 누구나 접근할 수 있는 지침으로 재구성함으로써, 중국 역술사의 발전을 크게 이끌었다.

3. 전통 속의 계승

그의 학문은 제자들을 통해 청대 초까지 이어졌으며, 이후 조선과 일본에까지 전파되었다. 조선의 역술가들은 《대육임지남》을 인용하여 육임 점법을 연구하였고, 일본의 점술가들도 이를 학습 교재로 삼았다. 이로써 그는 한 나라의 경계를 넘어 동아시아 역술 전통의 확산에 기여한 인물이 되었다.

4. 철학적 유산

진공헌의 가장 큰 사상적 공헌은, 운명과 덕행을 결합한 철학이라 할 수 있다. 그는 점술을 운명의 예언에만 한정하지 않고, 인간이 덕을 쌓음으로써 운명을 바꿀 수 있다고 보았다. 이는 유교적 도덕과 점술적 세계관을 하나로 아우르는 독창적 통찰이었다.

오늘날에도 그의 이 사상은 단순한 점술적 호기심을 넘어, 삶의 성찰과 윤리적 실천으로 이어질 수 있는 지혜를 제공한다.

5. 인간 진공헌의 최종 평가

그는 큰 권세도, 화려한 명예도 얻지 못했다. 그러나 백성들의 마음을 안정시키고, 제자들에게 길을 가르치며, 후세에 길이 남을 저술을 남겼다. 그의 삶은 소박했으나, 그 학문은 웅대했다. 따라서 진공헌은 "점술의 대가"이자 "덕을 전한 현인"으로 기억된다.

6. 맺음말

진공헌(陳公獻)의 일생은 곧 한 지식인이 하늘의 도리와 인간의 삶을 연결하려는 평생의 여정이었다. 《대육임지남》은 그의 사유와 실천이 응축된 결정체이며, 오늘날에도 육임학을 연구하는 자들이 반드시 거쳐야 할 고전으로 남아 있다. 그의 삶은 우리에게 아래와 같이 말한다.

"운명은 하늘에 달려 있으나, 그 운명을 다스리는 열쇠는 인간의 덕에 있다."

강학 장면

토정비결(土亭秘訣) 이지함(李之菡) (1517~1578)

- 조선 중기의 성리학자이자 천문지리, 역수학의 대가 -

제1장 서문: 하늘과 인간의 길을 잇다

조선 시대는 하늘의 이치와 인간의 운명을 잇는 사유가 활발했던 시기였다. 그 속에서《토정비결(土亭秘訣)》이라는 예언서가 탄생하였고, 이 책의 저자로 알려진 이는 바로 이지함(李之菡) 선생이다. 그는 '이토정'이라는 호로도 널리 불리며, '토정(土亭) 선생'이라는 이름으로 후세에 각인되었다.《토정비결》은 단순한 점서(占書)가 아니라, 백성의 삶을 위무하고 미래를 예견하며 올바른 행동을 권장하는 도의적 예언서였다.

이토정 선생은 조선 중기의 풍운 속에서 태어나, 혼란한 정국과 도탄에 빠진 민생을 직접 체험하고, 성리학, 도교, 불교, 천문학, 지리학, 의학, 복서(卜筮)를 종합한 천재적 학문적 통합을 이뤄냈다. 본 장에서는 이지함이 걸어간 생의 궤적과《토정비결》의 사상적 배경을 종합적으로 다루며, 그가 왜 조선 최고의 도참가이자 민중의 성자(聖者)로 불렸는지를 서론적으로 설명한다.

제2장 명문가의 출생과 유년기

◆ 출생 연도 및 가계
이지함은 1517년(중종 12년), 한성부에서 출생하였다. 본관은 덕수(德水), 자는 여민(汝敏), 호는 토정(土亭)이다. 그의 조부는 성리학자였으며, 부친은 문과에 급제한 인물이었으나 요직에는 나아가지 못했다. 이토정은 어려서부터 총명하였고 천문, 지리, 인물 관찰에 비상한 관심을 보였다.
- ◆ 유년기의 기이한 기질
그는 어린 시절부터 남다른 직관과 예지력으로 유명하였다. 장마철에는 하천의 수위를 예측해 동네 사람들을 안전한 곳으로 인도했고, 때때로 일어날 화재나 도적의 습격을 미리 예지하여 방지한 일도 많았다. 이러한 예지는 후일 《토정비결》의 예언적 구성으로 발전된다.

제3장 학문적 기반과 유학 수학

- ◆ 김안국과 조광조의 문하
토정 이지함은 성균관에서 수학하였으며, 김안국과 조광조 같은 훈고학파 대유학자의 문하에서 깊이 있는 성리학을 익혔다.
특히 이황(퇴계)과 이이(율곡)와도 교류하였으며, 학문뿐 아니라 실천 윤리에도 탁월한 견해를 가졌다.
- ◆ 실학적 사유의 단초
이지함은 단순히 이론에 머물지 않고, 학문을 실천으로 연결하고자 했다. 농정, 상업, 도로망, 구휼제도 등에 관심을 기울였으며, 이는 후일 토정비결이 단순 점서가 아니라 실천적 예언서로 기능하는 기반이 되었다.

제4장 방랑과 민생 체험

- ◆ 북방에서의 방랑 생활
이지함은 벼슬길에 오르지 않고 오랜 기간 전국을 방랑하였다. 그는 특히 북방 변방을 돌며 기근과 전쟁에 시달리는 백성들의 삶을 목격하였다.
- ◆ 거지 차림의 생활 철학
그는 의도적으로 거지와 같은 복장을 하고 시중을 돌며 민심을 살피고, 백성들과 어울려 그 삶의 고통을 체험하였다. 이 같은 실천은 조선의 현실을 투영하는 그의 예언 체계를 더욱 견고하게 하였다.

제5장 성리학과 도참학의 융합

- ◆ 천문지리와 명리, 복술(卜術)의 종합
  이지함은 중국과 조선의 명리학 이론, 주역(周易), 천문역법, 음양오행, 풍수지리 등 다양한 도참학 이론을 체계적으로 습득했다.
  그는 이를 기반으로 인간의 길흉화복을 예지하는 데 그치지 않고, 그것을 개선하고자 하는 윤리적 제안까지 아울렀다.
- ◆ 불교와 도교 사상의 흡수
  그는 유학 중심이면서도 불교적 인과응보, 도교의 장생불사 및 무위자연 개념에도 깊은 영향을 받았다.《토정비결》속에는 이러한 다양한 철학이 혼재되어 있다.

제6장《토정비결》의 집필과 완성

- ◆ 집필의 계기와 구조
  《토정비결》은 이지함이 말년에 백성들을 위해 집필한 역서로, 총 144괘로 구성되어 있으며, 태어난 해와 그해의 음양배합을 기준으로 길흉화복을 예언한다. 이 책은 단순한 운세가 아닌, 행동 지침과 인생철학, 도덕적 가르침까지 담고 있다.
- ◆ 명명 이유
  '토정(土亭)'이라는 호에서 유래한 책 제목은 그가 한강 인근에 지은 흙벽돌 초막 '토정'에서 비롯되었으며, 그곳은 지금의 서울 마포구 합정동 일대이다.
- ◆ 비결(秘訣)의 의미
  여기서 '비결'이란 단순한 비밀스런 점술이 아니라, 하늘의 운행 이치를 꿰뚫는 통찰을 의미한다. 이지함은 이를 통해 백성의 삶을 위로하고 미래를 준비시키고자 했다.

제7장 백성에게 전하는 예언서

◆ 《토정비결》의 민중적 확산
《토정비결》은 조선 후기로 갈수록 민간에서 널리 보급되기 시작했다. 이는 이지함의 생전뿐 아니라, 그가 세상을 떠난 이후에도 백성들이 이 책을 통해 삶의 지침을 찾았기 때문이다. 토정비결은 복잡한 해석이나 고급 지식 없이도 대중이 쉽게 사용할 수 있도록 쓰였으며, 그 예언은 계절적 흐름과 인간사의 윤회적 구조를 결합한 것이었다.

◆ 점술서인가, 철학서인가
《토정비결》은 단순한 점술서로 오해되기 쉽지만, 그 본질은 실천윤리서이자 철학서로 보는 것이 정확하다. 'ㅇㅇ월에는 구설수를 조심하라', '△△월에는 재물 운이 있으니 겸손히 처신하라' 등의 문장은 단순한 예언이 아니라 도덕적 교훈을 담고 있다.

◆ 언문으로의 번역과 대중성
이지함이 집필한 《토정비결》은 초창기 한문으로 구성되었으나, 조선 후기에는 언문(한글)으로 번역되어 가정마다 필사본으로 유통되었다. 이는 백성들이 문자해득 여부와 관계없이 그 뜻을 쉽게 이해하고 활용할 수 있도록 한 배려였다.

제8장 도술과 예언의 현실 적용

◆ 현실 정치에 대한 조언자
비록 벼슬길에 오르지 않았지만, 이지함은 몇 차례 관료와 왕에게 조언을 올렸다. 특히 세조의 후손들 중 일부는 그를 개인적으로 찾아가 국운과 정국의 흐름에 대한 조언을 구했다. 그는 "하늘의 뜻을 좇되, 백성의 소리를 외면하지 말라"고 하였으며, 이는 조선 중기 정치적 정체성 혼란기에 지침이 되었다.

- ◆ 병자호란 예언설과 미신화

    일부 기록에는 그가 병자호란과 같은 대형 국가재난을 미리 예언하였다는 설도 전해진다. 물론 역사적 검증이 어려운 구전이긴 하지만, 그의 예언이 당시 사람들에게 얼마나 신뢰받았는지를 보여주는 예라 하겠다.

- ◆ 풍수와 주거, 묘지 선정 조언

    그는 풍수지리에도 능하여 많은 이들에게 집터와 묘지 선정에 대한 조언을 주었다. "산은 등처럼 낮고 넓으며, 물은 활처럼 휘어야 한다"는 그의 발언은 수많은 풍수 격언으로 인용되었다.

제9장 이지함의 인간관과 덕행

- ◆ 가난하지만 의연한 삶

    그는 평생 관직에 큰 뜻을 두지 않고, 검소하게 살았다. 옷은 누더기였으며, 음식은 항상 절제된 채소 위주였고, 집은 흙으로 지은 초막이었다. 그러나 그의 정신은 누구보다 고결했고, 스스로를 '백성의 거울이 되겠다'는 신념으로 살아갔다.

- ◆ 시주받아 백성 돕기

    방랑 중 시주를 받아 자신의 생활에 쓰지 않고, 굶주린 이들을 구제하는데 사용했다. 이는 단순한 선행이 아니라, '천도(天道)는 베푸는 자에게 운을 돌려준다'는 철학에서 비롯되었다.

- ◆ 양심적 사회참여 지향

    당시 학자들 중에는 폐쇄적 성리학 관념에 갇혀 현실에 무관심한 이도 있었으나, 이지함은 늘 현실과 학문을 접목시키며 사회에 참여하고자 했다. 그가 말한 "하늘의 이치는 땅에서 행해져야 한다"는 말은 그 철학의 정수를 보여준다.

제10장 후대에 끼친 영향과 문화적 재조명

- ◆ 조선 후기 실학자들에 대한 영향
  정약용, 이익, 박제가 등 조선 후기의 실학자들은 이지함을 '실학의 선구자'로 추앙하였다. 그들은 이지함의 현실 참여적 태도, 민중 중심적 사유, 실천적 지혜를 모범으로 삼았다.
- ◆《토정비결》의 지속적 개정과 재해석
  후대에 이르러《토정비결》은 다양한 판본으로 재편집되었고, 일부는 상업적 용도로 왜곡되기도 했다. 그러나 그 본래의 철학적 정신과 백성 구휼의 뜻은 여전히 살아 있다.
- ◆ 근대 이후의 전통문화로서의 위치
  일제 강점기에도《토정비결》은 민족의 정신적 지지 기반으로 작용하였다. 특히 '한 해의 운세'라는 명목으로 민중들은 매년 음력 정월 초에 토정비결을 보며 스스로를 다잡고 미래를 준비하였다.
- ◆ 오늘날의 토정비결 활용
  21세기 현재에도《토정비결》은 대중 점술서로 여겨지며, 해마다 수십만 권 이상이 출간된다. 비록 그 내용이 축약되고 간략화 되었지만, 여전히 그 속에는 '스스로를 반성하고 길흉에 대비하라'는 이지함의 메시지가 깃들어 있다.

제11장 역사적 인물 평가와 현대적 가치

- ◆ 신비주의와 철학자의 경계
  이지함은 점술가인가 철학자인가 하는 논쟁은 오래 지속되었다. 그러나 그는 하늘의 이치를 논하면서도 인간의 윤리를 중시한 사상가였다. 단순한 예언이 아닌 삶의 지침을 설파한 그의 삶은 그 자체로 철학적 실천이었다.
- ◆ 실천하는 성리학자
  그는 유학을 이론에만 머무르게 하지 않고, 실천으로 승화시킨 점에서 높이 평가받는다. 이것이 오늘날 우리가 그를 '토정'이라 부르며 기억하는 가장 큰 이유이다.

◆ 현대 사회의 의미

현대 사회에서도 그는 '스스로 점을 보고 스스로 길을 찾는 자'의 표본으로 인용된다. 그의 철학은 타인에 의존하지 말고 스스로 삶의 주인이 되라는 시대적 메시지를 준다.

■ 부록: 이토정 선생의 관련 유적과 유품, 가계도 및 연표

1. 토정 선생 유적지

◆ 토정 이지함 사당 (서울 마포구 합정동)

그가 말년을 보냈던 토정(土亭)이 위치했던 곳으로, 현재는 '토정로', '토정약수' 등의 명칭으로 남아 있다.

◆ 묘소: 경기도 파주 인근

그의 묘는 간소하게 조성되어 있으며, '무관의 성자'라는 문구가 비석에 남아 있다.

2. 주요 유품

◆ 《토정비결》 필사본 (조선 후기)
◆ 토정호(壺): 그가 물을 담아 다니며 약수로 백성들에게 나누어주던 도자기병

3. 연표

연도	사건	연도	사건
1517	한성에서 출생	1550	토정 초막 건축
1535	성균관 유학	1573	《토정비결》 초고 완성
1542	전국 방랑 시작	1578	별세 (향년 62세)

토정선생 인물 삽화

강학 장면 삽화

심곡비결(深谷秘訣) 김치(金緻) (1577~1625)

제1장 출생 및 가계

　김치(金緻)는 조선 중기 안동 김씨(安東金氏) 가문에서 태어났다. 그의 가문은 문무를 겸비한 명문가로, 고려 말과 조선 초에 걸쳐 수많은 인재를 배출한 명문세가였다. 김치의 본관은 안동(安東), 자는 사정(士精), 호는 심곡(深谷) 혹은 남봉(南峯)이다.

　그의 생부는 김시회(金時晦)로, 비교적 조용하고 학문을 숭상하던 인물이었다. 그러나 김치는 외가 쪽인 김시민(金時敏) 장군의 양자로 입적되었다. 김시민은 조선 중기의 명장으로, 임진왜란 당시 진주대첩을 이끈 인물로 잘 알려져 있다. 이러한 명문의 양자로 입적됨에 따라 김치는 어린 시절부터 군사적 기질과 문인적 소양을 동시에 교육받으며 성장할 수 있는 환경에 놓이게 되었다.

　그의 조부 김충갑(金忠甲)은 대사간을 지낸 명사였고, 증조부 김언침(金彥沈)은 좌찬성을 역임하였다. 이처럼 가계 자체가 학문과 정치를 모두 아우르는 배경 속에서, 김치는 어린 시절부터 유교 경전뿐 아니라 천문, 지리, 역학(易學) 등에도 깊은 관심을 가졌다.

　김치의 출생지는 정확히 전하지 않으나, 후일 그의 거주지가 되었던 경상도 고성, 혹은 조부의 근거지였던 안동 지방일 가능성이 크다. 그가 "심곡(深谷)"이라는 호를 쓰게 된 배경 역시, 고요하고 깊은 골짜기와 같은 삶을 지향한 그의 철학과도 일맥상통한다. 이 호는 단순한 지명이나 은거지를 지칭하는 것을 넘어, 세속과 거리를 두고 술수와 천기를 관조하고자 했던 그의 삶의 태도를 함축하고 있다.

제2장 학문 수양과 과거 급제

　김치는 어릴 때부터 비범한 지적 능력을 보였다고 전해진다. 특히 그의 부친 김시회는 엄격한 유교 교육을 아들에게 시켰고, 외가의 김시민 장군 역시 군사 전략뿐 아니라 천문역법에 통달한 인물로, 김치의 다방면적 학문 성취에 영향을 미쳤다.

　그는 특히 《주역(周易)》과 《황극경세서(皇極經世書)》에 심취했으며, 조선 성리학자들이 정통 경전 외에 다소 기피하던 술수학, 곧 천문·지리·명리·기문둔갑 등에 일찍부터 흥미를 가졌다. 그의 학문은 단순한 유학에 국한되지 않고, 동양 전통의 역학사상 전반으로 확장되었다.

　1597년(선조 30), 21세 무렵 그는 문과에 병과로 급제하였다. 이는 당대의 관문이자 최고의 엘리트로 인정받는 관문이었고, 당시 정치적으로 복잡한 시기임에도 불구하고 김치의 능력이 공적으로도 인정받았음을 의미한다.

　이후 사헌부의 설서(說書)를 시작으로, 교리, 사복시정, 이조참의, 병조참지, 동부승지, 대사간 등을 역임하며 관료로서 승진을 거듭하게 된다. 그는 한편으로는 명문가의 후손으로 정치적 기반을 갖고 있었고, 다른 한편으로는 비범한 통찰력과 역학적 지식을 바탕으로 사람들의 신임을 얻으며 입신하였다.

제3장 관직 수행기

　김치는 30대부터 본격적으로 관직을 수행하면서 당대의 실세들과 교류하였다. 특히 그는 이이첨(李爾瞻), 정인홍(鄭仁弘) 등의 대북(大北) 계열 정치세력과 긴밀한 관계를 가졌다고 알려져 있다.

　그는 병조참지, 동부승지, 대사간 등 중요한 중간급 요직을 맡으며 왕실과 사대부 간의 조율을 담당했다. 김치의 정치적 입장은 당파색이 뚜렷하지는 않았으나, 기본적으로 광해군 정권 하에서 대북파의 일원으로 분류되었다.

　그러나 광해군 정권이 전제적으로 변질되면서 그는 점차 정치에서 한발 물러나기 시작했다. 대북파 내부의 권력 다툼과 외척 중심 정치의 폐해를 몸소 겪은 그는 결국 벼슬을 사직하고 고향 고성으로 낙향하게 된다. 이 시기는 김치가 술수를 깊이 연구하고 《심곡비결(深谷秘訣)》을 집필하게 된 직접적 계기가 된다.

제4장 자미두수 수용과 《심곡비결》 저술

김치 선생이 남긴 최대의 업적은 단연 《심곡비결》의 저술이라 할 수 있다. 이 책은 단순한 예언서나 운명 해석서가 아니라, 중국 당나라 말에서 송나라 초기 사이에 발전한 '자미두수(紫微斗數)'라는 고급 점성술 체계를 조선의 문화적 맥락에 맞게 재해석하고, 실제 사례 중심으로 집약한 종합 역술서이다.

1. 자미두수와의 조우

김치는 관직 생활 중 중국 사신과의 교류, 혹은 서적 유입을 통해 자미두수의 존재를 처음 접한 것으로 보인다. 자미두수는 북극성(자미원)을 중심으로 별자리와 시각(時刻), 생년월일을 바탕으로 인간의 운명을 분석하는 고등 점성 체계이다. 단순히 사주팔자의 흐름을 보는 명리학과는 달리, 시간과 천체의 운행, 별의 상징성을 종합적으로 고려하여 매우 정밀한 해석이 가능하다는 특징이 있다.

그는 명나라에서 들어온 자미두수 관련 필사본, 예컨대 《정일참성록(正一參星錄)》,《적성산법(赤星算法)》 등의 희귀한 술서들을 접하고 깊은 감명을 받았다고 한다. 이후 고성의 심곡에 은거하면서 이러한 점성 이론을 조선의 풍토, 인문, 기후, 사상에 맞게 수정하고 정리하는 작업을 시작했다.

2. 《심곡비결》의 집필

《심곡비결》은 총 3권 5책으로 구성되어 있다. 전해지는 필사본은 조선 후기부터 여러 사본으로 전해지고 있으며, 일부는 현대까지도 민간에서 "사주풀이", "운세 진단", "궁합 보기"의 전통적 방법으로 여전히 인용되고 있다.

책의 구성은 다음과 같다.

- 권1: 포신명(布神命) 12조 ~ 수국법(守局法) 등.
- 권2: 자미법(紫微法) ~ 궁합법(宮合法) 총 60조.
- 권3: 설생문(設生門) ~ 길흉신명 분석 등 35조.

이 내용은 단순한 운세 해석이 아니라, 각 별의 의미, 인간 내면의 성정, 외부 운세와의 상호작용을 심층적으로 분석하는 내용을 담고 있다. 특히 포신명은 인간의 천명과 본성을 분석하는 항목으로, 개인의 숙명적 기질, 평생 직업 적성, 대인관계 성향 등을 상세히 기술한다.

3. 특징적 기법

- 포신명법(布神命法): 별자리를 통한 명(命)의 포진을 해석하는 방식. 인간의 기본 성정과 지기운(地氣運)의 영향까지 통합 분석한다.
- 자미법(紫微法): 14주요 별성과 108보좌 별성을 배치하여 인생 주기, 직업운, 자녀운 등을 종합적으로 예측.
- 궁합법(宮合法): 남녀 간 생년·월·일·시, 사주(四柱)의 궁위(宮位) 조합을 통해 장단점, 궁합의 길흉여부를 분석.
- 설생문(設生門): 자녀를 얻기 위한 최적의 시기와 방법을 점법으로 제시하는 항목으로, 당대 백성들 사이에서 큰 호응을 얻음.

김치는 자미두수에 정통하면서도 조선의 풍속과 윤리에 맞게 수정한 예를 다수 남겼다. 예컨대, 중국에서는 비교적 자유롭게 해석된 '재물욕망', '첩 관계', '전생업보' 등의 요소를 도덕적 맥락에서 재해석하였고, 유교적 관점과의 접목을 통해 "도(道) 있는 점학"으로 《심곡비결》을 발전시켰다.

제5장 인조반정과 예지(豫知)의 일화

김치 선생의 이름이 후세까지 유명해지게 된 결정적 계기는 바로 인조반정(1623)과 관련된 예지(豫知)의 일화 때문이다. 그는 단순한 관료나 술수가가 아니라, 실제 정치적 격변 속에서 방향을 제시한 이른바 '운명 전략가'의 면모를 보였다.

1. 대북파와의 연계

김치는 대북 정권의 한 사람으로 분류되었지만, 광해군 말기의 정국 혼란과 민심 이반을 매우 정확하게 인식하고 있었다. 그는 이이첨, 정인홍 등이 권력을 농단하고 있는 현실을 비판하며, 일찌감치 고성으로 낙향했다.

하지만 그의 명성과 점술 실력은 여전히 정치권에 영향을 주고 있었고, 이귀(李貴), 김류(金瑬), 심기원(沈起元) 등 인조반정 세력은 그를 수차례 찾아와 "거사 시기"를 자문했다고 한다. 전해지는 바에 따르면, 그는 반정일을 "을묘일 새벽"으로 특정하고, "천시가 도운다"고 말해준 것으로 알려져 있다.

2. 점괘의 성취

당시 심기원이 그에게 점을 청했을 때 김치는 "화산 기우객(華山 騎牛客), 두대일지화(頭戴 一枝花)"라는 시구를 내어주었다. 이는 "화산에서 소를 타고 떠나는 한 사나이, 머리에 꽃 하나를 이고 있다"는 뜻으로 해석되는데, 이 시구는 김치 자신의 최후를 예언한 것으로도 해석된다.

또한 그는 인조가 반정 이후 성공하더라도 백성들의 삶이 갑자기 좋아지진 않을 것이라며, "중흥이 아닌 재도(再圖)"의 시기라 예언했다. 이러한 그의 예지력은 인조반정 이후 더욱 조명을 받게 되었고, 그가 쓴 《심곡비결》 역시 왕실과 학자들 사이에 회람되었다.

제6장 말년과 죽음, 독살 설화

인조반정 이후, 김치는 다시금 조정으로 불려가 경상도관찰사에 제수되었다. 그러나 이 임명은 곧 그에게 죽음을 불러오는 정치적 덫이 되었다.

〈화산 기우객의 예언 실현〉

김치는 경상도관찰사로 발령을 받고 고성으로 향하던 중 학질(말라리아 증상)에 걸려 객사에서 갑작스럽게 사망한다. 그러나 민간에서는 이 죽음을 단순한 병사로 보지 않았다.

사망 당시의 정황, 즉 그는 소를 타고, 머리에 진짜 꽃을 꽂고 있었으며, 진주를 지나 고성 화산(華山) 부근에서 숨을 거두었다는 전설은 "화산 기우객" 예언이 실현되었음을 암시한다. 또한 당시 경상 지역에서 반정을 반대하던 인물들의 음모가 있었고, 그가 예언자 역할을 했다는 이유로 제거되었다는 암살설도 강하게 전해진다.

이 죽음은 김치 선생의 점술과 생애에 한층 더 신비한 후광을 부여했으며, 그 이후 그는 단순한 술수가가 아니라 "점성의 성현", "예지자"로 추앙되었다.

제7장 《심곡비결》의 구성, 사상, 학문적 가치

김치 선생이 남긴 역술서《심곡비결(深谷秘訣)》은 그가 조선 후기 점성술과 운명학 분야에 남긴 가장 결정적이고 독창적인 유산이다. 이 책은 단순한 예언서나 길흉판단서가 아닌, 중국의 자미두수 체계를 바탕으로 조선의 지리적, 문화적 특성과 유교적 윤리관을 반영하여 새롭게 정리한 '한국형 자미두수 종합서'라고 할 수 있다.

1. 《심곡비결》의 전체 구조

《심곡비결》은 현재까지 전해지는 필사본을 기준으로 총 3권 5책(약 100여 조항)으로 구성되어 있다. 일부 판본은 후대에 수정되었지만, 김치 본인이 작성한 원본 구성을 기초로 추정하면 다음과 같다.

- ◆ 제1권: 포신명법 및 수국법
  - ◆ 포신명(布神命) 12조: 인간의 기질, 기운의 배치, 오행의 작용을 통한 타고난 운명의 성격 분석.
  - ◆ 수국법(守局法): 운세 전환을 위한 최적의 시기 설정. 대운·세운·세월(歲月)

별 주기 변화에 따른 '지속과 변화'에 대한 전략 제시.
◈ 제2권: 자미법 및 궁합법
- ◆ 자미법(紫微法): 자미성(紫微星)을 중심으로 한 14주요 성군(星君)의 배치와 그 상호작용을 분석. 각 성군은 인간의 특정 속성—예컨대 지혜, 성격, 명예, 관록, 질병, 재물—을 상징한다.
- ◆ 궁합법(宮合法) 60조: 남녀 간 생년월일·시의 '궁위조합'과 '별성 배치'에 따라, 부부간의 상생 또는 상극 여부를 판단하는 고급 궁합 진단 기법. 단순한 띠 궁합을 넘는 정밀 분석.

◈ 제3권: 설생문 및 기타 해석법
- ◆ 설생문(設生門): 후손의 유무, 출산 시기, 자식운 예측 등을 포함한 '생육지세(生育之勢)' 분석.
- ◆ 길흉신명(吉凶神命): 각 사주와 성군의 배합에 따라 출현하는 '길신(吉神)'과 '흉신(凶神)'의 판별과 대처 방법.
- ◆ 사길사흉법(四吉四凶法): 해, 달, 수, 화의 네 길성과, 겁, 양, 재, 역 등의 흉성으로 구성된 사길사흉 구조 분석.

2. 사상적 기반: 음양오행과 자미철학의 융합

김치 선생은 이 책에서 중국 당송 시기의 자미두수 체계를 바탕으로, 음양오행과 북두칠성·자미성 중심의 별자리를 해석한다. 자미두수는 단순히 사주 명리를 넘어, 인간의 본성, 환경, 선택의 상호작용을 정밀하게 설명할 수 있다는 점에서 당시 조선의 단순화된 사주풀이 방식과는 차별성이 크다.

또한 유교 윤리를 중시하던 조선 사회에서, 김치는 《심곡비결》을 통해 점술이 도덕적 기반을 갖추어야 하며, 맹목적 길흉 판단이 아니라 '길을 따르되 의(義)를 잃지 말라'는 유학적 태도를 강조하였다.

3. 학문적, 역사적 가치

- ◆ 천문학적 해석을 기반으로 한 예측 체계: 단순한 추정이 아닌, 천체 운행과 인간 운명을 연결지은 조선의 대표적 시도.

- ◆ 조선식 점술 체계의 완성: 중국 자미두수를 조선에 수용하고 독자적으로 체계화한 유일한 사례.
- ◆ 민속문화와의 융합: 궁합, 점명, 자식운 예측 등 당시 일반 백성들의 실생활에 적용 가능한 형태로 구체화.

제8장 후대의 평가와 민속적 영향, 문화사적 의미

《심곡비결》과 김치 선생의 생애는 그의 죽음 이후 더욱 신화화되었으며, 조선 후기에 이르러 그의 사상과 점술 체계는 서민들과 유학자들 모두에게 영향을 미쳤다.

1. 유학자들의 평가

비록 일부 성리학자들은 그가 술수학에 깊이 빠졌다는 이유로 '이단(異端)'의 경계를 넘나든다고 비판했으나, 많은 학자들은 그가 술수학을 '도(道)'의 범주 안에서 이해하려 했다는 점을 높이 평가했다.

정약용(丁若鏞)은 그의 학문이 "심히 깊고 넓으며, 비록 도참과 같으나 맹신은 아니요, 도덕에 이르도록 한 자취"라 하였다. 실학자들 또한《심곡비결》을 학문적·현실적 해석의 하나로 수용하였다.

2. 민속신앙 및 점술 문화에의 확산

《심곡비결》은 이후 지방의 역술인들에 의해 민간에 널리 보급되었다. 특히 다음과 같은 분야에서 큰 영향력을 끼쳤다.

- ◆ 결혼 궁합 판단: 사주궁합 해석 시,《심곡비결》의 '궁합법'은 오랫동안 전통적 기준으로 사용됨.
- ◆ 자녀운 예측: 자식을 얻기 위한 기도, 산신제 등과 연동되어 '설생문'이 널리 활용됨.

- ◆ 기복신앙의 도구화:《심곡비결》은 정초점, 혼례점, 택일점 등 다양한 민속 점술의 근거서가 되었으며, "심곡점을 쳐라"는 말은 조선 후기까지 실제 사용된 표현이었다.

3. 문화사적 의미

- ◆ 동아시아 역술 문화의 조선적 재구성: 김치 선생은 중국의 도참과 점성을 무비판적으로 수용하지 않고, 조선 문화와 윤리에 맞게 개편하였다.
- ◆ 예지와 삶의 철학의 조화: 그는 예언이란 단순한 결과 예측이 아니라, 인간이 운명 속에서 어떻게 도리를 지키며 살아가야 하는가를 묻는 하나의 철학적 질문임을 시사하였다.
- ◆ 문학과 예술에의 영향: 그의 생애와 예언 일화는《야담집》, 민화, 민요, 구비문학으로도 확산되며 '신비한 현자'로 각인되었다.

■ 맺음말: 시대를 초월한 점성의 대가

김치, 호 심곡(深谷)은 단순한 관료나 술수인이 아닌, 혼란의 시대 속에서 인간 운명과 도리를 동시에 꿰뚫어본 '예지자'이자 '사상가'였다. 그는《심곡비결》을 통해 조선의 점술을 체계화하고, 동아시아 사상과 한국적 윤리를 연결짓는 다리 역할을 수행하였다.

그의 죽음조차 예언에 부합한 방식으로 이루어졌다는 신비성은, 그를 단순한 점성가가 아닌, 시대를 통찰한 철인으로 후대에 각인시키기에 충분하였다.

그의 저술은 단순히 고서로서만이 아니라, 지금도 전통 역술학계와 민속 문화에서 살아 숨 쉬고 있으며,《심곡비결》은 한국형 자미두수의 원형으로 여전히 그 자리를 지키고 있다.

- ◆ 김치 선생 초상화: 첫 번째 이미지(좌측 첫 번째)는 전통적인 조선 양반의 초상화 형식으로 김치 선생의 온화하면서도 지혜로운 인상을 담아냈다. 정중하

게 정제된 어의(儀)를 입고, 깊은 사려를 지닌 눈빛으로 길흉화복을 관측하는 학자의 면모를 표현했다.
- ◆ 강학 장면: 두 번째 이미지는 조선시대 정자나 서원에서 제자들을 모아 가르치는 장면을 재현한 것이다. 김치 선생이《주역》과 심곡비결에 대해 직접 해설하며, 제자들과 토론하는 순간을 담고 있다.
- ◆ 서원(書院) 배경: 세 번째 이미지는 답사나 강학 후 휴식을 취하는 서원의 풍경이다. 조선 후기 유림들이 주역과 풍수를 논하며 학문적 교류를 나누던 장소로, 김치 선생의 활동 무대를 시각적으로 보여준다.
- ◆ 자연 속 심상도(琴) 연주: 마지막 이미지는 학문적 고요함 속에서 가야금이나 시앤(筑)을 연주하며 마음을 닦는 모습이다. 그는 풍수·천문·주역 연구뿐만 아니라, 마음을 다스리는 전통 선비 문화에도 몰두했던 인물로 알려져 있다.

초상화 이미지

강학 장면

서원 배경

자연속 심상도 연주

삼명통회(三命通會) 만민영(萬民英)(明 1522~1603)

제1장 시대의 그림자 아래 태어난 아이

〈만민영의 유년기와 가문 배경〉

명나라 중후반기, 황제 숭정제가 즉위하기 수십 년 전. 당시 중국은 외적으로는 몽골과 여진 세력의 위협 속에 있었고, 내적으로는 도교와 불교, 그리고 유가의 혼합적 사유체계가 민간에 널리 퍼져 있던 시대였다. 이 격동의 시대 속, 장강 하류의 절강성(浙江省) 일대에 한 아이가 태어났다. 그가 바로 후일《삼명통회》를 저술하게 되는 인물, 만민영(萬民英, 號: 育吾)이었다.

1. 가문과 출생 배경

만민영의 출생지는 구체적인 문헌상 명확하게 기록되어 있지 않지만, 학계에서는 절강성 소흥(紹興) 혹은 항주(杭州) 지역으로 추정하는 경우가 많다. 이는 그가 생전에 남긴 몇몇 문헌 조각들과,《삼명통회》내부에서 언급되는 지역적 풍토, 생활양식, 풍수 개념의 묘사 등에서 유추된다.

그의 성씨인 '만(萬)' 씨는 한족 중에서도 남방 출신들에게 흔한 성씨로, 특히 절강성·강소성 등에서 학문과 무관계에 걸쳐 다수의 인재를 배출해온 명문 중 하나였다. 만민영의 가문 역시 예외가 아니었다. 그의 조부 만정승(萬正承)은 향촌에서 이름난 유학자였고, 부친 만유현(萬有賢)은 과거에는 응시하지 않았지만 경학과 병서에 능통했던 인물로 전해진다.

만 가문은 도덕과 예법을 중시하는 유교 집안이었으나, 동시에 도가적 세계관에도 상당히 열린 시선을 가지고 있었다. 그로 인해 가문 내에는 이른 시기부터《주역》과 《황제내경》, 《도장경》 등 방술·의술·음양술 적 고서가 다수 소장되어 있었으며, 이는 어린 만민영이 자연스럽게 역학에 접할 수 있는 배경이 되었다.

2. 유년기의 신동적 기질

만민영은 유년기부터 비범한 두각을 보였다. 그가 세 살이 되던 해에는 집안 마당의 돌 위에 앉아 해와 달의 위치를 가리키며 "이 날은 열흘 후에 비가 내릴 것이오"라며 예언을 하였고, 이는 실제로 적중하였다는 이야기가 구전되어 내려온다. 다섯 살 무렵에는 《천문류초》를 펼쳐 들고 별자리의 이름과 위치를 또렷이 암기하고 있었으며, 일곱 살이 되자 그 지역에서 벌어지는 크고 작은 일의 길흉을 점쳐 사람들을 놀라게 하였다.

부친 만유현은 아들의 이러한 기질을 '이단'으로 보지 않고, 오히려 하늘의 기운을 이해하는 재능이라 여기며 적극적으로 학문을 지원하였다. 그 결과, 만민영은 일찍이 《사서삼경》과 《주역》, 《황극경세서》, 《태을신수》 등의 고서를 독파하게 되며, 이후 자신만의 세계관을 구축할 기초를 다지게 된다.

3. 유학의 토대 위에 세운 음양과 술수의 문

만민영은 문사에 능통한 가문의 자제로서 정규적인 한학 교육도 받았으며, 소년기부터 시문에 능해 지역 선비들 사이에서 이름을 알렸다. 하지만 그는 단순히 과거 급제의 길을 걷는 데에는 흥미를 느끼지 않았다. 오히려 《주역》을 중심으로 하는 음양오행, 천문, 지리, 인사(人事) 간의 상호작용에 매혹되었고, 이것이 그의 운명학적 사유의 출발점이 되었다.

그는 종종 아버지와 함께 근처 도사들이 모여 학문을 강론하는 모임에 참석하였고, 거기서 기문둔갑, 육임신과, 태을신수, 자미두수 등 다양한 전통 역술을 접했다. 이 경험은 단지 개별 기법에 그치지 않고, 인생 전반에 흐르는 운명의 패턴을 조망하려는 총체적 시야를 길러주었다.

특히 15세가 되던 해, 절강성 항주 지역의 유명한 술사 진대현(陳大賢)을 사사하여 실전적인 사주 명리 해석 기법을 습득하였다. 진대현은 자평진전(子平眞詮)의 이론을 기반으로 실무 중심의 상담을 행하던 인물로, 만민영은 그의 곁에서 명리학의 실제 적용 방법을 몸소 익힐 수 있었다.

제2장 학문과 역술의 이중 수련기

〈유학의 경계를 넘어 도술과 명리의 세계로〉

만민영의 삶은 한 사람의 사상가이자 술사로서 두 흐름이 동시에 자라난 보기 드문 여정이었다. 그는 유가적 수양과 엄격한 문학적 훈련을 받으면서도, 도가와 술수의 이론에 점차 이끌렸고, 현실에서 그것들을 적용하려는 실천적 지혜를 구체화해 나갔다.

1. 유학자로서의 소양과 고전적 수련

청소년기에 접어든 만민영은 본격적으로 유가 경전을 탐독하였다. 그는 《논어》, 《맹자》, 《대학》, 《중용》 등 사서를 줄줄이 외우며 유가의 인(仁), 의(義), 예(禮), 지(智) 사상을 체화해 나갔다. 또한 《시경》과 《서경》의 문학성과 역사적 의의를 분석하며, 유교의 천명관을 깊이 이해하기 시작했다.

그는 경서의 독서를 통해 "하늘은 사람에게 명(命)을 내리며, 사람은 그 명을 받아 성실히 살아야 한다"는 주자학적 명제에 감명을 받았다. 그러나 그는 곧 질문을 품는다.

"하늘의 뜻이 있다면, 그것은 어떻게 읽어낼 수 있는가?"

"한 사람의 명(命)은 오직 공부와 노력으로만 바꿀 수 있는가, 아니면 이미 정해진 수순이 있는가?"

이러한 근원적 의문은 그를 유학이라는 경계 너머로 이끌었다.

2. 방술과 음양학의 깊은 유입

만민영이 17세가 되던 해, 항주 근처의 고산사(高山寺)에서 도사를 자처하던 육청진인(陸靑眞人)을 만나게 된다. 육청진인은 《황극경세서》와 《기문둔갑》, 《태을신수》 등을 강의하던 인물로, 인간과 우주의 순환 관계를 심도 있게 설파하였다.

육청진인은 만민영의 눈빛을 보고는 "그대는 하늘과 인간을 잇는 자가 될 것"이라 말하며, 그에게 방술과 음양의 세계를 깊이 소개하였다. 이때부터 만민영은 유학과 도학, 방술이 별개가 아닌 상호보완적인 체계임을 직감하게 된다.

그는 특히 다음의 고전적 원리에 심취하였다.

◆ 태극과 음양의 순환 구조.
◆ 오행 상생·상극의 인체 및 인간 사회 적용.
◆ 십간과 십이지의 정합적 구조.
◆ 일진(日辰)과 시주(時柱)의 신살론과 운세 예측 이론.

3. 자평명리학과의 본격적 조우

20세 무렵, 만민영은 진대현을 따라 남경의 사찰을 방문하던 중, 한 역술 고문서점에서 《자평진전》의 필사본을 발견한다. 이는 북송 시대의 서자평(徐子平)이 창안한 명리학 체계를 집대성한 책으로, 기존의 '귀신론적' 운명관과는 전혀 다른 이론적 정합성과 수리 체계를 보여주었다.

그는 이 책에서 다음과 같은 새로운 철학을 발견한다.

◆ 사주는 단순히 길흉을 점치는 도구가 아니라, 인간의 기질과 처세를 분석하는 구조화된 철학이라는 점.
◆ 오행과 십간을 이용해 삶의 흐름을 읽고, 운세(運勢)의 조화 여부를 파악해 개인의 삶을 최적화할 수 있다는 점.
◆ "격국(格局)", "용신(用神)", "대운(大運)"이라는 분석 도구가 논리적 구조를 갖고 있으며 반복적으로 적용 가능하다는 점.

이러한 깨달음은 그의 명리학에 대한 시야를 넓혀주었다. 그는 곧 자신의 노트를 가득 채우며 다음과 같은 문제를 던진다.

"용신이 중화되지 못한 사주는 왜 변화가 더딘가?"
"식신격과 재성격의 운세 흐름은 어떻게 사회적 결과를 바꾸는가?"
"혼합격의 사주는 조정이 가능한가, 아니면 모순된 에너지로 끝까지 끌고 가는가?"

이러한 깊이 있는 질문들은 훗날《삼명통회》에 담길 실전 분석의 밑거름이 된다.

4. 실전에서 배우다: 사주 해석과 운명의 교차점

그는 이론의 영역에서 멈추지 않았다. 20대 중반부터 지역 곳곳의 마을을 돌아다니며 상인, 무사, 농부, 기녀, 유생 등 다양한 이들의 사주를 보았다. 그리고 실제로 그들의 과거와 현재, 그리고 운세의 흐름이 명식과 어떻게 일치하거나 어긋나는지를 수없이 기록하였다.

한 예로, 그는 강소성의 어느 여인의 사주를 본 적이 있었다. 그녀는 인신사해(寅申巳亥) 사형(四刑)의 구조를 지녔고, 연주에 강한 편관이 떠 있었으며, 월주에 비견이 얽혀 있었다. 만민영은 그녀가 형제 간의 분쟁과 남편과의 갈등을 겪을 운이라고 보았고, 실제로 그녀는 남편과 사별 후 친족과 소송 문제로 힘들어하는 중이었다.

이러한 사례 분석은 그에게 사주가 '정해진 운명'이 아닌, '예측 가능한 흐름'임을 확신시켰고, '적응'과 '대처'라는 윤리적 해석의 길을 열었다.

제3장 운명과 격국의 철학을 통합하다

◉ 자평명리학과 도가사상의 종합, 그리고 새로운 이론의 태동

만민영은 단순히 기존 명리 이론을 해석하는 데 그치지 않고, 그것을 보다 깊이 있는 철학적 틀로 끌어올리려 했다. 그는 유학의 인성론(人性論), 도가의 무위자연, 불가의 인연론까지 두루 참고하여 인간의 '운명'을 하나의 우주 질서 속 작용 원리로 해석하고자 하였다. 그 핵심에는 명리학의 핵심 구조인 격국(格局)과 용신(用神), 그리고 운세(運勢)에 대한 심화된 이해가 자리하고 있었다.

1. 격국론(格局論)의 재정립

기존의 자평명리학에서는 격국이란 사주의 오행 구성이 특정 방향으로 힘을 모을 때, 이를 '격을 이룬다'고 보았다. 예를 들어, 관성(官星)이 강하고 일간을 제어할 수 있으면 '관격', 식신이 강하고 인성이 약하면 '식신격'이라 불렀다. 그러나 만민영은 이 격국 이론을 지나치게 정태적(靜態的)이고 기계적인 분석이라 비판하였다.

그는 격국을 다음과 같이 재 정의하였다.

"격이란 국이 아니라 기(氣)이다. 기의 흐름이 중심을 향해 모이고 통과될 수 있으면 그 자체가 격이다. 격은 형태가 아니라 동세(動勢)이다."

즉, 그는 격국을 단지 오행의 숫자 계산이나 특정 구도에 의한 고정된 유형으로 보지 않고, 전체 사주 내 에너지의 흐름(기운의 방향성, 용신의 생조관계, 대운과의 조화 등)에 따라 '유기적 구조물'로 재해석했다. 이 사유는 훗날 《삼명통회》에서 '격국지신변화총론(格局之神變化總論)'이라는 장으로 정리된다.

2. 용신론(用神論)의 발전

기존 명리학에서 '용신'은 오행 중에서 가장 중요한 기능을 하는 요소로, 통상적인 사주의 불균형을 조절하는 핵심 요소로 간주되었다. 만민영은 여기에 더 나아가 용신의 계절적 역할과 개인 심성의 기질에 따른 의미 차이를 부각시켰다.

예를 들어, 같은 병화(丙火)를 용신으로 쓰는 사주라도 겨울생(冬生)의 경우는 조후의 불(火)로서 생기와 생동감의 회복을 상징하고, 여름생(夏生)의 경우는 자신의 분열과 과열을 누그러뜨리는 인격적 조화의 요소로 작용한다고 보았다.

또한 용신은 한 번 정하면 끝나는 것이 아니라, 대운과 세운에 따라 역할이 변할 수 있다고 강조하였다. 이 '용신의 가변성' 개념은 당시 기존 학계에 큰 충격을 주었고, 이후 다수의 역술가들이 이를 수용하였다.

3. 대운·세운론의 역동적 적용

만민영은 '대운은 뿌리의 방향, 세운은 가지의 흐름'이라는 비유를 사용하였다. 그는 대운이 인생의 큰 테마, 구조적 변화의 뼈대라면, 세운은 사건과 감정의 구체적 실현이라고 보았다. 이로 인해 그는 대운의 흐름에 따라 인생의 사건 흐름뿐만 아니라 인격 변화, 심리적 반응까지 예측할 수 있다고 주장하였다.

예를 들어, 한 인물이 대운에서 정관(正官)의 기운을 맞는다면 단지 직장에서의 승진이나 관직의 기회뿐 아니라, 자신의 자율성에 대한 도전, 규율에 대한 내적 저항 또는 수용 여부도 함께 고려해야 한다고 보았다.

그는 이를 실전 사례를 통해 다음과 같은 표로 정리했다.

대운 격	일반 해석	심리적 흐름	실천적 권고
식신운	창의력 발산, 자유분방	자신감 상승, 책임 회피	목표 설정과 절제 필요
관성운	관직 기회, 규율 강화	억압감, 외부 통제에 예민	규칙 내의 자율 찾기
인성운	학문 성장, 보호자 도움	사색적, 감정적 안정	내면 성찰, 우정 강화

이처럼 대운·세운은 단지 '사건의 시계열'이 아니라, 인간 내면의 흐름까지 관찰하는 도구가 되어야 한다는 것이 만민영의 이론 핵심이었다.

4. 인간 운명에 대한 철학적 통합

만민영은 한 인생이란 다음 세 가지 요소의 교차점이라 정리하였다.

- ◆ 천명(天命): 사주로 나타나는 타고난 흐름.
- ◆ 인지(人志): 인간의 선택, 수양, 실천.
- ◆ 시운(時運): 대운과 세운이라는 시간의 변화.

그는 《중용》의 "성즉명(誠則明)" 구절을 언급하며, 하늘의 명을 알되 그것에 굴복하는 것이 아니라, 인간의 정성과 지혜로 조율하고 활용해야 한다는 실천 철학을 강조했다. 운명을 아는 이유는 항복하기 위함이 아니라, 그 운명 위에서 바르게 걷기 위해서라는 것이었다.

그의 철학은 자평명리학의 기계적 분석을 넘어선 깊이 있는 성찰이었으며, 이는 후대의 학자들에게 큰 영향을 미쳤다.

제4장 《삼명통회》의 탄생과 집필 과정

◉ 이론·실전·철학의 총결, 대작이 태어나다

《삼명통회(三命通會)》는 단순한 명리학 해설서가 아니다. 그것은 명리학의 기초 원리에서부터 격국론, 용신론, 신살론, 대운·세운의 해석, 수백 가지 실전 사례까지 집대성한 운명학의 총서이자, 만민영 평생의 철학적 성찰이 응축된 결과물이다. 이 장에서는 그가 이 책을 집필하게 된 배경, 구성 과정, 그리고 집필 중 겪은 일화들을 중심으로 살펴본다.

1. 《삼명통회》 집필의 동기

만민영은 이미 30대 중반에 이르러 지역에서 이름난 역학가가 되어 있었다. 그러나 그는 자신의 실력이 '개별 사례'에 그치는 것을 경계하였다. 그는 명리학이 다음 세대에도 전승되기 위해서는 철학과 실전, 기법이 이론적으로 정리된 체계적 텍스트로 남아야 한다고 보았다.

그는 어느 일기에서 이렇게 썼다.

"숱한 사람의 사주를 보고 깨달았으나, 이 지혜가 내 안에 머물러선 안 된다. 천기를 어지럽히는 것이 아니라, 천명을 따르는 법을 밝히려 한다."

즉, 그는 《삼명통회》를 통해 개인적 통찰을 넘어서 후학들에게 전달될 수 있는 체계적 지침서로 삼고자 하였다.

2. 책명 '삼명(三命)'의 의미

《삼명통회》의 제목은 매우 상징적이다. 일반적으로 "三命"은 세 가지 명을 의미하며, 책 안에서 다음 세 가지 뜻으로 해석된다.

- ◆ 원명(原命): 출생 시 주어진 사주팔자, 즉 선천적 운명.
- ◆ 세명(世命): 대운·세운에 따라 변화하는 시대적 흐름과 조건.
- ◆ 자명(自命): 인간이 스스로 선택하고 창조해가는 인생의 방향.

만민영은 이 세 가지 '명(命)'이 상호작용하며 인생을 구성한다고 보았고, 이 셋을 종합하여 조망할 수 있어야 '진정한 명리학자'가 될 수 있다고 주장하였다. 그는 단순한 길흉 예측이 아닌, 인간 존재의 구조적 해석과 윤리적 조율로 명리학을 승화시키고자 하였다.

3. 집필 방식과 기간

《삼명통회》는 단기간에 쓰인 책이 아니다. 총 20년 가까이 각 지역에서 보고 들은 실제 명식을 정리하고, 이론을 재구성하면서 수천 건의 사주 사례와 수백 권의 고전 문헌을 참고하여 집필되었다. 그는 명리학 관련 고서뿐 아니라 유가·도가·불가 고전, 역사서, 심지어 병서(兵書)의 전략이론까지도 참조하며 "운명의 흐름"에 대한 폭넓은 안목을 길렀다.

책은 처음에 총 8권 24장의 구성으로 계획되었다. 각각의 장은 다음과 같은 흐름을 따른다.

- ◆ 음양오행 및 천간지지 기초 해설.
- ◆ 사주 명식의 구성법과 십신 설명.
- ◆ 격국, 용신, 조후, 병약 논리.
- ◆ 대운, 세운, 유년운세의 판단법.
- ◆ 신살론, 육친론, 육해공망.
- ◆ 다양한 사례분석 및 인물평론.
- ◆ 특수 명식 분석: 쌍둥이, 역월생, 음양불균형자 등.
- ◆ 고전 명리서와의 비교 및 논평.

그는 집필과 동시에 제자들에게 일부 초고를 공개하며 강의했고, 제자들의 질문과 반론을 통해 일부 장은 두 번 이상 수정되었다.

4. 명식 분석의 혁신적 방식

당시 명리서는 단순히 개별 오행의 다과(多寡)만을 따져 좋고 나쁨을 판단하곤 했다. 그러나 만민영은 다음과 같은 방식을 최초로 도입하였다.

◆ 명식을 구조 단위로 나누어 흐름을 본다.
  예: 년지·월지·일간·시지의 상호작용을 하나의 흐름선으로 분석.
◆ 격국이 중화되지 않으면 오히려 패국(敗局)일 수 있다.
  단순히 '정관격'이라도 중화되지 않고 용신이 훼손되면 오히려 불운하다고 판단.
◆ 용신과 기신(忌神)의 상호작용을 '변화선'으로 추적.
  세운이 용신을 억제하고 기신을 도우면, 그 해의 변동성은 급격하다고 해석.
◆ 사람의 직업, 기질, 성격, 애정 패턴 등을 종합적으로 분석.
  이론 중심이 아닌 실전 상담에 기반한 사례 중심 명리학.

5. 집필 중 겪은 일화

집필 중 기억될 만한 일화 중 하나는 '신살론' 항목에서 비롯되었다. 만민영은 원래 신살(神煞)을 단지 미신으로 여겨 무시하려 했다. 그러나 어느 날 그는 한 상인의 사주를 보게 되었고, 그의 명식엔 '천을귀인'과 '화개살'이 함께 겹쳐 있었다. 상인은 매우 종교적인 인물로, 말년엔 출가까지 고려하고 있었는데, 그것이 정확히 명식의 특징과 일치하였다.

그 일 이후 만민영은 신살을 완전히 배제하지 않고, "비가시적 요소의 상징 해석 도구"로서 의미를 부여하게 되었다. 이 경험은 《삼명통회》에 "신살, 의심할지라도 버리지 말라"는 구절로 기록되어 있다.

6. 《삼명통회》의 초고 완성과 반응

책의 초고가 완성된 것은 만민영이 54세 되던 해였다. 그는 첫 필사를 마친 뒤, 자신의 제자 중 네 명에게 나누어 베껴 쓰게 하였고, 그들로 하여금 각 장에 대해 비판과 논평을 하도록 하였다. 그들의 의견을 바탕으로 그는 최종본을 정리했고, 그 결과 《삼명통회》는 단순한 개인 저술이 아닌, 학문 공동체의 지적 축적물로 완성되었다.

책이 일부 지역에 유통되자, 강남과 강북의 명리가들 사이에서 큰 반향을 일으켰다. 기존의 적천수류(滴天髓流)와 자평류(子平流)의 구분을 넘어선 새로운 통합 학파의 출현으로 받아들여졌고, 이로 인해 명말청초(明末淸初) 역학계에 결정적인 영향을 끼치게 된다.

제5장 이론과 실전 사이의 다리

● 《삼명통회》의 구성 체계와 해석 원리

《삼명통회(三命通會)》는 명리학 전통 속에서도 가장 이론과 실전의 통합적 구조를 갖춘 저서로 꼽힌다. 단순한 개념 설명에 그치지 않고, 실제 명식 분석의 흐름과 사고 과정, 해석 도식, 실전 적용 예까지 정교하게 서술되어 있다. 이 장에서는 《삼명통회》의 구성 방식과 그 안에 담긴 독창적 원리들을 살펴본다.

1. 전체 구성 개요

《삼명통회》는 총 8권 24장(章)으로 이루어졌으며, 그 배치는 다음과 같다.

권(卷)	내용	요약 설명
제1권	천간지지와 오행론	음양오행, 십간십이지의 본의와 상생상극
제2권	육친론 및 십신의 의미	비견·겁재·식신·상관 등 십신의 기능 분석
제3권	명식의 구성과 조후·병약론	계절 조후, 병세 조정, 용신 선정법
제4권	격국론	12격 정리, 종격, 혼잡격 등 실전 격 분류
제5권	용신론과 희기용기법	용신, 기신의 가변성, 복잡 명식의 처방
제6권	대운·세운 분석법	흐름 구조, 변화 주기, 사건 연계성 추론
제7권	신살론과 특수 명식	천을귀인, 화개살, 양인살, 도화살 등의 운용
제8권	실전 명식 해석 사례	100여 명의 실제 명식, 해설과 평가 수록

이 배치는 단순히 기초 이론에서 심화 이론, 그리고 사례 적용으로 흐르는 구성뿐 아니라, 독자가 읽으면서 이론→ 적용→ 종합→ 사유의 과정을 단계적으로 경험하도록 설계되어 있다.

2. 격국론의 혁신적 분류

기존 명리학에서는 격국이 단지 "이 사주는 식신격이다", "관살혼잡이라 좋지 않다" 등 형식적 분류에 그친 경우가 많았다. 그러나 만민영은 격이란 기(氣)의 응결이며, 환경과 시운에 따라 가변하는 것이라는 철학을 도입하여 분석을 달리했다. 그는 격국을 다음 세 가지 틀로 분류하였다.

- ◆ 정격(正格): 고전 명리학에 입각한 정통 격식.
- ◆ 변격(變格): 환경이나 운에 따라 격이 변경되는 경우.
- ◆ 심격(心格): 인간의 심리·성격 구조를 중심으로 분석한 내면적 격.

이중 심격 개념은 매우 독창적인 것이었고, 인간의 '내면 운세'를 보기 위한 창의적 시도였다. 그는 동일한 격이라도 개인의 정서와 상황, 시대가 다르면 다른 운명으로 발현된다고 주장하였다.

예:
- ◆ 정관격 + 관인상생 구조 → 타고난 명재상 (하지만 대운이 상관운일 경우: 조직 내 갈등 겪을 수 있음)
- ◆ 식신격 + 용신 부재 + 편재운 진입 → 창의성은 있으나 재물 운은 불안정

3. 용신 판단의 정밀화

만민영은 용신을 선정할 때, 단순히 '많은 것을 제어하는 요소'가 아닌 명식의 흐름과 사주의 생명력을 조율하는 주축으로 보았다.

그는 용신의 선정 과정에 다섯 가지 조건을 제시하였다.

- ◆ 기후 조절 가능 여부.
- ◆ 왕쇠 판단에 따라 생조가 필요한가 여부.
- ◆ 격국과 충돌하지 않는가 여부.
- ◆ 세운·대운에 따라 기능이 강화 또는 약화되는가 여부.
- ◆ 용신이 기신을 제어할 수 있는가 여부.

이러한 논리를 바탕으로, 그는 고난도 명식에서도 용신을 찾는 기술을 정리하였고, 이는 후대 명리학의 실전가들에게 커다란 영향을 주었다.

4. 대운·세운 분석의 도식화

《삼명통회》에서 가장 실용적으로 평가되는 부분 중 하나는 운세 흐름 분석을 도식화한 방식이다. 즉, 그는 명식과 대운의 상호작용을 흐름표로 정리한 것이다.

5. 실전 사례의 다양성과 해설

《삼명통회》의 백미는 실전 명식 해석이다. 약 100여 명의 다양한 계층, 다양한 시대의 인물 명식이 수록되어 있으며, 이를 통해 이론이 실제로 어떻게 적용되는지를 보여준다. 여기에는 다음과 같은 사람들의 사례가 포함되어 있다.

- ◆ 가난한 농민이 황실 관리로 입신한 경우.
- ◆ 기녀 출신 여인이 도인의 삶으로 들어선 경우.
- ◆ 살인을 저질렀으나 후에 불문에 귀의한 무사.
- ◆ 명문가에서 태어났으나 풍비박산을 맞은 유학자.

각 사례마다 명식, 대운, 사건, 내면 변화, 해석 포인트, 실제 결과가 병기되어 있으며, 독자에게 명리학이 단지 '예언의 도구'가 아니라, '인생 해석의 렌즈'라는 점을 체감시키는 구성이다.

제6장 민중 속으로 들어간 역술

⦿ 사대부에서 백성까지, 만민영의 실전 상담과 삶의 조언

《삼명통회》는 단지 고서로 남은 학문이 아니었다. 그것은 저자 만민영이 실제 삶의 현장에서 수많은 사람들의 사주를 보고, 그들의 운명을 분석하고 조언하며 체득한 살아 있는 지혜의 집약체였다. 이 장에서는 만민영이 어떻게 민중과 지식인, 관료, 여인, 상인 등 다양한 사람들의 삶에 관여하며 명리를 실천적으로 펼쳤는지 살펴본다.

1. 명리는 서민의 법도요, 지식인의 거울이다

만민영은 명리를 단지 학문적 고상함으로 여기지 않았다. 오히려 그는 이렇게 말했다.

"명리는 높은 학당의 이론이 아니라, 민중의 눈물 속에 존재한다."

그는 사대부나 유학자들이 명리를 미신처럼 폄하하던 분위기 속에서도, 명리는 인간과 우주의 질서를 읽고, 사람에게 필요한 시기와 방법을 일러주는 인생의 이정표라고 주장하였다.

그는 신분에 관계없이 누구든 사주를 궁금해하는 이들에게 문을 열었고, 특히 다음과 같은 사람들의 상담을 자주 맡았다.

- ◆ 과거시험을 앞둔 유생들.
- ◆ 혼사를 앞둔 가문들.
- ◆ 장사를 시작하려는 상인들.
- ◆ 형제·재산 갈등을 겪는 가족들.
- ◆ 운세와 건강을 걱정하는 중년 남녀.
- ◆ 불우한 삶에서 길을 찾고자 한 여인들.

2. 실전 상담의 실제 절차

만민영의 상담 방식은 체계적이면서도 철학적이었다. 그는 일반적인 길흉 판단보다는 인간 본성의 흐름과 사건의 가능성을 분석하는 데 중점을 두었다.

그의 상담은 다음과 같은 순서를 따랐다.

① 사주 확인: 출생 연월일시와 출생지의 음력 및 천문 기후 참고.
② 격국 판단: 사주의 구조 확인, 대체 격(從格) 여부 분석.
③ 용신·기신 선정: 현재 대운과 비교, 흐름 추이 분석.
④ 인성·심성 해석: 사주의 십신을 중심으로 인간 기질 파악.
⑤ 운세 전망: 대운과 세운 흐름에 따른 시기별 변화 예측.
⑥ 삶의 조언: 직업, 인간관계, 건강, 처세 등에 대한 방향 제시.

그는 사주만을 보고 단언하지 않고, 반드시 질문을 통해 내담자의 현실을 파악하고, 그들의 내면과 외부 환경을 종합적으로 고려하였다. 그는 "사람을 모른 채 명식을 단정하면 천기를 어지럽히는 것"이라고 말했다.

3. 일화: 상인과 군자의 갈림길

한 상인이 있었다. 그는 젊은 시절 장사에 실패하고, 관직 시험에도 낙방하여 자포자기 상태로 만민영을 찾아왔다. 그의 사주는 식신격에 편재가 떠 있었고, 대운은 인성운으로 접어드는 시기였다.

만민영은 이렇게 조언했다.

"지금은 벌고자 해도 기회가 오지 않소. 오히려 배우는 자가 되어야 할 때이니, 책을 파고들고 문장을 쓰시오. 10년 뒤, 당신은 상인이 아닌 학자가 되어 있을 것이오."

그는 이를 듣고 재기의 뜻을 거두고 독서를 시작했고, 훗날 진사에 급제하여 관직에 올랐다. 만민영의 사주 해석은 단지 예언이 아니라, 가능성과 조화의 흐름을 일깨워준 방향 안내였던 것이다.

4. 일화: 한 여인의 혼사와 운명

어느 날 한 기녀가 찾아왔다. 그녀는 부유한 상인의 첩으로 들어가려 하였으나 불안한 마음에 상담을 요청했다. 그녀의 사주는 상관견관(傷官見官)이었고, 정관이 연주에 있었으나 충극을 받는 구조였다.

만민영은 이렇게 말했다.

"지금은 그 인연을 맺으면 고통이 따를 것이오. 그대는 남자의 도움 없이도 살아갈 길이 있으며, 운이 정관과 합화되는 시기가 5년 후에 오니, 그때를 기다리시오."

그녀는 결정을 미루었고, 후에 자신의 가게를 열어 독립적으로 살게 되었으며, 5년 후 선비 출신의 남자와 결혼했다. 이 일은 '사주가 여인의 운명도 스스로 바꿀 수 있도록 조언해야 한다'는 만민영의 철학을 잘 보여준다.

5. 민중 속에서 퍼진 《삼명통회》의 이름

만민영은 상담을 하며 수많은 노트와 기록을 남겼고, 이것이 《삼명통회》의 일부 장(章)으로 편입되었다. 그의 상담 기록은 단순한 예시가 아닌, 인간 삶의 정황과 구조, 감정의 흐름까지 담아낸 삶의 기록이었다.

그는 '운명을 아는 것'은 '삶을 두려워하지 않기 위해서'라고 말하였고, 많은 이들이 그의 명철한 조언에 감탄하였다.

명나라 말기, 그가 죽기 전까지 약 30여 년 간 그의 이름은 남방 지역에서 "천리안을 지닌 명리인"으로 통하였다. 많은 상인들과 지방 수령, 그리고 서민들이 《삼명통회》를 수첩처럼 필사해 가지고 다니며 생활 속 지침서로 삼았다는 기록이 남아 있다.

제7장 정치와 도술의 경계에서

◉ 명나라 말기의 혼란 속에서 지식과 술수의 역할

만민영은 민중 속에서 살아가는 역학자였지만, 그의 명성이 높아지면서 점차 지방 관료들과 중앙의 문무 관리들, 심지어 황실과도 간접적으로 연을 맺게 되었다. 이 장에서는 정치와 도술, 실용과 철학의 경계에서 그가 겪은 갈등과 선택, 그리고 그가 남긴 영향들을 살펴본다.

1. 지방 관료들과의 교류

만민영이 가장 먼저 공식적인 자문을 요청받은 것은, 남경 부근의 고산현(高山縣) 현령(縣令) 주봉현(朱奉賢)이었다. 주봉현은 유학적 소양이 깊은 선비였지만, 민심 수습과 풍수·운세 문제에 대해 명확한 판단이 필요했기에 만민영을 비밀리에 초청하였다.

만민영은 관청으로 가지 않고, 근처 사찰의 객실에 머물면서 관료들에게 조용히 강의를 하였다. 이때 그는 다음과 같은 조언을 하였다.

"한 고을의 기운은 사람의 기운에 따라 변화하며, 사람이 기운을 잃는 것은 조정의 혼란에서 비롯됩니다. 하늘을 탓하기 전에 뿌리를 보십시오."

그의 조언은 단순한 술수가 아닌, 도덕과 행정의 본질에 대한 철학적 메시지였기에, 관료들은 오히려 더욱 그를 존경하였다.

2. 황실로부터의 소환과 거절

만민영의 명성은 점차 북상하여, 결국 명나라 말기 숭정제 초기 궁중의 태사원(太史院)에서 역법 담당 신하를 통해 그를 궁으로 초청하고자 하였다. 당시 숭정제는 정국 불안과 농민 반란, 기후 이변에 시달리고 있었고, 새로운 예언자 혹은 역법 자문을 찾고 있었다.

그러나 만민영은 이에 응하지 않았다. 그는 북경에 입성하지 않고 다음과 같이 답했다.

"하늘은 알 수 있는 것이나, 권력은 움직일 수 없는 것이옵니다. 소인은 땅을 밟는 사람들의 음성과 숨결에서 더 많은 진리를 듣습니다."

이 거절은 위험한 선택이었다. 실제로 당시 궁중의 역술가들 일부는 처형되거나, 잘못된 예언으로 유배를 당한 사례가 있었다. 그는 신중하게 조정을 피하고, 다시 강남으로 내려갔다.

그가 남긴 기록에는 다음과 같은 내용이 있다.

"정치는 하늘의 뜻을 빌려 사람을 움직이려 하나, 역학은 사람을 통해 하늘의 뜻을 추리할 뿐이다. 길이 다르니, 나의 길을 따를 뿐."

3. 明末 혼란기의 예견

만민영은 말년에 명나라 말기의 불안정한 기운을 예견하였다. 그는 천간지지와 대운의 흐름을 살피며 '금수혼잡(金水混雜)'의 국운을 경계하였다. 그의 기록 중 일부는 다음과 같다.

"정신은 쇠하고, 식신은 넘치나 재성은 없다. 위 아래가 뒤바뀌고, 조정의 의논은 사라질 것이다."

이는 훗날 이자성(李自成)의 난과 명나라 멸망, 청나라의 입관 등으로 이어지는 대격변을 암시한 내용이라 평가받았다.

그는 명나라의 대운이 기축(己丑)으로 접어들며 수기(水氣)가 과해지고, 이로 인해 기강이 무너질 것이라 보았다. 그의 제자들은 이 기록을 '국운론'이라 부르며 연구하였다.

4. 도술과 권력의 경계선

만민영은 도가적 방술도 익히고 있었기에, 풍수, 기문둔갑, 태을신수 등에 대해서도 조예가 깊었다. 관료들 사이에선 그가 '제갈량의 재래'라는 별명으로 불리기도 했으며, 도교계 인사들 역시 그를 '사문(師門)의 길을 잇는 자'로 존경하였다.

그러나 그는 자신의 도술을 정치적 수단으로 삼지 않았다. 오히려 그는 기문판(奇門盤)을 직접 펴놓고 이렇게 말하곤 했다.

"이 판은 사람의 운을 열기도 하고 닫기도 하지만, 본래 열쇠는 마음속에 있다. 마음이 닫힌 자에게는, 천 개의 기문도 아무 소용이 없다."

그는 제자들에게 도술은 세상을 조정하는 수단이 아니라, 스스로를 관조하는 수련의 도구로서 써야 한다고 강조하였다.

5. 사대부와의 철학적 논쟁

한때 그는 양주(揚州)의 대학자 강석중(江錫中)과 운명론을 주제로 논쟁을 벌였다. 강석중은 성리학자였으며, 인간은 하늘의 명을 공부와 수양으로 극복할 수 있다는 주장을 펼쳤다. 이에 만민영은 다음과 같이 반론하였다.

"극복이 아니라 조화입니다. 명은 물과 같아 제방을 치면 흘러가지만, 완전히 멈출 수는 없소. 수양이란 그 흐름을 막는 것이 아니라, 물줄기를 적절히 돌리는 기술입니다."

이러한 관점은 단순한 운명 순응론이 아닌, 운명을 이해하고 활용하며, 자기 삶을 조율하려는 실천적 철학이었다.

6. 명나라의 멸망을 지켜보며

말년에 그는 명나라의 붕괴를 직접 목격하였다. 그는 숭정제의 자살 소식을 들었을 때 깊은 침묵에 빠졌고, 그 뒤로 집 밖에 거의 나가지 않았다고 전해진다. 제자들은 이 시기를 '침묵의 3년'이라 불렀으며, 그는 단지 독서와 필사에만 몰두했다.

그는 《삼명통회》 최종본에 다음과 같은 구절을 남겼다.

"하늘이 밝고 땅이 열리되, 사람의 길이 막히면 왕조는 다한다. 정치는 망했으나, 하늘의 도는 여전히 흐른다."

이는 명나라의 몰락을 하늘 탓으로만 돌리지 않고, 인간의 도덕적 쇠퇴와 이치를 무시한 결과로 해석한 그의 깊은 통찰을 보여준다.

제8장 말년의 사색과 정리: 역학의 종합 예술로

⦁《삼명통회》의 완성과 제자 양성, 그리고 인간 운명의 본질에 대한 성찰

명나라의 마지막 세기, 수많은 지식인들이 현실을 회피하거나, 절망하거나, 은둔하거나, 혹은 배신했다. 그러나 만민영은 고요한 자리에 앉아 천지의 운행을 묵묵히 기록하며, 명리학을 단순한 점술이 아닌 종합 예술이자 철학으로 끌어올리는 작업에 몰두했다. 이 장에서는 그의 말년 사색과 학문적 완성, 제자 교육, 그리고 역학의 본질에 대한 깊은 통찰을 다룬다.

1. 세속에서 물러나 고요한 공간으로

명나라가 멸망한 후, 만민영은 절강성 남부의 심산 유곡으로 거처를 옮겨 은둔 생활을 시작했다. 그의 거처는 후학들이 '청운재(淸雲齋)'라 부르던 조용한 초당이었고, 이곳에서 그는 외부의 정치·전란과 단절된 채 내면과 우주의 흐름에만 귀를 기울였다.

그는 이 시기, 《삼명통회》의 최종 편집과 재정리에 착수하였다. 이는 단순한 오탈자 수정이 아니라, 각 장의 논리적 연결 구조를 다듬고, 철학적 주석을 덧붙이며, 후학들이 이해할 수 있는 형태로 지식 체계를 정돈하는 일이었다.

2. 철학적 명리학으로의 전환

만민영의 말년 특징 중 하나는 명리학을 '우주적 인식의 도구'로 승화시켰다는 점이다. 그는 다음과 같은 구절을 기록했다.

"사주는 그림자요, 운은 물결이요, 인생은 달이니, 한 줄기 강물 위를 떠가는 불빛 같도다."

그는 명리를 단순히 미래 예측이나 사소한 길흉 판단에 사용하는 것이 아니라, 인간 존재의 본질을 통찰하는 도구로 보았다. 인간은 정해진 운명 속에 살되, 그것을 '아는 것'으로 자유를 얻는다고 보았다.

그는 《삼명통회》 후서(後序)에 다음과 같이 썼다.

"천명은 물과 같이 흐르며, 인심은 바람 같아 따라 움직인다. 그러나 선비는 물에 흔들리지 않는 배가 되어야 한다."

3. 제자 교육과 전수

청운재에는 조용히 찾아오는 문하생들이 있었다. 그 중에는 유생 출신도 있었고, 상인, 승려, 심지어 도사도 있었다. 그는 이들을 차별하지 않고 동일한 원칙으로 교육했다.

◆ 사주 해석 이전에 '사람'을 이해할 것.
◆ 고전 경서와 병행하여 명리를 연구할 것.
◆ 질문은 명식에서 찾되, 답은 삶 속에서 찾을 것.

제자들 중 가장 유명한 이는 '전문우(田文祐)'와 '노선재(盧善哉)'로, 이들은 훗날

《삼명통회집해》와 《삼명통회의요》 등의 주석서를 남기며, 만민영의 학문을 청대와 조선에까지 전승시키는 역할을 하였다.

4. 종합 예술로서의 역학

만민영은 명리학을 다음 세 가지 축으로 규정했다.

- ◆ 과학(數學): 오행과 육십갑자의 수리적 배열, 논리 구조.
- ◆ 철학(哲學): 천인합일, 기질론, 인간성의 흐름과 변화.
- ◆ 예술(藝術): 명식 해석은 정해진 계산이 아니라, 감성과 통찰로 이뤄지는 직관의 미학.

그는 명식 해석을 '한 편의 시를 읽는 것'처럼 느꼈다. 똑같은 사주라도 사람마다 삶이 다르고, 해석자의 깊이에 따라 조언의 품격이 달라진다고 보았다. 그는 제자들에게 이렇게 말했다.

"사주는 천지만물의 지문이니, 그것을 읽는 자는 우주와 대화하는 자여야 한다."

5. 말년의 침묵과 최후의 기록

그의 말년 5년은 침묵과 정리의 시간이었다. 그는 《삼명통회》의 원고를 마무리한 뒤 더 이상 외부 강의를 하지 않았고, 모든 문답은 필담(筆談)으로만 이루어졌다. 이유는 알려지지 않았으나, 그는 "말은 흐르고, 글은 남는다"고 했다.

그는 최후의 유서에서 다음과 같은 시를 남겼다.

"山中歲月靜, 卜命知天心.
數裏浮雲散, 無言對古今."
"산속 세월은 고요하고, 점술은 하늘의 마음을 알게 하네.
숫자 속에 떠돌던 구름이 흩어지니, 말없이 고금과 마주하노라."

그의 사망 연도는 명확하지 않으나, 대략 명나라 말기 전후로 추정된다. 향년

약 81세 내외였을 것으로 보인다.

그가 세상을 떠나자 제자들은 청운재 입구에 '통명정회 萬民英先生之隱所'라는 비를 세우고, 그가 평생 남긴 원고와 필기를 정리하여 후세에 출간하였다

제9장 사후의 영향과 전승

● 《삼명통회》의 유산과 동아시아 역술 문화에 끼친 지대한 파장

만민영(萬民英)이 세상을 떠난 이후, 그의 학문과 사상은 제자들과 후학들에 의해 광범위하게 계승되었다. 《삼명통회(三命通會)》는 단순한 명리 해설서를 넘어서, 명말청초(明末淸初) 역학사상에 큰 전환점을 제공하였으며, 이후 조선, 일본, 동남아시아에도 지대한 영향을 미쳤다. 이 장에서는 그 사후의 전파 과정과 각 지역의 수용 양상을 분석한다.

1. 청나라 초기 학자들의 수용

청 초기에 이르러 명나라 시기 작성된 역학서 중 가장 많이 인용된 책 중 하나가 바로 《삼명통회》였다. 청대 역학자 왕홍(王鴻), 정은(鄭恩), 손지헌(孫志憲) 등은 이 책을 두고 다음과 같이 평하였다.

"명리는 적천수로 시작되어 삼명통회로 완성된다."

— 손지헌, 《명리종론(命理總論)》 중에서

청조는 유교를 국교로 삼았기에 공식적으로 명리학을 장려하지는 않았지만, 문사와 관료들의 개인적 관심은 여전히 높았다. 청대 후기의 역술가 원수산(袁樹珊), 서락오(徐樂吾) 등도 《삼명통회》의 구절을 자주 인용하였다. 특히 다음 세 가지 요소가 집중적으로 연구되었다.

- ◆ 격국의 유동성 이론.
- ◆ 용신의 가변성과 응용 실전.
- ◆ 대운과 세운의 인간 내면 분석법.

2. 조선에의 전래와 실용적 계승

《삼명통회》는 명말청초를 거쳐 조선 후기에 자연스럽게 유입되었다. 조선 후기의 명리학자 이서구(李書九), 남사고(南師古), 서유구(徐有榘) 등의 문집에서는 《삼명통회》의 일부 문장이 필사되거나 해석되어 전해졌다.

조선에서는 특히 《삼명통회》의 다음 요소에 주목하였다.

- ◆ 인간성 분석을 통한 교화 도구로서의 명리학.
- ◆ 국가 제도와 사회 구조 내에서의 계층 이동 예측.
- ◆ 양반가 여성들의 혼사 판단 기준서로의 응용.

조선 후기 역술인들은 《삼명통회》를 '사대부용 사주경(四大夫用 四柱經)'이라 부르기도 했으며, 필사본은 한양, 전주, 평양 등지에서 다수 발견되었다.

3. 일본에서의 발전과 '삼명류' 형성

에도 시대의 일본에서도 《삼명통회》는 큰 반향을 일으켰다. 특히 에도 후기 학자 이토 도요(伊藤東陽)와 오가와 겐잔(小川玄山) 등이 이를 번역 및 주해하며 일본식 '삼명류(三命流)'라는 학파를 형성하였다.

이들은 《삼명통회》를 다음과 같이 평가하였다.

"중국에서 온 가장 정합적이며 실용적인 사주학, 곧 인생의 지도서."

일본에서는 특히 천간지지의 기질 분석과 여성 사주 판단에 중점을 두었으며, 이후 일본의 사주와 음양술이 독자적으로 발전하는 데 큰 기반이 되었다.

4. 근현대 역학서와의 연계

청대 말기에 이르러, 《삼명통회》는 단순한 고전 명리서가 아니라 명리학의 정통 교과서로 자리잡게 되었다. 이는 20세기 초중반에 간행된 다음 서적들을 통해 확인할 수 있다.

- ◆《자평진전해설(子平眞詮解說)》:《삼명통회》이론을 근간으로 구성.
- ◆《명리비전강의록(命理秘傳講義錄)》: 일본에서《삼명통회》를 중심으로 정리한 강의 노트.
- ◆《조선사주초학기(朝鮮四柱初學記)》: 조선 민간 역술인들이《삼명통회》문장을 인용하여 만든 학습서.

대한민국 현대 명리학계에서도 김갑진 교수의『실전사주비결』, 정미경 선생의『사주구조론』, 황기선의『명리원론』등에《삼명통회》의 구절이 간접적으로 인용되거나 변형되어 반영되어 있다.

5. 계보와 학파로서의 정립

《삼명통회》이후 명리학은 다음과 같은 주요 계보로 나뉘게 된다.

- ◆ 삼명통회 계열(통회류, 三通派)
  특징: 유기적 격국 해석, 용신 조화론, 인간 심리 해석 중심.
  대표: 유백온, 서락오, 일본 오가와파, 조선 이서구 계열.
- ◆ 적천수 계열(적천류, 滴天派)
  특징: 오행 중심의 단순명료한 구조 분석, 육친 위주 해석.
  대표: 진지린, 고한묵 등.
- ◆ 자평진전 계열(자평류, 子平派)
  특징: 격국과 용신에 집중, 기문둔갑과의 연계 시도.
  대표: 서자평 원류, 이정의 방술 결합.

《삼명통회》는 이들 중에서도 가장 종합적·통합적 성격을 가지며, 학문적·철학적 완성도 측면에서 독보적인 위치를 점하고 있다.

6. 대중 문화와의 접점

21세기 들어, 《삼명통회》는 다양한 형식으로 재조명되고 있다. 다음과 같은 예시가 있다.

- ◆ TV 다큐멘터리: "운명과 이성, 만민영의 세계"
- ◆ 드라마 각본: 조선시대 역술인을 주인공으로 한 시대극에《삼명통회》인용.
- ◆ 웹소설·만화: 사주를 다루는 창작물에서《삼명통회》의 용신 해석법 언급.
- ◆ 유튜브 명리 해설 채널:《삼명통회》구절을 해설하는 콘텐츠 증가.

그 핵심은 운명을 극복하거나 예언하는 것이 아니라, 운명의 구조를 인식하여 스스로 조화를 이루는 삶의 방식을 추구한다는 만민영의 철학이 현대인의 삶과도 맞닿아 있다는 점이다.

제10장 만민영의 철학과 《삼명통회》의 현대적 의의

● 운명을 넘어, 삶을 보는 눈으로

《삼명통회》는 단지 명리학의 고전이라는 타이틀에 그치지 않는다. 그것은 인간 존재에 대한 철학적 통찰이자, 삶의 흐름과 그 가능성을 조망하는 지적 지도이다. 만민영은 명리학을 점술이나 예언으로 격하시키는 것을 단호히 거부하였으며, 그것을 하늘의 질서와 인간의 도리를 잇는 다리로 보았다. 이 장에서는 그의 철학을 집대성하고, 그것이 오늘날 어떤 방식으로 살아 숨 쉬고 있는지 살펴본다.

1. 운명을 보는 세 가지 눈

만민영은 인간이 운명을 바라보는 방식에는 세 가지 수준이 있다고 보았다.

- ◆ 두려움의 시선
  "나는 어떤 운명을 타고났는가? 길한가, 흉한가?"

    → 이는 명리학을 점술로만 보는 사람의 시선이다.
- ◆ 도식의 시선
  "나는 어느 격국이며, 어떤 용신을 가지고 있나?"
    → 이는 이론적 분석에 익숙해진 이들의 시선이다.
- ◆ 통찰의 시선
  "이 운명은 어떤 흐름이며, 나는 그 흐름에 어떻게 응답할 것인가?"
    → 이것이 만민영이 강조한 진정한 명리의 시선이다.

그는 "운명을 본다는 것은 단지 예언이 아니라, 그 흐름 안에서 나를 찾는 일"이라 했다.

2. 철학으로서의 명리학

만민영은 《삼명통회》를 통해 다음과 같은 철학적 명제를 전하고자 했다.

- ◆ 천인합일(天人合一): 인간은 하늘의 일부이며, 하늘은 인간을 통해 스스로를 실현한다.
- ◆ 기화이성(氣化理性): 인간의 감정과 욕망(氣)은 이성과 논리(理)를 통해 조율되어야 한다.
- ◆ 운명과 자유의 병존: 사주란 정해진 길이 아니라, 흐름의 경계이며, 인간은 그 안에서 자유롭게 대응할 수 있다.

이러한 철학은 유학의 도덕성과 도가의 자연성, 불가의 무상관을 아우르는 다층적 사유로 구성되어 있었고, 이는 명리학을 단지 실용 기술이 아니라 인간학의 일부로 승화시켰다.

3. 삶의 실천과 명리학

《삼명통회》는 다음과 같은 실천적 교훈을 준다.

- 운명을 아는 자는 자만하지 않고, 불행 속에서도 질서를 본다.
- 사주가 불리한 자는 대운을 기다리기보다 마음의 준비를 한다.
- 용신이 약한 사주는 환경과 인간관계에서 보완을 찾는다.
- 격국이 좋지 않다고 해도 그 격에 맞는 삶의 방식을 찾는다.

즉, 명리학은 고정된 틀이 아니라, 삶을 유연하게 대처하는 방법을 제시하는 지혜이다. 이는 오늘날 불확실한 시대를 살아가는 현대인에게도 큰 통찰을 제공한다.

4. 현대적 의의와 재조명

현대 사회에서도 만민영과 《삼명통회》는 다음과 같은 방식으로 재조명되고 있다.

- 심리상담과의 결합
  인간 기질, 성향 분석을 통해 심리적 처방에 응용.
- 직업상담 도구
  성격 유형과 진로 경로 예측을 위한 모델링.
- 철학 교육의 주제로 숙명과 자유, 질서와 혼돈의 관계를 논의하는 철학적 논제로 활용.
- 인문학의 콘텐츠로 동양 철학·점술·윤리·자기 성찰을 아우르는 강의 및 저서 주제로 활용.

만민영의 저작은 단지 점괘를 던지는 기술서가 아니라, 인간이라는 존재가 하늘의 질서 안에서 어떻게 주체로 살아갈 수 있는가를 묻는 인문학적 응답이다.

5. 후학들에게 남긴 마지막 메시지

그는 제자들에게 다음과 같은 문장을 자주 남겼다고 전해진다.
"命은 그저 보는 것이 아니다. 듣는 것이며, 기다리는 것이며, 견디는 것이며, 결국 스스로 이루는 것이다."
이 짧은 문장은 만민영이 운명학을 대하는 태도이자, 《삼명통회》 전체를 관통하는 철학적 핵심이다.

▣ 맺음말: 삼명통회와 만민영, 운명을 넘어선 길

만민영은 격동의 시대에 한 인간으로서 태어났고, 한 철학자로서 운명을 관찰하였으며, 한 스승으로서 수많은 이들에게 삶의 지침을 남겼다. 그의 《삼명통회》는 단지 고서가 아니라, 지금도 숨 쉬는 사유의 숲이다.

그가 말한 대로, 운명은 단지 '정해진 길'이 아니라, '이해하고 조율하며 나아갈 수 있는 흐름'이다. 그의 삶과 학문은 지금 이 순간에도 많은 사람들에게 묻고 있다.
"당신은 당신의 흐름을 알고 있는가?"

삼명통회 저술 장면

명리약언(命理約言) 진지린(陣之潾)(1605~1666)

제1장 서문: 명리학의 거장, 진지린의 세계

　명리학은 인간의 생년월일시라는 네 기둥을 통해 그 사람의 타고난 기질, 삶의 흐름, 운의 흐름을 분석하는 학문이다. 이 명리학은 수천 년의 흐름 속에서 다양한 인물들에 의해 발전되어 왔는데, 그중에서도 청대 전기의 진지린(陣之潾, 號: 素庵)은 《명리약언(命理約言)》이라는 걸작을 통해 독자적인 이론 체계를 정립하고 후대에 깊은 영향을 미친 인물로 손꼽힌다.

　진지린은 단순한 역술가가 아닌 학자이며 관료였고, 사대부 정신과 실용 명리학의 접점을 모색한 인물이었다. 그는 《명리약언》을 통해 격국의 정리, 용신의 판단, 육친론의 실제 적용 등 매우 실무적인 이론들을 정리하며, 실전적 명리학을 확립하였다. 이 책은 특히 《적천수》의 상징성, 《연해자평》의 정통적 체계와 달리 실제 분석과 응용 위주의 내용이 많아 역술 실무가들 사이에서 꾸준히 사랑받았다.

　그는 明·淸 교체기의 격동기 속에서도 학문과 인격을 지켜가며, 인간 운명의 구조와 의미에 대한 철학적 탐구를 놓치지 않았다. 그러한 태도는 그의 저작에도 고스란히 드러난다. 《명리약언》은 단순한 사주 해석서를 넘어 인간 존재에 대한 통찰을 담은 문헌이며, 동양 운명학 사상의 정점 중 하나로 평가된다.

　이 일대기에서는 진지린이 어떤 배경에서 태어났으며, 어떤 학문을 접했고, 어떤 철학적 사유를 거쳐 《명리약언》이라는 명저를 집필하게 되었는지를 낱낱이 추적할 것이다. 아울러 그는 동시대 어떤 학자들과 교유했고, 명리학의 어떤 난제를 어떻게 해석했는지, 그의 명리론이 현대에 어떻게 계승되고 있는지까지 철저히 분석하고자 한다.

　이 기록은 단지 한 사람의 전기를 서술하는 것이 아니라, 하나의 명리학파가 어떻게 만들어지고 성립되었는지에 대한 사상사적 탐색이기도 하다. 지금 우리는 그의 세계로 들어가려 한다. 인간과 우주의 리듬을 꿰뚫은 진지린, 그 정밀한 명리학의 거대한 우주로 들어가보자.

제2장 가문과 출생

1. 진씨 가문의 유래와 사회적 지위

진지린은 명나라 만력제 말기, 구체적으로는 1605년(만력 33년)에 남직예(현재의 하북성 보정시 인근)에서 태어났다고 전해진다. 그의 가문인 진씨는 대대로 유학을 숭상하던 사대부 가문으로, 조부 진수화(陳守華)는 소현한 성리학자였고 부친 진문륜(陳文綸)은 향리에서 경학으로 명망이 높았다.

그는 학문과 청렴을 중시하는 분위기 속에서 자랐다. 집안에는 사서삼경과《주역》,《예기》등의 유교 경전뿐 아니라, 천문역법, 의서, 병법서 등도 즐비하여 자연스레 '천인합일' 사상에 익숙해졌다. 당시에는 유학과 천문, 역수(曆數), 음양오행의 융합을 정통 지식인의 교양으로 여기는 분위기가 형성돼 있었기에, 진지린도 어릴 적부터 운명론에 자연스럽게 노출되었다.

2. 명나라 말기의 시대적 배경

그가 성장하던 시기는 명 왕조가 내우외환에 시달리던 혼란기였다. 부패한 환관 정치, 만주족의 점차적인 부상, 유민의 증가, 농민 봉기 등으로 인해 민심은 크게 흔들리고 있었다. 이러한 상황 속에서 유학자들은 기존의 제도와 학문으로 세상의 혼란을 해소하지 못함을 느꼈고, 일부 학자들은 기존의 성리학 중심에서 벗어나 보다 실용적인 학문을 탐구하기 시작하였다.

진지린도 바로 이러한 시기에 성장하며, 단순한 경전 해석 이상의 학문에 눈을 돌리게 되었다. 그는 "인간의 삶은 경전으로만 설명할 수 없다"고 자주 말하며, 명리학을 통해 개개인의 삶과 운명을 구체적으로 분석하고자 하였다. 이러한 발상은 유교적 전통과 명리학적 사유가 충돌하는 지점이었고, 그 충돌 속에서 그는 새로운 길을 개척해 나가게 된다.

제3장 유년기와 수학 과정

1. 초기 교육: 유학의 정통 수학

진지린은 7세 무렵부터 아버지의 엄격한 지도 아래《논어》와《맹자》를 비롯한 사서와《주역》,《예기》등의 오경을 정통적으로 수학하였다. 특히 그는《주역》에 강한 흥미를 느꼈는데, 이는 이후 그의 명리학 사유에 깊은 영향을 주었다.《주역》의 괘상(卦象)과 변화를 통해 그는 세상의 리듬과 인간사의 기복이 서로 연결되어 있다는 관점을 내면화하였다.

2. 명리학과의 초기 접촉

그가 명리학과 처음으로 깊이 접한 것은 14세 무렵, 부친의 친구였던 민간 역술인 손유성(孫有成)이 방문하면서였다. 손유성은《연해자평》과《적천수》를 기반으로 실전적 사주 풀이를 행하는 인물이었고, 진지린은 그가 즉석에서 사람의 성격과 사건을 맞히는 모습을 보며 강한 충격을 받았다.

그날 이후 진지린은 기존의 경전 공부 외에도 몰래《자평진전》,《원리심법》등을 필사하며 명리학의 세계에 빠져들었다. 그러나 부친은 당시 명리학을 '천명에 도전하는 기술'이라며 이를 경계하였다. 진지린은 이에 대해 "경전과 운명학은 인간에 대한 서로 다른 설명 방식일 뿐, 본질은 다르지 않다"고 기록하고 있다.

제4장 명리학과의 만남

1. 지적 각성기: 명리학의 진면목에 눈뜨다

진지린은 15세 무렵부터 본격적으로 명리학 고서를 독학하기 시작하였다. 그는《자평진전》과《적천수》,《연해자평》등 당대 최고의 명리서를 손에 넣고 밤낮으로 탐독하였다. 특히 그는 자평법의 격국(格局) 체계와 용신(用神) 이론에 깊은 매력을 느꼈다. 그는 당시를 회고하며 이렇게 썼다.

"경서에 나오는 이치도 위대하거니와, 천지의 운행과 인간사의 부침을 사주 네 기둥으로 풀어내는 명리의 법은, 실로 기이하면서도 정밀한 법이라 할 수 있다."

그는 단순한 이론 공부에 머무르지 않았다. 사촌들과 친지들의 사주를 모아 수십 수백 건을 분석하며 실제 사건과 명리적 구조가 어떻게 연계되는지를 분석했다. 특히 그는 병화일주와 정재격, 겁재와 상관의 작용에 대해 독자적으로 패턴을 발견하기 시작했고, 후에 《명리약언》에서 그 구조를 일목요연하게 정리하였다.

2. 동시대 명리학자들과의 만남

진지린은 20대에 접어들며 지방 학자 및 역술가들과의 교류를 확대했다. 대표적인 인물로는 절강 출신의 사주가 왕헌문(王憲文), 하남 지역의 실용 역술가 장우조(張遇祖) 등이 있으며, 이들과는 매년 음력 정월과 칠월에 만나 '사주 모임'을 열었다. 서로의 해석법을 비교하고, 실제 사례를 주제로 토론하며 연구의 깊이를 더했다.

특히 그는 "명리학은 곧 인간학이며, 인간학은 철학과 실천이 결합된 체계여야 한다"는 명제를 중심으로 자신의 이론을 정립해 나갔다. 격국 위주의 고전적 해석에서 벗어나 용신, 희신, 기신의 다층적 작용을 고려하는 구조적 명리 이론을 체계화하기 시작한 시기이다.

제5장 과거제 응시와 관직 생활

1. 진사 급제, 관직의 길로 들어서다

진지린은 19세 되던 해인 1624년(천계 4년), 지방 향시에 합격하고, 1637년 정식으로 진사(進士)에 급제하였다. 이후 그는 예부(禮部)에서 관직을 시작하였고, 홍문관(弘文館) 학사로 활동하며 황실 문서의 정리와 역사 편찬 업무에 관여하였다. 그는 당대 최고의 지식인들과 어깨를 나란히 하며 고전과 역사를 연구하였고, 그 안에서도 명리학을 보다 체계화하려는 꿈을 놓지 않았다.

그는 일기에서 이렇게 남겼다.

"비록 나는 관직에 몸을 담았으나, 백성의 삶과 고통은 사주 속에 담긴 변화에서 더 선명히 읽히는 법이다. 정무가 이치라면, 명리는 기운(氣運)의 법이라."

2. 정치적 혼란과 운명 해석의 현실화

그가 관직에 있던 시기는 명나라의 말기 정국 혼란과 정확히 겹쳤다. 조정은 내정의 부패와 외침의 위협으로 위태로웠고, 그는 여러 지방 관리로 전보되며 현실을 피부로 체감하게 되었다.

특히 1626년 천계제 시기에는 북방의 후금(청)의 침공에 대응하여 산해관 인근에서 민병을 조직하고 주술적 방책으로 '기일선택', '풍수 조정' 등을 적용하기도 했다. 이 시기 그는 역술이 단순한 개인 사주풀이를 넘어 '국운과 민생'까지 영향을 줄 수 있음을 실감하였다.

그는 관직에 있으면서도 《자평진전》과 《연해자평》에 대한 재해석을 꾸준히 진행했고, 그 결과물은 후일 《명리약언》에 녹아들게 된다. 당시 그는 "격국론은 죽은 이론이요, 용신론은 살아 있는 실천"이라는 주장을 제기하며 역술계에 신선한 충격을 안겼다.

3. 갈등, 유배 그리고 자발적 은둔

그러나 그는 지나치게 실용적이고 개혁적인 명리 해석으로 인해 보수 유학자들과 갈등을 빚었다. 결국 1639년, 그가 지방 관청에서 음양 선택에 기반한 농지 정책을 추진한 것이 문제시되어, 그는 파직당하고 북방 변방으로 유배되었다.

이 유배는 그에게 있어 절망이 아닌, 오히려 사상의 성숙을 가져다주는 계기가 되었다. 그는 사주를 '인간의 운명 해석'이라는 수준에서 '인생철학'의 층위로 끌어올렸고, 이때부터 그는 《명리약언》 집필을 결심하게 된다.

제6장 명리 연구의 심화

1. 격국론의 재해석과 실용화

유배지에서의 긴 고독과 성찰 속에서 진지린은 기존의 명리 체계를 철저히 재검토했다. 그는 특히 당대 명리학의 핵심이었던 격국론(格局論)이 이론적으로는 아름다우나 실전에서는 복잡하고 모호한 해석을 야기한다는 한계를 지적했다. 이 때문에 그는 격국을 기본 골격으로 삼되, 용신(用神)을 중심으로 전체 사주의 구조를 파악하는 중심화 해석법을 고안하였다.

이 해석법의 핵심은 다음과 같다.

- ◆ 격국은 '전체 기세'를 말하되, 실제 운의 흐름은 용신의 강약과 희기(喜忌)에 따라 달라진다.
- ◆ 따라서 용신이 생조(生助)되면 불리한 격국이라도 유리해지고, 용신이 손상되면 길한 격국도 파괴된다.
- ◆ 격국보다는 용신의 실질적 작용이 사주의 중심이어야 한다는 것이 그의 핵심 주장이다.

2. 오행 생극제화의 동적 적용

그는 오행의 생극관계를 단순한 고정 구조가 아니라 시간적 흐름 속의 동적 구조로 해석하였다. 예컨대, "화극금(火剋金)"이라는 전통적 구조를 일방향이 아닌 시간적 맥락 속에서 설명하며, 각 대운(大運)과 세운(歲運)의 작용에 따라 금이 도리어 화를 억제하거나 반대로 생조하는 경우도 있다는 점을 강조하였다.

이러한 접근은 후대의 신강·신약론과 용신 분석의 정교화에 큰 영향을 주었고, 현대 실전 명리학의 기반이 되었다.

3. 육친론의 현실화

진지린은 특히 육친(六親) 이론을 실제적 인간관계와 연결하여 상세히 서술하였다. 그는 일반적인 이론서처럼 육친을 단순히 "부모, 자식, 배우자, 형제"로 기계적으로 연결하는 것이 아니라, 그 작용성에 주목하였다.

예를 들면 다음과 같다.

- ◆ 재성(財星)이 아버지를 의미한다고 해도, 그것이 편재(偏財)라면 "현실적이고 단절된 부친", 정재(正財)라면 "책임감 있고 일관된 부친" 등으로 해석할 수 있다는 입장을 견지하였다.
- ◆ 관성(官星)의 경우 여성에게는 배우자 별이지만, 그 성격이 편관인지 정관인지에 따라 가정의 안정성이 달라진다는 식이다.

이는 《명리약언》에서 "육친을 기호가 아니라, 실제 삶에서의 관계로 해석하라"는 구절로 정리되며, 후대 실용 명리학자들에게 큰 영향을 미쳤다.

제7장 《명리약언》의 집필 배경

1. 집필 동기

유배지에서 돌아온 진지린은 조정의 정치적 혼란을 목도하며 더 이상 관직 생활에 의미를 두지 않았다. 그는 인생의 후반기를 오직 학문과 사유에 바쳤으며, 명리학에 자신의 사상과 경험을 온전히 담기 위해 《명리약언》의 집필을 결심하였다.

그는 서문에서 이렇게 밝힌다.

"이 말들은 다년간 수십 수백인의 사주를 본 실례로부터 도출되었으며, 나의 피와 땀으로 깎고 다듬은 정수이다."

그는 《명리약언》을 단순한 이론서가 아닌, 명리학의 실천적 규범서로 기획하였다.

2. 구성과 특징

《명리약언》은 크게 다음과 같은 구성으로 되어 있다.

항목	설명
서문	명리학에 대한 철학적 입장과 인간 이해의 도구로서의 명리학 정의
격국론	12격의 정리 및 실제 적용 사례
용신론	신강/신약, 용신/희신/기신의 판단과 활용
오행심법	생극제화의 유기적 해석
육친론	육친의 의미와 사주 내에서의 구체적 표현 방식
응용편	실전 사주 풀이 사례와 해설
부록	칠살격, 양인격, 인수격 등의 고급 격 해설

그는 《명리약언》에서 "격국이 神이라면, 용신(用神)은 그 작용이고, 희신(喜神)은 그 기운이며, 기신(忌神)은 그 적(敵)"이라고 표현함으로써 사주를 살아 있는 유기체로 보았다.

3. 집필 시기 및 판본

《명리약언》은 1650년부터 초고가 완성되기 시작했으며, 1655년경 초판 필사본이 완성되었다. 이후 청대 중기에 들어서면서 목판 인쇄본이 등장하였으며, 강희 연간 이후에는 일부 학자들이 교정판을 유통하기 시작하였다.

명말청초의 다른 역술서들과는 달리, 《명리약언》은 현실 적용을 중심으로 쓰였기에 당시 사주풀이를 업으로 삼는 실무 역술인들에게 폭넓은 환영을 받았다. 이후 조선, 일본 등 동아시아 각국에도 필사본으로 전해졌고, 특히 조선 후기 역학자 이서구, 이건창 등의 문집에 그 인용이 보인다.

제8장 《명리약언》의 주요 내용 해설

《명리약언》은 진지린의 오랜 연구와 실전 경험을 토대로 집약된 역술서로, 특히 용신 판단, 격국 해석, 육친 분석, 그리고 운세 흐름의 동적 이해에 있어 기존 저서들과 확연히 구별되는 체계적 서술이 특징이다. 이 장에서는 《명리약언》의 핵심 내용을 항목별로 분석하고 그 의미를 해설한다.

1. 격국 분류 체계의 정밀화

진지린은 격국을 단순히 12격으로만 규정하지 않고, 응용 가능한 실제 상황 중심의 변형격(變格)을 함께 분석하였다.

- ◆ 정격(正格)은 전통적으로 정리된 격국(정재격, 편재격, 정관격, 칠살격, 식신격, 상관격, 인수격, 편인격 등)의 구조를 엄밀하게 분류했다.
- ◆ 변격(變格)은 실제 사주 구조가 정격에서 다소 벗어날 때 생기는 양인격, 종격, 화격, 일행득기격 등을 포함한다.

그는 특히 격국은 반드시 용신 판단과 함께 고려되어야 한다고 주장하였다. 예를 들어, 상관격이라도 용신이 관살을 제어하면 오히려 길하게 작용할 수 있다는 실전적 판단을 강조하였다.

2. 용신·희신의 판단 기법

진지린의 명리 해석 중심은 용신의 정밀한 선택에 있다. 그는 단순히 '신강이면 설기, 신약이면 생조'라는 도식을 넘어서, 다음과 같은 판단 기준을 제시하였다.

- ◆ 용신은 병(病)의 약(藥)이다. 사주의 균형을 깨뜨리는 요소를 억제하거나 보완하는 것이 용신이다.
- ◆ 희신은 용신을 돕는 보조 약물로 이해해야 한다.
- ◆ 기신은 오히려 병을 악화시키는 독물로서 제어의 대상이다.

그는 이를 아래와 같이 네 가지 단계로 분류하였다.

- ◆ 격을 잡는다(立格): 사주의 기본 골격 파악.
- ◆ 기운을 파악한다(察氣): 오행의 세력과 균형 분석.

- ◆ 용신을 선택한다(擇用): 기세를 억제하거나 도와줄 주역을 결정.
- ◆ 운세를 평가한다(參運): 대운, 세운에서 용신의 운이 오는가를 살핀다.

이러한 정밀한 사주 해석 단계는 오늘날까지 실전 명리학의 교과서처럼 쓰인다.

3. 사주의 정신과 육친론

《명리약언》은 육친론의 생기 있는 해석으로도 유명하다. 그는 각 오행이 지닌 상징성과 실제 작용을 결합하여 다음과 같이 정의하였다.

육친	오행적 기준	실제 의미	세부 해석
비견/겁재	나와 같은 오행	형제, 친구	겁재가 강하면 경쟁적, 비견이 약하면 외롭다
식신/상관	내가 생하는 오행	자식, 표현	상관이 강하면 독립적, 식신이 강하면 효도
재성	내가 극하는 오행	아버지, 돈, 아내	정재는 안정, 편재는 활력과 외연
관성	나를 극하는 오행	남편, 권력	정관은 질서, 편관은 도전과 변수
인성	나를 생하는 오행	어머니, 지혜	정인-자상함, 편인-기예와 영감

진지린은 이 육친들이 단순히 오행의 방향성만으로 결정되는 것이 아니라, 사주의 전체 흐름과 용신의 존재 여부, 격국의 성질에 따라 그 의미가 변한다고 강조했다. 예를 들어, 식신격이면서 정관이 약한 경우, 식신이 길하더라도 관을 상하게 하므로 여성 사주의 경우 결혼운이 박할 수 있다는 해석 등은 매우 실용적인 예시로 자주 언급된다.

4. 신강(身强)/신약(身弱)의 진단 기준

그는 신강/신약 판단에 있어 다음 세 가지 기준을 제시하였다.

- ◆ 월지 판단: 월지의 오행이 일간과 같거나 생조하면 신강, 극하거나 누르면 신약.

- ◆ 조후 판단: 한난조습(寒暖燥濕)의 상태를 보정해 줄 수 있는지 여부.
- ◆ 세력 판단: 사주의 전체 구조에서 일간의 힘이 얼마나 뻗는가의 판단.

특히 그는 조후와 용신의 관계를 중시했는데, 이는 《적천수》에서의 '조후조정법'을 계승한 방식이다. 그는 조후를 무시한 사주 해석은 "속이 썩은 복숭아를 단지 겉모습으로 판단하는 것과 같다"고 비판하였다.

제9장 강학과 문하생 교육

1. 학당 설립과 제자 양성

유배 이후 은거지에서 지낸 진지린은 관직 복귀를 거절하고 학당을 설립하였다. 그의 학당은 일반 유학자뿐 아니라, 음양학에 관심 있는 실무 역술인들까지 문을 두드렸고, 그는 이를 기쁘게 받아들였다.

그가 문하생을 교육할 때 중시한 원칙은 다음과 같았다.

- ◆ 경서와 역술을 병행하되, 경은 사람의 바탕을 정립하고, 역은 세상의 구조를 해석하는 기제라 가르쳤다.
- ◆ 사주 해석은 "도(道)를 품고 행(行)을 드러내는 것"이라 강조하였다.
- ◆ 제자들에게는 반드시 50건 이상의 실전 사주를 해석하여 기록하고 보고서 형태로 정리하도록 했다.

대표적인 제자로는 오계량(吳啓良), 손복화(孫福和), 장대익(張大翼) 등이 있으며, 이들은 이후 각 지방에서 사주관을 운영하거나 자체 역서 저술을 시도하였다.

2. 강의 장면 묘사

진지린은 강의를 할 때 다음과 같은 방식으로 진행했다.

- ◆ 오전: 경전 강독 – 주로 《논어》, 《맹자》, 《주역》 중심.
- ◆ 오후: 명리 강의 – 사례 중심 해석법, 용신론 강의.
- ◆ 저녁: 사례 토론 – 제자들이 해석한 사주에 대해 토론.

그의 강의실 벽에는 오행상생도, 육친 분포도, 대운추계도 등이 걸려 있었고, 특히 사주팔자판을 그린 천으로 탁자에 덮어두고, 그 위에 목판으로 만든 십간십이지 돌림판을 두어 수업 중 직접 돌려가며 오행의 작용을 설명하였다.

그는 종종 강의를 마친 후 이렇게 말했다.

"사주는 사람을 읽는 책이다. 사람을 읽는다는 것은 그 사람의 고통과 소망을 이해한다는 것이니, 그대들이 역술을 한다면 먼저 마음을 정직히 하라."

제10장 정치적 부침과 말년의 고난

1. 명·청 교체기의 격변 속에서

1644년, 이자성(李自成)의 난으로 명나라 수도 북경이 함락되고, 뒤이어 청군이 산해관을 넘어 들어오며 명·청 교체기의 대혼란이 시작되었다. 진지린은 당시 남명 정권의 학사로서 복건(福建) 지역의 '영왕(永王)' 정권에 협력했으며, 명실상부한 충신으로 남기를 선택했다.

그러나 명의 부활은 실패로 끝났고, 진지린은 이후 청나라 조정에 부름을 받았으나 세 차례나 사양하고 은거하였다. 그는 당시 친구였던 학자 유홍기(劉弘基)에게 이렇게 말했다.

"성조는 변했으나, 나의 마음은 변치 않네. 운명을 읽는 자는 먼저 스스로의 뜻을 읽을 수 있어야 하니, 나의 길은 이미 유서 깊은 고요 속에 있다."

정국의 혼란은 그의 명리학에도 깊은 철학적 전환을 일으켰다. 그는 개인의 운명을 단순히 생년월일로 읽는 것에서 벗어나, 시대라는 거대한 흐름 속에서 인간의 위상을 통찰하는 방향으로 나아갔다.

2. 은둔 생활과 저술 활동

그는 이후 절강성 천목산(天目山) 자락에 은거하며 제자 양성과 저술에 힘썼다. 이 시기 그는 《명리약언》의 보충판이라 할 수 있는 필기문서 형태의 저작들도 남겼는데, 현재는 일부 단편적인 사본만 전하고 있다.

대표적인 문헌으로는 다음이 있다.

- ◆《格局辨(격국변)》
  격국별 용신의 변화 사례를 수록.
- ◆《命理質疑(명리질의)》
  제자들의 질문과 그의 답변을 기록한 문답집.
- ◆《運道心法(운도심법)》
  운명의 흐름을 이해하는 마음의 법도에 대한 철학적 단상.

이들 저작은 《명리약언》과 함께 당시 '삼종명서(三種命書)'로 불릴 만큼 높은 평가를 받았다.

3. 최후의 사유와 운명 철학의 정점

그는 말년에 인간과 자연, 운명과 윤리 사이의 관계를 지속적으로 고찰하였다. 특히 그는 명리학이 단순히 '운을 맞히는 기술'에 머무르면 "사기와 다를 바 없다"고 강하게 비판하며, 다음과 같이 정리하였다.

"명리란 인간이 운명의 힘 앞에서 무력하다는 것을 자각하게 만드는 학문이 아니라, 운명의 틈새를 통해 자기 삶의 주체성을 회복하게 하는 길이다."

이는 유교적 인본주의와 명리적 자연주의를 절묘하게 접목한 철학으로, 후세 역술가들이 '진지린 학파'를 따로 말할 정도로 독자적인 사상으로 정립되었다.

1666년, 그는 제자들에게 마지막 유언을 남긴 뒤 세상을 떠났다. 향년 61세였다.

제11장 《명리약언》의 전파와 영향

1. 조선에 전래된《명리약언》

《명리약언》은 청대 초기 필사본을 통해 조선 후기 유학자들과 역술가들 사이에 빠르게 유입되었다. 18세기 중반 경, 조선에서는 명리서로《적천수》와 함께《명리약언》이 가장 실전적인 이론서로 각광받았다.

조선 후기 실학자 이서구(李書九)는 문집에서《명리약언》에 대해 다음과 같이 언급하였다.

"그 책은 복잡한 구조를 손쉽게 풀어주며, 마치 병자가 약방문을 받는 것처럼 명쾌하다."

또한 정약용 역시《여유당전서》에서 명리 관련 이론을 논할 때《명리약언》을 인용하며, 그 논리성을 극찬하였다.

2. 일본과 베트남에서의 영향

에도 시대 일본에서도《명리약언》은 선진 명리 지식으로 여겨졌으며, 18세기 중반 필사본이 유통되었다. 특히 스기타 겐파쿠(杉田玄白)와 같은 유학자들이 개인 필사본으로 소장한 기록이 있으며, 에도 막부 고문서 중에도 이 책의 일부 내용이 발견되었다.

베트남에서는 응우옌 왕조 시대 궁중 역관들을 중심으로《명리약언》이 교육되었으며, 일부는 쯔놈(字喃)으로 번역되어 유통되었다.

3. 후대 명리서에 끼친 영향

《명리약언》은 이후 수많은 명리서의 구조와 내용을 변화시켰다. 특히 다음의 저자들에게 결정적 영향을 끼쳤다.

- 장남(張楠):《명리정종》저술 시에 참조했다 함.
- 심효첨(沈孝瞻):《자평진전》에서 격국 해설시 '진씨의 견해' 인용
- 임철초(任鐵樵):《적천수천미》에서 '진지린의 학파는 명리의 실제를 꿰뚫은

학문'이라 평가

현대 명리학자들 역시 《명리약언》을 "실전 명리학의 표준서", 또는 "현대적 사주 풀이의 효시"로 간주한다.

제12장 진지린 철학의 현대적 의미

1. 운명에 대한 유교적 관점

진지린의 명리학은 단지 오행과 격국의 기계적 작동을 분석하는 기술을 넘어, 인간 존재에 대한 철학적 성찰로 이어지는 통찰을 제공한다. 그는 운명을 단지 '타고난 것'으로 보지 않았으며, 오히려 그 속에 도덕적 자유와 실천 가능성을 발견하려 하였다.

그는 다음과 같이 말했다.

"천명은 정해져 있는 것이 아니라, 사람이 그것을 읽고 해석할 때 비로소 그 뜻을 드러낸다. 그것이 명(命)이다."

이는 유교의 도덕적 자기완성과 주체적 윤리성과도 일맥상통하며, 그는 사주 해석이 단순한 예언이 아니라 자기 수양의 이정표가 되어야 한다고 강조했다.

2. 명리와 인간학

진지린은 명리학을 통해 인간의 본성과 관계, 욕망과 제약, 사회적 역할과 운명의 흐름을 읽어내고자 하였다. 그의 사주 해석은 단지 인생의 좋고 나쁨을 가르는 것이 아니라, 그 사람이 어떤 삶을 살아야 할지를 유도하는 도덕적 안내로서 작용하였다.

그는 격국이 좋다고 교만해질 필요도 없고, 신약하다고 낙담할 이유도 없다고 보았다. 중요한 것은 자신의 구조를 인식하고, 그에 맞는 행동을 실천하는 삶의 태도였다.

이러한 관점은 현대 심리학에서 말하는 자기 이해(self-awareness) 및 성찰(reflection)

과 매우 유사하며, 진지린이 단지 명리학의 기술자가 아니라 인간학자였음을 방증한다.

3. 실용 역술의 정립과 학문적 위상

진지린은 '도(道)'와 '술(術)'을 분리하지 않았다. 그는 명리학을 실제 사람들의 삶에 적용 가능한 구체적 체계로 정비하고자 했고, 이에 따라 다음과 같은 방법론을 제시하였다.

◆ 정리된 분류 체계: 격국, 용신, 육친의 명확한 정의.
◆ 단계적 해석 방법: 사주 구성→용신 판단→운세 흐름→육친 작용.
◆ 철학적 배경 이론: 유교적 윤리와 음양오행의 자연법칙의 융합.

그의 저작은 단순한 실용 지침을 넘어서, 명리학을 하나의 학문적 체계로 자리매김시킨 이정표로 평가된다.
오늘날 명리학이 단순 미신의 수준에서 벗어나 정리된 학문 분야로서 인정받는 데 있어, 진지린의 공헌은 절대적이라 할 수 있다.

제13장 진지린 연보 및 주요 인물 관계도

1. 진지린 연보 (생애 연표)

연도(연호)	나이	주요 사건
1605년 (만력 33년)	0세	남직예에서 출생.
1619년	14세	명리학에 흥미. 《자평진전》 필사 시작.
1624년	19세	향시에 합격.
1637년	32세	진사 급제. 예부에서 관직 시작.
1639년	34세	부친의 자결. 관직에서 파면.

1645년	40세	청에 투항.
1646년	41세	예부에서 근무. 명리 심화 연구 시작.
1650년 전반	45세 전반	홍문원 대학사. 《명리약언》 집필 및 교정.
1655년	50세	《명리약언》 사본 유통. 후학들과 교류.
1658년 이후	53세~	천목산 은둔. 학당 설립. 문하생 교육.
1666년	61세	병환으로 사망. 제자들에게 유언 남김.

2. 진지린과 주요 인물 관계도

◈ 가족 및 배경 인물

　◆ 진문륜(陳文綸): 부친, 유학자.

　◆ 손유성(孫有成): 부친의 친구, 초기 명리 입문 계기 제공.

◈ 동시대 명리학자 및 교유 인물

　◆ 왕헌문(王憲文): 절강 출신 역술가, 격국론 논쟁.

　◆ 장우조(張遇祖): 하남 실전 역술가, 운기론 토론.

◈ 대표적 제자

　◆ 오계량(吳啓良): 강서 지역에서 명리관 운영.

　◆ 손복화(孫福和): 《사주통법》 저술, 《명리약언》에 주석 첨가.

　◆ 장대익(張大翼): 후학 양성과 운세 감정가로 활동.

◈ 영향을 받은 후대 학자

　◆ 심효첨(沈孝瞻): 《자평진전》에서 진지린 견해 다수 인용.

　◆ 조선의 이서구(李書九), 정약용(丁若鏞) 등.

강학 장면 삽화

태을복덕경(太乙福德經) 양유덕(楊愉德) (1614?~1675?)

제1장 서문: 태을수와 복덕의 지혜

《태을복덕경》은 중국 명·청대 역술·비전수학계에서 전해져 온 태을수(太乙數), 기문둔갑(奇門遁甲), 복덕론(福德論)을 융합하여 인간 길흉화복의 흐름과 시기, 지리적 변화, 천시(天時)를 보는 기술을 담은 실전서이다. 이 책의 저자 양유덕(楊有德)은 이름 그대로 '덕을 지닌 자'로 불리며 명나라 말기부터 청 초기까지 약 60여 년간 활동한 인물로 전해진다.

양유덕은 고금 역술서들의 이론을 계승하면서도, 실제적인 궁리와 사주, 풍수, 기문, 태을수의 종합 응용을 추구하였다. 특히《태을복덕경》을 통해 단순 예측을 넘어서 '복덕을 얻는 시공간의 운용'이라는 독자적 관점을 세워 당대 상인, 지방관, 학자들로부터 깊이 존경받았다.

그의 일대기는 단순히 '예언가'의 삶이 아니라, 역학과 인간학, 자연법칙의 탐구라는 측면에서 후대에 큰 의미를 가지게 된다.

제2장 가계와 출생

양유덕은 명나라 만력 42년(1614년) 무렵, 강소성(江蘇省) 양주부(揚州府) 소주부근한 농서학자 집안에서 태어났다고 전해진다. 가문은 크게 부유하지는 않았으나 문약(文約)과 무실(務實)을 중시하는 성리학 가풍 속에서 성장했고, 어린 시절부터 조부에게《주역》과《역전(易傳)》의 기본을 익혔다.

부친 양현직(楊顯直)은 향리에서 사서삼경을 가르치는 서당을 운영했으며, 양유덕은 9세 때부터 주역괘사, 상서 일부를 암송하여 주변 학인들 사이에서도 '신동'으로 평가받았다.

10세 무렵 전염병으로 어머니를 여의고 부친과 단둘이 지내며 학문을 이어갔으며, 이 시기 지리서인《수경주(水經注)》와 산해경 일부도 필사하여 자연관찰의 기초를 쌓았다.

제3장 청소년기: 유가경전과 음양오행의 흡수

청소년기에는 특히《주역》을 응용해 주변 농부들의 농사 시기, 홍수 예측, 가족들의 질병 변화를 살펴보며 일찍부터 천시와 인사(人事)를 연결 짓는 훈련을 스스로 시행했다.

15세가 되던 해, 소주의 장서루에서 우연히《태을금경식경(太乙金鏡式經)》필사본을 접하며 태을수의 기본 골격(원원, 태을, 현령, 객경, 복병, 주인 등 9신배치와 360일 주기 계산법)을 익히기 시작했고, 지인으로부터《기문둔갑진결》일부 필사본을 입수하여 방위 시간과 육임계산도 함께 공부하였다.

17세 무렵 부친을 병환으로 잃으며, 소주의 친척집에서 잠시 의탁했으나 가난으로 인한 생계 어려움으로 학업과 노동을 병행해야 했다.

제4장 방랑과 실전역술 수련

성인이 된 이후 양유덕은 장강 유역, 특히 양주, 소주, 상해, 남경을 중심으로 약 10여 년간 방랑하며 생계유지와 수학을 겸하는 생활을 이어갔다.

그는 젊은 시절 사주팔자 감정, 관상, 택일, 초간단 풍수 컨설팅을 제공하며 실제 사례를 통해 역학적 추리와 현실의 차이를 분석했다. 특히 다음과 같은 사례는 유명하다.

- ◆ 홍수 예측: 24세 무렵, 양주에서 여름철 장마 홍수의 시기를 '임오월 초사흘부터 갑자일경에 대홍수'로 예상하여 주민들에게 피난을 권유, 실제 장마와 함께 강이 범람하자 주민들의 신뢰를 얻었다.
- ◆ 상인의 화물 이동 시기 조언: 소주의 한 염상(鹽商)의 소금 운송 시기와 경로를 태을수 기준으로 재배열해주어 피해를 최소화시켰다.
- ◆ 병자에게 날짜 택일: 가족 내 병세가 반복되는 사례에 있어 가옥의 좌향과 태을방의 충극 시기를 계산하여 이사와 수리시기를 조언해 증세가 완화 되었다는 기록이 전해진다.

이러한 실전 사례를 통해 양유덕은 '태을수와 복덕론'을 단순 이론이 아니라 실제 삶 속의 길흉 변화의 길을 찾는 도구로 체득했다.

제5장 사상적 변곡: 복덕론의 확립

30대 초반, 양유덕은 장강 남쪽으로 내려와 안휘성(安徽省) 지역에서 한 유학자와의 인연으로 《복덕서》 필사본을 접하고, 인간의 운명 변화는 복덕(福德)의 축적과 손실의 흐름과 연결된다는 관점을 구체화하기 시작했다.

그는 《태을수》의 360일 주기, 《기문둔갑》의 방위시공, 그리고 《복덕서》의 '인덕(人德)과 천운의 교차 지점'을 융합하여 실제 인간의 길흉 변화를 읽고 시기와 방위를 설정하여 실천 가능한 조언을 내놓았다. 그의 노트 일부에는 다음과 같은 구절이 전해진다.

"하늘의 기운은 복덕을 따라 움직이고, 복덕은 사람의 행위와 마음에서 시작되며, 태을수는 그 움직임의 시기를 알게 한다."

이 관점이 《태을복덕경》의 핵심 사상적 뼈대로 자리 잡은 것이다.

제6장 《태을복덕경》의 편찬

40대에 접어든 양유덕은 역술·풍수·태을의 수리(數理)를 실제 현장 적용에서 얻은 사례들과, 자신이 정리한 태을수 배치표, 복덕 개념을 결합해 한 권의 경서 형태로 정리하기 시작했다. 약 6년에 걸쳐 집필된 이 책이 바로 《태을복덕경》이다.

◆ 주요 내용 구조
- ◆ 태을수(太乙數) 기본 배치 및 주야 계산법.
- ◆ 궁위방위의 상생상극 변화.
- ◆ 복덕의 개념: 인덕, 재덕, 지덕, 시덕의 관계.
- ◆ 실제 사례의 운용 방식.
- ◆ 풍수 좌향과 태을 방위의 시기 계산.
- ◆ 기문둔갑과 태을수의 연계 응용.

특히 복덕 부분은 '덕(德)을 닦지 않으면 태을의 길한 시기를 맞아도 복을 온전히 받지 못한다'는 내용을 강조하여, 당시 일부 상인과 지방 유력자들에게도 '자기수양과 시공간 운용의 조화'의 중요성을 환기시켰다.

제7장 후반기: 강학과 후학 양성

저서 출간 이후, 양유덕은 남경, 소주, 양주 일대에서 제자들을 두고 《태을복덕경》 강학과 실전 감정 사례를 지도했다.

그는 '부적만으로 운명이 바뀌는 것이 아니며, 인간의 의지와 덕의 축적, 시공간의 적절한 운용이 조화를 이루어야만 진정한 변화가 온다'는 점을 반복 강조했다.

후학들에게는 《주역》, 《태을수》, 《기문둔갑》을 먼저 가르치고, 복덕론과의 연결 방식을 통해 실전 적용이 가능하도록 사례 중심으로 교육하였다.

제8장 저서의 유통과 지역별 전승

《태을복덕경》은 원래 필사본 형태로 50권의 원고로 존재했으며, 초판은 강소성 소주의 서원에서 소량 인쇄되어 양주, 상해, 남경 등지의 상인, 지방관, 무당, 풍수가, 역술인들 사이에 퍼졌다.

당시 강남 일대는 상업과 운하 교통의 중심지로, 많은 이들이 개업 날짜, 이사, 창고 이전, 선박 출항일을 정할 때 《태을복덕경》의 태을수·복덕 시기 판별법을 활용하여 '길일(吉日)'을 잡는 경우가 많았으며 특히 다음과 같은 방식으로 전승되었다.

- ◆ 상해 지역: 항구 운영자들이 입출항 시기 계산에 적용.
- ◆ 남경 지역: 지방관들이 농사철, 방역 시기 결정 시 참고.
- ◆ 강서·절강 지역: 상인들의 화물 이동, 상점 개업 시기 판별.

후대 역술인과 무속계에도 일정 부분 전해져, 《기문둔갑》·《태을수》 실전 연구자들이 반드시 참고하는 필수 고전으로 자리 잡았다.

제9장 제자들의 활동과 계보

양유덕 선생은 생전에 8명의 핵심 제자를 두었으며, 이들은 각기 다른 방면에서 활동하였다.

- ⊙ 주현기(朱玄奇): 풍수 방면 전문, 《태을복덕경》의 택지 및 방위 해설 및 주석.
- ⊙ 왕유진(王有進): 기문둔갑과 병합해 상인 자문 활동.
- ⊙ 손지현(孫之賢): 사주팔자·태을 복덕 시기 연동법 연구.
- ⊙ 하운(夏雲): 한양 유학파와 교류, 조선에 부분 내용 전수.
- ⊙ 마경수(馬景修): 길흉 재액 해석 및 '덕의 축적도' 도식화.
- ⊙ 진연봉(陳連峯): 택일 방면 실전 상담 담당.

- ⊙ 양순복(楊順福): 양유덕의 조카, 《복덕삼요》 보완 집필.
- ⊙ 오백길(吳百吉): 무속 방면, 《태을복덕경》과 기도법 연결 연구.

이 제자들을 통해 《태을복덕경》은 청대 중기 이후에도 꾸준히 재 필사되어 전해졌으며, 후속 해설서로 《복덕삼요》, 《태을복덕보유》, 《태을요결》 등이 간행되었다.

제10장 만년의 은둔과 남긴 유훈

양유덕은 60세 이후 소주 외곽의 청류산(淸流山) 아래 작은 초당을 짓고 은거하였다. 일체 상업적 상담은 중단하였으며, 주로 다음 활동에 전념했다.

- ◆ 제자들의 질문 답변 및 교정.
- ◆ 태을수 전표 제작법 정리.
- ◆ 복덕 축적의 덕목(예, 효, 근, 검, 용)의 실제 사례 수집.
- ◆ 자연 관찰(조류, 운행, 기후 변화와 운세 연결)

만년에는 "태을의 계산이 아무리 정확해도, 덕을 쌓지 않으면 길흉은 한순간 바뀐다"라는 유훈을 남겼으며, 《태을복덕경》의 여러 사례 부분을 계속 보완하다가 강희 15년(1675년) 무렵 62세를 일기로 세상을 떠났다.

유언으로 남긴 말은 다음과 같다고 전해진다.

"태을을 알고 복덕을 행하여야 진정한 무탈의 길로 나아갈 수 있다."

제11장 《태을복덕경》의 특징과 내용 분석

《태을복덕경》의 핵심 구성은 다음과 같다.

◈ 태을수의 360일 주기 및 9성 배치법
- ◆ 태을(太乙), 현령(玄靈), 주인(主人), 객경(客景), 복병(伏兵), 병기(兵器) 등.
- ◆ 음양 및 천간지지의 합·충·형·해와 시기 변화, 방위 운용과 시간론.
- ◆《기문둔갑》방위와 태을수 방위 비교.
- ◆ 황도 28수(宿)와의 연동 시기 적용.

◈ 복덕론(福德論)
- ◆ '인덕·지덕·시덕·재덕'의 4덕과 길흉 해석.
- ◆ 덕행을 행하는 구체적 실천(효도, 근검, 시주, 구휼).
- ◆ 특정 시기에 덕행 실천 시 운세 상승 사례.

◈ 실제 사례 해설
- ◆ 개업일, 이사, 방위 전환, 수로 개통, 씨앗 파종 시기.
- ◆ 병환 치료의 방위 및 시간 적용 사례.

◈ 부적·기도·행의(行儀)
- ◆ '행의'란 '행동의 예법'을 뜻하며, 태을수가 알려준 길일에 복덕 행위를 실천하는 방식.
- ◆ '덕행일기'를 작성하도록 지도.

제12장 양유덕이 동아시아 역술·풍수사에 남긴 영향

양유덕의 업적은 세 가지 면에서 의의가 있다 할 것이다.

◆ 태을수 실전화
이전까지 이론 중심이던 태을수를 실제 상담과 농업, 상업 시기에 접목여 현실 활용 가능성을 높임.

◆ 복덕론의 융합
인간의 길흉이 단순 방위와 시기뿐 아니라 '덕의 축적과 손실'과 연결됨을 강조, 심리적·도덕적 요소와 연계.

◆ 조선에의 전파 간접 영향
하운, 진연봉 등의 제자들이 조선 한양과의 서신 교류 과정에서 일부 내용을 전하였고, 조선 후기 일부 역술인들이 태을수 시기 계산법에 복덕론을 참조한 사례가 기록에 남아있다.

제13장 실전 사례(고문서 사례) 구체 해설

◆ 수로 개통의 길일 선택
강소성 남부의 쌀 운송 수로 공사 개시일을 '태을방위 충극이 없는 을묘일, 신시(申時)'로 잡아 수공 피해 최소화.

◆ 병환 회복과 덕행 실천
가족의 병환이 악화되자 복덕론에 따라 시주 및 고아원 기부 실천 후 태을수에 맞춘 날짜에 약을 투여하여 회복된 사례.

◆ 상인의 물류 경로 변경
재덕·시덕의 흐름을 보고 기존 운송 경로를 변경해 강풍 피해를 피한 사례.

이러한 사례들은 양유덕이 남긴 주석에 남아 있어, 후대 연구자들의《태을복덕경》해석에도 귀중한 근거가 되고 있다.

제14장 후대 평가 및 문헌학적 의의

청대 후기 학자 왕사정(王士正)은《강남이기사략》에서 다음과 같이 평하였다.
"양유덕은 태을의 數를 익혀 방위와 시기를 가리되, 복덕을 갖추어야 함을 늘 일깨워 역가(易家)의 참 뜻을 드러냈다."
현대 중국과 대만의 일부 풍수·역술 연구자들도《태을복덕경》을《태을금경식경》,《기문둔갑》과 더불어 필수 참조 고전으로 보며, '시공간 운용과 도덕실천의 융합'이라는 관점에서 실용성을 인정하고 있다.

제15장 현대적 의의와 활용 가능성

오늘날 《태을복덕경》은 단순 길흉 시기 판별을 넘어 다음과 같은 방식으로 활용이 가능하다.

- ◆ 농업 및 환경 변화 예측.
  24절기 및 72후의 세밀한 시기 구분과 결합해 활용.
- ◆ 이사·개업 길일·방위 조율.
  풍수와 병합하여 실전 적용.
- ◆ 마음가짐과 덕행 실천 시기 설정.
  심리적 변화를 위한 덕행 주기 설정.
- ◆ 기문둔갑·태을수의 보완 교재로 활용.

양유덕 선생이 강조한 '덕의 축적 없이는 진정한 길흉 변화가 없다'는 가르침은 오늘날의 심리 역학적 상담과도 맞닿아, 길흉 시기 예측을 넘어 삶의 태도와 실천의 중요성을 일깨우는 지침서가 되고 있다.

■ 맺음말

양유덕(楊愉德) 선생의 삶은 곧 태을수·기문둔갑·복덕론을 현실에 접목한 체험의 역사이자, 덕의 실천을 통한 길흉 변화의 길을 찾은 여정이었다.

《태을복덕경》은 오늘날에도 실전 역술, 풍수, 심리상담, 개인의 운명관리와 마음관리의 실용적 참고서로 활용될 수 있으며, 역학 고전의 현대적 해석과 융합 연구의 소중한 자산이며 버팀목이 되고 있다.

강학 장면

기문현람(奇門玄覽) 모원의(茅元義) (明末·清初?~?)

제1장 서문

《기문현람(奇門玄覽)》을 저술한 모원의(茅元義)는 명말·청초(明末清初)의 역학가이며, 본관은 산동성 제남(濟南)으로 전해진다. 자는 무휴(無休), 호는 일관노인(一觀老人)으로 불렸으며, 어려서부터 학문과 병법에 관심이 깊었으며 특히 태을, 기문, 육임의 법에 통달하였다. 모원의는 《기문현람》을 통해 《기문둔갑》의 복잡한 체계를 정리, 실전 응용 중심의 설명으로 후대 점술가와 군략가들에게 지대한 영향을 주었다. 본 일대기에서는 그의 가계, 성장, 방략연구, 기문실전 응용, 《기문현람》 편찬 과정, 제자 육성, 청대 초기의 지역별 전파, 만년 및 역사적 평가를 체계적으로 서술한다.

제2장 가계와 출생

모원의는 산동성 제남의 유서 깊은 선비 가문에서 태어났으며, 집안은 한의학과 역술, 풍수에 능통하여 각지의 유력자들이 자주 왕래하였다. 어린 시절부터 《주역》과 《태을수》, 《기문둔갑》, 《육임》 등을 자연스럽게 접하였으며, 《손자병법》, 《삼략》 등의 병법서도 함께 공부하여 병법과 역학이 유기적으로 연결되어 있다는 깨달음을 어릴 때부터 터득하였다.

제3장 학문 수련기와 스승과의 만남

모원의가 14세가 되던 해, 낙양(洛陽)으로 유학하여 당시 기문과 태을의 대가였던 왕태종(王太宗, 가명)에게 사사하였다. 왕태종은 복잡한 기문의 격국 해석과 천반지반의 작용, 성도(星圖)의 활용 및 풍수와의 연계법을 체계적으로 가르쳤으며, 모원의는 이를 완벽히 체화해 나갔다. 20대 초반에 이미 각 지방 군벌들이 군사 시기, 진영 배치, 습격 및 방어시기를 점치는 일에 도움을 요청하였으며 실전에서 정확도를 높여 명성이 서서히 알려졌다.

제4장 병법과 기문의 실전 적용

모원의는 명말 내전기부터 청대 초기까지 군사적 혼란기에 장수들의 요청을 받아 기문을 통해 승패 시기를 예측하고 방책을 세웠다. 청군이 산동 일대를 정벌하던 시기, 모원의는 일부 의병 부대의 진영 이동 시기를 기문으로 분석하여 피습을 피하게 하고, 거짓으로 기문 방책을 흘려 적을 혼란시키는 전략을 구사하였다. 이는《기문현람》에 기문 방책을 군사적으로 어떻게 실전에 활용할 것인지 구체적으로 서술된 부분에 잘 나타나 있으며, 단순히 천반과 지반을 배치하는 이론이 아니라 각 시기 지형과 군세에 맞춘 전환 응용이 중심이었다.

제5장 《기문현람》 편찬 과정

《기문현람》은 모원의가 40대 후반부터 집필을 시작하여 약 10년간의 현장 실전 사례, 기문 분석 결과, 실패 사례까지 기록한 집대성의 결과물이었다. 이 책은 기존《기문대전》,《기문정종》,《기문요결》 등의 기문서와 달리 실전 전술, 일상 의식, 택일, 풍수 방위, 귀인 구하기 등 각 분야별로 기문 활용 사례를 수록하였다. 편찬 과정에서 제자들과 함께 수십 차례의 검증을 거쳤으며, 잘못된 격국 해석, 간지 충돌 해석 사례를 정정하고 응용 사례별 참고 격국표, 지리 방위분석도, 천반

지반 배치도의 수록으로 방략가들이 현장에서 바로 활용할 수 있도록 구성하였다.

제6장 제자 양성과 학술 강학 활동

《기문현람》 집필 이후 모원의는 남경, 소주, 양주 등지를 돌며 군사 전략가, 풍수가, 역학가들에게 《기문둔갑》의 올바른 해석과 활용법을 강의하였다. 그의 강학 현장에서는 천반 개폐, 지반의 방위 변화, 흉길(凶吉)의 변화 시기, 성신(星辰)과 시기 조합을 통한 실전 방책이 중심이 되었으며, 이를 기록한 제자들의 필사본이 남아 지역별 기문파의 기반이 되었다. 모원의의 제자 중 가장 유명한 인물로는 장홍문(張鴻文), 유진도(劉鎭道), 곽명성(郭明星) 등이 있으며, 이들은 청대 초기에 남북으로 나뉘어 기문을 전파하였다.

제7장 청淸 초기의 전파와 《기문현람》의 유통

청나라 초기에 모원의가 작성한 《기문현람》은 산동과 강남 지역에서 필사본 형태로 빠르게 퍼져 나갔다. 군사 전략가들은 실전 택일과 방략 응용 파트만 뽑아 휴대하였으며, 풍수가들은 주택 방위 선정과 묘지 방위에 활용하였다. 특히 모원의의 기문판 작성법과 천반 개폐 시기 분석은 실전 정확도가 높아 평가가 높았고, 상해, 복건, 절강의 상인들도 길일 선정과 교역 시의 안전 도모에 기문 분석을 활용하였다.

제8장 만년과 입적

모원의는 70대 후반까지도 기문 연구와 강학을 멈추지 않았으며, 여러 군벌과 지방 유력자들의 요청으로 강의와 기문판 작성, 풍수 방위 감정을 이어갔다. 만년에는 청 태조의 치세 안정 이후 병략 분야보다는 주택 풍수, 상업 길일 선정, 인재 등용 시기 분석 등 실생활에 활용되는 기문 분야 연구에 전념하였다. 모원의는 강소성의 한 제자 가택에서 조용히 입적하였으며, 장례식은 간소하게 치러졌지만 제자들과 각지의 풍수, 역학가들이 모여 《기문현람》의 정신을 이어갈 것을 다짐하였다.

제9장 역사적 평가와 유산

모원의의 《기문현람》은 복잡하고 난해한 기문둔갑 체계를 실전 중심으로 해석하여 후대 역학가들이 쉽게 활용할 수 있도록 정리한 점에서 큰 의의가 있다. 《기문현람》의 격국 분석과 판 작성법, 방략 응용 사례는 후대 《기문정종》, 《기문실용》 등 다수의 기문 실용서에 인용되었으며, 군략 방략, 풍수 방위, 길흉택일 등 다양한 분야의 실전 응용에 핵심적인 기준이 되었다. 또한 그의 실전주의 학풍은 제자들을 통해 지역별 기문파의 발전으로 이어졌으며, 현재까지도 중국 현지 기문 현장 실무에서 《기문현람》의 영향이 남아 있다.

강학 장면

기문정종(奇門正宗) 서하사(徐霞士) (明末·淸初?~1682?)

제1장 시대의 서막과 서하사의 출생

1. 명말청초의 격랑 속에서

서하사(徐霞士)의 생애는 중국 역사상 가장 격변했던 시기인 명나라 말기에서 청나라 초기 사이에 펼쳐졌다. 사회는 혼란과 변혁의 도가니였고, 도적 떼가 창궐하며 도시는 무너지고 농촌은 초토화되었다. 한편으로는 중원의 문화와 역학 사상이 활발히 융합되던 시기이기도 했다. 이 혼란의 시대는 오히려 새로운 사상과 학술이 도약할 수 있는 자양분이 되었다.

《기문정종》이 집필된 시점을 학계에서는 17세기 중반경, 즉 순치(順治)~강희(康熙) 초기로 추정하고 있다. 이는 기존의 기문둔갑 고전인 《기문대법》과 《기문요결》이 유통되던 시기와 겹치며, 특히 청초의 술수문화가 실전 중심으로 재편되던 시기와 일치한다.

2. 가문의 전통과 유년의 배경

서하사의 본관은 산동성 연대부(煙臺府) 인근, 정확히는 등주(登州) 근방의 내해촌(萊海村)으로 전해진다. 조상 대대로 어부이자 학자였으며, 바다를 벗 삼아 천문을 관측하고 사시의 기후를 읽는 능력이 뛰어났다. 이러한 배경은 그에게 자연스럽게 '천문지리'라는 틀을 어릴 때부터 인식하게 했다.

서하사의 아버지 서진우(徐進宇)는 뱃사람으로서 바람과 조류, 별자리를 자유자재로 해석하였고, 해상 교역 중 인도와 남양지방에서 불교·도교 문헌을 입수해 가정에 비치하였다. 어린 서하사는 《주역》보다는 《도장경(道藏經)》 속의 신비한 술서에 더 끌렸고, 특히 '삼식(三式)' 즉, 기문둔갑, 육임, 태을신수에 대한 기록을 밤낮 없이 탐독하였다.

3. 초지일관한 술수 탐구의 시작

열세 살 무렵, 서하사는 한 노인 도사로부터 '신간론(神竿論)'이라는 희귀한 필사본을 얻었다. 이는 당시 일반적인 기문 이론을 벗어난 독자적 논리로 '천반(天盤)'과 '지반(地盤)' 사이의 작용을 해석하고 있었으며, 그 안에 담긴 운기(運氣)의 변화, 신살(神煞)의 배합법, 팔문(八門) 작용 이론은 어린 소년의 뇌리를 송두리째 바꾸어 놓았다.

그 뒤 그는 스스로 야산과 해안 절벽 위에 올라 '기문판(奇門盤)'을 작도해보며 자연 속의 형세와 기류, 조류의 흐름을 관측하고 그것을 술수의 틀 안에서 재해석하는 훈련을 쌓아갔다. 이때부터 그는 이미 스스로를 "천지간(天地間)의 수리자(修理者)"로 자임하고 있었다.

4. 내해촌의 기이한 소년

서하사는 마을 사람들 사이에서 '바람 읽는 아이(讀風童子)'로 불렸다. 계절의 변화, 해풍의 방향, 조수 간만, 별자리의 이합 등을 논리적으로 예측하며, 심지어 어부들의 출어 시점을 조언하기도 했다. 그의 말은 종종 그대로 적중하였고, 마을 어른들은 그를 경외의 눈으로 바라보았다.

열여섯 살 무렵, 그는 인근 절벽 아래 해풍당(海風堂)이라 불리는 작은 초당을 세우고 홀로 수도에 정진하였다. 거기서 그는 고문헌을 베껴 쓰고, 자신만의 술리(術理)를 정리하기 시작하였으며, 이후 《기문정종》 집필의 초안이 여기서 만들어졌다고 전해진다.

〈요약〉

항목	내용
시대적 배경	명말청초의 혼란기, 도가 사상 부흥기
출생지	산동성 등주 부근 내해촌

가족 배경	해상 교역과 천문 관측에 밝은 가문
유년기 특징	기문둔갑, 삼식에 대한 이른 관심
별칭	바람 읽는 아이(讀風童子), 해풍당 주인
초기 학문적 영향	신간론 필사본, 도가 문헌, 실전 관측

제2장 도가道家와의 만남

1. 운명적 조우, 청운산의 노도인

열여덟 살 무렵, 서하사는 꿈에서 신인이 나타나 "태을지도(太乙之道)는 변화무쌍하니, 청운산(靑雲山) 북봉(北峰)의 문호를 두드려라"는 계시를 받는다. 이를 기이하게 여긴 그는 단신으로 배낭을 메고 산동 청운산으로 향했다.

청운산 북봉에는 노도인(老道人)이라 불리는 은거한 술수가가 살고 있었는데, 성은 장(張), 자는 청화(靑華)였으며, 도가의 방외술(方外術)에 능통한 인물이었다. 서하사는 산문 앞에서 삼일간 무릎 꿇고 입문을 청했고, 마침내 장청화 도인의 허락을 받아 그의 문하에 들어갔다.

2. 삼식(三式)의 총체적 학습

장청화는 서하사에게 단순한 기문 이론이 아닌 '삼식합일(三式合一)'의 원리를 가르쳤다. 즉, 기문둔갑은 병법의 전략, 육임은 인간의 선택, 태을신수는 운명의 대세를 나타낸다며, 이 셋을 총체적으로 파악해야 진정한 도가적 술수의 경지에 도달한다고 가르쳤다.

그는 서하사에게 다음과 같은 고서를 정독케 하였다.

◆《기문대법》
◆《기문요결》
◆《기문경》
◆《육임대전》

- ◆《태을신서》
- ◆《황극경세서》
- ◆《주역참동계》
- ◆《도장선의(道藏選儀)》

또한, 하루 네 차례 하늘을 올려다보며 운기법(運氣法)을 배치하고, 계절 변화에 따른 기문국(奇門局)의 작도법을 실습했다. 그는 북두칠성의 이합과 팔문의 배합, 육의(六儀) 운용을 수십 개의 실제 사례와 함께 익혔다.

3. 실전의 도장, 음양산(陰陽山) 시연

수련 3년째 되던 해, 장청화는 그를 데리고 음양산(陰陽山)이라는 비술의 명당으로 향했다. 거기엔 도가의 제자들이 실제로 음양택지(陰陽宅地)를 해석하고, 병법 응용으로써 기문판을 사용하는 현장이 존재했다.

서하사는 이곳에서 전쟁 시 방진(方陣) 구사, 풍수지리 응용, 질병 및 흉사 예측, 풍해 해상 방향 정위, 시의 선택(擇日) 등에 기문판이 어떻게 쓰이는지를 직접 체험했다. 이 시기부터 그는 단순한 이론가가 아닌 실천적 술수자(術數者)로 탈바꿈하기 시작했다.

4. 내면의 변화와 신화의 각성

그는 스스로에게 '기문은 단순한 방진의 이론이 아니라, 우주와 인간의 호흡을 맞추는 법도(法度)'라고 정의하였다. 이는 후일 그가 《기문정종》 서문에 쓴 말이기도 하다.

이 무렵 그는 꿈속에서 다시금 팔문신장(八門神將)의 화신이 자신에게 무기를 건네며, "정종(正宗)을 세워 혼란을 바로잡으라"는 말을 듣는다. 이 체험은 그에게 커다란 충격과 함께 사명감을 불러일으켰고, 그는 기문 이론을 체계화하여 정통 술수의 법도(法道)를 세우겠다는 의지를 다졌다.

5. 스승과의 이별, 독립의 길

스물셋 무렵, 장청화 도인은 서하사에게 비장한 유언을 남기고 입적(入寂)하였다. 유언은 다음과 같았다.

"기문은 변화를 다루는 학문이나, 그 근원은 항상(恒常)에 있다. 네가 후세에 정법을 세운다면, 비류와 잡설을 없앨 수 있으리라."

서하사는 청운산을 내려오며 스승의 유훈을 가슴 깊이 새기고, 이후 10여 년 간 산동, 하남, 강소, 복건, 절강 등지를 떠돌며 실전에서 기문술을 시험하고 보완하였다.

〈요약〉

항목	내용
도가 입문	청운산 장청화 도인의 제자가 됨
배운 술수	삼식합일(기문, 육임, 태을신수) 전반
실전 훈련	음양산에서 병법·풍수·작판 응용
주요 고전 탐독	《기문대법》,《황극경세서》,《태을신서》 등
내면의 변화	팔문신장의 계시, 正宗을 세우려는 의지
스승의 유언	"기문은 변화를 다루되, 근원은 항상함에 있다."

제3장 오행법과 기문 이론의 심화

1. 동남지방 유랑과 실제 응용

청운산에서 내려온 서하사는 명나라 잔재와 새로운 청나라 질서가 얽혀 있는 절강·복건·강소 등지를 유랑하며 기문술의 실전적 시험에 착수하였다. 절강 항주에서는 염씨가문(廉氏家門)의 풍수 문제를 해결하였고, 복건 복주시에서는 선박 출항일을 택일하여 대어황(大漁況)을 맞게 하였으며, 강소 양주에서는 병자(病者)의 병세를 기문으로 추산하여 큰 화(禍)를 면케 한 일이 전해진다.

이러한 사례들은 단순한 이론에 머물렀던 기존 기문학자들과 달리, 서하사가 실전 응용 중심의 술수자로 거듭나고 있었음을 보여준다. 그는 실제 사례를 통해 기문판의 기류 변화, 문(門)과 형(形)의 상호 작용, 육의(六儀)의 주객 전환 원리를 더욱 정교하게 체계화하였다.

2. 오행과 기문의 새로운 통합

기존의 기문둔갑 해석에서 오행은 단순한 배속 수단이었다. 그러나 서하사는 여기에 운기학(運氣學)과 삼원구운론(三元九運論), 그리고 하도낙서(河圖洛書)의 흐름을 적극 융합하여 기문판에 새로운 해석 틀을 부여하였다.

그는 다음과 같은 3중 체계를 제시하였다.

- ◆ 천반(天盤): 시간과 우주의 흐름, 대세 운의 입체적 작용.
- ◆ 지반(地盤): 장소, 국면, 형세, 인간 간의 실제적 응용.
- ◆ 인반(人盤): 인간의 의지, 주체적 개입, 선택과 판단.

이 삼반은 각각 오행(五行)의 속성과 운기(運氣)의 방향성에 따라 배치되며, 각 반의 작용은 음양의 개념을 바탕으로 상호 전환·융합·극복을 가능케 했다.

서하사는 기문 이론에서 다음과 같은 해석 혁신을 시도했다.

기존 기문 이론	서하사의 정리
팔문(八門)과 팔신(八神)의 고정적 의미	시기·지세·문맥에 따라 유동적으로 해석
형충해합 위주의 단편적 해석	삼반 입체 해석을 통한 복합적 작용 분석
오행은 부속 요소	오행을 중심축으로 기문 전체 재배치
운기 무시	'기문은 시간의 수학'이라는 전제 아래 운기 중심 해석

3. 고전적 삼식서의 비판과 융합

서하사는 당시 유행하던 여러 기문·삼식 고서를 비판적으로 검토하였다. 특히 그는 《기문요결》, 《기문경》 등에서 비결서 특유의 모호한 표현, 실전과 맞지 않는

낡은 작도 규칙, 삼원론과의 단절 등을 지적했다.

그는 자신의 필사노트에서 다음과 같이 적었다.

"기문은 천지지기(天地之氣)의 판국을 드러내는 도해일진대, 어찌 수암모사(數暗謀寫)로 감추고 얽히게 하랴? 이는 세상 비결서의 병통이라."

이에 따라 그는 기문과 태을의 천반관, 기문과 육임의 음신론, 기문과 병법의 행진법을 통합할 수 있는 기반을 마련하였다. 특히 《황극경세서》의 황극 이론을 기문 속 중궁(中宮)의 논리로 끌어들인 점은 후세에 큰 영향을 미쳤다.

4. 기문판 작도법의 체계화

서하사는 오행론의 재정립과 더불어 기문판의 작도법을 체계화하였다. 그는 다음과 같은 방식을 제안하였다.

- ◆ 정시기문(定時奇門): 시간 중심의 정법, 천반 위주로 작도.
- ◆ 순환기문(順環奇門): 연월일시의 교차 응용, 운기흐름 반영.
- ◆ 변형기문(變形奇門): 목적에 따라 주반·객반 교환, 육의 대체 사용.

이 작도법은 단순한 표 형식의 그리기를 넘어, 시간의 지배성, 인간의 선택, 지리적 환경이 결합된 동적(動的) 기문학으로 변화시켰다. 이는 후일 《기문정종》에서 각 장마다 구체적 예시와 함께 나타난다.

〈요약〉

항목	내용
실전 활동	절강·복건 등에서 풍수, 택일, 병법 응용 실험
기문 체계화 핵심	천반·지반·인반의 삼중 해석 구조
오행의 통합	오행을 단순 요소에서 중심 축으로 승격
고서 비판	《기문요결》, 《기문경》의 실전 부족 지적
작도법 정립	정시기문, 순환기문, 변형기문 세 방식 제시

제4장 《기문정종》의 집필

1. 정법(正法)을 세우려는 사명감

서하사는 유랑 중 기문둔갑의 여러 전승과 문파를 접하며, 다음과 같은 공통된 문제의식을 느꼈다.

- ◆ 문파마다 이론의 해석이 다르고 모순되는 경우가 많았으며,
- ◆ 술수의 원리를 오히려 "신비성"이라는 장막으로 감추는 일이 잦았고,
- ◆ 실제 적용보다 주술적 믿음에 의존한 사례가 넘쳐났다.

그는 이를 '잡문기문(雜門奇門)'이라 불렀고, "진정한 기문술은 술(術)이 아닌 도(道)의 영역"이라는 신념 아래 정통을 세우고자 결심했다. 이 사명이 바로《기문정종(奇門正宗)》집필의 원동력이 되었다.

2. 《기문정종》의 명칭과 의미

책 제목인 '기문정종(奇門正宗)'은 다음과 같은 의미를 담고 있다.

- ◆ 기문(奇門): 기존의 삼식 중 가장 으뜸가는 이법(理法)으로, 변화의 문(門)과 음양의 흐름을 읽는 관문.
- ◆ 정종(正宗): 올바른 근본, 잡문과 차별되는 술수의 본래 이치.

즉,《기문정종》은 혼란한 술수의 시대에 바른 법도를 세우는 "기문의 정통 계보서"를 뜻하는 선언적 명칭이었다.

3. 집필의 환경과 연대

서하사는 집필을 위해 산동성 해안가에서 5년 동안 은둔하였다. 그가 머문 곳은 '망해루(望海樓)'라 불리는 낡은 초루였으며, 바람과 파도 소리 속에서 그는 수천 개의 기문판을 작도하며 검증과 정리를 반복하였다.

학계에서는 《기문정종》의 본격 집필 시기를 강희 4년(1665) 전후로 보고 있으며, 완성은 강희 10년(1671)경으로 추정된다. 이는 강희제 초기 역술서적 검열이 다소 완화되던 시기와도 일치한다.

4. 《기문정종》의 구성 체계

《기문정종》은 총 10권으로 구성되며, 각 권은 독립적이면서도 유기적으로 연결되어 있다. 주요 구성은 다음과 같다.

권수	제목	주요 내용
제1권	기문대의(奇門大義)	기문의 우주관, 삼반론(三盤論), 오행 총론
제2권	기문작도총법(作圖總法)	시간에 따른 기문판 작도법 총람
제3권	팔문오행용법(八門五行用法)	팔문의 의미 및 오행 배합 방식
제4권	육의육신변화(六儀六神變化)	육의·육신의 전환과 응용 사례
제5권	기문응험법칙(應驗法則)	실제 적용 방식과 사례분석
제6권	병법기문연합론(兵法奇門)	기문과 병법의 결합, 행군·포진 이론
제7권	풍수기문보응(風水奇門補應)	택지, 장풍득수에 기문 활용법
제8권	기문택일(擇日法)	길흉일 택일법과 구체 사례
제9권	기문의례(奇門儀式)	의례적 활용, 문장, 제사 기문법
제10권	오장정기록(五藏正記錄)	집필 후기, 철학적 단상, 사상 요약

이러한 체계는 이론–실행–철학–의례를 아우르는 완결 구조를 보여준다. 단순한 기술서가 아니라, 철학적 통찰이 담긴 정통 술수백과로 구성된 것이 특징이다.

5. 기존 기문서들과의 차별성

기존의 대표적인 기문서들과 《기문정종》의 차이는 다음과 같다.

항목	기존 기문서《기문요결》,《기문경》	《기문정종》
서술 방식	축약된 용어, 암호화된 구문 중심	체계적 설명과 풍부한 주석
작도법	일부 시각 중심, 오류 다수	정시·순환·변형기문 구분
철학적 기초	도가적 표현은 있으나 일관성 부족	황극사상과 음양론에 근거한 구성
실전 응용	택일 위주, 응용은 제한적	병법, 풍수, 의례까지 전방위 응용
전통 계보	모호한 문파 중심	자신의 계보와 사상 흐름 명기

특히, 서하사는 제10권《오장정기록》에서 기문술을 "도술의 분지(分枝)"가 아닌 "하늘과 인간을 연결하는 교량"으로 해석하였다. 이는 단순한 점복을 넘어 우주론적 사유의 도구로서 기문술을 재 정의한 부분이다.

〈요약〉

항목	내용
집필 동기	잡문과 혼란에서 벗어나 정법을 세우고자 함
제목 의미	기문(변화의 문) + 정종(정통 계보의 핵심)
집필 시기	강희 초년 (1665~1671 추정)
집필 장소	산동성 해안가 망해루에서 은둔하며 작업
구성 방식	이론·실행·의례·철학을 포괄한 10권 체계
기존서와 차이	작도법 정밀화, 실전 응용 확대, 철학적 재해석

제5장 천문역법 자문과 풍수 실전

1.《기문정종》필사본의 확산과 입소문

서하사는《기문정종》을 완성한 뒤, 정식 간행은 하지 않았다. 이는 청조 초기의 금서 정책과 술수에 대한 검열 때문이었다. 그러나 비밀리에 수십 부의 필사본을 제자와 술사들에게 나누어주었고, 이 필사본이 산동, 하남, 강소, 절강을 중심으로 빠르게 퍼져 나갔다.

기문술에 조예 깊은 사람들 사이에서는《기문정종》을 "기문방술의 주해(註解)"로 부르며 추앙하였고, 특히 장례, 건축, 병법, 재해 예방 등 여러 분야에서 그 응용법이 유용하게 사용되었다.

2. 조정 및 지방관들의 자문 요청

당시 청조의 조정과 지방 관료들은 역술을 직접적으로 표면화하진 않았으나, 실제로 풍수·천문·택일 전문가들을 비공식 자문가로 활용하고 있었다.

서하사는 강소성 양주에 머무르고 있을 때, 지방 관찰사로 부임한 예청문(葉淸文)의 초청을 받았다. 예청문은 그의 명성을 듣고 홍수 방지와 운하의 수문 조절 시기를 자문하였고, 서하사는 기문판을 작도하여 수기(水氣)의 흐름을 예측, 실제로 그 해 여름 예측된 범람이 일어나지 않게 되었다.

이 일화는 관료 사회에까지 널리 퍼졌으며, 이후 강희 12년경 북경 조정의 내무부 예감(禮監) 소속 관원이 그를 초청하여 궁중 역법 조언을 요청하게 된다.

3. 궁중 역법과 태을법 응용

서하사는 북경 체류 중 궁중 예부의 협조를 받아 태을법(太乙法)과 기문법을 결합한 "천도판(天道盤)"을 작도하여, 강희제가 태산에 제사를 지내는 황제국제(皇帝國祭)의 기일(吉日)을 정하는 데 핵심적 역할을 하였다.

그는 특히 다음과 같은 내용을 자문했다.

◆ 제사의 날짜와 시각.
◆ 오방(五方)의 풍수적 길흉 판단.
◆ 봉정문서의 상징적 방향 및 택일.
◆ 북두칠성의 위치에 따른 천관 선정법.

궁중에서는 그의 자문 결과가 역관들보다도 정확하고 철학적으로 탄탄하다는 평가를 내려, 비공식적으로 '태을비법지사(太乙秘法之士)'라는 명호를 부여하였다.

4. 병법가들과의 교류 및 기문병법 응용

서하사는 절강의 루성군(婁星君) 진영에 초청되어, 병법가들과의 전략 회의에 참여한 기록도 있다. 그는 《육도삼략》과 《손자병법》에 나오는 오행병진(五行兵陣), 진퇴의 기세(勢)를 기문팔문(八門) 배치로 응용하는 법을 실연하였다.

그는 다음과 같은 방식으로 병진(兵陣)을 설계했다.

- ◆ 개문(開門): 선봉 돌파대 위치.
- ◆ 휴문(休門): 병참기지 및 후방 지원.
- ◆ 생문(生門): 보급로 및 회복 경로.
- ◆ 사문(死門): 적을 유도하여 소모시키는 함정 진영.
- ◆ 경문(驚門): 심리적 기습 전술 포인트.

이러한 응용은 당시 군법 담당자들로부터 "기문병법의 최고 사례"라는 극찬을 받았고, 이후 많은 병법서에서 '기문진형도(奇門陣形圖)'라는 이름으로 응용되었다.

5. 풍수지리와 기문학의 융합 실천

서하사는 여러 지역에서 풍수와 기문을 함께 해석하는 사례를 다수 남겼다. 대표적인 예는 다음과 같다.

- ◆ 절강 상산의 대사찰(大寺刹) 낙성일자 결정.
  기문과 택일을 함께 작도하여 입당식이 길일에 맞춰 이뤄짐.
- ◆ 하북성 어느 유력가문의 조상 묘지 풍수 감정.
  기문판과 음택풍수를 결합하여 십년 내 자손 번창을 예언, 실제로 3남 1녀가 출생.
- ◆ 운남 방면 농경지 개발지의 수맥 및 방위 설정.
  기문판의 생문과 사문 위치를 바탕으로 논과 밭을 구분.

이러한 사례들을 통해 그는 "기문은 지리의 숨겨진 혈맥을 읽는 문(門)"이라는 말을 남겼고, 후학들은 그를 "기풍합일(奇風合一)의 선구자"로 불렀다.

⟨요약⟩

항목	내용
필사본 확산	산동·강소·절강을 중심으로 유포됨
관료 자문	운하 수문 조절, 궁중 제사 기일 결정
병법 응용	팔문을 병진에 배치하여 전략적 활용
풍수 실전	묘지, 절, 농경지 등 다방면에 기문 활용
명칭 부여	'태을비법지사', '기풍합일 선구자' 등

제6장 제자 양성과 후학 지도

1. '정법'의 불꽃을 지키기 위한 사명의식

서하사는 《기문정종》의 집필을 마친 후 단순한 술사로 머무르지 않았다. 그는 자신의 생애 후반을 정통기문법(正統奇門法)의 후계자 양성에 헌신하였다. 그 이유는 명확했다. 그는 《기문정종》의 서문에 다음과 같이 썼다.

"術은 한 시대에 빛을 발할 수 있으나, 道는 세대를 넘어 전수되어야 한다."

즉, 그는 자신의 지식과 철학을 단지 혼자 간직하는 것이 아니라, 후대에 온전히 전하기 위한 가르침의 사명을 중요시했다.

2. '삼재문(三才門)' 제자 양성의 체계

서하사는 가르침의 체계를 '삼재지도(三才之道)', 즉 하늘(天), 땅(地), 사람(人)의 합일로 설정하였다. 제자 양성도 이 세 가지 차원에 따라 진행되었으며, 각 단계에서 통과하지 못하면 다음 단계로 나아갈 수 없었다.

단계	이름	주요 수업 내용
초단계	天篇 – 기문 이론	기문판 구성, 팔문과 팔신, 육의 배치 이해
중단계	地篇 – 실전 응용	작도법, 병법, 풍수지리의 결합, 택일 실습
고단계	人篇 – 도통 훈련	음양론 철학, 운기 이론, 도가 수행법, 기문의 도적 가치 이해

이러한 삼재문(三才門) 수련 체계는 단순한 기술의 연마가 아니라, 수행과 철학을 겸비한 '기문의 도통자'를 양성하려는 목적이었다.

3. 주요 제자들과 그들의 역할

서하사의 대표 제자는 총 세 명이 알려져 있다. 각각의 제자들은 《기문정종》의 특정 장을 기반으로 각자의 분야에서 뛰어난 성취를 이뤘다.

- 진문초(陳文初): 기문작도와 병법 계승자
  - 출신: 복건성 남부
  - 역할: 《기문정종》 제2권 및 제6권의 병법작도 응용을 전수받음.
  - 활동: 복건-광동 국경지대에서 지방 군영에 기문 병법 제공.
  - 특징: "기문은 전장을 그리는 붓이다"라는 말로 유명.
- 조산백(趙山伯): 풍수기문 통합 이론가
  - 출신: 절강성 영파
  - 역할: 제7권 '풍수기문보응' 중심 계승.
  - 활동: 영파, 온주 등지에서 묘지와 양택에 기문 적용.
  - 특징: 《기문정종의 음택론》이라는 별도의 비결서를 저술.
- 유진의(劉晉義): 도가기문 및 철학적 해석자
  - 출신: 산서성 태원
  - 역할: 제1권, 제10권 중심으로 '기문의 철학적 재해석' 수행.
  - 활동: 도가 사찰 내에서 기문을 도장수행의 일부로 가르침.
  - 특징: "기문은 도도(道圖)다. 판은 단지 표현 도구일 뿐"이라는 말을 남김.

4. 제자 파견과 지역별 전파

서하사는 자신의 제자들을 전국 각지로 파견했다. 그가 자주 말한 바에 따르면 다음과 같다.

"동남은 수(水)라 기문이 흐르고, 서북은 금(金)이라 기문이 묻힌다. 남은 열려 있으니 전할 수 있고, 북은 닫혀 있으니 도를 숨겨야 한다."

이 뜻에 따라 제자들은 복건, 절강, 광동 등 수운 중심지에 집중 배치되었고, 실제로 이들 지역에서 기문술의 실전 활용 빈도와 저술 활동이 활발해졌다.

제자들은 각자의 지역에서 다음과 같은 일을 수행하였다.

- ◆ 관가 자문.
- ◆ 농업 및 수리시설 택일.
- ◆ 장묘 및 풍수 배치.
- ◆ 전쟁 시 군영 작도 및 진형 배치.
- ◆ 민간 사주와 길흉 판단.

이를 통해《기문정종》의 이론은 단순한 책에 머물지 않고 지역 실생활과 역사적 사건에 스며들어 정착하게 되었다.

5. 비밀 전수 규약과 엄격한 제도

서하사는《기문정종》이 잘못된 사람에게 전해지는 것을 우려하여, 제자들에게 다음과 같은 전수 원칙을 엄격히 지키도록 했다.

- ◆ 세속적 탐욕으로 술수를 구하는 자에게는 가르치지 않는다.
- ◆ 군사, 풍수, 사주 중 하나라도 잘못 응용하면 해를 끼치므로 무조건 삼신제(三神祭)를 올릴 것.
- ◆ 필사본은 함부로 복제하지 말고, 사본 말미에 전수 계보를 반드시 명기할 것.

이 원칙은 훗날《기문정종》필사본 말미에 등장하는 "三傳之戒(삼전지계)"라는 제목의 서약문으로 발전하여, 후대 필사자들이 반드시 수기로 적도록 강제되었다.

⟨요약⟩

항목	내용
교육 철학	삼재지도(天-地-人) 체계, 기문은 도(道)의 수련법
주요 제자	진문초(병법), 조산백(풍수), 유진의(철학)
전파 지역	복건, 절강, 광동 중심으로 제자 파견
활동 내용	자문, 택일, 풍수, 병법, 도장 지도 등
전수 규약	탐욕금지, 필사 제한, 삼신제와 전수계보 필수 명기

제7장 도통의 경지와 노년의 기록

1. 조정과 세속을 떠나다

강희 15년(1675년)경, 서하사는 북경 체류를 마치고 세속에서 완전히 물러났다. 그는 "기문은 이미 책 속에 담았고, 도는 말이 닿지 않는 곳에 있다"는 말을 남기고, 산동성 내해촌(萊海村) 근처의 해안 절벽 위에 초당을 짓고 은거하였다. 이 초당은 이후 '백운정사(白雲精舍)'라 불렸다.

그는 제자들과도 거리를 두며 일체 세속 자문을 중단했고, 오직 천문 관측과 자연 관조, 그리고 도가 수행에만 전념하였다. 그는 이 시기를 "천지와 숨 쉬는 시간"이라 표현하며, 매일 기문판을 그리되 점술이 아닌 우주 흐름의 기록으로 삼았다.

2. 《오운육기통법기초》의 집필

은거 중 서하사는 자신의 평생 기문운기 해석 경험을 바탕으로 《오운육기통법기초(五運六氣通法起草)》라는 별도의 수기 문헌을 남겼다. 이 문헌은 현재 완전한 필사본은 전하지 않지만, 후세에 《기문정종》의 해석서로 간혹 언급된다.

주요 내용은 다음과 같다.

◆ 오운(五運)의 흐름과 해마다의 대세 운세.
◆ 육기(六氣)의 전후 변화에 따른 천반 구성의 차이.

- ◆ 기문판의 시간작도 방식과 우주 기류의 상응.
- ◆ 운기 변화와 인간 심성·질병·사회 변동의 연계.

이 문헌은 단순한 기문술서가 아니라, "하늘과 인간의 동시적 공명 이론"으로 후세 철학자들의 깊은 관심을 받았다.

3. 도장 수행과 '무문관'의 시도

서하사는 말년엔 도가 수행의 완성으로써 기문법의 철학화를 실천하였다. 그는 《도장경》,《참동계》,《태상감응편》 등의 도가 문헌을 다시 읽으며, 기문판의 구성이 곧 우주 도식의 반영임을 확인하였다.

이에 따라 그는 백운정사에 '무문관(無門關)'이라는 이름의 도장(道場)을 세웠고, 이곳에서 일부 제자들과 함께 다음과 같은 심화 수련을 시행했다.

- ◆ 기문판 명상: 팔문과 팔신의 흐름을 따라가며 내면의 정서 파악.
- ◆ 무언 관조: '생문'과 '사문'의 경계에 놓인 인생의 길흉 체험.
- ◆ 삼반 통합: 인반–지반–천반의 삼위일체적 체험을 도로 승화.

이러한 도장적 시도는 훗날 '도기문(道奇門)'이라는 새로운 개념으로 확산되었고, 일부 후학들에 의해 '기문좌선', '기문기도' 등의 형식으로 발전하였다.

4. 최후의 유언과 고요한 퇴장

강희 21년(1682년) 음력 9월, 서하사는 자신의 죽음을 예감한 듯 제자들을 불러 말했다.

"천지(天地)의 문(門)을 넘어가야 할 시간이 왔도다. 금(今)은 오직 공이(空耳)에 드는 바람의 이치를 들을 뿐이다."

그는 제자들에게 다음과 같은 간결한 유언을 남겼다.

- ◆ 《기문정종》의 내용은 함부로 변형하거나 축약하지 말 것.
- ◆ 문파를 세우거나 사사로운 이익을 위해 기문을 사용하지 말 것.
- ◆ 기문은 항상 인간의 선택을 돕는 도구일 뿐, 숙명을 강요하는 기계가 아니며 진실을 담아 해석하는 마음만이 기문의 정법을 잇는 것이다.

그는 유언을 남긴 후 일주일간 단식을 하며, 마지막 날에는 삼반을 동시에 작도한 후 붓을 놓고 눈을 감았다. 말없이 조용히 숨을 거두었으며, 제자들에 의해 백운정사 뒷편 송백 숲 아래에 안장되었다.

그의 무덤은 '기문혈(奇門穴)'이라 불리며, 이후 그곳을 지나가던 술사들이 종종 바람 소리가 말을 건네는 듯한 체험을 했다고 전해진다.

5. 유산과 철학의 정수

서하사는 생전에 정리한 《기문정종》과 《오운육기통법기초》 외에도, 몇 편의 자필 단상과 편지가 후대 제자들에게 전해졌다. 그중 가장 유명한 구절은 다음과 같다.

"기문은 인간이 하늘의 숨결을 엿보는 열쇠다.
그러나 열쇠를 가졌다고 해서 모든 문이 열리는 것은 아니다.
문을 여는 자의 마음이 정결할 때에만, 하늘은 문을 연다."

이 문장은 후세의 기문학자들이 종종 인용하며, '술수의 도덕'을 상기시키는 교훈으로 자리 잡았다.

〈요약〉

항목	내용
은거	백운정사에서 완전 은둔, 천문 관조와 내면 수행
주요 저술	《오운육기통법기초》, 《기문정종》 보강 단상
도장 활동	무문관 설립, 기문철학화 수행 지향
최후의 유언	변형 금지, 숙명 강요 금지, 마음의 정결 강조
철학 유산	"기문은 하늘의 문, 선택은 인간의 마음"이라는 도통 구절

제8장 《기문정종》의 후대 전승과 평가

1. 청대의 필사와 비공식 전승

서하사가 타계한 이후, 그의 제자들은 서하사의 유언에 따라 《기문정종》을 공식 출판하지 않았다. 그러나 필사본은 은밀하게 복제되었고, 각 제자가 거주하던 지역에서 후학들에게 구전 또는 필사 방식으로 전수되었다.

특히 청대 중기 이후, 기문술이 다시 군사적 목적과 풍수적 용도로 재조명되면서 《기문정종》의 필사본이 귀한 비결서로 알려지기 시작하였다. 장문표기와 삼반작도 방식이 뛰어났기 때문에, 비전(秘傳)으로 간직하던 가문이나 도가 방사(方士)들이 소장하고 있었다.

청대 중후반, 강소성에서는 《기문정종》 필사본에 주석을 단 《기문정종발휘(奇門正宗發揮)》라는 이본(異本)이 등장하였으며, 이는 후일 일부 목판으로 간행되었으나 대외에는 유통되지 않았다.

2. 근현대: 실전 술수 계보와 《기문정종》의 재등장

근현대 들어, 《기문정종》은 다시 여러 실전 역술가들의 관심을 끌었다. 특히 민국 시대 이후(1920년대~1940년대) 중국 술수계에서 기문둔갑의 이론적 혼란을 바로잡기 위한 연구가 일어나면서, 다음과 같은 도사들과 술수인들이 서하사의 저작을 거론하기 시작하였다.

〈대표적 인용 사례〉

인물	활동 시기	내용
고장림(高章林)	1930년대 상해	《기문정종》의 삼반 구성 도식을 기문택일에 응용
조우헌(趙雨軒)	1940년대 북경	《정종》의 병법편을 근대 군대 진형 배치에 해석
주택방(朱澤邦)	1950년대 대만	《기문정종》 전권 필사본을 참조하여 《기문기기(奇門紀綺)》 집필

특히 대만과 홍콩에서는 《기문정종》을 기문술의 '교과서'로 간주하고, 실전 강의나 비결 교재로 활용하였다.

3. 한·일·베트남 등 동아시아권 전파

◈ 한국
- ◆ 일제강점기 때 일본을 통해 유입된 기문술의 일부 경로에 《기문정종》 이론이 포함되어 있었음이 확인된다.
- ◆ 해방 이후, 일부 전통 역술인들 사이에서 필사본의 단편이 '정법 기문'의 사례로 인용됨.
- ◆ 2000년대 이후, 인터넷 커뮤니티에서 '서하사 정종기문법'이라는 용어가 종종 등장하며, 실전 택일·풍수 적용에 관심이 높아짐.

◈ 일본
- ◆ 에도시대 중기, 기문둔갑이 '금세방술(禁世方術)'으로 분류되며 일부 가문에서 은밀히 전승됨.
- ◆ 19세기 말, 일본의 도인 스에마쓰 미치타로(末松道太郎)가 중국에서 입수한 《기문정종》 이본을 기반으로 《신기문술전》 집필.

◈ 베트남
- ◆ 리왕조 후기(19세기 말~20세기 초), 중국 술사들이 남하하며 《기문정종》 필사본도 일부 전파.
- ◆ 풍수와 병법 응용 중심으로 제한적 사용.

4. 현대 기문 연구자들의 재조명

21세기 들어, 중국 본토와 대만, 한국, 일본의 역술학자들은 서하사의 《기문정종》을 기문 이론의 정수로 재조명하고 있다.

〈서하사의 핵심 기여로 보는 영역〉

분야	기여 내용
이론적 체계화	삼반 이론, 오행 운기 배합, 팔문·팔신의 입체 해석
실전 적용	병법, 풍수, 택일, 의례까지 포괄한 응용 능력
도가적 철학	기문을 단순한 도구가 아니라 우주 관조의 통로로 재정의
전수 윤리	제자 양성과 도덕성 중심의 술수 전승 강조

일부 연구자들은 서하사의 이론이 현대 과학의 정보 구조학이나 결정론적 시계열 분석과도 유사하다는 점에 주목하고 있다. 이는 기문판이 시공간 정보의 상호작용을 시각화한 도해 도구라는 점에서 새로운 해석 가능성을 열어주고 있다.

5. 서하사에 대한 평가

서하사는 기문술 역사에서 독보적인 위상을 갖는다. 단순히 이론서 하나를 집필한 것이 아니라, 그 사상의 깊이와 실전 활용도, 그리고 철학적 완결성으로 인해 그는 동아시아 역술사에서 몇 안 되는 '완전한 술수인(術數人)'으로 평가된다. 전통 기문계에서는 그를 다음과 같이 요약한다.

"理極於皇極, 圖無於定式, 心歸於道門"
"이론은 황극에 닿고, 작도(作圖)는 무애하며, 마음은 도에 있다."

이는 서하사가 술수의 기술자이자 철학자이자 교사이자 수도자였음을 함축한 말이다.

〈요약〉

항목	내용
청대 이후 전승	필사본으로 은밀히 전수, 《기문정종발휘》 등 이본 존재
근현대 영향	군사, 택일, 풍수 실전에 널리 응용됨
해외 전파	한국, 일본, 베트남 등에 필사본 또는 이론 일부 전래
현대 연구	정보과학적 재해석, 철학적 구조로 주목
평가	'기문술의 정통을 세운 완성자', 술수와 도의 통합자

기문정종 저술 구상

기문법규(奇門法竅) 석맹서(釋孟樨) (1684~1740?)

제1장 출생과 가문: 북방 문인 집안의 탄생

석맹서는 청나라 강희(康熙) 23년(1684년), 북경 외곽의 한 유서 깊은 문인 집안에서 태어났다고 전해진다. 그의 집안은 조상 대대로 송나라 때부터 사대부 문맥을 잇던 중원 출신으로, 명말 청초의 전란기를 거치면서 북방으로 이주하여 정착하였다.

그의 아버지 석준광(石俊光)은 향리에서 이름난 서생이자 유교 경전과 천문지리에도 조예가 깊어 지역 사숙(私塾)을 운영하며 많은 후진을 가르쳤다. 석맹서는 어려서부터 글 읽기를 좋아해 다섯 살에 《논어》와 《맹자》를 통독하고, 아버지의 서재에 쌓인 역학서와 음양술 수첩을 탐독하며 남다른 관심을 보였다.

제2장 청소년기와 역학 입문

석맹서가 열두 살이 되던 해, 가족은 기근과 전염병으로 큰 시련을 맞았다. 부친이 병으로 자리를 비우자 가문의 경제는 기울었고, 생계를 위해 석맹서는 향리 부잣집의 서당에서 훈장 보조로 일하며 학업을 이어갔다.

이때 그가 만난 인물이 바로 명말 청초의 기문전서(奇門傳書)를 전수받았다는 노승(老僧) 지문(智文)이었다. 지문은 당시 청나라 내륙 산사(山寺)를 돌며 기문둔갑과 육임(六壬), 태을수(太乙數)를 전하던 은둔 승려였다.

석맹서는 지문에게 사사하며 《기문진법(奇門眞法)》, 《육임대전(六壬大全)》, 《태을수경(太乙數經)》 등 당대에 전해지던 희귀한 비급들을 접했고, 이를 바탕으로 기문둔갑의 천문·지리·시기법을 깊이 연구하기 시작했다.

제3장 강희 연간의 학문 기틀: 궁중 천문관의 견문

열여덟 살 무렵, 석맹서는 우연한 기회로 북경의 관천대(觀天臺)에서 궁정 천문담당 소임을 보는 친척의 추천으로 관측보조원으로 일하게 되었다.

이곳에서 그는 당시 청나라가 서양 선교사로부터 받아들인 서양식 천문관측술과 기존 중국 전통 역산법을 모두 익힐 수 있었다. 관천대에는 예수회 출신 천문학자와 한족 출신 역관(曆官)들이 함께 근무하며 역법 개정, 관상감 업무를 수행했다. 석맹서는 이들과 교류하며 정통 천문역산의 이론을 흡수하고, 이를 기문둔갑의 판법에 융합하는 구상을 품게 되었다.

제4장 방외지학方外之學과 사림의 경계

석맹서는 스승 지문에게 배운 기문술과 궁정 천문학을 결합하여 자신만의 이론체계를 만들어갔다. 그러나 조정의 관직에서 방외지학(방술, 음양술)을 드러내면 문인 관료로서 불이익을 받을 것을 우려해 이를 은밀히 연구할 수밖에 없었다.

그는 일부 문인들과 사적으로 교류하며《황극경세서(皇極經世書)》,《장서(藏書)》 등 송대 이래의 성리학과 역학의 교차점을 탐구하고, 사림 내부에서도 은밀히 기문판을 그려주며 유명세를 얻었다.

특히 강희 45년경, 강남에 체류하며 이름난 문사들과 《기문법규》 초고에 대한 자문을 받았다는 기록이 지방 문헌에 단편적으로 전한다.

제5장 《기문법규》의 성립과 편찬 과정

석맹서는 40대 초반에 이르러 기문둔갑의 각종 반법(盤法)을 종합하여 실전과 이론을 동시에 담은 《기문법규(奇門法規)》 집필에 착수한다.

《기문법규》는 당시까지 전해오던 《기문대전》, 《기문진법》 등과 달리 문헌, 구결(口訣), 안례(案例)를 체계적으로 정리한 것이 특징이다.

- ◆ 우선 기문 9궁(九宮) 배합법과 양둔(陽遁)·음둔(陰遁)의 전환 시기.
- ◆ 육임(六壬)과의 상관관계.
- ◆ 풍수(風水)와 결합된 기문 방위 활용.
- ◆ 군사 병법과 관직 시기 택일에의 응용.

등을 담아 실전적 활용을 강조했다.

제6장 남방 학인과의 교류: 강남 답사와 실전 응용

《기문법규》 집필 이후, 석맹서는 이를 실제로 검증하기 위해 장강 이남 지역을 두루 순회하였다. 그는 남경(南京)과 양주(揚州), 소주(蘇州)를 거쳐 풍수지리와 기문 판법을 시험하고, 지역 사족(士族)과 상인들을 상대로 적중사례를 다수 남겼다.

이 과정에서 그는 지방 유림에게 《기문법규》의 일부 장을 필사해 나눠주었고, 이를 통해 강남 지역에서도 기문둔갑이 다시 부흥하는 계기가 되었다고 전해진다.

제7장 후학 양성과 비전秘傳

석맹서는 만년에는 고향 근처에 초암(草庵)을 짓고 후학들을 모아 비밀리에 강학을 이어갔다. 그는 제자들에게 기문판을 작성하는 실습을 중시했으며, 《기문법규》 내용을 단순히 암기하는 것을 넘어서 실제 시기판(時機盤)을 그리고 결과를 검증하도록 했다.

이때 그의 대표적인 제자로는 진여해(陳如海), 왕극수(王克壽) 등이 있다. 진여해는 이후 강회(江淮) 지역에서 《기문법규집해(奇門法規集解)》라는 주해서를 남겨 석맹서 학맥의 전승을 잇게 된다.

제8장 말년과 사망: 고요한 생애의 마무리

석맹서는 청 건륭(乾隆) 5년(1740년) 무렵, 56세의 나이로 세상을 떠난 것으로 전한다. 말년에는 오랜 방외지학 연구로 인해 사림(士林) 내부에서는 이단시되었지만, 그가 남긴 《기문법규》는 실용성과 체계성을 갖춘 역학서로 지방 사족과 상인층, 일부 무장(武將)들에게 오랫동안 읽혔다.

그의 묘소는 북경 외곽 고향 인근의 야산에 위치하며, 후대 제자들에 의해 비석이 세워져 현재까지 일부 파편이 남아 전해진다고 한다.

제9장 《기문법규》의 영향과 청말 전승

석맹서의 《기문법규》는 그의 사후에도 필사본 형태로 전승되며 청말(淸末) 군략가, 지관(地官), 상인층에게 비밀리에 유통되었다. 특히 동치(同治), 광서(光緒) 연간에는 신사 계층이 가문 번영과 사업 흥망을 점칠 때 기문둔갑과 풍수를 함께 배우는 사례가 늘었는데, 《기문법규》는 그 교본으로 자주 언급되었다.

청말에는 일본, 조선에도 일부 전해졌으며, 근대 조선의 기문둔갑 전승자들이 이 필사본을 교재로 삼았다는 구전도 있다.

제10장 현대적 가치와 재조명

오늘날 석맹서의 《기문법규》는 일부 고문헌 수집가와 기문둔갑 연구자들에 의해 재조명되고 있다. 원본은 거의 전하지 않지만, 청말 필사본 일부가 대만과 한국, 일본의 민간 역학가들 사이에 보존되어 구전(口傳)으로 이어지고 있다.

학계에서는 《기문법규》가 단순한 방술서가 아니라 청대 궁정 천문학과 민간 역학이 융합된 독창적 시도라는 점에서 가치가 높게 평가된다.

■ 맺음말

석맹서는 한 시대를 살았지만, 관직과 방외지학의 경계에서 끊임없이 사유하고 실험한 독창적 사상가였다.

그의 《기문법규》는 청대 말기 역학 전통의 중요한 교량이자, 오늘날 기문둔갑 연구자들에게 여전히 귀중한 실마리를 제공하는 살아있는 고문헌이라 할 수 있을 것이다.

강학 장면

자평진전(子平眞詮) 심효첨(沈孝瞻)(1719~1789)

- 《자평진전》의 저술자, 명리학 정통을 계승한 학자 -

제1장 서문: 동양 운명학의 거목, 심효첨을 말하다.

중국 청나라 건륭제(乾隆帝) 시대, 문화와 철학이 번성하던 그 황금기에 한 명의 운명학자가 등장하였다. 그의 이름은 심효첨(沈孝瞻), 자는 경명(敬明), 호는 자지옹(紫芝翁)이라 하며, 후세에 이르러 사주명리학의 정통 이론을 집대성한 《자평진전(子平眞詮)》의 저자로 널리 알려지게 된다.

심효첨은 단순한 이론가가 아니었다. 그는 생을 통해 사주명리학을 철학과 자연의 조화로 끌어올린 학자였다. 명리학이 단순한 길흉예측의 도구로 여겨지던 시대, 그는 이를 인간 존재와 우주의 운행을 해석하는 심오한 학문으로 정립하였다.

본 일대기는 단순한 전기가 아니다. 심효첨이 살았던 시대적 배경, 그의 지적 여정, 수많은 고전과의 대화, 《자평진전》의 구성 원리와 그 철학적 심층, 그리고 후세에 끼친 영향까지 포괄적으로 다룬다. 이 글을 통해 독자는 단순히 한 명의 명리학자를 넘어서, 동양 철학과 사유의 위대한 전통 속에서 피어난 한 학문적 거목을 만나게 될 것이다.

이제 그의 삶의 첫 장을 펼쳐본다.

제2장 출생과 가문: 명문가의 자제로 태어나다

1. 강남의 명문, 심씨 가문

심효첨은 청나라 강남지방, 곧 지금의 강소성(江蘇省) 양주(揚州)에서 태어났다.

양주는 예로부터 문화와 학문이 융성한 지역으로, 수많은 서생과 학자, 시인, 예술가들을 배출한 땅이다. 그의 가문은 대대로 유학을 숭상하였으며, 선대에 이르러 여러 명의 과거 급제자를 배출한 명문 집안이었다.

조부 심성(沈誠)은 강학에 뛰어난 인물이었고, 부친 심정민(沈廷敏)은 건륭 연간 내무부 서기관을 지냈던 관인이자 유가철학자였다. 이러한 집안 분위기 속에서 어린 심효첨은 천자문을 떼기도 전에 《논어》와 《주역》의 구절들을 자연스레 읊을 줄 알았다.

2. 유년기의 기질과 총명함

심효첨은 태어날 때부터 "음양조화가 완전한 사주"라는 말을 들었다. 출생 당일 밤, 양주의 하늘엔 희고 맑은 별빛이 가득 찼고, 사방의 동네 장정들이 "기이한 명운의 아기"가 태어났다고 입을 모았다고 전해진다.

그는 어려서부터 단순히 기억력이 좋을 뿐 아니라, 주역(周易)의 괘상과 천간지지(天干地支)의 원리를 빠르게 이해하였다. 부친은 그의 총명함을 보고 일찍이 역학서와 고전 철학을 병행해 가르쳤으며, 열 살 무렵에는 벌써 《역경》과 《소학》, 《중용》을 통달하였다고 한다.

3. 첫 운명학과의 만남

소년 시절 어느 날, 심효첨은 양주 읍내의 유명한 역술가를 방문한 일이 있다. 그는 관상과 사주를 보던 이 노인에게 자신의 팔자를 직접 보고자 했다. 이 노인은 그의 사주팔자를 보고 감탄하며 말하였다.

"그대는 후일에 반드시 하늘의 이치를 밝히고, 인간의 길흉화복을 정통으로 해석할 자이니라."

이 말은 어린 효첨에게 강렬한 인상을 남겼고, 이후로 그는 운명학의 세계에 깊이 매료되었다. 단지 길흉을 맞히는 기술이 아니라, 인간 존재의 본질을 꿰뚫는 학문이라는 것을 깨닫기 시작한 것이다.

제3장 유년기와 학문적 기초: 주자학과 상수역학의 수련

1. 주자학과 유학적 수양

심효첨의 학문적 기초는 확고한 유학, 특히 송대 주자(朱子)의 학문체계로부터 출발하였다. 그는 어린 시절부터 유학 경전과 고문을 익혔으며, 가문의 엄격한 교육 방식에 따라 새벽 예법, 낮 독서, 저녁 사색이 일상이었다. 《대학》, 《중용》, 《논어》, 《맹자》에 대한 깊은 독해력은 단지 암기와 독서 수준을 넘어서, 내면적 체화로까지 이어졌다.

이 시기 그는 아버지 심정민에게 다음과 같은 가르침을 받았다.

"인간의 사주는 하늘이 부여한 명령이지만, 그 운명에 대한 통찰은 성리(性理)를 통해 비로소 얻는 것이니, 유학 없이 운명학이 있을 수 없다."

이 말은 그의 운명관 형성에 핵심적인 기준이 되었으며, 명리학의 공부가 단순한 예측의 수단이 아니라 유학적 심성수양과 철학적 사유의 연장선임을 자각하게 했다.

2. 《주역》의 깊은 이해

특히 그가 몰두한 것은 주역(周易)의 상수역학(象數易學)이었다. 이는 괘(卦)와 효(爻), 음양오행, 천간지지, 대운 등의 상징체계 속에서 우주의 변화를 해석하고 인간의 삶을 읽어내는 고대 동양의 철학 체계였다.

심효첨은 주역을 단순히 길흉을 해석하는 도구로 보지 않았다. 그는 괘상이란 인간과 자연의 조화로운 반영이며, 그 속의 수(數)는 우주 생명의 질서라고 보았다. 그는 특히 〈계사전(繫辭傳)〉, 〈설괘전(說卦傳)〉, 〈서괘전(序卦傳)〉을 반복해서 읽으며, 역(易)의 철학적 구조를 명리학과 연계하는 사고를 갖추기 시작했다.

"주역은 하늘의 법칙을 말하고, 명리는 사람의 명령을 밝힌다. 이 둘은 본래 한 뿌리이니라."

3. 고전 역서들과의 만남

심효첨은 십대 후반에 이르러 고대 역술서들을 탐독하게 된다. 특히 《태을신수(太

乙神數)》,《귀곡자(鬼谷子)》,《기문둔갑(奇門遁甲)》,《적천수(滴天髓)》,《연해자평(淵海子平)》등은 그의 사상적 자양분이 되었다. 그는 이 책들을 단순히 이론으로만 보지 않고, 실제 사례와 인물에 적용해보며 '학문과 현실의 일치'를 꾀하였다.

이때 그는 명리학의 세계에 더 깊이 들어가게 된다. 특히 그는《연해자평》의 저자인 서승(徐升)의 이론을 매우 높게 평가하였다. "서승의 자평학은 천인합일의 이치를 품고 있으며, 자미두수보다 인생의 정황을 명쾌하게 드러낸다"는 평가를 남긴 바 있다.

4. 성리학과 명리학의 융합

이 시기 심효첨의 가장 큰 특징은 성리학(性理學)과 명리학의 접점을 고민하였다는 점이다. 그는 다음과 같이 기록하였다.

"명리는 천지의 기운을 본받아 인간의 삶을 해석하나, 성리는 그 마음의 본체를 살핀다. 마음과 기(氣), 운명과 본성은 서로 배척되는 것이 아니니, 하나로 관통할 수 있어야 한다."

이러한 사고는 이후 그가《자평진전》에서 보여준 철학적 깊이의 초석이 되었으며, 명리학을 인간 정신과 우주의 원리에 연결하는 학문으로 격상시키는 계기가 된다.

제4장 자평학과의 조우: 운명학의 진리를 향한 탐구

1. 자평학의 기원에 대한 탐색

청년 시절의 심효첨은 명리학의 여러 학파 중 특히 '자평학(子平學)'에 깊은 매력을 느끼게 된다. 자평학은 송나라의 명리학자 '서자평(徐子平)'에 의해 체계화된 학문으로, 음양오행과 천간지지를 통하여 인간의 성정과 길흉을 분석하는 구조를 갖는다.

심효첨은 자평학의 기초 이론을 접하고 곧 그 정밀함에 감탄하게 된다. 이전까지 단순히 운을 예측하고 길흉을 판단하는 도구로서의 사주가, 자평학에서는 정격,

용신, 대운 등 정교한 원리로 조직화되어 있었기 때문이다.

그는 《연해자평》, 《삼명통회》, 《명리약언》, 《적천수》 등의 문헌을 샅샅이 연구하며 자평학의 변천사를 정리했고, 이론상의 차이점과 구조의 장단점을 비교·분석하는 작업을 병행하였다.

2. 강남 역술 고수들과의 교류

이 시기 심효첨은 양주, 소주, 항주 등 강남 지방의 명리가들과 활발히 교류하였다. 그는 특히 한 원로 명리학자인 염진연(廉晉淵)을 스승처럼 모시고, 실제 사례 분석을 통한 명리학 적용법을 전수받았다.

염진연은 자평학의 핵심 개념인 '용신론(用神論)'에 정통한 인물로, "격을 정하지 않고 신을 찾을 수 없으며, 신이 분명치 않으면 기운도 흩어진다"는 교훈을 심효첨에게 강조하였다.

이러한 만남들은 심효첨의 자평학 이해를 단순 이론에서 실제 해석과 예측 능력으로 연결시켜주는 전환점이 되었다.

3. 자평학의 체계 정립 시도

심효첨은 단지 선현들의 이론을 답습하지 않았다. 그는 자평학을 체계화하고, 불필요하거나 모호한 개념들을 정리하고자 하였다. 특히 아래 세 가지 점에서 이론적 정비를 시도하였다.

◆ 정격(定格) 체계의 명확화.
  격국의 종류를 정리하고, 오행 생극제화의 원리에 따라 그 기준을 체계화 함.
◆ 용신 판단법의 정제화.
  喜·用·忌·仇(喜神·用神·忌神·仇神)의 판단 기준을 사례 기반으로 정리.
◆ 대운·세운 분석법의 통일성 제시.
  대운과 세운의 흐름을 천간과 지지의 작용에 따라 계통적으로 해석.

이러한 체계화 시도는 《자평진전》 집필에 앞선 초석 작업이었으며, 이 시기 작성된 초고와 비망록은 후일 그의 제자들에 의해 정리되어 사본으로 전해지기도 하였다.

제5장 조정 진출과 명리학 연구: 건륭제 시대의 관료로서

1. 과거 급제와 벼슬길의 시작

심효첨은 청년기 학문적 내공을 바탕으로 과거시험에 응시하였고, 강남의 향시에 장원으로 합격한 뒤, 북경에서 실시된 회시(會試)에서는 3등을 차지하여 진사(進士)의 지위를 얻게 되었다. 그의 재능은 당시 내각대학사로 있던 장조(張照)에게 발탁되어, 예문관(藝文館)의 감수관으로 임명되며 본격적인 관직 생활을 시작하였다.

그의 첫 부임지는 남직례 지방의 주부(州府)에서 지방행정과 교육을 담당하는 문관직이었다. 여기서 그는 백성들의 생활을 가까이에서 관찰하며 현실적 삶의 운행 속에서 사주명리의 실제 응용 가능성을 모색하게 되었다.

2. 관직 속에서도 이어진 명리학 연구

관직에 오른 이후에도 심효첨은 밤마다 고전 명리서를 펼쳐 연구를 게을리하지 않았다. 그는 다음과 같은 글을 일기장에 남겼다.

"조정의 직책은 외물(外物)이요, 명리의 도는 본성(本性)이니라. 내가 봉록을 받는 것은 가문을 위해서이나, 역학을 따르는 것은 천명을 좇기 위함이니라."

그는 특히 관직 수행 중 만난 수많은 인물들의 사주를 기록하고 분석하며 사례를 축적했다. 이를 통해 각기 다른 환경, 직업, 사회적 신분 속에서 사주가 어떻게 현실화되는지를 연구하며, 기존의 자평학 이론에 보다 생동하는 '삶의 경험'을 입혔다.

이 시기 작성된 〈사주천례(四柱千例)〉라는 노트에는 총 1,200여 명에 이르는 인물들의 사주와 그들의 인생경로가 간략히 기록되어 있다. 이 기록은 후일 그의 제자들이 《자평진전》의 예시편 작성에 기초 자료로 활용하게 된다.

3. 건륭제의 천문철학 관심과 심효첨의 발언 기회

건륭제(乾隆帝)는 청대 군주 중에서도 학문과 예술에 깊은 조예를 가진 황제였다. 그는 천문, 산수, 음양, 복서(卜筮) 등에 호기심이 많았으며, 황실 천문관측소에서 역술과 명리학에 대한 실험도 주도했다.

심효첨은 이러한 분위기 속에서 명리학의 학술적 가치에 대한 논문을 작성하여 황실에 상주하였고, 이에 대해 황제가 크게 흥미를 보였다. 이후 그는 내각학사(內閣學士)로 발탁되어, 건륭제의 비밀 어학고문으로서 역술 및 음양과 관련된 문서들을 감수하는 역할을 담당하게 된다.

한 번은 건륭제가 그에게 물었다.

"명리는 과연 사람이 바꿀 수 없는가? 아니면 수양과 행위로 변할 수 있는가?"

이에 대해 심효첨은 다음과 같이 대답하였다.

"사주는 천기의 명령이오나, 인간은 도덕의 주체입니다. 운명의 흐름은 고정되었으되, 그 작용의 양상은 심성에 따라 달라지나이다. 이는 물이 높은 곳에서 낮은 곳으로 흐르되, 그 굽이와 깊이가 지형에 따라 달라지는 것과 같습니다."

이 발언은 건륭제로 하여금 심효첨을 단순한 역술인이 아닌 '철학자'로 인정하게 만들었으며, 이후 심효첨은 역서 관련 국정 편찬 작업에도 일부 참여하게 된다.

4. 고문서 편찬과 역서 감수 활동

이 시기 그는 조정의 명령으로 《경세력법총서(經世曆法叢書)》의 일부 편찬에 참여하였다. 이 총서는 천문, 역법, 음양 등 다양한 고전지식을 정리하는 작업이었으며, 심효첨은 주로 음양오행과 명리학 부문을 담당하였다.

그는 이 과정에서 《홍범오행전(洪範五行傳)》, 《황제내경》, 《역전통종(易傳通宗)》 등 다수의 문헌을 비교 분석하고, 《자평진전》에서 인용하게 될 여러 이론들을 사전 정리하였다.

그가 작성한 "운기기통도(運氣氣通圖)"라는 도식은, 대운과 세운, 월령과 태월 간의 상호작용을 시각적으로 보여주는 표로, 후일 그의 제자들에 의해 《진전도해집(眞詮圖解集)》에 삽입되었다.

5. 고향으로의 귀향과 운명적 결심

조정에서의 다채로운 경력을 쌓은 후, 심효첨은 50대 초반에 병을 이유로 사직서를 올리고 고향 양주로 돌아간다. 그는 명문가의 장자로서 가문을 돌보고 후학을 양성하는 데 전념할 것을 결심하였다. 그리고 이때부터《자평진전》이라는 일생일대의 저술을 시작한다.

그는 제자들에게 이렇게 말하였다.

"나는 지금부터 사십여 년간 연구하고 수집한 명리의 정수를 정리하려 한다. 이는 단지 사주론이 아니라, 천지의 변화를 담은 경전이 될 것이다."

이 결심은 그의 삶을 전환시키는 중대한 전환점이었으며, 중국 명리학사에 있어 가장 정교하고 깊은 체계를 담은 역작의 탄생을 예고하는 순간이기도 했다.

제6장《자평진전》집필 과정: 사주명리학의 정수를 담다

1. 일생의 집대성:《자평진전》을 기획하다

고향 양주로 돌아온 심효첨은 본격적으로 자신의 평생 지식과 사상을 정리하는 작업에 착수했다. 수십 년간 연구한 자평학, 고전 역술서, 실제 사례 연구를 총체적으로 집대성할 필요성을 절감한 그는, 기존 명리서들의 단점을 보완하고, 실전과 철학을 아우르는 새로운 경전의 필요성을 느꼈다.

"서승의《연해자평》은 학문의 뼈대를 세웠고, 위천리의《팔자제요》는 기초를 다졌으나, 오늘날의 혼란은 체계 없음에서 비롯되었도다. 나는 그것을 바로잡아 정법(正法)을 세우고자 한다."

이처럼 그는《자평진전》을 단지 설명서가 아닌 "진(眞)의 이치를 풀이(詮)하는 책"으로 기획하였다. 즉, '자평'이라는 명리 이론의 본질을 진정으로 드러내는 데에 중점을 두었다.

2. 저술의 구성 원리

《자평진전》은 약 6년여에 걸쳐 단계적으로 저술되었다. 그는 체계적인 분류를 위해 원고를 다음과 같이 구성했다.

- ◆ 상편(上篇): 이론 총론 – 명리학의 근본 원리와 철학적 기초.
- ◆ 중편(中篇): 실전 응용 – 격국, 용신, 대운, 세운, 신살 등 실제 분석법.
- ◆ 하편(下篇): 사례 해석 – 실전 인물들의 사주 분석과 결과 비교.
- ◆ 부록(附錄): "운기론", "오행동정론", "십신기용총해" 등 도해와 설명자료.

이런 구성을 통해 그는 명리학의 기본 원리부터 고급 응용까지 단계별로 정리하였으며, 기존 저서에서 보이지 않던 이론 간 통합적 구조를 창조하였다.

3. 주요 원고 작성과 검토 방식

심효첨은 원고를 작성할 때, 자신이 축적한 수많은 사례 노트들을 철저히 검토하였다. 특히 '진기록'이라 불린 사주 일지에는 3천여 명의 인생 사례가 기록되어 있었고, 이 중 600여 사례를 정선하여 본문에 실었다.

매일 새벽 3시에 기상하여 촛불 아래서 원고를 정리하였고, 정오엔 제자들과 강론을 통해 내용의 오류를 점검하였다. 그는 제자들에게 종종 다음과 같이 말했다. "글이 완성되기 전까지는 책이 아니고, 책이 펴지기 전까지는 나의 책임이다. 오직 참되고 정직한 글만이 후세를 가르친다."

이 시기 그의 저술노트에는 수정·삭제 흔적이 수없이 발견되며, 격과 용신, 대운해석의 문장이 세 차례 이상 개정된 것이 흔하다. 이는 그가 이론적 완성도에 얼마나 집착하였는지를 잘 보여준다.

4. 고전과의 비교와 논쟁적 서술

《자평진전》의 또 하나의 특징은 비판적 시각이다. 그는 기존 저서들에 대한 무비판적 인용을 경계하며, 때로는 다음과 같이 날카로운 문장을 남기기도 했다. "《적천수》는 기묘하나 지나치게 상징적이요, 《삼명통회》는 광범하나 중심이 없다. 《연해자평》은 종가이나 간단함을 넘어서는 세밀함이 부족하다. 따라서 나는 이 셋을 모으고, 허와 실을 가려내어 정법의 중심을 세우려 한다."

그는 이론적 비교에 있어 치밀하였고, 특정 이론에 대한 입장도 명확하였다. 예를 들어, 그는 '신강신약론'에 대한 기존 학파들의 모호한 설명을 정리하여 다음과 같이 기술하였다.

"신강이란 기세가 아니라 실제 기(氣)의 밀도요, 신약은 쇠퇴가 아니라 외부 압력에 의한 소모 상태이다."

이러한 설명은 단순히 힘의 강약을 기준으로 해석하는 기존 방식에 대해 반론을 제기하고, '기운의 밀도'라는 개념을 도입함으로써, 더 정교하고 철학적인 이론체계를 확립하였다.

5. 도표와 도해의 도입

《자평진전》의 혁신 중 하나는 도해(圖解)의 적극적인 활용이다. 그는 원리를 시각화하여 이해를 돕고자 했으며, 다음과 같은 도표들을 창안했다.

- ◆ 〈운기대세도(運氣大勢圖)〉: 대운과 세운의 흐름을 순환 구조로 표현.
- ◆ 〈오행조후표(五行調候表)〉: 월령 기준 오행의 강약과 조화.
- ◆ 〈격국변화차트〉: 격이 성립되지 않을 경우 대체 용신 선정 기준.

이는 후세 학자들이 그의 이론을 이해하고 전승하는 데 큰 역할을 하였다. 특히 《자평진전》은 조선 말기와 일본 명치시대에도 유입되어, 당시 명리학 발전에 결정적 기여를 하게 된다.

6. 《자평진전》 완성과 출간

《자평진전》은 건륭제 45년(1780년경)에 완성되었으며, 당시 양주 필사본 서방(書坊)인 '원운당(元雲堂)'을 통해 20권 전질로 필사 출간되었다. 이후 청대 말기에 이르러 금릉(南京)과 소주(蘇州) 지역에서도 목판본이 유통되었고, 일부는 일본에도 전해져 명리학 붐을 일으켰다.

책 말미에는 심효첨의 자필 서문이 실려 있다.

"이 책은 나의 생명을 갈아 만든 것이며, 하늘을 본받고, 인간을 위하는 경전이라. 오직 성심 있는 자만이 이를 펼칠 자격이 있다."

제7장 명리 강학과 제자 양성: 후학들과의 학문적 교류

1. 양주 학당 설립과 명리학 강론

《자평진전》의 초고가 완성된 이후, 심효첨은 자신의 학문을 후세에 전수하고자 고향 양주에 작은 학당인 '자지재(紫芝齋)'를 설립하였다. 자지재는 그가 즐겨 쓰던 호(紫芝翁)를 따 명명된 것으로, "고귀한 약초처럼 희귀하고 정묘한 학문을 전한다"는 의미를 담고 있었다.

자지재에서는 유학과 주역, 천문지리, 명리학이 모두 병행하여 가르쳐졌으며, 특히 명리학은 비밀리에 소수의 제자에게만 전수되었다. 그는 제자들에게 늘 다음과 같이 강조했다.

"사주명리는 단순한 술법이 아니다. 이는 사람의 길을 비추는 거울이니, 사사로이 취하면 필히 악업이 따른다."

심효첨은 학문을 철저히 도덕과 연결지어 가르쳤으며, 명리의 사용 목적이 '예측'이 아니라 '이해'와 '인도(引導)'에 있음을 누차 강조하였다.

2. 주요 제자들과의 교류

그의 학풍은 청렴하고 정교하며 깊은 철학적 사유를 동반하였기에, 자지재는 당시 양주 일대에서 명성 높은 학당으로 성장하였다. 심효첨의 문하에는 뛰어난 제자들이 다수 배출되었는데, 그중 다음 세 명은 특히《자평진전》의 학문 전수에 중요한 역할을 하였다.

● 진소운(陳素雲)

소주 출신으로, 유가적 심성과 강한 추리력을 지닌 인물이었다. 그는《자평진전》의 체계 속에서 용신 판단과 대운 분석에 있어 새로운 해석을 제시하였고, 후에

《진전보주(眞詮補註)》라는 주석서를 남기게 된다.

◉ 여현경(呂賢敬)

강희제 때부터 전해 내려오던 도가 계통의 명리서를 연구하던 가문 출신이다. 그는 심효첨의 학문에 철저히 매료되어 자지재에 입학하였고, 오행 조후론과 십신 정리에 있어서 매우 정교한 정리안을 제시하였다. 훗날 '오행변조도(五行變調圖)'라는 도표를 작성해 명성을 얻었다.

◉ 하경담(夏景淡)

양주 토박이로, 실제 점술 실전에 능한 명리 실용가였다. 그는 심효첨의 이론을 실무에 응용하는 데 뛰어난 감각을 보였으며, 수많은 사례를 통해 《자평진전》의 실전성을 강화하는 데 기여했다. 그가 편찬한 《자평진전실해록(子平眞詮實解錄)》은 오늘날에도 전해지는 중요한 참고서이다.

3. 명리학 강의 방식과 교육 철학

심효첨은 제자 교육에 있어 다음의 세 가지 원칙을 철저히 지켰다.

- ◆ 심법 전수(心法傳授): 사주 해석은 기술이 아니라 심법(마음의 법)으로 접근해야 하며, 사주 속 인물의 감정과 삶의 궤적까지 느껴야 한다.
- ◆ 기록과 반복: 모든 수업은 반드시 필기하고, 이론을 사례로 수십 차례 반복 분석해야 한다.
- ◆ 도덕적 경계심: 명리를 돈벌이 수단으로 쓰는 자는 절대 가르치지 않으며, '길흉에 흔들리지 않는 마음'을 갖추어야 사주를 해석할 자격이 있다.

이러한 교육 방식은 제자들 사이에 강한 공동체 의식을 만들었고, 《자평진전》이라는 저작을 중심으로 일종의 학파(學派) 형태로 발전하게 되었다.

4. 조선, 일본과의 학문 교류

심효첨의 명성이 퍼지며 조선과 일본에서도 그의 학문에 대한 관심이 높아졌다. 특히 조선 후기 실학자들 중 일부는 중국을 왕래하며 《자평진전》 사본을 구해왔고,

이를 기반으로 조선의 명리학이 보다 체계화되는 계기를 마련하였다.

예를 들어 조선 후기 유학자인 서유구(徐有榘)는《임원경제지》에서 "청나라 심씨의《자평진전》은 사주법 중 가장 정묘한 체계"라고 극찬하였다. 일본에서도 명치시대에《자평진전》이 번역·편역되어 일본 명리학계에서 '진전학파(眞詮學派)'라 불리는 분파가 생겨나기도 하였다.

5. 교류 속에서 다듬어진 이론

강학과 교류를 거듭하면서《자평진전》의 이론은 더욱 정교해졌다. 특히 다음과 같은 주요 개념들이 이 시기에 체계화된다.

◆ 용신 삼중법(用神三重法)
  격국-월령-시주의 순차적 기준으로 용신을 선정하는 체계.
◆ 대운 유도이론(誘導理論)
  대운 흐름이 불리할 때 그 영향을 줄일 수 있는 보완 방법론.
◆ 신살 허상론(神煞虛象論)
  신살의 영향력을 실제 오행과 기세의 보조개념으로 격하.

이러한 이론적 정리는 기존 자평학이 갖고 있던 모호함과 반복성을 극복하고, 보다 실용적이고 정밀한 해석을 가능하게 하였다.

제8장 철학적 사유와 이론의 정립: 자평학을 철학의 경지로

1. 명리에서 철학으로: '천인합일'의 깊은 사유

심효첨은 사주명리를 단순한 길흉예측의 도구로 보지 않았다. 그에게 있어 자평학은 곧 우주 원리의 반영이자 인간 본질에 대한 탐색이었다. 명리학이란 단순히 오행과 간지의 조합이 아니라, 하늘(天)의 법칙과 사람(人)의 삶이 만나는 교차점의 언어라는 것이 그의 철학이었다.

그는 주자학의 천리(天理) 개념과 주역의 건곤감리(乾坤坎離)의 상징체계를 명리학과 연결지어 다음과 같은 철학을 세웠다.

"사주는 형상(形象)이고, 마음은 실체(實體)다. 사주를 해석함은 곧 형상 속에 깃든 본체를 찾는 일이요, 이는 성리학과 다르지 않다."

그는 특히 명리학에서 인간의 '선천성(先天性)'과 '후천성(後天性)'을 철학적으로 나누고, 그것이 어떻게 대운과 세운의 흐름 속에서 변증법적으로 작용하는지를 탐구하였다. 이는 명리학을 단순히 "운명론적 체계"가 아니라, 변화하는 존재론적 체계로 전환시키는 결정적 기점이었다.

2. '성즉리(性卽理)'의 명리적 해석

심효첨은 명리학에서 주자의 핵심 개념인 성즉리(性卽理)를 명리식으로 해석했다. 그는 다음과 같이 정리했다.

- ◆ 성(性): 인간의 본질적 기질과 사주에서 드러나는 오행적 기세.
- ◆ 이(理): 그 기세를 운용하는 천지자연의 질서와 조화의 원리.
- ◆ 기(氣): 현실 속에서 작용하는 운(運)의 흐름과 변화.

그는 사주팔자에서 성(性)은 일간(日干)과 용신(用神)으로 나타나며, 이(理)는 전체 격국의 조화 상태로, 기(氣)는 대운과 세운에서의 작용으로 드러난다고 설명했다.

이러한 정리는 단순히 기술적인 명리 해석을 넘어, 명리학을 우주와 인간의 일체적 조화 철학으로 자리매김하게 하는 원동력이 되었다.

3. '음양'과 '변화'에 대한 심오한 통찰

그는 음양론을 단순한 흑백 대립의 이론으로 보지 않았다. 오히려 음양은 "존재의 두 가지 운행 방식"이라고 해석했다. 그는 "음은 수렴이요, 양은 발산이다. 음은 응집이며, 양은 전개다"라는 말을 통해, 음양의 진의를 철학적으로 이해했다.

그는 다음과 같은 구조로 음양을 체계화했다.

구분	의미	명리적 대응
음(陰)	수렴, 내향, 보호, 형체	음간, 지지, 후천적 인내력
양(陽)	발산, 외향, 창조, 운동	양간, 천간, 선천적 활력

이러한 정의를 바탕으로 그는 특정 사주의 운용방식이 '양적'인지 '음적'인지를 판단하고, 인생 전체의 운영 전략까지 도출하였다. 예를 들어, 강한 음적 사주는 '지키고 키워라', 강한 양적 사주는 '확장하고 개척하라'는 식으로 해석했다.

4. 자평학의 윤리성 강조

심효첨은 자평학의 핵심을 윤리성으로 보았다. 그는 《자평진전》의 중편에서 다음과 같이 명시하였다.

"사주란 사람을 알고 사람을 살리는 학문이다. 그리하여 반드시 바른 마음으로 써야 하며, 탐욕이나 사심을 곁들이면 재앙이 함께한다."

그는 사주 해석을 통해 인간의 본성, 내면의 욕망, 삶의 방향성을 통찰할 수 있다고 믿었으며, 이는 단순히 '운'을 예측하는 데 그치지 않고, 사람을 선한 방향으로 인도하는 도구여야 한다고 강조했다.

이런 철학적 태도는 그의 제자 교육에도 반영되어, 단 한 명의 '역술 장사꾼'도 배출하지 않았다는 평가를 받는다.

5. 심효첨의 철학 요약: 사주삼정설(四柱三定說)

그는 명리학의 핵심을 '세 가지 정립(定立)'으로 요약하였는데, 이것이 바로 사주삼정설(四柱三定說)이다.

- ◆ 정성(定性): 사주의 일간과 용신을 통해 인간의 성정(기질)을 파악함.
- ◆ 정운(定運): 대운과 세운의 흐름을 통해 인생의 기회와 고비를 분석함.
- ◆ 정도(定道): 앞의 두 요소를 종합하여 인생에서 나아가야 할 방향을 도출함.

이는 단순한 격국론을 넘어선 철학적 개념이었으며, 후세 자평학자들 사이에서

이 세 가지 개념은 명리학의 핵심 정수로 간주되었다.

6. 고전과의 융합: 유·도·불 삼교와 자평학

심효첨은 고전 삼교(유학, 도가, 불교)의 사유방식을 명리학 속에 융합하였다.

- ◆ 유학(성리학): 사주의 성정을 통해 인간의 본성과 도덕을 논함.
- ◆ 도가(노장사상): 운명의 흐름과 변화무쌍함을 수용하고 조율함.
- ◆ 불가(인연법, 공사상): 사주 속에서도 절대적인 길흉은 없으며, 모든 것은 조건부적 상호작용으로 해석함.

그는 종종 제자들에게 다음과 같이 말했다.

"사주는 그 자체로 완성된 철학이 아니라, 삼교의 통섭 속에서 해석되어야 진면목이 드러난다."

이러한 관점은 심효첨을 단순한 '명리의 대가'에서 '동양철학의 통섭자'로까지 평가하게 만들었고, 후대 사상사에서도 중요한 인물로 다뤄지게 되는 계기를 제공하였다.

제9장 말년의 삶과 유언: 세속을 떠나 진리를 남기다

1. 강학을 마무리하고 산림으로 들어가다

심효첨은 환갑을 넘긴 무렵, 제자들에게 자지재(紫芝齋)의 강의를 점차 넘기고 스스로는 조용히 강남 교외의 한 산림 정사(精舍)로 거처를 옮겼다. 이곳은 양주 근교 호구산(虎丘山) 자락에 있는 옛 사찰 터였으며, 수려한 경관과 청정한 기운으로 예로부터 은자(隱者)들의 거처로 이름났던 장소였다.

그는 이곳을 자심암(紫心庵)이라 명명하고, 평생의 기록을 정리하며 조용한 반생을 보냈다. 그는 "자평의 진리를 책에 담고, 자심의 고요함으로 생을 마친다"고 말하며, 일체의 관직, 세속적 명망, 재물에서 멀어지고자 했다.

이 시기 그는 많은 편지를 제자들에게 보냈으며, 다음과 같은 글귀를 자주 남겼다.

"나는 이제 천간과 지지보다 하늘과 나를 보고, 오행의 흐름보다 마음의 흐름을 본다. 이제 운명학은 나의 외피가 아니라, 내면의 거울이 되었다."

이러한 태도는 명리학을 외적 분석 도구에서 내면 성찰의 철학으로 승화시킨 결정적 전환점으로 여겨진다.

2.《자평진전》최종 원고 정리

자심암에 칩거하며 그는《자평진전》의 마지막 정리 작업을 마무리했다. 원래는 20권이었던 전집을 24권으로 확장하며 다음과 같은 세부 개정이 이루어졌다.

- ◆ 강의록 추가: 제자들과의 문답을 기록한 〈진전문답록(眞詮問答錄)〉 추가.
- ◆ 오행변증론 보완: 오행의 상생·상극 뿐 아니라 구체적 작용기전 서술.
- ◆ 신살총해 도표화: 다수의 신살을 도표로 정리하여 초학자의 편의 제공.
- ◆ '명리십요(命理十要)' 삽입: 사주 해석의 핵심 열 가지 규칙을 정리.

이러한 최종본은 후일《자평진전정고본(子平眞詮訂稿本)》이라 불리며, 그의 사후에 제자들에 의해 필사되고 보존되어 청말에까지 전해지게 된다.

그는 이 정고본의 말미에 손수 다음과 같은 휘호(揮毫)를 남겼다.

"천문지리는 하늘이 펼친 책이요, 사주명리는 사람이 읽는 글이다. 사람이 하늘을 본받아 글을 쓰되, 그 마음이 바르면 하늘도 기뻐하리라."

이는 단순한 학문 완성의 선언이 아니라, 하늘(天)과 인간(人) 사이에 존재하는 조화와 깨달음에 대한 깊은 고백이었다.

3. 유언과 마지막 제자들과의 대화

건륭제 54년(1789년), 심효첨은 병환을 얻고 제자들을 자심암으로 불러들였다. 그는 모든 제자에게 한 권씩《자평진전 정고본》사본을 하사하며, 다음과 같이 유언하였다.

"너희는 이 책을 책이라 생각하지 말고, 거울이라 생각하라. 세상의 이치와 사람의 본심을 비추는 거울이니, 이를 통해 천명과 합일하는 길을 걸어라."

또한 그는 각 제자에게 서로 다른 조언을 남겼다.

- ◆ 진소운에게는 "너는 이론을 다듬어 후대의 주석자가 되라."
- ◆ 여현경에게는 "도표와 기호로 하늘의 이치를 사람들에게 전달하라."
- ◆ 하경담에게는 "사람의 삶 속에서 명리의 답을 찾고, 사례로 가르치라."

이후 그는 사흘간 거의 식음을 끊고, 네 번째 날 새벽 조용히 눈을 감았다. 제자들은 자심암 뒷산에 그를 안장하고 '자평진사(子平眞士)'라는 비문을 새긴 비석을 세웠다.

4. 사후 평가와 영향력의 확산

심효첨이 세상을 떠난 뒤, 그의 명성과 저술은 점차 확산되었다. 양주를 비롯한 강남 지역의 학자들은 그를 '명리의 마지막 성인(命理之末聖)'이라 불렀고, 제자들은 각 지역으로 퍼져 자평학의 새로운 계보를 형성하게 되었다.

특히 청말의 학자 사기영(史基英)은 다음과 같은 평가를 남겼다.

"명리학은 서자평이 창시하였고, 위천리가 정리하였으며, 심효첨이 완성하였다."

이는 그가 단순한 해석자가 아니라 사주명리학의 최종 체계화자로서 자리매김했음을 의미한다.

제10장 《자평진전》의 구성과 주요 사상 해설

《자평진전(子平眞詮)》은 단순한 명리 이론서가 아니라, 사주명리학의 철학적 완성과 체계적 정리의 결정판으로 평가받는다. 총 24권으로 구성된 이 저서는 상·중·하편과 부록으로 나뉘며, 각 권은 논리적 구조에 따라 정밀하게 설계되어 있다. 이 장에서는 그 구성과 주요 이론을 항목별로 해설한다.

1. 전체 구성 체계

구분	내용 요약
상편 (1~8권)	사주의 이론적 기초 – 음양, 오행, 천간지지, 육친, 십신론 등
중편 (9~16권)	격국론, 용신론, 대운·세운 해석, 조후론, 기세론 등 실전 응용
하편 (17~22권)	실제 사례 분석 600례 – 역사 인물, 실재 인물의 사주 분석
부록 (23~24권)	문답록, 도해집, 명리십요, 운기론, 명리 도해 도표 등

2. 핵심 이론 정리

◆ 격국 정리의 정밀화

기존 명리서들에서 난해하게 여겨졌던 격국 체계를 다음과 같이 명료화하였다.

- ◆ 정격(正格): 세부적으로 12종의 격을 제시하며, 월령과 일간의 기세를 기준으로 판단.
- ◆ 종격(從格): 종강, 종아, 종재, 종살 등 네 유형을 구분하여 해석 기준 제시.
- ◆ 변격(變格): 격이 불명확하거나 극단적 구성이 섞인 경우, '기세 중심 해석' 도입.

그리고 다음과 같이 말하였다.
"격은 기(氣)의 방향이요, 용은 기의 작용처이다."

심효첨은 격국을 단지 틀로 보지 않고, 자연의 기운 흐름을 파악하는 핵심 단서로 간주하였다.

◈ 용신 삼중 구조론
'용신(用神)' 개념을 보다 체계적으로 정리하여 다음 세 단계로 나눴다.

- ◆ 원용(元用): 기본 용신 – 사주의 기세를 판단하여 중심이 되는 오행.
- ◆ 조용(調用): 조후 조절 – 월령에 따라 필요한 조화의 오행.
- ◆ 사용(事用): 실제 사건, 시기 분석에 따라 필요로 하는 보조 오행.

이 삼중 구조는 단일 용신 중심의 기존 자평학을 다층적 해석 체계로 발전시킨 결과였다.

◈ 십신론의 심화
십신(비견, 겁재, 식신, 상관, 편재, 정재, 편관, 정관, 편인, 정인)을 단순히 관계 개념이 아닌 심리적 원형(archetype)으로 재해석하였다. 예를 들어,

- ◆ 식신(食神): 표현, 창조, 자율성 → 예술가·자영업자에게 적합.
- ◆ 편관(偏官): 압박, 도전, 비표준 → 무장, 실무형 지도자에게 중요.
- ◆ 정인(正印): 보호, 수용, 정신성 → 교육자, 종교인에게 필요.

그리고 심효첨은 다음과 같이 요약했다.
"십신은 외부 환경이 아니라 내면 의식의 반영이다."
이러한 분석은 현대 심리학적 명리학의 기초로 평가받는다.

3. 도해와 정표(精表)
《자평진전》은 다수의 도해와 표(표준도표)를 통해 추상적 이론을 시각화하였다.

◈ 주요 도표
 ◆ 오행 조후표: 월령과 일간 기준의 오행 균형표.
 ◆ 격국 유무 판별도: 격 성립 여부를 체크하는 조건 정리표.
 ◆ 운기 변화도: 대운 흐름과 세운의 충극 흐름을 도식화.
 ◆ 신살 총람표: 36종 신살과 해석 원리 일람.

이러한 도해는 제자들과 후대 연구자들에게 실무 적용에서 탁월한 길잡이가 되었으며, 이후 조선, 일본 명리학에서 활발히 인용되었다.

4. 실례 중심의 하편(下篇)

17~22권에는 600명의 실전 사례가 수록되어 있다. 이 중에는 실제 제왕, 문신, 승려, 상인, 농민, 무인, 여성, 기생 등 다양한 계층의 인물들이 포함된다.

사례의 해석은 단순 길흉 판정이 아닌, 다음과 같은 구성으로 체계화되어 있다.

◈ 사주 원국 → 기세 판단 → 격국 및 용신 판별 → 대운 흐름 → 사건 및 삶의 전개 → 실증 분석
◈ 예시: 사례 247호 – 명나라 문신 모공(毛公)의 사주
 ◆ 일간 강왕, 종약격 성립, 편관 용신.
 ◆ 대운 중 3운에서 편관과 합작.
 ◆ 사직상소 이후 귀양, 그러나 후일 재등용 → "강한 자의 겸손이 운을 열었다"는 철학적 해석 덧붙임.

이러한 분석은 단순히 길흉 판단을 넘어, 인생 전개와 그 의미까지 통찰하는 형식으로, 자평학을 인문학적 경지로 승화시킨 실례이다.

5. 《명리십요(命理十要)》: 핵심 요결 정리

부록에 포함된 이 문서는 심효첨이 후학을 위해 정리한 명리학 핵심 열 가지 원리로 구성된다. 요약하면 다음과 같다.

	항목	요점
1	천간의 생극제화 (天干生剋制化)	• 천간의 상생·상극·제화 관계를 우선 관찰. • 일간(日干)을 중심으로 생조(도와줌), 극제(억제함), 화합(변화)을 파악하여 기운의 흐름을 읽음.
2	지지의 생극제화 (地支生剋制化)	• 지지는 천간보다 은밀히 작용하므로, 지지 삼합·육합·형충·파해·원진 등을 세밀히 살핌. • 계절·월령과 맞물린 힘의 강약을 우선 판단.
3	천간과 지지의 통관(通關)	• 천간과 지지의 상생·상극이 원활히 이어지도록 매개 역할을 하는 오행이 있는지 확인. • 통관이 없으면 상극이 심하고, 통관이 있으면 기운이 순화됨
4	월령(月令)의 주도성	• 월지가 사주의 기세를 주도하므로, 월령이 어떤 오행이고, 그 계절에 따라 일간의 강약이 어떻게 달라지는지를 봄. • 이를 바탕으로 용신(用神)을 결정.
5	일간(日干)의 강약	• 일간이 지나치게 강하거나 약하면 균형을 위해 서로 다른 용신을 취함. • 강하면 설기·제극(泄氣·制剋), 약하면 생조(生助)로 보완.
6	용신(用神)의 확정	• 일간의 강약, 월령, 생극제화 관계를 종합하여 용신을 선택. • 용신 선정이 명리 해석의 핵심이며, 오판 시 전체 판단이 틀어짐.
7	희신·기신의 분별	• 용신을 돕는 오행을 '희신(喜神)', 용신을 해치는 오행을 '기신(忌神)'이라 함. • 대운·세운에서 희신이 오면 길하고, 기신이 오면 흉.
8	격국(格局)의 성패 판정	• 사주의 격국이 성립했는지, 파격인지 판단. • 성격(成格)이면 격의 용신을 쓰고, 파격이면 변격(變格)의 용신을 씀.
9	운세의 배합(大運·流年)	• 사주 원국과 대운·세운의 관계를 본다. • 원국의 부족한 오행이 운에서 채워지면 길, 반대면 흉.
10	신살(神煞)의 참작	• 장생·역마·홍염·괴강 등 잡기신살은 보조 참고. • 신살은 주가 아니라 보조적 판단 요소로 사용.

이 십요는 《자평진전》의 요약이자 실용 지침으로, 후대에서 따로 발췌되어 교육 자료로 쓰이기도 했다.

6. 《자평진전》의 의의

《자평진전》은 단순한 명리서가 아니다. 이는 다음과 같은 측면에서 특별하다.

- ◆ 이론의 종합성: 기존 자평학 이론을 집대성하면서도 비판적 정리.
- ◆ 철학의 내포: 성리학, 도가, 불교 사상이 자연스럽게 스며든 구조.
- ◆ 사례의 방대성: 단일 저서로서 가장 많은 사례 수록.
- ◆ 실전 응용력: 도표와 구체적 분석을 통한 실무 적합성 확보.
- ◆ 윤리적 지향성: 사주 해석의 목적이 '인도와 조화'에 있음을 강조.

제11장 후세에 끼친 영향과 평가: 현대 명리학의 뿌리

1. 청말 이후의 전승과 학파 형성

심효첨 사후, 그의 저술과 학문은 제자들에 의해 전해졌다. 특히 진소운, 여현경, 하경담 세 제자는 각기 다른 방식으로 《자평진전》의 정신을 계승하였다.

- ◆ 진소운은 《자평진전보주(補註)》를 편찬하며 원문의 주석과 해설을 정리해 교과서적 명리학서로 만들었다.
- ◆ 여현경은 도해와 조후표 중심의 실무 체계화를 시도하여, 강남과 절강 일대의 명리 실용가들 사이에서 '조후학파'를 형성하였다.
- ◆ 하경담은 실제 인생 사례를 중심으로 해석한 《실해록》을 통해, 관상학과 결합한 명리해석을 발전시켰다.

이들은 '진전학파(眞詮學派)'라 불리는 명리 계보를 이루었으며, 19세기 청말~중화민국 초기에 이르기까지 심효첨의 사상을 전승하였다.

2. 조선 명리학에 끼친 영향

조선 말기 실학자 및 유학자들은 중국에서 《자평진전》 사본을 입수하여 연구하였다. 이 중에서도 서유구(徐有榘), 이정관(李廷寬) 등의 학자는 이를 기반으로 사주 명리학을 실학 중심 체계로 정리하였으며, 《토정비결》에 일부 이론이 반영되었을 가능성도 제기된다.

《자평진전》은 특히 다음과 같은 방식으로 조선 명리학에 영향을 주었다.

- ◆ 격국론을 폐지하고 기세 중심 해석 도입.
- ◆ 대운의 흐름을 심리적 전환기로 이해.
- ◆ 십신의 기능을 사회적 역할과 심리적 기질로 연결.

또한 일부 승려, 도사 계열에서도 《자평진전》을 독송하며 천문·명리·산법을 통합하는 방식으로 재해석하였다. 이는 도교적 명리학의 발전에도 간접적으로 기여하였다.

3. 일본과 대만의 전파 및 번역

19세기 말 일본에서는 《자평진전》이 《시헤이신센(子平眞詮新撰)》이라는 제목으로 번역되어 유통되었다. 명치 시대 명리학자 이시카와 타쿠지(石川拓司)는 《진전상해(眞詮詳解)》를 저술하면서 심효첨을 '중국 명리학의 완성자'라 평했다.

대만에서는 청말~일제강점기를 거치며 한문본이 유통되었고, 도교 및 민간 철학계에 깊은 영향을 끼쳤다. 오늘날에도 대만 명리학계에서는 《자평진전》이 고전 중 '三大宝典' 중 하나로 간주된다. (나머지 두 책은 《연해자평》, 《적천수》)

4. 현대 명리학자들의 평가

오늘날 중화권과 한국, 일본의 다수 명리학자들은 심효첨과 《자평진전》을 다음과 같이 평가하고 있다.

- ◈ 중국 본토
    - ◆ 나중화(羅中和): "서자평 이후 가장 체계적인 학자. 용신론의 삼중구조는 그의 최대 공헌."
    - ◆ 장견(張堅): "명리학을 심리학과 철학으로 끌어올린 유일한 고대 학자."
- ◈ 대한민국
    - ◆ 한명기(韓明基): "한국 명리학의 이론적 기초는 심효첨에게서 비롯되었다."

정격과 종격 구분, 조후 중심의 대운 판단 모두《자평진전》에서 정리되었다."
- ◆ 이도형(李道衡): "《자평진전》을 읽지 않고 명리를 논한다는 것은,《논어》없이 유학을 논하는 것과 같다."
◈ 일본
- ◆ 와타나베 신이치로(渡辺眞一郞): "이론·실전·철학을 모두 갖춘 명리학의 교과서적 저서. 오행 도표와 용신 구분 체계는 일본식 사주에서도 여전히 핵심 구조로 쓰인다."

5. 철학적 영향

심효첨의 사상은 단순히 운명학에 머물지 않고, 철학사적으로도 의의를 가진다. 그는 유학, 불가, 도가의 사유 체계를 사주에 융합하였으며, 인간 존재의 구조와 행위, 선택과 변화의 문제를 사주라는 언어로 해석하였다.

- ◆ 존재론적 사유: 일간과 오행의 구조를 통해 존재의 본질을 규명.
- ◆ 변화론적 사유: 운기와 대운의 흐름을 통해 변화와 적응의 원리 탐색.
- ◆ 윤리론적 사유: 해석자는 반드시 인도자이며, 사주를 통해 타인의 삶을 인도해야 한다는 책임 의식.

이러한 측면은 현대의 상담학, 코칭, 심리명리 분야에서도 매우 중요한 이론적 자산이 되고 있다.

6. 심효첨의 최종 평가

심효첨은 자평학을 하나의 종교처럼 신봉하지 않았다. 그는 그 이론을 정제하고, 오류를 제거하며, 철학적 깊이를 더해 명리학의 진면목을 세상에 알리고자 했다. 그의 진정한 가치는 다음 다섯 가지로 요약될 수 있다.

핵심 기여	설명
1. 이론적 정제	용신론, 격국론, 십신 체계를 논리적으로 정비
2. 실전 적용	수천 건의 사례 분석을 통한 실무 강화
3. 철학적 내면화	명리학을 인간학, 존재론으로 확장
4. 후학 양성	윤리적 교육과 제자 문하의 확산
5. 국제적 전승	조선·일본·대만에까지 영향을 미친 고전의 전파

그는 말년에 이렇게 적었다.

"나는 단지 하나의 길을 닦았을 뿐이다. 그 길을 누가 걸을지는 하늘과 사람의 몫이다."

그가 닦은 길은 지금도 수많은 사람의 손에 들린 사주팔자 속에서 조용히 숨 쉬고 있다.

그리고 《자평진전》이라는 경전은 지금 이 순간에도 운명과 철학, 삶과 인간성의 교차로에서 새로운 의미를 낳고 있다.

학문 정진 삽화

■ 심효첨 선생 연보 沈孝瞻 年譜

연도 (서기)	건륭제 연간	연령	생애 주요 사건
1719년	–	0세	강남 양주(揚州)에서 출생. 자는 경명(敬明), 호는 자지옹(紫芝翁). 명문 유학자 집안에서 태어남.
1729년	–	10세	《논어》, 《중용》, 《주역》에 능통. 천간지지, 오행 등의 기초 역리 교육 시작.
1735년	–	16세	강남 일대의 역학 고수들에게서 명리학 수학. 《연해자평》, 《적천수》 독파. 자평학에 입문.
1739년	4년	20세	과거시험 향시에 장원 합격. 북경 회시 진사 급제. 예문관 감수관으로 발탁됨.
1742년	7년	23세	남직례 주부로 부임. 지방행정 중 사주 사례 수집 시작. 기초 명리 기록 축적.
1746년	11년	27세	내각학사 장조의 천거로 황실 문고 감수 관직으로 이동. 운명학 논고 상주.
1751년	16년	32세	황제의 질문에 명리학의 철학적 의미를 천명. 명리–성리 통합 구상 시작.
1755년	20년	36세	병으로 사직 후 고향 양주로 귀향. 《자평진전》 집필 시작. 사주천례 1천여 사례 정리.
1762년	27년	43세	양주에 자지재(紫芝齋) 설립. 명리학과 성리학 병강. 제자 진소운, 여현경, 하경담 문하.
1765년	30년	46세	《자평진전》 상편 8권 완성. 음양오행, 십신론, 격국 체계 정립.
1768년	33년	49세	《자평진전》 중편 8권 완성. 용신 삼중법, 대운 세운 해석법, 조후론 체계화.
1772년	37년	53세	《자평진전》 하편 6권 완성. 600여 실제 사례 수록. 문답록, 도표 삽입 시작.
1776년	41년	57세	《자평진전》 전24권 완성. 정고본 원고 편집 및 도해 정리. 사본 필사 시작.
1780년	45년	61세	명리십요 정리. 《자평진전》 완전 정본 간행. 후학에게 전수 시작.
1785년	50년	66세	자지재 후계 운영을 제자들에게 넘기고, 호구산 자심암(紫心庵)으로 은거. 명상과 정리.
1789년	54년	70세	병환 중 제자 소집. 《자평진전》 필사본 분서. 유언 남기고 평화롭게 입적.
1790년	55년	–	제자들에 의해 자심암 뒷산에 안장됨. 묘비명: "子平眞士". 명리 진법의 완성자.

적천수천미(滴天髓闡微) 임철초(任鐵樵) (1773~1840)

제1장 시대적 배경과 가계의 뿌리

1. 시대적 배경과 운명 사상의 필요성

18세기 후반에서 19세기 전반, 청나라 제국은 겉으로는 태평성대를 누리는 듯 보였으나 내면은 이미 균열과 혼란이 도사리고 있었다. 건륭(乾隆)의 장기 집권과 화려한 문화적 성취는 제국의 정점처럼 보였지만, 사실상 사회는 부패와 불평등으로 잠식되어 있었고, 민중들은 삶의 불안을 안고 살아가야 했다.

당시 중국은 외견상 안정기를 구가했으나, 사실상 청조 사회 내부에는 심각한 모순이 축적되고 있었다. 강남 지역의 경제는 발달했으나 빈부격차는 심화되었고, 관리들의 부정부패는 극심했으며, 사회 하층민의 삶은 고단했다. 민중들은 현실의 고통을 극복하기 위해 운명론과 술수를 의지하곤 했다.

이러한 격동의 세기 속에서 태어난 인물이 바로 임철초(任鐵樵, 1773~1840)였다. 그의 이름은 중국 명리학사(命理學史)에서 한 획을 긋는 이름으로 남아 있다. 그는 평생을 통해 인간의 운명이라는 주제를 천착하였고, 단순한 길흉예측이나 미신적 해석이 아닌, 철학적·실천적 차원에서 운명을 탐구하였다. 그의 업적 가운데 가장 중요한 것은 바로 《적천수천미(滴天髓闡微)》의 저술이었다.

2. 임씨 가문: 강남(江南)의 문풍을 잇다

임철초는 강남(江南) 지역, 특히 오늘날의 장쑤(江蘇) 혹은 저장(浙江) 지역으로 추정되는 곳에서 태어났다. 강남은 수세기 동안 중국 학문과 예술, 정치의 중심지였고, 유가의 본류를 계승한 대가문들이 밀집한 곳이었다.

임씨 가문은 수대에 걸쳐 서원(書院)을 운영하던 유학자 집안이었으며, 고문(古文)을 숭상하고, 주자학을 중심으로 한 심성론(心性論)을 전수받고 있었다. 어린 시절의 임철초는 전통적 경서 위주의 수학을 받았으며,《논어》,《맹자》,《중용》,《대학》등을 암송하고 주자의《사서집주》를 바탕으로 논리적 사유를 익혔다.

그러나 그의 집안은 단지 유학적 전통에만 머물지 않았다. 조부와 숙부는 도교적 도참서(圖讖書)와 불가의 선종 경전에도 밝았으며, 밤에는 태을신수, 귀곡비결, 삼명통회와 같은 민간 역서들을 연구하며 운세 풀이를 곁들이는 습관을 지니고 있었다.

임철초는 바로 이러한 유·불·도·역을 융합한 분위기 속에서 자랐고, 그 융합적인 사유가 훗날《적천수천미》에 반영되는 깊은 통찰의 기반이 되었다.

3. 유년기: 어둠 속에서 별을 보다

임철초의 유년기는 단조롭지 않았다. 그는 다섯 살 무렵에 어머니를 여의었고, 이후 외가에서 일정 기간 양육되었다. 외가는 도교 계통의 무학(巫學)을 실천하던 집안이었고, 할머니는 매일 아침 향을 피우고 천문을 관측하며 기운의 변화를 예측하는 일에 능숙했다.

이 무렵 임철초는 별자리를 관찰하며 자연에 대한 감수성을 키웠다. 특히 북두칠성의 움직임과 절기 변화에 민감하게 반응했으며, 할머니의 입을 통해 '천도지리(天道地理)'의 의미를 자연스럽게 내면화하였다.

7세에는 아버지에게 다시 돌아와 한학 사숙(私塾)에 들어갔다. 그는 경서보다는 산가지와 주역에 더 흥미를 보였고, 일찍부터 명리학 서적을 접하기 시작하였다. 10세 무렵에는 이미《황극경세서》의 일부 문장을 읊을 줄 알았고, "태극이 음양을 낳는다"는 원리를 논할 수 있었던 영특한 소년이었다.

4. 젊은 날의 갈등: 유학의 틀과 명리학의 갈림길

그가 14세가 되던 해, 부친은 그에게 과거 응시를 권유했다. 그러나 임철초는 유가의 공문(科擧) 체계에 염증을 느꼈다. 당대의 유학은 형식화되어 있었고, 실제 세상의 문제를 해결해줄 만한 힘이 없다고 판단했기 때문이다.

그는 비밀스럽게《연해자평》,《자평진전》,《적천수》등을 독학하였으며, 특히 유백온의 《적천수》에 깊이 매료되었다. 그러나 그는 《적천수》 속에는 '오묘한 핵심이 숨겨져 있다'는 확신을 가지게 되었다. 이에 따라 단순한 독해를 넘어서, 그 의미를 체계적으로 해석하고자 하는 욕망이 싹텄다.

그는 16세 무렵, 집을 떠나 전국을 유람하며 역학 스승을 찾아 나서게 된다. 이때가 바로 임철초 인생의 두 번째 전환점이며, 본격적인 명리학 구도의 여정의 시작이었다.

5. 가계 전승과 명문 가학(家學)의 집대성자

임철초는 비록 명문 집안에서 태어났지만, 관직이나 과거보다 심층적이고 실천적인 철학적 통찰을 중시했다. 그는 스스로를 "세속의 틀을 떠나 하늘과 지상의 이치를 잇는 자"라 자처하며, 오직 《주역》과 《적천수》, 그리고 자평학파의 논리적 정수를 현대적으로 해석하는 일에 일생을 바쳤다.

그의 삶은 결코 풍족하거나 널리 이름을 알린 것은 아니었다. 오히려 은둔과 고독, 탐구와 사유의 연속이었고, 그러한 고통의 누적 위에 《적천수천미》라는 결정판이 만들어졌다.

제2장 역학에 대한 각성과 첫 번째 전환점

1. 유랑의 시작: 명리학 스승을 찾아 떠나다

임철초는 16세 무렵, 세상의 속박을 벗어나 이치를 온전히 꿰뚫을 수 있는 참스승을 찾기 위해 가출에 가까운 유랑을 시작하였다. 그는 가족에게는 "서경(西京) 친척을 방문하겠다"고 둘러대고, 실제로는 운남성(雲南省) 일대의 고산 지대로 향했다. 이곳은 당대에도 은거한 도사(道士)들과 고승들이 많이 머무르던 곳으로, 명리학뿐 아니라 천문, 지리, 의술, 수신(修身)의 실천자들이 조용히 수행을 이어가던 터전이었다.

그는 약 2년에 걸쳐 수많은 점술사, 주역가, 도가 문인들을 방문하였다. 하지만 그 대부분은 《적천수》의 문장을 암송하는 수준에 머물거나, 관상과 잡술 위주의 실전 해석에 편중되어 있었다. 그러한 인물들 속에서 임철초는 날카로운 실망을 감추지 못했고, 자신이 찾는 "심오한 하늘의 뜻"에 다가서지 못했다.

2. 모현 노사(暮賢老士)와의 만남

전환점은 운남의 작은 도사촌(道士村)에서 이루어졌다. 그곳에서 그는 백발의 노인을 만나게 되는데, 후대 기록에서는 그를 모현노사(暮賢老士)라 부른다. 노사는 세간과 완전히 단절된 채, 하루에 네 차례 천문을 살피고, 절기 변화에 따라 오행의 기운을 기록하며, 음양의 교차에 따른 인간 운명의 미세한 변동을 기록하고 있었다.

노사는 임철초에게 '지지문(地支門)의 비밀'이라 불리는 특수한 지지 분석법을 전수하였다. 이는 십이지지(十二地支)의 순환 속에서 천간과의 상호 작용이 어떻게 변화를 일으키는지를 해석하는 심층 기법이었다. 또한 그는 "기세의 변화는 일간이 아닌 오행의 파동 속에 있다"는 가르침을 반복하였다.

이 시기의 수련은 임철초에게 단순한 명리 해석을 넘어, 천지간의 리듬을 읽는 법, 자연을 보는 눈을 길러주는 계기가 되었으며, 이후 《적천수천미》를 저술할 때 핵심 철학의 기반이 되었다.

3. 《적천수》와의 재회: 깊은 구절의 숨은 뜻

임철초는 운남에서 3년을 머문 뒤 강소(江蘇)로 돌아오며 다시 《적천수》를 펼쳤다. 그러나 이번엔 단순한 해석이 아닌, 그 속의 "은폐된 핵심"을 찾는 자세로 접근하였다.

그는 유백온이 쓴 구절 중 다음과 같은 문장을 반복하여 탐독하였다.

"天道虛而不實, 人命隱而不明."
"천도는 허하며 부실하고, 사람의 명은 숨어 있으며 불명이다."

임철초는 이 구절에서 '허(虛)'와 '은(隱)'이라는 단어에 주목하였다. 이는 "명리학의 진정한 이치는 드러난 겉이 아니라, 숨어 있는 구조 속에 있다"는 의미로 해석되었다. 그는 이때부터 본격적으로 명리학의 형식적 틀과 내용 사이의 괴리, 즉 '형

(形)'과 '신(神)'의 문제에 천착하게 된다.

《적천수》의 내용 중에는 단지 격국(格局)이나 용신(用神)을 설명하는 데 그치지 않고, '기세(氣勢)'와 '취기(取氣)'라는 표현이 등장하는데, 이는 당시 대다수 학자들이 쉽게 넘기거나 기피하던 부분이었다. 임철초는 바로 이 난해하고 오묘한 구절들을 중심으로 다시 구성된 해석 체계를 만들기로 결심한다.

4. 오행이 아닌 오성(五性)의 탐색

명리학의 근간은 오행이다. 그러나 임철초는 오행(五行)의 기계적 적용에 한계를 느꼈고, 이를 넘어선 개념으로서 오성(五性)이라는 사고 틀을 형성하였다.

그는 각 오행이 단순한 생극제화의 순환을 넘어서, 그 자체로 인간 내면의 성향, 본성, 감정, 직관을 나타낸다고 주장하였다. 예를 들면 다음과 같다.

◆ 木은 단순히 생(生)을 의미하는 것이 아니라, 성장과 이상주의적 본성을 상징.
◆ 火는 단순한 극(剋)이 아닌, 열정, 직관, 그리고 예술성.
◆ 土는 안정성과 조화, 혹은 자기중심성.
◆ 金은 날카로움과 판단력, 동시에 차가운 객관성.
◆ 水는 유동성과 지혜, 그리고 감정의 깊이.

이러한 인간 내면의 5가지 심리유형은 임철초가 제시한 《적천수천미》 해석 체계에서 중요한 전환점이 된다. 그는 이를 통해 단순히 운명이나 길흉을 논하기보다, 인간의 기질, 선택, 도덕적 함의까지 통합적으로 조망하려 하였다.

5. 첫 필사본 《천미초집(闡微初集)》의 완성

임철초는 28세 무렵, 《적천수》의 구절들을 주해한 자신의 필사본을 정리하게 되는데, 이 초고의 이름은 《천미초집》이었다. 이는 나중에 정리되어 완전판 《적천수천미》가 되었다.

이 초집에서는 문답 형식이 일부 시도되었고, 본문 속에 간결한 구절과 더불어 실제 명조 사례, 격국의 형성 및 붕괴 사례 등이 포함되었다. 특히 "진격(眞格)은 음양이 통하고, 허격(虛格)은 기세만 드높다"는 식의 심오한 문장들이 등장하여, 단순한 이론서가 아닌 철학적 해석서로서의 성격이 드러났다.

당대의 일부 문인들이 이 초집을 열람하고 크게 감명을 받았으며, 후일 진소암과 위천리 같은 인물들이 이 초고를 통해 임철초에게 입문하게 된다.

6. 일생을 건 과제: 《적천수천미》로의 정진

이 무렵부터 임철초는 자신이 걸어야 할 길이 단순한 해석이 아니라, 명리학 전반의 재해석과 철학적 체계화라는 확신을 가지게 된다. 그는 《적천수》를 "오행의 성경"이라 부르며, 그 속에 담긴 '심오한 진리'를 밝히는 것은 자신의 사명이라 여겼다.

그는 하루도 빠짐없이 천문을 관측하고, 실제 사례를 수집하며, 자연과 인간의 기운 변화에 주목했다. 《주역》과 함께 《황극경세서》, 《연해자평》, 도가 경전인 《태상감응편》 등도 병행하여 연구하면서, 자신의 이론에 철학적 깊이를 부여했다.

제3장 《적천수》의 비밀과 그것을 넘어서려는 열망

1. 《적천수》, 하나의 경전으로 읽다

《적천수》는 유백온(劉伯溫)의 역작으로, 명리학의 핵심 정수들을 매우 함축적이고 상징적인 문장으로 압축해낸 걸작이다. 그러나 그 내용은 결코 직설적이지 않고, 고도의 비유와 암시로 이루어져 있어 후학들에게는 해석의 난제를 남겼다. 임철초는 이러한 《적천수》를 단순한 기술서가 아닌, 경전(經典)으로 간주하였다.

그는 유백온의 문장 속에 담긴 기묘한 배열, 한자 선택의 미묘한 차이, 문장의 길고 짧음 속에 '천의(天意)'를 암호처럼 새겨놓은 것이라고 판단하였다. 그의 시선은 단순한 격국, 용신 해석이 아니라, 문장 속 '침묵의 의미', 곧 무(無)와 허(虛)의 철학으로 향했다.

이를테면 다음과 같은 구절에 주목하였다.

"傷官生財, 福之門也
傷官見官, 禍之基也."

이 문장은 "상관이 재성을 생하면 복이고, 관성을 보면 화다"라는 매우 단순한 격언이다. 그러나 임철초는 여기에 숨어 있는 인간 행위와 결과의 인과, 그리고 심리적 욕망과 사회적 대립을 읽어내려 하였다. 이는 《적천수천미》 전반에 걸쳐 흐르는 "명리는 단순한 운세 판단이 아닌 인생 해석이다"라는 중심 철학으로 발전한다.

2. 《적천수》 해석의 난점과 비판적 재구성

임철초는 《적천수》가 위대한 저작임에도 불구하고, 다음과 같은 세 가지 한계를 지적하였다.

- ◆ 비유의 모호함: 동일한 문장이 상이한 방식으로 해석될 수 있는 다의성.
- ◆ 체계적 구조의 부재: 사례와 개념이 뒤섞여 있어 학문적 체계화가 어렵다.
- ◆ 심성론적 분석의 결핍: 인간의 내면, 감정, 선택의 동기가 분석되지 않음.

이에 따라 그는 단순한 주석이 아닌, 해체와 재조합, 비판적 주해, 그리고 철학적 보완이라는 입장에서 《적천수천미》를 구상하였다. 이것은 기존에 없던 전례였고, 일부 보수적인 유학자나 고전주의 명리가들은 그를 이단으로 취급하기도 했다.

그러나 임철초는 《적천수》를 무조건적인 숭배의 대상이 아니라, 생기 있는 해석과 발전의 대상으로 보았다.

3. '기세론(氣勢論)'의 탄생

그가 본격적으로 개발한 이론 중 가장 독창적인 것이 '기세론'이다. 이는 단순히 '일간과 오행'의 관계로 길흉을 판단하는 것이 아니라, 전체 명조에서 기세가 어디로 흐르고 어떻게 몰리는지를 분석하여 인생의 추동력과 방향성을 판단하는 방식이다.

그는 이를 다음과 같이 정리하였다.

◆ 格局은 형식이고,
◆ 用神은 지침이며,
◆ 氣勢는 생명이다.

기세는 시간의 변화, 지지의 통합성, 대운의 순행과 역행에 따라 부침(浮沈)하고, 그 흐름을 파악함으로써 '길흉화복'을 넘어, 인간이 어떤 선택을 하며 어디로 나아갈 것인지를 알 수 있다는 것이 임철초의 주장이다.

기세론은 《적천수천미》 전반에 녹아 있으며, 특히 다음의 명문장으로 요약된다.

"五行之中, 氣爲神也, 形爲器也, 氣不暢, 器不通。"
"오행의 안에서 기는 신이며, 형은 그릇이다. 기가 순조롭지 않으면 그릇도 쓰이지 못한다."

4. 문답체 주석이라는 새로운 형식의 도입

임철초는 《적천수천미》의 해석 방식을 기존의 '문장 → 주석' 방식이 아닌, 문답체(問答體) 형식으로 구성하였다. 이는 유학에서 《논어》, 불가에서 《금강경》 등의 고전이 자주 취했던 방식이며, 도가의 《장자》 또한 이 형식을 즐겨 사용하였다.

그는 독자에게 질문을 던진다.

問曰: 何謂格局?
答曰: 格局者, 非命之本, 而命之勢也。

이처럼 문답을 통해 이론을 풀어가는 방식은 독자가 단순히 수동적으로 문장을 해석하는 것을 넘어, 사고하도록 유도하였다. 이는 후에 원수산(袁樹珊), 위천리(韋千里) 등이 《명리대의》, 《명학강의》 등을 집필할 때도 이어지는 철초 학풍의 상징이 되었다.

5. 인간 중심의 명리 해석

임철초의 또 하나의 철학적 전환은 운명보다 인간을 중심에 둔 해석이었다. 그는 다음과 같이 주장하였다.

"命者, 因人而活
非人者, 命也不存."
"운명이란 사람으로 인해 살아 움직인다. 사람이 없다면 운명도 존재하지 않는다."

이러한 철학은 그가 명리학을 단순히 타고난 구조를 읽는 도구가 아닌, 사람이 자신의 내면과 선택을 자각하고, 운을 타고 넘는 도구로 사용하는 것이라 여겼음을 보여준다. 이는 《적천수천미》에서 용신과 희신을 찾는 과정에 있어서도, 단순한 오행적 기준이 아닌, 인간의 지향성과 태도를 함께 고려하게 하였다.

6. 초고의 탈고와 암암리 전파

임철초는 33세 무렵, 《적천수천미》의 초고를 정리하게 된다. 이 초고는 총 12권 분량으로 이루어져 있었으며, 다음과 같이 구성되었다.

◆ 제1권~3권: 《적천수》 원문과 재배열.
◆ 제4권~7권: 주석과 문답 해설.
◆ 제8권~10권: 실제 명조 해석 사례 108선.
◆ 제11권~12권: 기세론·형국론·심리론 등 보완.

이 책은 공식 출판이 아닌, 제자와 지식인 집단 내에서 필사로 전파되었다. 그는 서문에서 이렇게 썼다.

"此書非術也, 乃道也
讀之若尋術, 必迷."
"이 책은 기예가 아니라 도다. 그것을 기술로만 보려 한다면 반드시 길을 잃는다."

제4장 《적천수천미》의 저술 과정

1. 탈고까지 12년, 필생의 저작

임철초가 《적천수천미》 초고를 구상한 것은 약 28세 무렵이었지만, 정식으로 집필을 시작한 것은 31세부터였다. 그는 "하늘의 이치와 인간의 운명을 정밀하게 꿰뚫는 책은 단숨에 완성되지 않는다"고 말하며, 초고를 여러 차례 버리고 다시 쓰는 과정을 반복하였다.

이 과정은 정확히 12년이 걸렸으며, 그는 이를 "12지지의 순환처럼 오묘한 주기 속에서 숙성된 글"이라 불렀다. 그는 매일 천문을 관측하고, 다양한 명조를 수집·해석하면서, 매 구절마다 실제 사례와 철학적 사유를 병치하려 했다.

그는 매일 일정한 시간에 글을 쓰고, 일상에서 발생하는 기운의 변화를 노트처럼 적어두었으며, 주변 자연 현상과 인간사 속 사건들을 명조 이론과 연결시키는 작업에 몰두하였다.

2. 문체와 구어의 조화: 고문과 백화의 절묘한 배합

《적천수천미》는 고전적 문체를 기반으로 하면서도, 당대 사람들이 읽을 수 있도록 백화문체(口語文)와의 조화를 시도하였다. 이로 인해 후대 학자들은 《적천수천미》를 "하늘의 뜻을 땅의 언어로 풀어쓴 고전"이라 평했다.

그는 한 구절을 다음과 같이 쓰며 설명을 덧붙였다.

원문: "格不成者, 猶草木無根, 氣不聚者, 猶舟行無槳。"
주해: "格局이 성립되지 않으면 나무에 뿌리가 없듯 기초가 없고, 기세가 모이지 않으면 노 없이 배를 젓는 격이라."

이러한 설명 방식은 독자에게 시각적이고 감각적인 이해를 도우며, 추상적 명리 이론을 쉽게 받아들이게 하는 힘을 가졌다.

3. 구조적 특징: 전례 없는 심층 체계화

《적천수천미》는 다음과 같은 다섯 부분의 구성으로 되어 있었다.

◆ 경문부(經文部)

유백온의 《적천수》 원문을 재배열하고, 자신만의 해석 방식에 맞게 재분류하였다. 예를 들어, 격국론은 오행별로 나누고, 희용신은 사례 중심으로 재배치하였다.

◆ 문답부(問答部)

질문–답변 형식으로 구성된 이론 해석. 초심자부터 고급자까지 이해할 수 있도록 문장의 난이도를 조절하였다. 이 부분은 그의 제자들에 의해 가장 많이 인용되었다.

◆ 기세부(氣勢部)

임철초 고유의 이론이 정리된 부분으로, "형(形), 기(氣), 신(神)"이라는 3층 구조로 명조를 해석하였다.

- ◆ 形은 형식(格局),
- ◆ 氣는 기세(大運, 流年의 방향성),
- ◆ 神은 정신(人的 선택과 태도).

◆ 사례부(事例部)

그가 해석한 실제 명조 108례를 담았으며, 희용신과 대운 변화에 따른 인생 변천을 시간 순으로 기록하였다. 이 부분은 후세 학자들이 실전 명리 분석의 기준으로 삼은 '고전 명조 전범집'이 되었다.

◆ 통철부(通哲部)

명리 이론을 넘어서, 인간의 도(道), 윤리, 우주의 질서에 대한 사유를 정리하였다. 이는 일반 명리서에서 볼 수 없는 철학적 성찰의 장이었으며, '명리의 경계를 넘는 사유'로 평가받는다.

4. 핵심 개념 정리

《적천수천미》에는 다음과 같은 핵심 철학 개념들이 집중적으로 등장한다.

- ◆ 용신(用神): 단순히 힘이 되는 오행이 아닌, 명조 전체를 관통하는 '의미 중심'으로 재정의.
- ◆ 격국(格局): 형식이 아닌 구조적 에너지의 흐름으로 이해함.
- ◆ 기세(氣勢): 대운, 세운, 년운의 흐름 속에서 인간의 외부 조건을 파악.
- ◆ 조후(調候): 사주의 한·열·습·조를 바탕으로 한 생명 조건의 조율 이론.
- ◆ 신살론 폐지: 대부분의 신살(神煞)을 폐기하고, 오행 본원적 흐름에 집중.
- ◆ 형기신(形氣神) 통합: 사주팔자 안의 구조(形), 순환(氣), 인간 정신의 반응(神)을 통합적으로 이해.

5. 집필 당시의 어려움

집필 중 그는 몇 차례 시력의 저하, 심한 병환, 제자들의 죽음, 정치적 압박 등을 겪었다. 특히 37세 무렵, 아끼던 제자인 한운정(韓雲亭)이 억울한 옥사로 투옥되었을 때, 그는 며칠간 필을 들지 못했다고 한다. 그가 남긴 일기에는 다음과 같은 구절이 전해진다.

"此書非成於順境, 乃生於苦難。"
"이 책은 순탄한 삶에서가 아니라 고난 속에서 태어났다."

그는 자신이 겪은 개인적 아픔조차 운명이라는 틀 속에서 어떻게 발현되고 해석되는가를 깊이 관찰하며, 오히려 이를 사유의 원천으로 삼았다.

6. 비밀리에 제자들과 공유

《적천수천미》의 완성본은 출판되지 않고, 철저히 손필로 복사한 필사본으로만 유통되었다. 그는 이 책을 소장한 자는 반드시 직접 만나 사주 해석 능력을 확인한 뒤에만 필사본을 제공하였다. 그만큼 이 책을 "천의의 결정체이자 금지된 경전"으로 여긴 것이다.

그는 제자들에게 다음과 같은 조건을 걸었다.

- ◆ 이 책은 상업 목적으로 사용하지 말 것.
- ◆ 세속 정치와 연관 짓지 말 것.
- ◆ 명리학을 구복(求福)의 도구로 삼지 말 것.
- ◆ 반드시 기도·묵상과 함께 수련할 것.

7. 《적천수천미》의 명명(命名)

'천미(闡微)'라는 단어는 단순히 '미세한 것을 해설한다'는 의미를 넘는다. 여기에는 다음과 같은 철학적 함의가 숨어 있다.

- ◆ 闡: 드러낼 천(闡): 하늘의 숨겨진 이치를 드러낸다는 뜻.
- ◆ 微: 작을 미(微): 작고 보이지 않는 존재, 혹은 진정한 진리의 속성.

즉, 《적천수천미》는 '하늘의 미묘하고 심오한 진리를 밝히려는 책'이라는 의미를 갖는다. 그는 자신이 해석한 이 이치를 '적(滴)', 즉 물방울처럼 한 방울 한 방울 흘러내려, 세상에 적셔나간다는 뜻으로서 《적천수천미(滴天髓闡微)》라는 제목을 최종 확정했다.

제5장 도인道人의 길과 학문적 고립

1. 《적천수천미》 완성 이후의 삶

《적천수천미》를 완성한 뒤 임철초는 출세나 명성을 추구하지 않고, 강남의 외진 산촌으로 은거하였다. 이 지역은 장쑤성 남부, 태호(太湖) 인근의 깊은 산간으로, 자연환경이 수려하고 외부와의 접촉이 적은 곳이었다. 그는 이곳에 조용히 '연허정(硯虛亭)'이라는 정자를 짓고, 이후 30년 가까이 이곳에서 머물며 학문과 후학 지도에 전념하였다.

그의 정자는 북쪽은 산을 등지고, 남쪽은 하늘과 연못이 트인 형태로, 풍수적으로도 "산환수포(山環水抱)", 즉 산이 감싸고 물이 감싸는 절묘한 명당이었다. 정자 앞에는 항상 향을 피워두었으며, 방문객이 찾아오면 오히려 침묵으로 맞이하고 말없이 명조를 풀어주는 독특한 생활을 이어갔다.

2. 도가(道家) 사상과의 깊은 융합

은둔기 동안 임철초는 점점 더 도가적 사유 방식을 깊이 받아들이게 된다. 그는 특히《장자(莊子)》와《태상감응편(太上感應篇)》을 깊이 탐독하였으며, 인간의 삶을 천지운행 속의 작은 흐름으로 이해하였다.

그는 다음과 같이 말했다.

"命者, 非固有也
因道之行, 而變化不居."
"운명이란 고정된 것이 아니라, 도가 흐르는 방향에 따라 끊임없이 변화하는 것이다."

이러한 철학은 그가 명리학을 정해진 운명의 학문이 아니라, 변화의 가능성과 자각의 학문으로 이해하게 했고,《적천수천미》의 기세론과 신(神) 중심 해석 체계로 귀결되었다.

그는 매일 새벽에 명상을 하였고, 명조를 해석할 때는 먼저 '심법(心法)'을 정돈한 후 필을 들었다. 이는 단순한 이론적 연구가 아닌 수행과 실천을 통해 얻어진 명리 사상이었다.

3. 강남에서의 고독한 명성

비록 은둔하였지만, 임철초의 명성은 강남과 절강 일대의 지식인들 사이에서 비밀스럽게 퍼졌다. 그를 직접 만나기 위해 정자를 찾는 이들이 있었고, 그들은 대부분 명리학에 대한 깊은 질문을 가지고 있었다. 그러나 그는 누구에게나 문을 열지 않았다.

그는 조건 없이 사주를 봐주지 않았고, 다음과 같은 세 가지 조건을 제시했다.

◆ 명리학을 통해 권력이나 부를 얻고자 하지 말 것.
◆ 사주를 인생의 지침서로 삼되, 운명에 의존하지 말 것.
◆ 반드시 자신의 삶을 성찰하고, 그 안에서 '용신'을 찾아낼 것.

그의 문하에 들어간 이는 20명 내외였고, 이들은 대부분 학문적 탐구심이 깊은 유생이나 전직 관료, 혹은 도가 수행자들이었다. 이들은 그를 '천기지문(天機之門)'이라 부르며, 그 앞에서 오로지 배우는 자세로 임하였다.

4. 고립 속의 창조: 《천미별집(闡微別集)》의 편찬

임철초는 《적천수천미》를 정본으로 완성한 후에도 사유를 멈추지 않았다. 그는 후속 저작으로서 《천미별집》이라는 소논문 형식의 철학적 주해집을 편찬하였다. 이 별집은 다음과 같은 특징이 있었다.

◆ 《적천수천미》에 등장하는 핵심 개념 40개를 중심으로 해설.
◆ 예시 명조는 모두 당대 인물 혹은 가상 인물을 조합.
◆ 철학적 질문과 명리 해석 간의 교차 해설 방식 채택.

예컨대, '용신' 항목에서는 "용신은 사주를 풀기 위한 기호일 뿐인가, 아니면 인간의 내면 지향인가?"라는 질문을 던지고, 이에 대한 긴 철학적 논평을 덧붙였다.
이《천미별집》은 전면 공개되지 않았으며, 단지 세 명의 핵심 제자에게만 필사로 전수되었고, 훗날 일부 내용이 위천리의 《팔자제요》, 진소암의 《명리약언》 등에 인용되었다.

5. 정치와의 단절: 운명과의 화해

임철초는 평생 권력과 철저히 단절된 삶을 살았다. 청나라 초기에 한족 지식인들이 변발과 복종을 강요받던 시절, 그는 명나라 말기의 복식을 고수하고, 절대로 관직에 나아가지 않았다.
그는 역술을 정치적 예언이나 권력자의 입맛에 맞춘 도구로 사용하는 것을 철저히 배격하였다. 이러한 태도는 후에 정권에 의해 일부 비판을 받았지만, 민간에서는 오히려 '참된 도인'으로 추앙받는 계기가 되었다.
그는 아래와 같은 말을 남겼다.

"命之正者, 非為君也, 為民也。"
"운명의 진정한 해석은 군주를 위한 것이 아니라 백성을 위한 것이다."

이 말은 명리학의 민주화를 선포한 것이며, 당시로서는 대단히 급진적이고 철학적인 선언이었다.

6. '오행의 현자'로 불리게 된 이후

말년의 임철초는 점차 신화화되기 시작한다. 그의 제자들 사이에서는 그를 "오행의 현자(五行之賢)" 또는 "기세의 도인(氣勢道人)"으로 부르며, 생전의 발언이나 명조 해석을 기록한 문헌들을 서로 필사하며 공유하였다.
그의 일화 중 하나로 다음과 같은 일화가 전해진다.
한 부잣집에서 임철초에게 딸의 혼사를 묻자, 그는 딱 한 마디만 남겼다.

"癸水見庚金, 剋不成剋, 當避之。"
"계수(癸水)가 경금(庚金)을 보면 극이 되지 않으니, 피하라."

이 말을 듣고 혼사를 미루었는데, 몇 해 뒤 해당 상대가 대운에서 병화운을 맞아 가문이 급속히 몰락하였다. 이 일화는 그의 직관과 사주 해석 능력이 단순한 이론을 넘어섰음을 보여주는 사례로 회자된다.

제6장 제자 양성과 구도자의 여정

1. 정통은 법맥으로 이어진다

임철초는 《적천수천미》의 체계를 공식적으로 공개한 적은 없었지만, 그 핵심 사상과 해석법은 자신의 엄격한 제자 교육을 통해 전수되었다. 그는 단순히 책을 읽고 익히는 방식이 아닌, 직접적인 구술과 사례 분석, 명상과 자성(自省)을 병행하는 독특한 방식으로 제자를 양성했다.

그는 다음과 같은 가르침을 남겼다.

"命理非紙上得，乃神識通。"
"명리는 종이 위에서 얻는 것이 아니라, 정신으로 꿰뚫어야 하는 것이다."

즉, 문자에 갇힌 자는 결코 명리의 진수를 얻지 못하며, 사유와 체험 속에서 하늘의 뜻과 인간의 기운을 느끼는 자만이 용신의 참된 쓰임을 안다는 뜻이었다.

2. 대표적인 제자들

임철초의 문하에는 제자 및 학술적 교류가 있던 인물들이 20여명 있었으며, 그 중 특히 다음의 인물들이 거론되고 있다.

- 가인(嘉仁)
  《적천수변의(滴天髓闡義)》의 주석자이다. 원문을 해설하며 적천수의 오행논리를 명쾌하게 정리하였다.
- 서복명(徐福明)
  《용신론 정의》를 저술한 인물로, 임철초의 '용신 사상'을 체계화하여 송대 이후 발전되어온 명리학에서 용신학이 중심적 역할로 자리매김하는데 기여했다.
- 하기소(何其昭)
  - ◆ 도가 출신으로 도술과 명리의 접점을 연구하던 중 임철초 문하 입문.
  - ◆ 《형기신통법》이라는 필사본에서 형기신의 3단계 해석법을 정리.
  - ◆ 명조 분석에 도참적 요소를 최소화하며 순수 오행학 복원 시도.

3. 교육 방식의 특징

임철초는 제자 교육에 있어 매우 엄격하고 독특한 방식을 취했다. 다음은 그의 교육 방식의 특징이다.

- ◆ 1:1 대면 문답 교육: 고전 암송보다 문답을 통한 심리 유도 중심.
- ◆ 주역과 병행: 사주 분석 이전에 반드시 《주역》의 64괘를 익히게 함.
- ◆ 명상과 자각 강조: 매일 일정 시간 사주가 아닌 자기 자신을 관찰.
- ◆ 사례 중심 수업: 실제 인물의 명조를 통해 실전 감각 훈련.
- ◆ '맹해법(盲解法)': 사주만 보고 성별·직업·출신 등을 추정하도록 훈련.

이러한 방식은 단순한 명리 기술자 양성을 지양하고, 운명을 해석하는 '도인적 존재'로서의 학자를 길러내는 데 목적이 있었다.

4. 구도자적 삶의 전수

임철초는 제자들에게 철저히 구도자의 자세를 강조하였다. 그는 스승과 제자의 관계를 "천기(天機)를 나누는 연맹(聯盟)"이라 표현하였다. 또한 사주를 통해 '사람의 길'을 인도한다는 점에서, 명리가는 단순한 예언자가 아니라 '도심(道心)'을 잇는 자라는 사명을 가져야 한다고 가르쳤다.

그는 제자들에게 아래와 같이 세 가지 금기를 지시했다.

- ◆ 권력자 앞에서 운명을 말하지 말라.
- ◆ 사주로 타인을 조종하려 하지 말라.
- ◆ 자신의 명을 먼저 꿰뚫지 않고 남의 사주를 해석하지 말라.

이러한 철학은 그의 제자들에게 명리의 윤리성, 존재론적 책임감, 자기 내면에 대한 통찰을 강조하는 구도자의 길을 각인시켰다.

5. 법맥의 구성과 전수 문서

임철초는 자신이 가르친 핵심 제자 3인에게 다음과 같은 3종의 문서를 전수하였다.

- ◈《천미심법록(闡微心法錄)》
    - ◆ 사주 해석 시 반드시 고려해야 할 '심법'을 정리한 내전.
    - ◆ 내용: "마음으로 판단하지 않으면 실상은 없다"는 관점 중심.
    - ◆ 형기신의 통합 흐름과 감응의 법칙, 도인적 직관 강조.
- ◈《명례비기(命例秘記)》
    - ◆ 생전에 임철초가 직접 본 명조 300례의 간단한 분석 수첩.
    - ◆ 각 명조에는 날짜, 이름, 지역, 간단한 해설이 담겨 있음.
    - ◆ 제자들에게 전해지며 후기 명리학의 보물로 간주됨.
- ◈《사문규약(師門規約)》
    - ◆ 철초문(鐵樵門)의 7대 계율 및 윤리 원칙.
    - ◆ 타인의 삶을 해석할 때의 자세, 기밀 유지, 해석의 용도 제한 등을 규정.
    - ◆ '철초학파'의 철학적 기반이자 규율 문서.

이 문서들은 위천리·진소암·하기소 세 명이 각각 분담하여 보존하였고, 훗날 위천리의 제자인 범우현(范宇玄) 등을 통해 강서·산서 일대 명리계에 깊은 영향을 끼쳤다.

6. 후학의 확산과 민간 학풍의 형성

임철초 생전에는 그의 학풍이 비밀스럽게 전해졌지만, 사후 1세대 후학들에 의해 점차 민간으로 퍼져나가기 시작했다. 그의 문답체 형식은 이후 수많은 명리서적의 주해 방식에 영향을 주었고, 다음과 같은 방식이 흔해졌다.

- ◆ "問曰: ○○이란 무엇인가?"
- ◆ "答曰: ○○은 △△에 따라 달라지며, 그 근본은 ◇◇에 있다."

이러한 형식은 단순히 이론을 전달하는 것을 넘어서, 독자의 사고를 유도하고 깊은 통찰을 이끌어내는 방식으로 진화하였다. 특히 위천리의《팔자제요》는 철초의 문답형식을 거의 그대로 계승하였으며, 철초의 사상을 명문화하는 데 결정적 역할을 하였다.

또한 후대 학자들은 임철초의 문답체를 단순한 문학 형식이 아니라, 명리학의 '도법적(道法的)' 이해 방식이라고 평가하였다.

7. '하늘과 통하는 법맥'으로 기억되다

임철초가 형성한 학풍은 훗날 '철초문(鐵樵門)' 또는 '천미문(闡微門)'이라 불리게 된다. 이 문파는 단순한 명리 기술의 전수가 아닌, 도와 철학, 윤리와 천명, 인간의 자기 성찰을 기반으로 한 사유 체계로 평가받는다.

그는 생전에 다음과 같이 말하였다.

"學命者, 當知己命. 知己命者, 乃能達天命."
"운명을 배우는 자는 반드시 자기 운명을 먼저 알아야 하며, 자기 운명을 안 자만이 천명을 이룰 수 있다."

이는 오늘날까지도 명리학의 고전적 수련자들이 새겨듣는 금언으로 남아 있다.

제7장 후세에 끼친 영향과 학문적 논쟁

1. 명리학계에서《적천수천미》가 차지한 위상

《적천수천미》는 초창기에는 극소수의 제자들과 학자들 사이에서만 필사본으로 전해졌지만, 19세기 말엽 청나라 말기에 이르러 점차 명리학의 고전 중 하나로 공인되기 시작했다.

특히 다음의 네 가지 측면에서 임철초의 책은 획기적이었다.

- ◆《적천수》의 철학적 재해석.
- ◆ 명리학의 문답형 체계화.
- ◆ '기세' 중심의 사주 해석 패러다임 도입.
- ◆ 형기신(形氣神)의 통합 구조 정립.

이러한 혁신으로 인해《적천수천미》는 단순한 주석서 수준을 넘어, 명리학 전반의 패러다임을 바꾼 사상서로 평가받는다. 이는 훗날 명리학계에서 '철초 이전과 이후'라는 말이 회자되는 이유이기도 하다.

2. 제자들을 통한 이론의 확장

임철초의 제자들은 철초의 사상을 현대적인 문체로 정리하며 학문적 대중화를 이끌었다. 특히 철초의 3대 주제어를 다음과 같이 정리하였다.

- ◆ 格은 틀이 아니라 구조의 출발점이다.
- ◆ 用은 단순한 기운이 아니라 방향과 목적이다.
- ◆ 勢는 가장 중요한 흐름이며, 사주 전체의 생명력이다.

이러한 정리는 이후 여러 명리학자들에 의해 반복적으로 인용되며 중국 명리학 발전사에 기여함이 많았다.

3. 고전주의 학파와의 논쟁

그러나 철초의 사상은 당대와 후대의 보수적 유학 명리학자들로부터 비판받기도 했다. 특히 다음과 같은 주장들이 충돌의 핵심이었다.

- ◈ 비판 1:《적천수》의 과도한 재해석
  - ◆ 반대 측은 유백온이 이미 완성해놓은《적천수》에 대한 철초의 재해석이 '과도하게 상징을 부풀리고 철학화'했다고 지적했다.

◈ 비판 2: 기세론의 추상성
◆ 기세론이 너무 주관적이며, 누구나 기세를 다르게 해석할 수 있어 과학적·객관적 체계를 흐린다는 비판.

◈ 비판 3: 신살 폐기의 급진성
◆ 당대 명리학에서 중요하게 사용되던 '천을귀인', '공망', '홍염' 등 신살 체계를 철초가 폐기한 것을 전통 경전 부정행위로 간주.

이에 대해 철초의 학맥은 이렇게 반박하였다.

"神煞者, 陰之術也; 氣勢者, 天之道也。"
"신살은 음밀한 기술이고, 기세는 하늘의 도이다."

즉, 진정한 운명의 흐름은 기묘한 이름의 부가 요소가 아니라, 오행과 기운의 구조 속에서 자연스럽게 드러난다는 것이었다.

이 논쟁은 청대 후반까지 이어졌으며, 이후 일부 통합적 입장을 취한 학자들이 양측을 절충하려는 시도를 보이기도 했다.

4. 현대 명리학의 뿌리가 되다

20세기 초~중반, 근대 중국에서 활약한 명리학자 중 상당수는 직접적으로 혹은 간접적으로 임철초의 영향을 받았다. 특히 다음과 같은 계열에서 철초의 이론이 재조명되었다.

◆ 상해학파(上海學派): 실전 중심의 명리 해석을 강조하며, 기세론 도입.
◆ 하북 실증학파: 명조 데이터를 기반으로 철초의 격국 분류를 통계적 분석.
◆ 대만 전통파: 철초의 문답체와 오행심리학을 상담심리학과 결합.

또한 1970~1980년대 이후, 대만·홍콩·한국의 명리학자들 사이에서 《적천수천미》가 번역되고 재주석되면서, 철초학파의 명맥은 국제적으로 확산되기 시작했다. 한국의 경우도 조선 후기 성리학과 명리학이 통합되던 흐름 속에서 철초의 문답 형식은 심화 연구의 주요 방식으로 받아들여졌다. 현대 역학 교육 기관에서는 《적천수천미》를 《주역》, 《명리정종》과 함께 '3대 필독 고전'으로 지정하기도 한다.

5. 인공지능 명리 시스템에도 응용

21세기 이후, 인공지능과 빅데이터 기술이 명리학에 접목되면서, '기계적 명리 시스템'이 다수 개발되었다. 이 과정에서 《적천수천미》는 다층 구조적 해석 체계를 제공하는 고전으로 주목받았다.

특히 다음과 같은 점이 활용되었다.

- ◆ 문답체 구조 → 챗봇형 명리 상담 알고리즘 개발에 응용.
- ◆ 형기신 이론 → 사주 요소별 다중 인과관계 모델 구성.
- ◆ 기세론 → 타임라인 기반 대운 분석 시나리오 모델링.

이러한 방식은 철초가 생전에 추구했던 "사유하는 명리"라는 비전을 현대 기술이 재현하게 만드는 기반이 되었다.

6. 철초의 유산을 둘러싼 평가

오늘날 임철초에 대한 평가는 명리학자들 사이에서 다음과 같은 3대 키워드로 요약된다.

- ◆ "형(形)보다 기(氣)를 중시한 최초의 학자"
  격국·용신 중심 체계에서 벗어나, 흐름과 방향을 보는 눈을 제시.
- ◆ "명리를 철학과 윤리의 영역으로 확장한 사유가"
  도덕, 존재론, 인간 자각을 통해 운명을 단순한 점술에서 해방.
- ◆ "문답체 명리서의 정점"
  독자와의 문답 형식은 단지 형식이 아니라, 깊은 내적 통찰을 유도하는 방식.

7. 후세 학자들의 증언

다수 후대 역술가들이 그에 대해 이런 평가를 남겼다.

- ◉ 범우현(范宇玄): "적천수천미는 명리의 철학이며, 철초는 하늘의 대필자이다."
- ◉ 유진남(劉進南): "명리의 신살을 걷어내고 인간의 얼굴을 되돌려준 자."
- ◉ 한정우(韓正愚): "명리학을 심성학으로 승화시킨 유일한 존재"

제8장 노년기와 입적 전후의 기록

1. 강남 산간에서의 조용한 노년

임철초 선생은 60대 중반 이후, 건강이 점차 쇠약해졌으나 학문과 명리 연구는 멈추지 않았다. 강남의 외진 산간, 그가 지은 연허정(硯虛亭)은 더 이상 손님을 받지 않는 폐정(閉亭)이 되었고, 그는 매일같이 조용히 경서를 읽고 자연의 기운을 관조하는 삶을 살았다.

이 시기, 그는 다음과 같은 삶의 방식을 유지하였다.

- ◆ 새벽: 하늘 관측과 명상.
- ◆ 오전: 간단한 식사 후 《적천수천미》 필사 원고 수정.
- ◆ 오후: 제자들과 문답 교육 혹은 주역 괘상 도해.
- ◆ 해질 무렵: 정자 주변 소나무 숲 산책과 《노자》 독송.
- ◆ 밤: 인화(引和, 기운을 조율하는 호흡법) 수행과 침묵 명상.

그는 사람들과 거의 말을 나누지 않았고, 방문한 제자에게도 "말보다 기운으로 느껴라"고만 했다고 전해진다.

2. "하늘은 듣는다": 임종 직전의 말

임철초 선생은 60대 후반, 병환으로 몸이 쇠약해졌으나 여전히 정신은 맑았다고 한다. 어느 날, 그를 30년 넘게 모신 제자가 걱정 어린 눈으로 물었다.

"스승님, 인생은 결국 운명의 소용돌이입니까?"

이에 대해 그는 미소를 머금고 이렇게 답했다.

"命은 소용돌이 같지만, 人은 그 안에서 수면을 찾을 수 있다. 하늘은 항상 듣고 있다."

이 말은 그의 철학, 즉 운명은 고정된 것이 아니며, 인간의 자각과 도리에 따라 길이 열릴 수 있다는 핵심 사상을 다시금 상기시켰다.

그는 마지막까지 다음의 네 가지를 제자들에게 당부했다.

- ◆ 명리를 영달(榮達)의 수단으로 삼지 말 것.
- ◆《적천수천미》는 시대에 맞게 새롭게 해석할 것.
- ◆ 신살과 잡술에 매몰되지 말 것.
- ◆ 스승을 넘어서 스스로의 해석을 확립할 것.

3. 조용한 입적과 유언

입적은 음력 9월 9일 중양절, 하늘이 맑고 기운이 높게 솟은 날 이루어졌다. 그는 앉은 채로 조용히 숨을 거두었으며, 마치 좌선하던 중 잠든 듯한 평온한 모습이었다. 그의 앞에는 필사 중이던《천미별집》마지막 장이 놓여 있었다.

그의 마지막 유언은 간단한 글로 남겨졌다.

"氣通於天, 形歸於地, 神無處不在。"
"기운은 하늘로 통하고, 형체는 땅으로 돌아가며, 정신은 어디든 존재한다."

제자들은 이 말을 보고 눈물을 흘렸으며, 이를 수첩에 옮겨 필사하고 '철초 유훈'으로서 보존하였다.

4. 무덤과 사후 추모

그의 시신은 연허정 뒷산 소나무 숲 언덕에 묻혔다. 풍수적으로는 북쪽에 산,

남쪽에 물이 흐르는 배산임수(背山臨水)의 명당이었다. 제자들은 그를 위한 비석 하나 없이, 조용한 흙무덤을 남겼다.

이후 명리학계의 후학들은 그의 무덤을 가리켜 "오행이 머무는 곳"이라 불렀고, 매년 음력 9월 중양절이 되면 찾아와 기도를 올렸다.

그의 사후 30년이 지난 후, 몇몇 후학들은 그를 기리기 위해 '철초사(鐵樵祠)'라는 사당을 세웠고, 그 안에는《적천수천미》필사본과 유묵들이 보관되었다. 이 사당은 훗날 명리학자들의 순례 장소가 되었으며, 매년 봄과 가을 제사에는 중국 전역에서 학자들이 모였다.

5. 전설화된 인물

임철초 선생의 삶은 점차 신화적 전설로 탈바꿈하였다. 후대에서는 그가 생전에 다음과 같은 신비한 능력을 지녔다고 회자되었다.

◆ 새벽마다 북두칠성과 대화를 나누었다.
◆ 사람의 얼굴을 보지 않고도 사주를 말할 수 있었다.
◆ 어느 날은 1년 치의 대운 흐름을 단숨에 기록하였다.
◆ 그가 손에 쥐고 있던 죽간이 하늘로 날아올랐다는 설화.

물론 이는 신화적 과장이지만, 그의 통찰력, 사유의 깊이, 인간에 대한 직관적 이해가 얼마나 뛰어났는지를 반증하는 이야기들이다.

6. "오행의 현자(五行之賢)"로 추앙되다

사후 50년이 지난 청나라 말기, 명리학계에서는 그를 '오행의 현자(五行之賢)'로 공식 추존하였다. 이는 단순히 명리학에 정통했다는 의미를 넘어, 오행을 통해 천인합일(天人合一)의 철학을 구현한 존재로 받아들였음을 의미한다.

그의 이름은《명리학 통사》,《중국 명리 대계》등의 사료에 다음과 같이 기록되었다.

"林鐵樵者, 明理之宗匠也; 闡微之著, 猶聖經也。"
"임철초는 명리학의 종장이며, 《천미》의 저술은 경전과 같다."

제9장 《적천수천미》의 구성과 철학

1. 전체 구성 개요

《적천수천미》는 단순한 해설서나 주석서가 아니다. 이 책은 '명리학의 철학적 경전'으로 구성되었으며, 전체는 총 5부 18권으로 분류된다. 각 부는 하나의 사유 단위로 묶이며, 읽는 사람의 사유 수준에 따라 다양한 층위를 해석할 수 있도록 고안되었다.

부	제목	내용 요약
제1부	오행천지편(五行天地篇)	오행의 본질과 천지의 기운 운행 설명
제2부	십신육친편(十神六親篇)	십신과 육친의 철학적 의미 해석
제3부	격국용신편(格局用神篇)	격국 분류와 용신·희신 해석 방식
제4부	사례변화편(事例變化篇)	실제 명조 분석 사례와 대운의 흐름
제5부	형기신통편(形氣神通篇)	철초 사상의 핵심인 형기신 구조론

2. 제1부: 오행천지편

이 부는 《적천수천미》의 서론이자, 전체 철학의 기초를 이루는 오행과 천지 운행의 본질적 사유를 담았다.

- ◆ 木: 생장, 이상, 방향성
- ◆ 火: 분열, 직관, 창조
- ◆ 土: 수용, 조화, 중용
- ◆ 金: 수렴, 정제, 결단
- ◆ 水: 침잠, 순응, 지혜

철초는 오행을 단순한 물질적 속성으로 보지 않고, 인간 존재와 심리, 자연 법칙의 상징으로 보았다. 특히 그는 오행의 상생과 상극을 윤리적·철학적 원리로 확장시켰다.

"五行之理, 非物也, 乃道也。"
"오행의 이치는 사물이 아니라 도이다."

3. 제2부: 십신육친편

이 부에서는 사주의 주요 구성요소인 십신(十神)과 육친(六親)을 단순한 외적 관계로 보지 않고, 인간 심성의 확장된 구조로 해석한다.

- ◆ 정재(正財): 물질적 책임감.
- ◆ 편재(偏財): 탐욕과 경쟁심.
- ◆ 정관(正官): 도덕과 질서.
- ◆ 칠살(七殺): 역동성과 반항.
- ◆ 상관(傷官): 표현력과 예술성.
- ◆ 식신(食神): 창조력과 낙관주의.
- ◆ 인성(印綬): 보호, 학문, 이해.
- ◆ 비겁(比肩·劫財): 자아, 독립, 또는 경쟁.

그는 십신을 분석할 때 반드시 인간의 내면을 함께 고려하였다. 예컨대 칠살이 강할 때 '폭력적'이라는 단순 해석 대신, 자기부정과 역동적 돌파라는 심리적 측면을 반드시 병기하였다.

또한 육친 분석을 통해 인간 관계의 구조-부모, 형제, 자식, 배우자 간의 심리적 상호작용과 충돌의 원인까지 심층적으로 통찰했다.

4. 제3부: 격국용신편

이 부분은 철초의 격국·용신 이론의 핵심 정수가 담겨 있는 곳이다. 기존의 격국 중심 해석의 한계를 비판하며, 기세와 형기신(形氣神)의 통합 분석을 중심에 놓았다.

- ◆ 격(格): 구조의 기본 방향.
- ◆ 국(局): 명조 전체의 틀.
- ◆ 용신(用神): 중심 에너지.
- ◆ 희신(喜神): 보조 방향.
- ◆ 기신(忌神): 긴장과 파괴의 에너지.

특히 그는 격국을 판별할 때 다음의 세 가지 조건을 제시했다.

- ◆ 일간과의 조화
- ◆ 전체 사주 내 오행 분포의 기세
- ◆ 대운과의 합력 및 충돌 여부

이로써 그는 명리학의 가장 난해한 부분인 용신 선정의 원칙을 구조화하고, '기계적 용신 판단'에서 '맥락적, 상황적 용신 해석'으로 이끌었다.

5. 제4부: 사례변화편

이 부는 임철초가 생전에 감정했던 명조 108례의 실제 사례 분석으로 구성되었다. 각 사례는 다음과 같은 항목으로 정리되었다.

- ◆ 명조 사주팔자.
- ◆ 간지 대운·세운 흐름.
- ◆ 인물의 실제 이력.
- ◆ 희용신 선택 근거.
- ◆ 발생한 사건의 해석과 전조.

사례는 왕족, 상인, 유생, 여성, 병약자, 도인 등 다양하며, 사주와 인생사가 어떻게 맞물려 흘러가는지를 다층적으로 설명하였다.

이 부는 명리 실전가들에게 영감의 원천이 되었고, 이후 수많은 명리 학파에서 유사한 형식의 '명조 해설집'들이 쏟아지는 계기가 되었다.

6. 제5부: 형기신통편

《적천수천미》의 백미이자 철초 철학의 결정체로, 그는 명리학을 형(形), 기(氣), 신(神)이라는 3단 구조로 해석했다.

개념	의미	명리적 적용
形	명조 자체의 틀, 사주팔자의 겉모양	격국, 구조, 일간 중심의 판단
氣	명조 내 흐름과 방향성	대운, 세운, 용희기신, 기세 분석
神	인간의 선택과 태도, 자각	운명에 대한 의식, 성찰, 행동력

그는 다음과 같이 말했다.

"命有形者半也, 有氣者七成也, 得神者通天也."
"명조의 겉모양을 알아도 반밖에 알지 못하고, 기세를 알면 일의 70%를 파악하며, 정신을 얻은 자는 하늘과 통한다."

이러한 철학은 운명을 단순히 타고나는 것이 아니라, 스스로 완성해가는 여정으로 이해하게 만들었으며, 명리학을 도(道)의 수준으로 끌어올렸다.

7. 전체 철학의 종합

《적천수천미》 전체는 임철초가 다음과 같은 철학적 원리를 중심으로 편성한 것이다.

- ◆ 자연은 인간의 거울이다: 오행은 단지 이론이 아니라 인간의 심성과 연결된다.
- ◆ 운명은 고정되지 않았다: 기세와 인간의 태도가 운명을 변화시킨다.
- ◆ 명리는 도(道)다: 명리는 예언이 아니라, 존재의 본질을 통찰하는 사유 방식이다.

◆ 심법이 핵심이다: 이론과 구조보다 중요한 것은, 그것을 해석하는 마음의 상태이다.

제10장 사상적 유산과 현대적 의의

1. 임철초의 사상, 시대를 넘어 빛나다

임철초 선생이 남긴 가장 위대한 업적은 《적천수천미》라는 명리서 하나에 머물지 않는다. 그의 진정한 유산은 명리학을 단순한 길흉 판단의 도구에서 벗어나, 인간 존재와 삶의 본질을 통찰하는 철학적 체계로 끌어올렸다는 데에 있다.

그는 운명을 기계적으로 따르는 것을 거부했고, 인간이 운명을 해석하고 대면하며, 때로는 극복하고 순응하는 그 모든 여정을 '도(道)의 실현'이라 보았다. 따라서 그의 학문은 오늘날 운명철학, 인간학, 동양 심리학의 문맥에서도 깊은 가치와 응용 가능성을 지닌다.

2. 현대 역술 교육과의 연계

오늘날 중국과 한국, 대만 등지의 역학 교육기관들에서는 《적천수천미》를 다음의 세 가지 분야에서 정규 교재로 채택하고 있다.

◈ 이론적 구조 분석 교육
  ◆ 격국, 용희신, 기세론의 분석 체계.
  ◆ 실제 명조 해석을 위한 통합적 판단 연습.
◈ 철학적 명리학 교육
  ◆ 오행과 인간 심성의 연결.
  ◆ 십신의 내면적 이해와 존재론적 해석.
◈ 실전 상담 중심 교육
  ◆ 명조를 상담도구로 활용할 수 있는 감각 훈련.
  ◆ 문답형 해석을 통한 커뮤니케이션 기법 습득.

이러한 흐름은 임철초가 강조한 "운명 해석은 사람의 마음을 깨닫는 작업"이라는 통찰과 정확히 맞닿아 있다.

3. 심리학·철학과의 접목

임철초의 철학은 오늘날 동양적 심리학과 인간 중심 상담이론에서 재조명되고 있다. 특히 다음과 같은 사유 구조는 현대 심리학과 밀접한 유사성을 보인다.

임철초의 개념	현대 심리학의 유사 개념
오행 = 인간 심성 다섯 원형	융의 인격 원형(archetype) 이론
기세론 = 에너지 흐름	심리적 역동성(Dynamics)
용신 = 중심 가치/의지	목적지향성(Teleology)
신(神) = 자각/영혼	자기실현(Self-realization)

이러한 교차점은 《적천수천미》가 단지 사주 명리의 책이 아니라, '동양 철학 기반의 심리학 고전'으로 재해석될 가능성을 보여준다.

4. 디지털 명리 플랫폼에서의 재등장

최근 AI 및 디지털 명리 플랫폼들이 급속도로 발전하면서, 《적천수천미》는 다시금 핵심 레퍼런스로 떠오르고 있다. 그 이유는 다음과 같다.

- ◆ 문답체 형식 → 챗봇형 인터페이스에 최적화.
- ◆ 기세론 → 시간 순서 기반 알고리즘 설계의 모형.
- ◆ 형기신 → 멀티레이어 사주 분석 구조의 핵심 지표.

예를 들어, 한 유명 명리 앱에서는 사용자가 사주 정보를 입력하면 "당신의 명조는 水의 기세가 부족하며, 土의 조화가 삶의 중심이 됩니다."라는 식의 철초식 기세 해석을 자동으로 제공하고 있다.

5. 인문학적 가치

임철초가 남긴 유산은 역술·상담·IT에만 머무르지 않는다. 그의 사유는 인간이란 무엇인가, 우리는 어떻게 살아야 하는가라는 고전적 물음에 응답한다.

그는 《천미》의 서문에 다음과 같이 썼다.

"知命者, 知生也. 知生者, 不問死。"
"운명을 아는 자는 삶을 알고, 삶을 아는 자는 죽음을 묻지 않는다."

이는 명리학을 통해 단지 '예언'이 아니라, 삶의 윤리와 존재에 대한 성찰을 이끌어내려는 시도였고, 오늘날 인문학의 역할과 정확히 일치한다.

대학에서는 '동양운명사상', '주역과 인간학', '동아시아 정신문화' 등의 강의에서 《적천수천미》를 주요 텍스트로 다루고 있으며, 이는 임철초가 사유한 "운명과 자각, 그리고 책임"이라는 주제가 여전히 유효함을 의미한다.

6. '명리철학'이라는 장르의 개척자

임철초는 단순한 명리서 저술가가 아니라, 명리학에 철학적 사유와 윤리적 기준을 부여한 '명리철학'의 창시자라 평가된다. 이로 인해 그는 단순히 '역술가'가 아닌, 다음과 같은 위치에 오른다.

- ◆ 명리학의 개념 재 정립자.
- ◆ 오행철학의 체계화자.
- ◆ 문답체 명리 해석 기법의 창안자.
- ◆ 윤리 중심 운명해석의 선구자.
- ◆ 동양철학과 운명학의 통합자.

그는 《적천수천미》 한 권을 통해 수천 년 동안 쌓인 운명 해석의 지식과 도덕, 그리고 존재에 대한 통찰을 녹여냈다.

7. 오늘날에도 살아 있는 가르침

현대의 명리학자, 상담가, 심리학자, 철학자들은 다음과 같은 철초의 사상을 인용하며 그를 기억한다.

"格局非死法也, 勢之所趨而成也。"
"격국이란 죽은 형식이 아니라, 기세가 가리키는 방향에 따라 형성되는 것이다."

"命若木也, 氣若水也. 神若陽光也, 缺一不可。"
"운명은 나무요, 기는 물이며, 정신은 햇살이다. 셋 중 하나라도 없으면 생명이 아니다."

이러한 언어는 오늘날의 상담실과 학문 강단, 그리고 기술 개발의 현장에까지 영향을 미치며, 명리학을 넘어 인간학의 핵심 화두로 작용하고 있다.

■ 맺음말: 천명을 밝힌 자, 임철초

임철초는 단지 사주팔자를 해석한 자가 아니었다. 그는 인간과 우주의 운행을, 기와 형과 신의 균형을, 그리고 삶과 운명의 교차를 자신의 사유로 녹여낸 철학자요 사상가였다.

그의 《적천수천미》는 단순한 책이 아닌, 한 사람의 깨달음이자 '하늘의 이치를 지상으로 끌어내린' 정신의 기록이다. 그의 사유는 오늘도 오행의 움직임 속에서, 사람들의 삶과 상담, 해석, 그리고 존재의 탐색 속에 살아 숨 쉬고 있다.

■ 임철초 선생 생애 연표 (추정 생애: 1773년경 ~ 1840년경)

연도(추정)	연령	주요 사건 및 활동
1773년	0세	강남 지방(江南, 오늘날의 장쑤 또는 저장 일대)에서 유학자 가문 출생
1778년	5세	어머니 병사, 외가에서 도교적 무학(巫學) 전통 경험
1780년	7세	부친 밑에서 본격적인 한학 수학 시작, 《논어》, 《맹자》, 《주역》 등에 입문
1783년	10세	《황극경세서》 일부 독송 가능, 오행과 십간십이지 체계에 큰 흥미
1788년	15세	《적천수》 초독, 유백온의 언어 속 숨은 철학에 감화 받음
1789년	16세	명리학의 본질적 탐구를 위해 가출, 운남성(雲南) 일대 유랑 시작
1790~1792년	17~19세	도사촌에서 모현 노사(慕賢老師)를 사사, 기세론과 심신수련의 길 입문
1794년	21세	강남 귀향, 기존《적천수》의 한계 인식, 재해석 의지 고조됨
1797년	24세	《적천수》 문장 중심 주석 필사 시작, 초기 주해서 《천미초집》 구상
1801년	28세	철초학파의 원형을 만든 첫 문답체 주해 완성, 초고 탈고
1804년	31세	《적천수천미》 정식 집필 시작, 매일 천문 관측과 명조 분석 병행
1816년	43세	《적천수천미》 완성, 제자 교육 시작, 진소암·위천리 입문
1818년	45세	강남 연허정(硯虛亭) 은거 시작, "오행의 도인"이라 불리기 시작
1819년대	46~55세	《천미별집》 편찬, 철초문 7대 규범 정리, 《천미심법록(闡微心法錄)》 작성
1826년	53세	주요 제자들에게 3대 전수 문서 전달, 학문 계보 정립
1834년	61세	건강 쇠약, 외부와의 교류 끊고 명상과 자성(自省)에 집중
1840년 음력 9월 9일	73세	중양절 아침에 입적, 좌선 중 조용히 숨을 거둠
1840년 이후	-	위천리·진소암 등 제자들에 의해 철초문학파 확산 시작
19세기 후반	-	《적천수천미》 일부가 필사본 형태로 강소·절강·하북 지역으로 확산
20세기 중반	-	철초가 "명리철학의 시조"로 공인, 《중국명리통사》에 정식 등재

강학 장면

명리정종(命理正宗) 장남(張楠) (淸末 1800년대 초?~?)

제1장 탄생과 가계의 유래

장남(張楠, 號: 神峯)은 청나라 말기인 건륭제 말엽 내지 가경제 초(18세기 말~19세기 초)에 하남성(河南省) 지역의 한 중산 관료 집안에서 태어났다. 그 가문은 대대로 한학과 유학에 정통하였고, 특히 조부는 성리학과 천문지리에 밝은 인물로, 지역 사족(土族)들의 자문을 맡던 명망가였다.

장남의 부친 장기유(張基裕)는 유교의 예학과 음양풍수에 조예가 깊어, 인근에서는 "장선생 댁에선 아들이 태어나도 사주팔자 먼저 짓는다"는 말이 있을 정도였다. 가문의 영향 아래 장남은 어려서부터 주역, 사서삼경, 천문역법 등에 친숙하였고, 학문을 체계적으로 받아들일 수 있는 환경에서 성장했다.

장남의 생년은 정확히 전하지 않지만, 그의 《명리정종》 저술 시기와 동시대 인물들과의 교류를 통해 약 1800년대 초반 출생으로 추정된다. 유년 시절 그는 유학에 몰두했으나, 조부가 전해준 옛 도참서와 역술서에 더 큰 흥미를 느끼며 점차 운명학과 철학의 세계로 기울기 시작한다.

당시 하남성은 전통 문화의 중심지 중 하나로서, 낙양, 개봉 등의 도시를 중심으로 고대부터 천문과 역수의 지식이 전파되어왔다. 특히 장남이 어린 시절을 보낸 낙양 근교에는 오래된 역술인의 명가들이 존재해, 그가 자연스럽게 이들과 교류하며 영향을 받았던 것으로 보인다.

제2장 어린 시절과 학문적 성장

장남은 총명하고 내성적인 기질을 지닌 소년이었다. 그는 문사에 밝았고, 특히 천문·지리·역수(易數)에 대한 이해가 남달랐다. 그의 조부는 사주팔자를 풀이하거나 풍수를 감정할 때, 어린 장남을 곁에 앉혀 해설을 들려주곤 했다. 그때마다 장남은 날카로운 질문을 던졌고, 종종 어른들도 대답에 곤란함을 느낄 정도로 깊은 통찰을 드러냈다.

1. 유학과 역학의 병행

장남은 먼저 전통적인 유학 과정을 밟았다. 사서삼경(四書三經) 중에서도 《주역》에 깊은 관심을 보였으며, 《주역정의》와 《계사전》을 달달 외우며 "변화"의 원리를 마음에 새겼다. 그러나 그는 곧 유가(儒家) 철학이 인간 삶의 내면과 외면을 모두 설명하지 못한다는 점에서 한계를 느꼈고, 도가(道家)와 음양오행에 관심을 돌리게 된다.

그 무렵, 하남의 성문 밖에 은둔하던 도사 진운자(陳雲子)를 만나게 된다. 진운자는 한때 궁중에서 역법을 맡았던 자로, 사직 후 산중에 거하며 몇몇 제자들만 가르치고 있었다. 장남은 그를 스승으로 모시며 본격적으로 음양오행, 천간지지, 육친법, 운세해석 등을 배우게 된다.

진운자는 장남의 자질을 높이 평가하며 그에게 이렇게 말했다 한다.

"네가 가진 눈은, 겉을 보되 속을 꿰뚫고, 시간을 읽되 천명을 안다. 이는 단순한 명리 공부로는 부족하니, 하늘의 뜻과 사람의 이치를 함께 따져야 할 것이다."

이 말을 계기로 장남은 단순히 '사주풀이'를 넘어 우주법칙으로서의 명리학에 대해 고민하기 시작한다.

2. 방대한 독서와 역서 분석

십대 후반의 장남은 역학 고서를 파고들기 시작한다. 그는 조부가 소장하던 희귀한 필사본, 예를 들면 《적천수》, 《자평진전》, 《삼명통회》, 《궁통보감》 등을 정독하며, 기존 이론에 대한 비판적 사고를 키워나갔다.

이 시기 장남은 자신만의 수첩을 만들고, 각 역서의 핵심 구절과 해석 차이, 실제 적용 사례를 하나하나 정리하였다. 훗날《명리정종》의 편찬에 사용된 이 수첩은 바로 이 시절의 노력에서 비롯된 것이다.

장남은 주야를 가리지 않고 연구하며, 때로는 자신의 사주를 기준으로 여러 격국의 운세 흐름을 실험하고 검증했다. 또한 주변 사람들의 생년월일을 수집하고 실제 운명을 추적하여, 이론과 현실 사이의 차이를 통찰하려 했다.

제3장 도가道家와의 인연, 역술의 길로 들어서다

장남은 스무 살 무렵, 진운자의 인도로 황하 이남의 노강산(露岡山)으로 들어가 본격적인 은거 수행에 들어간다. 이곳은 청나라 말기 도가계의 비밀 교류 장소로 알려졌으며, 몇몇 고명한 도사들과 역술인들이 모여 역수(易數)·풍수·기문둔갑·자미두수 등을 교류하던 산간의 암자였다.

노강산에서 장남은 도사 자운선인(紫雲仙人)을 만나 큰 전환점을 맞이하게 된다. 자운선인은 태을수, 자미두수, 명리 등을 융합하여 보다 심오한 천명해석을 추구하던 인물로, 장남에게 "운명을 본다는 것은 천명을 보는 일이며, 단순한 점술이 아니라 도통(道通)의 과정"이라 일깨워준다.

이 시기에 장남은 자신이 배운 명리법에 다음과 같은 철학적 원리를 더하게 된다.

- ◆ 하늘의 기운(天氣)과 인간 기운(人氣)의 상호작용.
- ◆ 팔자의 고정성과 운세의 유동성 사이의 변증법.
- ◆ 명리학은 결국 생명을 읽는 철학이다.

이를 바탕으로 장남은 실전 상담을 통해 경험을 축적하기 시작하며, 점차 지방 관료들과 지식인들 사이에서 명성을 얻게 된다. 그는 평범한 관상가나 사주쟁이와는 다른, 깊은 철학적 관점을 지닌 명리학자로 인식되기 시작한다.

제4장 명리학에 대한 각성: 기초 이론의 재구성

노강산에서 도통과 실전을 병행하던 장남은 어느 날 자운선인과의 대화 중 중요한 통찰을 얻게 된다. 그것은 바로 기존 명리학의 대다수가 "기술적 풀이"에만 집중한 나머지, 명리학의 철학적 뿌리와 존재론적 의미를 소홀히 해왔다는 것이다.

그는 다음과 같은 회고를 남겼다고 전해진다.

"사주팔자는 단순한 숫자 배열이 아니다. 그 안에는 인간의 생로병사, 희로애락이 감춰져 있으며, 그것은 천지음양의 흐름과 하나로 연결되어 있다."

이 시기부터 장남은 기존의 정통 명리 이론에 비판적 재검토를 가하고, 이를 기반으로 새로운 이론 체계를 구성하기 시작한다.

◆ 명리학 이론의 세 가지 주요 재정립
　◆ 격국의 실용성과 한계 인식
　　장남은 조선, 중국의 정통 역술가들이 중시해 온 격국론, 예컨대 정관격, 편관격, 재성격 등의 구분 방식이 지나치게 틀에 박힌 해석을 유도한다고 지적하였다. 그는 격국은 참고사항이지 절대적인 운세 판단 기준이 아니라고 보았다.
　◆ 용신론의 유동성 강조
　　전통적으로 많은 명리학자들은 '용신'을 고정적으로 판단하고, 이를 바탕으로 길흉을 단정하였다. 하지만 장남은 생년월일시뿐 아니라, 운과 세운, 태세, 지리적 환경, 심리적 자질까지 종합해야 올바른 용신 판단이 가능하다고 주장하였다.
　◆ 팔자 해석의 시간성 도입
　　그는 "사주는 움직인다"고 보았다. 즉, 팔자는 태어난 순간만의 구조가 아니라, 시간에 따라 그 기능이 활성화되거나 약화되는 동적인 구조라는 것이다. 이를 위해 그는 '대운'과 '세운'의 작용을 정교하게 해석할 수 있는 구조식을 고안하였다.

◆《명리정종》의 사상적 기초 형성

이러한 이론적 반성과 통찰을 기반으로, 장남은 점차《명리정종(命理正宗)》의 초안을 구상하게 된다. '정종'이란 말은 단지 "올바른 종통"이라는 의미가 아니라, 편벽된 이론들을 정리하고 명리의 중심을 바로잡겠다는 그의 철학이 반영된 것이다.

그가 자주 인용한 구절은 다음과 같다.

"形而上者謂之道, 形而下者謂之器."
"형이상적인 것은 도(道)라 하고, 형이하적인 것은 기(器)라 한다."

― 주자《주역본의》

그는 명리를 단지 '기술(器)'로 보지 않고, '도(道)'의 체현으로 바라보았다. 이 철학은《명리정종》의 전편에 녹아들어 있다.

제5장 실전명리의 정수: 현장 상담과 논쟁

장남은 이론을 확립함과 동시에 수많은 사람들의 실전 사주 상담을 통해 경험을 쌓았다. 그는 평민부터 향리, 사족, 장사꾼, 여인의 사주까지 가리지 않고 상담하였고, 이를 기록하여 사례집으로 정리해 나갔다. 그 사례들은 후일《명리정종》부록에 삽입되어 후학들에게 큰 교훈을 주었다.

특히 그가 중시한 것은 '응용력'과 '공감'이었다. 그는 다음과 같이 말했다.
"팔자란 곧 사람의 숨결이고, 운세란 그 숨결이 흐르는 길이다. 사람의 삶이 구불구불한 것처럼 해석 또한 유연해야 한다."

◆ 유명 논쟁 사례: 자미파와의 충돌

장남은 어느 해 겨울, 낙양 근처의 한 도관에서 자미두수(紫微斗數)파 출신의 역학자 유천오(劉天悟)와 논쟁을 벌인다. 유천오는 자미두수의 방대한 별자리와 궁도(宮圖)를 근거로 사주팔자보다 더 정밀하다고 주장했고, 장남은 이에 대해 이렇게 반박했다.

"자미는 방대하나, 지나치게 형상에 치중한 면이 있다. 반면 팔자는 단순하되, 그 속에 생명의 변화를 담고 있다. 복잡함 속에 길을 잃지 말고, 단순함 속의 깊이를 봐야 한다."

이 논쟁은 인근 학자들 사이에서 널리 회자되었으며, 장남의 이름은 '논리와 실전이 겸비된 명리가'로 각인되기 시작했다.

제6장 《명리정종》의 편찬 과정

《명리정종》은 단순한 이론서가 아니었다. 그것은 장남(張楠) 선생의 명리학 인생 전반의 총결산이자 사상적 정수를 담아낸 역작이었다. 이 책은 그가 수십 년간 축적한 실제 상담 사례, 이론적 연구, 철학적 통찰이 모두 녹아든 작품으로, 그의 저술 활동은 단순한 필사나 편집이 아니라 하나의 거대한 통합적 사상 작업이었다.

◆ 편찬 동기: 시대의 혼란과 천명에 대한 답

장남은 청말의 혼란기를 살아가며, 인간 사회의 불확실성과 삶의 무상함에 대한 문제의식을 깊게 가졌다. 전란과 정치적 부침, 민초들의 고통을 보며, 그는 "인간은 어떻게 천명(天命)을 이해하고 자신의 길을 찾을 수 있는가?"라는 질문을 붙잡았다.

그는 그 해답을 명리학의 올바른 정립과 대중적 보급에서 찾았다. 《명리정종》은 이러한 문제의식에서 출발한 실용적이면서도 철학적인 저작이다.

◆ 집필 과정: 세 시기, 세 지역

장남은 《명리정종》을 완성하기까지 총 세 번의 초고와 편찬을 거쳤으며, 각각의 단계는 서로 다른 지역과 시기를 배경으로 한다.

◆ 초고 편찬 (노강산 거주기, 약 1840년경)

첫 번째 초고는 노강산 암자에 머물던 시기에 작성되었다. 이 시기는 주로 개념 정립과 이론의 체계를 세우는 데 중점을 두었고, 장남의 기본 철학과 사상 골격이 형성되었다. 이 시기의 《정종초고(正宗草稿)》는 지금은 전해지지 않지만, 후세 제자들이 일부 발췌한 문구로 그 내용을 유추할 수 있다.
- ◆ 중고 정리 (하남성 개봉 체류기, 약 1850년경)
  그는 개봉(開封)으로 내려와 현지 역술인들과 활발한 교류를 통해 초고의 문제점을 수정하고, 실전 사례와 이론 간의 간극을 메우는 데 주력했다. 이때는 특히 대운해석과 용신 판별, 격국 응용에 대한 기술이 크게 정교화되었다.

그는 매일 사주 상담 후 저녁에 기록을 정리하며 다음과 같은 말을 자주 되뇌었다 한다.
"글이 실전을 따르지 못하면 학문이 공허하고, 실전이 이론을 따르지 않으면 오류에 빠진다. 이 둘이 함께할 때 비로소 도(道)가 이루어진다."

- ◆ 최종 편찬 (강남 은거기, 약 1860년대 초반)
  말년에 장남은 강남의 절강성 지역으로 거처를 옮겨, 조용한 마을에서 은거하며 최종 정본을 완성하였다. 이때 완성된 판본은 총 2권 6편으로 구성되어 있으며, 각각 다음과 같은 내용으로 구성되었다.

◆ 《명리정종》의 구성
- ◆ 제1편: 음양오행 대론
  명리학의 철학적 기초를 서술하며, 우주와 인간의 관계, 음양오행의 상생·상극 원리를 총망라하였다.
- ◆ 제2편: 천간지지와 육친법
  천간지지의 원리, 십신의 기원과 운용 방식, 육친(부모·자식·형제·배우자 등)의 추명 법칙을 상세히 해석했다.
- ◆ 제3편: 격국론의 재정의
  기존 격국 체계를 전면 분석하여 실제 적용 가능한 유연한 격국 분류 체계를 제시하였다.

◆ 제4편: 용신론과 병약론
용신의 선정법, 체용의 구분, 신강신약 판단 기준을 정리하고, 건강과 생명력 해석법을 함께 수록하였다.

◆ 제5편: 대운·세운 해석법
운의 흐름, 시간에 따른 에너지 변화 해석, 사회적 시세와 사주의 상호작용 등 통시적 운세 해석 기법을 정리하였다.

◆ 제6편: 실전 사례와 논평
장남이 직접 상담했던 수백 건의 실제 사례를 정리하고, 각 해석의 이론적 근거를 서술하였다. 일부는 실패 사례도 포함되어 있어, '이해의 교정'을 위한 귀중한 자료가 되었다.

◈ 필체와 문체의 특징

《명리정종》의 문체는 고전적이면서도 간결하고 명료하다. 그는 송대의 자평학 문체를 따르되, 장황한 사설을 줄이고 핵심만을 강조하는 방식으로 편집하였다. 독자는 단락마다 '핵심 논지'를 쉽게 파악할 수 있으며, 실전적 적용이 용이하도록 배열되어 있다.

특히 각 장 말미에는 다음과 같은 구절들이 등장하여 후학들에게 깊은 인상을 주었다.

"사주는 팔괘의 기초요, 인생의 자취라. 헛된 말로 사람을 미혹케 하지 말고, 진실로 하늘의 이치에 따를지어다."

◈ 출판과 전파

최초의 필사본은 강남의 서생들 사이에서 회람되었고, 이후 제자들에 의해 석판본이 제작되었다. 명나라《자평진전》이나《적천수》에 비해 후대의 영향력은 지역적이었지만, 이론의 깊이와 정밀함 면에서는 동시대 최고로 평가받았다.

장남은 생전에 상업 출판을 원하지 않았으며, 오직 제자들이 필사하여 전하게 하였다. 따라서 초판본은 매우 희귀하며, 후대에 전해지는 판본은 대부분 제자들의 교정 및 각주가 덧붙은 것이다.

제7장 이론과 실전의 융합: 저술의 철학

《명리정종》은 단순한 역술서가 아니라, 장남 선생의 철학적 고뇌와 실천적 지혜가 결합된 명리학 총서였다. 그는 이론을 배타적 교의처럼 가르치기보다, 현실 삶에 적용 가능한 '살아 있는 학문'으로 재구성하는 데 심혈을 기울였다.

장남은 이를 다음과 같은 문장으로 표현했다.

"학(學)이란 머리로만 아는 것이 아니라, 손으로 써보고 입으로 말해보고, 가슴으로 느껴야 한다. 명리는 예술이며 동시에 인문학이다."

◆ 이론과 실전의 조화: 명리학은 '사람'을 위한 학문

장남은 항상 사주팔자의 이론을 세울 때 그것이 "사람의 삶에 어떻게 적용되는가"를 중심에 두었다. 예를 들어, 다음과 같은 점에서 기존 이론과 차별을 보였다.

◆ 육친 해석의 인문학적 접근

대부분의 명리서에서는 육친(부모·형제·배우자·자식)을 단지 십신(十神)의 상생상극으로만 해석하였다. 그러나 장남은 이에 대해 다음과 같은 보완을 제안했다.

"부모는 단지 인성(印)으로서의 존재가 아니다. 그것은 인간 존재의 시작이요, 생명의 뿌리다.

그 사주가 부모의 복을 잃었다면, 이 사람은 어디서 정서적 뿌리를 찾을 것인가를 물어야 한다."

그는 단순히 '부모복이 약하다'고 말하는 대신, 그 사람이 겪는 정서적 결핍과 대처 방법, 향후 보완 방안을 함께 제시했다.

◆ 재성·관성의 통합적 해석

장남은 재성(財)과 관성(官)을 물질과 사회라는 관점으로 나누고, 이를 개인의 삶에서 어떻게 작용하는지를 설명하였다.

- 재성은 단순한 돈이 아니라, 인간이 "소유"를 통해 자아를 구현하는 방식이다.

- 관성은 권력의 개념이 아닌, '자기 안의 질서와 규율'을 의미한다는 점에서 심층적 의미를 부여했다.

◈ 용신론의 재구성: 체용과 변용

장남은 명리학의 핵심으로 알려진 '용신'의 개념을 철저히 재해석했다. 기존에는 "어떤 오행이 부족하니 그것을 보완하면 된다"는 식의 접근이 일반적이었지만, 그는 '체용(體用)'과 '변용(變用)'의 관점으로 이를 분석했다.

- ◆ 체(體): 사주의 중심 기운. 즉, 태어날 때부터 그 사람의 본질적인 에너지 구조.
- ◆ 용(用): 체를 보완하거나 조화시키는 작용의 힘.
- ◆ 변(變): 운의 흐름, 시대적 환경, 지리적 조건에 따라 용신이 유동적으로 작용하는 원리.

예를 들어, 어떤 사람에게는 화(火)가 용신일 수 있지만, 그 사람이 살아가는 환경이 이미 화에 해당하는 업종(예: 요식업, 연예계)에 있다면, 장남은 그때의 용신을 다르게 해석해야 한다고 보았다.

이러한 관점은 실전 상담에서 엄청난 유연성과 정밀도를 보여주었고, 장남은 다음과 같이 말했다.

"용신은 나무의 줄기요, 가지요, 잎이요, 뿌리이다. 계절 따라, 땅 따라 달라지나, 뿌리는 항상 진실한 너의 중심이어야 한다."

◈ 대운 해석의 철학적 전환

장남은 '대운'의 흐름을 단순한 운의 세기 강약이 아니라, 인생 단계별 존재의미로 해석했다. 그는 인생을 세 단계로 구분하며 다음과 같이 보았다.

- ◆ 청운기(靑雲期): 1세~30세
  인간 존재의 형성과 기반기. 대운이 순탄치 않더라도 기초 체력을 기르는 시기.

◆ 화업기(化業期): 31세~55세
사회적 성취와 인간관계, 직업, 자아실현의 시기. 이 시기의 대운은 겉으로 드러난 성공 여부에 영향을 미친다.
◆ 회귀기(回歸期): 56세 이후
존재의 본질로 회귀하는 시기. 이때부터는 '삶의 의미'와 '마음의 평안'이 중요한 요소가 되며, 장남은 이 시기의 운이 좋지 않더라도 오히려 영적 수련의 기회가 된다고 보았다.

◆ 사주 분석의 인간학적 통찰

그는 어떤 사람의 사주를 해석할 때, 반드시 그 사람의 눈빛, 말투, 생김새, 직업, 나이 등을 함께 고려했다. 그는 사주풀이를 "운명을 해석하는 도구가 아니라, 삶의 방향을 정하는 나침반"으로 삼았다.

이런 이유로, 장남은 상담할 때마다 '상담자에게 책임감을 부여하는 법'을 중요하게 여겼다.

"네 사주는 너의 바탕이요, 너의 길은 네가 만드는 것이다.
팔자 탓으로 인생을 낭비하지 말고, 팔자를 이용해 인생을 완성하라."

◆ 제자 교육과 저술 철학

장남은 제자들에게 늘 이렇게 말했다.
"사주를 아는 것보다 더 어려운 것은, 그것을 통해 사람을 도와주는 일이다. 오만하지 말고, 무지하지 말고, 정직하게 사람을 대하라."

그는 명리학자를 '점쟁이'가 아닌 '사람의 인생을 도와주는 학자이자 조언자'로 보았다. 그 철학은 《명리정종》을 통해 고스란히 후대에 전해졌다.

제8장 당대 명사들과의 교류 및 논전

장남(張楠) 선생은 평생을 학문과 실천에 몰두한 인물이었으나, 고독한 은자(隱者)는 아니었다. 그는 당대의 명리학자, 도사, 문인, 의사, 풍수가 등 다양한 인물들과 깊은 교류와 논전(論戰)을 벌이며 학문을 확장하고 사유의 경계를 넓혀갔다.

이 장에서는 장남 선생이 실제로 교류한 몇몇 인물들과 그와의 학문적 담론, 철학적 논쟁을 통해 그의 사상의 깊이와 실천적 통찰을 구체적으로 조명한다.

1. 호북의 지리가·도산 백노(白老)와의 교류

백노(白老)는 도가 계통의 풍수학자로, 청나라 중엽 이후 형기풍수(形氣風水)로 유명했다. 그는 장남의 《명리정종》 초고 일부를 필사하여 보았고, 장남에게 다음과 같은 서신을 보냈다.

"팔자에 천문이 있고, 풍수에 지지(地支)가 있거늘, 그 흐름은 같고도 다르다. 장선생의 팔자 이론은 기이하나 깊고, 단지 형세론과 함께 응용된다면 무쌍할 것입니다."

이에 장남은 답장에서 다음과 같이 화답했다.

"산천은 기를 낳고, 사람은 팔자를 따라 사오,
풍수는 외물의 형상이고, 명리는 내심의 구조라,
하나는 뿌리요, 하나는 잎이니, 통합하지 않으면 곧 허망해진다."

이 후 두 사람은 편지를 주고받으며, 팔자와 지리의 융합, 즉 풍수명리학(風命合參)의 원리에 대해 논의하였다. 장남은 이후 강남 지역 부호들의 묘지 감정과 주거 입택 상담에서도 사주에 맞는 풍수 선택을 실현하는 새로운 시도를 하였다.

2. 의학 명가·청주 진의공(陳醫公)과의 운명: 질병 논의

진의공은 당시 강소성 청주의 명의(名醫)로, 한방과 체질의학에 정통했던 인물이다. 그는 명리학에 조예가 깊었던 아버지의 영향으로 장남의 《명리정종》을 접하게 되었다. 특히 장남이 제5편 '병약론'에서 설명한 사주 속 질병의 징조와 건강운 흐름에 깊은 관심을 가졌다.

그는 장남을 청주로 초빙하여 다음과 같은 담론을 나눴다고 전해진다.

◉ 진의공

"사주에 인성다극(印多克身)이면 허증을 이루고, 재성중왕이면 열증이 되며,

식상이 과하면 허화(火盛)로 인한 심병이 보이오."

- ◉ 장남

 "의학은 이미 발현된 병을 다루나, 명리는 그 기미를 예견하오.
 허약한 사주에 뇌우운이 오면 신장지계(腎腸之系)가 고장나니, 병이 아니나 병이 시작되는 시기라 하오."

이 대화는 훗날 《명리정종》 제4편 '병약론'의 내용이 사주 분석과 질병 예방의 융합적 시도로 발전하는 계기가 되었다.

3. 강소의 명문 사대부·문인 유연자(柳淵子)와의 논전

유연자는 사대부 가문 출신으로, 시문과 철학에 밝았으며 한때 과거에 급제해 한림원에 들었던 문인이다. 그는 장남의 이론에 깊이 감명받았으나, 다음과 같은 문제제기를 했다.

"장공의 글은 논리로는 완벽하나, 인간의 복잡한 감정을 헤아리는 데는 다소 부족함이 있지 않소?"

이에 대해 장남은 이렇게 답했다.

"나는 삶을 수치로 보지 않고, 수치를 삶으로 풀고자 했소.
감정이란 기운의 분출이며, 기운은 결국 음양오행에서 발하오.
그러나 감정의 길을 꿰뚫으려면, 기운의 흐름만으로는 부족하니,
내 책에서는 반드시 '마음의 상(象)'을 함께 고려하였소."

이러한 논의는 《명리정종》에서 감정 운세(情運) 파악에 대한 섹션 추가로 이어졌으며, '상심의 명리(傷心命理)'라는 별칭을 만들어내는 계기가 되었다.

4. 자미두수 계열·천문가 유천오(劉天悟)와의 유명한 공개 논쟁

앞서 제5장에서 간략히 언급했던 유천오와의 논쟁은 청나라 말기 역술계에서 큰 화제가 되었던 사건이다.

논쟁의 주제는 다음과 같았다.

◉ 유천오

"자미두수는 시간과 별의 미세한 작용을 보며, 한 사람의 일생을 1년 단위로 나누어 본다. 사주팔자보다 훨씬 정밀하다."

◉ 장남

"정밀하다는 것은 곧 복잡함이다. 그러나 복잡함이 곧 진실은 아니다. 사람은 대우주에서 살아가는 소우주요, 간결한 구조 속에서도 오묘한 변화를 이룬다. 사주는 간단하되, 그 안의 이치는 마치 하늘처럼 무궁하오."

이 논쟁은 간결성과 정밀성, 추상성과 형상성의 문제를 넘나드는 깊은 논의였으며, 수십 명의 학자와 역술인들이 참관한 가운데 장남의 사유 깊이와 언변이 크게 부각되었다.

이 사건 이후, 장남은 "논리와 직관, 실전과 철학이 공존하는 역학자"라는 평판을 얻게 되었고, 《명리정종》은 도성 내에서 가장 많이 필사되는 역서 중 하나로 떠올랐다.

5. 후학과의 비공개 토론회

말년의 장남은 강남에서 7~8명의 제자들을 거느리고, 매달 정기적인 '토론회'를 열었다. 주제는 항상 실제 사주 사례를 기반으로 이론을 점검하고, 사람의 삶을 어떻게 도울 것인가였다.

이 토론회에서 나온 구절 중 일부는 제자에 의해 아래와 같은 구절로 정리되어 전해진다.

"명리는 미신이 아니고,
인간에 대한 철학이며,
인생을 명확히 바라보게 하는 인문학이다."

◆ 학문적 위상

당시 많은 역학자들이 《자평진전》, 《적천수》, 《삼명통회》 등에 심취해 있었지만, 장남의 《명리정종》은 그 체계성과 실전성에서 독보적이었다. 그 결과 장남은 사후에도 '남방정종(南方正宗)', 또는 '오행재해석의 시조'로 불리게 되었고, 일부는 그를 두고 '사주 철학의 성리학자'라 부르기도 했다.

제9장 말년의 삶과 후학 양성

장남(張楠) 선생의 말년은 학문적 고요함과 제자 양성에 전념한 시간이었다. 《명리정종》을 완성한 뒤, 그는 더 이상 세속적 명성을 추구하지 않고 강남의 조용한 마을에 은거하며 심화 연구와 후진 교육에 몰두하였다. 그는 자신의 이론을 널리 퍼뜨리기보다는 깊이 있게 이어갈 수 있는 인재를 양성하는 데 집중했다.

◆ 은거지: 절강성 영파 외곽의 한 정자

장남은 말년에 절강성(浙江省) 영파(寧波) 외곽의 소담한 정자 하나를 세 들어 거주하며 '성명정(誠命亭)'이라 명명하였다. 이 정자는 대나무 숲과 연못, 작은 도서관이 함께 있는 고요한 곳으로, 문하생들과 함께 토론하고 사주를 감정하며 명리학의 정수를 나누는 거점이 되었다.

그는 이곳에서 매일 새벽에 일어나 주역을 강독하고, 오전에는 사주 상담을 진행하였으며, 오후에는 제자들과 질의응답식 강의를 나누었다. 밤에는 항상 등불 아래에서 원고를 정리하거나 예전 상담 기록을 검토했다.

◆ 제자 양성: '삼재(三才)'와 '오덕(五德)'을 가르치다

장남은 제자를 뽑을 때 단순히 암기력이나 필력보다는 다음과 같은 덕목을 중요시하였다.

- ◆ 삼재(三才): 천(天)·인(人)·지(地)를 아우를 수 있는 감각.
- ◆ 오덕(五德): 성실(誠), 공감(感), 정밀(密), 비판(辨), 용기(勇).

그는 늘 다음과 같이 말했다.
"사주는 하늘의 글이고, 그 해석은 사람의 마음에서 나오는 것이다.
정확하되 차갑지 않고, 명확하되 오만하지 않아야 한다."

그의 문하에는 총 12명의 핵심 제자가 있었고, 그 중 5명은 명리학 외에도 풍수, 자미두수, 의학, 도가철학을 겸비한 복합 학문인으로 성장하였다. 이들은 후에 각지로 흩어져 장남의 이론을 계승하고, 지역마다 '정종학파(正宗學派)'라는 이름으로 불리게 된다.

◆ 제자들과의 학문적 교류

장남은 제자들과의 학문 교류를 매우 중시했다. 다음은 그가 성명정에서 제자들에게 남긴 대표적인 교훈이다.

"명리는 수를 다루는 것이 아니라 사람을 다루는 것이다.

팔자는 구조이고, 운세는 기류이며, 그 기류를 타는 법은 인간의 마음에 달려 있다."

그는 사주 분석을 할 때도 '정확한 길흉 판별'보다는 어떻게 살면 좋을지를 제안하는 상담 중심의 접근을 강조했다. 이는 오늘날 상담명리학의 시조적 접근으로 평가받는다.

◆ 말년의 중요한 사건:《명리정종》주해본 편찬

말년의 장남은 20여 년 전 저술한《명리정종》초판을 기반으로, 제자들과 함께 '주해본(註解本)' 편찬 작업에 돌입했다. 이 작업은 단순한 교정이 아니라, 다음과 같은 요소들이 포함된 심화 작업이었다.

- ◆ 원문 정독 및 문장 해석 첨언.
  고어와 난해한 구절에 현대적 풀이와 설명을 달아, 후대 학자들이 접근할 수 있도록 정리.
- ◆ 실전 사례 보완.
  제자들이 상담한 사례 중 정수만을 뽑아 원문 하단에 병렬 삽입하여, 각 이론의 응용 방향을 제시.
- ◆ 쟁점에 대한 쌍방 논평 삽입.
  이론이 다르게 적용될 수 있는 부분에는 A와 B의 해석을 병기하고, 장남의 논평을 추가.

이러한 방식은 단선적·절대적인 명리 해석을 넘어서 다면적 사고를 유도하는 데 결정적 역할을 하였다. 후일 이 주해본은 《정종대의(正宗大義)》라는 제목으로 불리며 별도 전통 계파의 교본이 된다.

◆ 건강 악화와 병중에서도 계속된 강의

장남은 말년이 되자 고질적인 폐병 증세가 악화되었고, 기침과 허약증으로 체중이 크게 줄어들었다. 그러나 그는 이를 담담히 받아들였다.

그는 제자들에게 남긴 말 중 다음과 같은 문장이 유명하다.

"나는 이 몸을 버려도, 내 말은 책 속에 남고, 내 뜻은 너희 안에 있다. 명리는 사람을 살리는 길이니, 너희가 이어가야 한다."

심지어 병상에서도 제자들이 사주 문제를 들고 오면 직접 음성으로 설명하거나 손으로 몇 줄 필사해 주었다.

◆ 입적: '천명으로 돌아간 날'

장남은 음력 7월 12일 새벽, 조용히 입적하였다. 향년 78세. 입적 직전 그는 제자들을 불러 다음과 같은 말을 남겼다.

"사람은 하늘의 이치에서 태어나 땅의 품으로 돌아가니, 슬퍼하지 말고 기뻐하라. 나는 이제 도(道)를 따라 운명 너머로 가는구나."

그는 유언에 따라 간소한 장례를 치렀고, 성명정 인근 대나무 숲에 '팔자혈'이라 불린 풍수 명당에 안장되었다.

그의 묘에는 제자들이 함께 지은 비문이 새겨졌다.

"命理正宗 張先生之塚
誠以天地之數 明人世之理
傳道不傳名 傳心不傳利"
"명리정종 장선생의 묘,
천지의 수리에 참됨이 있었고 세상의 이치를 밝히셨으며,
도를 전하되 명성을 멀리하셨고, 마음을 전하되 이익을 구하지 않으셨도다"

제10장 《명리정종》의 영향과 후세의 평가

　장남(張楠) 선생의 《명리정종》은 생전에는 일부 지식인과 현장 역술인들 사이에서만 회람되었지만, 그의 사후에는 제자들을 통해 조용히, 그러나 뚜렷하게 중국 역술계와 명리학 사상에 깊은 족적을 남겼다. 특히 이 책은 실전과 철학을 결합시킨 점에서 당대 명리서들과 뚜렷한 차별성을 가지며, 점차 "동방 명리학의 한 정통"으로 자리 잡게 되었다.

1. 후대 제자들과 정종학파(正宗學派)의 성립

　장남의 제자들은 절강성, 강소성, 하남성 등지에 흩어져 사주 상담과 교육을 이어갔다. 그 중 대표적인 인물은 다음과 같다.

- ◉ 하청운(夏淸雲): 《정종필의(正宗筆義)》 저술, 병약론과 건강사주 해석 정리.
- ◉ 유상영(劉相榮): 《정종신화록(正宗神話錄)》, 상담 사례집 중심.
- ◉ 진우묵(陳雨墨): 《정종심해(正宗深解)》, 용신과 체용 해석에 주력.

　이들은 "정종학파"라 불리는 독립 계보를 형성하였고, 청말~민국 초기에 걸쳐 지방 역술계에 뚜렷한 학풍을 남겼다.

　정종학파의 핵심 철학은 다음과 같았다.

- ◆ 사주 이론의 실제 응용.
- ◆ 운명의 해석을 통한 삶의 개척.
- ◆ 인문학과 명리의 결합.

　정종학파는 비록 거대한 대중 명성을 얻지는 못했지만, 고급 상담가·사제식 교육자 계층 사이에서는 높은 권위를 가지는 학풍으로 지속되었다.

2. 주요 역서들과의 비교

장남 선생의 《명리정종》은 다음의 역서들과 자주 비교되며 평가되었다.

역서	저자	특징	《명리정종》과의 비교
《자평진전》	심효첨	자평학의 종합서	이론 중심, 실전 사례 부족 – 장남은 실전 보완
《적천수》	유백온	음양오행 구조와 기세 설명	초보자 중심, 철학성 부족 – 장남은 철학 강조
《궁통보감》	곽점	육친 구체적 응용	응용성 높음, 체계성 약함 – 장남은 체계성 보강

장남은 이들 서적의 강점을 취하면서도, 당대 어떤 서적보다 균형 잡힌 구조와 심오한 철학적 배경을 지닌 저술로 평가되었다.

3. 조선 및 일본 등 동아시아 역술권에의 영향

청말 이후 《명리정종》은 필사본 형태로 조선으로도 유입되었다. 특히 19세기 후반 조선 명리학자 이서구(李書九)와 윤계주(尹繼周) 등이 이 책을 접하고 주해를 달았다는 기록이 있으며, 조선 후기에 '정종명리'라는 이름으로 사대부들 사이에서 읽히기도 했다.

일본의 경우 메이지 유신 이후 중국 역서들이 번역되고 소개되는 과정에서, 《명리정종》도 일부 학자들에 의해 인용되었다. 특히 이시다 토라타로(石田虎太郎)라는 일본 역술가는 《정종심역록(正宗心易錄)》을 통해 장남의 이론을 일본식으로 해석하려는 시도를 남겼다.

4. 현대 명리학계에서의 재조명

20세기 중반 이후 중화권에서 전통 사상이 재평가되는 움직임 속에서, 《명리정종》 역시 몇몇 학자들에 의해 복각되고 주석되었다. 특히 대만과 홍콩 지역에서는 다음과 같은 평가가 나타났다.

- "명리는 과학이 아니나, 장남은 그것을 철학으로 만들었다."
- "현대 상담명리의 사상적 선구자."
- "사주를 통해 사람을 읽는 법을 알려준, 가장 따뜻한 역학자."

한 대만의 현대 명리학자는《명리정종》에 대해 다음과 같이 평하였다.

"《명리정종》은 단순한 운세 해석의 기술서가 아니다. 그것은 인간의 길흉화복이라는 현상을 통해 삶의 본질을 이해하려는 철학적 성찰서이다."

5. 오늘날 전해지는 판본과 출간 현황

장남의 원본은 필사본 형태로만 전해졌으며, 현재는 중국 국립도서관 및 몇몇 지방 서고에 다음의 주요 판본이 보존되어 있다.

- 《명리정종 원초본》: 필사본, 하남성개봉서고 소장.
- 《명리정종 주해본(정종대의)》: 절강성문헌연구회 복각본.
- 《정종필의》, 《정종심해》 등 후학들의 보완서.

최근에는 대만과 홍콩의 전통 역서 복각 출판사에서 이 책을 활자화하였고, 일부는 영어 및 일본어로 부분 번역되어 해외 독자들에게도 소개되고 있다.

6. 후세의 평가: "운명을 읽는 철학자"

장남 선생은 자신이 평생을 걸쳐 다듬어온 이론과 실천을 통해, 다음과 같은 별칭으로 후대에 전해진다.

- '명리정종의 선생'
- '운명을 읽는 철학자'
- '팔자 너머를 본 사람'
- '역술가가 아닌 인생 지도자'

그는 단순한 '역술가'가 아니었고, 명리를 도(道)로 승화시켜 삶의 이정표를 세워주는 인도자로 남았다.

■ 맺음말

장남은 스스로를 높이지 않았고, 명성을 추구하지도 않았다. 그는 평생을 오로지 명리라는 학문을 통해 인간을 이해하고, 돕고, 위로하는 일에 헌신하였다. 《명리정종》은 그가 남긴 유일한 저작이자, 가장 완전한 사유의 결정체였다. 그가 남긴 말 중 다음 한 줄은 오늘날에도 여전히 사람들의 마음을 울린다.

"팔자는 운명이 아니라, 길을 묻는 질문서이다.

나는 그 질문을 평생 읽었고, 이제 너희가 그 답을 찾아야 한다."

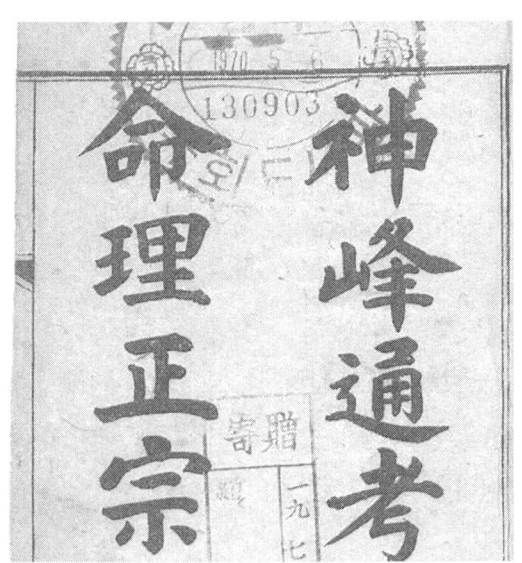

청나라 때의 명리정종 출판본

명리대의(命理大義) 원수산(袁樹珊)(1881~?)

제1장 생애 개요

- ◆ 이름: 원수산(袁樹珊)
- ◆ 출생: 청나라 말기, 정확한 생몰년은 미상.
- ◆ 활동시기: 청나라 말기 ~ 중화민국 초기
- ◆ 주요 활동지: 중국 상해, 북경 등지.
- ◆ 분야: 명리학, 성명학, 수리역학, 관상, 풍수, 자미두수 등.

원수산은 전통 역학(易學)의 여러 분야에 통달한 당대의 대표적인 도사이며, 실용적이고 체계적인 저작을 남긴 이론가이자 실천가였다.

제2장 성장과 학문 연마

원수산은 어린 시절부터 유학(儒學)과 전통 경전을 배우며 자랐으며, 특히 《주역》과 《황제내경》, 《상서》 등을 익히는 데 능하였다. 청말 혼란기에 들어서자 전통 사대부 교육보다는 실제 인생의 문제를 해결하는 도구로서 역학에 깊이 빠져들었다.

그는 일찍이 사주명리학, 풍수지리, 관상법, 성명학 등 다양한 역술 방면의 이론을 통합적으로 연구하였다. 스승으로는 구체적으로 언급된 인물은 없지만, 고전과 실용서들을 두루 탐독하며 자력으로 체계를 세운 것으로 추정된다.

제3장 민국 시기의 활약

청나라 멸망 후 민국 시기에 원수산은 북경과 상해에서 강연 및 상담 활동을 하며 역학계에서 명성을 얻었다. 당시 사회적으로 혼란스러운 시기였던 만큼, 부유층과 정치인, 상인들 사이에서 그의 조언은 큰 영향력을 발휘했다.

이 시기 그는 《명리대의》,《상학강요》,《성명학총론》,《음양오행학》 등 여러 권의 저서를 남기며 학문적으로도 깊이 있는 체계를 확립했다.

제4장 저술 활동과 저작의 특징

원수산은 당시까지 흩어져 있던 다양한 역학 이론들을 종합하고 체계화하려는 노력을 기울였다. 그의 저작은 오늘날에도 중화권 명리학자들 사이에서 귀중한 자료로 취급되고 있다.

◆ 주요 저서
- ◆《명리대의(命理大義)》
  사주명리의 원리와 해석법을 정리. 자평명리학을 실용적으로 재구성.
- ◆《상학강요(相學綱要)》
  관상학의 체계적 정리. 얼굴과 몸의 형태로 길흉을 분석.
- ◆《성명학총론(姓名學總論)》
  성명에 따른 길흉을 수리(數理)적으로 분석한 대표작.
- ◆《역리관규(易理管窺)》
  주역의 원리와 해석을 간명하게 풀이한 역학 입문서.
- ◆《삼명통회비주(三命通會批註)》
  원대 만육오의《삼명통회》에 상세한 주석을 단 평주본.
- ◆《오행학설천석(五行學說淺釋)》
  오행의 성질과 상생상극 이론을 현대적으로 해석.

제5장 제자 및 영향

원수산은 강의와 상담을 통해 수많은 제자들을 양성하였으며, 그의 체계적 정리 덕분에 명리학이 보다 대중화되었다. 그의 영향을 받은 이들은 홍콩, 대만, 동남아 지역에서도 그의 이론을 전수하고 확산시켰다.

일부 제자들은 후일 《원수산학파》라는 이름으로 불릴 정도로 독자적 흐름을 형성하였다. 특히 성명학과 수리명리의 체계화는 후대 성명가들에게도 큰 영향을 미쳤다.

제6장 성격과 사상

원수산은 명리학을 단순한 점술의 수단이 아니라, 인생의 이치를 통찰하고 스스로를 반성하는 도구로 삼았다. 그는 다음과 같이 말하였다.

"사주를 통해 운명을 알되, 운명을 맹신하지 말고 성심으로 바꾸어야 하느니라."

그는 현실적인 조언과 철학적 사유를 결합해, 명리학을 단순한 기복 신앙이 아니라 삶의 이정표로 보았다.

제7장 말년과 유산

말년에는 상해에 거주하며 고서 편집과 후학 양성에 집중했다. 정치에 직접 참여하지는 않았지만, 당시 사회 인사들과 교류하며 자문역할을 수행했다.

그의 저서는 오늘날에도 중국 및 대만의 도서관과 민간에서 귀중히 보관되어 있다. 특히 명리학 연구자들 사이에서는 《명리대의》와 《성명학총론》이 고전으로 널리 읽힌다.

■ 마무리 정리

항목	내용
이름	원수산(袁樹珊)
시대	청말 ~ 민국 초
활동	명리학자, 성명가, 관상가, 풍수가
주요 저서	《명리대의》, 《상학강요》, 《성명학총론》 등
특징	실용주의적 해석, 학문적 체계화, 후학 양성
유산	중화권 명리학 대중화에 큰 기여

명학강의(命學講義) 위천리(韋千里)(1911~1988)

제1장 격동의 세기에 태어난 명리학자

1911년 3월 31일, 중국 대륙은 거대한 변화의 문턱에 있었다. 그해 가을 신해혁명이 발발하여 2천 년 넘게 이어온 황제제도가 무너지고, 중화민국이 성립하였다. 위천리는 바로 이 역사적 전환기의 소용돌이 속에서 태어났다. 그는 이름 그대로 '하늘의 이치를 살피는[千里]' 운명을 타고난 듯, 어린 시절부터 별자리를 바라보며 인생과 세상의 이치를 탐구하는 데 큰 흥미를 보였다.

그의 고향은 전통적인 학문 기풍이 깊은 곳이었고, 가문 역시 한학과 역술을 중시하였다. 아버지는 오경과 사서를 가르치며, 동시에 음양오행·천간지지와 같은 역리학의 기초를 일찍부터 접하게 했다. 위천리는 글을 깨우치자마자 주역의 괘상을 탐독했고, 글자 하나하나를 외우며 점차 운명의 이치를 이해하려 했다. 이러한 성장 배경은 훗날 그가 《명학강의》라는 체계적인 교과서를 집필하는 밑바탕이 되었다.

제2장 청소년기와 시대적 배경

1920년대 중국은 북양군벌이 각지에서 권력을 다투던 시기였다. 정치적 혼란 속에서도 신학문과 전통학문이 공존했는데, 위천리는 전통 서당에서 사서삼경을 배우는 동시에 신식 학교에서 수학과 지리, 천문을 익혔다. 그는 특히 천문학과 수학적 계산에 강한 흥미를 보였는데, 이는 후일 명리학의 오행 운행과 세운(歲運)·대운(大運)을 계산하는 데 있어 중요한 기초가 되었다.

그러나 그가 가장 열정을 기울인 분야는 역시 명리학이었다. 당시 민간에서는

《연해자평》과 《적천수》 같은 고전 명리서가 널리 읽혔으며, 위천리도 이를 탐독했다. 그는 단순히 이론만 익힌 것이 아니라 주변 사람들의 생년월일을 기록하고 그들의 삶의 궤적을 비교하며 실제와 이론의 상관성을 검증하였다. 이때부터 이미 그는 "명리학은 미신이 아니라 인간사의 법칙을 밝히는 학문"이라는 신념을 갖기 시작했다.

제3장 학문적 수련과 사상의 정립

1930년대 위천리는 본격적으로 명리학 연구자로서의 길에 들어섰다. 그는 지방에서 소규모 강의를 열어 사람들에게 명리학의 기본을 가르쳤고, 동시에 개인 상담을 통해 경험을 쌓았다. 이 시기 그는 기존 명리서들의 난해한 표현에 불만을 품었다. 고전은 심오했지만, 은유와 상징이 많아 초학자가 접근하기 어려웠다.

위천리는 이 문제를 해결하기 위해 강의식 노트를 만들었다. 복잡한 원리를 도식으로 정리하고, 사례를 곁들여 설명하면서, 누구나 이해할 수 있도록 구성했다. 그의 제자들은 이 노트들을 소중히 보관했는데, 그것이 훗날 《명학강의》의 초고가 된다.

특히 그는 십신(十神)의 활용법을 체계화하는 데 주력했다. 비견·겁재·식신·상관·편재·정재·편관·정관·편인·정인이라는 십신이 인간의 성격과 운명에 어떻게 작용하는지를 구체적으로 설명했고, 이를 통해 명리 해석의 실질적 도구를 제공했다.

제4장 전란 속의 연구와 체험

1937년 중일전쟁이 발발하자 중국 대륙은 전란에 휩싸였다. 위천리 역시 안전을 위해 고향을 떠나 여러 지방을 떠돌아야 했다. 이 시기는 그의 생애에서 가장 고난스러웠으나, 동시에 가장 풍부한 자료를 축적한 시기였다. 그는 피난길에서 만난 사람들의 생년월일과 사건을 기록하며, 운명이 전쟁이라는 특수한 상황에서 어떻게 발현되는지 관찰했다.

예를 들어 어떤 이는 사주에서 편관이 강하여 권력과 군사적 사건과 연관이 깊었고, 실제로 장교가 되어 전장에서 활약했다. 또 다른 이는 재성이 약하여 가세가 무너지고 피난 중 극심한 빈곤을 겪었다. 이러한 사례들은 그가 십신과 운세를 현실에 적용하는 능력을 키우는 계기가 되었다.

이 시기의 연구는 훗날 《명학강의》에 반영되어, 단순한 이론서가 아니라 실증적 사례집으로서의 성격을 갖추게 했다.

제5장 《명학강의》의 집필

1940년대 말과 1950년대 초, 위천리는 전란이 끝난 후 그간의 연구를 집대성하기로 결심했다. 그는 수십 년간 모아온 강의 노트와 사례 기록을 토대로, 체계적이고 교과서적인 명리학 입문서를 집필하였다.

《명학강의》는 크게 다음과 같은 구조로 되어 있다.

- ◆ 천간과 지지의 기본: 십간의 성질과 음양, 십이지의 배속과 오행적 의미를 설명.
- ◆ 오행생극 제도: 상생과 상극, 제화와 전환의 논리를 도식화.
- ◆ 십신 해석: 십신의 성격과 인간 관계, 사회적 의미를 구체적 사례와 함께 서술.
- ◆ 격국론: 사주 격국의 분류와 그 특징.
- ◆ 용신론: 사주 해석의 핵심으로서 용신 선정의 원칙과 응용.
- ◆ 사례 분석: 실제 인물 사주의 분석을 통해 독자가 직접 따라 배울 수 있도록 구성.

이 책은 처음 출판되자마자 대륙과 대만, 홍콩의 학계와 민간에 큰 반향을 일으켰다. 기존의 난해한 고전을 대신해 학습 교재로 쓰일 만큼 체계적이고 명료했기 때문이다. 오늘날까지도 많은 학자가 "명리학을 배우려면 반드시 위천리의 《명학

강의》를 거쳐야 한다"고 말할 정도다.

제6장 제자 양성과 학문 전승

1950~1970년대 위천리는 활발한 강의 활동을 펼쳤다. 그는 소규모 연구회를 조직해 제자들에게 체계적으로 가르쳤고, 제자들 가운데 상당수는 훗날 대만과 홍콩, 동남아에서 명리학자로 활동하며 스승의 학맥을 이어갔다.

그는 제자들에게 단순한 길흉의 판단을 넘어, 명리학자의 윤리를 강조했다. "사주는 사람의 삶을 해석하는 도구이지, 운명을 단정짓는 굴레가 아니다"라는 것이 그의 신념이었다. 따라서 그는 상담 시에도 항상 "운은 참고할 뿐이며, 노력과 수양이 본질이다"라는 말을 덧붙였다. 이는 그가 단순한 술객이 아니라 **학문적 스승**으로 존경받게 만든 이유였다.

제7장 만년의 삶과 사유

1980년대에 들어 위천리는 이미 노쇠하였지만 학문에 대한 열정은 줄어들지 않았다. 그는 여전히 제자들과 함께 《명학강의》를 교정·보완하며, 새로운 사례들을 추가했다. 또한 그는 전통 명리학이 단순히 개인의 길흉을 판단하는 수준에 머물러서는 안 되며, 사회와 시대를 통찰하는 지혜가 되어야 한다고 역설했다.

그는 말년에 "명리학은 단지 개인의 운명을 보는 학문이 아니라, 하늘과 인간의 상호작용을 밝히는 천인합일(天人合一)의 학문"이라고 정리하였다. 이는 그가 평생 추구한 사상적 결론이자, 후학들에게 남긴 유훈이었다.

1988년 10월, 그는 세상을 떠났다. 향년 77세였다. 장례식에는 수많은 제자와 후학들이 모여 스승의 학문과 인격을 기렸다.

제8장 사상적 특징과 의의

위천리 명리학의 특징은 다음과 같다.

- ◆ 체계성: 명리학을 강의식으로 정리하여 교과서적 체계를 확립.
- ◆ 실증성: 수많은 실제 사례를 통해 이론을 검증.
- ◆ 윤리성: 길흉 단정보다 인간의 자각과 수양을 강조.
- ◆ 현대화: 복잡한 고전 용어를 평이한 언어로 번역해 초학자도 이해 가능.

이러한 특징 덕분에 《명학강의》는 단순한 점서가 아니라 명리학의 현대 교본으로 자리 잡았다.

제9장 후대에 끼친 영향

위천리의 학문은 중국뿐 아니라 대만·홍콩·한국·일본 등지에 깊은 영향을 주었다. 한국의 역술계에서도 《명학강의》는 번역·인용되며 널리 참고되었고, 오늘날에도 사주명리 입문 과정에서 필수적으로 언급된다.

그는 단순히 개인의 운명을 풀이한 역술가가 아니라, 전통 학문을 현대적으로 계승·발전시킨 학자로 평가된다. 그의 업적은 전통 지식이 어떻게 근대의 혼란을 뚫고 살아남을 수 있었는지를 잘 보여준다.

제10장 결론

위천리의 일생은 곧 명리학의 현대화 과정과 겹쳐진다. 청말의 혼란기에 태어나 전쟁과 내전을 겪고, 공산화된 중국 속에서 학문을 이어간 그는 《명학강의》라는 불멸의 저작을 통해 후대의 길을 열었다.

그의 삶은 우리에게 다음과 같은 교훈을 준다.

- 학문은 단순한 이론이 아니라 삶 속에서 검증되어야 한다.
- 전통은 난해한 언어에 묶이지 않고 누구나 이해할 수 있는 방식으로 계승되어야 한다.
- 진정한 명리학자는 길흉의 판단자가 아니라 인간과 사회의 성찰을 돕는 안내자이다.

위천리의 이름은 이제 단순한 역술가가 아니라, 근현대 동아시아 명리학사의 거목으로 길이 남아 있다.

■ 위천리(韋千里, 1911~1988) 연표

연도	나이	주요 사건
1911	0세	3월 31일 출생. 신해혁명 발발의 해.
1920년대 초	10대	서당과 신식학교를 병행.《주역》,《연해자평》 등 고전 명리서에 몰두.
1930년대 초	20대	본격적인 명리학 연구 시작. 강의 노트와 사례 기록 정리.
1937~1945	26~34세	중일전쟁 시기. 피난 생활 속 수많은 실제 사례 수집 및 연구.
1940년대 후반	30대	전란 후 연구 성과를 정리,《명학강의》 집필 시작.
1950년대	40대	《명학강의》 초판 완성. 대륙·대만·홍콩·동남아 화교 사회에 유포.
1960~70년대	50~60대	제자 양성, 강의 활동 활발. 명리학 현대화의 중심 인물로 자리.
1980년대 초	70대	만년,《명학강의》 교정·보완. 후학들에게 학문 계승 강조.
1988	77세	10월 사망. 제자들과 후학들이 대거 참석한 장례식 거행.

■《명학강의》 장별 요약표

장	내용	특징
제1장 서론	명리학의 역사와 전승, 음양오행의 원리 소개.	고전적 기반을 간결히 정리.
제2장 천간(十干)	갑을병정무기경신임계의 성질·음양·오행 배속.	도표·비유를 활용, 이해 용이.
제3장 지지(十二支)	자축인묘…해까지 12지의 상징과 운행.	계절·방위·동물 상징 설명.
제4장 오행 생극제화	상생·상극·제화 원리 체계화.	사례 적용, 현대적 해석.
제5장 십신(十神)	비견·겁재·식신·상관·재성·관성·인성 해석.	인간관계와 사회적 의미 강조.
제6장 격국론	정관격·재격·인수격 등 사주 격국 분류.	고전 해석을 현대 용어로 풀이.
제7장 용신론	용신 선정 원칙과 응용 방법.	실전 사주 풀이의 핵심 제시.
제8장 운세론	대운·세운의 흐름과 개인 운명 변화.	사례 중심, 실증적 접근.
제9장 종합사례분석	실제 인물 사주 수십 건 수록.	교재·실습서 역할 강화.
제10장 결론	명리학의 본질과 윤리, 학문적 지향 제시.	"운명은 길이 아니라 나침반" 강조.

자평수언(子平粹言) 서락오(徐樂吾) (1886~1948)

- 근대 중국 명리학의 개척자, 자평학 정통의 부흥자 -

제1장 서문

서락오(徐樂吾)는 근대 중국의 명리학계에서 가장 중요한 학자 중 한 명으로 평가받는 인물이다. 그는 전통 자평명리학을 체계적으로 정리하고《자평수언(子平粹言)》을 비롯한 여러 저작을 통해 명리학의 현대적 재구성에 기여한 대가였다. 본 일대기에서는 그의 생애, 학문적 성장, 주요 저작, 시대적 배경, 제자들과 후학에게 끼친 영향, 그리고 현대 명리학계에서의 평가 등을 종합적으로 서술한다.

제2장 출생과 가문 배경

서락오 선생은 청나라 광서(光緒) 12년인 1886년, 중국 저장성(浙江省)의 항저우(杭州) 근처의 유서 깊은 서당가에서 태어났다. 그의 본명은 서창교(徐昌敎)이며, '락오(樂吾)'는 그의 자(字)이다. 그의 가문은 대대로 한학(漢學)과 천문역술에 통달한 학문적 집안이었으며, 특히 조부는 태사(太史)의 벼슬을 지냈고, 아버지 또한 주역과 명리, 풍수에 정통한 학자였다.

어린 시절부터 그는 주역(周易), 사서오경(四書五經), 통감강목(通鑑綱目) 등 유교 경전에 정통했으며, 동시에 천문과 역수(易數), 명리(命理)에 깊은 관심을 보였다. 그의 조부와 부친은 전통 유학자이자 점성가로서 활동하며 많은 지식인을 사사한 바 있다.

제3장 학문에의 몰입

청소년 시절부터 그는 주역과 자평명리를 공부하였고, 일찍이《적천수(滴天髓)》,《연해자평(淵海子平)》,《명리대전(命理大全)》등을 독파하였다. 또한, 민간에서 전해지는 다양한 술서들을 직접 수집하고 검토하면서 명리학을 단순한 예측술이 아닌 체계적 학문으로 접근하고자 하였다.

20세 무렵, 그는 선대의 고서를 비판적으로 재검토하기 시작했다. 특히 자평학에서 사용되는 십신(十神), 용신(用神), 격국론(格局論), 대운법(大運法) 등에 대해 깊이 있는 의문을 제기하였고, 이를 체계적으로 분석하였다.

제4장 시대적 격동과 유랑 생활

서락오의 생애는 청나라의 몰락과 중화민국의 성립, 그리고 중일전쟁과 국공내전이라는 시대적 격동 속에서 펼쳐졌다. 그는 수차례 전란을 피해 중국 내륙 각지를 떠돌면서 각 지역의 술사, 지식인들과 교류하였고, 명리학에 대한 자신의 학문을 넓혀갔다.

이 시기에 그는 특히 호남(湖南), 복건(福建), 광동(廣東) 등의 지방에서 활동하며 명리 강의와 상담을 병행하였다. 많은 사람들이 그의 정밀한 명리 해석과 철학적 통찰에 감탄하였으며, 점차 명리학계에서 이름을 떨치게 되었다.

제5장 《자평수언》의 집필과 출간

1930년대 초, 그는 오랜 연구의 결실로 자신의 명리학 이론을 체계화한《자평수언(子平粹言)》을 집필하게 된다. 이 책은 다음과 같은 구성으로 되어 있다.

- ◆ 총론: 자평학의 이론적 기초와 철학적 사유 소개.
- ◆ 용신론: 용신의 원리와 선택 방법에 대한 깊은 해설.

- ◆ 격국론: 전통 격국론에 대한 분석과 비판적 재구성.
- ◆ 대운과 세운: 운세 해석의 실제 기법.
- ◆ 예시: 다양한 실전 사례를 통한 해석법 소개.

《자평수언》은 단순한 명리 예측서가 아니라, 자평명리의 철학과 논리를 깊이 있게 다룬 철학서이기도 했다. 이 책은 이후 근대 명리학자들에게 큰 영향을 주었고, 한국과 일본의 명리학계에도 상당한 파장을 일으켰다.

제6장 학문적 특징과 이론 체계

서락오 선생의 명리 이론은 다음과 같은 주요 특징을 지닌다.

- ◆ 용신 중심론 강화
  그는 명리학의 중심을 '용신론'에 두었으며, 이를 명쾌하고 실천 가능한 기준으로 정립했다.
- ◆ 격국 해체론
  전통적인 격국 중심 해석에 회의를 품고, 오히려 신강·신약과 용신·희신 중심 해석을 제안하였다.
- ◆ 이원적 기법 배척
  전통적인 신살(神煞) 위주의 해석을 배척하고 사주원국 자체의 구조와 흐름에 집중하였다.
- ◆ 실전 중심 사례 중시
  그는 많은 실전 사례를 제시하며, 사주의 논리를 구체적으로 설명하였다.

제7장 교육 활동과 제자 양성

1940년대 들어, 그는 상하이와 난징 등지에서 본격적으로 강의 활동을 시작했다. 당시 그의 강의는 철저하게 논리 중심이며 실용적인 것이 특징이었다. 수백 명의 제자들이 그의 수업을 수강했으며, 이들 중 일부는 후일 독자적인 명리학자로 성장하였다.

그의 대표적인 제자들로는 장산해(張山海), 오문강(吳文剛), 주장추(朱章秋) 등이 있으며, 이들은 서락오의 이론을 바탕으로 각자 다른 노선의 명리학을 전개하였다.

제8장 중화민국 후기와 말년

1940년대, 중국 대륙에서 공산당 정권이 득세하는데 서락오는 대만으로 이주하지 않고 상하이에 남았다. 이후 그는 공산당 치하에서 일정 기간 사상 개조 교육을 받았으며, 역술 활동은 억제되었다.

그러나 그는 숨은 곳에서 여전히 연구를 이어갔고, 젊은 연구자들에게 비밀리에 명리학을 전수했다. 1948년, 그는 향년 53세로 조용히 생을 마감하였다. 그의 사후, 제자들이 유품을 정리하던 중 미간행 원고《명리대의(命理大義)》일부가 발견되었으나, 완성본은 전해지지 않았다.

제9장 저작 목록

서락오 선생의 주요 저작은 다음과 같다.

- ◆《자평수언(子平粹言)》: 대표 저작. 자평학의 정수 집대성.
- ◆《명리문답(命理問答)》: 강의 내용을 정리한 문답 형식의 저서.
- ◆《천간론(天干論)》: 천간의 성격과 작용을 분석한 이론서.
- ◆《용신정의(用神正義)》: 용신 선택의 원칙을 밝힌 필사본 소책자.
- ◆ 미간행 원고《명리대의》.

제10장 서락오 명리학의 현대적 가치

서락오의 명리학은 단순한 예측 기법을 넘어, 인간 운명의 흐름을 합리적이고 논리적으로 분석하는 데 중점을 둔다. 그는 사주를 하나의 구조적 에너지 흐름으로 보았으며, 인간의 성격·운세·시기 등을 이 흐름에 따라 설명하고자 했다. 오늘날에도 그의 《자평수언》은 동아시아 명리학자들 사이에서 필독서로 간주되며, 중국 본토는 물론 한국과 일본, 동남아 명리학자들에게도 큰 영향을 주고 있다.

제11장 평가와 유산

서락오 선생은 "근대 명리학의 이정표를 세운 인물"로 불린다. 특히 다음과 같은 평가를 받는다.

- ◆ 학문성: 명리학을 오행놀음이나 주술적 해석에서 벗어나 철학적 체계로 끌어올렸다.
- ◆ 실천성: 실제 상담과 생활 속 적용이 가능하도록 해석 체계를 구성하였다.
- ◆ 교육성: 제자 양성을 통해 명리학의 지속 가능성을 확보하였다.

현대 중국의 명리학계에서는 그를 근대 4대 명리학자 중 한 명으로 꼽는다(기타 인물로는 당대의 곽철초, 오산은, 성서화 등이 있음).

■ 맺음말

서락오 선생의 삶은 격변의 시대 속에서도 학문적 정진을 멈추지 않았던 지성인의 모습이었다. 그는 명리학이라는 전통 학문에 새 생명을 불어넣었고, 그 정신은 오늘날에도 이어지고 있다. 명리학을 단순한 운세 예측이 아니라 인간 이해와 인생 설계의 도구로 보았던 그의 사유는, 오늘날에도 그 가치를 잃지 않는다.

그의《자평수언》은 고전이자 현대의 거울이며, 서락오라는 인물은 명리학의 과거와 미래를 잇는 다리이다.

생애 요약 삽화(학업정진. 지방활동. 명리상담. 집필과정)

팔자심리학(八字心理學) 하건충(夏建忠) (1960년대?~?)

제1장 서론: 현대 중국 명리학의 흐름과 하건충의 위치

하건충(夏建忠)은 중국 현대 명리학의 심리 응용 체계를 연구·정립한 대표 학자이자 실천가로, 《팔자심리학(八字心理學)》이라는 독창적인 저술을 통해 전통 명리학과 현대 심리학, 상담학을 결합한 새로운 패러다임을 제시하였다.

그의 저술과 강의는 전통 명리학의 구조적 분석을 심리·성격 분석과 연결하여 현대인의 진로, 성격, 심리적 갈등 해결에 접목하는 데 목적이 있었으며, 중국 내에서 심리명리(心理命理) 연구의 흐름을 주도하였다.

제2장 출생과 성장 배경

하건충은 1960년대 중후반 중국 절강성(浙江省) 항저우(杭州) 근교에서 태어나 전통 한학과 문화대혁명 이후의 사회 변화를 모두 체험하였다. 그의 가문은 한약, 풍수, 전통 방술을 가업으로 삼았던 집안으로, 어린 시절부터 고서적과 도참서, 음양오행 이론에 자연스럽게 노출되었으며, 10대 시절부터 《주역》, 《황제내경》, 《명리대전》, 《적천수》 등을 독학하였다.

고등학교 졸업 후 지방 기계 공장에서 근무하며 생활고를 겪었지만, 밤마다 도서관과 서점에서 독학으로 철학과 전통 사상을 연구하였고, 명리, 역학, 한의학에 관심을 가지게 되었다.

제3장 대학 시절과 초기 연구

1980년대 초반, 하건충은 항저우의 한 사범대학에 입학하여 중국 철학과 심리학을 전공하였다. 이 시기 그는 서양 심리학, 프로이트, 융 분석심리학, 행동주의 심리학을 연구하며 전통 역술과 현대 심리학의 연결 가능성을 모색하였다.

대학 졸업 후에는 지방 중학교 심리 상담 교사로 근무하면서도, 방과 후 무료로 사람들의 사주를 보며 심리 분석과 명리 분석의 상관 관계를 체계적으로 정리하기 시작하였다.

제4장 명리 실전 상담과 필드 연구

하건충은 1980년대 말부터 본격적으로 현장 상담을 시작하여 수천 명의 사주를 직접 상담하였으며, 각 사주명식이 나타내는 성격, 심리, 인생사, 사건과 사고의 발생 시점, 관계 갈등 등을 면밀히 분석했다.

이 과정에서 그는 다음과 같은 핵심 패턴을 발견하였다.

- ◆ 사주의 오행 기운과 심리 기질의 상관성. (예: 화(火) 왕성자는 분노·충동. 목(木) 왕성자는 창의·이상주의 등)
- ◆ 지장간(支藏干)의 충돌이 심리적 내적 갈등으로 표출되는 사례.
- ◆ 십신(十神)이 나타내는 심리적 투사 및 관계 패턴. (편관, 정관, 식신, 상관 등)
- ◆ 대운·세운의 변화가 심리 상태의 변화와 어떻게 연결되는지에 대한 실증적 사례.

제5장 《팔자심리학》 집필 배경과 주요 내용

1. 집필 배경

1990년대 초반, 하건충은 자신이 수집한 수천 건의 상담 사례와 심리 분석 데이터를 정리하여, 명리학의 구조적 분석과 심리학의 성격·무의식 이론을 결합한 실용서를 집필하기 시작했다.

이것이 바로 《팔자심리학(八字心理學)》으로, 그 요약은 아래와 같다.

- ◆ 사주 명식의 구성 원리를 체계적으로 설명.
- ◆ 명식을 통해 개인의 심리 패턴, 잠재된 성격, 행동 방식, 상호관계에서 발생하는 문제의 원인을 해석.
- ◆ 실제 상담 사례를 통해 독자들이 자가 분석 및 상담 응용이 가능하도록 구성되었다.

2. 주요 내용

《팔자심리학》은 다음과 같은 내용으로 구성되었다.

- ◆ 오행과 심리: 각 오행의 심리적 기질, 장단점, 스트레스 반응 패턴.
- ◆ 십신과 심리: 정관·편관·정인·편인·비견·겁재·식신·상관·재성의 심리적 투사와 성격.
- ◆ 간지 조합과 심리: 충합형해와 내적 심리 갈등 및 대인 관계 분.
- ◆ 운세와 심리: 대운, 세운, 세시적 심리 변화 패턴.
- ◆ 상담 사례: 직장 갈등, 부부 갈등, 진로 혼란, 우울·불안 등의 사례 해석.

제6장 강의 및 전수 활동

《팔자심리학》 출간 이후, 하건충은 중국 상하이, 북경, 광저우, 심천, 항저우 등지에서 200회 이상의 강의 및 세미나를 진행하였다.

그의 강의는 아래의 사항에 중점을 두었다.

- ◆ "명리학은 외부 사건을 점치는 것이 아니라 내면 심리를 해석하여 인생의 주도권을 찾는 것"

◆ "사주팔자는 인생의 나침반이자 심리 진단의 지도이다"

위와 같은 철학을 바탕으로 진행되었으며, 젊은 명리 연구자들과 심리 상담사들에게 큰 영향을 주었다.

그의 제자들 중에는 현재 중국 전역에서 활동하는 심리명리 상담사, 방송 출연 전문가들이 다수 있으며, 온라인과 오프라인 강좌로 팔자심리학을 전수하였다.

제7장 후기 활동과 유산

하건충은 2010년대 이후에도 계속해서 팔자심리학의 내용을 보완하였다.

또한 아래와 같이 후속 자료를 준비하여 일부는 온라인 강의, 일부는 소책자 형태로 제자들에게 배포하였다.

◆ 《팔자심리학 사례집》
◆ 《십신심리학》
◆ 《대운심리학》

그는 "명리학은 생존의 학문을 넘어, 자기 이해와 마음 공부의 도구가 되어야 한다"라는 철학을 끝까지 견지하였다.

제8장 평가와 영향

하건충의 《팔자심리학》은 중국 내에서 심리 상담사와 명리학자들의 '심리-명리 융합 실전 교과서'로 불리고 있다.

◆ 기존의 사건예측 중심 명리학을 심리 진단·상담 도구로 확장.
◆ 심리 치료 및 자기계발 도구로서 명리학의 현대적 가치 재조명.

◆ 심리 상담 현장에서 명리학 활용 사례 증가의 계기를 마련하였다.

또한 현대 명리학 연구자들에게 "오행은 심리의 언어이며, 십신은 성격의 구조다"라는 명언을 남기며, 명리학이 심리학과 융합 가능한 영역임을 실증해 보였다.

■ 맺음말

하건충(夏建忠) 선생은 중국 명리학과 심리학을 접목하여 현대인의 실전 상담과 자기 분석에 활용할 수 있는 길을 연 학자이자 실천가로 평가되며,《팔자심리학》은 지금도 중국 내외에서 상담 및 강의, 개인 연구용으로 활용되고 있다.

그의 일대기는 명리학의 현대화, 실용화, 심리학과의 융합 가능성을 증명한 생생한 사례로 남아 있으며, 후학들에게 명리학의 실용적 가치와 새로운 연구 방향을 제시해 주고 있다.

참고문헌

《대당신선전(大唐神仙傳)》,《송사(宋史)》,《명사(明史)》,《청사고(淸史稿)》 등 전기류.
《연해자평(淵海子平)》 등 역술·점술 전문서.
《운세전(運世傳)》,《삼식비결(三式秘訣)》 등 도교 방술류 문헌.
《태평광기(太平廣記)》《지방지(地方志)》 등 야사·필기류.
《고금도서집성(古今圖書集成)》의 〈술수전〉.
《사고전서(四庫全書)》의 〈점서류〉.

저자 김갑진

- 단국대학교 졸업
- 역술학 강의 이력

    단국대학교 천안 평생교육원 2007년~2018년

    ◆ 기문둔갑　　　◆ 육임

    ◆ 주역　　　　　◆ 사주초급

    ◆ 사주고급　　　◆ 실전사주

    ◆ 사주통변술　　◆ 관상학

    중앙대학교 안성 평생교육원 2017~2019년

    ◆ 사주(초급·중급)　◆ 풍수지리

    나사렛대학교 평생교육원 2018년~현재

    ◆ 명리학　　　　◆ 기문둔갑

    ◆ 생활풍수인테리어　◆ 육임

- (현) 구궁학회 회장
- (현) 구궁학회 상담실 운영(2006년~)
- 홈페이지 : www.gugung.co.kr 구궁학회
- 연락처 041-552-8777 / 010-5015-9156

실전 역술실록 [인명편]
역술학 대가들의 일대기

2025년 11월 14일 초판 1쇄 펴냄

편저자 김갑진
펴낸이 김흥국
펴낸곳 도서출판 보고사

등록 1990년 12월 13일 제6-0429호
주소 경기도 파주시 회동길 337-15 보고사
전화 031-955-9797(대표)
팩스 02-922-6990
메일 kanapub3@naver.com
http://www.bogosabooks.co.kr

ISBN 979-11-6587-941-9　93180
ⓒ 김갑진, 2025

정가 43,000원
사전 동의 없는 무단 전재 및 복제를 금합니다.
잘못 만들어진 책은 바꾸어 드립니다.